北京历史文化研究

王 岗 主编

人 民 出 版 社

目　　录

政治军事

经济社会

历史地理

古都城建

学术与宗教

青年视角

学术综述

篇　首　语

北京历史文化源远流长,博大精深,是中华民族优秀传统文化的集中体现。因此,自古以来人们研究北京历史文化的著述浩如烟海,如果从金朝学者蔡珪所作考订汉代燕王墓的文章算起,这类专题研究也有了八百多年的历史了。在这些浩如烟海的著述中,究竟有多少有价值的东西,时间是最好的检验标准。有价值的著述大多会一直流传下来,而其他无价值的东西则会很快被淘汰。

历史学的发展同样源远流长,特别是在中国古代,人们对历史的重视程度是世界上同时代的其他民族很难与之相比的。早在先秦时期就形成了"左史记言,右史记事"的史官制度,一方面,是要给后人留下较为真实的历史发展过程的记录;另一方面,也是对统治者的一言一行起到约束的作用,使他不敢任意妄为,祸害天下百姓。有人认为,先秦史官"记言"的结果是给后人留下了一部《尚书》,"记事"的结果则是留下了一部《春秋》。《尚书》所记,多为懿言哲理,而《春秋》所记,则是有好事也有坏事。

到了汉代,出现著名史学家司马迁,他把历史学的功能提到了一个新的高度,即"究天人之际,通古今之变,成一家之言"。这三句话反映了三个层面的意思。第一个层面,讲的是人与自然的关系,也包含着人与神灵的关系。"天"既代表着自然属性的天,也代表着大自然中人们认为无所不能的山川神灵。第二个层面,讲的是人与社会的关系,同时也包含着社会发展的规律。"古"是已经消失的社会,"今"是目前尚存的社会,都是人们所无法脱离的生活环境。"古今"相通,就形成了社会发展的规律。第三个层面,讲的是史学家的个人定位。古人曾有君子"立德"、"立言"、"立功"的说法,是指一个人在一生中所追求的理想。作为一位史学家,是通过"立言"来达到"立德"、"立功"的目标。司马迁的《史记》就是"立言"的杰作,同时也是为中国史学发展"立功"的典范。

在中国古代形成的优秀史学传统一直延续着,如同中华民族的优秀传统文化一样,千百年来未曾中断。在这漫长的历史发展进程中,无数史学家经过不懈的辛勤笔耕,给我们留下了巨大的史学财富,从《春秋》《史记》到《资治通鉴》,从《史通》到《文史通义》,形成了一个庞大的学术系统。这个学术系统的影响十分深远,也一直延续到今天。我们认为,这个学术系统植根于中华民族优秀传统文化的总体系之中,不断发展,迄今为止,仍然有着强大的生命力。

近代以来,随着东、西方之间的文化交流越来越频繁,双方不同的学术体系之间也开始产生相互影响,特别是"五四运动"以来,西方学术对中国学术界的影响越来越大,各种新的理论与思潮纷纷传入,给中国学术界的发展带来极大促进,由此而出现了一批国学与西学兼精的著名学者,他们在史学研究领域开辟出了许多新的空间。这种交流不仅使中国学者对整个世界有了更加全面的认识,而且了解到另外一个庞大文化体系的存在,以及另外一种思维模式的合理价值。

当历史进入 21 世纪,信息化的发展成为整个时代的主流,这种状况的出现对于历史学的发展助益极大。历史文献的数字化为人们查找以往的史书提供了前人无法想象的便利,计算机的信息存储能力的飞速提高为人们拥有无尽的阅读与写作空间。这些客观条件的极大改善,为人们从事历史研究提供了更多的便利,也就带来了历史学的进一步发展。相关历史研究的著述陆续出版,人们所谓的"学术成果"在数量的制造上也达到了空前的程度。但是,就在这个信息化的时代,人们已经不再考虑"惜墨如金",也很少有人考虑和探讨"天人之际"的变化,因此也就很难看到一部像《史记》《史通》这样杰出的作品问世了。

当前的信息化时代,在带给人们大量便利条件的同时,也带来了更多的困惑。困惑之一,就是对这些迅速增加的学术成果如何认定。学术成果要得到认定,首先,就要出版,成为正式出版物。于是各种类型的出版社、杂志社纷纷成立,为学者们提供了出版专著、发表论文的媒介。其次,这些专著、论文学术水准的高低应该怎样评价,也就成为学术界加以认定的一大难题。对于史学通论性质的专著和论文的水准高低,大多数人是比较容易产生共识的。但是,对于专业分类特别细微的专著和论文,人们就很难判断其优劣。有些东西不是人人都从事研究的,也就没有评判的发言权。

究竟学术是什么? 历史是什么? 文化又是什么? 讨论的人越来越多,人们做出解释的答案也越来越多,反而没有了人们的共识。仁者见仁,智者见智,在人文、社科研究领域中本来就是常见之事。但是,若在基本观念上都无法产生共识,就很难在一些具体的学术问题上展开讨论。例如学术,本来"学"和"术"就可以分成两个概念,而且内容各不相同。"文"和"化"也是如此,合在一起,可以有百余种解释。然而,解释不清的东西却又实实在在的可以让人们感受到,可以引起诸多争议。我们研究的北京历史文化也是如此。

不知从何时起,许多从事科研和教学的单位都兴起了"考核"之风。最糟糕的是,有了考核的制度,却没有考核的标准,这就把许多事情弄得更加糟糕,把一项非常不合理的东西变成表面上很合理的东西。科研人员出版了一部专著,发表了一篇论文,谁来判断科研成果的学术价值呢? 因为没有合理的标准,也就没有合理的结果。不知道是何方神圣据说是学习了外国的经验,制定了"核心(或是权威)刊物"的标准,于是,凡是在核心刊物上发表的论文,考核结果就比普通刊物要成倍翻番。道理何在? 谁也说不清,却又都在遵从,真是学术的悲哀与无奈。司马迁、刘知几要是活到今天,不知能发表几篇核心期刊的论文!

当前的学术期刊与上个世纪相比已经很多了,但是,仍然远远满足不了学术研究的需要。于是,又有了论文集的出现。在改革开放以来,作为以研究北京历史文化为主要任务的北京市社会科学院历史研究所,出于科研工作的需要,曾经陆续编辑出版过一些论文集,如《史苑》、《北京史苑》、《北京史研究》等,发表了一批研究北京历史文化的学术论文,在上个世纪的80、90 年代产生了较大的学术影响。后来因为论文集的出版经费缺少来源,而不得不停止了相关的编辑出版工作。此后的历史研究所,只能以各种专题的形式来出版一些论文集。

在北京社科院领导的大力支持和帮助下,历史所同仁在建院三十多年的时间里,陆续编写出版了《北京历史纲要》、《北京通史》(10 卷)、《北京城市发展史》(5 卷)及"北京专史集成"等系列专著,为北京历史文化的研究基础增添着一砖一石。目前,在北京市委宣传部领导的支持下,又开始了"北京断代史"项目(初步拟定为16 卷)的科研工作。在这种情况下,谭维克等院领导又特别拿出一部分科研经费,决定从2012 年开始,每年推出一本以研究北京历史文化为主的学术论文集,作为北京社科院人文丛刊中的一种。经过历史研究所全体同仁的讨论,将这部论文集定名为《北京历史文化研究》。

这部论集的问世,使历史所同仁在集中力量研究重大学术课题的同时,又能有一个发表自己学术观点的窗口。而且,我们秉承了历史所一贯的学术传统,在论文集里登载了北京地区其他科研及教学单位学术同仁们的论文,使这部论文集成为北京历史文化研究最新成果的发表窗口。我们希望并欢迎有更多的专家学者为这部论集提供论文,使之成为研究、探讨北京历史文化的一个重要的学术窗口。

路是人走出来的,走到一半也有可能废止。前些年编辑的《史苑》、《北京史苑》等刊物由于种种原因没有坚持办下来,我们希望《北京历史文化研究》能够在院领导的大力支持下,在从事北京历史文化研究的各位学术同仁的大力帮助下,每年编辑出版一部,把这条史学研究之路坚持走下去。

　　"路漫漫其修远兮,吾将上下而求索"。

王岗

记于 2012 年 11 月 26 日

政治军事

对北京史研究的几点思考

王 岗

在历史研究领域中，人们把研究对象加以分类，以便确定研究的范围以及所采取的方法。有以空间大小为依据的，如中国史研究、美国史研究、法国史研究、世界史研究，等等。有以时间跨度为依据的，如古代史研究、近现代史研究、当代史研究，等等。还有以不同学科为依据的，如政治史研究、经济史研究、文化史研究、社会史研究，等等。

随着人文社会科学研究的不断深入，这种历史研究对象的分类，一方面，变得更加抽象、具体。出现空间范围不断缩小，时间跨度不断缩短，研究专业不断细化的研究现象。如从某一国史缩小到某一区域史，再缩小到某一城市甚至某一村镇、社区历史的研究。另一方面，变得更加综合、宏观。出现跨越国家范围，使用不同专业方法的研究现象。如不同国家、不同城市之间的比较研究，以及政治史与文化史、考古学与人类学等不同学科的综合研究。

北京史研究是以特定区域为对象的历史研究。它研究的空间范围是以历史发展的实际状况为依据的。这个空间范围随着历史发展进程的不断变化而也在发生变化。先秦时期的古蓟国与古燕国，秦汉至隋唐时期的古幽州，以至于辽南京（又称燕京）、金中都、元大都、明清北京、民国北平、当代北京，作为空间范围界定的政区或大或小，不是固定不变的。而它研究的时间跨度则是绵延不绝的，从七十万年前的周口店北京猿人，一直到当代的北京。

北京史研究又是以北京城市作为主要的研究对象。在北京几十万年的历史进程中，城市的出现虽然只有几千年，但是它凝聚着在这一区域中人们所创造的最辉煌的文明。特别是北京在成为全国的政治和文化中心之后，它凝聚的已经是中华民族的文明结晶。北京在成为都城之后，许多重大的历史事件是在这座城市里发生的，又对全国乃至全世界产生了重大影响。因此,对北京历史文化的研究,已经不仅仅是普通的区域史研究,而且有着更加丰富的内容和更加重要的意义。

一、北京史研究的学术价值

在北京漫长的文明发展历程中,留下了大量的历史遗迹。这些历史遗迹许多都具有极为珍贵的历史文化价值,为后人的学术研究提供了很好的物证。特别是从元代这里成为全国的政治和文化中心之后,在七百多年中,这种重要的地位得到长期保留,很少发生改变,由此而积淀的大量历史遗迹更加珍贵。特别是许多重要的遗迹至今保存完好,是国内其他任何一个地区的历史文化遗迹都无法与之相比的。例如,作为人类珍贵文明重要遗迹评价标准之一、联合国科教文卫组织认定的"世界文化遗产",北京的数量最多,达到六项,而在其他省市,最多只有三项,有的省市连一项也没有。

首先,北京历史文化的一个最突出的特点是保存了大量宫廷文化的遗迹,在北京的六项"世界文化遗产"中就占了四项,即紫禁城(皇家宫殿)、天坛(皇家坛庙)、颐和园(皇家园林)、明十三陵(皇家墓葬)。这些历史遗迹所具有的重要学术价值是不言而喻的。例如皇家宫殿,是中国古代建筑艺术的集大成之作。先秦时期的夏商周宫殿遗迹,许多已经荡然无存了。西安、洛阳、南京、开封、杭州等地的汉唐以来宫殿遗迹,也已经残破不堪了。只有北京的紫禁城,不仅保存完好,而且是中国历代宫殿建筑的最终模式。此前的周、秦、汉、唐、宋等朝代的宫殿建筑,有一个逐渐发展、相互继承、不断完善的脉络,这个脉络的终结点,就是明清时期的紫禁城。

就宫殿建筑而言,一座紫禁城就是一座学术宝库,有着发掘不完的宝藏。人们对它的研究已经有几百年了,从明代初年萧洵《故宫遗录》对元大都宫殿的记录,到今天研究团体紫禁城学会的出现,各种研究宫殿建筑的学术成果不断问世,但是,仍有许多重要的问题值得进一步探讨。例如,紫禁城内最主要的建筑是三殿两宫,这是多年来人们的共识。但是,有些专家却把两宫说成三宫,这显然是不对的。第一,乾清宫和坤宁宫是"宫",交泰殿是"殿",宫是用来住人的,殿是用来办事的,绝不可混同。第二,两宫是内廷,在阴阳五行学说中内属阴,必是以偶数为特征。两宫是偶数,东西六宫也是偶数,而三宫是奇数,属阳,不可能出现在内廷中。此外,笔者认为:作为紫禁城外朝的三大殿其实应该是五大殿。第一,"五"为阳数之中,合于"九五之尊"。第二,文华殿与武英殿在紫禁城中的重要作用是与三大殿不相上下的。第三,这五座大殿共同构成了明清时期皇家外朝的一个完整体系。

就皇家园林而言,北京现存的颐和园、圆明园、北海公园、香山公园等,皆是中国古代园林文化的结晶，其中，尤以颐和园、圆明园及北海的学术价值最为珍贵。北海（包括中海和南海）是北京最早的皇家园林之一，始于金代，到此后的元、明、清三代皆有修缮和增建，它与紫禁城、景山一起，共同构成了元明清皇城不可缺少的一个整体。许多重要的宫廷活动（特别是娱乐活动），都是在这里举行的。颐和园与圆明园都是清朝统治者建造的，这两座园林都是古代园林文化的集大成之作。颐和园不仅是中国古代皇家园林的集大成者，而且也是私家园林的集大成者，园中的许多景观皆是取材于江南著名的私家园林。而圆明园则是集世界园林文化之精粹为一体，既有中国古典园林的精华，也有西洋园林的典型。虽然圆明园的建筑大多遭到毁坏，但是，许多遗迹和存世的历史文献仍然可以给研究者提供极为珍贵的资料。

其次，作为全国的文化中心，另一个突出的特色文化就是士大夫文化。自元代以来，北京地区就保留了大量文人士大夫的历史遗迹。这主要体现在两个方面：第一个方面，是名人故居。其中，又以政治名人和文化名人居多。元、明时期，北京就汇集了大量的政治和文化名人，他们在北京生活并从事各项活动，从而留下了许多遗迹，故居就是其中的一项。但是，这一时期距现在的时间跨度较大，许多故居只留其名而不知其处了。如明代著名学者及官员李东阳，他住在什刹海边，具体地点已经无法确定了。清代及民国时期的有些名人故居是确知其处的，但是，也有一些则是不能确定的了，如清代前期的著名文学家曹雪芹在北京的两处故居，就还有许多值得研究的地方。

第二个方面，是各地会馆。在北京成为全国的政治和文化中心之后，活动在这里的各种名人大多数都是外地人。他们中的许多人并没有在北京购置宅院长期定居，而是居住在各地设置的会馆之中，有的人在北京活动期间，主要居住的地方就是会馆。因此，在有些外地名人去世后，北京的同乡们就把这些名人居住过的会馆改为名人祠堂，以便岁时举行纪念活动。此外，在北京有一些文人士大夫活动比较集中的地区，如元明时期的什刹海周边地区、清代的宣南地区等，都是文人士大夫从事各种活动的地方，这里的名人故居及各地会馆也较多，从而形成了特定范围的区域文化，被称为什刹海文化及宣南文化。后人在研究这些名人的学术思想、文化成就的时候，是离不开他们在京城的各项活动的，因为许多外地政治和文化名人的主要活动都是在北京进行的。

再次，作为全国的文化中心，北京的市井文化也有独特的珍贵价值，特别值得研究。作为一座著名古都，生活在这里的居民，其构成是极为复杂的。从社会结构来看，在北京成为全国都城之后，这里居住的人们几乎涵盖了中国古代的各个社会阶层，上至最高统治者及皇亲国戚，下至贩夫走卒及奴仆杂役，无所不包。从民族结构来看,北京自古以来就是各个民族相互融合的一个重要场所,特别是在少数民族政权把这里作为统治中心之后,如辽、金、元、清各代,大量少数民族人士汇聚到这里定居。这个民族聚居的传统一直延续到现在,今天的北京,是拥有五十六个民族共同居住的首善之区。从地域结构来看,北京又是全国各地民众定居的城市。近至河北及天津的民众,远至新疆、西藏及两广、云贵各省的民众,皆曾在此居住。

由这么多不同社会阶层、不同民族成分、不同地域的民众生活在同一座城市之中,几千年来逐渐形成的京师市井文化,其内容之丰富、内涵之深刻,是很少有其他城市可以与之相比的。这种北京的市井文化,融入人们衣、食、住、行的日常生活之中,体现在人们的日常娱乐、宗教节令及婚葬嫁娶的风俗之中。因此,对于从事文化史、经济史、社会史、风俗史等学科研究的学者而言,北京的市井文化是一座永远也发掘不完的珍贵宝藏。随着北京城市的不断发展,城市人口的不断更新,市井文化也在发生着巨大的变化,在传统文化得到继承的基础上,时尚文化很快就融入民众之中。因此,今天北京的市井文化既包含有传统习俗的因素,也包含有流行时尚的因素,是这两种因素的综合体现。

二、北京史研究的现实意义

北京不仅是一座历史发展进程十分悠久的著名古都,而且还是一座当代经济和文化发展非常繁荣的国际大都会。因此,对这座城市及其周边历史的研究除了具有重要的学术价值之外,同时也就具有了重大的现实意义。人们对一个城市的历史把握越全面,对当前的城市问题认识就越深刻,对今后城市的发展前景也就越清醒。学术研究所要解决的不仅仅是历史问题,更是现实问题,它的重大现实意义主要表现在以下几个方面:

第一,总结历史经验,为当前工作提供有益的帮助。在中国古代,很早就有了以史为鉴、总结经验的优良传统,这个传统一直延续到今天。在北京历史发展的进程中,也有许多值得借鉴的经验,如城市建设中的设计规划经验即是如此。金朝在把燕京定为首都之时,扩建了整个都城。在扩建之前,辽朝陪都的宫殿是在全城的西南部,是不符合"择中立宫"的规划原则的。为了使宫殿建筑能够处于全城的中心,而又不用把整个城市推倒重建,于是规划者把燕京城的东、南、西三面加以扩展,而北面城墙基本不动。经过扩建后的金中都城,原来偏居西南角的宫殿就在无形之中处于了全城的核心位置。这种尽量利用原有城市设施,而又能够突出城市文化主题的做法,是值得今天城市规划者借鉴的。

第二,展示文明瑰宝,继承和发扬优秀的传统文化。在今天的北京城内外,随处可见代表中华文明的历史遗迹,除了六项"世界文化遗产"之外,还有全国重点文物保护单位一百余项、北京市文物保护单位数百项、各区县文物保护单位一千余项。如纵贯南北的北京城中轴线、横穿东西的朝阜一条街,就都是布满各种珍贵历史遗迹的城市主干道,集中了城市文化的精华。通过这些历史遗迹,表达出中国古代贤哲们对整个宇宙的认知,对整个社会的思考,以及对自身行为准则的规范。在元、明、清时期,人们对城市的规划设计是以对宇宙中的星象布局为依据的。如元代新建大都城时,皇城的位置对应的就是天象中的紫微垣,主持政务的中书省、主持军务的枢密院和主持监察的御史台等衙署也是与相关的星象相对应的。

第三,指导科学保护,恢复历史文化的真实面目。在今天存留的众多北京历史遗迹中,有些已经保存了几百年,有些已经保存了几千年甚至更长的时间。对这些珍贵的历史遗迹加以保护,是我们当代人责无旁贷的义务。如何更好地保护这些珍贵的遗迹,仅仅提供充足的资金是远远不够的,还必须对保护对象有一个科学的认识,这是采取保护措施的重要前提。而这种科学的认识,是需要经过科学研究才能够得到的。例如,前些年西城区政府决定要保护和修复重要历史遗迹历代帝王庙时,首先着手的,就是对明清时期历代帝王庙的建造、规制和变化历程进行研究,搞清楚已经遭到较大破坏的历代帝王庙原来是什么样子。只有在这个基础上才能够对这处遗迹加以修复,恢复其历史原貌,并且加以有效的保护。如果不能搞清楚明清时期的历代帝王庙大致面貌,修复和保护都是无从着手的。

第四,弘扬中华优秀传统文化,增强民族凝聚力。在历史发展到21世纪的今天,许多中国传统的文化消失了,许多域外的文化传入了。在消失的传统文化中,有些是被历史抛弃的文化糟粕,也有些则是被人为破坏掉的精华。如在"十年浩劫"中被毁坏的大量珍贵文物,就是被指责为封建糟粕而遭到悲惨的命运。特别是许多仍然有珍贵价值的优秀传统观念遭到践踏,搞乱了人们的理想价值观,涣散了中华民族的民族凝聚力。在这种情况下,通过历史研究,阐释优秀传统文化的珍贵价值,重新树立人们的正确价值观念,具有重要的现实意义。不论是前些年中央提出的"八荣八耻"观念,还是最近北京市提出的"北京精神",都是对中华民族传统文化的继承和弘扬。而北京现存的大量珍贵历史文化遗迹,就是优秀传统文化的结晶。

第五,发掘历史文化的巨大优势,加强国际竞争软实力。当今的世界发展出现了"三化"的大趋势,即政治多元化、经济一体化、文化全球化。其中,文化全球化的趋势是与信息化时代的到来密切相关的。世界各国的多种文化都汇入到网络信息的庞大系统中,通过相互的冲撞与竞争,而达到全球化的结果。在诸多文化体系中,竞争的结果必然是优胜劣汰。中华文化与西方文化(包括欧美等国)有着完全不同的产生渊源、发展模式,因此,在全球化的竞争之中各有优劣。而在中华文化中,表现出优势的显著特点之一就是历史文化,近万年的文明发展历程积淀了辉煌的文化结晶,而且这么悠久的文化脉络一直也没有中断,传承了大量人类智慧的结晶。东西方不同的历史发展模式,带来了文化发展的差异。即以人们熟知的"奥运精神"为例,它体现了对人生价值的表达理念。西方所表达的理念是"更高、更快、更强",是要超越别人,而中华民族的理念则是"自强",是要激励自我,而不是去和别人比。显然,"自强"的理念在当今全球化的世界中更容易被大家接受,有着更强的竞争软实力。

第六,发掘历史文化的丰富内容,促进文化产业开发。在 21 世纪的今天,文化产业(又被称为"文化创意产业")开始受到人们越来越多的重视,成为各国社会经济进一步发展的主要途径。而在文化产业的发展过程中,形式与内容是相辅相成的。在今天的北京,文化产业的形式已经十分丰富,各种文学艺术形式应有尽有,各种传媒手段十分先进,但是,就文化内容而言,却有许多不尽如人意的地方。纵观当前的文化产品,以影视作品为例,历史题材的作品占有很大比重,数量不少,但是,若仔细品味这些作品,却存在许多问题。问题之一,是我们的编剧和导演缺乏基本的历史常识,因此在影视作品中经常出现各种"硬伤"。问题之二,是我们的编剧、导演和演员的传统文化修养较差,因此在影视作品中很难表现出深厚的历史文化内涵,作品往往显得较为肤浅。只有进一步加强文化产业从业人员的传统文化修养,才能够打造出具有中国特色的文化精品。

第七,发掘历史文化的巨大潜力,支持旅游支柱产业发展。当前,国家已经明确把旅游作为支柱产业,而在北京的旅游业中,历史文化遗迹占有极为重要的位置。对于绝大多数前来北京旅游的游客而言,在他们必去的旅游景点中,历史文化遗迹占有非常大的比例,如故宫、颐和园、八达岭长城、天坛、恭王府花园,等等,皆是如此。除此之外的当代旅游景点,游客们必去的地方却很少。但是,从旅游产业开发的角度而言,对这些重要的历史景点的开发利用还是远远不够的,目前能获得的经济效益绝大多数只是门票钱。如以北京故宫与台北故宫相比较,在相关文化产品的开发上,北京故宫有着很大的差距。也就是说,北京的众多历史景点,皆有着巨大的开发潜力和发展空间。

第八,加快中外文化交流,展示中华文明魅力。在当今信息化的时代,各国之间的文化交流有了显著的发展,不论从交流的深度和广度等各方面来看,都远远超过了以往的任何一个时期。各国人民对中国的了解越来越全面、越来越深入了,其中一个很重要的途径就是对北京历史文化的了解。例如,作为人类七大文明遗迹之一的长城,是大多数中外游客来北京必看的景点。只有通过深入研究,向中外游客揭示中华民族建造长城的丰富文化内涵，是古代人们不惜花费巨额人力、物力来捍卫和平的壮举，是中国不同民族相互融合的象征。只有把中华文明的这些魅力真正展示出来，才能够进一步加快中外文化的交流，让更多的外国游客正确认识北京，认识中国。

三、对北京通史研究的思考

北京历史文化的发展源远流长，内容丰富多彩，目前得到大多数人认同的一种观点是，这里有七十万年左右的人类活动遗迹，有三千多年的建城历史，有八百多年的建都历史。这七十万年人类在北京地区活动的历史，就是北京通史需要进行研究的范围。目前，我们所能见到的研究成果，称为《北京通史》的只有一部，就是由曹子西主编、北京市社会科学院历史研究所诸位同仁所撰写的。其他许多研究成果，如北京大学历史系编写的《北京史》、由北京市社会科学院历史研究所编写的《北京历史纲要》等等，虽然没有"通史"的名目，而实际上却都是通史的体裁，大致贯通了北京历史的全过程。

作为一个地区的历史而言，非常需要有一部贯通古今的著作加以阐述，它的历史起源在哪里，它的发展经历了怎样的过程，人们对它的发展历程应该如何认识、如何评价，等等。这个阐述的形式，可以详细，洋洋数百万乃至数千万字；也可以简略，扼要几万字至几十万字。但是，"通"的含义必须贯穿全书。如果只研究了历史进程中的某一个阶段，即便是很长的一个阶段，也不能称之为"通史"。作为一部通史最重要的意义，就是要梳理历史发展的全过程，并通过梳理找出内在的历史发展规律。如果没有"通"的体例，只是截取历史中的某一段，是无法全面把握历史发展的整体规律的。

作为一部区域性通史，它研究的内容应该是比较全面的。即这个区域在历史上各个方面的基本状况，应该包括政治、经济、军事、文化、社会、城市等主要方面的内容。较为详细的通史是如此，较为简略的通史也应如此。如果仅有某个方面的内容，也就只能称之为专史了。当然，也有一些研究成果，采用的是通史的体裁，纵贯古今，但是内容并不全面，只是把历史上的重大事件贯穿在一起，并称之为"简史"或是"史话"，许多研究北京史的学者皆曾编写过的《北京史话》，即是如此。这类著述的主要目的，是在普及历史知识。

作为一部研究性质的北京通史而言，在目前学术发展环境中，是很难由某个人独立完成的。首先，是这段历史的时间跨度很大，从古猿人的遗迹开始，一直到近现代或是当代，经历了原始社会、奴隶社会、封建社会、半殖民地半封建社会、社会主义的初级阶段，等等。不同社会发展阶段中存在的各种历史问题是不一样的，作为个人很难全都把握。其次,这段历史包含的内容极多,既有政治史的,也有经济史的,还有文化史的,等等。因此研究涉及的学科很宽,除了历史学之外,还要涉及考古学、人类学、社会学、宗教学、民俗学等许多学科,这也是个人学识所无法独自把握的。所以,要想编写一部北京通史,就必须组织一支科研团队,分成不同时间段,通过不同学科的优化组合,才能够胜任科研任务。

作为一部研究性质的北京通史,要达到哪些研究目的,要取得哪些研究成果,是值得探讨的问题。首先,是研究的目的,大致可以分成以下几个层次:第一个层次,是梳理出北京历史发展的基本脉络,划分出不同的发展阶段。第二个层次,是总结出北京历史发展的基本规律,并用这个规律预测北京今后发展的大趋势。第三个层次,是总结以往北京历史发展中的经验教训,为当前的实际工作提供有益的参考意见。其次,是研究成果,大致可以分成以下几项:第一项,是对北京历史上的重大事件加以考订,概括出大致的面貌。对模糊不清的史实经过研究加以澄清,对有争议的事件分辨其是非。第二项,是对这些重大历史事件加以科学的公正评价,以确定这些事件到底是推动了历史的发展,还是阻碍了历史的发展。第三项,是要发掘出北京历史文化遗存的珍贵价值,对那些具有很高学术价值而至今仍没有引起人们重视的遗存加以发掘,以便引起足够的重视。

目前问世的十卷本《北京通史》,就其研究目的而言,基本上搭成了一座"通史"的框架,从政治、经济、军事、文化等方面比较全面的梳理了北京历史发展的大致脉络。但是,在总结历史基本规律和预测未来发展趋势方面还有待进一步完善。就其研究成果而言,对一些重大事件进行了考订和评价。但是,对历史遗存的珍贵价值进行发掘的工作也有待进一步完善。这部《北京通史》由于受到字数的限制,对于许多重要的史实还无法充分展开研讨,对于许多有争议的问题也没能分辨其是非。特别是从"通"的角度而言,在各卷之间还存在着相关内容不连贯的问题。对于这些书中的不足之处,还有待于今后开展规模更大的修订工作来加以完善。

四、对北京专史研究的思考

近年来,随着北京历史文化研究工作的不断深入,许多人开始从更加专业的角度开展研究工作,也就是有了对北京专史的研究,并且已经陆续有一批研究成果相继问世。这是自《北京通史》问世之后特别值得注意的一种学术发展趋势。显然,通史着眼的是历史发展的整体状况,而专史侧重的则是历史发展的某一个方面。就专史与通史的关系而言,专史是对通史的补充、完善和进一步的深入研究。专史研究的优长是它的深度,而不足之处则是它不够全面。当然,如果把各个主要门类(包括政治、经济、军事、文化等)的专史全都集中在一起,就会合成为一部通史。

进行北京专史的研究,首先遇到的一个问题就是分类问题。因为只有在科学分类的基础上,才能够进行科学的研究。但是,对专史进行分类是一个极为复杂的问题,这是由"专"的程度不同所决定的。例如对很专的北京宗教史进行研究,第一个层次就是对北京宗教史的整体状况进行研究。与通史相比,这显然是专史研究,但是,就宗教史而言,它又是一部"通史"。因为在它下面,又可以分为北京佛教史、北京道教史、北京伊斯兰教史等不同的类别。与之相比,宗教史就变成了概述性质的宗教通史了。

当然,这种"专史"的分类可以有许多种,如在北京佛教史之下,又可分为北京佛教历代高僧研究、北京历代寺庙变迁研究,以及北京佛教宗派研究等不同的分支(其他宗教派别也是如此)。而在历代高僧研究的整体范围内,仍然可以结合不同寺庙、不同佛教宗派进行更加细化的分类研究。此外,就佛教在北京的产生源头、发展脉络、兴衰原因、社会影响、文化价值、寺院经济等专题,也可以进行研究,也都在专史研究的范围之内。因此,如何进行专史分类,会有无数种组合方式,会有无数"专"题研究的内容,也就会有无数种研究结果。

与通史研究一样,专史研究同样存在着体量大小的问题。一部通史,可以撰写几十万字,也可以撰写几百万字甚至几千万字,专史亦然。仍以宗教史为例,一部北京宗教史可以写几十万字,也可以写几百万字。一部北京佛教史,或者一部北京佛教人物合传也可以写几十万字、几百万字。显然,体量大小的不同,必然会使研究的内容有详有略,研究的深入程度也会不同。就目前的状况而言,北京专史研究尚处于起步阶段,存在着大量的研究空白,因此,就专史的体量而言,以控制在一个适当的范围内(30万—50万字)为宜。

进行北京专史研究遇到的第二个问题,就是系统性问题。由于"专"的性质所决定,每一部专史都只是一个相对比较狭窄的领域,有些还只是某个狭窄领域中的某一个点。在这种情况下,其研究成果也就变得零星和分散,很难把它们组合成为一个整体。因此,如果我们有计划的、分步骤的进行一批又一批的专史研究,其研究成果之间有了内在的联系,就会形成一股研究的合力,使研究成果产生更大的学术作用。要达到这个目的显然是比较困难的,然而,经过努力也不是无法实现的。我们在从事北京专史系列研究的时候采用了两种方法,一种是从个体到整体,如先分别进行《北京农业史》(尚待研究)、《北京手工业史》(已出版)、《北京商业史》(已出版)的研究,在此基础上再进行《北京经济史》的研究。另一种是从整体到个体,如目前已经完成的《北京宗教史》研究,然后再开展《北京佛教史》(尚待研究)、《北京道教史》(尚待研究)、《北京伊斯兰教史》(尚待研究)等专题的研究。

进行北京专史研究遇到的第三个问题,就是时间跨度和空间范围的把握问题。就时间跨度而言,进行专史研究的跨度应该尽量长一些。因为从"专"的角度进行研究,有了较长时间的跨度,就可以比较清楚地梳理出一个较为完整的发展脉络,而时间跨度越短,就越难于把握基本的脉络。我们在进行北京专史系列研究的时候,一般时间跨度是从先秦至民国,只有个别的例外,时间延伸到解放以后。就空间范围而言,主要是以今天的北京政区为依据,而适当参照历史上的政区变化。但是,在某些情况下,专史的"专"是很难用空间范围来限定的,有时必须采用变通的办法。例如我们目前已经完成的《北京著述史》研究,就采用了前代学者的方法,将研究对象分为两大部分,一部分是北京人的著述,这一部分是用著者所处地域范围(即空间)来界定的。另一部分则是关于北京的著述,这一部分的著者是无法用地域范围界定的,只能用著述的内容来加以界定。

对北京专史的研究刚刚起步,虽然有了一些研究成果,但是今后要走的路还很漫长。我们的专史研究今后主要是向三个方面继续努力,第一个方面,是继续填补专史研究的空白,不断开拓专史研究的新领域。第二个方面,是加大专史研究的深度和广度,不断推出体量更加宏大、研究内容更加细化的专史成果。第三个方面,是把握专史研究的系统性,使研究成果之间有更多的内在联系,逐渐形成庞大的专史体系,使之成为另一种形式的北京"通史"。

五、对北京断代史研究的思考

北京断代史研究的提出,是近两年来的事情。前些年,在北京史研究领域中曾经有两项研究成果引起人们的关注。一项是于杰等先生所著《金中都》,另一项是陈高华先生所著《元大都》。距今已经十几年过去了,却没有再见到相关研究成果的问世。因此,我们提出要撰写一套相类似的学术专著,并且命名为"北京断代史"。这套专著包括:1.《古燕国》,2.《古幽州》,3.《辽南京》,4.《金中都》,5.《元大都》,6.《明北京》,7.《清北京》,8.《民国北京(北平)》。这套专著在撰写完成之后,当是北京史研究中另一项填补空白的成果。

在中国历史的研究中,不论是通史还是专史,人们往往以朝代的变更作为基本的分段标准。如《北京通史》分为十卷,就是以朝代作为分段标准的。我们撰写的若干部专史,如《北京政治史》、《北京教育史》、《北京建置沿革史》等,也是如此。因为在中国历史发展的长河中,朝代的变更往往带来政治、经济、文化等许多重要方面的变更,从而形成不同的发展阶段。所以,用朝代作为进行研究的分段标准是比较合适的,也是大多数从事研究的人们所惯用的方法。当然,作为北京断代史的阶段划分并不是完全按照每个朝代一部的办法,而是按照北京历史发展的基本状况来确定的。例如,《古燕国》就包括了西周之前的夏、商乃至更早的原始社会,以及西周之后的春秋战国时期等各个朝代的内容。又如《古幽州》,时间跨度是从秦汉时期一直到辽代之前,历经秦汉、魏晋南北朝、隋唐五代等各个朝代。自辽代起,才是每个朝代一部(依据内容多少而分为若干本)。

在北京历史的研究过程中,人们不难发现,朝代的变更同样具有划分阶段的重要意义。从西周初年分封燕国,到秦朝统一天下,燕国在北京早期历史发展进程中占有非常重要的地位。当然,古燕国史的研究也要包括燕国建立之前北京地区的历史发展状况。及秦朝统一天下到辽朝占有燕京之前,这里的历史发展处于从量变到质变的过程中。辽南京的出现、金中都的设立、元大都的创建,在三个朝代的变更过程中,北京的政治地位和社会影响发生了非常大的转变,完成了从边陲军事重镇到全国统治中心的质变,这个质变的过程显然是与朝代的变更密不可分的。此后,明、清、民国北京的发展,只是元大都的延续,但是,随着朝代的变更又增加了许多新的内容。

以往人们在研究断代史的时候,主要是以一个朝代的整体政区作为研究对象的。作为一个特定区域的研究,是否可以采用断代的方法,我们认为是完全可以的,而且具有与全国政区的整体研究完全相同的作用。

第一,作为一个朝代而言,即使是割据政权,也可以再划分为不同的地域。例如对辽南京的研究,首先,它在政治上是陪都,但是,在城市经济和文化的发展繁荣程度上,却是辽朝的五京之冠,在军事上更是具有其他任何一座辽朝城市都无法与之相比的重要战略地位。同时,辽南京与辽上京、中京和其他陪都的关系,辽南京在辽、宋之间对峙中的地位与作用,等等,都具有非常高的学术研究价值。因此,作为一个区域的断代史研究,是十分必要的。

第二,作为区域断代史研究,有着自己独特的视角,对于这种视角的研究,是通史及专史都无法取代的。就以通史与断代史的比较而言,"北京通史"是从纵的角度开展研究,展示北京历史发展的主要脉络。而"北京断代史"则是从横的角度开展研究,展示不同时期(即朝代)北京地区的历史发展概况。若以专史与断代史的比较而言,"北京专史"是从分类的角度对北京历史进行专门研究,而"北京断代史"则是从分时段的角度对某一个朝代的北京历史进行综合研究。显然,通史、专史和断代史的研究内容和研究方法是有很大差异的,三者各有所长,也各有不足,又互为补充,共同组成了北京历史研究的整体。

第三,断代史与通史和专史之间的关系,既是相互矛盾的,又是相互关联的。首先,是断代史与通史的关系:"断"与"通"是一对矛盾,但是,断代史研究又是通史研究的基础,只有断代史的研究搞好了,通史的研究才能够搞好。同时,断代史从某个角度而言又是通史的重要组成部分,如果我们把不同朝代的断代史从头至尾串连在一起,也就形成了一部别开生面的通史。其次,是断代史与专史的关系,"断"与"专"也是一对矛盾,但是,两者是完全可以相互组合的。例如对清代北京断代史的研究,在与专史研究组合之后,可以形成清代北京风俗史研究、清代北京学人与学术研究、清代北京城市变迁研究、清代北京园林史研究等诸多课题。这些组合课题的研究,在促进了断代史研究的同时,也促进了专史的研究。

综上所述,对北京历史文化的研究,内容是十分丰富的,方法是极为多样的,研究成果也有着广泛的用途。目前的北京历史文化研究尚处于起步阶段,有许多研究领域仍处于空白状态,需要我们去进行开拓。也有许多研究领域仍处于打基础的阶段,需要我们进一步加以钻研和深化。我们只有把优秀的传统历史研究方法和当代有益的历史理论加以结合,才能够不断提高我们的研究能力,拿出较高质量的学术研究成果。

（作者系北京市社会科学院历史研究所所长、研究员）

魏晋北朝时期范阳卢氏的政治地位升降与婚姻对象选择

许　辉

范阳卢氏是魏晋北朝时期的世家大族,尤其在北魏时期,一跃而成为屈指可数的冠冕世家,直至唐代,犹为时所仰慕,以致被唐太宗列入"禁婚家"名单。由于"婚"与"宦"是衡量魏晋北朝时期门阀士族门第高卑的尺度,故而可以透过范阳卢氏婚姻对象的选择与政治地位的升降来探讨其家族沉浮。

一、魏晋时期范阳卢氏的士族化与婚姻对象

卢植是范阳卢氏追崇的起点,他是汉末社会中一类地方实力派通过通经入仕、世代为官向士族转化的典型,"卢植字子幹,涿郡涿人也。……少与郑玄俱事马融,能通古今学,好研精而不守章句。……学终辞归,阖门教授。性刚毅有大节,常怀济世志,不好辞赋"。[1]卢植在经学上有相当造诣,成为当时知名学者,其后投入他门下的不乏当世英杰,公孙瓒与刘备都曾受教于卢植,刘备"年十五,母使行学,与同宗刘德然、辽西公孙瓒俱事故九江太守同郡卢植"。[2]虽然卢植志在解诂礼经,但是以其才学和声望最终使他无法回避朝廷的屡次征辟,作为文武通才,卢植历官九江太守、侍中、尚书,因在捍卫汉室时触怒了董卓而被免官。卢植从此也惧祸隐居上谷,后出任冀州牧袁绍军师一段时间,直至初平三年卒。

虽然卢植距离其后卢氏家族发展成为阀阅还尚为遥远,但是他所具备学术背景和声望为其子卢毓跻身曹魏政权提供了基础,与此同时汉政权的瓦解和魏晋王朝的更替为其家族地位的上升提供了机遇。

曹操取代袁绍拥有河北之地后,大量启用河北各州士大夫,从此河北士人成为仅次于河南颍汝、谯沛士人的曹氏集团核心力量。曹操取得邺都后,授予河北士人清河崔琰选举大权,"魏氏初载,委授权衡,总齐清议,十有余年。文武群才,多所明拔,朝廷归高,天下称平"。[3]而自东汉以来,士人的地域分化与结党意识使他们逐

渐形成了不同的集团,崔琰由此充当了河北士人集团利益代表人的角色,"琰在魏时,为冀州人士之首。"[4]崔琰是卢植同门郑玄的门生,"至年二十九,乃结公孙方等就郑玄受学",[5]与卢氏兼有学术与地域集团的双重关系,对卢植子孙的继兴功不可没。

卢植子卢毓"以学行见称。文帝为五官将,召毓署门下贼曹。崔琰举为冀州主簿"。[6]有了崔琰的援引,卢毓在曹魏开始踏上了仕进之途,魏文帝时,他由侍中迁为吏部尚书,执掌官吏任免,一度因曹爽掌权而失去这个重要职位,不过高平陵事件后,"爽等见收,太傅司马宣王使毓行司隶校尉,治其狱。复为吏部尚书,加奉车都尉,封高乐亭侯,转为仆射,故典选举,加光禄大夫。高贵乡公即位,进封大梁乡侯。封一子(高)亭侯。毌丘俭作乱,大将军司马景王出征,毓纲纪后事,加侍中。正元三年,疾病,逊位。迁为司空,……进爵封容城侯,邑二千三百户"。[7]卢毓在曹魏达到了仕宦的顶点,也适逢在曹魏政权下士族的形成阶段取得了这样的地位。

对于曹魏时期士族地位的上升,卢毓也在他吏部尚书的职位上起到了很大的作用。"毓于人及选举,先举性行,而后言才。黄门李丰尝以问毓,毓曰:'才所以为善也,故大才成大善,小才成小善。今称之有才而不能为善,是才不中器也。'丰等服其言"。[8]讲究德行正是以儒学名教为标榜的士族的立身之本,正向门阀士族转化的卢毓自然钟情于这样的标准。强调门庭的结果,使士族世代为官,在这样的气候下,士族卢毓子卢钦、卢珽也相继在曹魏西晋为官,"钦泰始中为尚书仆射,领选","珽及子皓、志并至尚书"。[9]迄止于西晋末年的动乱,卢志子卢谌投靠司空、并州刺史刘琨,刘琨被段匹磾所害后投奔段末波,"段末波爱其才,托以道险,终不遣之。末波死,谌依石季龙。冉闵诛石失,谌随闵军,遇害"。[10]

从汉末经历曹魏到西晋,范阳卢氏的政治地位一直处于上升阶段,这种政治地位的提高也对其家族婚姻对象的选择有所影响。曹魏时期范阳卢氏的婚姻对象并无固定的圈子,自西晋门阀制度形成之后,卢氏开始选择士族高门乃至皇室作为姻亲对象。清河崔氏一直为河北士族之首,素来与卢氏通好,同为经学大师马融的传人,崔琰曾举荐卢毓,而卢毓又赞誉崔琰族第崔林亮直清方堪为司徒,崔林曾孙崔悦与卢志相友善,由是清河崔氏成为卢氏的婚姻对象。清河崔氏作为河北冠族,与之通婚者都为高门大姓,崔林之孙,一嫁刘琨,一嫁温峤之父,卢志就娶崔林孙女为妻[11],子卢谌"选尚武帝女荥阳公主,拜驸马都尉,未成礼而公主卒"。[12]

比较魏晋时期范阳卢氏的婚姻对象来看,在门阀士族形成之前,范阳婚姻对象没有门第的限制,而在西晋门阀等第观念形成后,范阳卢氏就开始遵照士庶分别,开始与有名望的士族通婚了。虽然这反映了范阳卢氏在当时门阀士族中具有一定的声望,但是并未居于曹魏与西晋权力核心。限于其政治实力及原籍与建康相隔悬远的因素,在晋室南迁之际,范阳卢氏与大量河北士族留在原籍以图发展。

二、北魏时期范阳卢氏的政治地位与联姻

在晋室南迁后,入主中原的胡人政权积极寻求北方汉人士族的支持。最初留守河北的士族还不甘心加入胡人的队伍,如卢谌等虽然投靠在鲜卑段氏麾下,终究视其为非类。北魏初入中原时,积极寻求与北方士族的合作,"初建台省,置百官,封拜公侯、将军、刺史、太守,尚书郎已下悉用文人。帝初拓中原,留心慰纳,诸士大夫诣军门者,无少长,皆引入赐见,存问周悉,人得自尽,苟有微能,咸蒙叙用"。[13]

在北魏统治者的努力下,清河崔玄伯率先与拓跋珪合作,崔玄伯"深为太祖所任,势倾朝廷"。[14]神䴥四年,太武帝拓跋焘再度下诏征求人才,"'今二寇摧殄,将偃武脩文,理废职,举逸民。范阳卢玄、博陵崔绰、赵郡李灵、河间邢颖、勃海高允、广平游雅、太原张伟等,皆贤隽之胄,冠冕周(州)邦。易曰:我有好爵,吾与尔縻之。如玄之比者,尽敕州郡以礼发遣。'遂徵玄等及州郡所遣至者数百人,差次叙用。崔绰以母老固辞。玄等皆拜中书博士"。[15]范阳卢氏等河北世家大族,比北方其他大族更早、更积极地与拓跋氏合作,在政治和社会上占据了有利地位,从而成为了北魏王朝的新贵。魏晋以来卢氏虽然仕宦不断,但并非显达豪族,较之为北方士族首领的清河崔氏都尚有很大距离,在北魏则一跃而成为与之同等的甲族。

此时,卢氏的婚姻对象也有了相应的提升。与北魏合作的北方士族获得了政治高位,范阳卢氏就首先与这些高门结为姻亲,清河崔氏、赵郡李氏、渤海封氏、太原王氏成为范阳卢氏联姻对象。清河崔氏可谓北魏最为显贵的士族,卢谌嫁孙女与崔玄伯,'浩母,卢谌孙女也'。[16]卢遐娶崔浩女,卢度世娶崔琰后裔崔绩之女为妻。赵郡李孝伯是北魏政坛显要,卢渊则娶李孝伯女。渤海封恺是北方望族,祖、父分别仕前燕、后燕,因而卢玄嫁女封恺。太原王慧龙是北归的魏晋旧族,卢遐和王慧龙均取崔浩女,两家于是指腹为婚。通过与高门大姓之间的婚姻网络,范阳卢氏取得了更为广阔的政治前景。

至北魏孝文帝汉化改革之时,曾经因崔浩事件备受打击的范阳卢氏历经了一段时间的沉沦,又再度光大起来。因孝文帝迁都洛阳,汉化趋势在所难免,与鲜卑贵族相较,汉人士族还是在中原地区有盘根错节的势力,由此汉人士族再度成为北魏政权拉拢的对象。一方面,孝文帝重新核定氏族,规整了鲜卑贵族与汉人士族的族姓高低,根据当世官爵等级、对北魏政权的可利用价值以及参考魏晋旧籍,北方汉人士族地位序列重新确立。北魏核定族姓的标准,按唐柳冲所论:"以中国士人差第阀阅为

之制,凡三世有三公者曰'膏粱',有令、仆者曰'华腴',尚书、领、护而上者为'甲姓',九卿若方伯者为'乙姓',散骑常侍、太中大夫者为'丙姓',吏部正员郎为'丁姓'。凡得人者,谓之'四姓'。"[17]参照这一标准,范阳卢氏的甲族地位获得肯定。

既然族姓"别贵贱,分士庶,不可易也"。[18]荣登甲族之列的范阳卢氏一直注重与有声望的汉人士族通婚,孝文帝以后是有增无减,择偶对象选定在权势显赫的甲族、权贵以及皇室,并以此为标榜。清河崔氏是其由来已久的姻亲,赵郡李氏、河东刘氏、太原王氏、荥阳郑氏都是其亲上加亲的不二人选。这些婚姻关系对提高范阳卢氏的政治地位有极大的帮助,如李冲是当朝宠臣,"(卢)伯源与李冲特相友善,冲重伯源门风,伯源私冲才官,故结为婚姻,往来亲密。至于伯源荷孝文意遇,颇亦由冲"。[19]

为弥合胡汉之间的矛盾,魏孝文帝倡导胡汉通婚,并自选汉族甲姓女为后宫,"魏主雅重门族,以范阳卢敏、清河崔宗伯、荥阳郑羲、太原王琼四姓,衣冠所推,咸纳其女以充后宫。陇西李冲以才识见任,当朝贵重,所结姻(女连),莫非清望;帝亦以其女为夫人"。[20]卢、崔、郑、王、李五姓因为国婚的殊荣赢得了朝野瞩目。在孝文帝为自己选择五姓女为后宫的同时,诏令皇室宗亲也在大姓中选取婚姻,"以皇子茂年,宜简令正,前者所纳,可为妾媵。将以此年为六弟娉室。长弟咸阳王禧可娉故颍川太守陇西李辅女,次弟河南王干可娉故中散代郡穆明乐女,次弟广陵王羽可娉骠骑咨议参军荥阳郑平城女,次弟颍川王雍可娉故中书博士范阳卢神宝女,次弟始平王勰可娉廷尉卿陇西李冲女,季弟北海王详可娉吏部郎中荥阳郑懿女"。[21]在五姓中卢氏与皇室婚媾达十多例,远居其他四姓之首。如卢敏与卢道约女分别为孝文帝、孝明帝嫔妃。卢道裕尚献文帝女乐浪公主,卢道虔尚孝文帝女济南公主,卢元景尚孝文帝女义阳公主,"一门三主,当世以为荣"。[22]卢氏与其他宗室结亲的也有近十例。

北魏前期皇室罕与汉人士族通婚,北魏周边尚有不少割据势力,如后秦、北凉、北燕以及夏政权,道武帝拓跋珪通过联姻的方式来笼络这些势力,"是以诸公主皆厘降于宾附之国,朝臣子弟,虽名族美彦,不得尚焉"。[23]而当时的汉族士族也与北魏政权颇有隔阂,更乐于与旧族通婚。在不断融入北魏政权后,汉士族也更期望分享更多的政治利益,寻求更多的政治靠山,范阳卢氏参与国婚的积极性也正是基于此原因。国婚极大提高了范阳卢氏的政治与社会声望,以致崔悛"每以籍地自矜,谓卢元明曰:'天下盛门,唯我与尔,博崔、赵李,何事者哉!'"[24]

三、北朝后期范阳卢氏政治地位下降与联姻对象的扩大

北魏衰微后分裂为东、西魏,随之分别为北周和北齐所取代。这一时期范阳卢氏

家族也因政治上的分裂追随不同的政权，其地位出现了新的变化。一部分随宇文氏西入关中，也相应取得一定的政治地位。但是这一部分卢氏家族成员因为脱离了旧籍，失去了宗族的支持，在政治地位上有日渐下滑的趋势。而留在幽州原籍的卢氏家族成员依然发挥他们的优势，主动配合新政权的建立，从而获得高位。如北齐高欢在进入河北时，主动支持他的河北士族为数众多，渤海高乾邕兄弟、赵郡李元忠以及李义深等都亲率部众逢迎齐高祖。范阳卢文伟也早有拥护高欢之意，"庄帝崩，文伟与幽州刺史刘灵助同谋起义。灵助克瀛州，留文伟行事，自率兵赴定州，为尔朱荣将侯深所败。文伟弃州，走还本郡，仍与高乾邕兄弟共相影响。属高祖至信都，文伟遣子怀道奉启陈诚，高祖嘉纳之。中兴初，除安东将军、安州刺史。时安州未宾，仍居帅任，行幽州事，加镇军、正刺史"。[25]

范阳卢氏通过积极支持新政权的建立，在新朝获得立足之地，并且在政权建设中，发挥了更多作用，"有齐自霸图云启，广延髦俊，开四门以纳之，举八纮以掩之，邺京之下，烟霏雾集，河间邢子才、钜鹿魏伯起、范阳卢元明、钜鹿魏季景、清河崔长儒、河间邢子明、范阳祖孝徵、乐安孙彦举、中山杜辅玄、北平阳子烈并其流也。复有范阳祖鸿勋亦参文士之列。天保中，李愔、陆卬、崔瞻、陆元规并在中书，参掌纶诰。其李广、樊逊、李德林、卢询祖、卢思道始以文章著名"。[26]无论是政权草创还是巩固，范阳卢氏都以投身其中，以获取更多政治地位。

范阳卢氏在东魏北齐政权中也算是仕途通达，政权变更频繁的结果就是朝廷新贵辈出，而东魏北齐是鲜卑化的汉人高欢所控制的政权，虽然有很多汉士族加入，主要依靠的还是六镇鲜卑。鲜卑与汉士族之间的对立与矛盾颇为明显，在朝中形成了两股不同的政治势力，汉士族并无明显优势，因此这一时期范阳卢氏的政治地位也显得起伏不定。

为应对政治与社会地位的起伏，范阳卢氏一改往日主要与士族甲姓及皇室和权贵通婚的标准，渐渐泯灭门阀士族的界限，广泛与皇室、士族、新兴勋臣乃至庶族通婚，以求通过宽泛的姻亲网络来吸取政治上的扶持。如卢子规女适齐神武第十子任城王湝，卢正山女嫁与齐文襄长子河南王孝瑜。因为东魏北齐时与皇室联姻不多，范阳卢氏的婚姻对象主要为汉士族显贵者，如赵郡李希宗女李祖娥是文宣帝皇后，卢文翼、文符兄弟将女儿嫁给希宗第四弟李骞、第五弟李希礼。博陵崔昂、崔遇及崔季舒深受齐文襄帝高澄赏识，因而卢文甫以女修娥许配崔昂，卢公顺又娶崔昂第三女。

新兴权贵以及胡人也是范阳卢氏的联姻对象，长乐信都冯子珠是"北燕主冯弘之后"，在北齐迁升为尚书右仆射，范阳卢思道为其女婿。而鲜卑贵族也是范阳卢氏积极选择的婚姻对象,东魏时灵太后从侄胡僧敬为孝静帝舅,位至司空,卢道约遂将女儿适胡僧敬从兄弟胡延之。后胡延之女立为齐武成帝皇后,孙女为齐后主皇后,范阳卢氏得以荣升舅氏之尊。武成帝喜爱的和士开,"其先西域商胡",累除右仆射,掌握军国实权。于是范阳卢氏一改旧族的矜持,与和士开弟和士休缔结婚姻。庶族出身的毕义云,"家富于财",攀附至度支尚书之位,卢氏居然也嫁女为其少室。

四、结　语

魏晋北朝时期范阳卢氏的政治与社会地位变化和政权与时局变化紧密联系,通过其婚姻对象的选择可以看出,魏晋尤其西晋时期范阳卢氏逐渐获得了门阀士族的身份,而在北魏时期范阳卢氏的政治与社会地位进一步得到确立并达到鼎盛。随后在北朝后期,由于政权的分化与变动,范阳卢氏的地位起伏难定。在政治与社会地位影响婚姻对象选择的同时,姻亲网络也对范阳卢氏的地位起到了积极或消极的作用。

（作者系北京市社会科学院历史所副研究员）

注　释

1　[南朝宋]范晔:《后汉书》卷六四《卢植传》,中华书局校点本。

2　[晋]陈寿:《三国志》卷三二《蜀书·先主传二》,中华书局校点本。

3　《三国志》卷一二《崔琰传》注引《先贤行状》,中华书局校点本。

4　《资治通鉴》卷九一晋元帝太兴二年十二月条胡三省注,中华书局校点本。

5　[晋]陈寿:《三国志》卷一二《魏书·崔琰传》,中华书局校点本。

6　7　8　[晋]陈寿:《三国志》卷二二《魏书·卢毓传》。

9　[晋]陈寿:《三国志》卷二二《魏书·卢毓传》注引《世语》,中华书局校点本。

10　[晋]徐广:《晋纪》,天津古籍出版社1989年。

11　[唐]房玄龄等:《晋书》卷四四《卢钦附卢志传》;琨妻即谌之从母,中华书局校点本。

12　[唐]房玄龄等:《晋书》卷四四《卢钦附卢志传》,中华书局校点本。

13　[北齐]魏收:《魏书》卷二《太祖纪二》,中华书局校点本。

14　23　《魏书》卷二四《崔玄伯传》,中华书局校点本。

15　[宋]司马光等:《资治通鉴》卷一二二宋文帝元嘉八年九月条,中华书局校点本。

16　[唐]李延寿:《北史》卷二一《崔浩传》,中华书局校点本。

17　18　[宋]欧阳修等:《新唐书》卷一九九《柳冲传》,中华书局校点本。

19　[唐]李延寿:《北史》卷三〇《卢玄传》,中华书局校点本。

20　[宋]司马光:《资治通鉴》卷一四〇齐明帝建武三年正月条,中华书局校点本。

21　[北齐]魏收:《魏书》卷二一《咸阳王传》,中华书局校点本。

22　[北齐]魏收:《魏书》卷四七《卢玄传》,中华书局校点本。

24　[唐]李百药:《北齐书》卷二三《崔㥄传》,中华书局校点本。

25　[唐]李百药:《北齐书》卷二二《卢文伟传》,中华书局校点本。

26　[唐]李百药:《北齐书》卷四五《文苑传序》,中华书局校点本。

甲申之变的白银情结
——大顺追赃与崇祯内帑解析

李宝臣

　　崇祯十七年三月十九日，李自成率军在明太监与高官的配合下，不战而入北京，开启明清交替缝隙的四十一天大顺军北京史。其来去匆匆，在北京只做了一件大事，就是搜刮白银起运西安，从而留给历史"大顺追赃"与"崇祯内帑"的白银情结。滚滚白银让人眼花缭乱，其来源，其数量，史说纷纭，莫衷一是，裹挟着爱恨情仇。

　　进京之初，李自成甄别录用了九十二名明朝旧官。裁撤宦官衙门，驱逐宫中太监。改锦衣卫为龙衣卫。设铸钱局二十四所，发行永昌通宝。看似打算长久居住下去，然不久即设"比饷镇抚司"，由刘宗敏、李过主持，大张旗鼓地开始拷掠追赃行动。

　　初入城时，居民脸贴"顺民"字条，箪食壶浆焚香夹道相迎；商贾营业，街市如常。军规甚严，"如有淫掠民间者，立行凌迟"。可是好景不长，官兵贪图享乐，军纪涣散，败坏到极点。将士沿街肆意索要骡马。高级将帅分居勋戚豪宅，中下级军官则抢占稍差的官邸或富民巨室，并占其妻妾。大军驻扎城内达几十万之多，散居民宅之中，失去军营军规约束，为非作歹起来。

　　将领耽于享乐、沉湎酒色，不仅把宫中女子当作战利品瓜分，平日里还叫帝子胡同的小唱、娈童陪酒歌舞。喜则劳以大钱，怒即杀之。诸伶含泪而歌，或犯闯字，手斩其头，血流筵上。上行下效，士卒亦不甘落后，闯入民宅，为非作歹。[1]

　　为了尽快得到更多的饷银，创立"告缗"之法，将昔日各衙门的衙役或长班集中审问，务必得到官绅金银藏匿之处，一经供出，即逮捕该人严刑拷打。又以长班及市井无赖为向导，查访官民藏蓄。顿时宵小之徒一时蜂聚，纷纷"告发"，或乘机报复，或持刀索财。乃至普通士兵"皆资掳掠，其囊中多者五六百金，少者亦二三百金"[2]。

　　四月十九日，招抚吴三桂失败，李自成亲率大军，携三桂之父吴襄和崇祯太子朱慈烺一同出征。时大顺将士已"腰缠既富，人多乡井之思，已无赴敌之气"。山海关一片石之战，不敌吴三桂与清摄政王多尔衮联军，损兵折将，大败而归。二十六日退回北京城后,军纪愈坏。二十九日,李自成在武英殿匆忙即位称帝,翌日撤出北京,行前纵兵淫掠,焚烧京师九门与宫殿。

大顺军在北京究竟搜刮到多少财富,一说是三千七百万两,主要取自宫廷内库的藏银。亲历甲申之变的被俘明朝官员赵士锦说"贼载往陕西金银锭上有历年字号,闻之万历八年后,解内库银尚未动者,银尚存三千余万两,金一百五十万"[3]。另一位拥有同样经历的杨士聪说"内有镇库锭,五百两为一锭,铸有永乐年字,每驮二锭,无物包裹,黄白溢目。其寻常元宝则搭包□□。按贼入大内,括各库银共三千七百万两,金若干万"[4]。由于赵、杨两人亲历事变,所以,后世史书诸如《明季北略》、《渔樵纪闻》等,皆以信史采入,同时还添枝加叶。即如《明季北略》卷二十谓:"旧有镇库金积年不用者三千七百万锭,锭皆五百两"。单位以"锭"换"两",金额扩大五百倍。不过作者也深表怀疑,"谓果有如此多金,须骡马一千八百五十万方可载之,即循环交负,亦非计月可毕,则知斯言未可信也"[5]。当代学者以为过于离奇,遂将"五百"径直改作五十两。即使缩小了十倍,也是天文数字,达到十八亿五千万两。

所谓内库,一般意义上指的是十库,即内承运库,贮缎匹、金银、宝玉、齿角、羽毛;广积库,贮硫黄、硝石;甲字库,贮布匹、颜料;乙字库,贮胖袄、战鞋、军士裘帽;丙字库,贮棉花、丝纩;丁字库,贮铜铁、兽皮、苏木;戊字库,贮甲仗;赃罚库,贮没官物;广惠库,贮钱钞;广盈库,贮纻丝、纱罗、绫锦、紬绢。另外还有天财库(又称司钥库),贮各衙门管钥,亦贮钱钞;供用库,贮粳稻、熟米及上供物[6]。地处皇城西北,并不在俗谓"大内"的紫禁城里。今西城西什库大街之名即源于此。其中只有内承运库贮金银。正统元年,将部分漕粮改折,以每年征银一百万两为限,谓之"金花银"。解京放入内承运库。其中大部分由皇帝做主供宫廷使用,户部只管记账。所谓窖藏金银出自宫中,当指内承运库之外的里库,是纯粹的皇帝金库,由太监打理,与户部无关。其出入如何,外间很少知道。

关于库藏情况,清圣祖亦曾评论,不过数量远非三千七百万两。康熙五十二年谕曰:"明代万历年间于养心殿后窖银二百万金,我朝大兵至京,流寇挈金而逃,因追兵甚迫弃之黄河。大抵明代帑金流寇之难,三分已失其一;又于达赖喇嘛处费用无算,凡制造器皿等物亦繁费不赀。朕自御极以来,酌量撙节,不敢滥费,从古无如朕之节用者大"[7]。这一说法看上去更像借题发挥,自我标榜,劝导众臣爱惜民力,勿以金钱为大。而非对明代宫中藏银的考证,况且此去甲申之变已七十年。

更为离奇的说法是肯定"库藏"存在,而放过了崇祯,巨额金银系天启朝权阉魏忠贤藏匿,崇祯至死也不知道[8]。这一说法乃是一种臆测,放到历史情境中考察,则漏洞百出。巨额金银,藏匿行动决不是几个人在短期内就能够完成的。如果利用旧库,事后决无秘密而言,如果新建地库,动静更大,即使封锁消息,也会有相当多的人了解内情。崇祯登基以后,魏忠贤失势自杀,当初那些参与或了解藏匿行动的人怎么会团结一致为一位死去罪臣守口如瓶,集体欺瞒皇上,而非要在大顺军拷掠后才有人招供。揆诸常理,假如宫中存在如此巨额财富,熟悉内情的人,恐怕会争先恐后向皇上报告,这是一个绝佳的邀功受赏谋取升迁的机会。再者魏忠贤既然窃取朝廷私聚金银,怎么可能将藏匿地点放到众目紧盯的宫廷之内?

崇祯十七年初,"库藏"存量究竟如何,通过二月下旬"助饷"几乎失败,多少可以证明皇上的经济窘境。如果内帑充裕,也不至于非要强行摊派。不管怎样说,皇帝对江山的热爱程度远远大过文武百官,他是所有人当中最没有后路的,国破百官可以投向新君怀抱,而他只能做俎上肉任人宰割。因之,再吝啬的皇帝到了生死存亡的关键时刻,还能抱着财宝,眼睁睁的葬送自己的江山? 在京师戒严时期,京营已欠饷八个月,士卒上城守备自带干粮,朝廷每日只发钱百文。户部侍郎吴甡山"请发内帑,上令近前密谕曰:内库无有矣,遂堕泪"[9]。

时任锦衣卫佥事王世德谓:"野史谓城破之时大内尚有积金十余库,不知十余库何名? 承运库外有甲字等十库存方物也。破城日惟车裕库珍宝存耳,乌有所谓十余库积金者,而纷纷谓上好聚敛,内帑不轻发,其不冤哉。"且"熹宗在位七年,将神宗四十余年蓄积搜括无余,兵兴以来,帑藏空虚"[10]。与赵、杨两位之说大相径庭。

与取自库藏内帑之说并重的另一说,是对官员富户追赃的结果。大顺军一进京,就将勋戚、文武官员八百余人,押赴刘宗敏、李过等营中追赃助饷。不久追缴范围扩大,追赃演变成勒索与打劫,前后共计一千余人被拷掠毙命[11]。"共得七千万。其中勋戚十之三,内侍十之三,百官十之二,商贾十之二"[12]。《国榷》《流寇志》等书记载类似。追赃标准定为:"中堂十万,部院京堂锦衣七万或五万三万,科道吏部五万三万,翰林三万二万一万,部属而下则各以千计"[13]。为此,特地制作了五千具夹棍,"木皆生棱,用钉相连,以夹人无不骨碎"[14]。

三月二十二日开始拷掠,"凡拷夹百官,大抵家资万金者,过逼二三万,数稍不满,再行严比,夹打炮烙,备极惨毒,不死不休"[15],哭号哀鸣响彻云霄。对不能足额上缴的官绅,则押至前门官店银号,立下借据,称为"贷赃"。

从追赃设立最高的十万两,最低一千两的标准上看。如果足额收缴,平均每人至少要出六万两。这对于朝廷侍郎以下的官员来说绝对是个惊人数目。毕竟高官勋戚是极少数。

如果紧盯住银两不放,忽略历史情境、官场习俗,那么赃银数额就会变成纯粹的数字游戏。大顺军拷掠的决心不容置疑,期望标准不容更改,可是官员到底能不能拿出和能拿出多少银两,才是问题的实质。中国自实行中央集权,官员全员流动以后,制度设计和社会习惯,都要求官员致仕以后还乡养老。因此,官员从踏上仕途的那一天起,就开始担当乡里责任,同时进行家庭建设。官员无论贪赃与否,当有剩余金钱时,总要送往家乡。任职的流动性,旅途劳顿与成本过高,官员上任往往不带家眷,而是买妾随身服侍。居乡的父母,妻子儿女,乃至兄弟都需要他供养。因之,官员在京之家,实际不过就是旅店,不会存有太多的现银,甚至连房子都是租来的。特别是在政局危如累卵之际,官员怎能不未雨绸缪思索退路? 退路就是裸官,把财富与家眷尽可能的先行送往家乡。俗语讲"小乱居城,大乱居乡",朝廷也曾讨论过放弃北京重返南京的可行性。

儒学调教、科举筛选出来的官员,普遍具有文人雅士气质,他们更愿意让金钱换成古董文玩字画。而这些东西,对于急于筹钱的大顺军来说毫无意义。

赃银的来源,主要出自勋戚与高级太监。这两部分人是皇室的附庸,长期居住在北京,经济来源稳定,财产丰厚。

据《明季北略》统计,城破前后,殉难官员47人;殉难勋戚7人;诛戮诸臣5人;刑辱诸臣54人;幸免诸臣24人;从逆诸臣129人。

关押拷掠诸人中被夺银两数目,大致如下:

太康伯籍没无遗;

嘉定伯周奎五十三万两,缎疋以车载之;

博平侯追赃被掠而死;

驸马都尉冉兴让拷掠追赃几尽,自缢而死;

大学士陈演追赃四万,后又抄出银数万、黄金三百六十两;

大学士魏藻德一万两;

大学士邱瑜两千两;

大学士方贡岳悉索寓所,仅千余两;

吏部尚书李遇知入赃四万;

户部侍郎吴履中入黄金八十两、银六百两;

户部尚书张缙彦入赃,刑酷而死;

侍郎金之俊银一百两、绸缎五百匹;

刑部尚书张忻一万两;

侍郎霍晋山五千两;

工部尚书张凤山入赃;

太常寺丞金爵人参值以千两;

户部主事丁时学十三万两；

少詹事胡世安，以千五百两；

国子监祭酒孙从度追银以万计；

谕德杨士聪入赃数百两；

御史吴邦臣入银不刑；

御史曹溶二百五十两；

锦衣卫骆养性三万两；

府学教授沈浣先三百余两；

太监王之心十五万两。[16]

合计在一百二十万两上下，其中周奎、王之心、陈演、丁时学四人占到百分之九十。这四位当中周是皇后之父，无人能比；王是提督东厂太监，权势熏天，生财有道，在太监当中"富推第一"[17]；陈乃致仕内阁首辅，正在把京城财产变现集中准备还乡之际，赶上城破被执，不得不献金自保。独丁系浙江山阴人，只是一位保举出身的户部主事，何以献出十三万之巨，是个人之财，还是户部藏银由其带领抄出？有待细考。

虽然这不可能是一份完全的历史统计资料，但是，追银大户基本上囊括其中了。高官显爵向来受世人瞩目。他们在穷途末路中的龌龊无耻与逸闻鄙事绝对不会被人放过。总是历史记录的主要对象和史鉴忧思的例证。记载甲申之变的书籍中有关追赃情况的描述大体类是，出入不大。譬如元勋世爵成国公朱纯臣，本已开门迎降，却未被放过，拷掠处死细节记得十分清楚，独无追赃数目，可见银两不多，远远不如其身份显赫，未引起世人兴趣，以为不值一提。不是朱公财产不丰而是现银不多。他拥有的豪宅、别墅、田亩、珍玩等等，即使价值连城，此时却换不成银两。"凡贼追赃输纳见银加二；首饰十不当一；珠玉玩好一概掷弃"[18]。嘉定伯周奎身份特殊，乃皇后之父，其巨额财产对于一般官员不具普遍意义。

如果按照追赃标准考核，大学士十万，只有陈演一人勉强达标[19]；六部尚书中，只有吏部尚书李遇知出四万，离标准尚差三万，余者无一人达标；再如科道御史被关押的十二人中，均被多次上夹刑，只有二人出银，一位数目不详，一位二百五十两，离三至一万标准，差得实在太远了[20]。又如谕德杨士聪"派饷二万，输银数百"[21]。

京师是官员最集中的地方。崇祯年间在京各衙门宗人府、五府六部、翰林院、詹事府、都察院、通政司、大理寺、太常寺、太仆寺、光禄寺、尚宝司、六科十三道、国子监、中书科、行人司、鸿胪寺、上林苑监、顺天府、宛大二县，自公侯驸马伯，锦衣旗手等卫指挥、经历，暨各衙门监吏，依据《明会典》和《明史职官志》统计为1130余人。其中三品以上不足40人，吏员1366人；武职3027人，其中三品以上110余人；公、侯、驸马、伯57人。共计5600人。"各俸银虽升迁,名数时为增减,较数岁之中以为常。每岁约支银十四五万余两"[22]。实物薪俸除外,平均每人年俸大约28两白银。

拷掠的对象主要是三品以上的文员和勋戚,此时武官基本不在城内,鲜见武官被羁押拷掠的记载。因之重点不过90人上下。而这些人的财富基本上决定了赃银的规模。在综合各种历史现实因素,在以上统计的一百二十万两基础上翻番,大顺军在宫外获得的赃银不会超过二百四十万两。四到六品与七到九品的中下级官员,收入少,未带家眷者多。如兵科给事中顾炫被捕,仆人"窃资而逃",最后需要救命钱十两,都无人出手相救,只得坐以待毙[23]。

虽然朝廷财政十分拮据。大顺军进京,户部太仓,内承运库、里库也不可能空空如也一贫如洗,因之各处搜刮,尤其经营了二百余年的宫廷,聚起一二百万银两也不会太困难。金银器物即为重要来源。至于内库拥有永乐年号的五百两一锭的镇库白银,也不奇怪。既谓之"镇库",只表明朝廷对财政安全与连续性的期待,并不能因此推断白银存贮量如何。

因此,通过对官员富户的搜刮与宫廷的搜索,大顺军得到的白银估计在四百万两左右。绝不可能达到三千七百万两,遑论七千万两。中国人的数字运用,并非纯粹的数学范畴,表明的往往是爱憎分明的立场。

为了让说明更加细化,有必要将问题放到晚明财政、金融的大环境中考察。一个较长久的皇朝从开国到末世的衰亡变化,总是与地权、财政、吏治、灾害、人口和外患六大因素交汇出现的概率相关。诸因素共同出现的概率愈高,皇朝的统治就愈危险。

财政状况历来是皇朝政治的晴雨表,一切政治、军事危机与社会冲突的恶化,首先表现在财政危机上。建筑在农业税收基础上的皇朝财政,必须要让农民安于垅亩,朝廷才有可靠稳定的财源。农民希望拥有自己的土地,同时还需要轻赋税。如果赋税过重,一定减弱土地的兴趣,乃至抛荒别求出路。黄宗羲曾批评过明代的"国用无度":"其赋之于民,不任田而任用,以一时之用制天下之赋,而后王又因之,后王既衰,又以其时之用制天下之赋,而后王又因之。呜呼!吾见天下之赋日增,而后之为民者日困于前[24]。"这就是被当代定名的"黄宗羲定律"。

如果检索明朝各类的政书,至少在万历以前,还得不到"国用无度"的印象,历朝财政收支的增长没有想象的那样惊人,也不一定逐年递涨。譬如:洪武二十六年(1393)全国耕地登记8507623顷;弘治十五年(1502)6228058顷;万历六年(1578)7103976顷。各年夏税、秋粮分别为:洪武朝夏税,4712900石,秋粮24729450石;弘治朝夏税,4625594石,秋粮22166665石;万历朝夏税,4605242石,秋粮22033170石[25]。显见,耕地登记量的增减与赋税收入之间的比例并不一致,弘治朝在失去两百余万顷耕地登记的情况下,税收比洪武朝夏税秋粮总量下降不很明显。万历朝重新丈量登记耕地,新增近九十万顷,夏税秋粮总量却未相应增长,反而比弘治朝略有下降。从中不难看出农业劳动生产率的增效幅度极低和朝廷财政计划的传统。

所谓"国用无度"系指财政常态以外的经常性的税收追加。明初拟定的财政制度是在大乱之后,人口、耕地都有增大空间,行政机构规模适度,仕途通畅的情况下建立的。这一时期预算的总量在实际财政运行中可以维系行政、军事开支。从此就作为固定的数目留给后代希望他们遵守。祖制敬畏的政治传统,让君臣甘愿接受祖先的神圣授予,尽量在祖宗确定的财政收入内实现统治。假如不发生战争、叛乱、灾荒和不频繁兴建巨大工程,皇朝大致可以在祖制财政规范中勉强维持。但是,变化是生活的准则,统治集团对财政增长的渴望是炽烈而经久的,没有哪一位皇帝会不顾眼前的困难而顽强地坚守祖制,也没有哪一个朝代君臣能够有效长久的抑制自己的膨胀的欲望。战争、灾荒、叛乱以及行政效能、政府消费都需要财政支撑,一切社会政治危机都在财政危机显露之际走向泥潭。

自然经济财政结余积累的缓慢性与挽救社会重大行动的巨大开销的紧迫性之间的冲突,常常使梦想中兴的君臣束手无策。面对危如累卵的严峻局势,加饷几乎是不容置疑的唯一选择。虽然加征决策常被比作饮鸩止渴,但是道德式的逻辑论证救助不了残酷的现实,如果没有财政后援,一切政府行为都将化为泡影。军队无饷必然抢掠,赈灾无饷灾情必然蔓延恶化。历史上也有过通过加征筹饷消弭祸乱的先例。加征不过是一厢情愿的事情,关键在于是否能够如期望的那样足额征集到手。

明末朝廷面对辽东战争和风起云涌的叛乱,走上不断加征之路。按亩均增,摊给各直省再分配到府县。"自万历后,岁征辽饷六百六十万;崇祯中,复加剿饷二百八十万,练饷七百二十万。先后共增赋千有六百七十万。竭天下兵饷大半以事关东,而中原盗贼蜂起"[26]。实际上,增赋的数量期望并不等同实际征收结果,果真每年能增收这样的数额,恐怕明朝也不至于败亡的那样迅速。加征只是主观愿望,而非实际入帐。按亩均摊的方式虽然程序简单易于操作,却是损不足而放有余的。在靠天吃饭的时代,地区不同,肥瘠不同,亩产差距极大。早在天启元年,吏科给事中甄淑曾指出:"皇上为辽饷而加派非得已也。然加派因乎田地,而田地或相倍蓰,比而同之,可乎?田地既不同,则岁入不同,贫富亦不同。上农加派九厘犹可办也,若不毛之地,农夫无颗粒之入,责以正赋且难,矧赋外又赋哉"[27]?所以,即使非要加征,也应该依据田亩肥瘠按比例收取。而实际操作以后,河南、山东的赋税总额超过浙江、江西;山西、陕西则接近于浙江。河南、陕西、山东是重灾区,需要的是赈济,而不是多交税银。因此,加征只是一纸空文,绝无实效。越是贫困地区,后果越严重。"凡加派兵饷,但能加于未乱之处。其楚、豫、秦、蜀有加之名,其与未加同也。地方一日未乱,则加派一日未已,其势必至于尽乱,则无所容加,亦无所事饷矣"[28]。民众"鬻子卖妻,剜心敲髓,民之皮骨已尽。论者谓此直造得一本册耳,已而果然"[29]。逼得越来越多的人投入"不纳粮"的队伍中。

加征银两不能如额解入朝廷财政,归纳起来至少有四方面原因:一、田土抛荒或歉收不再能纳税;二、部分州县已脱离朝廷控制;三、征收官员舞弊自肥欺骗朝廷;四、地方豪强乡绅抵制。内忧外患愈严重,财政愈是不堪重负,需求愈紧迫。崇祯元年,户科右给事中黄承昊指出:"祖宗朝边饷止四十九万,神祖时至二百八十五万,先帝时至三百五十三万,迩来又加六十八万。今出数共五百余万。岁入不过三百万,即登其数已为不足,况外有节欠,实计岁入仅二百万耳"[30]。

即使没有灾荒,财政也无法满足日益高涨的边饷开支。军人对边患和战争的态度不同于文官。文官集团向来厌恶战争,也鄙视军人。军人则只有通过边患、内乱的存在才能显示自身价值,从而创立功业增加致富机会。否则有限的财政收入难于保证军费的增幅,朝廷也不会允许或默认军队随地筹饷。

财政收入的极限数额是建立在田赋征收量之上的。田赋一定,耕地的税后收入,决定了田价、租佃关系、劳动报酬和田亩利息。如果税量经年不变,土地收入,除了朝廷取得少部分外,大部分被土地权益人瓜分,朝廷若想再提高税量,便极其困难[31],必然遭到普遍的反对。崇祯四年(1632)年,"全国三分之一以上的县份对中央政府应缴的赋税连原额及加额欠缴一半以上,内中一百多个县全部拖欠"。[32]此时尚处在边患、灾荒、叛乱危机合并发生的初期,朝廷财政已走向破产的边缘。

加征不能如愿以偿,到了崇祯十七年三月紧要关头,李自成大军已横扫山西直抵宣府,京师告急,九门戒严。为鼓励士气,犒赏三军是必需的,可是户部与内帑已不能支撑,崇祯只得再次募捐之,初四日,遣太监徐高宣诏晋皇后之父嘉定伯周奎为侯。并谕:休戚相关,无如戚臣,务宜倡自十万至五万,协力设处以备缓急。奎谢曰"老臣安得多金"。高泣谕再,见其坚辞,拂衣起曰"老皇亲如此鄙吝,大事去矣,广蓄多貲何为"[33]。周闻此言,遂勉助一万两。宦官之中以王之心最富,但也仅捐一万两。王永柞、曹化淳等人则捐三万至五万不等。

朝廷官员表现也大致如此。官员的情况与勋戚有所区别,官有高低、贫富、廉脏、贤佞、忠奸之分,也不是个个都有钱,不过对于大多数富有的官员来说,不管财富的来源如何,在此紧要关头,普遍选择逃避,几乎个个喊穷装贫,大学士魏藻德仅助百两。有人则在家门上张贴"此房急卖"告示,或摆出破烂器皿家什兜售。皇上干脆强行摊派,额定三万两,仅太康伯张国纪出到了两万。费尽周折,只凑了二十万两。艰难的助饷犒军活动的二十几天后,三月十九日清晨,大顺兵临城下,太监王相尧以宣武门,兵部尚书张缙彦以正阳门,成国公朱纯臣以朝阳门迎降,北京内城陷。崇祯在御案写下"文臣个个可杀"之后,出逃不成选择了自缢。

与开源并重的就是节流,不过人们更喜欢的是前者,而后者往往流于形式。在一个安逸享乐已经根深蒂固的腐化系统中,任何节省措施都将遭到普遍抵制,难见实效。

崇祯初年为节省开支而裁撤驿站的措施是极其失败的。驿站是帝国政治行政的网络,失去它的支撑,朝廷与地方的联络就要受阻。裁撤的结果,一是朝廷控制地方能力进一步削弱;二是导致大批因失业而无法生存的驿卒纷纷加入了农民起义的行列,其中一位就是李自成。

驿站的建设是以行政畅通,控制地方为出发点的。克服了道路平整直通方面的缺陷,把线性运动化为对支点的控制,保证流动人或物的接力转送。驿站网络的建设体现了中国人的行政智慧,为大一统帝国的行政畅通和信息的交流提供了技术保障。历史上中国能够超过技术能量和生产技术现状而实现世界上唯一的经久不衰的大帝国,和朝廷控制地方的交通网络发达息息相关,以农业社会较低有限的税收支撑一个完整的行政通讯网络,走到了行政技术实效的上限。当然也耗费了巨大财政收入。据万历五年(1577)的驿站经费统计:"原额站银三百一十三万一百七十二两。免编九十五万二千三百四两。实征二百一十八万七仟八百三十二两"[34]。二、三百万银两占到朝廷财政总收入的四分之一。以这样高的投入维护驿路的畅通,换回了皇朝一体服从皇上的效果,有意延伸了都城的触角,使朝廷能够尽快周知地方事务,及时下达相关指令。如此巨额投资已走到财政支付能力的极限,碰到财政危机则资金难于保证。

裁撤驿站几经努力,仅仅节银三十万两,却增加了许多失业者。驿卒不同于农民,既无耕地,也无一技之长,过的又是流动生活,所以失业以后,一遇风吹草动,很容易造反作乱,转而变成朝廷的否定力量。

也许崇祯皇帝天性就是节俭的,幼时仿影练字,一定要将纸张的空白处写满才肯罢休,爱惜物品到了极致。做了皇帝以后,喜欢减膳撤乐,布衣疏食,铜锡器具尽归军输,城破之日,内帑无数万金[35]。他曾把宫中储藏的上等辽参卖出,换回数万两银子聊补国用。其实皇帝个人节俭并不能真正实现节省,丝毫不能跳出传统的宫廷制度设计陷阱,只表明他个人消费有所降低,却非整个宫廷经费的缩减,相反,倒为周边人创造了发财机会。类似现象在历史上屡见不鲜。

崇祯开源节流的努力并没有挽救皇朝灭亡的命运,亡国之痛未泯,大顺军却在京搜刮到天文数字的现银,顿时引起各种猜测,矛头自然首先指向亡国之君,是崇祯皇帝坐拥金城舍命不舍财,还是李自成搜刮有方,或者这本来就是个历史传闻?所有问题都和白花花的银子有关。因之,有必要简单梳理明代白银存量与流通的状况,这也是搞清数千万赃银出处而不能绕过的先决条件。

明中叶以后白银大量流入,使得官方禁用白银变成虚话。万历初期"一条鞭法"的施行,正是白银货币化冲击的结果。然而本朝白银产量有限,朝廷也从未像铸造铜钱那样制造银币,因此,交易一直采取原始的重量单位。

白银输入源于海外贸易,商品输出换回巨额白银。美洲在16世纪生产了17000吨白银,几乎都运到欧洲,17世纪生产了37000吨。欧洲获得的白银,大约一半又转手到亚洲,17世纪为13000吨。这些白银最终主要流入中国。另外有3000吨到10000吨白银是从美洲直接通过太平洋运到亚洲的,其中绝大多数最终流入中国。此外,日本至少生产了9000吨白银,也被中国所吸收。[36]官方允许白银流通,也愿意税收以白银结算,却没有建立帝国的货币体系和值得信赖的换算机制,金银和法定货币铜钱之间比价全由市场决定。事实上,民间只有大宗交易才会使用白银,流通领域并不需要太多的白银,然而若要完全放弃实物征收,必然导致对白银需求的高涨。

尽管对17世纪小冰河期引起世界经济危机的问题,学界争论不休。可是谁也不能否认从万历中叶开始,北方地区的气候寒冷干旱,频发灾荒与瘟疫的事实。这对于一个农业国来说,完全是致命的。崇祯年间米价平均上涨了九倍。与此同时,白银进口呈现萎缩状态。17世纪头十年,平均每年为150吨;20年代为178吨,30年代为162吨。"然后这种供给在四十年代突然下降到每年89吨"[37]。

而自产白银十分有限,"中国向来是一个产银不多的国家。自近代与欧洲各国通商以来,银的供给,大部分依赖外国的来源;本国产量,殊不重要"。[38]本土开矿成本往往高于投资,嘉靖二十五年十月至三十六年的十二年中,"委员四十余,防兵千一百八十人,约费三万余金,得矿银二万八千五百,得不偿失"[39]。万历时代中官矿使四出,闹得民怨沸腾,开矿变成搜刮民间财富的手段。关于明末白银总量:有人进行了推算,李隆生《明末白银存量的估计》为75500万两,彭信威《中国货币史》是25000万两;至于海外输入量,李隆生认为是近30000万两,梁方仲"明代国际贸易与银的输出入"认为至少是7200万两[40]。

海外贸易让白银涌入,成为朝廷难于控制的通货,日常交易南方沿海多用白银,北方则以铜钱为主。进口白银并不是完全留在流通领域,相当一部分用于首饰等装饰品和储存起来,尤其在社会动乱、经济危机之际,藏银之风更甚。在主要以家庭救助养老的时代,人们的存钱意识十分强烈。

在此,取李隆生、彭信威两位估算的平均数,社会白银存量大约为50000万两,如果私人存储占其中的百分之二十,那么处在流通领域的不过40000万两。因之,赃银无论7000万两还是3700万两之说,都是难以想象的。大顺军在不到二十天的工夫竟然能轻易聚起幅员万里帝国的六分之一到十分之一的白银。

万历头十年张居正柄政,历行"考成法",重新丈量田亩,推行一条鞭法,朝廷岁入达到了400万两,分别是国初的四倍与中期的两倍。十年当中,国库累积结余1000万两。随着张居正离去,万历皇帝对其清算,完全放弃了他的政治遗产,帝国走上好大喜功的道路。宫殿工程、陵墓工程、福王之藩等皇室开支和"三大征"军费很快耗尽了结余,同时也让皇朝不得不想方设法增加收入。万历是一位贪财,消费观念超前,敢于寅吃卯粮的皇帝,因此他存有窖藏巨额金银留给后代之说,很难让人相信。

此外,白银运输的成本与技术条件,似乎也能粉碎白银数字神话。倘若按千两一匹骡马计算,七千万两需要七万匹,三千七百万需要三万七千匹,牲口征集应是与拷掠同时进行的大事。一匹骡马需要一名士兵牵引照看,运银不同于一般物品运输,队伍两侧需要重兵保护,至少不能低于一匹一人,人力牲口长途行进,需要有人打前站。明末北方的驿站基本瘫痪,大顺又是流动作战,没有可靠的运输传送系统,因此,前站工作必不可少,随时随地不断筹集粮草、号房、食品供应等工作十分繁重,非有足够的人力物力不能及时解决。如此,骡马牵引、保卫、前站三项主要事务,至少需要一支八万到十四万人的部队,才能保障白银安全运抵西安。假如自四月十日开始起运,到四月二十六日结束,分十八天完成,每天要运二百万到四百万两,则需四千到八千人。北京至西安路途遥远,运输部队都是一次性的,做不到循环往复。果真如此,每天都从北京出发运银浩荡部队,绵延数十里,又是"无物包裹,黄白溢目"的裸露运输,怎么所过州县村庄,就没留下地方性记忆?无论如何这是千载难逢的天大热闹,就没遇到一位好事文人记录下只言片语?似乎白银巨龙出了北京就化作青烟销声匿迹了。可见数千万之说的荒诞。

实际上,大顺军聚起的四百万两白银,除去在京费用以外,运往西安的只有百余万两。四月初九日"各伪将所追赃银悉入内府,命工人即先朝内库积银共百余万,熔成方版,而窃其中,为可运计"[41]。为此征集了数百工匠日夜加工,可见搜刮来的白银,途经不同,形状各异,大小不一,需要重新统一铸造。十八日,李自成东征山海关前夜,"密运辎重数百辆西归,内帑于是荡然矣"。[42]数百辆证实了白银规模有限。运银包装一定要牢固。传统之法,系用三尺多长,直径一尺多宽的原木,对半刨开挖空,一木称为一段,每段码放五十两银锭十锭,每车装一二十段,谓之"银撬"。

《甲申核真略》裸露运银之说经不住推敲。作者虽然亲历事变,可是一直过着拘押生活,并不能自由活动。运送金银本是极其秘密的事,千方百计遮人耳目,惟恐消息泄露,怎么可能招摇过市,故意召贼。同时裸露也极易引起运输人的心理变化,激起偷盗卷走的欲望。

　　崇祯是一位倒运的皇帝,差不多历代政府能遇到的倒霉的事情都让他赶上了。财政趋于破产,崇祯登基之初并非如此,只不过随着时间推移,救赎举措一再失误,才导致局势每况愈下。银两越来越短缺只是问题的表象,关键是好不容易征来的银两,是否用对了地方与取得了实效。皇朝自救意志总要在行政推行中实现期待,然而行政组织已无效率可言,官员不管廉洁与否,基本丧失了责任与信任,同时养成大言欺世的作风。庙堂之上门户严重,党争激烈,遇事则侃侃而谈如同道德宣言,彼此争论不休;做事则退缩推诿,把需要及时处理的急务完全变成处理方式的争执。谁都明白,现实严峻,解救不容拖延,可是机会常常在争论与犹豫不决中流失。崇祯作为皇朝领袖能否带领臣民走出困境,首要的不是白银问题,而是改造官场现状的智慧与能力。再造政府信心,朝廷信任,行政一体化效率才是最根本的。赃银、内帑神话构筑的陷阱,装进了旧主新君。白银让崇祯蒙羞,做了殉国之君还不能消停;白银让李自成败给清军,落荒而逃不知所终。亮闪闪的银光,迷住了贪婪的目光,忘记了背后的世情人心与历史的诡异。

（作者系北京市社会科学院历史所研究员）

注　释

1　计六奇:《明季北略》卷二〇:先曰"借锅,少焉,曰借床眠;顷之,曰借汝妻女姊妹作伴。藏匿者,押男子遍搜,不得不止。爱则搂置马上,不从则死,从而不当意者亦死;一人不堪众齅者亦死。安福胡同一夜妇女死者三百七十余人。降官妻妾俱不能免"。中华书局1984年版。

2　杨士聪:《甲申核真略》第34页,浙江古籍出版社1985年版。

3　赵士锦:《甲申纪事》,中华书局1959年版。

4　《甲申核真略》第34页。

5　《明季北略》卷二〇。

6　刘若愚:《酌中志》卷一六,《内府衙门职掌》,清道光海山仙馆丛书本。

7　《清圣祖实录》卷二五五康熙五十二年癸巳闰五月条,中华书局影印本。

8　戴笠:《怀陵流寇始终录》卷十八:先帝诛魏忠贤时,内侍即怀恶意,掌祖宗库存者,虽国用至窘,皆不以告,至是尽为贼有。其他史籍如谈迁《国榷》、吴伟业《绥寇纪略》亦持如是之说。

9　史惇:《恸余杂记》〈东厂〉,中华书局1959年版。

10　王世德:《崇祯遗录》,中国书店2007年影印线装本。

11　谈迁:《枣林杂俎》记拷掠致死者一千六百余人。

12　戴笠:《怀陵流寇始终录》卷八,浙江古籍出版社 1985 年版。

13　《甲申核真略》第 25、26 页。

14　《甲申纪事》。

15　《明季北略》卷二〇。

16　钱稚拙:《甲申传信录》卷四,上海书店 1980 年版。

17　李天根:《爝火录》卷一:旧称家贮现银三十万,至是逮至,追银十五万,金银器皿缎匹称是,贼以未合三十万
　　两之数,夹死。

18　《明季北略》卷二〇。

19　追赃四万,后又抄出银数万、黄金三百六十两。金银比价在 1:10 左右。所以核算不过十万。

20　《甲申传信录》卷四。

21　李天根:《爝火录》卷一,浙江古籍出版社 1986 年版。

22　孙承泽:《山书》卷二,浙江古籍出版社 1989 年版。

23　《甲申传信录》卷四。

24　黄宗羲:《明夷待访录》〈田制〉一,中华书局 1980 年版。

25　《明会典》卷二四〈会计〉一,卷二五〈税粮〉二,中华书局 1989 年版。又据张学颜等撰《万历会计录》卷一,
　　《北京图书馆古籍珍本丛利》第 52 辑,书目文献出版社 1988 年版。

26　魏源:《圣武记》卷一,《开国龙兴记》3,中华书局 1984 年版。

27　《明熹宗实录》卷一一七,天启元年十二月癸酉条。

28　杨士聪:《玉堂荟记》卷下,借月山房汇抄本。

29　汪楫:《崇祯长编》卷四四。中央研究院历史语言研究所校印《明实录》附录之一。

30　佚名《崇祯实录》卷一,1930 年历史语言研究所校印《明实录》附录之一。

31　参阅[美]黄仁宇:《中国近五百年历史为一元论》,见《放宽历史的视界》第 190 页,中国社会科学出版社
　　1998 年版。

32　《崇祯存实疏抄》(1934 年翻印本),转自上书 190 页。

33　文秉:《烈皇小识》卷八,上海书店 1982 年版。

34　《明会典》卷一四八,第 758 页,中华书局 1989 年版。

35　谈迁:《国榷》卷一〇一,中华书局 1958 年版。

36　[德]贡德弗兰克著,刘北成译:《白银资本》第 208 页,中央编译出版社 2001 年版。

37　《白银资本》第 324 页。

38　梁方仲:《明代银矿考》,见《梁方仲经济史论文集》,第 90 页,中华书局 1988 年版。

39　《明史·食货志·坑治》,中华书局标点本。

40　见《梁方仲经济史论文集》第 6 篇,中华书局 1988 年版。原文"必已远超一亿元以上",此系西班牙银元,按
　　其换算标准"一两等于一元四角",则实为 7200 万两上下。

41　《甲申传信录》卷六。

42　《甲申传信录》卷六。

清太祖汉译名考

阎崇年

清太祖的名字,满文作 nurhaci 或 nurgaci,其汉文译名,"nur"有"奴儿"、"弩儿"、"弩尔","haci"或"gaci"有"哈赤"、"哈奇"、"哈齐"等,各种书文,纷繁不一。兹据管见史料,纵向按明朝、清朝、朝鲜三个系统,横向按官、私两个文献系列,酌予采录,分类排比,略加分析,以便参考。

一

先说清朝文献对清太祖名字的汉译。中华书局影印本《清太祖高皇帝实录》卷首记载"太祖承天广运圣德神功肇纪立极仁孝睿武端毅钦安弘文定业高皇帝,姓爱新觉罗氏,讳□□□□"[1]在这里,清太祖的名字是讳缺的。同书之卷一、叶七记载:"显祖嫡妃喜塔喇氏,乃阿古都督女,是为宣皇后。生子三,长即上也,称为聪睿贝勒,宣皇后孕十三月乃生,岁己未,是为明嘉靖三十八年也。次名舒尔哈齐,号达尔汉巴图鲁。次名雅尔哈济齐。继娶纳喇氏,乃哈达万汗所养族女,生子一,名巴雅喇,号卓礼克图。庶妃生子一,名穆尔哈齐,号青巴图鲁。"文中清太祖名字讳缺,但其胞弟舒尔哈齐,同父异母弟雅尔哈齐、穆尔哈齐可以得到一点启发。

《大清太祖高皇帝实录》(小红绫本)卷首记载:"太祖承天广运圣德神功肇纪立极仁孝睿武端毅钦安弘文定业高皇帝,姓爱新觉罗氏,讳弩尔哈齐。"(贴黄)[2]

《大清太祖高皇帝实录》(大红绫本)卷首记载:"太祖承天广运圣德神功肇纪立极仁孝睿武端毅钦安弘文定业高皇帝,姓爱新觉罗氏,讳弩尔哈齐。"清太祖名字上贴盖黄签。[3]

此本原为盛京崇谟阁本。伪满洲国"满日文化协会"即据此本影印出版。[4]台湾华文书局据此本翻印出版。[5]

查《太祖高皇帝实录稿本三种》,其甲种本载述:"显祖娶奚塔喇氏,乃阿姑都督女,是为宣皇后,生三子,长上也,称淑勒贝勒(淑勒贝勒,犹言聪睿主也);次名黍儿哈奇,号打喇汉把土鲁;三名牙儿哈奇。次妃纳喇氏,乃哈达万汗所养族女,生一子,名巴牙喇,号兆里克兔;庶妃生一子,名木儿哈奇,号清把土鲁。上受命龙兴,宣皇后孕十三月而生,时己未岁,明嘉靖三十八年也。"其乙种本载述:"显祖大福金喜塔喇氏,乃阿姑都督女,是为宣皇后,生子三,长即上也,称为淑勒贝勒,宣皇后孕十三月乃生,岁己未,是为明嘉靖三十八年也。次名舒尔哈齐,号达尔汉巴图鲁。次名雅尔哈齐。继娶福金纳喇氏,乃哈达万汗所养族女,生子一,名巴雅喇,号卓立克图。庶妃生子一,名穆尔哈齐,号青巴图鲁。"其丙种本载述:"显祖大福金喜塔喇氏,乃阿姑都督女,是为宣皇后,生子三,长即上也,称为聪睿贝勒,宣皇后孕十三月乃生,岁己未,是为明嘉靖三十八年也。次名舒尔哈齐,号达尔汉把图鲁。次名雅尔哈齐。继娶福金纳喇氏,乃哈达万汗所养族女,生子一,名巴雅喇,号卓立克图。庶妃生子一,名穆尔哈齐,号青巴图鲁。"[6]上面引述康熙朝编修的《太祖高皇帝实录稿本三种》,为三次编修递变稿本,由内阁大库流散出来,经罗振玉石印传布,有重要版本价值。如从甲种本的黍儿哈奇、牙儿哈奇、木儿哈奇,到乙种本的舒尔哈齐、雅尔哈齐、穆尔哈齐,译名开始规范;再到丙种本的舒尔哈齐、雅尔哈齐、穆尔哈齐,则基本确定,从而可以看出清太祖诸弟汉译名的演化。

《玉牒·帝系》记载:"显祖宣皇帝塔克世(五子)——太祖高皇帝努尔哈齐、第二子青巴图鲁贝勒穆尔哈齐、第三子达尔汉巴图鲁贝勒舒尔哈齐、第四子通达郡王雅尔哈齐、第五子卓立克图贝勒巴雅喇。"[7]这份帝系上的名字没有避讳,也没有贴黄。本《玉牒》康熙十八年(1679)修。

《清太祖武皇帝实录》卷一、叶五记载:"觉常刚第四子塔石,嫡夫人乃阿姑都督长女,姓奚塔喇,名厄墨气,生三子。长名弩儿哈齐(即太祖),号淑勒贝勒(淑勒贝勒,华言聪睿王也);次名黍儿哈奇,号打喇汉把土鲁;三名牙儿哈奇。次夫人乃哈达国汗所养族女,姓纳喇,名揩姐,生一子,名把牙喇,号兆里兔(兆里兔,华言能干也)。侧室生一子,名木儿哈奇,号卿把土鲁。初厄墨气孕十三月,生太祖,时己未岁,大明嘉靖三十八年也。"同书卷一、叶三十亦记载:"天明,饭毕。率诸王大臣谒庙,再拜祝曰:'天地三光,万灵神祇,我弩儿哈齐与叶赫,本无事故,今彼引兵攻我,惟天鉴察。'"[8]这个本子,明确载录清太祖的汉译名字为"弩儿哈齐"。

《清太祖武皇帝弩儿哈奇实录》卷一、叶二[9]所载,与《清太祖武皇帝实录》相同。

查《努尔哈赤实录》卷一、叶三记载:"显祖嫡妃喜塔喇氏,乃阿古都督女,是为宣皇后,生子三:长即上也,称为聪睿贝勒,宣皇后孕十三月乃生,岁己未,是为明嘉靖三十八年也。次名舒尔哈齐,号达尔汉巴鲁;次名雅尔哈齐;继娶纳喇氏,乃哈达万汗所养族女,生子一,名巴雅喇,号卓礼克图;庶妃生子一,名穆尔哈齐,号青巴图鲁。"[10]

《满洲实录》卷一、第三十五至三十七叶载录："□□□□第四子□□□□,嫡福金乃阿古都督长女,姓喜塔喇,名□□□□,生三子:长名□□□□(即太祖),号淑勒贝勒(淑勒贝勒,汉语聪睿王也);次名舒尔哈齐,号达尔汉巴图鲁;三名雅尔哈齐。侧福金乃哈达国汗所养族女,姓纳喇,名恳哲,生一子,名巴雅喇,号卓里克图(卓里克图,汉语能干也)。

侧室生一子,名穆尔哈齐,号青巴图鲁。初□□□□孕十三月生太祖,时己未岁,明嘉靖三十八年也。"[11]在这里,清太祖的汉译名是讳缺的。

从上面《清太祖高皇帝实录》、《清太祖武皇帝实录》、《满洲实录》、《清太祖武皇帝弩儿哈奇实录》、《努尔哈赤实录》五种版本来看,关于清太祖实录的汉译名字,有以下三种情况:

第一,清太祖汉译名作弩儿哈奇,是为《清太祖武皇帝实录》的明确记载。

第二,清太祖汉译名作弩尔哈齐,是为《清太祖高皇帝实录》(大红绫本)和《清太祖高皇帝实录》(小红绫本)的记载。

第三,清太祖汉译名作努尔哈赤,是为《清太祖努尔哈赤实录》上海书店出版者所加的。

上述清太祖三种汉译名,前二者是清代实录馆汉译的,后者则为上世纪八十年代出版物所见,因此应以前二者为据。

此外,下列两种清太祖汉译名于后来亦有影响:

其一,清太祖三位弟弟名字"haci"汉译为"哈奇",如《清太祖武皇帝实录》、《清太祖武皇帝弩儿哈奇实录》。

其二,清太祖三位弟弟名字"haci"汉译为"哈齐",如《清太祖高皇帝实录》、《清太祖努尔哈赤实录》、《满洲实录》。

以上是清《清太祖武皇帝实录》、《满洲实录》和《清太祖高皇帝实录》三个文本系统有关清太祖汉译名的简略分析与历史演变的缕述。明朝官书《明神宗实录》是如何记载清太祖的汉译名呢?

二

明朝官书《明神宗实录》对清太祖汉译名的记载,目之所见,例引如下:

例一,《明神宗实录》万历十五年(1587)十一月己丑(初四日)记载江东巡抚顾养谦疏言:"猛骨孛罗已叛,而从逆奴儿哈赤益骄"[12]云云。是为《明神宗实录》中首次出现清太祖汉译名"奴儿哈赤"。

例二,《明神宗实录》万历十六年(1588)正月己酉(二十五日)顾养谦奏言:"奴儿哈赤者,建州黠酋也,骁骑已盈数千,乃云奄奄垂毙"[13]云云。

例三,《明神宗实录》万历十六年(1588)九月戊寅(二十八日)记载,蓟镇总督张国彦、辽东巡抚顾养谦会题言:"建州酋奴儿哈赤亦因结北关亲,以歹商为事,歹商敌益多,故大帅(李成梁)有东征之师,欲诛二酋以安歹商。"[14]

例四,《明神宗实录》万历十七年(1589)九月乙卯(十一日)记载:"始命建州夷酋都指挥奴儿哈赤为都督金事。"是为首见清太祖受明廷封官之"实录"记载。

例五,《明神宗实录》(内阁文库本)十七年九月乙卯(十一日)记载:"……'查其祖、父,又以征逆酋阿台为我兵向导,并死于兵火。是奴儿哈赤者,盖世有其劳,又非小夷特起而名不正者也。……查得《大明会典》内一款,建州、毛怜[等]三大卫夷人,如有送回抢掳男妇者,止许给赏,不愿赏[者],量升千百户、指挥,存留都督名邑[义],以待能杀犯顺夷酋,及执缚为恶夷人与报事、引路、杀贼有功者。此盟府之典,用以信外夷而安封疆者也。若录奴酋父、祖死事之功。即当与之都督亦不为过,而献斩逆酋之级,则又与明例合矣。'"

疏入,万历帝从其请。准与都督金事。此奴贼受明殊恩之始也![15]

例六,《明神宗实录》万历十八年(1590)四月庚子(二十九日)记载:"建州等卫女直夷人奴儿哈赤等一百八员名,进贡到京,宴赏如例。"是为奴儿哈赤第一次到北京朝贡,也是受到明廷礼部第一次正式接待。

例七,《明神宗实录》万历二十年(1592年)八月丁酉(十日)记载:"建州卫都督奴儿哈赤等奏文四道,乞升赏职衔、冠服、敕书,及奏高丽杀死所管部落五十余名。命所司知之,并赐宴如例。"

例八,《明神宗实录》(内阁文库本)万历二十一年(1593)闰十一月丁亥(初七日)载:"建州卫女直夷人奴儿哈赤等赴京朝贡,上命赏宴如例。"

例九,《明神宗实录》万历二十五年(1597)五月甲辰(十四日)记载:"建州等卫都督、指挥奴儿哈赤等一百员名,进贡方物,赐宴赏如例。"

例十,《明神宗实录》万历二十六年(1598)十月癸酉(二十一日)记载:"宴建州等卫进贡夷人奴儿哈赤等,遣侯陈良弼待。"

例十一,《明神宗实录》万历二十九年(1601)十二月乙丑(初二日)记载:"宴建州等卫贡夷奴儿哈赤等一百九十九名,侯陈良弼待。"

例十二,《明神宗实录》万历三十年(1602)六月戊申(十八日)记载:"建州奴儿哈赤,补进二贡。咬思阿等夷,于三河各驿,索要布匹、鞋袜,倍于正额,锁擎马头、车户,擅行拷打"。

例十三,《明神宗实录》(内阁文库本)万历三十六年(1608)二月癸未(二十六日)记载:"建州等卫都督等官奴尔哈赤等,进上番文,乞讨金顶大帽、服色及龙虎将军职衔,下所司议行。"

例十四,《明神宗实录》(内阁文库本)万历三十六年(1608)二月癸未(二十六日)记载:蓟辽督臣赛达疏言:"奴儿哈赤忠顺学好,看边效力,于二十三年加升龙虎将军。"

例十五,《明神宗实录》万历三十六年(1608)十二月乙卯(初二日)记载:"颁给建州等卫女直夷人奴儿哈赤、兀勒等三百五十七名,贡赏如例。"

例十六,《明神宗实录》万历三十九年(1611)十月戊寅(十二日)记载:"颁给建州等卫补贡夷人奴儿哈赤等二百五十名,各双赏、绢匹、银钞。"

上十六例,清楚表明:在明朝官修《明神宗实录》中,清太祖的汉译名均作"奴儿哈赤",译名规范,未见例外。据明实录馆例,一朝实录,同一人名,前后出现,当是统一。

然而,在明代的私人著述中,清太祖的汉译名,又是怎样的呢?

三

明代私人书籍关于清太祖汉译名字的记载,列举数书,分述如下:

清太祖兴起不久,瞿九思撰《万历武功录》,书约成于万历四十年(1612),即努尔哈赤建立后金之前。该书卷十一记载:"歹商为人气弱而多疑,不能善使其左右,其左右多有离心。以故阿台卜花去康古六,导之略人民财产。其后,奴儿哈赤又起。"这里,记载清太祖名字汉译为"奴儿哈赤"。下面举例,以备参考。

例一,《万历武功录·奴儿哈赤列传》记载:"奴儿哈赤,故王台部也,后叛走建州,带甲数千人,雄东边,遂为都指挥。"该传中"奴儿哈赤"凡十四见。

例二,苕上愚公《东夷考略·女直》篇记载:"会建州夷酋奴儿哈赤与歹商约婚,亦颇藉为辅车,而奴酋方斩叛夷克五十乞升赏,十七年竟予都督秩,以此遂雄长诸夷。"同书又记载:"初奴儿哈赤祖叫场,父塔失,并从征阿台,为响导,死兵火。奴儿哈赤方幼,李成梁直雏视之"云云。篇中"奴儿哈赤"凡十九见。其他《海西》篇"奴儿哈赤"凡十三见,

《建州》篇有"奴儿哈赤佟姓,故建州枝部也"等记载,其中"奴儿哈赤"凡十九见。

例三,张鼐《辽夷略》记载:"奴之祖曰佟教场,建州卫左都督金事也,生佟他失。有二子,曰奴儿哈赤、速儿哈赤。"

例四,程开祜《筹辽硕画·东夷奴儿哈赤考》记载:"奴儿哈赤,王杲之奴,叫场之

孙,他失之子也。"此篇"奴儿哈赤"凡五见。

例五,傅国《辽广实录》记载:"万历戊午(四十六年)夏四月,故龙虎将军建酋佟奴儿哈赤初发难,袭我抚顺关,陷之。"

例六,方孔炤《全边略记·辽东略》记载:"(万历)十七年,逆酋克五十盗塞上,奴儿哈赤(王台部夷)斩其头并还卤者。总督张国彦为之请曰:'哈赤忠顺如是也。'上爵之以都督。"又如:"四十一年,奴儿哈赤以部夷阿都乞于松山堡对直开垦,并乞籽粒于边人。"

例七,沈国元《两朝从信录》记载:"壬子(万历四十年)冬,奴儿哈赤杀其弟速儿哈赤,并其兵,复侵兀喇诸酋。"

例八,海滨野史《建州私志》(上)记载:"歹商遂与建州奴儿哈赤婚。哈赤佟姓,建州枝部也,祖叫场,父塔失。"又记载:"四十年,奴儿哈赤杀其弟速儿哈赤,并其兵,复侵兀喇诸酋。"

例九,彭孙贻《山中闻见录》卷一记载:"大清太祖讳奴儿哈赤……塔失有二子,长即太祖,次速儿哈赤,俱幼,李成梁抚之。"

例十,黄道周《博物典汇·建夷考》载述:"时奴儿哈赤甫四岁,宁远不能掩其功,哭之尽哀,抚奴儿哈赤与速儿哈赤如子。"虽文中史事学者多置异词,但清太祖的汉译名值得参考。

例十一,王在晋《三朝辽事实录》卷一、叶一记载:"万历四十六年辽事起,四月十五日,奴儿哈赤计袭抚顺"云云。王在晋"以在事之人,言当时之事",将清太祖的汉译名写作"奴儿哈赤",并以其计陷抚顺,作为明朝辽事之开端。

例十二,马晋允《皇明通纪辑要》记载:"奴儿哈赤杀其弟速儿哈赤,并其兵,复侵兀喇诸酋。"

例十三,谈迁《国榷》卷八二记载:"建州、海西卫奴儿哈赤等入贡,建州日强,每入贡,千五百人,横索车价,殴驿卒,当事裁之。令在边给赏,至是止十五人。"

上十三例,可以证明:在明朝私人著述中,除俗称"奴酋"、"奴"、"老奴"、"东奴"、"夷奴"等外,清太祖的汉译名均作"奴儿哈赤",译名规范,未见例外。

然而,在清代著述中,清太祖的汉译名,又是怎样的呢?

四

清人私家编纂史籍如蒋良骐《东华录》云:

显祖嫡妃喜塔喇氏,乃阿古都督女,是为宣皇后,生三子,长即太祖高皇帝(讳努尔哈赤),称为聪睿贝勒,生明嘉靖三十八年己未,孕十三月而生,龙颜凤目,伟躯大耳,声若洪钟。十岁时。宣皇后崩。……太祖母弟曰舒尔哈齐、雅尔哈齐,继母弟曰巴雅喇,庶母弟曰穆尔哈齐。[16]

此为首见清太祖的汉译名作"努尔哈赤",其同母弟汉译名作"舒尔哈齐"。蒋良骐,广西全州人,康熙六十一年(1722)生,乾隆十六年(1751)成进士。乾隆三十年(1765),蒋良骐到国史馆任职,时年44岁。他说:"乾隆三十年十月,重开国史馆于东华门内稍北。骐以谫陋,滥竽纂修,天拟管窥,事凭珠记",而"信笔摘钞,逐年编载,祇期鳞次栉比,遂觉缕析条分,积之既久,竟成卷轴"。蒋良骐卒于乾隆五十三年(1788),年67。因此,蒋良骐编纂《东华录》当在乾隆三十年(1765)以后,五十三年以前。

《皇清开国方略》卷首云:"显祖嫡妃喜塔喇氏,阿古都督女,是为宣皇后,生子三,长即太祖高皇帝□□□□,宣皇后孕十三月乃生,岁己未,是为明嘉靖三十八年也。次舒尔哈齐(后号达尔汉巴图鲁、追封亲王、谥庄)、次雅尔哈齐(后追封郡王、谥通达)。继妃纳喇氏生子一,名巴雅喇(后号卓哩克图、追封笃义贝勒、谥刚果)。庶妃生子一,名穆尔哈齐(后号青巴图鲁、追封诚毅贝勒、谥勇壮)。"[17]

这同蒋氏《东华录》的汉译名是一致的,时在乾隆五十一年(1786)年间。

由上可见,清太祖的汉译名"努尔哈赤",今见最早于乾隆三十年至五十年之间,在蒋良骐《东华录》中首次出现的。

五

在朝鲜官私文献中,记载清太祖译名主要为"老酋"、"老胡"、"奴酋"、"胡酋"、"老可赤"、"老乙可赤"、"奴儿哈赤"等。在正式文书中,清太祖译名有两种:一是"老乙可赤",另一是"奴儿哈赤"。《李朝宣祖实录》和《光海君日记》解释:明朝称之为"奴儿哈赤",朝鲜称之为"老乙可赤"。自明万历二十三年(1595)后朝鲜满浦镇金节度使柳濂派通事河世国及杨大朝等到佛阿拉,并朝鲜南部主簿申忠一到建州后,在同明朝相关的公文中多次出现清太祖名"奴儿哈赤"。

《李朝宣祖大王实录》二十二年(明万历十七年)七月丁巳记载:"左卫酋长老乙可赤以建州卫酋长李以难等为麾下属。老乙可赤则自中称王,其弟则称船将。"在这里,将清太祖名译作"老乙可赤"。[18]

《李朝宣祖大王修正实录》二十五年(明万历二十年)九月辛未记载:"……且以咨文见之,则有建州卫老乙可赤来救之言。"此文是说朝鲜受到日本侵略,故有"老乙可赤来救"的报闻。此份记载中,"老乙可赤"凡出现五次。

《李朝宣祖大王修正实录》二十五年(万历二十年)九月甲戌记载:明朝兵部令辽

东都司移咨朝鲜,文曰:"今据女直建州贡夷马三非等告称:'本地与朝鲜,界限相连。今朝鲜既被倭奴侵夺,日后必犯建州。奴儿哈赤部下原有马兵三四万、步兵四五万,皆精勇惯战,如今朝贡问还,对我都督说知,他是忠功好汉,必然威怒,情愿拣选精兵,持严冬冰合,即便渡江,征杀倭奴,报效皇朝。"在朝鲜与明朝公文来往的咨文中,出现清太祖"奴儿哈赤"的译名。[19]

《李朝宣祖大王实录》二十八年(万历二十三年)十一月甲申记载:"河世国持来老乙可赤书";同月戊子记载:朝鲜译官河世国到建州,"老乙可赤屠牛设宴,小乙可赤屠猪设宴,各有赏给";十二月己亥记载:朝鲜备边司启曰"老乙可赤等各人赠给锦段事";同月癸卯记载:差杨大朝(浙江人)入建州,见"浙江绍兴县人龚正六,年少客于辽东,被抢在其处,有子姓群妾,家产致万金,老乙可赤号为师傅,方教老乙可赤儿子书,而老乙可赤极其厚待。"以上四例,都称清太祖为"老乙可赤"。

《李朝宣祖大王实录》二十八年(万历二十三年)十二月甲辰记载,朝鲜满浦镇金节制使柳濂遣河世国、杨大朝等到建州密探后回报说:"蒙差前往建州,看得奴儿哈赤及伊弟速儿哈赤同坐一城"云云。又载;"看得夷酋奴儿哈赤近来兵势甚壮"等。

《李朝宣祖大王实录》二十九年(万历二十四年)正月壬午记载,明辽海东宁道兼理边备屯田山东布政司右参议杨□给朝鲜备边司咨文:"查得朝鲜国王咨称建州夷人奴儿哈赤等,欲乘冰结,启衅朝鲜"云云。这里清太祖译名作"奴儿哈赤"。

《李朝宣祖大王实录》二十九年(万历二十四年)正月丁酉载,朝鲜南部主簿申忠一在《书启》中报告:"奴儿哈赤、小儿哈赤同母,毛儿哈赤异母云。"朝鲜宣祖李昖曰:"观申忠一书启,老乙可赤之势,极为非常,终必有大可忧者。"

申忠一《建州纪程图记》图版十五记载:"奴酋回帖云:'女直国建州卫管束夷人之主佟奴儿哈赤禀,为夷情事。'云云。"该书图版十六记述清太祖世系略云:童交清哈——子托时——子奴儿哈赤(己未生),子歹舍(庚辰生),妻三(其下五子二女皆幼):子毛儿哈赤(壬戌生),子二皆幼;子小儿哈赤(甲子生),妻二,子培末(癸未生),其下三子皆幼,长女则今正月十五日,童时罗破作婿云。图版十六又记:"奴儿哈赤、小儿哈赤同母,毛儿哈赤异母云之。"是为申忠一在佛阿拉访得建州实情,在《书启》里将清太祖名字音译作"奴儿哈赤"。[20]

尔后,李仁荣《建州纪程图记解说》记载:"朝鲜宣祖二十八年乙未(明万历二十三年)十二月,南部主簿申忠一奉命至建州奴儿哈赤(后为清太祖)之居城,得以察其情势而归,事属著闻"云云。文中先后六次出现"奴儿哈赤"。

《东国史略事大文轨》记载:"奴儿哈赤部落住在鸭绿江越边迤西之地。"文中并记载明辽东巡抚赵揖宣抚建州言:"建州夷酋奴儿哈赤、速儿哈赤知道"云云。

　　赵庆男《乱中杂录》记载:"……三多乙舍所吐里,奴弟小乙可赤长子,或阿未罗古;……"

　　李肯诩《燃藜室记述》卷二三记载:"奴儿哈赤,佟姓,故建州枝部也。"又记载:"壬子冬,奴儿哈赤杀其弟速儿哈赤,并其兵,侵兀剌诸酋。"另记载:"是年五月,奴儿哈赤僭号后金国汗,建元天命。"

　　李民寏的《栅中日录》、《建州闻见录》、《越江后追录》、《自建州还后陈情疏》和《进建州闻见录》等五文,虽知清太祖的名字,但因其所进文字表明自己忠于李朝王室而鄙视建州,故一概称清太祖为"奴酋"。[21]

　　《光海君日记》七年(万历四十三年)六月丙午载述编者言:建州夷酋佟奴儿哈赤,我国讹称其为老可赤。[22]

　　综上,在《李朝宣祖大王实录》、《光海君日记》中,清太祖正式译名有二:一为"老乙可赤"、另一为"奴儿哈赤";前者的"老"对"小"(小乙可赤)而言,后者的"奴尔哈赤"是比较规范的译名。朝鲜李朝将清太祖名字译作"奴尔哈赤",这既表明其效忠明朝的心迹,又反映其源于女真的音译。

六

　　清太祖的汉译名,自明万历十五年(1587)以降,如"奴酋"、"老酋"、"奴"、"东奴"、"老奴"、"老胡"、"胡酋"、"老儿赤"、"老可赤"、"乙可赤"、"老亦可赤"、"老乙可赤"等,是对其名字的或简称、略称,或异称、别称,或贬称、蔑称。统合言之,清太祖的汉译名主要有:奴儿哈赤、努儿哈赤、努尔哈赤、弩儿哈奇、弩尔哈齐、努尔哈齐等。

　　自民元以来,在 20 世纪,清太祖的汉译名,主要有三:其一是努尔哈赤,其二是努尔哈齐,其三是弩尔哈赤。

　　其一是"努尔哈赤"。"努尔哈赤"最早见于蒋良骐的《东华录》。它是从"奴儿哈赤"演化而来。因为"奴儿"带有贬义,故将"奴儿"写成"努尔","哈赤"则未变,因之清太祖的汉译名作"努尔哈赤"。因"奴儿哈赤","奴儿"与"努尔"同音,可视"奴儿哈赤"与"努尔哈赤"为同一类型。

　　稻叶君山的《清朝全史》,但焘译文,民国四年(1925)印行,其第八章标题为"奴儿哈赤勃兴于建州"。书中叙述清太祖的世系:"叫场(教场)——塔失(他失)——奴儿哈赤(老儿赤)"。书中列表记载清太祖的兄弟:弩尔哈齐、舒尔哈齐、雅尔哈齐、巴雅齐、穆尔哈齐。[23]这说明《清朝全史》对清太祖的汉译名,全书并未规范统一。

　　萧一山《清代通史》第一篇第一章标题为"努儿哈赤之勃兴",书中凡涉及清太祖的汉译名时,均作"努儿哈赤",如"努儿哈赤之先世及其事略"、"努儿哈赤之建国"、"努儿哈赤之兵法"、"努儿哈赤之死"等。[24]萧一山将"奴"字换成"努"字,而"儿"字未易,故作"努儿哈赤"。

孟森《清太祖起兵为父祖复雠事详考》、《清太祖杀弟事实考》、《清太祖由明封龙虎将军考》、《清太祖告天七大恨之真本研究》、《清太祖所聘叶赫老女事详考》等五篇论文,概避其名字,而用其庙号。其《清史讲义》第三章《清代种族及世系》载"太祖名努尔哈赤"。[25]孟先生用的是"努尔哈赤"。

郑天挺《清史探微》一书《清人关前满洲族的社会性质》文中说:"1583 年(明神宗万历十一年),满洲(当时称为建州女真)的没落的上层分子努尔哈赤以十三副甲起兵,讨伐他的仇人,经过了三十三年,到 1616 年(万历四十四年),建立了以自己为首的满洲政权金国——后来称为清朝。"[26]郑先生对努尔哈赤冠以"没落的上层分子",显然受了时代的文化局限,但他用的是"努尔哈赤"。

戴逸主编《简明清史》上册第 40 页标题为《努尔哈赤统一女真各部及后金的建立》。[27]戴先生《简明清史》全书将清太祖的汉译名,统一规范为"努尔哈赤"。

王思治主编《清代人物传稿》第一卷、第一篇为《努尔哈赤》。[28]王先生全书清太祖的汉译名统一为"努尔哈赤"。

李光涛在《明清档案论文集》中,清太祖汉译名为"奴儿哈赤",其《明清史论集》中《记金国汗之迫而求款》等文,清太祖的汉译名亦作"奴儿哈赤"[29]

黄彰健《明清史研究丛稿》书中有《奴儿哈赤所建国号考》[30]等文,称清太祖名为"奴儿哈赤"。

广禄、李学智《清太祖朝〈老满文原档〉与〈满文老档〉之比较研究》中说:"根据清代的官书记载,知道清人之有文字,实肇始于清太祖建元天命以前的十七年,也就是明神宗万历二十七年(西元一五九九)。那时清太祖努尔哈赤才开始仿照蒙古文的字形,创造了满文。"[31]

阎崇年《努尔哈赤传》[32]等有关清太祖的中文传记,都以"努尔哈赤"作传主的书名。

张岂之主编,郭成康、王天有、成崇德本卷主编的《中国通史·元明清卷》,其《满洲的兴起与清朝的建立》一节,以《努尔哈赤建立后金》作为纲目,全书统一以"努尔哈赤"作为清太祖的汉译名。此书被列为全国"普通高等教育九五国家级重点教材"。[33]

以上说明:其一是"努尔哈赤"。在全国主要的、代表性的学术著作中,清太祖的汉译名多作"努尔哈赤"。

其二是"弩尔哈齐"。清太祖的汉译名作"弩尔哈齐",为《清太祖高皇帝实录》(小红绫本)贴黄下所见,在其他版本中多避讳。这应是今见《清太祖实录》中清太祖汉译名"弩尔哈齐"的记载,也是清官方所定的。

其三是"努尔哈齐"。《清史稿·太祖本纪》曰:"太祖承天广运圣德神功肇纪立极仁孝睿武端毅钦安弘文定业高皇帝,姓爱新觉罗氏,讳努尔哈齐。"[34]《清史稿》于民国十六年(1927)开始印行。这是今见最早出现的清太祖汉译名作"努尔哈齐"。其"哈齐"出现更早,如《清太祖高皇帝实录》曰:"太祖承天广运圣德神功肇纪立极仁孝睿武端毅钦安弘文定业高皇帝,姓爱新觉罗氏,讳弩尔哈齐。"(贴黄)。《清史稿》将《清太祖高皇帝实录》中的"弩"换作"努",而用其"哈齐"。

王钟翰《清史杂考》中以《满族在努尔哈齐时代的社会经济形态》[35]为题的长篇论文,清太祖汉译名作"努尔哈齐"。

中国第一历史档案馆、中国社会科学院历史所《满文老档》中,《蒙古贝勒明安以女妻努尔哈齐》等,[36]全书译者编加标题,将清太祖汉译名通作"努尔哈齐"。

陈捷先在《满洲丛考》中,说"舒尔哈齐是努尔哈齐的胞弟",[37]在《清史论集》中有《努尔哈齐与〈三国演义〉》的篇目。陈先生还以《努尔哈齐写真》与《努尔哈齐事典》作书名,分别于2003年、2005年由远流出版事业公司出版。陈先生在自己多年大量论著中,将清太祖的汉译名作"努尔哈齐"。

庄吉发先生在《清史论集》中说:"谈清史,要从清太祖努尔哈齐时期说起,他统一女真诸部,满洲崛起。"[38]庄先生在论著中将清太祖的汉译名作"努尔哈齐"。

近百年来,清太祖的汉译名的主要分歧点在于"赤"与"齐"。

七

清太祖的汉译名,当今主要有两种:一是"努尔哈赤",另一是"努尔哈齐"。虽一字之差,却意见角立。综上所述,略作分析。

第一,清太祖的汉译名"努尔哈赤",《明神宗实录》记载,从万历十五年(1587)十一月己丑(初四日)开始,在明代官书中,将清太祖的汉译名统一规范作"奴儿哈赤"。其中,"奴"与"儿"两个字,都是满语对音,只是用字含有贬义。蒋良骐在《东华录》中,最早将"奴儿"改译作"努尔",于是首先出现清太祖的汉译名作"努尔哈赤"。在清代,清太祖名字在典籍文献中出现时应讳缺,如《清国史·太祖本纪》就只载清太祖之姓,而讳缺其名。民国以来,清太祖的汉译名"努尔哈赤",已经广泛使用,在书籍、报刊、影视、广播、戏曲、教材、小说、网络中,人们普遍使用,流传已久,家喻户晓,老少咸知。

　　第二,清太祖的汉译名"努尔哈齐"。从《清史稿》问世以来,一些学者在书文中,将清太祖的汉译名写作"努尔哈齐"。

　　清太祖汉译名,应有两个原则:名从主人与约定俗成。

　　于"名从主人",似将 nurhaci 汉音译作"努尔哈齐",更贴近满语的对音;

　　于"约定俗成",似将 nurhaci 汉音译作"努尔哈赤",更符合通行的习惯。

　　但是,清太祖的汉译名作"努尔哈赤",相沿四百余年,恐怕变之不易。

　　中国历史上少数民族著名人物的汉译名,如元太祖铁木真,其蒙古文(拉丁转写)为"TEMUCHIN",汉音译应作"铁木钦",而汉译作"铁木真"。其"钦"与"真"译音微有差异,但约定俗成,通行汉译作"铁木真"。

　　然而,当世著作关于清太祖的汉译名,有引文与行文之别。于引文中的清太祖汉译名,应尊重原文;于行文中的清太祖汉译名,宜重视习惯。行文与引文有所不同,似应当关注并加以区别。

　　当下的清史,中华大普及,世界大交流,清太祖的汉译名,是作"努尔哈赤",还是作"努尔哈齐"? 这是一个既需要规范画一、又需要慎重对待的问题。上述史料罗列,并做简要分析,挂一漏万,聊供参酌。

　　　　　　　　　　　　　　　　　　　　　　　　(作者系北京市社会科学院研究员)

注　　释

1　《清太祖高皇帝实录》卷一,第 7 页,乾隆校订本,中华书局 1986 年影印。

2　《大清太祖高皇帝实录》(小红绫本)卷一,第 1 页,卷二,第 15 页,中国第一历史档案馆藏。

3　《大清太祖高皇帝实录》(大红绫本),原藏盛京崇谟阁本,今辽宁省档案馆藏。

4　《大清太祖高皇帝实录》,伪满洲国"满日文化协会"据盛京崇谟阁藏本影印,日本东京大藏出版株式会社承印,东京单式印刷公司承印,1936 年版。

5　《大清太祖高皇帝实录》,台北华文书局根据伪满洲国影印本翻印,1964 年版。

6　《太祖高皇帝实录稿本三种》,史料整理处影印,癸酉年(1933)。

7　《玉牒·帝系》,中国第一历史档案馆藏。

8　《清太祖武皇帝实录》卷一,第 6 页,广文书局据台湾故宫博物院藏本 1970 年影印本。

9　《清太祖武皇帝弩儿哈奇实录》卷一,第 2 页,故宫博物院 1932 年铅印本。

10　《努尔哈赤实录》卷一,第 3 页,故宫文献馆据"实录库本"1932 年影印本,又见《清太祖努尔哈赤实录》,1989 年版上海书店。

11　《满洲实录》卷一,第 35—37 页,中华书局 1986 年影印本。

12　13　14　《明神宗实录》卷一九二,万历十五年(1587)十一月己丑;卷一九四,万历十六年正月己酉;卷二〇三,万历十六年九月戊寅,台湾中央研究院历史语言研究所 1962 年校勘本。

15 孟森:《明清史论著集刊》上册,第 167 页,中华书局 1959 年版。

16 蒋良骐:《东华录》卷一,第 2—3 页,木刻本,又见中华书局标点本。

17 《皇朝开国方略》卷首,第 2 页,光绪十年广衙宋斋本。

18 19 《李朝宣祖大王实录》卷二十三、卷二十六,二十二年(明万历十七年)七月丁巳,日本学习院东洋文化研究所 1959 年版。

20 申忠一:《建州纪程图记》图版 15,《兴京二道河子旧老城》,日文本建国大学 1939 年刊印。

21 李民寏:《建州闻见录》,影印本,日本天理大学图书馆藏今西春秋本。

22 《李朝光海君日记》七年(万历四十三年)六月丙午,日本学习院东洋文化研究所,1959 年版。

23 稻叶君山:《清朝全史》(中华书局 1915 年本)第 94 页载:"万历十七年九月辛亥,初授建州夷酋为都督佥事"。辛亥,误,应作"乙卯(十一日)"。

24 萧一山:《清代通史》上卷,商务印书馆 1927 年版。

25 孟森:《清史讲义》第 14 页,中国文化服务社 1937 年版。

26 郑天挺:《清史探微》第 404 页,中华书局 1999 年版。

27 戴逸主编:《简明清史》第 1 册,第 40 页,人民出版社 1984 年版。

28 王思治主编:《清代人物传稿》上编,卷一,第 1 页,中华书局 1984 年版。

29 李光涛:《明清档案论文集》图板 3,第 129 页,联经出版事业公司,1986 年版;《明清史论集》上册第 1 页,台湾商务印书馆 1971 年版。

30 黄彰健:《明清史研究丛稿》第 481 页,台湾商务印书馆 1977 年版。

31 广禄、李学智:《清太祖朝老满文原档与满文老档之比较研究》,中国东亚学术研究计划委员会年报第 4 期,1965 年 6 月。

32 阎崇年:《努尔哈赤传》,北京出版社 1983 年版。又〔日〕若松宽的《努尔哈赤传》、滕绍箴的《努尔哈赤评传》、蒋秀松的《清朝开国皇帝努尔哈赤》等,都以"努尔哈赤"名清太祖的传记。

33 《中国历史·元明清卷》第 184 页,高等教育出版社 2001 年版。

34 《清史稿·太祖本纪》第 2 册,卷一,第 1 页,中华书局标点本 1977 年版。

35 王钟翰:《清史杂考》第 1 页,中华书局 1963 年版。

36 中国第一历史档案馆、中国社科院历史所:《满文老档》上册第 12 页,中华书局 1990 年版。

37 陈捷先:《满洲丛考》第 66 页,台湾大学文学院 1963 年刊印,参见《清史论集》,东大图书公司出版 1997 年版。

38 庄吉发:《清史论集》(一)第 1 页,文史哲出版社 1997 年版。

庚子围攻西什库教堂(北堂)史实再考

戴海斌

在庚子事变中,西什库教堂(北堂)是除了东交民巷使馆区外,另一个,也是唯一一个受到围攻的外国人聚集地。当时流行的顺口溜"吃面不搁酱,炮打交民巷,吃面不搁醋,炮打西什库",口口相传至今,已成为北京城市记忆不可抹灭的部分。作为义和团运动中具标志意义的事件,它不仅长久留存于民间口碑,同时也为研究者所注意。张寄谦等合撰《义和团在北京的战斗》是研究北京义和团的早期代表性论文,其选题覆盖面,或史料发掘的深度都很可观,惟限于写作的时代氛围,对义和团的历史作用有超过实际的评估,在描述北堂围攻时,认为"主要的进攻任务,是由义和团担任的"。[1]廖一中等编《义和团运动史》的叙事和观点,并未有超越前文。[2]人大清史所编《近代京华史迹》收有岑纯祖撰《血雨腥风西什库》一文,对北堂历史有扼要介绍,并仍以义和团为围攻事件的绝对主角。[3]进入新世纪后,据笔者不广的见闻,相关著述基调似仍贯其旧。这套历史叙述实际潜在一个悖论:一方面是北京义和团声势浩大,战斗勇敢,打击帝国主义者毫无宽假;另方面是防御能力有限、并已成孤立之势的使馆区和北堂始终攻不下来。如何打通两者间的解释链条呢?要研究的恐怕不止于义和团本身,包括义和团与清政府关系、中外关系及帝国主义内部关系等等,都需纳入视野中来。在某种特定语境下,这一问题甚至已超出了单纯的史实认定范畴,而牵涉到历史观、历史主题和线索等宏大课题的论证。张海鹏先生在一篇讨论中国近代史"主题"的文章中,即举围攻西什库教堂一事为例,为义和团运动正名,兼为史学研究正方向。[4]本文当然无意也无能力处理这样的大叙事。就史学实证的层面来说,关于庚子围攻使馆事件,学界已有比较成熟的研究[5],尤其林华国先生具有典范意义的论文,对既有历史认知的更新,差不多有着"祛魅"的效应,其细密、有力、环环相扣的行文令人感受到考据史学的魅力。相较而论,围攻北堂的相关史实迄未有完整梳理,不少似是而非的观点仍然流行。近时查时杰专文讨论了北堂本身历史沿革、建筑格局及战时因应诸问题,对北堂攻防战的史实重建多有贡献,只是作者的基督教研究背景决定了论文侧重的面向,较少注意教堂外部的情况。[6]本文拟在先行研究基础上,综合新旧史料对这一问题再作考察,试图相对完整地勾勒出庚子年"围攻"北堂的实相,并对为何未能攻下北堂给出自己的理解。

一、北堂概况

西什库天主教堂的历史可以追溯到康熙四十二年(1703),开堂时原名"救世堂",取耶稣救赎之义,其旧址为康熙帝酬谢传教士的赐地,位于北京三海的中海西畔(今国图文津馆斜对面),因地名蚕池口,故俗称蚕池口教堂,今称老北堂。蚕池口地近三海,北堂钟楼太高,可以俯瞰皇家禁苑,由此带来安全问题,为朝廷所不悦。至光绪十一年(1885),为给慈禧太后修造归政后的居所,清廷大兴土木,扩建中南海,有意将北堂圈入其范围。经与罗马教廷和法国政府的反复交涉,最终达成《迁堂条款》,清朝拨给西安门内西什库南首三分之二地方,作为另建新堂之地,并给银45万两充为迁堂经费。[7]光绪十四年(1888),西什库主教座堂竣工落成,其位于今西什库大街33号,曾长期作为天主教北京教区的主堂,是目前北京最大和最古老的教堂之一。出版于1901年的《樊国梁主教围困日记》对北堂有过介绍:

> 传教会的总堂是北堂——即北面的教堂。他坐落于北京城的皇城地区,紧靠紫禁城。北堂大门上方刻着一条龙,两侧各有一个小亭廊。墙上镶嵌的大理石板上镌刻着皇帝的诏书,说明一百多年前这篇土地赐予法国的情形。几年以前,皇帝想扩展宫殿范围,收回了神父们原先占有的地方,给予他们现在地方作为交换,于是由皇帝出资在这里建造起现在的教堂、主教公署以及所有的附属建筑——总花费超过十五万美元。教堂正面悬挂的一块大匾上记载着这一事实。北堂是教区主教的驻地,他声名远扬,受到所有的那些有幸遇到他、认识他的人们的爱戴,他就是遣使会主教樊国梁。[8]

今天谈论北堂,欲重建当年"围攻"场景,先需要建立地理的概念,这包括教堂内、外两个方面。从内部来讲,新北堂占地面积广阔,除了造型壮观的主教座堂以外,还有大片附属建筑,这一点实际与北堂具备的综合牧养功能相关。莫涅(Marcel Monnier)在其《亚洲之旅:中央帝国》一书中,这样描述他眼中的北京四大天主堂:"仅仅从宗教传布一个角度看待这些教堂是错误的,它们的活动表现在许多不同的方面……在这些教堂周围,不仅有神父的住所、修道院和初学院,还有学校以及年轻人学习木器和金属器具制作的作坊,另外还有一处印刷所。"[9]准确地说,北堂不是单个建筑,而是一个建筑群,当时京城主要天主教堂皆然,只是北堂的规模最大而已。

前揭查时杰文在这方面已多论述,厘清了过往的一些刻板印象。今据几种存世庚子围困日记,可大致复原北堂内建筑空间布局:主体建筑为主教座堂,中文文献中表述为"大堂",位于整个教堂区块的正中央;其北侧有两道门,内为公门,外为大门,大门北临西安门大街;南侧紧邻图书馆,再南为仁慈堂,即孤儿院与育婴堂;西侧为主教公署、印刷所,前者即主教驻节地点,亦名"西院";东侧为大小修院、神学院等。

从外部来讲,有必要解释"西什库"这一地名。这里原为明清两朝皇室内府所管辖的十个储藏库房,因地处皇城西北隅(西安门内),故称西什库。新北堂区块占去了十个仓库地中靠近南段的八个,关于其四面界址,《教务教案档》之"迁建北堂于西什库"案中有所描述:

> 西什库胡同坐落于北京西安门大街迤北巷口内,当时有住户数十家,入巷口北行里许即西什库围墙之总门。门内旷地一区,并无人家。勘丈四面界址:东界库围大墙,西界皇城墙,北界皇城墙,南界库围墙大门,计南北二百七十余丈,东西七十余丈。其中库库座地位,近依北面皇墙,系户部颜料库,迤南相距八十余丈,系工部硝磺库,再迤南相距一百零九丈,即至围墙总门。此查勘西什库地势之大概情形也。[10]

至民国初年,北堂周边建筑物已发生变化,然由陈宗蕃著《燕都丛考》一书,仍可以得到有关它地理位置的一个较清楚的概念:

> 西安门大街路北,参谋本部在焉……又北曰旃檀寺,光绪庚子毁于兵,曼古之旃檀寺已失去……参谋部之西曰真如镜,又西曰刘蓝塑胡同,再西曰西什库,法国天主教堂在其北,又北曰仁慈堂,又北曰硝磺库,又北有农务学堂、第四中学,又北为财政部铁库,又北即皇城之西北隅。天主教堂以东曰西什库夹道,槐柳阴森,地极寂静……[11]

简括而言,北堂占有西什库南段大片地区,南北100余丈,东西70余丈,换算面积约近8公顷。其正门朝南而开,临西安门大街;北边筑以围墙,与工部硝磺库相隔,往北为户部颜料库,再往北,即皇城北面城墙;东边筑以围墙,设有侧门,墙外为马路,路名西什库夹道(今西什库大街);西边紧挨皇城西面城墙(今西黄城根北街),由教堂正门出左转几十米,即为西安门。

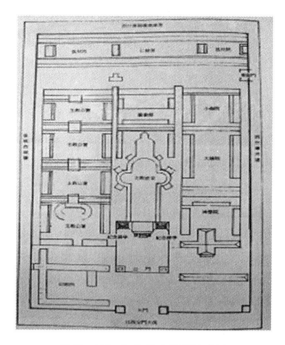

附图　1900 年北堂建筑平面略图

图片来源：查时杰《北京西什库天主教北堂与义和团的对抗》，《义和团运动与中国基督宗教》辅仁大学出版社 2004 年版，第 480 页。(见本书第 68 页注释 6)

二、被围前后北京城内的局势

1900 年夏天，义和团运动在华北乡村兴起，并迅速向京津蔓延。亲历事变的明恩溥牧师(Arthur H. Smith，1845—1932)认为，自 6 月 8 日至 20 日这段时期，在北京的外国人已陷于一种"半围困"状态，当时他们主要集中在三个地区——东交民巷使馆区、美国美以美会(卫理公会)教堂和西什库天主堂(北堂)。[12]美以美会，属新教教会，其教堂位于崇文门大街东首，聚集在那里的除 80 多个美国人，还有数百名中国教民，另外自长辛店、通州等地陆续有外国人逃亡回京，他们的落脚点也多在此处。[13]明恩溥后来说："到星期六(6 月 9 日)的时候，实际上除了在北堂内的人以外，其他所有外国人都已经进入出于外国卫队保护下的一个四方区域之内了。这个区域的东边多少有延伸，使美以美会的许多院落也被包括进来。"[14]

当时北京城内有四所较大的天主教堂，即东堂(王府井天主堂)、南堂(宣武门天主堂)、西堂(西直门天主堂)、北堂(西什库天主堂)，其中北堂为天主教直隶北境的总堂,主教为樊国梁(Favier,1837—1905),副主教为林懋德(Jarlin)。[15]起初,法国公使毕盛(Pichon)试图同时保护多所教堂,但碍于兵力不足,只能将警卫队集中,全力守卫规模最大的北堂。樊国梁6月1日记:

> "九点半法公使来见,告以三十洋兵来堂保护,十点果至。在京法人皆随队来堂。先是总理衙门曾限制来京之兵,只可为保护使馆之用。而毕公使躬亲带来保护者几及半数,此厚谊实难答谢也。"[16]

当天为数30人(一说33人)的法国卫队到位,负责指挥的是亨利(Paul Henry)少尉[17]。稍后,同为天主教国家的意大利又加派10名海军陆战队员。而与之同时,北堂以外的其他天主堂处在无人保护的状态。

6月初旬,义和团已进入北京城,焚烧教堂、打杀教民事件时有发生。至6月12日(五月十六日),团民聚众烧外城姚家井一带教民房屋,彰仪门外之西郊赛马场也被焚毁;13日(五月十七日),大批团民由崇文门涌入内城,"纷纷肇乱,一意以毁坏洋人产业为务"。翰林院编修黄曾源记,"十六夜,内城火起十数起,十七则白昼杀人放火矣"。[18]京城步军统领崇礼事后奏称:

> 两翼地面所属教堂,突于十七日酉刻由崇文门内孝顺胡同起火,奴才等闻信,刻即调兵弹压,不意各处教堂,陆续起火,延续多处,情形甚迫,实非人力所能扑救。[19]

短短几天内,崇文门基督教堂、天主堂东堂、南堂、西堂等相继遭焚毁,东堂艾儒略(Garrigues)神父、西堂金葆光(Doré)神父被烧死。6月14日,始建于明朝的南堂遭破坏,使馆方面派出救援队,将该处教士和多数教民转移到使馆区。住在附近的居民称:

> 义和团焚烧顺治门大街耶稣堂,又烧同和当铺奉教之房,又焚烧顺治门内天主堂,并施医院两处,连四周群房约有三百余间俱烧尽,烧死教民不计其数……逃出奉教之人老少约二百余口,有洋人四五名保护,往东交民巷外国府居住。[20]

樊国梁日记也有相应记载:

> 六月十四号,十一点半,南堂亦被火,医院、学堂、婴孩院皆殃及。拳匪于北堂四面喊烧喊杀之声不绝,直至夜半两点钟,众人皆鹄立。后则声渐稀,拳匪亦稍退……一信友自外逃来,谓昨日早一点钟有外国兵一队往南堂驰救,故南堂之神甫、圣母会修士、仁爱会及若瑟会修女皆安抵使馆无恙。[21]

关于南堂救援,实际情况是法使馆馆员福礼玺(Fliche)率领的救援队于当晚前往该处,将包括董文学(Addosio)主教、3 名神父、5 名修女及 20 名中国修女在内的全部教会成员带回使馆;次日晨,10 名美国士兵、10 名俄国士兵及毕德格(William N. Pethlck)等几位能说汉语的美国人再往该处,营救出滞留的数百名教徒,并打死打伤团民多人。[22]至 6 月 20 日,美以美会及海关税务司署内的避难者,也全部转移到了更安全的东交民巷使馆区。当天下午 4 时,清军开始围攻使馆。此时相距差不多一小时路程的北堂,成为使馆区以外唯一一处被围困的外国人聚集地,而对它的围攻早于 6 月 15 日已经开始了。

三、"围攻"的几种形式

(一)集体冲锋

自义和团开始在京活动,教民房屋及南堂等教会场所相继被毁,大批教民往北堂转移。与之同时,团民也在西安门附近汇聚,相约焚烧北堂。值得注意者,清廷在 6 月 13 日至 16 日连续发布八道上谕,将在近畿、京城的团民指为"拳匪",命步军统领衙门等"严行查拿",并保护使馆教堂。[23]可见清廷此时仍有意控制局势,尚未下决心对义和团实行全面招抚。6 月 14 日(五月十八日),军机处交步军统领两翼总兵英年、载澜上谕:

> 顷闻义和团众约于午刻进皇城地安门、西安门焚烧西什库教堂之议,业经弁兵阻拦,仍约于今晚举事,不可不亟为弹压,着英年、载澜于拳民聚集之所务须亲自驰往,而为剀切晓谕。该拳民既不自居匪类,即当立时解散,不应于禁城地面肆行无忌。倘不遵劝谕,即行设法拿办。相应传知,贵总兵钦遵办理可也。[24]

不过,当时京师地面秩序废弛,义和团屡禁不止,兼之载澜、英年等均属亲团大臣,劝令解散并不得力。在南堂被焚时,即有人目睹官兵与团民合作的场面:"十八日早,拳匪与官兵齐至南堂,先抢后烧……有见放火时,澜公并九门提督在傍助力"[25] 6 月 15 日,义和团开始围攻北堂。樊国梁日记录有当时场景:

> 七点钟,堂东、西、南三面皆被拳匪大队所围。七点三刻,拳匪自南来,为首者乃一喇嘛,乘马,后有极大之旗,年幼拳匪多人围之,皆念咒上体。衣为红色,先在堂前甬路上烧香叩头,即蜂拥前进。至距堂约二百米突时,堂门前法兵乃发枪毙其四十七人,自谓能避枪炮也。后面之匪乃遁。堂中人即出,得花枪一枝,刀五柄。拳匪既退,乃纵火于堂南面毗邻之屋。拳匪此次前来,又万余人随之,盖欲抢掠也。既无功,乃益加咆哮,然未敢再犯。[26]

同在教堂内王玛弟亚神父的记载更为详尽：

> 至六点十分钟时，拳匪已聚了二三千人于西安门内，官兵皆在门外后随。此时拳匪之声有如翻江倒海一般，皆云，烧呀，杀呀，二毛子呀，你们的生日到咧。此时吾与林主教正在公门前往外观望，大堂上有数教士各执洋喇叭以报信息，任神甫携望远镜亦在堂上观望。既而大堂上喇叭一鸣，眼见一秃头僧人手持高香一束，来到西什库口外甬道上，向北堂一站，随后无数拳匪各执高香点燃，向北堂齐跪，叩头三次即起。满胡同之匪右手执刀，左手把香，即向北堂公门而来。此时洋兵十名把守公门，兵头即向林主教云，可开枪否，主教尚未回言，吾即云，快打吧，不可令其切近，就措手不及了。言犹未尽，兵头一叫号，吧啦啦一排枪，眼见皆打在拳匪身上，怎么一个也不倒。既结，而又一叫号，吧啦又一排枪，拳匪躺下一片。原来头次不倒之故，皆因前匪受伤，后匪拥挤不能倒。故耳立即又发第三排枪，又打倒十数人。后来者全然跑出口外去了。眼见拳匪死者三十余人，未死者受伤者趴的趴，滚的滚，皆奔命去了。[27]

当年受困于北堂的中国教徒刘品一的回忆可与之印证：

> 义和团聚集多名，人声鼎沸，齐至西安门下。见城门紧闭，乃大声疾呼曰："开门来！开门来！"喊声震天。霎时城门大开，义和团蜂拥而入，直趋西什库教堂。至西什库大街前，将某家棚铺点着。火光冲天，风借火势，火助风威，加以杀喊之声，实令人惊魂动魄。此时余等自忖必死无疑，人人面孔煞白，坐以待毙。猛听法军官一声号令，法兵射击，应声倒地者众。两排枪后，四周寂静，团人撤退。[28]

目前可见义和团首次冲击北堂的记载，均来自教堂一方，当日聚集在北堂周围的义和团人数，有说两三千人，亦有称万人，具体难考，实际参与进攻人数应远少于此数。综合各说，可知团民初次进攻主要靠人多势众、扎堆喊杀冲锋，少量团民备有抬枪等自制武器，但威力有限，其冲锋前队在距北堂正门数百米处，即遭守堂卫兵强势火力击退，被打死40余人。[29]肉身不敌枪弹，而避体法术无验，经过此仗，义和团自知吃亏，不大再敢组织这样的集体冲锋了。后有目击者称："义和拳二千人攻西什库，来者甚勇，回去甚快。其队竟在寺前纳凉不敢前进者，亦无用者。"[30]而教堂方面，也因此提振了防守信心，樊国梁即言："初次交锋，见拳匪如此之怯弱，乃大有所望。教友中只有花枪五百余杆，旧快抢七八枝，见此初次胜利，勇气倍增，誓许偕西兵防守围墙。"[31]

有不少记载称西什库之役由端王载漪亲自指挥，更有甚者，渲染了大学士刚毅帕首督战这样带有戏剧性的一幕。[32]按端、刚亲临前线一说,语多夸饰,未必可信。但可确认的是,载漪时为团民所推戴,其所辖虎神营实际参与了围攻北堂。本月22日樊国梁记,"盖此日曾欲使端王所统之兵攻堂也"[33];某满员亦称:"端亲王带义和团两万余人,并有澜公爷、荣中堂攻打,未能成功"[34];荣禄在一私函中同样指认:"端王进攻西什库教堂,董军攻各使馆,旬余日均未下。"[35]至于刚毅,军机章京王彦威记"义和团之攻西什库也,火光震西苑,太后遣英年往谕之,令勿震惊宫寝,团民不听,攻如故。翌日,遣刚毅往督队,力攻之"[36],似较可凭信。

(二)火攻

6月16日,除大批团民外,守西华门之官兵亦至北堂,樊国梁称其"显然非来保护,乃来攻击耳";至22日,北堂已"完全被围,与外间交通完全隔断"。[37]近两个月的北堂围攻战中,有数拨义和团轮番上阵,其分属于不同坛口,以干字团居多,亦有名坎子团、黑团者[38],同时还有不少喇嘛、和尚加入了会攻。[39]各团背景各异,流动性大,如车轮战换班攻打,西什库战场俨然成为来京挂号之团神力应验与否的试验场。某满员家住西什库附近,义和团曾在其宅设坛,见闻颇伙,其六月初四(6月30日)记:"本宅立义和团马号,设坛郑宅";七月初二(7月28日)记:"有王姓,系团上人前来,告以看家之人,亦不可多,多则生事,并有眷属移往他处等语。当有坎字义和团攻打洋楼。"[40]来攻各团多经庄王府调度,配备有一些简单武器,但主要进攻手段是纵火,所用干草、煤油等物由官府供应,亦有绅商助给大饼、馒头、咸菜等。

关于北堂围困,周锡瑞认为"正规部队对这里的义和团帮助很少,义和团没有任何有效的进攻武器"。[41]此说不尽确。事实上,北堂解围后就有外国人发现:"育婴堂北墙外面有一个很大的军火库,存放着硫磺和其他一些制作火药的材料,中国人不停地使用这些材料来制造火药。"[42]陈恒庆宅临近北堂,他记述官兵、团民合围情形:

> 予时服官京师,身在枪林弹雨中一月有奇,所寓(西四牌楼迤东西安门外)又近西什库法国教堂,义和拳及虎神营兵日日围攻,予亲见之。闻教堂内教士、教民三四百人,其兵械只有枪数十。义和拳挟煤油、柴草,从外诵咒以焚其室,迄不能然[燃]。[43]

用干草蘸煤油,举火而进,是团民普遍采用的纵火方式,但迫于守军的快枪火力,很难成功。樊国梁记录了这样一幕:"法弁恩理偕十二人居墙穴间,拳匪一群携煤油火种来,欲ири火于仁慈堂,恩理多方抵御,匪被杀数百人。"[44]某满员相应也有记载,如"有干字团奋进楼举火,均被气枪所伤七名,武卫军伤毙哨官一名,大楼仍然不克,此真奇事";"各团进队举火,干草蘸煤油进攻,未至楼下被洋人气枪伤毙十二名。当即撤队,火无成功"。[45]关于团民伤亡数目,各说有所出入,但可确认的是,靠近纵火的确非常困难,由此造成的伤亡也很大;而且,纵火对教堂建筑破坏有限,当时被烧毁者更多为周边民房,有人观察到,"拳匪发怪声,纵火于堂南之民房,而不远出"。[46]

放火不成,团民转用火龙、火箭、火药罐等火器发动远攻。据教堂记录,6 月 27 日,"向大门发火箭,并以火油灌入火龙注射之";28 日,"拳匪于三百米突外向大门注射火油,堂中人出而猛攻之,杀其十人,余亟遁去,得回注火油之水龙二具……"。[47]有团民用陶罐装药,点火绳后投向教堂,落地即燃。樊国梁 7 月 7 日记:"自晨四点半,拳匪向屋顶掷火药罐,历二时许始止。发火者二百五十余。堂中防火之具如水盆、水桶、钩杆、水龙无所不用,以故无一处被火延烧者。"[48]另值得一提的,还有一种自制火箭,其有专门发射台,尾部带有火种,"力大穿屋,如一炮弹",可引起燃烧。教堂人员对其奇特形制印象深刻,留下不少细节的描述。[49]

(三)大炮轰击

按教堂人员的记录,对围攻者多以"兵、匪"并称。实战中,官军在教堂四面开炮轰击,很少直接参与近距离的攻击;冲锋在前的主要还是团民,惟如前所述,其起初攻势甚猛,但很快趋弱。用李佳白(Gilbert Reid)的说法,"最开始的时候大约有六百名中国人以剑和梭为武器,但当清军用炮弹袭击的时候,这样的武器就毫无用处了"。他概述北堂遭炮轰的情形:

6 月 20 日战争开始的那天,士兵出现了,并且从那之后成为主要力量。那天,他们持续炮轰,一发炮弹还直接涉射到教堂广场的主入口处。海军陆战队士兵们冲向敌军并缴获了那门炮,这也成为他们在整个被困期间所拥有的唯一一门炮。因此这里所受的炮轰比使馆那里更早,也更为猛烈,攻打英国使馆的炮最多不超过三门,而北堂有三天的数量达到十四门,一般情况有四门炮,连续二十八天炮弹袭击不断,这比使馆所受到的袭击总数还多了四天。在这些天里总共发射有两千四百枚炮弹。[50]

樊国梁逐日记录战况,对遭炮击次数有详细统计。现以 6 月 22 日为例,摘引如下:

炮弹之来,盖自东面,炮声不绝,堂中空无人。克虏伯炮十四尊不断发射最新式之弹,小柱花窗击为破碎。大堂前部受弹极多,钟楼碎,而白石十字屹立如前。三点半钟,攻击极烈,余等料死期至矣。五点钟余,一中国普通炮自离公门约三百米突处发一弹,碎一门扇。及林主教见如此凶险,即引四水兵,又三十教友放排枪后,一拥而出。虽敌人弹丸纷至,终夺炮而归……即此一日中匪发炮五百三十,堂中死男教友三人,女教友一人,以视匪等燃烧之火药,固不为多也。[51]

以前论者言及北堂围攻,必以团民为当仁不让的主角,如谓"义和团为攻下北堂,在教堂四周设立了大炮阵地",将炮击行为亦系其名下。[52]然由武器性质判断,即可知显非团民所能为。清廷正式宣战后,官军加入对教堂的围攻,其中包括武卫中军、武卫后军(董福祥甘军)及载漪所辖之虎神营。[53]

最初官军在正对北堂大门的甬道上设一炮车,因距离近、威胁大,引起教堂方面恐慌。前引文献均载洋兵冒险"夺炮"的事迹,复按王神父日记,对这一幕记录更详:

二十六日(6月22日),六点钟时正在堂前巡查,闻有枪子乱响。众人皆说这是甚事,因概未听见城门放枪故也。既而咕咚咕咚大炮打来,才知动了官兵了……后见前日打死拳匪之甬道上推来一辆炮车,亦向我公门开放。洋兵亦开枪向外攻打。后洋兵出公门外隐在前日所备之土堆后向外攻打,直打得官兵飞跑,把炮也丢在甬道上不管了。兵头看见甬道上无人,即招呼三十人同十名洋兵保护着外出,去抢此炮……此场官兵、拳匪死了有二百余人,洋兵一人未伤。因官兵东西对面相打,手不准的尽打了自己。[54]

由此可知,守堂卫兵主动发起突击,从"官兵"手中缴获炮车;近距离作战中,清军表现可谓糟糕,人员、装备均大受损失。其后,清军实施中远程炮轰战术。樊国梁日记6月24日记:

晚四点余,有炮四尊置于堂北面之后库内,鞑兵照东面之防,所向大堂及堂内发炮横面射击,二信友中弹。

7月4日记:

今晨兵匪攻使馆颇为剧烈。亭午时,见兵匪于皇城北部筑一大台,显系置炮之用,以便自背部攻我也,距堂约八百米突。

7月7日记:

六点钟,南面炮声大作,始则只发平常弹,堂中以排枪应之。堂中之炮已置之炮位间,亦发弹。官兵乃急易一克虏伯式炮,第一发开花弹飞来,适中炮手,势难抵御。一日间仁慈堂西部之屋皆被洞穿,且终日枪弹往来,各屋顶几无完之处。攻击最烈之日,今日亦居其一。

7月10日记:

十点兵匪又来攻。北面之炮,相继发弹。两点余攻益甚,二大炮置于南面,大堂及公门受害甚多。[55]

北堂邻居某满大员也记录下炮台搭建的经过：

　　　　初九日(7月5日)，后门外西北角搭起炮台一座，毛家湾东口皇城墙炮台一座，周围枪台亦多。

　　　　十二日(7月8日)，仍用大炮还环攻不克，另换大炮。惜薪司内大炮台一处，寺前有大炮台一处，大概四面攻打，克日成功。

　　　　十四日(7月10日)，请来大铜炮名无敌大将军，炮身长一丈六尺，口二尺五寸，安放游坛寺前，炮口朝西正打洋楼后房，惜薪司一尊亦同。柴花蓝一尊。四面有火炮，所有各处住户均以移出后门外云云。当日午后两点钟，开大炮。惜薪司开大炮，又放火箭，并虎神营快枪排枪，并同时四面炮声齐响，真一场恶战。至晚仍未攻克。[56]

按"堂北面之后库"，即指紧邻仁慈堂之硝磺库。此外，东面游坛寺前空地、南面惜薪司胡同口、西安门外城墙根、皇城西北角等处均设有炮台。炮型分多种，炮弹亦有"实弹"、"开花弹"、"中国弹"等名目，其中以克虏伯炮威力最巨。据统计，北堂围困期间受到的炮弹总数达2400余枚。炮轰致使钟楼楼顶坍塌，大堂顶部十字架也被打落，樊国梁卧室几次搬迁，又几次被毁，甚有"将卧榻上之枕头击碎"的险情发生。[57]

　　(四)地雷轰炸

　　有研究者指出，"使堂内受到最大损失的，是义和团挖地道、埋地雷的战术"。[58]从实效看，教堂方面最受打击的，先是炮轰，继以地雷，而这两者实际都是由清军主导的进攻。时人记载说："端王以教堂不能下，愤甚；乃命工以木杆起四面炮台，请巨炮命大将军者，实铅弹如斗以攻之，弹着屋瓦不能透；复命挖地道，以棺实火药燃之，教堂毁去一屋，死教民数十人人，仍不能下，命四周掘地以陷之。"[59]前述安设四面炮台，非官军不能办，而如此火力巨大的地雷，也非由官府提供不可。当然，挖地道、埋地雷的劳动主要由义和团负担。堂内有教士观察到，"拳匪数十人在皇城外挖地道，旁有官兵十数人，官人一名在彼歇息嗑茶⋯⋯"[60]团民受驱使而充当劳力，是埋雷战术的执行者。

　　团民配合官军，在东、西、北三边围墙外挖地道，向堂内深入，其中以北边进展最速；教堂方面听到动静后，也组织教徒挖壕沟，以为反制手段。据明恩溥记，"在不间断的进行攻击的六十天里，发生过四次中国人开挖地道进行的爆炸，中国人一直在不知疲倦地大规模挖掘地道。四次爆炸中有两次非常厉害，许多生命丧失"。[61]7月11日，地雷第一次炸响，爆炸地点为教堂北端的仁慈堂，造成一人死亡，多人受伤。此后,7月18日、8月12日、13日,又发生多次地雷爆炸。7月18日爆炸使得仁慈堂西部尽成灰烬,死25人,伤28人,死伤者多数为挖沟工人。[62]8月12日那一次威力最为惊人,爆发处深达7米,宽达40米,仁慈堂东部几乎全被削平,数十间房屋被震塌,有5名意大利士兵及中国教民80多人被埋入土中。其时正值教堂弥撒仪式,有教友感觉"如天塌地裂,举目向北望去,只见烂泥碎瓦,直冲上天"。[63]樊国梁事后犹庆幸,"婴儿及贞女皆在堂与弥撒,不然遇害者当过半矣"。[64]

　　总的来讲,地雷轰炸对北堂的威胁和威慑都是最大的,而受害最大的,应属中国教民。李佳白统计了因地雷造成的人员损失,说:"所有的建筑上都留下了炮弹的痕迹,包括教堂本身,但最严重的还是火药爆炸。敌军引爆了在北角孤儿医院那里埋的地雷,结果一次就炸死了80人。总共死亡400人,其中120人是儿童。中国人的死亡主要是来自于地雷爆炸。"[65]再有必要指出的是,地雷共爆炸四次,但埋入教堂下的一些地雷未被引爆,或引爆时没有爆炸,否则北堂的破坏将更加严重。

四、为何始终未能攻下北堂

(一)义和团的解释:"秽物镇压"、"冲破神术"

　　清军和团民围攻北堂逾两月,冲锋、纵火、枪击、炮轰均未奏效,并伴有大量人员伤亡。在义和团方面,一种普遍的解释是,教堂久攻不下因内有"秽物镇压"的缘故。关于此说有很多记载可以参照。如《某满员日记》:

> 义和团受伤者十余人,西什库洋楼大不易烧,内力阴人之物甚多,相传有孕妇开膛者。[66]

袁昶《乱中日记残稿》:

> 西什库则虎神营与义和团合打,亦一月未攻开,则诡云:镇物太多,有光椗女人无数在楼上者云。[67]

陈恒庆《清季野闻》:

> 义和拳挟煤油、柴草,从外诵咒以焚其室,迄不能然[燃]……谓教士以女血涂其屋瓦,并取女血盛以盎,埋之地下,作镇物,故咒不能灵。[68]

仲芳氏《庚子记事》:

> 义和团每日换班攻打西什库,仅将四围群房烧拆数十间,大楼毫无伤损……团民云:此处与别处教堂不同,堂内墙壁,俱用人皮黏贴,人血涂抹,又有无数妇人赤身露体,手执秽物站于墙头,又以孕妇剖腹钉于墙上,故团民请神上体,行至

楼前,被邪秽所冲,神既下法,不能前进,是以难以焚烧。[69]

刘以桐《民教相仇都门闻见录》:

> 西什库开仗,忽有赤身妇女走出,团民受伤者众,楼周围挂妇人皮,并各秽物,以致团民难以得胜,东交民巷亦用此法。[70]

团民将无法顺利施展咒术焚烧教堂,归因于教民在教堂内令妇女裸露身体、贴人皮、涂人血、剖孕妇,以及从墙上挥动秽物之故。蒋竹山专文讨论过当时裸妇被视为保护洋炮、破除法术的主角,这与明末清初以阴门阵抗炮所隐含的观念相类似。[71]作为污秽象征的女体有了厌胜力量,妇女成为团民所畏惧的对象,他们认为"红灯照"才能反制女性这种厌胜能力,即所谓"须待红灯照来时方可,红灯照尽是少女幼妇,故不畏脏秽之物耳"。[72]

红灯照以外,团民还搬来各路神仙"破法"。约在六月底七月初,北京出现来自新城县板家窝团首的揭帖:

> 各团诸位师兄:今为西什库洋楼无法可破,特请金刀圣母、梨山老母,每日发疏三次,大功即可告成。再者,每日家家夜晚挂红灯一个时辰。京城内可遍为传晓。[73]

另有记载,兵部尚书兼总署大臣启秀曾献计于端王,请五台山高僧普济来京会攻北堂。[74]普济实有其人[75],惟并未出战。当时另有一僧号称五台山僧,骑马持刀往攻西什库教堂,结果中炮阵亡,亲见者如陈恒庆记此事颇详。[76]

义和团对未能攻克北堂的理解,在今人看来,无疑属于怪力乱神一类,是没有说服力的"迷信"。比较有意思的是,被攻击的一方在庆幸教堂得以保全时,同样乞灵于超验的力量,在教堂人员日记中,屡见"这个地方受到了主的眷顾"、"幸仁慈圣母保佑之"、"苟非天主显迹保护,今日堂内当尽毁无余矣"等言辞。义和团和天主教会有各自不同的思想资源,在北堂攻防战中立场对立,但两者的思路其实有近似处,所谓"迷信",并非一方独享也。

(二)从教堂内部看"防守坚固"问题

按传统研究观点,围攻北堂的主力是义和团,之所以未能攻下,主要缘于教堂防守坚固。前揭张海鹏先生文章就坚持这种看法,他说:"围攻使馆和西什库教堂,是义和团被攻击的一大原因。真实的情况又如何呢? 据记载,西什库教堂内有法国水兵30人,意大利水兵10人。义和团于6月15日围攻教堂,由于教堂防卫坚固,始终未能攻下来。"[77]查时杰论文总结了北堂长期受困下所以能苦撑待变的五点原因,包括(1)有组织严密的动员能力;(2)有处变不惊的坚定信仰;(3)有易守难攻的有利地形;(4)未雨绸缪的充分准备;(5)有掌握变局的应变能力。这其中1、2、5主要从基督教组织和信仰的角度立论,较为虚悬,3、4则涉及北堂防卫实状,相对更具说服力。然而,针对以上观点向来不乏质疑声。网络上有一文章就颇具代表性,其中说道:"一座教堂,既不是日本鬼子的炮楼子,也不是国民党的碉堡,能有多么坚固? 何况即使是炮楼或碉堡,也被大无畏的革命军队给攻下来了……从军事常识来说,40名武装人员守卫这么大的一片地方,根本就是杯水车薪,无法抵御不了上万人的进攻。"[78]这样出自直觉和常识的驳问,尽管缺乏论证,却相当有力。那么,实情是怎样的呢?

关于北堂受困期内部人数统计,现存几种说法[79],较难得到精确数据。可确认的基本事实是,当时外国人总数约计超过70人,其中40人为法国和意大利士兵,此外还有3000多名中国教民,其中妇女和儿童过半数。刘品一回忆堂内防卫情形:"教徒等在西什库周围墙根,挖有壕沟,杜截地雷,又有木板搭架,选青壮年执花枪时刻防守,发现团人爬墙,使枪刺下。法兵则荷枪实弹,坚守要塞。"[80]法、意士兵无疑为战斗主力;神父、教士、修女负责协调,将中国教徒分组管理,并安排后勤;中国教徒中的男性也被动员起来,做搬土方、修工事、挖壕沟、轮班放哨等工作,必要时也会被推上战场,顶替战斗人员损失的缺口。

前述北堂实际不是单一建筑,而是有多幢建筑组成的区块,面积相当大。试想仅由几十人组成防线,势必捉襟见肘,很难多方兼顾。然而,同样有一事实不能忽视,那就是北堂区块所处的有利地势。如查时杰所分析的,北堂坐落在皇城西北角,其西面围墙,也就是皇城西城墙,高大结实,恰成良好屏障,减少了来自西边攻击的压力;北边虽非皇城北墙,而与西什库之"硝磺库"为邻,但空间有限,敌方在此不易架炮行近距离射击;又东边面临街道,但树木茂盛,故亦有利于守方。[81]大体上言,北堂战场的地形利于守而不利于攻,尽管正规守军仅40人,但在布防上还是占了便宜。中国教徒注意到,"法兵于西什库大门前侧各置枪眼六口,日夜警戒"。[82]李佳白也指出:"在北堂反击的四十名外国人分别驻守在六个不同地方,这些地方的建筑工事修筑得更为坚固。法国人有两千发弹药,意大利则少些。只要其中一人死亡,一个中国人就会顶上,这小部分人必须夜以继日地站岗放哨,以便随时抵抗敌方的任何行动。"[83]由于东、西、北三边的有力屏障,北堂可全力布阵于南边,无虞防守线的拉长而力分,而南端又有主教堂座的两高塔,可作制高点,控制周围情势。

当然,不利条件同样存在。战斗人员数量毕竟极少,武器装备也有限,"快枪40枝,各式洋枪七八枝,刀数柄,扎枪极木棍蒙以铁头者约500余枝,所有之器械只此而已"。[84]教堂方面拥有的唯一一门炮,还是 6 月 20 日从清军手中夺来的。从攻守火力对比看,"四十枝步枪和一门炮要对付两千枝步枪和十几门炮",明显是不均衡的。作战期间,教堂卫兵有严重减员,主要死于流弹和地雷,"有一半的意大利士兵、两位法国军官和三名海军陆战队士兵遭杀害,占总数的四分之一"。[85]因法军少尉亨利被打死,副主教林懋德被推选代理军官职务,继续抵抗。

从后勤状况看,也不容乐观。堂内囤积的食物够平日 500 多人用,但是现在要解决六倍于这个数目的人吃饭,就是个很大的难题了。至围攻后期,樊国梁最感棘手的就是粮食匮乏。他在 8 月 5 日写道:"枪也,炮也,皆可力拒,惟乏粮之患,拒之无方。近来最堪忧虑者食物问题耳。"[86]关于这一问题的解决,李佳白记:

> 最初中国人每人分到八盎司的食品,但到了后来只能减少到每天两盎司。人们都使出全身力气工作,但不久后就无法继续,仅仅是维持基本生存。到最后就连谷壳、草和树叶的供应也只能维持几天了,在这样的情形下,继而和瘟疫随时都可能爆发。外国人过得稍微好些,因为保持他们的体力对于防卫是不可缺少的。[87]

明恩溥记:

> 到最后,根本没有任何东西可吃,被围困者一天只能吃两盎司饭。而到救援军抵达时,甚至这一点饭也吃不到了,非战斗人员同意什么都不吃,把饭留给战斗人员。[88]

从上述记载看,为优先确保外国人,中国教民做出了牺牲。围困后期,堂内剩余粮食及宰杀的骡马肉类,主要供给军人和教士,教民定额不足,便开始吃院内的树叶和草根,妇女小孩很多饿病而死。有人饥饿难耐,冒险外出寻食,被团民捉住,因此遇害者为数不少。王神父说:"教友因食不充饥,将院中树叶捋而食之,有私自出墙外寻菜为食者,睹之不胜伤心。"[89]北堂被围期间总计死亡 400 余人,死于疾病和饥饿者远远超过被子弹射杀者,其中绝大多数是中国人。[90]

如将北堂与使馆区对比,更见其后勤劣势。使馆区本身屯粮充裕,而且从周边区域陆续搜刮补充了大量物资;停战期间,总理衙门甚至还送去了蔬菜、白面、西瓜等慰问品。而北堂自 6 月 15 日被围,至 8 月 16 日解围,不仅中间没有过明显的停战迹象,而且受困时间比使馆要更长。另一不利情况是,使馆在 7 月中旬就得到了来自外部的可靠消息,而北堂自 6 月 21 日后,始终与外界处于隔绝状态。他们也多次试图对外建立联系,然均未成功。8 月 10 日派出的一名信使,在赴使馆途中被团民抓获,遭砍首剥皮,置于离教堂围墙几码远的地方示众。[91]明恩溥事后回忆说:

在北堂被围困的两个月中,敌人的攻击从来没有像对使馆的攻击那样有过中断,而且在折磨人的全部时间里,没有一名信使能够出去过,也没有任何外部的消息传进来。在使馆的半停战期间,那些被围困在北堂里的人由于不再听到枪炮的声音,很自然地得出结论,认为中国人已经取得了胜利,使馆已经被他们攻占。[92]

(三)是攻不破,还是攻无力?

综前所述,北堂的地形较便于防御,守军布防也算得力,加之教堂建筑本身的坚固性,这些都是它得以固守的有利因素。但是,必须承认的是,教堂在武器、后勤、情报诸方面都存在缺陷,长期坚守的条件并非充裕;而且,平情而论,攻方在军事力量上占上风,尤其是在教堂四周安设炮台后,火力优势明显是压倒式的。联军入京后,曾专门考察过清军筑造的临时炮台,明恩溥对此有过描述:

最有意思的发现,是中国人在皇城东南角精心修筑的攻击使馆和肃王府的炮台的建筑方式。这些炮台使用了很粗的松树树干,捆扎得很结实,支持着一个大约二十五英尺高的炮台,占地大约二十五乘二十英尺。每个炮台都有一个很长的坡道,用来把炮拖到炮位上。仔细数数,每个炮台至少需要七百根树干,这些炮安放在用两英寸的木板做成的坚固地板上。在城墙顶上挖出了一些窥孔,用一些三到十六英寸厚的铁板——显然是从电灯厂抢来的——制成的门,像防弹墙一样保护着这些孔眼不遭到来复枪的射击。这些工事中的任何一个正常发挥作用的话,应该可以在两小时的炮击后将英国使馆和肃王府击垮,但是,除了围困的最后一夜以外,它们造成的破坏实际上非常的小。[93]

可见炮台工事的修筑非常正规,规模可观。北堂周边炮台与之类似,明恩溥附记道:"这里宽敞的院子临近皇城的西墙,遭到一个和我们描述过的炮台类似的炮台的攻击,这个炮台位于城墙西北角,但是在城墙外面,进行攻击的还有一些发射来复枪的阵地,这些阵地距离北堂很近。"那为何持续炮轰,还是不能攻下教堂呢?当时人对此有不同的理解。钱恂《金盖樵话》云:

匪攻北堂,可谓尽力。稚樵闻诸躬预其役者,曰日日发炮,亘四十日之久。一炮安放皇城西北角,一炮安放旃檀寺,而不能攻入。彼亦知堂内西兵不过数十名,问其何以力攻不入,则曰天耳。[94]

洪寿山《时事志略》云:

西什库之南惜薪司口内,以杉木做架,设炮向北而轰之。皇城外西北角,亦以杉木做架,设炮向南而轰之。弘仁寺前,亦以杉木做架,设炮向西而轰之。西安门外北城根,亦以杉木做架,设抬抢向内而轰之。然四面攻击,月余而未溃。余风闻之,乃药力未足数耳。[95]

关于炮轰失效,一则曰天命使然,固不足信,再则曰弹药不足之故,也无佐证。明恩溥提供了另外一种说法——"北堂受到了深重的炮击,但大多数炮弹都打得太高,没有产生多少作用。"[96]这一解释其实代表了教堂内部人士的意见,可在他处得到印证。某满员日记多有对清军"空放大炮"的议论。[97]樊国梁日记同样不乏相应记载,如6月24日记:

官兵隐于焚毁之屋后,自晨间向堂中发枪不可忆数,其枪皆最新式之快抢。至午时,炮声约三十余,只发实弹,为害亦微。

6月30日记:

十一点半炮犹未止,十二点极大炮弹在空中炸裂,未伤一人。炮弹、枪弹皆自东面飞来,逾一刻忽皆中止,不解何故。

7月7日记:

晚间开花弹易以中国弹,多数未炸裂,总数三百六十余,历时十二点钟。堂中仅被害一人,伤数人而已。

7月28日记:

十点许炮声又作……匪之炮弹似已缺乏,任何物质皆充炮弹,用石卵亦有之。[98]

从弹药看,上文记录了"空炮"、不能炸响的"实弹"以及用"石卵"充当炮弹,这些未必因火药缺乏所致,应为进攻策略使然。从后果看,除了造成教堂建筑高层损坏外,并无太多实质成效,教堂外壁始终未能被炸穿,堂内人员伤亡也不大;反而是教堂附近的民房、铺户多受连累,常常被炮弹误伤,损失不菲。[99]

清廷一度中止对使馆区进攻,同时对西什库的进攻策略也做过调整。七月初六日(7月30日)有旨:"现在各兵团围困西什库教堂,如有教匪窜出抢掠等情,当饬队力剿,倘彼死守不出,应另筹善策,暂勿庸枪炮轰击。"[100]同一天及其后初十日(8月4日),义和团两次用箭射入署名"干字团"的劝降书,令教民"出教投诚"、"将樊国梁等洋人交出",并警告"若尚执迷不悟,破巢后玉石俱焚,今已擂成地雷数处,看尔等如何敌御"。[101]

至围攻后期,官军炮轰已减弱,义和团也极少主动出击。教堂中人察觉,"兵、匪攻堂亦不甚力"。据樊国梁 8 月 4 日记:"四五日来日中甚安,惟夜间枪声仍极多。兵、拳匪知堂内困败已极,惟阻教友外出而已。"[102]当时清军和团民的精力多用于挖地道、埋地雷,而针对目标主要是教民,在仁慈堂被炸成一片废墟后,有外人认为,"敌军的袭击目标赤裸裸地暴露出来。"[103]比较讽刺的是,教堂方面对"中国军队不敢进攻"印象深刻,并指出:"尽管敌军人数和装备都占优势,他们却不敢尝试袭击并进入教堂。法国士兵的射击相当精准,以至于敌人不敢轻举妄动……清军、太后以及她的幕僚们只有一个目的,那就是彻底毁灭中国的基督教力量,而后者除了自卫外根本就没有发射一颗子弹。"[104]

随着八国联军逼近北京,清军对北堂的进攻又有所加强。8 月 10 日,"南面大炮又向堂中发射,东面继之,只发五十余弹,炮发不甚佳";11 日,"发炮六十余,所谓炮弹者乃锅片、铁钉、残砖碎石等物耳"。[105]北堂解围前数日,也是战况最混乱的时期。堂内人明显感到,"大炮四五处向我堂攻来,抬枪、洋枪、无烟枪、炸弹满天乱飞,火箭亦比前日更甚";再细味其当时的评论——"若起首一如今日之利害,此堂早破十数矣"[106],则两个月来攻堂不力的情势甚明矣。

五、结　语

自 6 月 15 日被围,至 8 月 16 日解围,北堂总共被围困了 63 天。通过上文略显冗繁的考证,笔者希望可以搞清楚这 63 天里几个基础事实:(1)6 月 15 日起,团民开始围攻北堂,清朝宣布对外开战后,清军也参加了进攻,其中包括武卫中军、武卫后军及虎神营等。(2)在围攻过程中,有多个坛口的义和团轮番上阵,起初发起集体冲锋遭重挫,后以纵火为主要进攻手段,所需物资则得自官府赞助。(3)清军在北堂四周设置了多个炮台,实施远程炮轰和来复枪射击,几乎不参加近距离攻击。(4)围攻后期,团民在官军驱使下挖掘地道、埋设地雷,给教堂建筑和人员造成不小损失。(5)北堂地形易守难攻,守军布防及教民组织亦较为得力,这是它能够长期坚守的有利条件,但在武器、后勤、情报诸方面都处在严重劣势,北堂之所以未被攻破,主要还在于进攻方未尽全力,不仅炮击偏离目标,清军也从未尝试近距离攻坚。(6)造成教堂方面人员伤亡的,主要是流弹和地雷,而非正面战斗,另外有大量中国教徒死于饥饿和疾病。关于这场战争的既有研究,往往赋予义和团特殊的地位,其实返回历史现场来看,它的作为有待重新估量。在北堂围困期间,庄王府曾经下令:"后门不许义和团出,外城不准义和团出入,只许围攻西什库,不得擅离汛地。"[107]与之同时,教堂人员亦目睹了清军逼令义和团民冲锋的一幕:"官兵在后不令拳匪后退,亦开枪向拳匪攻打,匪徒死者无数,到底不敢前来……"[108]这一幕提示我们,历史的画面远远不会有那条如果可以找出来的历史的主线那样清晰。团民总是沉默的一群人,无论生前或身后,想替他们发声的现代人,不必急于扬之入天,或抑之入地。史实的重建只是寻求解释的第一步,却是无法轻易迈过的一步。本文便是这样一次小的尝试。

(作者系上海社会科学院历史研究所助理研究员)

注　释

1　58　张寄谦、杨济安、林华国、黄思骏:《义和团在北京的战斗》,《义和团运动六十周年纪念论文集》第111—129页,,中华书局1961年版,。收入北京大学历史系编写《北京史》(北京出版社1985年版,1999年修订版)。

2　廖一中、李德征、张旋如等编:《义和团运动史》第303—304页,人民出版社1981年版。

3　岑纯祖:《血雨腥风西什库》,中国人民大学清史研究所主编:《近代京华史迹》第317—329、121页,中国人民大学出版社1985年版。

4　77　张海鹏:《反帝反封建是近代中国历史的主题》,《中国青年报·冰点周刊》,2006年3月1日。

5　李德征、丁凤麟:《论义和团时期的围攻使馆事件》,《义和团运动史论文选》,中华书局1984年版;林华国:《庚子围攻使馆事件考》,《历史研究》1991年第3期。

6　查时杰:《北京西什库天主教北堂与义和团的对抗》,《义和团运动与中国基督宗教》,(台北)辅仁大学出版社2004年版。

7　关于北堂迁建始末,参看《教务教案档》第4辑第1卷,第78—138页,中研院近代史所1976年版。

8　弗拉里牧师:《在北京的中心:樊国梁主教围困日记》,路遥主编:《义和团文件资料汇编·英译文卷(上)》第402页,山东大学出版社2012年版。按,1784年,由于耶稣会被取缔,罗马教廷按法国国王路易十六的要求,将直隶北境代牧区(北京教区)交遣使会接管,此后一直受其管理,樊国梁于1899年4月13日任该教区宗座代牧、法国天主教驻京主教。

9　《在北京的中心:樊国梁主教围困日记》,《义和团文件资料汇编·英译文卷(上)》,第402页。

10　《教务教案档》第4辑第1卷,第90—91页。

11　陈宗蕃编著:《燕都丛考》第437页,北京古籍出版社1991年版。

12　14　42　61　明恩溥:《动乱中的中国》,《义和团文件资料汇编·英译文卷(上)》,第96、206页。

13　长辛店车站被义和团围困后,沙孟夫妇(Mr. and Madame Chamot)组织的一支救援队前去解救,有36人被安全带至北京。6月8日,以梅威良(Mr. Ament)为首的抢救队自通州带来一群美国传教士及其家属(包括6名男子、11名妇女和7个儿童),此外还有一批逃难的中国教民。他们随即住进美以美会教会。参看赫德:《这些从秦国来——中国问题论集》第10页,叶凤美译,天津古籍出版社2005年版。

15　四堂基本情况可看佟洵主编:《基督教与北京教堂文化》第266—302页,中央民族大学出版社1999年版。

16　包士杰辑:《拳时北堂围攻·樊主教日录》,《义和团史料》上册第580页,中国社会科学出版社1982年版。

17　按亨利少尉在中文文献中亦作"恩理"、"恩利"等。

18　黄曾源:《义和团事实》,《义和团运动史料丛编》第1辑第127页,中华书局1964年版。

19 国家档案局明清档案馆编：《义和团档案史料》上册第141页,中华书局1959年版。

20 仲芳氏：《庚子记事》第13页,中华书局1978年版。

21 《樊主教日录》,《义和团史料》上册,第583页。

22 明恩溥：《动乱中的中国》,《义和团文件资料汇编·英译文卷(上)》,第98页;萨拉·康格：《北京信札——特别是关于慈禧太后和中国妇女》第90页,南京出版社2006年版。

23 《义和团档案史料》上册,第132、133、134、136、140、144页;《义和团档案史料续编》上册,第599、602页。

24 《义和团档案史料续编》上册,第599页。

25 27 54 60 62 《王司铎日录》,《义和团史料》下册,第597、598、600—601、607、606—607页。

26 31 33 37 39 44 46 47 48 51 64 《樊主教日录》,《义和团史料》下册,第583、585、583、590、591、585、586、588、585、593页。

28 63 据刘品一自述,"庚子前一年秋,余年十六,投考西什库小修院",见其《西什库被围纪略》,《近代史资料》1963年第3期,第106页。

29 据前引《樊主教日录》,此役拳民死亡为47人;另说为48人,见李佳白：《北京天主教堂之围》,原载《上海汇文报》编《义和拳起事：中国义和拳之乱的历史》,收入《义和团文件资料汇编·英译文卷(下)》,第161页。

30 34 38 40 45 56 66 《某满员日记》,《义和团史料》下册,第633、632、633—634、629—630、633、634、631、348页。

32 如杨典诰《庚子大事记》："有人见刚中堂头包红布,腰系红带,督率团民以攻西什库教堂,所以今晨炮声隆隆,来自北首,知有事于北堂也。"(《义和团运动史料丛编》第1辑,第11页)李希圣《庚子国变记》："拳匪既不得志于交民巷,乃往攻西什库教堂。副都统阿克达春为前锋,战不利,载漪大怒,立斩之,而教民皆坚壁以待攻。刚毅帕首靴刀请督战,张左右翼而前,拳匪死者数百人,刚毅跳出而免。忿发骂曰：'公等在涿州时,皆言何如,今若此,天下事不足言,吾与之俱受其戮矣。'其后崇绮又三往攻之,讫不能人。"(《中国近代史资料丛刊·义和团》第1册第17页,上海人民出版社2000年版。)

35 杜春和等编：《荣禄存札》第405页,齐鲁书社1986年版。

36 王彦威：《西巡大事记》卷首,外交史料编纂处民国22年刊本,第7页。

41 周锡瑞：《义和团运动的起源》第354页,江苏人民出版社1994年版。

43 59 68 陈恒庆：《清季野闻》,《义和团史料》下册,第637、638、637页。

49 如"此日始见火箭,先一箭射在大堂西南第一窗户上,后取下看得造法甚新,其式如孩童所放之起花相仿,但其质皆钢铁所造,长二尺,圆二寸半,空其中以实火药,头乃长虫脑袋形,尾似木铣把为之,长五尺余";"各炮台开炮,又加火箭台放箭。其箭头铁二尺,内灌以火药,箭杆长八尺,用硝簧制成。放出如霹雳闪电之声,至将群房打着,其洋楼竟未打动"。见《义和团史料》下册,第604、627页。

50 65 李佳白：《北京天主教堂之围》,《义和团文件资料汇编·英译文卷(下)》,第161页。

52 岑纯祖：《血雨腥风西什库》,《近代京华史迹》,第322页。

53 57 《义和团史料》下册,第628、631、633、634、588、605、606页。

55 以上三段见《义和团史料》下册,第585—586、587、588页。

67 袁昶：《乱中日记残稿》,《丛刊·义和团》第1册,第348页。

69 仲芳氏：《庚子记事》,第28页。

70 刘以桐：《民教相仇都门闻见录》,《丛刊·义和团》第2册,第191页。此类解释也适用于义和团战争期间的其他战场。参看艾声:《拳匪纪略》,《丛刊·义和团》第 1 册,第 458 页;佚名:《天津一月记》、柳溪子:《津西毖记》,《丛刊·义和团》第 2 册,第 151、153 页。

71　蒋竹山:《女体与战争——明清厌炮之术"阴门阵"再探》,《新史学》10 卷 3 期,1999 年 9 月。

72　仲芳氏:《庚子记事》,第 28 页。

73　该揭帖署名为:"新城板家窝本周拱手全胜西四牌楼砖塔胡同口袋底粮台"。刘以桐《民教相仇都门闻见录》,北京大学图书馆古籍馆藏抄本。

74　普济又作"普静"、"普净",见李希圣:《庚子国变记》,《丛刊·义和团》第 1 册,第 19 页;高树:《金銮琐记》,《义和团史料》下册,第 730 页。

75　王见川:《清末民初五台山的普济及其教团》,《圆光佛学学报》第 9 期。按清廷于六月二十日下旨:"五台山南山极乐寺主持僧普济,戒律精严,深通佛法。现在天津事机紧迫,所到夷船甚多,该僧素善修持,心存报国,着即联属义和团民,设法御击剿办,灭此凶夷,毋任肆扰,荼毒生灵,实为厚望。"(《义和团档案史料续编》上册,第 682 页)参照相关记载,普济未奉旨与战。

76　陈恒庆:《清季野闻》,《义和团史料》下册,第 638 页。

78　我观故我在:《义和团为什么没有攻下西什库教堂》,http://www.tianya.cn/publicforum/Content/no01/1/221698.shtml,最后浏览日期:2012 年 8 月 15 日。

79　据《樊主教日录》:"法水兵 30,法弁恩理,意兵 10 人,副官及百总奥利未理。总数约 3420,其中西人 71。"(《义和团史料》下册,第 585 页)李佳白《北京天主教堂之围》中的统计更为具体:"北堂聚集了三十名法国军官和海军陆战队、十名意大利人、十三名法国神父、二十名修女和三千二百多名本地教徒。"(《义和团文件资料汇编·英译文卷(下)》,第 161 页)又《拳乱纪闻》、《庚子回銮始末记》的统计数字(见《丛刊·义和团》第 1 册,第 188 页;《庚子国变记》,上海书店 1982 年版,第 166 页)与李佳白记载一致,似存因袭。

80　82　刘品一:《西什库被围纪略》,《近代史资料》1963 年第 3 期,第 106—107、106 页。

81　查时杰:《北京西什库天主教北堂与义和团的对抗》,《义和团运动与中国基督宗教》,第 465 页

83　87　李佳白:《北京天主教堂之围》,《义和团文件资料汇编·英译文卷(下)》,第 161 页。

84　86　91　98　102　105　《樊主教日录》,《义和团史料》下册,第 585、592、578、587、588、591、592、593 页。

85　李佳白:《北京天主教堂之围》,《义和团文件资料汇编·英译文卷(下)》,第 162 页。关于北堂军人伤亡数据,有记载死亡 10 人,受伤 12 人,见天津社科院历史研究所编:《八国联军在天津》第 131 页,齐鲁书社 1980 年版。

88　92　93　96　明恩溥:《动乱中的中国》,《义和团文件资料汇编·英译文卷(上)》,第 206 页。

89　106　108　《王司铎日录》,《义和团史料》下册,第 613、616、615 页。

90　教堂内流行天花,夺去了许多孩子的生命,堂内婴儿总计 300 余人,死亡高达 170 余。

94　钱恂:《金盖樵话》第 52 页,辽宁教育出版社 2001 年版。

95　洪寿山:《时事志略》,《丛刊·义和团》第 1 册,第 91 页。

97　《某满员日记》,《义和团史料》下册,第 629 页。按空炮弹又关系虎神营翼长那成轩(另做阿克达春、阿捷臣)奉教,故意为之等情节,待另考。

99　杨典诰:《庚子大事记》,《义和团运动史料丛编》第 1 辑,第 12 页;《某满员日记》,《义和团史料》下册,632 页。

100　《义和团档案史料》上册,第 414 页。按,"如有教匪窜出抢掠等情,当饬队力剿"一句,《清实录》作"如有

教民窜出,不可加害,当饬队保护"。

101　《樊主教日录》,《义和团史料》下册;《王司铎日录》,《义和团史料》下册,第 591、613、614 页。

103　李佳白:《北京天主教堂之围》,《义和团文件资料汇编·英译文卷(下)》,第 161 页。

104　同上注,第 162 页。

106　《王司铎日录》,《义和团史料》下册,第 616 页。

107　《某满员日记》,《义和团史料》下册,第 635 页。

108　《王司铎日录》,《义和团史料》下册,第 615 页。

1929年的北平人力车夫维权活动：
兼论人力车夫捣毁电车事件的起因

王　煦

1929年10月22日夜间，北平爆发了数千人力车夫捣毁市内有轨电车的暴力事件，一时震动全国。而在此前的数月里，北平人力车夫已经针对公用企业和地方党政当局，发起了数次维权示威活动，引发了不小的社会影响。这些事件密集出现，暴力程度不断提升，实质上成为捣毁电车事件的重要原因和前兆。本文即对1929年的北平人力车夫维权活动进行梳理和考察，从中认识当时人力车夫的生存状态和北平地方社会政治形势，并进一步分析人力车夫捣毁电车事件的起因。

一、人力车夫与电车公司矛盾的加深

北平人力车夫出现于清末，是传统"步行"城市交通向现代化工业交通过渡的产物。但这一群体由于近代北京社会动荡、经济衰败而畸形发展，大量下层劳动人口投入这一行业，数量急速膨胀。20年代北京人力车问题已相当严重。据调查，1924年北京有人力车36500辆，其中营业用车29000辆。[1]20年代中后期，北京城内约有车夫5.5万人，占全部市民7%，与车夫有经济上关系的亲属约25万人，其中在城内居住者约15万人，占市民19%。[2]人力车夫生活于社会最底层，生活条件十分困苦。

有轨电车的开行，进一步损害了人力车夫的切身生计和利益。电车通车后，"人力车只能钻胡同和在没有电车通行的街道兜揽车座"。[3]利益受损的车厂主和广大车夫深感不满。"每日目睹在大街上飞驰而过的电车，怀恨日深。"[4]电车开行不久，车夫就开始进行一些零星的破坏活动。"有一般人力车夫，专与电车作对，每至晚间，将车轨上搁放砖石等物，以至出轨损物之事，层出不穷。"[5]

1929年6月，电车公司为发展营业，决定于7月1日开设环行电车。[6]但此举遭到了人力车业的强烈反对，认为"此种行为不啻断绝全市人力车夫之生活"。代表人力车厂主的车业公会很快呈文市政府，表示抵制。[7]其行动还得到了北平市总商会、商民协会和总工会的支持。[8]在这种情况下，电车公司虽迫于压力，将通车时间延后，但仍坚决表示，开行环行电车，系遵从市民乘客的要求，"既负公共交通之责，不能不谋市民之便利"，并且经过官方批准备案，手续齐备，不能中途停办。[9]因此，虽经北平市政府出面协调，电车公司与车业公会的谈判仍很快陷入僵局。

在反对电车的问题上，人力车夫也与车厂方面保持了一致。"北平人力车夫等，以电车公司加开夜车，实属妨碍伊等生活，……该公司竟牟利心重，对于平市十数万人力车夫生活于不顾，殊堪痛恨"。于是，继车业公会之后，"代表工人"的人力车夫工会也公开反对环行电车。1928年6月北伐军占领北京后，国民党北平市党部迅速"指导"组建了各行业工会，人力车夫工会即其中之一。此次车夫工会不但"向电车公司交涉取缔"，还威胁"将于必要时，齐集电车轨道上，以阻碍电车之进行"。[10]

这种威胁很快成为事实，人力车夫与电车工人之间爆发了严重的暴力冲突。7月8日，在西城新街口附近，1路电车售票生因阻止三个携带重物之人登车，双方发生冲突。此时周围人力车夫数百人，竟借端加入，将电车包围，禁止其开驶，并将该车售票、司机三人殴打成重伤。经该管内四区署警察赶到，才将被打者救出重围。当时电车工会维持队也闻讯赶来，也要加入打斗，经过军警极力排解，才阻止事态扩大。此次冲突事件造成新街口一带秩序大乱，交通断绝。1路往来电车因此停滞数小时之久，至下午5时余才恢复原状。事后，电车工会和人力车夫工会又分别开会，互相指责，矛盾不断加深。[11]

由于人力车夫与电车公司对立日趋严重，并有危害社会秩序的可能，因此7月末，市政府明确表态"整个市民利益不能为一部分人阻止"，允许开行环行电车，并直接制定了行车办法，"令公安、公用两局强制施行"。[12]8月6日，争议一月有余的环行电车正式通车。新办法向人力车夫做出了妥协，票价由原先设想的全程一律6分，改为分段计价法，乘客坐两站或不及两站者，票价3分，坐两站以上至四站者，票价6分，坐四站以上至全程者，票价9分。行车时为每晚7时半到12时，较之最初传言的次日凌晨2时收车，也有缩短。[13]

但此时人力车夫方面仍未停止诉求，并重新采取"合法稳健之办法，以便达到目的"。8、9月间，人力车夫工会多次呈文市党部、市政府，称"人力车夫，奔驰终日，所得车资无几，以致个人尚不足以营一饱，遑云扶养家室，设不加以适当之救济，非仅一部分贫民无以为生，且与市面治安关系亦极重大"。[14]请求当局饬令电车公司，"将第一二两路电车原来两大段改为四段售票，计每段十二枚，全路四段共四十八枚，其第三四五三路电车，亦分别增加车价"。[15]"俾电车与人力车价值同等，人力车夫得从中兜揽乘客，以资维持生计"。同时，人力车夫工会还通过下属各支部，"大事宣传，以期唤起市当局及民众等悯悉人力车夫之苦况,以便博得各界同情之援助"。[16]

但是,人力车夫的这些努力,并未能得到市政当局的认可和支持。社会舆论对人力车夫反对电车的行为也不支持。"工人的自身生活为私益,社会的全民进步为公益,车夫工会,不能反对汽车和电车,犹之乎汽、电工人不能反对火车,火车工人不能反对航空。若单为一部分人利益着想,将社会一切进步抹杀,……社会非退化到盘古时代不可"。[17]于是,人力车夫与电车公司、电车工人的矛盾愈演愈烈。"人力车夫等,自电车公司加开环城纳凉车后,伊等营业乃大受影响,因此对于电车公司及售票生等,衔恨异常,时思报复,以雪其恨"。[18]这成为不久后人力车夫大规模砸毁电车的重要原因。

二、人力车夫反对公共汽车的诉求活动

除了与有轨电车间的矛盾、冲突外,1929 年,人力车夫还与其他社会人士、行业部门发生了利益之争。特别对于北平的现代客运业,人力车夫非常敏感,深恐其危害自身生计,故大力加以反对。1929 年 6 月,北平西北郊人力车夫与经营直颐线长途汽车(西直门至颐和园)的各汽车行之间,因汽车票价发生纠纷。经社会局调解,沿线各汽车行一律将票价提为 3 角。但各汽车行认为加价后营业受损甚大,遂于 7 月1 日自行将票价又减为 2 角。人力车夫工会西北郊支部闻讯后,即一面呈报总工会设法应付,一面向该汽车行提出交涉,要求维持以前办法。为解决双方纠纷,由社会局牵头,联合公用局、总商会、总工会以及各汽车行代表,于 7 月 5 日举行会议讨论解决办法。[19]商议结果,双方折中妥协,规定西直门至颐和园全线以海淀为界,分为两段,自西直门至海淀汽车票价 2 角,西直门至颐和园票价 2 角 5 分。同时规定,汽车每日开车时间须在上午 8 时以后,并不得在半途中兜揽客座,人力车则不得攀沿汽车兜揽客座。[20]但这之后,人力车夫对汽车运营仍时有干扰,并与前来维持秩序的警察爆发了冲突。[21]

8 月,北平著名慈善家、前北京政府国务总理熊希龄,计划将其所有的香山慈幼院汽车,在西直门至香山间载客运营,并收车费 6 角。此举引起了北平人力车夫很大不满,认为将夺走车夫生意。于是人力车夫工会扣留了香山慈幼院 211 号自用汽车,送交公用局,请予严办。8 月 28 日下午 2 时,北平人力车夫工会总支各部车夫二三百名在总工会集合,先后游行前往市党部、市政府及社会、公用两局请愿。游行队伍打出"人力车夫工会请愿团"旗号,以及"打倒欺世盗名老奸巨猾犯法的熊希龄","打倒假借慈善名义实行发财主义的熊希龄"的标语。沿途人力车夫均佩戴工会标志,手执纸书旗帜,并高呼"打倒犯法的熊希龄","赔偿工友损失"等口号,引起沿途大批

市民的围观。[22]

在面见党政各机关官员时,人力车夫工会各代表声称,熊希龄以私人汽车载客,将威胁人力车营业。"数百名人力车夫,因不能招揽客座,遂至全家大小生计,皆被假慈善家熊希龄所剥夺",请求当局"取消该长途汽车营业,饬令熊希龄赔偿人力车夫既往之损失"。[23]在得到各处官员将派员调查,"秉公办理"的答复后,人力车夫工会各代表认为满意,才率领游行车夫离去。当时已是晚间 7 时。

对于人力车夫的请愿活动,党政各方极力监控,力避其扩大化。总工会派出多人随行指导。公安局也派警察尾随请愿团,"沿途照料"。市党部官员接见人力车工会请愿代表时,告之"组织工会之意义,一方面固在保护工友之利益,一方面亦应注意社会秩序与建设。总希望各工友不与此二点冲突,亦不失受党部之指导"。市政府官员接待各代表时,也"希望各工友注意秩序与纪律",不可"采直接惩办之行动"。[24]在人力车夫赴各处请愿时,公安局长赵以宽则命令内二区署派出警察多名,前往石驸马大街保护熊希龄住宅,以免发生意外变故。而熊希龄本人在得到消息后,已提前避往香山别墅。[25]

人力车夫的游行请愿,迫使熊希龄取消了为香山慈幼院充实资金和便利行人而开行长途汽车的计划。事后熊氏颇受打击,"态度忽变消极,对一切慈善事宜,亦甚为灰心"。直到李石曾、张静江等人纷纷劝说,才恢复工作。[26]

三、车夫、警察冲突与地方党政当局的对策

由于工会的领导和筹划,人力车夫诉愿活动的组织性明显加强,也明显提升了交涉效果。但在很多情况下,车夫的有组织活动往往不能控制在法律限度之内,演变成为集体暴力事件,造成了不良的后果。这在人力车夫与警察间的冲突中表现尤其明显。

8 月 30 日下午 5 时许,外五区先农坛城南公园内,人力车夫高桐山因任意停放车辆,妨碍交通,被警察孟连禧要求移车。高某不但不服从警察管理,反纠集数十名车夫,将孟连禧包围殴打成伤。直到该管巡长带二十余警察赶来,才将肇事者四名捉获,准备带区讯办。当时该地聚集有人力车夫百余名,见同伴被捉,纷纷准备将被捕者夺回。众警察见形势不利,便派人通知驻扎在先农坛内的第 38 师第 3 营,派兵 40余名随同压护,才将被捕四人带出坛外。此时众车夫仍要抢人,军警举枪示儆,才逐渐散去。随后,肇事车夫被解往外五区区署。但不久人力车夫工会即集合车夫数百人,将外五区署包围,要求释放被捕车夫。署长潘剑生见状,通知宪兵营、第 38 师及军警联合办事处,派兵前来弹压,又电话请示公安局长赵以宽,以士兵百余名,公安局

保安队四十名,及外五区警察一百名共同押送,将先农坛肇事车夫解往公安局讯办,才最终平息此事。[27]

对于人力车夫的不法行为,市政府方面相当愤怒,表示将要严惩。"人力车夫近来迭次纠众肇事,实与地方公安有碍,若不严予取缔查禁,其害将不知伊于胡底"。但是,这些事件中往往涉及到党部领导下的车夫工会,因此政府又不得不投鼠忌器,加以迁就。先农坛殴警事件的处理即是如此。主犯高桐山并非工会会员,故被送交地方法院惩办。而同为重犯的另外三人,因"属人力车夫工会之工友,但系误信高桐山之煽惑,致肇非法情事,其情可悯",遂由总工会派代表保出,"自行严为惩处"。[28]

为协调与工会方面的关系,化解警察车夫纠纷,公安局与总工会进行了协商。9月初,公安局与总工会共同制定"防范人力车夫与警察冲突办法"十三条,其主要内容包括:(一)促成双方和平相处,"公安局训练警察对于人力车夫不得轻视","工会训练工友应严守纪律,竭力服从警察之指挥";(二)总工会督导人力车夫工会,加强车夫政治训练,并对人力车夫工会入会程序、会员集会加强审查;(三)警察、车夫纠纷,须依合法手续,由总工会派代表与相关区署交涉、协调,车夫不得聚众滋事。同时"工友小有过失,派出所可当时解决者,勿庸带区送局,以免情事扩大"。[29]不久后,为"免公务员因公与人力车夫发生冲突",由公安、公用两局制定了《人力车夫管理规则》,对人力车夫从业条件、身体状况、行车规则、载客数量加以规定,之后"通知总工会及人力车夫工会,一体饬令各车夫遵照"。[30]

除地方政府外,北平国民党方面,在大量涉及人力车夫的纠纷出现后,也开始着手解决车夫问题。9月11日,由北平市党部主持,召开了有市政府、公安局、公用局、社会局、市党部民训会、总工会、人力车夫工会等党政各机关参加的联席会议,处理涉及人力车夫的各类冲突问题,并"协商救济办法"。讨论结果,首先,明确党政各机关在纠纷中的职权和处理原则。议定:警察与人力车夫冲突时,依照公安局与总工会共同议定之十三项办法处理;人力车夫与电车工人发生冲突时,由总工会指导双方工会处理;人力车夫与汽车司机发生冲突时,由社会局、公用局会同办理。与会各方并重申,将分别告诫各方工人,"遇与任何方发生冲突时,不得直接行动"。其次,商讨了人力车夫救济和补助事宜。议定:由市党部联合各军政机关,组织救济失业工人委员会,筹设工厂,救济失业车夫;由市党部、总工会向市政府交涉,津贴人力车夫工会训练费;由总工会向车业公会交涉,要求各车厂厂主每周免收车份一次;由市党部、总工会向公安局交涉,暂时免征人力车夫工会会址房捐。[31]

在协调了党政关系,明确双方权限后,北平市党部又着手强化党对人力车夫的政治训练,希图从思想和组织上对车夫行为进行规范。"人力车夫自组织工会后,时有不肖车夫,不明党义,藉党为护身符,任意与乘客冲突,或不服警察指挥,至时有发生争端之事,此事最易引起全市商民之误会,亟应加紧训练,以期纠正"。于是,市党部指派总工会执委韩世元为训练人力车夫主任,负责车夫政治训练。同时,市党部饬令人力车夫工会各支部,将所辖人力车夫分为若干组,每组推选组长一名,每天轮流前往总工会,"听受训练,俾授以相当党义,及充分知识,庶得了解一切事务以服务社会"。按照市党部的设想,这些组长"训练成功"后,将回到所在各组,分别训练该组车夫,"庶北平市全体人力车夫均受有训练,以期感化归于正轨"。[32]

　　尽管北平党政机关采取了不少措施,力图遏制人力车夫的暴力倾向,但是通观这些规定和措施,其性质仍以管理和控制为主,对车夫经济利益的救济、优惠相当有限,并且仅限于原则讨论阶段,无法在短时期内见效。市政府、市党部及各自下属局会,虽然协商理清了在处理人力车夫纠纷问题中的权责,但其本质上仍是事后补救而非事先预防。仅仅告诫车夫遇有纠纷不得直接行动,显然缺乏强制力。从治安维护角度看,总工会、公安局从党政两方面分担人力车夫管理权,造成多头领导,削弱了危机处理的能力。而且市党部、总工会内部的权力斗争完全没有减弱,改组派韩世元(人力车夫暴动策划者之一)指导人力车夫训练,反而加强了对人力车夫工会的影响。这些工人运动的领导者,利用其控制下的各工会和属会工人谋求个人政治目的,才是10月人力车夫捣毁电车风潮爆发的直接原因。

四、总工会改选纠纷与人力车夫走向暴力

　　围绕着人力车夫的不稳定因素,经过不断积累,最终以北平市总工会改选纠纷为契机,全面爆发。北平市总工会由李乐三、张寅卿等人组建。后张寅卿一度担任总工会主席,并控制了北平的工会活动。作为国民党北平地方党务活动的一部分,北平工会活动深受国民党内部派系斗争影响。张寅卿系改组派分子,而在1929年6月的市党部改组中,陈果夫派占据了主要职位。张寅卿被逐出市党部,但仍通过其亲信控制着部分工会,势力犹存。[33]

　　10月18日,电车、电报等17个工会具呈市党部民训会,请求召开全市工人代表大会,改选总工会。市党部正欲借此机会,清除改组派势力,于是采纳了各工会的建议。并决定于20日召集总工会及各职业工会开谈话会,讨论改选事宜。由于多数工会已接受党部领导,张寅卿及其亲信只能支配人力车夫、工程队等少数工会,因此张寅卿认为以合法手段改选总工会,其亲信已无法当选,掌控总工会,于是唆使其表弟陈子修(总工会常委),煽动工程队工会部分工人,蓄意破坏,于20日谈话会上殴伤前来指导的民训会代表邓仰至和总工会常委、电车工会代表郦寿昌,会场秩序大乱,

被迫中止。[34]

当天夜间,主张改选的电车等 17 工会自行集会,决定组织总工会会务维持委员会,并迫使旧常委徐澍全代表总工会职员,声明放弃权力。会场上,电车工会、人力车夫工会、电话工会、邮务工会各派维持队十人,维持秩序。电话工会维持队备有刺刀,邮务工会维持队则手持木棒,以资防卫。21 日,各工会又组织总工会选举筹备委员会,继续着手改选。[35]

对于各工会的行动,张寅卿一派决意反击。22 日中午,陈子修等带领人力车夫工会西单支部,以及工程队、沟工队、清道夫三工会维持队约二百人,赶往丰盛胡同,占据总工会。并且发表宣言,声明仍拥护旧执委,不承认会务维持委员会组织及其筹备改选活动。其间工程队等四工会维持队把守丰盛胡同内各街门巷口,设置警备。同时,大批人力车夫(特别是属于车夫工会西单支部者)被动员起来。丰盛胡同东口(通西单北大街)"洋车环列,禁止通行,凡入内者,须先通报,警卫甚严"。其后,奉韩世元命令,贾春山(人力车工会西单支部组织股干事)等人又带领人力车夫千余人,分持木棍,陆续前往总工会支援陈子修等。[36]消息传出,电车、电报等维持会一派各工会,亦欲以武力对抗解决。大车夫工会及人力车夫工会其他十支部,集结二千余人,准备赶往丰盛胡同。此时,与总工会同在丰盛胡同办公的农协、商协、学联、妇协四团体,见局势严峻,便出面调停,派代表与双方接洽,敦促双方"以和平为宗旨,共谋解决"。经过劝说,各工会维持会表示不再派属会工人赶往总工会。[37]

下午 6 时前后,陈子修等人见各工会维持队不来,其制造事端,阻挠改选的意图无法实现,便转移目标,煽动工人开始捣毁电车。利用人力车夫破坏电车等公用设施的计划,很可能在早先即已经酝酿。事件发生后,军警曾在人力车夫工会西北城支部搜出暴动计划一份,内容包括捣毁香山汽车,捣毁全市电车,拆毁全市电车轨道,拆毁永定门至南苑轻便铁道等,颇为具体。[38]

更主要的是,人力车夫因此前与电车公司的积怨,对电车恶感极深,使得陈子修等人有机会对人力车夫进行煽动。他们制定各项计划,"皆是利用车夫,名为为车夫谋利益"。旧工会执委还宣称"砸了电车你们才有饭吃。砸吧!出了事我们负责"。[39]于是,6 点左右,大批人力车夫放弃丰盛胡同总工会,奔向各电车轨道沿线,开始捣毁电车。而随着斗争目标从工会问题向生计问题的转移,原本人力车夫工会西单支部与其他十支部间的分歧对立,也迅速模糊,砸电车暴动成为全市人力车夫普遍参与的事件。事后统计,1929 年 10 月 22 日夜间,北平数千人力车夫共"捣毁机车四十三辆,拖车二十辆,轨道十处。就车辆一项之损失,估计约二十余万元。电车工人受重伤者八人"。[40]北平电车事业长期无法正常发展。

五、结　语

人力车夫的行动,反映了在城市现代化大势下,传统行业从业者的衰落困境,以及他们为摆脱危局、挽回生计权益而进行的抗争努力。随着现代公共交通和市政管理的发展,人力车这样的传统交通方式和行业群体不可避免的走向了衰落。即便在民国时期,市政当局和知识界也清楚的看到了这一点。"二十世纪的今日已是电的世界,这十九世纪所遗留的人力车,无论在科学或人道的观点上说,早应在被淘汰之列"。[41]"大凡有新的事业产生,旧的总难免受其影响,不能专顾旧的,反使新的、便利的不能举办,这种谁也知道的"。[42]而这衰败行业的从业者——人力车夫,长期以来经济、社会地位十分低下,遭受不公正的待遇。"(洋车夫)做社会生利的分子。可是坐车的有几人还尊重他们的人格呢? 有几人和洋车夫表同情的呢"?[43]公安局在其制定的处理与人力车夫纠纷办法中,甚至要明文提醒警察"对于人力车夫不得轻视,与各阶级民众一律待遇"。[44]

因此,不断恶化的生存处境、屈辱低下的社会地位,促使人力车夫群体发起了对公用企业和市政管理者的抗争(甚至破坏)行动,希图阻止城市化、现代化带来的城市经济、社会结构重组,维护自身利益。从现代化的角度看,人力车夫的维权抗争无疑对城市新式公共交通的发展起着破坏与阻碍的作用,而且极大的扰乱了社会秩序。但通过这些行动,生活在社会最底层的人力车夫迫使市政当局正视他们的存在,处理他们的问题。这体现了底层社会群体在城市改造和市政管理现代化过程中的能动性和影响力,反映了民国时期中国城市现代化进程中社会利益的多元化和复杂性。

人力车夫的维权活动明显受到了当时政治社会环境的影响。其中最典型的就是工会运动的兴起。虽已不再是一个革命政党,但国民党在 20 年代末仍在大力推动、控制"民众运动"。工会活动是民众运动的重要内容之一,属于党务系统,其一般活动受地方党部管理,独立于行政系统之外。地方军警当局需"尊重党权",故难以直接干涉工会活动。[45]由于得到了市党部的支持,北平在 1928、1929 年间出现了工运相对活跃的局面,人力车夫也不例外。尽管国民党领导下的合法工会反对阶级斗争,宣扬劳资合作,但通过工会,人力车夫仍加强了组织性和活动能力,提升了社会影响力。而且以工会名义发起的呈诉、请愿、示威活动,也使车夫传统的、破坏性的激烈行为,拥有了一定的符合现代社会理念的合法性、道义性与"革命"色彩。

但尽管如此,人力车行业本质上的落后性,仍使其无法摆脱衰败趋势。车夫的几次维权活动没能达到理想的效果。而管制的相对弱化和群体行动的巨大能量,却刺激(鼓励)他们以更剧烈的行动,阻挡现代化的潮流。1929 年人力车夫的一系列诉求活动,已经预示出某种暴力化的征兆,但市政当局及有关各方均未能对此做出根本性的有效处理。简单化的拖延塞责和单方面的管理限制,反而更加激怒了车夫。其不满和怨愤不断积聚,又缺乏体制内的宣泄途径,最终只能以总工会改选事件为契机,通过捣毁电车事件,激烈的爆发出来,造成了巨大的经济损失和社会动荡。

捣毁电车事件对人力车夫,乃至整个北平工人运动损害都是巨大的。事后,军警共拘捕人力车夫1200余名(或说2000人),领导暴动的陈子修、贾春山等四人被处决。暴动还成为北平军政当局公开干涉工会活动的借口,不但人力车工会被勒令停止活动,而且当局还以维护治安为名,长期实行戒严,禁止各种民众集会。[46]从此北平工会运动转入低潮,人力车夫也未再发动大规模的维权活动。

(作者系中共中央党校文史教研部讲师)

注　释

1　《北京人力车夫人数》,见《晨报》1924年4月19日。

2　李景汉:《北京无产阶级的生活》,生活周刊社《生活》第一卷丛刊,第391页,上海中华职业教育社1929年版。

3　李福海:《人力车工人砸电车事件始末》,北京市政协文史资料委员会《文史资料选编》第13辑,第179页,北京出版社1982年版。

4　北京市档案馆:《北京电车公司档案史料》第11页,北京燕山出版社1988年版。

5　《电车工人罢工之索引》,《晨报》1925年1月30日。

6　《环城纳凉车今晚开行》,《新晨报》1929年7月1日。

7　《电车公司暂缓加开夜车》,《新晨报》1929年6月26日。

8　《电车加开夜班》,《新晨报》,1929年7月8日。

9　《一再展期开行之环城电车》,《华北日报》1929年7月8日。

10　《人力车夫坚决反对电车加开夜车》,《新晨报》1929年7月11日。

11　《电车售票生与人力车夫前日在新街口冲突详情》,《新晨报》1929年7月11日。

12　《电车加开夜车》,《新晨报》1929年7月31日。

13　《开行环路电车办法决定》,《新晨报》1929年8月7日。

14　16　《人力车夫将请求救济》,《新晨报》1929年8月9日。

15　《人力车夫请电车加价》,《新晨报》1929年9月15日。

17　《私益与公益》,《新晨报》1929年9月2日。

18　《电车售票生与人力车夫前日在新街口冲突详情》,《新晨报》1929年7月11日。

19　《西郊汽车洋车再起纠纷》,《新晨报》1929年7月3日。

20　《西北郊汽车与洋车纠纷解决》,《新晨报》1929年7月7日。

21　《西北郊冲突事件即将解决》,《新晨报》1929年7月11日。

22　24　《人力车夫昨大请愿》,《华北日报》1929 年 8 月 29 日。

23　25　《昨日人力车夫大请愿》,《新晨报》1929 年 8 月 29 日。

26　《熊希龄态度消极》,《华北日报》1929 年 11 月 1 日。

27　《车夫殴警几酿大风潮》,《新晨报》1929 年 8 月 31 日。

28　《将严重取缔人力车夫》,《新晨报》1929 年 9 月 1 日。

29　《警察与人力车夫双方纠纷当渐减少》,《新晨报》1929 年 9 月 13 日。

30　32　《人力车夫均将受训练》,《新晨报》1929 年 9 月 19 日。

31　《市党部为人力车夫纠纷问题,昨开联席会议讨论》,《华北日报》1929 年 9 月 12 日。

33　《平市昨愈安定》,《新晨报》1929 年 10 月 25 日。

34　《市党部告全国同胞书》,《新晨报》1929 年 10 月 25 日。

35　《昨日各工会代表大会推举代表筹备改选》,《华北日报》,1929 年 10 月 22 日。

36　《贾春山供词》,《新晨报》1929 年 10 月 26 日。

37　《昨日北平市总工会风潮之恶化》,《新晨报》,1929 年 10 月 23 日。

38　《检出暴动计划证据》,《顺天时报》1929 年 10 月 25 日。

39　李福海:《人力车工人砸电车事件始末》,北京市政协文史资料委员会《文史资料选编》第 13 辑,第 179 页,
北京出版社 1982 年版。

40　《电车公司致行政院内政财政工商等部电》,1929 年 10 月 23 日. 北京市档案馆《北京电车公司档案史料》,
北京燕山出版社 1988 年版。关于人力车夫捣毁电车事件的详细研究,可参见庄珊曼《1929 年北平人力车
夫风潮研究》,首都师范大学 2007 年版。

41　唐应晨:《公共汽车举办之后》,《市政评论》1935(15)。

42　《电车该不该办》,《晨报》,1923 年 12 月 12 日。

43　李景汉《北京拉车的苦工》,《现代评论》1926(62)。

44　《警察与人力车夫双方纠纷当渐减少》,《新晨报》1929 年 9 月 13 日。

45　邢必信:《第二次中国劳动年鉴》中册第 50 页,北平社会调查所 1932 年版。

46　《人力车夫大暴动后》,《新晨报》1929 年 10 月 24 日。

危局下的应对：1948 北平七五事件后的国民政府

王春林

1947—1948 年间，国共内战致使大量东北学生流亡北平，但国民政府与北平当局却无法给予妥善安置。1948 年 7 月 5 日，一项由军队"管训东北学生"的议案引发他们的抗议游行。游行中发生了捣毁北平市参议会等行为，北平当局因而出面镇压，最终造成了伤亡数十人的惨案，是为七五事件。该事件激化了国民政府、地方当局与东北民众之间的矛盾，其间亦折射了战后国民政府中枢与地方的政治生态。既有研究对该事件本身的经过以及国民政府的应对的梳理较为细致，只是过于强调了国民党内的派系斗争[1]，实则国民政府中央与地方当局对该事件亦有相当共识。本文拟深入探讨此点，以期展现事件善后处理中国民政府各方面的复杂考量与权衡。

一、国民政府对东北的安抚

七五事件发生时，国内形势已于国民政府十分不利。7 月 21 日，东北学者金毓黻记道："闻襄阳失陷，守将康泽阵亡，太原亦吃紧，北平西南郊又有战争，而当局粉饰，犹谓豫东大捷，辽阳获胜，抑何强颜乃尔！"且"币价下跌如水之下泻"。[2]在这种情势下，七五事件之发生或处理不当影响东北民心甚巨。

事件后，东北各界民众向当局持续地施加压力。对此，时任沈阳市长的董文琦回忆道："此一不幸消息传至沈阳，激起群情愤慨，学生游行示威，要求惩凶，东北中央及地方民意代表也联合召开会议研商对策。会中群情激昂，立法委员王化一主张电请中央（一）严惩北平军警首长，（二）厚恤遇害学生家族，（三）妥善安置东北流亡学生；并提议如至八月一日前中央仍未采纳办理，沈阳即于八月一日起学校罢课、工厂罢工、商店罢市、机关罢公、警察罢岗，实行五罢运动。此语一出，附和者极多。我当时处境极为困难，在情感上我是东北人，东北子弟惨遭杀害，当然要为他们雪冤；但在理智上，我身为沈阳市长，必须负责维护地方治安。……我遂怀着情感与理智互为矛盾的复杂心情起立发言,我说:我是东北人,为家乡被害子弟申冤,我绝对与各位站在同一战线,但我也是地方首长,为维护地方治安,绝对反对各位之五罢行动。现在共党大军压境,正虎视眈眈,不用说五罢,即其中任何一罢均是自毁长城,自取灭亡,如果我们一意孤行,不但死无葬身之地,且将成为断送沈阳之罪人。经我一番声色俱厉的慷慨陈辞后,会场情绪渐告缓和,最后决定仅以上述三项意见电呈行政院处理,既未提期限,亦未提五罢。"[3]可见,沈阳当局从政府大局着想对东北舆情采取了安抚策略,这对平息民愤起到了积极作用。

7 月 24 日,北平市长刘瑶章致电东北"剿总"总司令卫立煌通报道:"七五事件调查委员会已由剿总于皓日聘请李培基、李华亭为委员兼召集人,东北方面委员马毅、刘博昆、李象泰、栗直、毕泽宇、富保昌、纪清漪、赵石溪,平津冀方面委员郭中兴、张希之、李荷、靳振声、于纪梦、宋实君、石硕磊、刘培均,另剿总张庆恩,教局王季高,教育会郭登敖,暨东北同乡会推一人计委员二十二人。"[4]这一组织在事件发生 20 天后才告成立。该组织既有东北方面的委员,又容纳了华北方面的委员,这应当是为了彰显公正,以兼顾各方的声音与意愿。

7 月 30 日,行政院长翁文灏致电卫立煌表示:"东北学生在平不幸事件,已迭经傅总司令督同北平刘市长妥定办法要点(一)关于救济东北学生者,已由教育部派员迅即设立东北临大、临中,并设临时补习班,凡私立校院等生皆可入班补习,然后转学临大、临中,地址选定平津两地,限期使学生食宿有所,最短期内有书可读。(二)学生死者予以安葬优恤,已由北平市政府拟定办法,死者恤十亿元,残废者五亿元,伤者视其轻重致慰问金一至二亿元,住院治疗费又使政府拨付。(三)组织七五事件调查委员会调查肇事情形及责任,以凭处理,以上各点已在进行,前此不幸事件当可公平解决,至祈根据上列实情就近劝告东北民众,并善为开导,静候政府持平处理。"[5]同日,翁文灏再电卫立煌称:"北平东北学生七五事,总统备极关注,令行妥善处理,除重要办法已由午艳机疆奉告外,本院并派秦次长德纯不日北飞,实地查明情形,协同处理,希即转知东北关心此事之人员及团体,明悉中央特为关注,认真办理,切勿另逾限枝节。"[6]翁氏连电东北,表明国民政府对东北民众的怨愤十分关注,希望东北地方转告政府决心,以安抚民气。翁氏亦于同日致电傅作义,内容与致卫立煌电大致相同,其意当为希望各方相互配合,共克时艰。[7]

东北当局亦切实遵行了政府的命令,7 月 31 日上午十时,东北政委会"召集各省市首长及七五东北民众后援会委员,对八一沈阳民众举行七五惨案抗议大会并游行示威事,有所商讨。各首长表示应候中央答复,暂缓采取行动,后援会代表则认为有表示态度必要,故一日之抗议大会及游行势将举行。"[8]后援会的态度反映了东北民众对事件的极端愤慨与关注。尽管如此,东北当局仍竭力制止之。"自翁院长、朱部长、吴秘书长鼎昌等纷电劝阻后,七五后援会顾念大局,于七月卅一日晨九时开临时会讨论中止八一行动,当时因学生工人团体坚持行动,该会不能控制,乃会同各单位代表谒卫总司令,高惜冰,赵家□代见面,询该会能否负责保证八一开会不发生意外,因后援会代表不能负责,乃令该会绝对□止行动,后援会于下午再开大会宣布接受剿总劝告,而学联会则坚持'八一'开会游行,双方决裂,抗联自行召开会议。(嗣后学联会亦接受劝告停止行动)"[9]为防止8月1日发生暴乱,董文琦"与警备司令部胡司令商议,于七月三十一日夜半起至次日五时正以检查户口为由实施戒严,并由军警联合出动到各大学及大工厂门前守卫,严禁出入。经此布置后,八月一日晨遂无乱事发生,仅有东北大学少数学生及某工厂少数工人乘卡车冲出大门,旋即为军警阻拦回去;该日又适逢倾盆大雨,致未造成暴乱"。[10]

8月6日,教育部长朱家骅亦致电高惜冰等东北籍官员表示:"七五北平东北学生不幸事件发生,本部甚为遗憾,即由田次长飞平,会同傅总司令、刘市长处理,现此事善后办事处翁院长已有指示,并派国防部秦次长德纯赴平处理,关于教育方面,本部当遵令办理,尚祈婉告东北父老,静待政府处理解决。"[11]朱通报高惜冰等中央的处理动态,当为希望东北当局继续安抚东北民众,免生事端。

二、国民政府的调查与敷衍

然而事件的处理进展缓慢,东北民怨自然不减。8月9日,姚彭龄向朱家骅报告道:"七五事件发生后,沈市民众群情激昂,学生组织抗联会大肆宣传,职恐事态扩大,而运用同志关系,把握学生代表,亟力劝导,设法分化,并秉承上峰意旨,随时注意其活动,一月以来安然渡过,惟盼中央早日合法解决此次事件"。[12]8月11日,王化一代表沈阳和北平两地的七五惨案后援会往南京请愿。王化一与王德溥等五人"到军政部见到何应钦,要求惩凶;到教育部见到朱家骅,要求从速设立临大临中;到社会部见到谷正纲,要求救济;最后到行政院见翁文灏,他指定秘书长李惟果召集有关各部首脑来院会商。"临中与大学复校、救济、抚恤问题皆得到解决,只有惩凶一事"涉及华北高级将领,须委员长由济南回京以后决定"[13]。8月17日,《观察》特约记者对国民政府与北平当局文过饰非的伎俩批评道:"他们想藉口学生先开枪,二〇八师出于自卫才开枪扫射,减轻杀人罪过。但在现场的中外记者、学生、宪兵、警察都不能证明学生有枪,更无法证明学生先开枪。他们又在想法分化东北学生,列举学生的劣迹,指使他们的职业学生,检举他们所认为反对政府的'职业学生'。使社会对东北流亡学生失去同情心,冲淡'七五'血案的责任,他们仍不撒手不了了之的念头,想混过这笔血债。'七五'血案发生迄今一个多月，政府一方面要向人民立威信，一方面不敢打老虎，只敢撵几个苍蝇。我们等待看看谁是苍蝇，谁来抵偿这'七五'的血债吧！"[14]

对国民政府处理的拖沓低效，东北民众的不满情绪日益增长，东北当局亦承受的压力逐渐增加。8 月 13 日，卫立煌有一致翁文灏的电文，内容为："七五事件发生后，此间民众情绪至为激愤，原拟八一举行大规模示威运动，经党政军警各方竭力劝导镇抚，乃允延至八一九再视政府对此案处理情形而定行止。现表面似尚平靖，而内幕酝酿仍烈，顷悉查案大员业已返京报告，为此务请当机立断，在八一九前迅予公允解决，以息愤恚而免意外。"[15]此电最后未发出，但是时东北民气之激愤程度可以想见。8 月 16 日，东北民众七五惨案后援会又致电东北剿匪总司令部政务委员会称："'七五'惨案前承贵会允代东北民众向政府请命于八一九前作合理解决等由在案。现在为时仅余二日，政府对惩凶等问题迄仍无任何决定，群情激奋难再延宕，况值此戒严期间如八一九民众有所行动，诚多未便，用特电请查照，速再转请政府务于八一九前作合理解决，俾实践贵会诺言，以重威信为祷。"[16]可见，是时东北民众通过表示对事态进展的关注继续向东北当局施压，以促进事件妥善解决。

在这种情势下，国民政府不得不继续派遣大员前往北平协调，其间已涉及到中枢的态度和考量。8 月 12 日，国民党青年部长陈雪屏悄然由京飞平，报纸称其"携来中枢解决七五事件之具体办法，征求傅作义，胡适等之意见。下机后即分访傅作义，陈继承，胡适。今晨复访傅长谈，并与秦德纯，谷凤翔等取得联络"。该报称：办法内容详情不悉，但"东北人士所要求撤换之某警备当局，可能受记过处分。现场指挥官亦无大责任。平参会当局在七五调查书中，闻亦无责任可言。惟东北人士之激昂情绪，亦必有以相当满足。"[17]

8 月 20 日，七五事件调查竣事。23 日，监察院官员胡文晖返京。8 月 26 日，监察院发表纠举书。该纠举书对陈继承、赵昌言、白世维分三部分提出，纠举书认为"当七月五日学生请愿游行时，陈继承未照傅总司令指示命令其部属不准带枪，不准打学生。而二〇八师为一野战部队，以之镇压学生，更不免发生事端。且二〇八师与北平学生情感素劣，陈继承于处理此事时未能考虑及此。学生捣毁参议会固属越轨犯纪，陈继承于学生军警对峙竟日之时，未能躬亲妥善戒护，而令一警官身份之白世维指挥军警宪，自不能善为约束所部，卒致在许惠东住宅门前发生学生被二〇八师士兵枪击伤亡惨案。陈继承不能不负措施不当，废弛职务之责"。"当七月五日下午学生在许惠东住宅门前请愿，未克获见许惠东时，赵昌言奉命率部到场戒护，而由警察局副局长白世维任指挥官，赵昌言未能听从白世维命令，纵其部属作战斗措施，士兵开枪又不立即制止，致酿成惨案，赵昌言应负纵属杀人之责，交军法审判纠以罪责"。

"白世维以警察局副局长地位,奉命为指挥官,未能与军宪联络得宜,既见部队出动熊势战车,应即约束部属与学生接受处置条件。后又未能及时将学生即将解散归去之消息通知部队,致因误会发生惨案。白世维不无处理疏忽,指挥无方,失职之处。"该纠举书明指出陈继承应负事件的主要责任,赵昌言则负直接责任,白世维亦负失职的责任。该纠举书经监院审查成立后于 25 日送行政院。[18]

在稍后公布的《七五事件调查报告》中,谷凤翔、胡文晖翔实地叙述了学生捣毁参议会、向李宗仁请愿、包围许宅及其间与军警的冲突和事件发生的情形,从中反映了学生请愿中的过激情状与军警弹压之残暴;否定了肇事警宪一方的一些狡辩推卸之辞,推翻了二〇八师"否认开枪"、"学生夺枪"、"士兵失踪"等说法,对"谁开第一枪"的问题军警与学生各执一词,报告难以判断。同时对东北学生的处境十分同情,但亦认定学生赴参议会请愿时直接捣毁参议会并呼喊反动口号,"此种越轨行为,实属不当"。其报告中亦有指出可能有不良分子混迹其间,趁机播乱,并"经赴现场数次,勘查见牌楼左侧砖壁弹痕累累",因而推断"似兵士对墙壁射击,以威胁学生者,间或有流弹跳弹窜出门外,致造成学生伤亡之事件,否则,兵士果专对学生射击,则密集队伍中,一弹可着六七人,以数百发计,则学生死伤之数,不可以想象矣"。报告如此言说虽不无道理,但似认为学生死伤皆为意外之故,大有文过饰非之嫌,考之该报告关于事件经过之叙述,事发前,"其现场配备,完全出于战斗状态,机枪手伏地扣机待发"。[19]事发时,"忽听枪声一响,由东传来,旋即枪声大作,约三分钟,稍停,嗣枪声又响一二分钟"。[20]以如此方式弹压岂能以意外推脱。此报告既大体依照事实言说,但其为平市当局开脱的意图又甚为明显,似乎希望以折中方式处理此一事件。

至此,七五事件之事实与责任所属已经基本清楚,北平当局措置失当无可推脱。东北乃至国内民众对这一事件早已民怨沸腾。8 月 30 日,傅作义为七五事件致电蒋介石、翁文灏自请处分。为华北大局计,蒋介石"决定不予处分,并复电慰勉。至监察院所提纠举书,翁文灏已交国防部议复"。[21]

南京中枢在事件中的立场最初即有所表现,据卫立煌秘书回忆:"七月中旬,卫立煌收到蒋介石的密电,说北平的'七五惨案'(即是国民党军警枪杀东北流亡在北平的学生惨案)是王化一在其中操纵闹起来的,命令卫立煌逮捕在沈阳的王化一归案。卫打电话叫王理寰来其家中看这份电报,嘱咐王化一从速躲避,同时卫打电报复蒋,谓王化一已到关内,不在沈阳。"[22]7 月 26 日,蒋介石又以总统身份为北平地区七月五日午后七时起宣告临时戒严,咨请立法院查照追认。追认之意图当然表明蒋氏以北平当局的所谓戡乱做法为正当,如此七五案件自然有利于平市当局方面。但立法院竟未受影响,9 月 14 日晨,立法院首次运用宪法赋予之否决权,拒绝该咨请,不予追认。在立法院会议中,"松江省立委王寒生首先发言,渠根据监委谷凤翔,胡文晖之调查报告,指出国防部临时戒严报告表及傅作义原电所列举之戒严原因不符事实。监院正拟对政府处理七五事件之措施行使职权,立院如予追认,无异承认政府之措施为正当。依宪法规定,总统自有宣布戒严权,然追认权在立院,如不问究竟即予追认,实属放弃权力,有亏职守。王氏词毕,立获赞同掌声,旋刘振东、黄宇人、孙桂□、程天放、刘明侯、张潜华等相继发言。或提议该案保留,或提议改变议程,俟监院对七五事件有所决定后再议,唯大多数皆主张应根据事实法理立即决定追认与否。"最后,经过表决拒绝了蒋介石的追认案。这一表决结果反映了立法院多数人反对中枢干预的态度。

为平息民愤,蒋介石于 10 月将事件的直接指挥者陈继承调任南京卫戍司令。对事件的结果,东北人士颇为失望。王化一认为:事件的最后善后似乎仅止于表面的慰问等活动,蒋介石与教育部、监察院、军政部都曾派代表前往北平。监察院虽然"提出纠举陈继承措置失当、纵属杀人的罪名,但束之高阁,并无下文"。仅七五调查委员会"对每名死者家属发给法币十亿元,伤者按轻重每名发给一亿到五亿元。(当时玉米面每斤已涨到一千七百万元)"。[23]

三、结　语

1948 年秋,辽沈战役开始,东北局势危急。10 月 29 日,金毓黻在日记中记道:"午后刘夫人来告:沈阳濒于危急政府准备撤退,此息甚确。昨今两日,自沈飞平人员谈,沈市情形极紊乱,有朝不保夕之势。"[24]此时蒋介石已将主要注意力集中于东北战事,东北民众对七五事件之愤慨被置于次要地位。

七五事件后,国民政府与东北、华北当局为安抚民众、稳定局势付出了极大的努力,东北民众的抗议游行大多被抑制或疏导,七五死难学生亦得到了一定的抚恤。尽管民众有不满情绪,但东北局势仍处在国民政府操控下。可见,此时国民政府虽然在国共内战中处于相对劣势,但对其统治区域尚有相当的统御能力。

然而,国民政府与东北、华北当局对事件的处理毕竟有些轻描淡写,其措置更像是一场事先布置好的"演出"。东北与华北当局处于前台,国民政府一定程度上参与"演出",观众则主要是东北民众。幕后的导演则为国民政府中枢,或即蒋介石,事态的发展似乎始终在他的掌控下。东北、华北当局以及中枢各部官员颇为配合地进行安抚、调查与协调,事件最终不了了之。国民政府中枢以内战与职务调动为幌子化解了这场纠葛,然而东北民心的向背却不是他们能愚弄的。

尽管七五事件引发的东北民众的地方意识与离心倾向暂时被扼制,但事件善后中所暴露的国民政府执法中粗暴、徇私的一面无形中削减了其在民众中的权威。东北民众在行将崩溃的国民政府政权下的失望，一定程度上将转换成对中共政权的期望。

（作者系辽宁社会科学院历史研究所助理研究员，历史学博士）

注　　释

1　参见贺江枫《从学潮走向政潮——1948 年北平七五"惨案"研究》；王春林《国共内战中的国民政府、地方当局与流亡学生——以 1948 年北平七五事件为中心》，《南京大学学报》(哲学·人文科学·社会科学版)2012 年第 1 期；张皓、陈银屏《从期望到失望：1948 年北平"七五"事件再探讨》，《史学集刊》2012 年第 3 期。

2　金毓黻：《静晤室日记》第九卷第 6648 页，沈阳辽沈书社 1993 年版。

3　"中央研究院"近代史研究所编：《董文琦先生访问纪录》第 146—147 页，台北中央研究院近代史研究所，1986 年版。

4　《电报七五事件善后进行近况请督照》，东北行辕档案，辽宁省档案馆藏，全宗号 JE1，目录号 9，案卷号 101。

5　《翁文灏为七五事件致卫立煌电》，东北行辕档案，辽宁省档案馆藏，全宗号 JE1，目录号 1，案卷号 145。

6　《翁文灏为总统备极关注希转知东北人员明悉勿另逾限枝节致卫立煌电》，东北行辕档案，辽宁省档案馆藏，全宗号 JE1，目录号 1，案卷号 145。

7　傅作义时任华北"剿总"总司令，陈继承任北平警备司令，许惠东任北平市参议会议长。

8　《秦德纯今晨飞平调查七五事件真相》，《申报》1948 年 8 月 1 日，第 2 版。

9　《沈阳"八一"五罢运动平息》，(1948 年 8 月 2 日)，中国第二历史档案馆编：《中华民国史档案资料汇编》第 5 辑第 3 编政治(四)第 500 页，江苏古籍出版社 1999 年版。

10　"中央研究院"近代史研究所编：《董文琦先生访问纪录》第 148 页，台北中央研究院近代史研究所 1986 年版。

11　《朱家骅为祈婉告东北父老静待政府处理解决致高惜冰等电》，东北行辕档案，辽宁省档案馆藏，全宗号 JE1，目录号 1，案卷号 145。

12　《姚彭龄关于破坏沈阳学生抗议七五血案活动密电》(1948 年 8 月 9 日)，中国第二历史档案馆编：《中华民国史档案资料汇编》第 5 辑第 3 编政治(四)第 502 页，江苏古籍出版社 1999 年版。

13　王化一：《北平"七五"事件真相》，中国人民政治协商会议全国委员会文史资料研究委员会编：《文史资料选辑》第 42 辑第 207—208 页，中国文史出版社 1964 年版。

14　观察特约记者：《关于七五惨案最近的报道》，《观察》第 5 卷第 1 期，第 18 页。

15　《卫立煌致翁文灏为此间民众情绪至为激愤务请在八一九前迅予公允解决》，东北行辕档案，辽宁省档案馆藏，全宗号 JE1，目录号 1，案卷号 170。

16　《东北民众七五惨案后援会代电》，东北行辕档案，辽宁省档案馆藏，全宗号 JE1，目录号 9，案卷号 101。

17　《陈雪屏飞抵北平》，《申报》1948 年 8 月 14 日，第 2 版。

18　《七五案调查竣事监院提出纠举书》，《申报》1948 年 8 月 27 日，第 2 版。

19　《七五事件调查报告》，《申报》1948 年 8 月 30 日，第 5 版。

20　《七五事件调查报告》,《申报》1948 年 8 月 29 日,第 5 版。

21　《总统电慰傅作义》,《申报》1948 年 9 月 2 日,第 1 版。

22　赵荣声:《回忆卫立煌先生》第 325 页,文史资料出版社 1985 年版。王理寰为原东北军军官,与王化一熟稔。

23　王化一:《北平"七五"事件真相》,中国人民政治协商会议全国委员会文史资料研究委员会编:《文史资料选辑》第 42 辑第 208—209 页,中国文史出版社 1964 年版。

24　金毓黻:《静晤室日记》第 8 卷第 6722 页,辽沈书社 1993 年版。

经济社会

元明时期北京手工业生产管理析论

章永俊

元明时期是北京手工业发展的重要阶段。就官营手工业来说,元大都与明北京的生产规模都非常庞大。民间手工业也有较快发展。为了保证手工业生产的顺利开展,对其进行管理势所必然。元明两朝,从生产物料的来源及生产过程中的产品质量等环节的监管、管理人员的职责要求、有关行业的管理与规定及由铺行来管理,可以看出北京手工业生产管理和控制的加强。

一

大都是元代北方最发达的手工业中心城市,它几乎集中了当时最重要的手工业部门,如织造、军器制造、矿冶、采煤、酿酒、营造建筑等行业,其发展状况反映了元代手工业的最高水平。元代大都手工业有官办和民间的两种。

在官办手工业内部,元朝政府实施了较为严格的经营管理。据《大元通制条格》记载,至元十四年(1277)三月、元贞元年(1295)正月,工部先后颁布了管理条款共十余则。其内容涉及到很多方面,如生产物料的来源及其管理、生产过程中的产品质量等环节的监管、管理人员的职责要求,等等。这些管理措施适用于大都等各路局院。

其一,生产物料的来源与管理。

官营手工业生产的物料来源有直接经营、土贡、和买等形式。

由官吏直接到各地采办生产原料,是官营手工业组织生产的重要途径。自然资源属于政府所有,所谓"山林川泽之产,若金、银、珠、玉、铜、铁、水银、朱砂、碧甸子、铅、锡、矾、硝、碱、竹、木之类,皆天地自然之利,有国者之所必资也"[1]官府组织匠人采办各类资源。如铁矿,燕南燕北地区有铁冶"大小一十七处,约用煽炼[2]人户三万有余"[3]綦阳并乞石烈、杨都事、高撒合所管四处铁冶"分管户九千五百五十户"[4]大都留守司下设有"上都采山提领所",至元九年(1272)置,专门"采伐材木,炼石为灰"[5],很可能是一个为大都四窑场等作坊制备胎土釉料而提供原料的机构。又如,将作院属下的大同路采砂所,所采砂专供大都磨玉之用,据《元史》记载:"大同路采砂所,至元十六年(1279)置,管领大同路拨到民一百六户,岁采磨玉夏水砂二百石,起运大都,以给玉工磨礲之用。"[6]

土贡是土特产的进贡,亦称岁贡。地方土贡"因其土地所生,风气所宜,以为之出"[7]。如处州产箭竹,"岁办常课军器,必资其竹"[8]。

和买是政府以低于市场价格强制购得。名义上是向民众买,实际上是不给钱或少给钱。如"京师岁所需物,郡邑例买于民,其直旷欠不给。给则大半入贪吏手,名为和而实白"[9]。虽然规定了"和雇和买,并依市价,不以是何户计,照依行例应当,官司随即支价,毋得逗留刁蹬"[10],但往往名不符实。据《元典章》记载:"今日和买,不随其所有而强取其所无。和买诸物,不分皂白,一例施行,分文价钞并不支给,生民受苦,典家卖产,鬻子雇妻,多方寻买,以供官司。而出产之处,为见上司和买甚物,他处所无,此处所有,于是高抬价钞,民户唯知应当官司和买,不敢与较,惟命是听。如此受苦,不可胜言。"[11]

对于生产物料的管理和运用,政府设有具体的规定。如对直接用于生产的原料,"须选信实、通晓造作人员,审较相应,方许申索,当该官司体覆者,亦如之"[12]。即由熟悉生产的人员选料用于生产。又如,对于制造金素段匹纱罗的丝金原料,建立严格收支管理制度,由本处正官亲行关支,"置库收贮,明立文簿",每次支记材料,均必须开写备细各项斤两,半月具结一次,收支帐目须由正官印押,"若应收支而不收支,应标附而不标附,致有耽误造作,叁日罚俸半月,伍日已上决柒下。若有失收滥支者,另行追断"[13]。至于生产的剩余物料,"须限拾日呈解还官。限外不纳者,从隐盗官钱法科"[14]。

此外,政府还禁止官员对生产物料的侵占掠夺。大德元年(1297),成宗下令禁止勋戚、权贵、僧道擅自霸占矿山及煤窑山场,以保证矿冶和煤炭的正常生产及供应。[15]

其二,产品质量、工程期限等的监管。

政府对产品质量和完成期限亦有相应规定。据《元典章》记载:"诸营造,皆须视其时月,计其工程,日验月考,毋使有废。惟夫匠疾病,雨雪妨工者除之。其监造官仍须置簿,常切拘检。"[16]以织染局院为例,《大元通制条格》规定:"络丝、打线、缬纴、拍金、织染工程,俱有定例,仰各处局院置立工程文簿,标附人匠关物日期,验工责限收支,并要依限了毕。如违限不纳及造作不如法者,量情断罪。"[17]加工丝料,"先行选拣打络,须要经纬配答均匀,如法变染。造到段疋,亦要辐阔相应,斤重迭就,不致颜色浅淡,段疋粗操……不得擅自损减料例,添插粉糨"。若质量不合格,则"局官断罪罢役,提调官吏责罚"。打造金箔,"须要照依元关成色",人匠不得"添插银铜气子,(致使)颜色浅淡"。[18]

除纺织品外,对军器制造也有质量和工期的要求,"各路局院额造弓甲箭弦哈儿杂带镮刀一切军器……须管限柒日交付数足造作"[19]。

为保证生产效率和产品质量,政府设立覆实司,对官手工业产品质量和原料的使用状况进行核查。如果产品不合格,要发回本管机构,勒令工匠重新造作,"自备工价赔偿"[20]。

制造军器、纺织等产品须在期限内造完,一旦工程过限,则分别"将本路总管府官、首领官,不分长次,一例拟罚俸半月,当行司吏的决壹十柒下。如过期悬远耽误造作至日验事轻重,别议处决"。"将当该局官勾唤赴部……以拾分为率,施工肆分已上决贰十柒下,肆分以下贰分以上,决壹十柒下,贰分以下罚俸一月"。[21]严格的管理制度在一定程度上保证了官营手工业生产的正常运转。

其三,主管官员的赏罚制度。

政府要求所有局官必须亲自监督生产,"局官每日巡视,提调官按月点检"。如果"造作堪好,工程不亏",对主管官吏"临时定夺迁赏"。如果"低歹拖兑",主管官吏要"验事轻重黜降"。[22]管匠的头目堂长、作头等,"每日绝早入局监临人匠造作,抵暮方散",管匠提调官要经常点视人数,"如无故辄离者,随即究治"。[23]

负责御用品生产的官员,其赏罚、升迁与产品质量高下、监管得力与否息息相关。如仁宗延祐七年(1320)十月,"将作院使也速坐董制珠衣怠工,杖之,籍其家"[24]。英宗至治三年(1323)六月,"将作院使哈撒儿不花坐冈上营利,杖流东裔,籍其家"[25]。与前两例形成比照的是,顺帝至正四年(1344),月鲁帖木儿同知将作院事时,因其"董治工事甚严,所进罗縠皆胜于旧"[26],而得到朝廷褒奖。

在大都地区,民间手工业经营的范围主要是纺织、酿酒、编织、雕刻、粮食加工等所需资本不大的行业。元朝政府对于一些利益攸关的民间手工业,如矿冶、纺织、酿酒等行业进行了重点管理,根据形势需要,制定了相应的行业政策和生产规定。

以矿冶业为例,元初和中期,采矿民户由政府调拨,主要从事金、银、铜、铁等矿的采炼事务,设总管府或提举司,管理矿冶有关事项。《元史·食货志》记载:"至元五年(1268),立洞冶总管府,其后亦废置不常。"[27]设立洞冶总管府,目的是保护官办矿场和征收矿冶税。如在产金之地,"有司岁征金课,正官监视人户,自执权衡,两平收受"[28]。

到元代中后期,在众多官员和士大夫的强烈呼吁下,元朝统治者不得不罢去一些官营手工业部门。至元二十一年(1284)二月,"放檀州淘金五百人还家"[29]。大德元年(1297)十一月,"罢保定紫荆关铁冶提举司,还其户八百为民"[30]。至治三年(1323)正月,"罢上都、云州、兴和、宣德、蔚州、奉圣州及鸡鸣山、房山、黄芦、三义诸金银冶,听民采炼,以十分之三输官"[31]。泰定二年(1325)正月,"罢永兴银场,听民采炼,以十分之二输官"[32]。可见,即使在元代后期,私人开采所得依然受到政府的严重盘剥,被抽分或课以重税,税率一般都高达产品价值的20%—30%以上。

官府对民间手工业产品的质量、规格以及种类皆有要求,不许制造违禁或劣质品,如酿酒业有定额,不准私自加造,"诸私造唆鲁麻酒者,同私酒法,杖七十,徒二年,财产一半没官"[33]。为加强产品质量管理,元朝官府要求金属产品上必须刻上工匠的姓名。

又如织造业,在大都城里,一些居民为了获取更多的利润,他们在从事纺织生产时,甚至不惜采用非法手段,制作劣质纺织品,以坑害用户。大德十一年(1307),"据大都申:街下小民不畏公法,恣意货卖纰薄窄短金素段匹,盐丝药绵,稀疏纱罗,粉饰绢帛,不堪狭布,欺谩卖主"[34]。鉴于"随路街市买卖之物,私家贪图厚利,减克丝料,添加粉饰,恣意织造纰薄窄短金素段匹、生熟里绢,并做造药绵,织造稀疏狭布,不堪用度",元朝政府不得不下令"随路织造段匹布绢之家",今后"选拣堪中丝绵,须要清水夹密,段匹各长五托半之上,依官尺阔一尺六寸,并无药丝绵,中幅布匹方许货卖"[35],从质量、尺寸等方面做了明确规定。

为了维护服色等第,至大四年(1311),元政府要求,"今后除系官局院外,民间制造销金、织金及打造金箔,并行禁止"[36];也不允许"将银箔爆作假金,裁线织造贩卖"[37];甚至一些特殊纹样如龙凤纹[38]、佛像西天字纹[39]的段匹也禁止织造。

此外,如酿酒业也是通过征收酒税的办法加以管理。元世祖忽必烈即位以后,对酒类的生产与管理加以规定:凡造酒之家,制造曲酒用米一石,须向政府交纳酒税钞一贯。《元史·元祖纪》载:"初,民间酒听自造,米一石官取钞一贯。"[40]

二

明代北京官营手工业生产管理措施,主要涉及生产物料的管理、生产环节等监管以及有关行业的管理与规定。对于民间手工业,则是通过铺行进行控制。

其一,对生产物料的管理。

明代北京官营手工业机构庞杂,所需物料种类繁多,需求量极大。例如,《明书》卷八十三《土贡》记载,仅工部需用杂皮达34.7761万张,麂皮达3.48万余张,狐狸皮达 0. 42 万余张。明代对于生产物料的管理是有整套办法的。《大明会典》载,正统十四年(1449),"令各处解到物料,送该库交收,方许支用"[41]。

各项物料入库之前,皆要经过检验,工部虞衡司下设验试厅专管此项工作。《大明会典》记:"嘉靖二十八年题准……建造试验官厅(当为验试厅——撰者注)一所。遇有各处解到军器弓箭、弦等项,工部札行司官及咨兵部委司官,会同试验。精美合式,给与进状呈部。札委戊字库官吏,请科道官复行查验,照数收库。查验不堪、本部驳回陪补造解"[42]。又,《工部厂库须知》云:验试厅"专管验试之事,一应外解本色物料,其多寡数目,惟据各司送验为凭。验中则押送十库收贮;不中,则驳还商解更换"[43]。验试的各项名目不仅有各地所产军器,还有纸张、丝料、麻铁等物品。

为保证物料质量,各库复有辨验铺户的设置,此即佥定各行业商铺专人负责验试。永乐十九年(1421)规定:甲字库辨验铺户四名,丙字库每季辨验铺户二名,丁字库每季辨验铺户四名,戊字库试验箭匠二名,乙字库每季辨验铺户三名,承运库每季辨验铺户三名,广积库办验火药匠一名。各库铺户,三月役满,即令佥补。[44]

此外,户科给事中也兼管手工业生产物料。其职责如:"凡各河泊鱼课(兼征皮毛、翎毛……等物料)年终具办过数目,填空原降勘合,奏缴送科查收";"凡甲字库官遇考满等项,本科官一员引奏,将收过钱粮等物委官查盘";"凡各府州县管粮官员,及各仓场大使等官,考满给由,各亲赍本册,赴科交查";"凡甲字等十库,该收钱钞等物,每季本科与各科轮差官一员监收"[45]。

有时为了完成某些紧急任务,还临时任命监察官员以督察。如宣德九年(1434),"差御史一员,巡视在京仓。一员,巡视通州仓"。嘉靖年间遂为定制,"嘉靖八年题准,每年差御史一员,请敕提督京通二仓,收放粮斛"。[46]

生产物料的检验,按规定是很严格的。以验铜为例,根据宝源局的《镕铜规则》:"每镕铜先抽一百包,堆放两旁。内点二包敲断,验其成色,秤兑二百斤,分东西二炉镕化。即令炉商各看守,俟烟气黑尽而绿,绿尽而白,铜色已净,才出炉秤兑。每百斤内除正耗十三斤三两外,多耗一斤,令商人补一斤,多耗二斤,令商人补二斤。二炉通融计算,共折耗若干斤,折衷每百斤各折耗若干斤。凡兑铜以此为例"[47]。

其二,对生产环节等监管。

为加强对生产各个环节的管理,设工科给事中全面监察官营手工业生产。诸如:1. 凡工部军器局制造军器,本科差官一员试验。2. 凡工部盔甲、王恭二厂军器及各处解到弓箭弦条,本科官一员,会同巡视东城御史,及工部司官一员,于戊字库监收,年终,造册奏报。3. 凡营建监工,本科与各科官轮差。4. 凡宝源局铸钱,弘治十七年题准,按季稽核工料并钱数,本科与各科官轮差。5. 凡工部各项料价,每年上、下半年,本科差官一员,同巡视科道、四司掌印官,会估时价一次,造册奏报。6. 凡京通二仓,每年工部修理仓廒。工完,开具手本送科。本科官一员、查验有无冒破。年终,造册奏缴。7. 凡芦沟桥,通州、广积、通积抽分竹木局,每月初一日,将前月分支过竹木等项数目,开具手本,大使等官赴科投报查考。[48]

洪武年间制定颁布的《大明律》,专门设置了《工律》篇,对手工业生产的管理和控制作了具体的说明:

1. "擅造作"。凡军民官司有所营造,应报上级批准,未经上级批准而非法营造,各计所役人数计工钱坐赃论。但是,如果是城墙倒塌或者是仓库、公廨损坏,则不在此限。另外营造计料、申请财物及工人不实者,笞五十。若财物和人工已费,各并计所损财物价及所费雇工钱,重者坐赃论。

2. "虚费工力采取不堪用"。凡役使人工,采取木石材料及烧砖瓦之类,虚费工力而不堪用者,计所费雇工钱坐赃论。若有所造作及有所损坏,备虑不谨而误杀人者,以过失杀人论,工匠、提调官各以所由为罪。

3. "造作不如法"。凡造作不如法者笞四十。若成造军器不如法及织造段匹粗糙纰薄者,各笞五十。若不堪用及应改造者,各并计所损财物及所费雇工钱,重者坐赃论,其应供奉御用之物加二等。工匠各以所由为罪,局官减工匠一等,提调官吏又减局官一等,并均偿物价工钱还官。

4. "冒破物料"。凡造作局院头目、工匠,多破物料入己者,计赃以监守自盗论,追物还官。局官并覆实官吏知情符同者,与同罪。失觉察者,减三等,罪止杖一百。

5. "带造缎匹"。凡监临主守官吏将自己物料辄于官局带造段匹者,杖六十。段匹入官,工匠笞五十,局官知而不举者与同罪。失觉察者,减三等。

6. "织造违禁龙凤纹缎匹"。凡民间织造违禁龙凤纹、纻丝纱罗货卖者,杖一百,段匹入官。机户及挑花、挽花工匠同罪,连当房家小起发赴京籍充局匠。

7. "造作过限"。凡各处额造常课段匹、军器过限不纳齐足者,以十分为率,一分工匠笞二十,每一分加一等,罪止笞五十,局官减工匠一等,提调官吏又减局官一等。若不依期计拨物料者,局官笞四十,提调官吏减一等。

8. "修理仓库"。凡各处公廨、仓库、局院系官房舍,但有损坏,当该官吏随即移文有司修理,违者笞四十。若因而损坏官物者,依律科罪赔偿所损之物。若已移文有司而失误者,罪坐有司。[49]

此外,《工律》对"盗决河防"、"失时不修堤防"、"侵占街道"以及违反"修理桥梁道路"的违法行为,也都有专门的处罚规定。[50]

另据万历《大明会典》记,若有私煎矾货,漏用钞印,私造斛斗秤尺,器用布绢不如法等,则交刑部各管司依法给予严惩。[51]

其三,有关行业的管理与规定

明初的矿冶政策,尤其是金银矿的开采冶炼,规定基本上由国家经营,一些与国计民生关系较大的铁、铜、铅、锡等矿,也由官府设局采冶。民间一般只许开采其他矿藏,并需要取得政府批准,交纳一定的课税。未经官方许可,私人不得擅自开矿,违者治罪。

《大明律》规定:"凡盗掘金、银、铜、锡、水银等项矿砂,每金砂一斤折钞二十贯,银砂一斤折钞四贯,铜、锡、水银等砂一斤折钞一贯,俱比照无人看守物准窃盗论。"[52]政府严禁私采私煎银矿,正统三年(1438)规定:"军民私煎银矿者,正犯处以极刑,家口迁化外。"[53]到明代后期,诏罢金银等官矿,封闭坑冶。万历三十三年(1605),明神宗下令:"今开(金银)矿年久,各差内外官俱奏出砂微细,朕念得不偿费,都着停免……凡有矿洞,悉令各该地方官封闭培筑。"[54]

关系国民经济最重要的是铁矿。明初铁冶业继承宋元旧制,既建立了许多官营矿业,又允许民间开矿冶炼加以课税。洪武初年各行省均有官铁冶。据《大明会典》记载,北平的岁办铁课为35.1241万斤[55]。洪武七年(1374),命置官铁冶13所,分设江西、湖广、山东、广东、陕西、山西等省。永乐时则添设了顺天遵化冶。冶所在地设立"矿场局"或"炉局"进行管理,负责采矿冶炼,督办铁课及巡视矿场以防矿徒反抗等。

明代官营铁冶以官手工业需要而定,需者多开,反之罢闭。洪武十八年(1385),内府存铁过多,罢各处铁冶。其后又开,而洪武二十八年(1395),内库存铁更多,遂"诏罢各处铁冶,令民得自采炼,而岁输课程,每三十分取其二"[56]。以后官营铁冶逐渐减少,在明前期大多关停,民营铁冶则日渐增加。官铁中维持最长、规模最大的当属遵化铁冶厂,直至万历九年(1581)才完全歇业。

明朝政府将京城内外居民按里巷编为牌甲,按其所从事的行业分别注籍。在京城开设店肆从事工商业活动者,叫作铺户。当时北京城内的手工业者一般采用"前店后坊"形式开设店铺,出售其产品。为了加强对民间手工业的控制,政府将这些铺户编审入行,称作铺行。据《宛署杂记》载:"铺行之起,不知其所以始,盖铺居之民,各行不同,因此名之。国初悉城内外居民,因其里巷多少,编为排甲,而以其所业所货注之籍"[57]。

由于京师的铺户多为外地来京人员,而且商贾来去无常,资本消长不一,因此要不断清查编审,原来的规定是十年清审一次。所谓"铺行清审,十年一次,自成祖皇帝以来,则已然矣"[58]。万历七年(1579)改为五年一次。

根据万历十年(1582)调查,京师宛平、大兴二县共有铺行 132 行。经过审编,将网边行、针箆杂粮行、碾子行、炒锅行、蒸作行、土碱行、豆粉行、杂菜行、豆腐行、抄报行、卖笔行、荆筐行、柴草行、烧煤行、等秤行、泥罐行、裁缝行、刊字行、图书行、打碑行、鼓吹行、抿刷行、骨簪笊圈行、毛绳行、淘洗行、箍桶行、泥塑行、媒人行、竹筛行、土工行,共 32 行裁撤,仅存留 100 行。[59]

明初编行,"遇各衙门有大典礼,则按籍给值役使,而互易之,其名曰行户。或一排之中,一行之物,总以一人答应,岁终践更,其名曰当行"[60]。"但惟排甲卖物,当行而已,未有征银之例"[61]。这种当行买办,是铺户轮流应承官府和皇家之役,将自己生产或出售的商品卖给官府,当行的时间,长者一年,短者一月。

据明顾起元《客座赘语》记载:"铺行之役,无论军民,但买物则当行。大者如科举之供应与接王选妃之大礼,而各衙门所须之物,如光禄寺之供办,国学之祭祀,户部之草料,无不供役焉"[62]。明代后期,手工业铺行户,既需要"当行"应役,又要交纳行银,负担十分沉重。政府虽有征银免力之法,然"行之既久,上下间隔。宫府不时之需,取办仓卒,而求之不至,且行银不敷,多至误事,当事者或以贾祸,不得复稍稍逮之行户,渐至不论事大小,供概及之"[63]。实际上,铺户身受征银和当行的双重负担。

铺行是明朝政府为了便于对京城中的工商业者进行科索而组织的,所以铺行不可能联合本行业的工商业者开拓市场,也不可能制订一整套严格的制度化的规范作为"行规",更不可能使工商业者摆脱官府的控制,成为独立自主的经营者。

（作者系北京市社会科学院历史所副研究员）

注　　释

1　《元史》卷九四《志第四十三·食货二·岁课》。

2　元代把鼓风冶铁称为煽铁。

3　[元]王恽:《秋涧集》卷九〇《省罢铁冶户》,四库全书本。

4　[元]王恽:《秋涧集》卷八九《论革罢拨户兴煽炉冶事》,四库全书本。

5　《元史》卷九〇《志第四十·百官六》。

6　《元史》卷八八《志第三十八·百官四》。

7　《元典章》卷二六《户部十二·科役·和买·出产和买诸物》第 1059 页,中国广播电视出版社 1998 年版。

8　[元]杨瑀:《山居新话》第 5 页,中华书局 1991 年版。

9　[元]许有壬:《至正集》卷五四《碑志·故奉政大夫铅山州知州兼劝农事元公墓志铭》,四库全书本。

10　郭成伟点校:《大元通制条格》卷四《擅配匠妻》第 235 页,法律出版社 2000 年版。

11　《元典章》卷二六《户部十二·科役·和买·出产和买诸物》第 1059 页,中国广播电视出版社 1998 年版。

12　16　《元典章》卷五八《工部一·造作·段疋·至元新格》第 2115 页,中国广播电视出版社 1998 年版。

13　14　17　18　19　21　22　23　郭成伟点校：《大元通制条格》卷三〇《营缮》第 355、350、355、354、352、
　　353、354、356 页,法律出版社 2000 年版。

15　《煤炭志》编委会：《北京工业志·煤炭志》第 13 页,中国科学技术出版社 2000 年版。

20　《元典章》卷五八《工部一·造作·选买细丝事理》第 2123 页,中国广播电视出版社 1998 年版。

24　《元史》卷二七《本纪第二十七·英宗一》。

25　《元史》卷二八《本纪第二十八·英宗二》。

26　[明]危素：《危太朴文续集》卷七《故荣禄大夫江浙等处行中书省平章政事月鲁帖木儿公行状》。

27　《元史》卷九四《志第四十三·食货二》。

28　《元史》卷一〇四《志第五十二·刑法三》。

29　《元史》卷一三《本纪第十三·世祖十》。

30　《元史》卷一九《本纪第十九·成宗二》。

31　《元史》卷二八《本纪第二十八·英宗二》。

32　《元史》卷二九《本纪第二十九·泰定帝一》。

33　《元史》卷一〇四《志第五十二·刑法三》。

34　《元典章》卷五八《工部·禁军民服色段匹等第》第 2126—2127 页,中国广播电视出版社 1998 年版。

35　《元典章》卷五八《工部·禁治纰薄段帛》第 2124 页,中国广播电视出版社 1998 年版。

36　《元典章》卷五八《工部·禁断金箔等物断例》第 2136 页,中国广播电视出版社 1998 年版。

37　郭成伟点校：《大元通制条格》卷二八《杂令·爆金》第 306 页,法律出版社 2000 年版。

38　《元典章》卷五八《工部·禁织龙凤段匹（禁织大龙段子）》第 2124、2126 页,中国广播电视出版社 998
　　年版。

39　《元典章》卷五八《工部·禁织佛像段子》第 2126 页,中国广播电视出版社 1998 年版。

40　《元史》卷一三《本纪第十三·世祖十》。

41　万历《大明会典》卷三〇《库藏一》。

42　万历《大明会典》卷一九三《军器、军装二》。

43　[明]何士晋：《工部厂库须知》卷七《验试厅》,见《续修四库全书》878 册,第 523 页。

44　万历《大明会典》卷三〇《库藏一》。

45　万历《大明会典》卷二一三《户科》。

46　万历《大明会典》卷二一〇《巡仓》。

47　[明]何士晋：《工部厂库须知》卷七《宝源局》,见《续修四库全书》878 册,第 513 页。

48　万历《大明会典》卷二一三《工科》。

49　以上均见,《大明律集解附例》卷二九《工律·营造》。

50　《大明律集解附例》卷三〇《工律·河防》。

51　万历《大明会典》卷一六二、一六四。

52　《大明律集解附例》卷一八《刑律·贼盗》。

53　万历《大明会典》卷三七《课程六·金银诸课》。

54　《明神宗实录》卷四一六《万历三十三年·十二月壬寅》。

55　万历《大明会典》卷一九四《冶课》。

56　《明太祖实录》卷二四二《洪武二十八年·闰九月至十月》。

57　58　59　60　61　63　［明］沈榜:《宛署杂记》卷一三《铺行》第103、104、108、103、104、103页,北京古籍出版社1982年版。

62　［明］顾起元:《客座赘语》卷二《铺行》第66页,中华书局1987年版。

清代前期北京城房价变化趋势

邓亦兵

清代前期指顺治元年至道光二十年间（1644—1840）。北京，清代前期称京师，本文研究的地区范围专指内外城区而言。[1]

清代京城的住房、房产交易情况，前人已有研究，其中以张小林《清代北京城区房契研究》[2]和刘小萌《清代北京旗人社会》[3]最为著名，两书均利用中国社会科学院近代史研究所图书馆藏清代房契原件。他们的研究对清代北京房产市场的深入探讨有重要价值。

本文所用的材料一部分是清代房契，有藏于中国社会科学院近代史研究所图书馆原件，张小林提供的中国第一历史档案馆藏抄件，由刘小萌翻译满文房契的译文及其转抄藏于中国科学院图书馆的房契。同时还利用了北京大学图书馆藏清代房契；[4]刘宗一《北京房地产契证图集》[5]；据邓拓遗稿抄录六必居商铺各时期卖房的原始资料；[6]以及万全堂药铺卖房资料。[7]另一部分是清代政府的各类相关档案。尽管如此，笔者所利用的房契大约还不到已知现存房契的一半，其他房契和部分清代档案还无法利用，所以希望以后的学者对本文估算的房价，加以补正。

清军顺治元年（1644）五月初二日攻入北京，六月建都京师。[8]随后，大量八旗官兵及其家属迁入京城。他们在内城圈占、强占原住民房。这些房屋成为国有资源，政府将房屋分配给八旗官兵居住，形成住房分配制度。与此同时，政府令内城原住居民迁往外城，形成旗民分别在内外城居住的情况。据刘小萌研究，当时"隶属省府州县者为民人，隶属八旗者为旗人"。[9]在内城居住者为旗人，在外城居住者为民人。但从民族成份看，旗人并非都是满族，八旗中有满洲、蒙古、汉军。迁至外城的民人，也并非都是汉人，所以实际是"旗民分城"。[10]外城原来就是商品房制度，从而人为形成两种不同的住房制度。因此，内外城房价是不同的，以下分别讨论。

一、房价分析说明

清代前期京城房屋，有瓦房、有灰房、有附产，即带空地，带院落，带门面房等情况,还有正房、厢房、倒坐房、灰房、灰棚和大门、游廊、接檐、露台等大小都不一样,因此不仅每所房中的各种房屋价格不同,而且各所房宅坐落地点不同,价格也不可能一样。当时房牙评估房价时,可能是按房屋具体情况定价的,但在房契中只写房间数和总价,无法分清各类房屋、附产等价值。在估算房价时,张小林采用按间数平均计算,虽然这很不准确,但也没有其他方法,所以本文亦按张小林的办法,用总价格除以间数,计算房间均价。

其次,由于典房的价格与实际卖房的价格不同,典房价格与商品房市场价格也不同,所以很难对典房价格进行分析,这里只能舍去。乾隆三十五年政府颁布典改卖的政策,老典当视为卖,这里将老典房价计入卖房价统计,其他典价舍去。

在实际统计中需要说明以下几个问题。

1. 关于银本身转换问题

民间房产交易所用货币是银和铜钱,一般来说,官方要求统一的纳税银两,所以纳税过的银数当比较标准。但银本身含量不一,例如北京十足银“系公估局估定十两重之锭银,市上最为通用,作为十足银行使,如实际化验,尚不足纯银九九”。[11]“清朝的北京,除库平以外,还有三种银两:(1)公砝平,重555.7英厘。(2)市平,重552.4英厘。(3)京平,或称二两平,重541.7英厘。同时,每种平各有两种不同的成色,即1000与980。因此,北京所通用的银两一共有七种。二两平之所以得名,大约是因为在京平上加2%,即等于市平的缘故。”[12]“银两衡器以市平为主。比市平大为库平,每百两多三两六钱。京平比市平小,每百两小二两七钱;每百两小二两六钱。”[13]由于银的含量不同,又分成种种色银,对于色银与足银换算的具体情况又不一样,本文只能舍去色银、京平、市平的数量,统按银计算。

2. 银钱比价问题

清代“第一时期,从顺治元年到嘉庆十二年,164年间,在封建王朝统治之下,表现出相当的长期稳定。制钱的重量,从一钱到一钱四分,而以一钱二分为最久”。“银钱比价虽不能完全稳定在一千文之上,而始终动摇于一千文上下,幅度不很大。其间除康熙三十六年到五十六年的21年间,因小钱关系,比价高达一千文以上,其余一百多年,差不多都在一千文以下。乾隆十年,曾低到七百二十文”。“第二时期,从嘉庆十三年到咸丰六年49年间,是银价激烈上涨的时期。银钱比价由一千二三百文涨到二千文”。[14]可见银钱比价没有固定标准,但在房契中记载银钱折价比例为1:2,所以道光之前按银钱比价计算。

道光时期的银钱比价变化很快,如穆齐贤记载,道光八年二月初七日,“伊差人送来三十千文钱票。此即道光四年,伊借去之银十两,钱六千文,今已还清”。[15]由此可知,银1两等于铜钱2400文。道光十年二月初一日,"每两价二千六百六十文"。[16]
另据道光十八年记载:"近年银价日昂,纹银一两易至制钱一串六七百文之多。"[17]可
见,这时期的银钱比价可能年年有不同,笔者没有掌握每年银钱比价的换算标准,所
以本文对道光时期的房价,舍去不计。

3. 清钱与京满钱的区别

清钱与京满钱可能只是称谓不同,实际是一样的。例如:嘉庆三年二月十二日,
李宜亭卖房契:李某自置铺面房3间,小灰棚1间,共4间,后有落地一条,坐落前门
外煤市街南口外对过街心路南,开设酒铺、毛房。卖与闫名下,房价清钱210吊,合银
105两。嘉庆五年九月十四日,杨胜修等卖房契:杨某自置瓦房一所,门面3.5间,到
底二层,对面马棚9间,后有落地一块,共15.5间,坐落北城日南坊头铺。卖与王姓,
房价京满钱850吊,合银425两。从中可见,不论清钱,或是京满钱,在这时期对银的
比价都是1:2,故判断两者相同。

4. 执照与房契

执照是官兵认购官房时,政府发给的凭证。[18]雍正十二年政府规定,认购官房[19]
"以现银认买者,即著将银先交户部,给发回文。该旗行文两翼,给发印信执照报部。
若指俸饷买者,俟俸饷坐扣完日,再行移咨两翼,给发执照报部备案,毋庸纳税"。[20]房
契为民间房屋交易,纳税后,县政府发给的凭证。执照与房契的最主要区别在于,执
照中的官房价格由政府定价,而房契中的房屋价格,由买卖双方经房牙说合而定,是
市场价格。因此,本文未采用官房执照。有的入官房屋是官员在市场上购买的,有房
契凭证,被罚没入官后,原房契仍存,契中价格可视为市场价格,本文将原契价,统纳
入估算中。其中嘉庆时提到的"原契价银",没有购房年月,姑且计入乾隆末年。道
光时提到的"原契价银",也没有购房时间,姑且计入嘉庆末年。

二、内城房价

1. 官房定价

顺治时,政府禁止官房买卖。康熙时,政府允许内城旗人之间进行房屋交易,使
得部分住房进入内城市场。雍正时,政府设立官房租库,并给官房定价,令无房官兵
扣俸饷认购,客观上引入了市场机制。但由于政府始终禁止旗民相互交易房产,所以
内城是不完全的房产市场。以下是各时期官房定价数量,如表1表2表3。

表 1　雍正官房定价表

瓦房檩数	房屋等级	定价银（两）
九檩	不分等第	70
八檩	不分等第	60
七檩	不分等第	50
六檩	不分等第	40
五檩	不分等第	30
四檩	不分等第	20
三檩	不分等第	10
楼房 游廊、垂花门	照瓦房价格 照瓦房价估计	每间增半

资料来源：故宫博物院编《钦定总管内务府现行则例二种》第五册，官房租库，官房作价，海南出版社2000年版。

表 2　乾隆官房定价表

瓦房檩数	房屋等级	定价银（两）
七檩	头等	33
	二等	28
	三等	23
	四等	18
	五等	13
六檩	头等	27
	二等	23
	三等	19
	四等	15
	五等	11
五檩	头等	20
	二等	17
	三等	14
	四等	11
	五等	8
四檩	头等	13
	二等	11
	三等	9
	四等	7
	五等	5

续表

瓦房檩数	房屋等级	定价银（两）
三檩	头等	7
	二等	6
	三等	5
	四等	4
	五等	3

资料来源：《内务府奏案》乾隆十四年十一月十四日总管内务府奏折。

表3　嘉庆七年重定官房价格表

瓦房檩数	房屋等级	定价银（两）
九檩	头等	100
	二等	90
	三等	80
	四等	70
	五等	60
八檩	头等	90
	二等	80
	三等	70
	四等	60
	五等	50
七檩	头等	80
	二等	70
	三等	60
	四等	50
	五等	40
六檩	头等	65
	二等	55
	三等	45
	四等	35
	五等	30
五檩	头等	45
	二等	40
	三等	35
	四等	30
	五等	25

瓦房檩数	房屋等级	定价银（两）
	头等	35
	二等	30
四檩	三等	25
	四等	20
	五等	15
	头等	25
	二等	20
三檩	三等	15
	四等	10
	五等	5
楼房 游廊、垂花门	照瓦房价格 照瓦房价格估计	每间酌加四成

资料来源：故宫博物院编《钦定总管内务府现行则例二种》第五册，官房租库，官房作价。

乾隆时，改变雍正时不分等第的定价方法，给房屋定等级、定价格。如表1表2所示，七檩瓦房头等房，比原定价减少十七两，其他等第也相应减少了。六檩瓦房头等房比原定价减少十三两，其他等第也相应减少了。五檩瓦房头等房比原定价减少十两，以下均依次减少了。四檩瓦房头等房比原定价减少七两，以下均依次减少了。三檩瓦房头等房比原定价减少三两，以下均依次减少了。十四年，在实际定价中，考虑到房屋折旧问题，规定"五等檩数价值糟旧者为一等。旧坏粘补者为二等，或头停糟烂，或山檐倒坏应拆修者为三等，门窗缺少檩柱木有应换者为四等，歪斜将倒者为五等"。[21]

嘉庆时，政府重新定房屋等级，各檩各等房屋价格都比乾隆时有增加。如表3所示，各檩各等房价格比表2大约增加2—3倍。对年久坍塌房屋，"难以按间估计者，将现存物料开明件数名目，并每件长径、宽厚、丈尺、分寸，照例按件估计"。"如一切物料，实因年久霉烂，虫蚀糟减，难以按件估计木料，分晰等第，作柴薪变价，碎砖碎石，照例按方估计"。对灰房，雍正时定价，"照瓦房价银，按八五扣核估，如九檩一等瓦房，每间银四十七两，灰房估银四十两。每等递减银七两，八檩者每等递减银六两，七檩至三檩自五两递减至一两"。嘉庆时，因"灰顶房屋木料，每多细小，墙垣亦多碎砖砌成"，如按照瓦房价银，"八五扣核估，详细计价值较多"。于是改定按照"瓦房价银，每檩每等，均按七扣核计，庶所估价值，均归平允"。[22]

按照官房定价标准，嘉庆十一年（1806），原任郎中德庆入官房坐落在东安门外

帅府胡同路南,房间共 27 间,其中七檩正房按三等,五檩房按五等,四檩房按五等减
2 两,三檩房按五等加 2 两计价,共作价 703 两。[23]原任淮安关监督七十四,因关税短
少,令其"赔缴银一万七千余两"。[24]他用坐落在东四牌楼三条胡同住房抵赔,该房共
95 间,其中七檩按三、四、五等,六檩房按三、五等,五檩房按二、四、五等,四檩房按五
等计价,五檩灰房按五等瓦房减 5 两计价,其他游廊、厂厅、垂花门也分别按各檩房等
第计价,共作价 3325 两。[25]

2. 民房价格

如上所述,各时期政府始终禁止旗民之间进行房产买卖,只不过这种限制不是很
严格。到乾隆时,旗民房产买卖一直在私下进行,到四十七年(1782),政府承认即成
事实,规定"民人置买旗房连走道院落,契载房屋一二间至五间,所占地基,不得过一
亩。六间至十间,不得过二亩,十间以外,不得过三亩。五十间至一百间,不得过五
亩"。[26]嘉庆六年(1801),有人统计称,现在各省民人在城内住居者,"较之旗人已有十
分之二三"。[27]所以内城房产交易应该是在不完全市场经济条件下进行的。

这里根据笔者掌握的内城卖住房资料[28],对乾隆、嘉庆时住房均价进行估算,参
见表4,住房价格变化趋势参见图1。

表 4　内城住房均价表

时间	总间数	总银数(两)	均价(两)
乾隆	1085	35632.5	32.84
嘉庆	845	29650	35.09

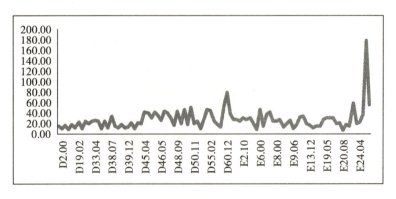

图 1　内城住房价格变化趋势

图例:横坐标轴表示年代、年、月,其中 D 表示乾隆朝,E 表示嘉庆朝。

纵坐标轴表示各年月平均每间房价。

如表4图1所示,内城住房价格在乾隆、嘉庆时都是比较缓慢上升的,只是在嘉庆末年,才有较大的上涨,这是政府房屋买卖政策所决定的。而且嘉庆时部分官员、民人在内城购置房产,使进入交易的房间数量比乾隆时有所增加,同时也促使房价上升。

以下根据内城卖商用房资料[29],作商用房价格表5,价格变化趋势参见图2。

表5　内城商用房均价表

时间	总间数	总银数(两)	均价(两)
乾隆	66.5	4227.5	63.57
嘉庆	49.5	3242	65.49

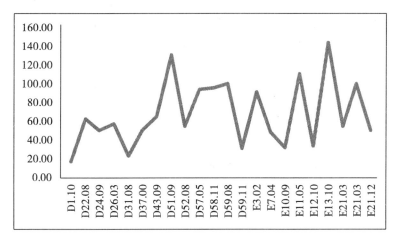

图2　内城商用房价格趋势图

图例同图一

早在顺治元年(1644),清军还未进入北京时,就发布命令禁止商民"于城内交易,但在城外互市"。[30]所以在内城很少有民间设立的商铺。雍正时,有"私盖小房赁与民人开铺者",只"准卖油盐等物",禁止卖酒。当时在东华门、西华门外有开饭铺的,允许饭铺"出卖饭肉菜蔬,永行禁其卖酒"。[31]到乾隆二十一年(1756),政府只许"开设猪、酒等项店"铺72处,令59处商铺迁往城外。[32]说明这时内城商铺的开设仍然受到限制。表5图2所示,从乾隆到嘉庆,商用房价是上升趋势,但并未包括嘉庆时,官员在内城购置商用房的情况,例如:内务府官员广兴,在嘉庆十一年(1806)曾任崇文门税官,[33]可能是贪污了不少银两,先后购买了多间商用房,用于出租。他在隆福寺、大沟巷、交道口等处,购置商用房 125 间。[34]在嘉庆十三年(1808)正月内,又购置了西堂子、金鱼胡同商用房共 44 间,[35]一共购房 169 间,每月收租钱 215.25 千文。因为政府所有的商用房是不分给或卖给官员的,所以官员拥有的商用房,都是他们在市场上购买的,而且这些房都是正在经营的商铺,价格当比空置商用房价高。仅从以上房间数量看,嘉庆时已经大大超过乾隆,房屋均价也比乾隆高,与住房价格情况相同。从整体看,这时内城商品经济有所发展,市场化程度升高,政府行政管理力度下降,政策限制有所放松,使人们在内城购买商用房的数量增加了。

3. 政府定价与市场价格

从官房定价看,乾隆时定价虽然更接近实际,价格也比雍正有所减少,但嘉庆时各檩各等房定价比乾隆时都有增加,这也可能与市场房价上升趋势有关。另一方面,雍正政府对入官房屋定价,要求"核对"原房契价格,"如估价多于契价,及契价多于估价者,悉照价多之数"出售。[36]这说明政府已经比照市场价格对官房定价了,而且不论定价高,还是市价高,都按价高者出售。乾隆三十七年(1772),仍然"照户部之例,估价比原契价多者,即按估价认买,如估比原契价少者,仍按原契价认买"。[37]这样越比房价越高,出现官房"价值较大,无人认买"[38]的情况,官房定价高于市场价格后,就会有人不买官房,而购市场房屋。所以,嘉庆十七年(1812)开始对入官房屋减价出售。官房定价如此,整体房价不可避免地受到影响,可见政府定价与市场价格是相辅相成的,也是相互影响的。

三、外城房价

1. 住房

这里根据外城卖住房资料摘要[39],作各时期住房均价表 7,住房价格变化趋势参见图 3。

表7　外城住房均价表

时间	总间数	总银数(两)	均价(两)	比较百分比%
顺治	150	2387	15.91	
康熙	643	25793	40.11	康熙比顺治上涨 152
雍正	153	4315	28.20	雍正比康熙下降 29.69
乾隆	1112	42553	38.27	乾隆比雍正上涨 35.69
嘉庆	453.5	18727	41.29	嘉庆比乾隆上涨 7.91

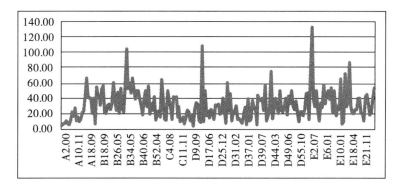

图3　外城住房价格变化趋势图

注:横坐标轴表示年代、年、月,其中 A 表示顺治朝,B 表示康熙朝,C 表示雍正朝,D 表示乾隆朝,E 表示嘉庆朝。纵坐标轴表示各年月平均每间房价。

顺治初年,大量内城原住居民外迁,住房需求大,市场供不应求,形成卖方市场,住房均价一直上涨。顺治五年(1648)之前,据外城七份卖房契统计,出卖的房间共75.5 间,总价银491 两,平均每间6.5 两,之后住房均价达15.91 两,已翻了一倍。康熙时,仍是卖方市场,住房需求量增加,显示供不应求状况,这与迁往外城的居民和外来人购房都有关系。鲍珍曾作《赁屋》诗,称"旧时朋串今谁在,门帖家家卖宅新"。[40]从卖方的角度,说明了这种情况。

雍正时,均价开始下降,雍正比康熙下降29.69%。但时间不长,到乾隆时,参与交易的房屋数量增多,均价比雍正时上涨35.69%,可以看出,乾隆时期外城住房价格一直是上升趋势,说明这一时期住房供求关系比较紧张。正因为此,"外省乡会士子来京,住会馆居多"。[41]由此"外城各省会馆,近年创建日繁",[42]是时约有 162 所。[43]嘉庆时,均价又有所上升,仍然与住房需求量大有关系。

2. 商用房

根据外城卖商用房资料[44],作商用房价格表 8,价格变化趋势参见图 4。

表8　外城商用房均价表

时间	总间数	总银数(两)	均价(两)	比较百分比%
康熙	135	19365	143.44	
雍正	52	2270	43.65	雍正比康熙下降69.57
乾隆	296.5	23540	79.39	乾隆比雍正上涨81.87
嘉庆	308	17395	56.48	嘉庆比乾隆下降28.86

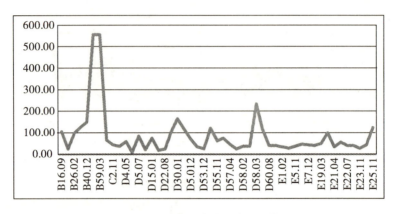

图 4　外城商用房价格变化趋势

注:横坐标轴表示年代、年、月,其中 B 表示康熙朝,C 表示雍正朝,D
表示乾隆朝,E 表示嘉庆朝。纵坐标轴表示各年月平均每间房价。

　　如表 8 图 4 所示,康熙时,外城商用房均价较高,几乎没有低于 100 两的房间,与
住房的情况大致相同,这是原内城商人外迁,各地商人陆续进京购房经商所致。雍正
时,房价比康熙下降 69.57%,也与住房价格变化趋势相同。到乾隆时,房价有所上
升,因为这时正是外城商业化发展时期,乾隆四十三年(1778),朝鲜使者来京,看到
正阳门外"廛坊极盛,挟道两行,左右坊谷,列遂罗肆,通阛带阓,首尾相接,不见涯
际"。[45]价格变化趋势与住房价格趋势仍然一致。

　　嘉庆时,前述内务府人员广兴,在外城也购买了许多商用房,用于出租。嘉庆十
一年十月购买了 47 间;嘉庆十二年二月购买了 4 间;嘉庆十二年四月购买了 25.5
间;嘉庆十二年十月购买了 40.5 间;嘉庆十二年十一月购买了 67.5 间;嘉庆十二年
十二月购买了 35 间;嘉庆十三年二月购买了 24 间;嘉庆十三年九月购买了 5 间;嘉
庆十三年十二月购买了 4 间;另有不明年月购买的 84 间,[46]三年内,广兴一人就购买
了商用房 336.5 间,其中 8 间闲置,其他房都是正在经营的商铺,每月获得铺底租金
钱 264 千文,银 120.5 两。此外,成文等官员也购置商用房共 242 间,[47]奏折中并未说
明这些房屋的坐落地点,不知是内城,还是外城,估计在外城购买的可能性多于内城。
这时,商用房均价下降,与住房上升趋势不同,形成卖方市场,说明这时购商用房的人
减少了。而此时,外城商用房均价比内城均价低,与住房上升趋势相反。其原因是外
城商用房数量多,购房人少。而内城商用房数量少,购房人增多所致,可能正因为此,
广兴等人在外城购买商用房的数量比较多,当然也与政府控制内城商业发展,限制经

营,商用房少,房价贵有关系。

以下对六必居商铺房产价格变化进行具体分析。

六必居房产坐落在外城中城中西坊二铺粮食店北口内路西,前门外大栅栏口内南边路西。康熙十九年(1680),王皞如等将瓦房一所,门面6间,三层,连檐棚楼房上下大小共48间,卖与杨琮,房价1200两整。康熙五十九年(1718)七月,杨枝林等售房时,门面房6间,接连五层,连前接檐棚并楼房上下共计大小房50间,卖与张姓。"议定时值卖房开铺内装修、家伙、字号价银3170两整。"雍正二年(1724)十一月,张芳五等售房时,门面房6间,接连五层,连前接檐棚并楼房上下共计大小房50间,卖与韩姓,卖房价银2200两整。"其铺内一应装修、家伙、字号、另有卖字"。乾隆十五年(1750)正月,韩士希售房时,门面房6.5间,前接檐6.5间,临街平台6.5间,二层房5间,南北平台10间,南北厢房6间,共计大小房平台40.5间,并六必居字号,卖与郭姓,卖价银3000两。嘉庆二十年(1815)八月,郭孜翰售房时,门面房6.5间,前接檐6.5间,临街平台6.5间,二层房5间,南北平台10间,南北厢房6间,共计大小房平台40.5间,并六必居字号,卖与原、郭、赵三姓,价银4000两正。道光二年(1822)闰三月十五日,原三家共置房产字号等,由原杼、郭桂芳两家出售给赵璧,门面顶排6.5间,抱杪6.5间,接檐6.5间,又接檐6.5间,院内罩灰棚6间,北厢房3间,出廊南厢房3间,北平灰台5间,南底瓦房5间,西大厅5间,北边夹道一条。又临街铺面外北边灰房1间,共计连排54间。"因原、郭两家无力做此生理,两家乏用,情愿将此房、字号、傢具、生意铺底各等项,一概彻底澄清,归并卖与赵名下"。卖价市平纹银4000两整。道光六年(1826)二月十五日,山西平阳府临汾县民赵连城售房时,门面顶排6间,抱厦6.5间,接檐6.5间,又接檐6.5间,院内罩灰棚6间,北厢房3间,出廊南厢房3间,北平台5间,南底瓦房5间,西大庭5间,北边夹道一条,又门面房外北边房1间,前后左右通共计房棚顶排54间,卖与内务府正白旗德源名下,房价京银1100两整。"生意、傢具、字号、铺底均不在此房之内"。[48]

从康熙十九年至道光六年,六必居商铺房产在145年中,交易过六次。康熙十九年,王家出售的只是房产,价格1200两,不包括铺内装修、家伙、字号的价值。康熙五十九年杨某再卖时,房间增加2间,并将铺内装修、家伙、字号都计算在内,共3170两。这时期商用房价格普遍上涨,所以在最终卖价3170两中,应当包括房产本身价格上涨的因素。雍正时,商用房交易价格普遍下降,雍正二年此房再出售时,价格为2200两,含有铺内装修、家伙、字号的价值,说明这时房产价格下降了。乾隆十五年售此房时,房间减少了,但加上了六必居字号的价值,共3000两,应该说比雍正时的房价还是上涨了,与乾隆时商用房价上涨趋势相同。嘉庆二十年售此房时,包括六必居字号价值在内,共 4000 两,房价比乾隆时上涨了,也从一个侧面说明,嘉庆时商用房价格是上升的。道光二年出售此房时,亦含六必居字号价值,同样为 4000 两。因为这次是原业主三家,退出两家,只剩赵姓一家,当含赵家所有部分,且出售的房间比前几次多了 9.5 间,而且还有折旧费在内,所以实际房价应该与嘉庆房价是差不多的。道光六年赵家只出售房屋,"生意、傢具、字号、铺底均不在此房之内",价格为 1100 两,如果考虑一百多年的折旧费,当不比康熙时的房价低,或更高。因此,从六必居商铺房的房价变化看,从康熙至嘉庆是上升趋势,与外城商用房价格整体变化趋势基本相同。同时,还可以看出,六必居商铺的傢具、字号、铺底的价值也相应上升,其傢具、字号、铺底价值大约在 2000 两左右。

综上所述,在外城房产市场中,住房价格是上涨趋势。商用房价在康熙时比较高。乾隆时,商用房需求比较大,价格也上升了。嘉庆时,商业发展仍然保持乾隆时的繁荣状态,但商用房的购买需求减少,房价下降。可见,外城房产市场价格由供求关系决定,尽管有些时段没有价格实例,但是"受供求关系变化的影响"价格"上下波动",也是必然的。[49]这是清代前期房产市场价格运行的一个特征。

在内城房产市场中,房价一方面受到市场价格的影响,另一方面也受到政府行为和政策控制的影响,就是说内城住房制度决定其房产市场的不均衡性,有市场价格,也有政府定价,形成房产市场交换与非市场交换并存的二元结构。这可能是清代前期北京城市房产市场价格运行的第二个特征。

(作者系北京市社会科学院历史所研究员)

注　释

1　内城在九门和相联连接的城墙之内,九门从南面西边始为宣武门、正阳门、崇文门,东面为朝阳门、东直门,北面为安定门、德胜门,西面为西直门、阜成门。外城在十门和相联连接的城基之内,外城十门从南面西边始为右安门、永定门、左安门,东面为广渠门、东便门,北面为崇文门、正阳门、宣武门,西面为西便门、广宁门(广安门),其中宣武门、正阳门和崇文门及城墙是内外城的分界,以北为内城,以南为外城,所以外城也称南城。

2　张小林:《清代北京城区房契研究》,中国社会科学出版社 2000 年版。

3　刘小萌:《清代北京旗人社会》,中国社会科学出版社 2008 年版。

4　转引自张传玺主编:《中国历代契约会编考释》(下),北京大学出版社 1995 年版。

5　刘宗一:《北京房地产契证图集》,中国奥林匹克出版社 1996 年版。

6　刘永成整理:《"六必居"的材料证明了什么?》,载《中国古代史论丛》1981 年,第 2 辑。

7　《崇文门外万全堂药铺资料辑录》,载《清史资料》第一辑第 158—177 页,中华书局 1980 年版。

8　王先谦:《东华全录》顺治元年五月己丑,见《清东华全录》第二册第 195、198 页,学苑出版社 2000 年版。

9　10　刘小萌:《清代北京旗人社会》第 1、28 页。

11　转引自耿爱德:《中国货币论》第 69 页,见杨端六:《清代货币金融史稿》第 70 页,武汉大学出版社 2007 年重印本。

12　转引自马士《中朝制度考》第 156 页,见杨端六:《清代货币金融史稿》第 85 页。

13　王静等著:《捐客·行商·钱庄:中国民间商贸习俗》第 120 页,四川人民出版社 2009 年版。

14　杨端六:《清代货币金融史稿》第 179 页。

15　松筠(穆齐贤)记,赵令志等译:《闲窗录梦译编》上,第一册第 16 页,中央民族大学出版社 2011 年版。

16　松筠(穆齐贤)记,赵令志等译:《闲窗录梦译编》上,第四册第 188 页。

17　《城内开设关闭钱铺章程》,多罗定郡主等纂《金吾事例》章程,卷二,咸丰年间刻本。

18　参见张小林:《清代北京城区房契研究》第 149—152 页。

19　内城房屋全部归于国家所有,统称为官房。文献中还有旗房之称,旗房与官房的概念不同,旗房是指分配给旗人的官房。

20　昆冈等纂修:《清会典事例》卷一一二〇,八旗都统,田宅,中华书局 1991 年据光绪二十五年石印本影印。

21　《内务府奏案》乾隆十四年十一月十四日总管内务府奏折,见中国第一历史档案馆藏档案。

22　故宫博物院编:《钦定总管内务府现行则例二种》官房租库,官房作价,海南出版社 2000 年版。

23　《内务府奏案》嘉庆十一年五月二十七日六库郎中经文等奏折。

24　中国第一历史档案馆编:《嘉庆道光两朝上谕档》第 12 册第 512 页,广西师范大学出版社 2000 年版。

25　《内务府奏案》嘉庆十三年二月十二日总管内务府奏折。

26　《清会典事例》卷一一二〇,八旗都统,田宅,中华书局 1991 年据光绪二十五年石印本影印。

27　《军机处录副奏折》嘉庆六年十一月十一日都察院左都御史西成奏折,见中国第一历史档案馆藏档案。

28　29　自中国社会科学院近代史研究所图书馆藏清代房契原件;张传玺主编:《中国历代契约会编考释》(下),刘宗一《北京房地产契证图集》。

30　王先谦:《东华全录》顺治元年九月甲午,见《清东华全录》第二册,学苑出版社 2000 年版。

31　允禄等编:《世宗宪皇帝上谕旗务议复》卷九,诏令奏议类;卷十一,诏令奏议类,见《钦定四库全书》第 413 册,史部六,上海古籍出版社 1987 年版。

32　《京城内禁止开设店座》,多罗定郡主等纂《金吾事例》章程,卷三,咸丰年间刻本。

33　中国第一历史档案馆编《嘉庆道光两朝上谕档》第 11 册第 622—623 页,广西师范大学出版社 2000 年版。

34　《内务府奏案》嘉庆十三年八月十七日;嘉庆十三年十二月二十六日总管内务府奏折。

35　《军机处录副奏折》嘉庆十四年正月初六日内务府大臣英和等奏折。

36　故宫博物院编:《钦定总管内务府现行则例二种》第五册,官房租库,官房作价。

37　《内务府奏案》乾隆三十七年十二月初四日总管内务府永瑢等奏折。

38　故宫博物院编:《钦定总管内务府现行则例二种》第五册,官房租库,官房作价。

39　44　来自中国社会科学院近代史研究所图书馆藏清代房契原件;张传玺主编:《中国历代契约会编考释》(下),刘宗一《北京房地产契证图集》;刘永成整理《"六必居"的材料证明了什么?》,载《中国古代史论丛》1981 年,第 2 辑;《崇文门外万全堂药铺资料辑录》,载《清史资料》第 1 辑第 158—177 页,中华书局 1980 年版。

40　鲍珍:《道腴堂诗编》卷一二,沂津集乙,雍正刻本。

41　杨静亭:《都门纪略》,风俗,见《中国风土志丛刊》14,广陵书社 2003 年影印同治三年荣录堂重镌本。

42　吴长元:《宸垣识略》例言,北京古籍出版社 1983 年版。

43　吴长元:《宸垣识略》卷九,外城一,东,第 181 页;卷一〇,外城二,西,第 213 页。

45　李押:《燕行记事》,收入林基中编《燕行录全集》第 52 册第 468—469 页,韩国东国大学校 2001 年版。

46　《内务府奏案》嘉庆十三年十二月二十六日总管内务府奏折;另含原奏折夹片;《军机处录副奏折》嘉庆十四
　　　年正月初六日内务府大臣英和等奏折。

47　《内务府奏案》嘉庆十三年八月十七日总管内务府奏折。

48　据邓拓遗稿抄录六必居原始资料,刘永成整理《“六必居”的材料证明了什么?》,载《中国古代史论丛》1981
　　　年第 2 辑。

49　赵津:《中国城市房地产业史论(1840—1949)》第 210 页,南开大学出版社 1994 年版。

试析清代北京地区仓储系统

张艳丽

中国自古以来耕三余一,量入为出,设立仓储,以期有备而无患。清代重视仓储,"民生本计,足食为先",粮食储备关系国计民生,"岁之丰歉无常,惟在平时豫为筹备,遇有偏灾,方足以资接济"。[1]清代定鼎北京伊始,便着手恢复仓储,顺治元年(1644),即令各直省设常平仓,乡村设社仓,市镇设义仓。[2]

一、北京地区专设仓储系统:京、通二仓

清代北京地区专设的仓储系统是京、通二仓。明末清初,北京地区仓储遭到破坏。顺治初年,有京师八仓,通州三仓,每仓五间为一廒。其中,禄米仓共25廒、南新仓共30廒、旧太仓共42廒、海运仓共38廒、北新仓共49廒、富新仓共28廒、兴平仓共30廒、太平仓共15廒。通州三仓中,西仓共112廒、中仓共64廒、南仓共45廒。乾隆十八年(1753)裁南仓。

清代前期多次新建廒座。如康熙四十六年(1707)建本裕仓,雍正六年(1728)建储济仓,七年建丰益仓。增加廒座之举更多,如康熙六年(1667)增设京仓廒房,通仓增10廒。二十二年,增造海运、禄米等仓81廒。三十二年,旧太、南新等仓增36廒,通仓增10廒。四十二年,富新、太平等仓增41廒,通仓增24廒。四十四年议准,太平仓廒,归并禄米仓,别建30新廒。乾隆时期时仓储粮食较多,清政府调整政策,各仓根据空地情况酌量新建廒座。乾隆元年(1736)议准,在京各仓充盈,禄米、裕丰、富新三仓不再增建,南新仓增1廒,旧太仓增9廒,海运仓增20廒,北新仓增5廒,兴平仓增1廒,太平仓增6廒,万安仓增3廒,储济仓增48廒。

为保证廒座质量,康熙十七年(1678)覆准,各仓场基囤基,均用砖铺砌。康熙四十一年(1702),通州增建看守三仓官房48间,兵房240间,加强对仓储的守护。在建仓增廒的同时,清政府对消防安全工作也十分重视。雍正四年(1726)议准,万安仓增立东水门二道。六年,在增建裕丰仓108廒的同时,建造官厅三间,后厅三间,科房

三间,井一。乾隆六年(1741)议准,"京通各仓,各就廒房之多寡,地基之广狭,酌增井以备缓急。太平、裕丰二仓,取水近便,毋庸掘井。禄米仓增井五。南新、富新、北新三仓,各增井八。旧太、兴平二仓增井七。海运仓增井九。储济、本裕二仓,各增井二。万安西仓,开建东水门五道。万安东仓,掘井四。通州西仓,增井六,中仓增科房十间,井四,南仓增井三"。[3]

经过清政府的陆续添建与调整,清代在京师共设有京仓十三,即,禄米、南新、旧太、富新、兴平、海运、北新、太平、本裕、万安、储济、裕丰、丰益;通仓二,即西仓和中仓。其中,禄米仓在朝阳门内,共计 57 廒。南新仓在朝阳门内,共计 76 廒。旧太仓在朝阳门内,共计 83 廒。海运仓在东直门内,共计 100 廒。北新仓在东直门内,共计 85 廒。富新仓在朝阳门内北侧,共计 64 廒。兴平仓在朝阳门内北侧,共计 81 廒。太平仓在朝阳门外,共计 86 廒。万安仓在朝阳门外,共计 93 廒。裕丰仓在东便门外,共计 63 廒。储济仓在东便门外,共计 108 廒。本裕仓在德胜门外清河,共计 30 廒。通州西仓在新城内,共计 142 廒。中仓在旧城南门外,共计 108 座。[4]清代京通各仓储量较大,具体如下表所示:

京、通各仓历年结存漕粮表[5]

年份	京仓(石)	通仓(石)	总计(石)
顺治十年	—	470479	—
顺治十一年	—	231076	—
康熙五十六年	3409930	—	—
康熙六十年	4533235	1296272	5829507
雍正七年	8764635	4777213	13541848
雍正八年	10161200	4802185	14963385
乾隆十五年	8861503	1450039	10311541
乾隆四十年	6143776	1268685	7412461
嘉庆三年	3948201	273009	4221210
嘉庆十四年	3175868	819579	3995447
嘉庆二十二年	5880531	230023	5810554
道光三年	4731203	136124	4867327
道光二十八年	3372323	109973	3482296
咸丰二年	2218599	64715	2283314
咸丰六年	1003011	90298	1093309
同治元年	219671	58839	278510
同治九年	760785	171697	932482
光绪五年	—	334574	—
光绪二十三年	1238708	50461	1289169

京、通二仓是北京地区专设的仓储系统。清政府注重仓储,新建仓廒,增加储量。顺治时期社会经济逐渐恢复,康熙初期忙于平叛三藩之乱,无暇顾及仓储建设。康熙中叶以来,仓储建设成效较为明显。至康熙末年京通仓储已经接近六百万石。雍正时期在前代的基础上继续扩充,储量已经达到一千四五百万石。乾隆时期储粮过多造成陈米堆积,影响米质,对粮食储量进行相应调整,但仍有一千万石。嘉庆、道光时期,储量减少为四百万石左右,期间变化不大。咸丰时期只有一二百万石,同治时期更少,而光绪时期又略有回升,但也只有一百万石,但显然与康乾时期已经不可同日而语。

清代设专门组织机构管理京、通二仓。顺治元年(1644),设置汉侍郎一人,京、通各仓由户部员司分理;通州坐粮厅,以户部官一人承其事。顺治九年(1652),置满汉侍郎各一人。十五年定仓场侍郎满汉各一人,驻扎通州新城,总理京通各仓粮务,体现了清政府对京通仓储的重视。康熙五十年(1711),定京、通仓监督满汉各一人。经过清代前期的不断调整,京、通仓管理机构的组织及职能得以逐渐完善。京、通仓设总督仓场侍郎,满汉各一人,分驻通州,属员为笔帖式四人。所辖坐粮厅,满、汉各一人,满员由六部、理藩院郎员,汉员由六部郎员内简用,掌转运输仓及通济库出纳。大通桥监督,满、汉各一人,十一仓监督内补用,掌转大通陆运。[6]

京、通各仓设满、汉监督各一人,管理漕白二粮,交纳上仓及收储支放。京十一仓监督由各部院保送补用,分管京仓。中、西二仓监督,由十一仓监督内调补,分管通仓。各仓监督任期,顺治元年(1644)定通仓监督每年更换。康熙三年(1664)题准,各仓监督,两年一更换。乾隆元年(1736)覆准,京通各仓满汉监督,遇有员缺,掣签补授,并规定各仓监督每逢收支粮米之时,不能兼事稽查。乾隆十七年(1752)后,各仓监督改为三年更换。

京、通各仓各设吏胥若干,如禄米仓设看仓旗员四人,兵七十名,经制吏二名,攒典二名,皂隶五名,花户二十九名,小甲二名。南新仓设看仓旗员四人,兵四十名,经制吏二名,攒典二名,皂隶四名,花户二十九名,小甲二名。海运仓设看仓旗员二人,兵四十名,经制吏二名,攒典二名,皂隶六名,铺军二名,花户二十四名,小甲二名。北新仓设看仓旗员二人,兵四十名,经制吏二名,攒典二名,皂隶六名,铺军二名,花户二十六名。富新仓设看仓旗员四人,兵四十名,经制吏二名,攒典二名,皂隶七名,花户二十名,小甲二名。兴平仓设看仓旗员四人,兵四十名,经制吏二名,攒典二名,皂隶六名,铺军二名,花户二十六名,小甲二名。太平仓设看仓旗员四人,兵四十九名,经制吏二名,攒典二名,皂隶四名,花户二十八名,小甲二名。万安仓设看仓旗员四人,兵三十九名,经制吏二名,攒典二名,皂隶六名,花户二十四名,铺军二名,小甲二名。

再如通仓,西仓设看仓旗员二人,兵百名,经制吏三名,攒典三名,雇长六名,花户十八名,甲斗二十四名。中仓设看仓旗员二人,兵七十名,经制吏二名,攒典四名,花户九名,甲斗十二名。[7]

清代中期,政治腐败加剧,为防止仓粮短缺、被盗、霉变等弊端的发生,嘉庆九年(1804)定,仓场监督除平时巡查外,每隔数日在附近官房轮班住宿一次。道光四年(1824)再次下旨,"该监督等向不在仓直宿,未免疏于防范,以致花户经纪等乘机舞弊,无所畏忌。嗣后各该仓满汉监督俱著亲身驻仓,分班轮流直宿,饬令昼夜周历巡查,以冀肃清诸弊",[8]仓场监督值宿制度正式确立。

清代中后期仓储制度日趋衰落,弊端日益严重。仓场侍郎在进仓、出仓时负责严格检查,但嘉庆十四年通州粮仓吏胥舞弊案发,据载"自嘉庆三年以来历任仓场侍郎俱各怠玩因循,毫无整顿,以致已革仓书高添凤竟敢在彼盘踞,串通甲斗、花户、攒典、仓书人等一气把持,无弊不作。……该犯等……始而多出斛面、少收斛面,既而乘运送土米出仓之时夹带好米,以至将王、贝勒、贝子等俸票重支冒领,加以钓扇偷窃,甚至私出黑档,蒙混盗领,出米尤多,作弊尤大。而监督等亦复通同舞弊,得贿分肥,明目张胆,毫无顾忌。近日甫将白米各厫派员盘验,尚无查竣,已亏短至十数万石之多,殊可骇异"。[9]据高添凤供称,他为海运仓已满吏,嘉庆三年役满后,胞弟高凤鸣、儿子高亭柱、表弟赵长安先后接任西仓甲斗,期间他们不过出名任职,其实仓中一切事务总是由高添凤一人办理。清代为防止吏胥作弊曾制定了相应的办法,乾隆四年(1739)议准,"各仓花户经管起闭仓厫,收支粮米,出入量兑,非诚实良民充役,难免需索窃盗之虞。且恐积年占据,习久弊生,应限五年役满,别择土著良民充补,取具里邻甘结及连名互结,报仓场咨部存案"。[10]舞弊案的发生从某种程度上证明随着社会腐败程度的加深,清代的某些防范举措已经流于形式了。道光十七年(1837)十一月,旧太仓失火,仓场监督杨廷栋并未值宿,致使救火官兵因仓门封锁,不能即时进仓扑灭,延烧厫座,罪情较重,从严发往军台效力。事件发生后,清廷下旨各仓场侍郎严饬各仓监督督同花户,每逢开仓时对进仓人员认真检查,毋许携带火种,封仓时逐厫检点。[11]此后,道光二十四年(1844)正月海运仓失火,[12]二十五年十一月万安仓被火烧毁豆石,[13]二十六年五月北新仓结字厫内黑豆被窃,[14]咸丰九年(1859)十二月储济仓失火[15]等事件的连续发生证明仓储制度随着清政府的腐败逐渐走向衰落。

二、州县仓储系统:常平仓,社、义各仓

清政府规定,"由省会至府、州、县,俱建常平仓,或兼设裕备仓。乡村设社仓,市镇设义仓"。[16]北京辖区内的大兴、宛平、良乡、顺义、昌平、密云、怀柔等地仓储系统相

继建立。

1. 常平仓

"常平仓谷,乃民命所关,实地方第一紧要之政"。[17]顺治十一年(1654)规定常平仓由各道员专管,每年造册报部。十二年题准"各州县自理赎锾,春夏积银,秋冬积谷,悉入常平仓备赈"。[18]康熙三十一年(1692),"议定州县积谷,照正项钱粮交代,短少以亏空论"。三十四年,"议定州县仓谷霉烂者,革职留任,限一年赔完复职;逾年不完,解任;三年外不完,定罪,著落家产追赔"。[19]在此,清政府将常平仓建设与官员升迁相联系,一旦管理不善,要负赔偿责任,甚或被革职惩处。在清政府的鼓励和督促下,北京各地仓储陆续建立起来。

仓廒房屋的好坏影响着仓内所存粮食的质量。清代部分仓廒沿用明代旧仓,有些年久失修,损坏严重。因此,顺治十三年议准,"积谷赈济,务令修葺仓廒"。雍正四年,令州县官检查旧廒,进行修补,"凡地方仓廒有渗漏及墙垣木植不坚全者,令地方官即为修补。若年久倾圮,砖瓦木植破碎朽坏者,地方官详明上司,委官估计工费报部,即动支正项修盖。其有地方廒座无多,将仓粮寄存僧寺道院者,或并无寄存之处,将米谷露囤者,该地方官详请督抚查勘确实,将作何建仓之处,酌量具题"。[20]

除沿用明代旧仓外,清代还新建或改建了一些仓廒,有时也借寺庙等处临时存储。如,通州常平仓建于康熙三十一年(1692),积久坍废。雍正九年(1731),知州朱煌以天喜胡同何思恭入官房37间改作仓,久亦坍塌。乾隆四十四年(1779),知州高天凤就旧址改建,共房66间。光绪五年(1879),知州高建勋奉文积谷,分存城乡村镇空庙民房。九年,知州陈镜清用常平仓旧基内修建新仓。平谷县常平仓在县治东,康熙三十年(1691),知县余学昌建增字北廒7间、兴字西廒5间、盛字东廒7间。雍正十二年(1734),知县项景倩添建满字南廒3间半。乾隆十三年(1748),知县栗培初添建满字东廒3间,裕字廒12间。三十年,知县周克阅重修。[21]

清政府鼓励兴建仓廒,允许动用地方经费。乾隆四年(1739)议准,"兴建仓廒,于存公银内动给,照例每间给银二十两,存米五百石"。[22]如平谷知县周克阅任职期间,多年前修建的仓廒历经风雨剥蚀,栋宇已经倾圮,墙垣颓败,木料糟朽,诸廒渗透,盛字廒七间俱已坍塌。他于四十一年春,奏请动项修补,六月鸠工,九月告竣,共用银九百六十多两,重修后的常平仓增、兴、盛、满诸廒宏敞壮丽。在清政府的大力倡导下,一些地方官员热衷捐输。如光绪五年(1879),通州知州高建勋捐输银六千两,其中五千四百两交当铺八厘生息,六百两发交盐商一分生息,并捐谷三千八百二十三石。[23]为鼓励官员捐输,清政府规定,州县卫所官员设法劝输,一年内劝输米二千石以上者,纪录一次;四千石以上者纪录二次,万石以上者加一级。[24]

关于储量,清代对各地区有明确规定。康熙三十年(1691),清政府覆准直隶各州县的常平仓储量为大县五千石,中县四千石,小县三千石。四十三年又进行了调整,统一制定各省府州县积储米谷数量,其中,大州县为一万石,中州县为八千石,小州县为六千石。此时,直隶各属所存米谷,除南宫、南乐、长垣三县为二万石外,其余州县所存不多,清廷"仍令照旧存储,每年出陈易新。倘遇歉岁,详明题请发粜"。乾隆十三年(1748)规定直隶积谷数量应为二百十五万四千五百二十四石,同时"令各该督抚视所属府州县之大小,均匀存储。其间有转运难、出产少、地方冲要以及提镇驻扎、各省犬牙相错之处,彼此可以协济,均应分别加储"。[25]北京各州县储量不一,如怀柔县在康熙二十九年(1690)时存谷为三千石,后来陆续又有所增加。平谷县在乾隆三十年(1765)时存谷为一千多石,四十一年时贮谷万石。[26]

常平仓的基本功能是平时调剂粮价,灾时赈济。顺治十七年(1660)议定,"常平仓谷,春夏出粜,秋冬粜还,平价生息,凶岁则按数给散贫户"。[27]康熙三十年(1691)在制定各地仓储数量时,也指出"倘遇灾歉,即以此项散给。其留仓余剩者,均于每年三四月照市价平粜,五月初旬将平粜价银尽数解存道库,九月初旬各州县领出粜新谷还仓"。[28]平谷县常平仓在康熙、乾隆时期多次兴建,知县周克阅在任重修时所做《重修仓廒记》对常平仓在歉岁赈借平粜,丰年出陈易新的调剂作用给予很高的评价。他认为"夫积贮者,生民之大命也。贵则减价以粜,贱则增价以籴,实心行之,民享其利。而常平于以常丰,或借籽种,或借口粮,加息免息,择里社殷实醇谨者董其事,民沾实惠"。[29]

2. 社、义各仓

社、义各仓起于康熙十八年(1679)。本年,户部题准"乡村立社仓,市镇立义仓,公举本乡之人,出陈易新。春日借贷,秋收偿还,每石取息一斗,岁底州县将书目呈详上司报部"。康熙十九年(1680)谕,"常平仓留本州县备赈,义仓、社仓留本村镇备赈",进一步明确了社、义仓与常平仓在赈济功能上的地域差异。[30]

直隶是社仓试点地区,如"直隶设立社仓果有益于民生,各省亦照此例"。康熙四十二年(1703)议定了社仓的经营管理制度,"社仓之谷于本乡捐出,即贮本乡。令诚实之人经管,上岁加谨收贮,中岁粜借易新,下岁量口发赈"。"直隶有旗下庄头,可合数村立一社仓。其管理社仓事宜,令庄头内有情愿经管者,交与收贮。百姓村庄,公设社仓,百姓有情愿经管者,交与收贮,以备饥荒"。[31]直隶各州县在试行期间取得了一定的成效,康熙四十一、二、三等年劝捐米谷达七万四千九百多石,出借穷民得息米一千多石。四十四年,保、永二府陆续捐谷达四百三十五石。

社仓米谷源于地方捐输,为了鼓励民间捐献,康熙五十四年(1715)议准直省社仓劝谕条例,规定:富民能捐谷五石者,免本身一年杂项差徭。有多捐一倍二倍者,照数按年递免。至绅衿捐谷四十石,令州县给扁。捐谷六十石,令知府给扁。捐谷八十石,令本管道给扁。捐谷二百石,督抚给扁。其富民好义,比绅衿多捐二十石者,亦照绅衿例次第给扁。捐至二百五十石,咨吏部给予义民顶戴,照未入流冠带荣身。凡给扁民家,永免差役。

至雍正初期,社仓建设已经有了一定的发展,"近时各省渐行社仓之法"。同时,随着社仓的建设,出现了一些弊端,如勒令捐纳,甚或虚报数额等。"社仓之设,原以备荒歉不时之需,用意厚良。然往往行之不善,致滋烦扰,官民皆受其累"。雍正二年(1724),清廷下旨社仓建设"宜缓不宜急,劝谕百姓,听民便自为之,而不当以官法绳之也"。各地在建立社仓时,要因地制宜,地方官需"善为倡导于前,留心照应于后。使地方有社仓之益,而无社仓之扰"。[32]北京地区社仓建设有了一定的发展,如平谷县,至光绪时期社仓储谷四百九十八石。[33]

北京各州县义仓相继设立。仓廒数量不一,少的三四处,多的七八处。较多的如宛平县在乾隆十余年建立义仓八处,分设在太平庄、庞各庄、稻田村、新庄、磨石口、二奇村、平圆村、东桃园等处。大兴县在乾隆十余年建立义仓七处,分设在礼贤村、岳家庄、青云庄、采育村、金盏村和新堡等处。通州新义仓有六处,分设在西集大寺等处,皆为乾隆时期知州唐倚衡建。昌平州有义仓六处,分设在高丽营等处,均乾隆十余年建。良乡县在乾隆十余年建立义仓四处,分设在大十三里、羊石村、庄头村和黄新庄等处。其他,如顺义等县也于乾隆十余年建立四处义仓。密云县、怀柔、房山等州县仓廒数与顺义县相同。

仓储数量多少不等。如良乡县城内的义仓,存谷二十七石五斗。光绪八年(1882)曾开仓煮粥,给孤贫口粮。昌平州署附近一处义仓为光绪九年(1883),知县宋文重建,存谷二百零八石,仓正、副各一名。羊房义仓,存谷五百二十石三斗八升,储存在官庙中。顺义县义仓在县署西,存谷九百零三石。

北京地区义仓建设取得的成就,与官员的推动是分不开的。时任直隶布政使的方观承在推动义仓建设过程中起到了重要的作用。方观承重视义仓的作用,认为"积贮为本计所关,而推行惟义仓尤便。盖乡村分贮则敛散可以随时,典守在民则吏胥无由滋弊"。建仓过程中遵循劝捐必先建仓,建仓必先绘图的原则有序进行。他将直隶地区144州县卫的35210个村庄,进行统筹规划,建仓1005处。方观承充分考虑各村庄的到仓里数,仓址选建在"人烟稠密,形势高阜之处,使四面村庄相为附丽。近在十五里内者三十三县,在二十里内者七十三州县,在二十里及二十余里者三十三州县,在三十里内者三州县,在四十里内者二县",便于灾民往来。[34]

　　综上可见,清代北京地区是双重仓储系统。京、通二仓是北京地区专设的仓储系统。清朝重视京、通二仓,积极增建廒座,增加粮食储量。同时,为保证质量,对收放、采买、粜籴等都有明确的规定。清代设置专门的机构管理京、通二仓,为防止亏空、霉变、失火等意外发生,还建立了仓场监督轮流值宿制度。京、通二仓储量较大,雍正、乾隆时期曾一度维持在一千万石左右。充足的粮源是仓储的关键,清政府每年征收漕粮,"共计正粮三百四十四万零一百二十七石三斗七升三合九勺,耗粮九十三万二千四百八十七石零七升二合三勺,正、耗统计共四百三十七万二千六百十四万四斗四升六合二勺",[35]是京、通二仓的重要保障。京、通二仓不仅提供官员俸禄和八旗甲米,灾荒年岁还可以起到接济灾民的作用。京、通二仓在救灾过程中发挥着重要作用。康熙五十五年(1716)密云县大旱,清廷在命令地方官将龙庆仓所存粟米减价平粜的同时,还命将通州米八千九百石运往灾区,赈济活动自四月十五日起至九月初二日止,对接济灾民起到了很大的作用。[36]京师因灾粮价上涨时,清廷往往将京、通廒内存粮酌量平粜。如雍正三年(1725),将京、通二仓二成至七成三色米一百余石,本裕仓三成、四成米共三万二千余石,于京师东、南二城立设立一厂,西、北二城设立一厂,照时价减粜,既有利于仓米的出陈更新,又给贫民提供了维持生活的机会。[37]

　　州县常平仓、社义各仓是中国传统仓储的重要形式。清代对北京州县仓储也非常重视,包括顺天府在内的直隶地区曾是社仓试行地区,并且取得了一定的成效,各省随之争相效仿。常平仓、社仓在推行过程中暴露出来种种弊端,义仓作为民间自行经营的方式被越来越重视。北京地区各州县也与直隶各州县一样广泛建立义仓。有清一代,北京地区自然灾害种类繁多,主要有洪涝、干旱、冰雹、狂风、大雪、霜冻、严寒、酷热、浓雾、地震、瘟疫等等。在清代北京众多的自然灾害之中,洪涝和干旱最为突出,差不多每两年就要各发生一次。就境域内所发生的各种自然灾害的总的次数而言,通州居首位,其次是宛平、大兴等,平谷和房山等县最少,[38]且特大灾害较为频繁。北京地区的区域脆弱性对仓储提出了很高的要求。社、义各仓在发挥民间自救方面具有一定的优势。

(作者系北京市社会科学院历史所副研究员)

注　　释

1　18　20　22　[清]昆冈等:《钦定大清会典事例》卷一八九,光绪二十五年本。

2　[清]嵇璜等:《清朝文献通考》卷三二,万有文库本。

3　[清]昆冈等:《钦定大清会典事例》卷八七一,光绪二十五年本。

4　［清］潘世恩等纂:《钦定户部漕运全书》卷五三,乾隆内务府本。

5　本表参考李文治、江太新《清代漕运》第43—46页相关资料,社会科学文献出版社2008年版,同时根据朝代及储量变化情况进行了相应的调整。

6　赵尔巽:《清史稿》卷一一四,中华书局标点本。

7　10　［清］昆冈等:《钦定大清会典事例》卷一八四,光绪二十五年本。

8　［清］昆冈等:《钦定大清会典事例》卷一八五,光绪二十五年本。

9　吕小鲜:《嘉庆十四年通州粮仓吏胥舞弊案》,《历史档案》1990年第1期,第53—54页。

11　《清宣宗实录》卷三三〇,道光十年十一月丙子,中华书局1986年影印本。

12　《清宣宗实录》卷四一〇,道光二十四年正月乙酉,中华书局1986年影印本。

13　《清宣宗实录》卷四二三,道光二十五年十一月己未,中华书局1986年影印本。

14　《清宣宗实录》卷四二九,道光二十六年五月辛酉,中华书局1986年影印本。

15　《清文宗实录》卷三三〇,咸丰九年十二月丁未,中华书局1986年影印本。

16　19　27　30　赵尔巽:《清史稿》卷一二一,中华书局标点本。

17　席裕福等辑:《皇朝政典类纂》卷一五三第2084页,台湾成文出版社1969年版。

21　［清］周家楣等编纂:《光绪顺天府志》,《经政志二·仓储》第2019页,北京古籍出版社2001年版。

23　26　29　33　［清］周家楣等编纂:《光绪顺天府志》,《经政志二·仓储》第2008、2018、2019、2018页,北京古籍出版社2001年版。

24　31　［清］嵇璜等:《清朝文献通考》卷三四,万有文库本。

25　28　［清］昆冈等:《钦定大清会典事例》卷一九〇,光绪二十五年本。

32　［清］昆冈等:《钦定大清会典事例》卷一九三,光绪二十五年本。

34　《方恪敏公奏议》卷五,见《近代中国史料丛刊》第11辑,文海出版社影印本。

35　［清］周家楣等编纂:《光绪顺天府志》,《京师志十·仓库》第295页,北京古籍出版社2001年版。

36　［清］黄宗敬:《密云县志》卷一,光绪七年本。

37　［清］周家楣等编纂:《光绪顺天府志》,《京师志十二·厂局》第330页,北京古籍出版社2001年版。

38　尹钧科、于德源、吴文涛:《北京历史自然灾害研究》第175—189页,中国环境科学出版社1997年版。

灾害史、灾荒史刍议

于德源

一、缘起

上世纪 30 年代,黄泽苍著《中国天灾问题》(商务印书馆,1935 年)、邓云特著《中国救荒史》(商务印书馆,1937 年)探讨了历代灾荒、灾害出现的自然、社会原因及后果,开辟了中国灾害、灾荒史研究的新阶段。上世纪 60 年代由于邢台地震的发生,中国政府开始重视地震史料的编辑。90 年代以来,李文海、夏明方等先生发表了一批清代、近代灾荒的专著、资料集,如李文海等著《近代中国灾荒纪年》(湖南教育出版社,1990 年)、《近代中国灾荒纪年续编》(湖南教育出版社,1993 年)、《灾荒与饥馑:1840—1919》(高等教育出版社,1991 年)、《中国近代十大灾荒》(上海人民出版社,1994 年)等,以及夏明方《民国时期自然灾害与乡村社会》(中华书局,2000 年)、张水良《中国灾荒史》(厦门大学出版社,1990 年),该研究领域始面目一新。范宝俊将包括以上研究成果在内的有关著作、资料编为《灾荒文库》,展现了新时期中国灾害、灾荒史研究的成果。另外,马宗晋、郑功成主编的《中国灾害研究丛书》(如《灾害历史学》、《灾害社会学》、《灾害经济学》、《灾害统计学》等,共 12 册)等系列灾害理论丛书的出版也极有意义。

此外,还有一批优秀论文面世,如王建革《清代华北的蝗灾与社会控制》(载《清史研究》2000 年第 2 期)、曹树基《鼠疫流行与华北社会的变迁》(载《历史研究》1997年第 1 期)等,分别对专项问题进行了较深入的研究。实际工作部门和考古学者、农史学者也都从各自的专业角度对有关问题进行了深入研究,如北京文物工作队编《北京地震考古》(文物出版社,1984 年)、王景明等编著《华北地震灾害与对策》(地震出版社,1993 年)、中国社会科学院考古研究所等《从历史地震看北京地区(东南部分)几条断裂带的活动》(载《考古学集刊》第 3 集,中国社会科学出版社,1983 年),

等等,其中也包括对历史地震的研究。

但是在学术繁荣背后却潜藏着一个重大问题,日益困扰着研究者和学术界,这就是灾害史和灾荒史的学科属性和研究领域的界定。

夏明方《中国灾害史研究的非人文化倾向》一文[1]说:"中国灾害史研究中,以人文社会科学为职志的历史学家们……与自然科学工作者业已取得的成就相比,这些历史学家们所做的贡献殊属微薄……历史学家的长期缺场以及由此造成的灾害史研究的自然科学取向乃至某种'非人文化倾向',已经严重制约了中国灾害史乃至环境史研究的进一步发展。""共和国成立后……其所从事的不外乎资料的搜捡、摘抄或者考订,基本上处于辅助性的地位。而同时进行的相关研究,其目的也主要集中在如何描叙环境的变化以及灾害的规律,对人在其中所起的作用以及这些变化对人类社会的影响往往语焉不详……一些边缘学科如历史地理学,也更愿意将自己的研究归属于自然科学而不是人文社会科学。特别是随着灾害史研究向纵深发展,这种'自然科学取向'隐约还存在着一种摆脱社会科学而昂然独进的意向。20世纪80年代中期,有人在论述'历史自然学'的发展趋势时即指出,目前的灾荒研究'已走向一个新的发展时期,正在逐步实现以资料整理为主向以理论研究为主的转变','而资料的严谨性基本属于社会科学范围,资料的理论研究和定量化基本属于自然科学'。(原注:参见高建国、宋正海主编:《历史自然学进展》,第126—127页,北京:海洋出版社1987年版)。"

作者又进一步指出,"更有甚者……许多学者针对自然灾害的双重属性提出了'淡化社会性'的说法,要求把灾害前后发生的宏观异常现象纳入研究的视野之中,并明确地把'自然灾害群发期''改为'自然灾(害)异(常)群发期'。(原注:宋正海等著《中国古代自然灾异群发期》,第250—251页)其实,这一淡化灾害之社会性以及淡化社会科学研究的倾向在先前的资料整理和理论研究过程中早就有所表现。虽然大多数数据都是以水旱地震或者'自然灾害史料'等命名的,后来还以'灾害学'一词来概括相关研究,但也有不少被称作'历史气候资料',而与灾害史、灾害学等概念并行不悖的,还有'历史气候学'、'历史自然学'等名目。不知情者往往很难猜测其实际的研究内容。"

至此,问题明确摆在我们面前,这就是灾害史和灾荒史的学科属性究竟是什么?即何为灾害史?何为灾荒史?

笔者自上世纪80年代以来,为研究北京地区农业史,开始接触北京地区自然灾害史。经过长期资料积累和研究,分别在上世纪90年代到2008年先后出版和发表了《北京历史自然灾害研究》(合著)(中国环境科学出版社,1997年)、《北京历史灾荒灾害纪年》(学苑出版社,2004 年)、《北京灾害史》(同心出版社,2008 年)等专著和《明代北京灾害》、《北京历史灾荒的研究价值》(《北京社会科学》2001 年第 4 期)、《清朝后期北京两次特大水灾的启示》(《城市问题》2001 年第 6 期)、《明代北京的城市水灾》、《北京历史上的瘟疫》、《北京历史上的风沙灾害》、(《城市问题》2008 年第 6 期)等论文。在长期研究过程中也曾为上述问题感到过困惑,并进行思考。笔者认为,前述所谓灾害史研究中的"人文化"和"去人文化"的争论,其原因在于学术界长期以来把灾害史和灾荒史混为一谈造成的。笔者认为,根据研究对象和所探讨的问题性质,灾害史研究应该属于历史地理学科的历史自然地理领域,灾荒史则应属于历史学科的社会史研究领域。诚然,灾害天然地具有自然和社会的双重属性,灾害的起因虽然是由于自然界发生的具有破坏性的异常物质运动,然而如果没有影响人类社会就无以称之为"灾害",但灾害史和灾荒史毕竟属于不同的研究领域。笔者试将理由陈述如下,以就教于学界前辈和同仁。

二、灾害史应属于历史自然地理研究领域

我国关于灾害的记载起源甚早,历代史书"五行志"和"灾异志"及地方史志的"祥异""禨祥"都包括关于灾害的记载。但是,无可讳言,灾害史研究却还只是现代科学介入以后的事情。由于我国历史上关于荒政的论述十分丰富,所以在现代灾害史研究中往往灾害、灾荒不分,在同一篇论文中灾害史和灾荒史一词也经常交替使用,造成混乱。灾害史研究的"人文化"和"去人文化"的争议也随之而起。

《左传》宣公十六年(前 593):"凡火,人火曰火,天火曰灾。"古人把自然因素引起的火灾称之为"灾",把人为因素引起的火灾称之为"火",也就是后世所谓的"人祸"。社会动乱、战乱频仍都称之为"祸乱"。一言以蔽之,即所谓"天灾人祸"。这本来是很明确的概念。当然,在现代灾害史研究中,无论自然灾害还是社会灾害都已经归之于灾害学的研究领域。但是关于灾害和灾荒还是有明确区分的。在现代汉语的语义中,灾害是指:自然现象和人类行为对人和动植物以及生存环境造成的一定规模的祸害,如旱、涝、虫、雹、地震、海啸、火山爆发、战争、瘟疫等。灾荒是指:因灾害造成的粮食歉收、土地荒芜、物品严重缺乏等状况[2]。

灾害史应该是以历史上自然界发生的异常物质运动为研究对象,其研究对象和方法应该是探讨历史上引发灾害的自然界异常物质运动的发生原因、发生过程、成灾的主因素和各种次因素;深入探讨历史灾害发生的内在规律及周期性。例如,根据古代文献和现代野外考古考察历史地震灾害,从而判断地层断裂带的走向;根据对长时间系列灾害现象的统计,判断地震、山体滑坡、洪涝灾害的发生周期,等等,都是灾害

史研究的重大课题。自然灾害的发生是多种自然因素相互作用的综合结果。而且，各个灾害系统之间和灾害系统与环境系统之间都存在相互作用的关系，尤其是相互诱发、加强的关系。而对这个复杂系统地认识，需要以历史灾害作为参证。现代科学已经证明，自然界的运动变化存在着规律性和周期性。但是，特大自然灾害的发生周期往往是以百年或数百年、甚至千年计算，因此通过历史灾害的统计、分析，广泛利用同类历史异常自然现象进行模拟研究就成为灾害史研究的重要手段。我们利用的资料历史序列越长，统计、分析出来的结果就可能越接近实际。当然，既然是灾害，就不可能回避其对社会造成的破坏。但在灾害史研究中，这只是判断灾害严重程度的参考系之一，并不是判断灾害等级的唯一标准，更不是研究的对象。举例来说，判断历史地震灾害的等级，并不是仅仅依靠文献记载的建筑物破坏程度，房屋倒塌和人口死亡数量，还必须要考察是否发生地裂、地陷、涌沙、山崩等自然现象。判断历史特大洪涝和旱灾的等级时，也并不是单纯依靠统计受灾州县和人口数目，更要考察统计当年连续降雨日或无雨日，以及将发生灾情时的年降水量和历年平均年降水量进行比较。同时，更要注意降雨量奇少或奇多的特殊月份，因为对于农业国家来说，大旱或大涝发生在不同的月份对于农作物生长的意义是不同的，有时只是一般灾害，有时则是具有决定意义的大灾。蝗灾也是如此，发生在农作物即将收获季节和发生在农作物生长期，其后果肯定不同。发生洪、涝不但和连续降雨时间长即降水总量有关，更和瞬间强降雨即暴雨的出现有关。例如，2006 年 7 月 9 日北京西郊香山地区由于在两个小时内降雨达 160 毫米以上，导致该地区南河滩村、门头村等地受到山洪冲击，房屋进水，影响了至少数千户居民的正常生活。由于灾害史的内容主要是自然灾害史，而如上所说其研究对象又是自然界发生的异常物质运动，所以归入历史地理学科当无疑义。

不过，当我们说到历史地理学科的时候，首先要面对这样一个事实，即我国历史地理学的产生本来是源于历史沿革地理研究，而且长期以来是以历史沿革地理研究为主，所以学术界对历史地理学科的性质本身也还存在不同的认识。即以中国现代历史地理研究的三位权威人物谭其骧、史念海、侯仁之教授来说，他们在各自任职的高等院校中就是分别属于历史系和地理系。"历史地理学作为现代地理学的一个分支学科，严格来说是上世纪 30 年代以后才逐渐发展起来的。"[3]建国以来，受马克思主义自然辩证法理论的指导，1962 年侯仁之教授提出："历史地理学是现代地理学的一个组成部分，这是无可置疑的……历史地理学的一个根本论点，就是说人类的生活环境经常在变化中，而不是一成不变的……不过，这种变化在人类历史时期来说，主要的还是由于人的活动不断加工于自然的结果，至于不因人的活动而发生的变化，虽然也有，但比较起来，确是非常微小的，这已经由恩格斯在《自然辩证法》中反复说明了。研究在历史时期主要由于人的活动而产生影响的一切地理变化,这就是今日所理解的历史地理学的主要课题。"沿革地理的知识对于历史地理学的研究来说,同样是十分重要的。但是掌握这些知识,只不过是从事历史地理研究的初步,而不是最终目的。"同时还要看到,"所有历史地理的研究,并不都是从疆域沿革和行政区划的考订和复原开始的。若干历史地理的专题,完全可以不必借助于这方面的特殊知识,而依然能够顺利进行。"[4]从上世纪 80 年代以来,中国历史地理学界已经明确把历史环境的变迁——包括自然环境和人文环境——作为历史地理研究的主要任务,明确了"历史地理学是研究历史时期地理现象和人类与自然的关系的科学"[5]。1983 年,侯仁之教授在北京组织成立了《北京环境研究会》并创办《环境变迁研究》杂志,"希冀对全新世开始以来这一万年间北京及附近地区的自然和人文环境变迁进行专题研究[6]"。进而,北京大学地理学系为了适应学科发展的需要,更名为城市与环境学系,1992 年又在城市与环境学系历史地理研究室的基础上成立北京大学历史地理研究中心,即今北京大学城市与环境学院历史地理研究中心,分别从历史地理理论、历史人文地理、历史人口地理、历史自然地理、历史农业地理等方面展开研究。史念海教授则在长期对黄土高原及黄河流域自然环境变迁研究的基础上成立了西北历史环境与经济社会发展研究中心,并自 2001 年始在他亲自创办的《中国历史地理论丛》杂志中开辟"西北历史环境研究"专栏,以加强这方面的研究。史念海教授曾欣慰地说:"在历史地理学尚未形成为现代科学以前,他早已属于历史学的范畴,而为历史学的辅助学科……如今历史地理学已经确定属于地理学范畴的科学,而且是为了研究自然和人类以及社会之间复杂错综而又互为影响的演变的规律的科学,其作用自较以前为恢大宽广,这是研究这门学科的人们所共同引为欣愉的。"[7]历史地理学是研究历史时期地理环境的演变与人类活动的关系,探讨人地关系发展变化的规律,使其有利于人们利用自然和改造自然的科学,基本上成为历史地理学界的共识。

现代历史地理学是在历史学和地理学的交叉点产生的边缘学科,其研究对象既然是人类历史时期的地理环境,那么它的研究内容和方法就不可避免的是历史学和地理科学的融合。现代历史地理学除区域历史地理和历史地图以外,主要分支就是历史人文地理和历史自然地理。如同现代人文地理一样,历史人文地理以历史时期的人文地理变化为其研究的内容,有历史人口地理、历史经济地理、历史军事地理、历史农业地理等分支,探讨其变化的规律。同历史人文地理一样,历史自然地理则是以历史时期自然地理环境的变化为其研究内容。历史时期的气候、水文、地貌、动植物等均是其研究对象,通过这些研究来探讨历史自然环境的变化及其规律。历史灾害作为自然界的异常物质运动现象,从现代历史地理学科的属性来看,自然应该归入这个学科的历史自然地理研究领域。

　　但遗憾的是我们目前进行历史地理研究的人员素质并不能完全符合历史地理学发展的需要。以历史灾害研究来说,目前大多是首先受过历史学训练的人再来补充需要的自然科学知识,从事研究工作。由于自然科学分类既多且精,这样补充学习的结果究竟能对历史自然灾害现象有多深的分析和认识,实在不好说。每个人的能力都有限,得以专门一个学科已属不易,要想跨学科并达到精通数科的程度,恐怕非有超人的天资和学识不可。而灾害史研究则不但需要研究者具有历史学的知识,而且还必须懂得气象学或地质学、水利学、生物学、医学等方面的专业知识。前者尚好办,只要可以读懂古汉语,进一步再加以史料学的训练即可完全胜任。例如,北京气象台统计分析北京地区自 1470 年至 1964 年的近 500 年旱涝资料,指出其间存在 6 个多雨、少雨周期。其中,后 250 年间,少雨周期由 42 年延长为 45 年、54 年;多雨周期则由 56 年缩短为 24 年、16 年,呈现明显干旱趋势。由此该文成功预测北京地区从 70年代中到 80 年代中将会连续少雨,甚至有连旱的可能[8]。再如中国水利史学者周魁一等人,采用统计和历史模型方法相结合,对 2000 余年来长江三峡库区岩崩和滑坡的史料进行分析,判断其活动周期为 400 年,并采用建立灾害发生机制模型的方法成功地预测到 1985 年 6 月 12 日长江新滩北岸发生的阻断江流近三分之一的大规模滑坡[9]。再如国家地震局地震地质大队孟宪梁等人根据对历史文献的分析和野外考察,把北京康熙十八年(1679)三河——平谷 8 级大地震的震中从过去误认为的北京平谷马坊,纠正为河北大厂县夏垫[10]。国家地震局地质研究所向宏发等人又根据地质构造和地质力学分析进一步把震中精确到夏垫附近的潘各庄一带,并且根据"平均地震位错速率"推算出该地区 6.5 级以上地震的重复时间下限为 3800 年、1750 年和800 年,应属于现代相对比较安全地区[11]。然而,反观后者中的无论哪一门自然学科却都不是人文学者轻易可以掌握的。难怪侯仁之教授慨叹道:"到目前为止……开拓历史地理学这个新园地的人,为数还是很少的……其中绝大多数都是先具备了历史学的基础,而后在不同程度上补充了地理学的训练。至于从地理学的基础出发,补充了应有的历史学的训练而献身于历史地理学的,实在很少。[12]"

三、灾荒史应属于社会史研究领域

　　我国学术界对于灾荒史一词并不生疏,因为中国古籍中很早就有关于灾荒的记述。现存的历代农书中大多也都有"荒政"章节。至于《明经世文编》和《清经世文编》中关于灾荒的议论、分析以及赈济措施,更是多如牛毛。笔者认为,灾荒史的任务应该是研究历史特大自然灾害发生以后,在灾害的重大打击下,以大量人口死亡和盲目流动,以及大面积农作物死亡、土地荒芜、物质生活资料极度匮乏为明显特征的灾荒现象形成原因;研究灾荒出现以后对人口结构、社会结构、生存环境、行为道德规范等等发生的种种影响;研究灾荒中各种救荒措施的有效性和各种社会因素的作用。因此,笔者认为灾荒史应该属于历史学科的社会史研究领域。

中国社会史是在上世纪 80 年代以来出现的年轻学科,是中国历史学借鉴社会学和人类学理论和研究方法创建的。

在中国社会科学领域中,社会学本来就是一门比较年轻的学科,于建国后又一度被马克思主义理论所代替,直到上世纪 80 年代以后才重新恢复。社会学由于其研究对象的多样性,所以长期以来没有形成统一的学科定义。社会学者大多根据自己研究的对象和领域来定义社会学。综合社会学界主流学派的研究领域,学术界一般认为:"社会学是一门从整体视角出发,通过社会行动和社会关系来研究社会的结构和关系,寻求社会生活的系统联系和发展规律的科学。社会学的研究对象是社会生活的结构和关系。"[13]具体地来说,研究方向主要是文化、社会化、家庭、群体与组织、小区、社会互动与社会结构、社会分层与社会流动、越轨与社会控制、大众传媒与社会、社会变迁、现代化与全球化,等等。

如前所述,中国社会史是借鉴社会学和人类学的理论和研究方法创立的,所以它的研究方向基本也和社会学一样,只不过是研究历史时期的这些方面而已。不过,社会史作为历史学的一个分支领域,它与历史学其他分支最大不同之处就在于它的视角是放在整体上,把所研究的各个个体都是作为整体社会现象和关系的体现来研究的,即所谓以小见大,来发掘其对社会整体的影响和在社会结构、社会生活、社会文化等方面的作用。社会史在研究家庭、婚姻、社区的时候,往往最终通过对个体的研究建立起某种模式或探讨出某种规律,以概括同类现象。

对于历史学来说,社会史的出现有如下积极意义:"其一,社会史取向是将多种学科研究方法导入历史学研究之中,其中最重要的是社会学和人类学的方法;其二,社会史的研究内容决定了研究者的眼光必须向下……注意与百姓的日常生活、习俗、礼仪、宗教信仰、区域社会等,真正关注人们实际生活的历史。"[14]从这个角度说,社会史研究使我们得以看到活的、有血有肉的、全景式的历史。灾荒是人类社会遭到重大灾害打击以后出现的极为特殊的社会现象和形态。处在灾荒中的社会,社会结构严重解组;恶劣的自然环境和生存环境迫使农民离开土地,社会正常生产活动被迫中断;生活资料极度短缺,社会人口大量流亡和非正常死亡;社会秩序混乱,各种越轨行为和犯罪行为大量出现。特别是发生突发性巨大灾变时,由于在极短的时间内社会组织陷入失控、混乱和失序,社会监督和防范都大为减弱和失控,灾民的心理活动及行为准则、价值观陷入混乱,人们道德质量的差异和对生存的绝望会导致各种社会越轨行为发生;社会道德价值观念受到颠覆以致崩溃;传统的道德规范和社会行为规范的权威性受到动摇,求生和占有生活资料的欲望成为压倒一切的动力,甚至出现"人相食"或"父子相食"的惨剧,这种记载在中国古籍中屡见不鲜;数以百万计的流动灾民成为社会的特殊群体,是社会动乱的重要因素。在几千年中国历史上,绝大多数封建王朝的覆亡都和灾荒导致的社会动乱密切相关。我们可以看到,以上所述内容至少涉及到文化、社会化、家庭、群体、社会互动与社会结构、社会分层与社会流动、越轨与社会控制、社会变迁等方面,都在社会史的研究范围之内,所以灾荒史属于社会史研究领域应该是理所当然之事。

然而,当我们说灾荒史应属于社会史研究领域的时候,却面对一个尴尬的事实,这就是由于社会史研究对象的多样化,而且其中的某些研究方向如城市史、妇女史等已经发展成为专门领域,另外由于学科交叉和互相渗透,也在社会史研究中产生了一些边界模糊的领域,因此"很难给社会史下一个标准的定义,因为社会史是开放的","所以给社会史下一个令人满意的定义其实是不可能的"[15]。也就是说,社会史本身也还是没有定型的研究领域。但是笔者认为,这并不妨碍我们把灾荒史归入社会史研究领域。恰恰相反,正因为社会史是一个没有固定形态的领域,所以才有今天我们把灾荒史归入其中的讨论余地。没有标准定义并不是说不可以给社会史试图规定一个定义,也并不是说"试图下社会史定义这个行为没有意义,而是说,任何一个社会史的定义都不必被看成是绝对的和唯一的"[16]。

不过,有些学者认为,上述灾荒史研究课题正是前引夏文强调的历史灾害研究中应该具有的"人文"内容。有学者甚至认为,灾害和灾荒没有什么区别,灾害严重了就是灾荒。笔者在前面已经对灾害、灾荒的语义不同作了明确解释,兹不赘言。需要说明的是,历史上的灾荒确实十有八九都是由重大灾害引起的。但是,自然灾害可能引发灾荒,却并不等于说发生了严重灾害就一定会出现灾荒。灾害社会学理论指出:"灾害是由三项基本因素所组成,这就是:灾害主体,即诱发、导致、引起灾害发生的那些直接的和间接的原因;灾害受体,指遭受灾害打击与破坏从而承受灾害后果的社会与人;灾害中介,是将灾害主体与灾害客体连接起来,将灾害的破坏力量转换到灾害受体的中间环节。"[17]其中灾害中介对于灾害后果有着重要意义,在成灾过程中它指的是人类生存所必需的自然环境和社会环境。自然界发生异常物质运动时,其所以能够成灾,成为危及人类生命和财产的灾害,就是因为这种异常运动破坏了人类生存的环境,甚至根本上使人类的生存环境消失,从而造成死亡。举例来说,地震如果只是地面的震动,那对人类不会有多大威胁,只有当地震造成建筑物大量倒塌,才会造成周围人群的伤亡。这些倒塌的建筑物就是灾害中介。同样,大水灾夺去了人类生活的陆地空间及财产;大旱灾造成动植物大量死亡,从而夺去了人类生活必需的物质生活资料。在这里,生存空间和物质生活资料就是旱、洪灾害的中介。灾害社会学者用以下图示把这一观点表示出来:灾害起因——灾害中介——灾害后果。灾害中介"对于灾害后果的形成以及灾害的程度,有着极其重要的关系"[18]。而依笔者之见,其实可以说具有决定性作用。笔者在这里之所以对灾害的三项因素花费笔墨,就是想阐明前面所说的观点,即灾害并不一定就是灾荒,尽管是特大灾害也罢。在灾害与灾荒之间同样存在着一个重要的中介环节,这就是以国家力量为主导的所有社会力量是否进行了有效的正面干预和干预力度,以及社会财富的分配制度和占有状况,等等。笔者在研究北京灾害史的时候,注意到并不是每次发生灾害都会导致灾荒现象出现。例如,东汉末年,先是黄巾起义爆发,继之董卓篡政,诸路地主武装和军事集团以讨逆为名举兵并起,天下大乱。幽州牧刘虞在幽州(治今北京)"务存宽政,劝督农植,开上谷胡市之利,通渔阳盐铁之饶,民悦年登,谷石三十。青、徐(今山东、江苏地区)士庶避黄巾之难归虞者百余万口,皆收视温恤,为安立生业,流民皆忘其迁徙"[19]。当时的幽州地区不但没因天下战乱出现灾荒,而且还有能力收留外地难民100余万人,并妥善安置。由此可见,在自然灾害或社会灾害发生时能够及时采取正确、有效的措施、应对及时,才是避免灾荒发生的关键。

清朝前期北京地区往往遇灾不荒或小荒,后期却往往是遇灾辄荒。其中主要原因,笔者认为也正是在于政府职能是否实际发挥到位。康熙朝是清朝社会经济恢复时期。康熙皇帝改革税制减轻农民负担,并且重视农业生产和备荒。康熙三十四年(1695)他出巡北京密云县,见当地农业歉收,对大学士说:"去岁,朕见此处高粱结实者少,秕者多,米价腾贵……故将通州仓米,令运一万石至此处,五千石至顺义县……民以不困。""今[潮白]河水方盛,著将通仓米运至密云、顺义各一万石,令贮仓备用。"[20]这种未雨绸缪的措施对于防止灾荒发生是十分有效的。乾隆朝是清朝社会经济鼎盛时期,国力富强,对自然灾害的社会抵抗能力自然也强。当时还注意利用社会力量以增强抵御灾害的能力。乾隆十八年(1753)乾隆皇帝采纳直隶总督方观承的建议,在京畿设立义仓。他说:"义仓一事,乃急公慕义之人,当米谷有余,输之于仓,以备缓急。乃下正值丰收之际,宜饬地方官善为鼓舞劝导,以足仓储。"于是在包括大兴、宛平在内的直隶各州县,每隔20里建仓一区[21]。但是,到了清朝中、后期,政治腐败,上下欺瞒,国力虚耗,社会动乱,再加之外强欺凌,国势积弱,抵御灾害的能力非常脆弱,连年灾荒遂不可免。

对于人为因素和社会因素在灾荒形成过程中的重大作用,其实早已有人指出。

上世纪 40 年代全国抗战期间,中原地区遭受严重旱灾,其中 1941、1942 年为极重干旱年,1943 年为偏重干旱年。河南由于在 1942 年全年没有降水,庄稼绝收,政府不但没有赈济,反而加紧征收赋税,于是当年饿死 300 余万,流亡 300 余万,待赈人口达1500 余万;1943 年河南东半部持续大旱,夏秋两季又大部绝收,被灾地区仍达半数以上[22]。由于灾害的累积效应和地方政府和军队贪污腐败,对老百姓横征暴敛,"征收的谷物要比田里实际生产的谷物还多",迫使百姓只能用榆树皮、干树叶、花生壳、甚至泥土维持生命。1943 年春灾情达到最为严重的程度,河南大地到处是络绎不绝的逃荒人群,村无炊烟,饿殍遍野、人相食。1943 年秋冬美国记者白修德等人到达河南灾区,由洛阳,到郑州。在洛阳天主教主教、美国人梅根的帮助下,了解到很多真实情况,河南灾荒真相才被暴露于世人面前。他们看到"郑州城是一个白色的荒冢,居民好像灰暗的幽魂,死亡统治着郑州……在战前该城有居民十二万人,现在已不到四万"。根据调查,"我们不得不承认一个事实:在河南,人类吃着人类"。根据他们的估计,"河南三千万人民中,逃出该省的人大约有两三百万,死于饥饿和疾病的也有两三百万。这是中国战争中最大的灾难之一,世界最大灾难之一"。他们感到"灾荒的迅速和死亡使我们迷惑"。在调查和分析之后他们发现发生如此悲剧的真正原因,一是河南连年旱灾之后政府不但没有救济反而变本加厉地征收赋税和军粮,农民失去最后一点活命的粮食。二是灾荒发生以后政府没有采取及时、有效的赈济措施。临近河南的湖北、陕西虽有多余的粮食但当地军政长官却拒绝调拨。三是赈济工作愚蠢而没有效率,官员把少得可怜的赈济款存在银行赚取利息。四是官员和军队高级军官腐败,把贪污当作是他们的特权。这些人贪污的粮食是当地粮食市场的唯一来源[23]。换句话说,遭到严重旱灾是客观事实,但是发展成如此巨大的灾荒,造成触目惊心的人口流亡和死亡,却是政府不作为和放任贪污腐败的结果。在国内外舆论的压力下,中央政府开始采取救灾措施,据协助白修德调查的洛阳天主教主教梅根说:"你们回去以后,电话就开始响个不停……在洛阳,[从陕西运来的]粮食简直到了卸不完的地步……全国都在为灾民募捐,钱纷纷涌进河南。事实证明了我以前的判断,即这场灾荒是人为的。"[24]如果说 1943 年白修德等人对河南灾荒的分析只是出于感性体验的话,那么 1998 年诺贝尔经济学奖得主、印度经济学者阿马蒂亚·森经过多年理论研究得出的结论却是无可辩驳的。他认为,"饥饿不仅仅依赖于食物的供给,而且还依赖于食物的分配"。贫困的概念本身就是不平等的,但是即使在生产力落后的国家,"也可以通过改变收入分配制度来减少贫困"。他指出饥荒意味着饥饿,但饥饿并不等于一定会出现饿死人的饥荒。社会之所以会出现饥饿和饥荒,实质在于人们是否具有凭据"社会现有的合法手段支配食物的能力"。"这些手段包括生产机会、交易机会、国家赋予的权利以及其他获得食物的方法"。"对食物的所有权是最基本的权利之一","饥饿则是未被赋予取得一个包含有足够食物消费组合区里的结果"。如果"法律力量所维护的是违背饥饿者需求的所有权",那么饥荒的发生就是"因为他们缺乏得到粮食的合法权利,而不是由于他们的权利遭到破坏"。阿马蒂亚·森把饥荒的出现称之为社会各阶层人民的"权利失败"[25]。他在另一本著作中,除了反复阐明以上观点,还更明确地把政治权力和公民权利作为防止饥荒的根本条件,认为民主可以把饥荒的惩罚作用传递给统治集团和政治领导人。当然它也强调要实现这一点,"实践这一问题具有核心意义"。他指出饥荒的起因和预防,涉及到国家机构、制度和社会组织以及决策者与社会大众的政治的、社会的距离。"饥荒的防止非常依赖于保障权益的政治安排",所以在发生饥荒时追究制定公共政策的公共部门的责任是必要的。令人感兴趣的是,当作者论述对政策有重大影响的饥荒信息传播是国家所能拥有的最好的早期警告系统时,举出中国1959—1961年三年困难时期发生的饥荒作为例子。他认为当时遍于中国的浮夸风、肆意虚报高产,造成工、农业发展比例的严重失衡和对农民的超额征粮,对造成饥荒有重大责任。"当饥荒达到顶峰的时候,中国官方还错误地相信,他们有超过实际拥有量一亿吨的粮食"。当然作者也意识到当时中国特殊的政治环境,所以认为民主权利的工具作用(即民主对政治领导人的监督和激励作用)本来是可以避免这一情况的[26]。笔者论述及此,认为关于"灾害和灾荒没有什么区别,灾害严重了就是灾荒"看法的谬误应当是一览无遗的了。

四、结　语

长期以来,学术界习惯把由灾害发生到出现灾荒、再到对社会诸如人口结构、社会流动、社会关系等各方面的影响,看成是一个过程。然而,据笔者上述分析,这应该是两个过程。自然界发生异常物质运动,并通过某种中介作用使人类社会遭到巨大损失,即灾害发生,这是一个自然界的运动过程,是任何时候都无法避免的。有关专业的学者分别以发生灾害活动的自然界(如地质构造、灾害性气象等)作为研究对象,探讨灾害发生的机制和过程,总结其规律,为现代减灾、防灾服务,都是灾害史研究的内容。这在前面已经列举数例。而另一方面,灾害发生后,由于国家、社会施加的负面干预和影响等因素,任灾害后果蔓延或放大了灾害后果,造成饥荒,引起社会经济、制度、结构、组织、道德规范等方面的种种剧烈变化,这应该是又一个过程。它是个社会运动过程,在某种条件下完全是可以避免的。这应该是灾荒史研究的问题,属于历史学中社会史研究领域。其实在以往研究过程中,无论主张灾害史研究应加强"人文化",还是要求"去人文化"的学者,都已经实际感觉到了这两个过程的隔阂。我们看到,即使被大家一致赞许的竺可桢教授的《中国近五千年来气候变迁的初步研究》[27],其内容也是关于气候、物候学的讨论,其中并没有今天所要求的"人文"内容。笔者前面所举数例有关地震学者、水利史学者的研究,其内容也都是各自的专业研究,充满了一系列的专业术语和专业计算公式,难道说他们对历史灾害的研究内容就是有缺陷的吗?恐怕不能。因为我们看到,目前研究历史灾害的历史学者们正是借助于这些研究成果才得以展开自己的研究工作。也正因为意识到这个问题,所以李文海、夏明方诸先生呼吁,"突破传统的学科限制,把灾荒问题和自然、生态、技术和经济、政治、文化、心理等各方面联系起来进行全方位多层次的综合考察,以最大限度的减少机械、片面、静止地看问题所易滋生的弊端[28]"。然而,突破传统的学科限制并不可以因此就模糊灾害史、灾荒史的学科性质,相反,只有在明确学科性质的前提下,才能有效地组织所谓的跨学科综合研究。但是由于各学科特别是自然学科和社会学科的研究方法和理论不同,表达研究成果的方式也不相同,所以这种综合研究并不能形成一个体系下的研究成果。试问如果一篇论文,前半部分都是地质或气象方面的专业术语以及各种计算公式,而后半部分是对繁复的史料的考证和分析,这会是我们所要的所谓充满人文化的研究结果吗?答案恐怕是否定的。就笔者的个人经历来说,当和气象学者、地震学者合作的时候,整个研究过程其实还是各说各话,互相借鉴研究成果和提供自己专业范围内的帮助,是完全可以做到的,但最终根本无法把研究结果糅合在一起。

笔者认为,目前中国灾害史研究之所以难以深入下去,并不是什么"人文化"和"去人文化"的问题,而主要是由于以下两方面原因:一是自然科学界参与历史灾害研究的力量太少。参与研究的人除了少部分是具有该项工作任务外(如历史地震研究),大多是由于自己的兴趣或作为"副业"。这一方面是由于自然科学学者受到对国家急需的眼前研究任务的压力,另一方面搜集历史资料需要下长期的功夫而在业绩考核中又不能占多大比重。这些都是实际问题。中国水利电力科学院在院的研究机构中专设水利史研究所。如果中国科学院下属的各研究所中都有相关的关于历史地震、历史气象灾害、历史洪涝灾害、历史瘟疫……的研究机构,那么情况肯定会大有改观。二是我们的灾荒史研究还不够深入,例如一提到灾荒原因首先想到特大自然灾害,实际上如阿马蒂亚·森反复论证的那样,饥荒意味着饥饿,但饥饿并不就是饿死人的饥荒。即使发生灾歉,可提供的粮食总量减少,但只要制定合理的分配制度仍然可以避免灾荒。在灾荒的起因中,社会的政治权利、自由权利、分配制度、包括国家公共机构在内的社会干预等因素起着更决定性的作用。甚至饥饿信息的畅通与否,地方官员和社会大众的疏离程度,都是至关重要的。这其实并不难理解,中国封建社会中,一地发生重大灾害时,如果是清官当政往往就可以避免灾荒;如果是贪官当政,灾荒肯定难免。这就是所谓官民之间的"疏离程度"。而我们的灾荒史研究即使注意到社会原因,一般也是停留在道德批判的层面上,缺少深入地分析和研究。

　　以上,笔者写下不少议论,但笔者并不认为对中国灾害史、灾荒史研究就已有了明确地认识。事实上,很多内容都是笔者本人的教训。

(作者系北京市社会科学院历史所研究员)

注　　释

1　夏明方:《中国灾害史研究的非人文化倾向》,《史学月刊》2004 年第 3 期。

2　《现代汉语词典》(第 5 版)第 1693 页,商务印书馆 2005 年版。

3　侯仁之:《历史地理学研究中的认识问题》,载《侯仁之文集》第 27 页,北京大学出版社 1998 年版;原载《北京大学学报》哲学社会科学版,1993 年第 4 期。

4　12　侯仁之:《历史地理学刍议》,载《侯仁之文集》第 3—8 页,北京大学出版社 1998 年版;原载《北京大学学报》自然科学版,1962 年第 1 期。

5　7　史念海:《河山集》(三集)"自序",第 5、13 页,人民出版社 1988 年版。

6　侯仁之:《环境变迁研究》第 1 辑"发刊词",第 1 页,海洋出版社 1984 年版。

8　北京气象台:《北京市近五百年旱涝分析》,载《气候变迁与超长期预报文集》第 128 页,科学出版社 1977 年版。

9　周魁一:《长江三峡山崩史实初探》,载《中国科学院水利水电科学研究院水利史研究室五十周年学术论文集》第 41 页,水利电力出版社 1986 年;周魁一:《"历史模型"——学科研究方法的新进展》,载周魁一《水利的历史阅读》第 610 页,中国水利水电出版社 2008 年版。

10　孟宪梁等:《1679 年三河——平谷大震的地震断裂带》,《地震》1983 年第 3 期。

11　向宏发等:《三河——平谷 8 级地震区的构造背景与大地震重复性研究》,《地震地质》第 10 卷第 1 期。

13　肖萍主编:《社会学概论》,第 8 页,天津大学出版社 2008 年版。

14　仲伟民:《社会史取向:新时期历史学研究的一把金钥匙——〈历史研究〉与社会史的勃兴》,《中华读书报》2004 年 4 月 21 日。

15　16　俞金尧:《社会史的定义和开放性》,《中国社会科学院院报》2005 年 9 月 22 日。

17　王子平:《灾害社会学》第 55—59 页,湖南人民出版社 1998 年版。

18　《后汉书》卷七三《刘虞传》,中华书局标点本 1964 年版。

19　《清圣祖实录》卷一八八康熙三十四年八月癸巳。

20　方观承:《畿辅义仓全图》,国家图书馆善本部收藏。

21　国家防汛抗旱总指挥部等编:《中国水旱灾害》第 552—553 页,中国水利水电出版社 1997 年版。

22　[美]白修德、贾安娜:《中国的惊雷》(端纳译)第 190—197 页,新华出版社 1988 年版。

23　[美]白修德:《白修德回忆录》(崔陈译)第 147 页,河南人民出版社 1988 年版。

24　阿马蒂亚·森:《贫困与饥荒——论权利与剥夺》(王宇等译)第 14、24、61、67 页,商务印书馆 2004 年版。

25　阿马蒂亚·森:《以自由看待发展》(任赜等译)第 158、168、178 页,中国人民大学出版社 2002 年版。

26　竺可桢:《中国近五千年来气候变迁的初步研究》,《考古学报》1972 年第 1 期。

27　夏明方:《民国时期自然灾害与乡村社会》"序"、"绪论"第 5 页,中华书局 2000 年版。

历史地理

关于戾陵堰、车箱渠、永济渠新见

尹钧科

三国魏镇北将军刘靖修筑的戾陵堰、车箱渠与隋炀帝始开凿的永济渠,是北京历史上两个重大的水利工程,在北京水利史上占有极其重要地位。对这两项重大的历史水利工程,研究者多有,但各抒己见,尚未取得一致看法。换句话说,这是北京水利史上、也是北京地区历史地理研究领域的两个尚未彻底解决的大问题,很有必要进行深入研究。在这里,就我个人对这两个问题的一些思考和认识略述如下,以期与大家交流。谬误之处,请批评赐教。

一、梁山到底是指哪座山

《水经注·鲍丘水》云:"鲍丘水入潞,通得潞河之称矣。高梁水注之。水首受㶟水于戾陵堰,水北有梁山,山有燕刺王(刘)旦之陵,故以戾陵名堰。水自堰枝分,东迳梁山南,又东北迳刘靖碑北。其词云:魏使持节都督河北道诸军事、征北将军、建城乡侯、沛国刘靖,字文恭,登梁山以观源流,相㶟水以度形势,嘉武安之通渠,羡秦民之殷富,乃使帐下丁鸿督军士千人,以嘉平二年(250),立遏于水,导高梁河,造戾陵遏,开车箱渠。"这里明确地提到了梁山。山在㶟水和高梁水上游之北,山有汉燕刺王刘旦之陵。刘靖曾登上梁山,考察㶟水流势。可见,梁山是认定戾陵堰所处位置的关键标志。

那么,梁山在哪里呢?是指哪座山呢?有人认为是今石景山,有人认为是石景山北的四平山、鬼子山。我认为梁山应该是老山。理由如次:

(1)"梁"、"老"二字,辅音相同,元音相近,二字一音之转。

(2)文献记载,梁山上有汉刺王刘旦的墓。几年前在老山已发掘大型汉墓。虽然墓主人是谁,难以确定,但证明老山上确有大的汉墓。戾陵在此,完全有可能,甚至已发掘的汉墓也有可能就是刘旦的戾陵。当然,这还需要今后进一步研究。而在石景山及其以北的诸山上,尚未闻有汉墓的信息。

(3)灅水流经老山南侧,曾是历史事实。《水经注·灅水》:灅水出山后,《水经》谓"过广阳蓟县北"。一般认为《水经》成书于东汉末。这里的"广阳"应是指东汉之广阳郡,而非指西汉燕国所属的广阳县故城(在良乡东北之南、北广阳城处)。东汉广阳郡治即蓟城,蓟县是其领县之一,与郡同治蓟城。蓟城是北京城最早的前身,在今广安门一带,这已是大家的共识。既然灅水出山后,"过广阳蓟县北",说明灅水出山后基本上是向东流的。郦道元注释《水经》时,认为《水经》的这一说法错了,其实未必是《水经》错了,倒可能是郦道元忽视了河道变迁的事实。《宋史·宋琪传》记载:宋端拱二年(989)宋太宗欲伐辽,诏群臣献计献策。在宋琪的奏疏中提到"其桑乾水属燕城北隅,绕西壁而转……"。按宋琪是幽州蓟县人,必熟悉家乡地理。他说的桑乾水即灅水(今永定河),燕城即辽南京城。当时桑乾水出山后是冲着辽南京城的西北隅而流的,又从城西转向南流。从上述桑乾水的流势来看,当是的桑乾水河道在今永定河之北是毫无疑问的。在京西五棵松路口西南有"沙窝"、"沙沟"等地名,应是永定河(桑乾河)故道流经此地的遗迹。灅水出山后,在今永定河河道之北向东流,那么其北的梁山就非今老山莫属,因为在石景山以东,除了老山外,没有什么像样的山了。

因此,我的看法是:梁山就是今老山。

二、戾陵堰、车箱渠与高梁河

《水经注·鲍丘水》篇引《刘靖碑文》云:刘靖在经过一番实地考察后,于嘉平二年(250),使帐下丁鸿督军士千人,"立遏于(灅)水,导高梁河,造戾陵堰,开车箱渠"。由这段文字的记述来看,导高梁河,造戾陵堰,开车箱渠,是刘靖兴举水利的同一工程中密切相关的三个环节,或者说是联为一体的三个子工程。在这三个环节或子工程中,我认为"导高梁河"是主体,"造戾陵堰"是重点,"开车箱渠"是关键。

为什么这样说呢? 因为修造这项水利工程的主要目的是灌溉蓟城附近的土地,发展农业生产,保障粮食供应,增强军事重镇蓟城的实力,以防御北方部族南侵。

要灌溉,首先需要修整或长或短、或宽或窄、或深或浅、有主有次的多种形式和规格的渠道。所谓"导高梁河",我认为就是疏导修整主灌溉渠道。因此,可以看作是刘靖兴举水利的主体工程。问题在于所谓"导高梁河"指的是哪条高梁河? 又是怎样"导"的? 同一部《水经注》中,前后对高梁河的记述差别明显。先看《水经注》对高梁河源头的记述:

　　《水经注·㶟水》篇，一说是"㶟水又东南迳良乡县之北界，历梁山南，高梁水出焉。"假设老山就是梁山，那么高梁河是在老山南或东南由㶟水分出。也就是说，高梁河的上源是与㶟水联通的。《水经注·鲍丘水》篇中，说："鲍丘水入潞，通得潞河之称矣，高梁水注之。水首受㶟水于戾陵堰，……水自堰枝分，东迳梁山南，又东北迳刘靖碑北。"按这里所谓从戾陵堰分出的高梁河与《㶟水》篇所谓从流经梁山南的㶟水而分出的高梁水，应是指同一条河。但《水经注·㶟水》在记述"㶟水又东北迳蓟县故城南"之后，又说："㶟水又东南，高梁之水注焉。水出蓟城西北平地泉流。"由此得知，从蓟城西北平地又流出一条高梁河。显然，出自蓟城西北平地的这条高梁河与从㶟水分出的高梁河是有差别的。还有，《鲍丘水》篇引《刘靖碑文》说："高梁河水者，出自并州，潞河之别源也。"按并州即今山西，自并州而出的高梁河，只能是桑乾河或卢沟河的别名。这又把高梁河的源头上溯到山西省去了。

　　下面让我们再看一看《水经注》对高梁河尾流的记述：

　　《㶟水》篇谓高梁河自蓟城西北平地泉流流出后，"东注，迳燕王陵北，又东迳蓟城北，又东南流，《魏土地纪》曰'蓟东十里有高梁之水'者也。其水又东南入㶟水"。《鲍丘水》篇谓高梁河"又东南流，迳蓟县北，又东至潞县，注于鲍丘水"。这里非常明确地说，高梁水一条注入㶟水，一条注入鲍丘水，显然是下游流向不同的两条高梁河。

　　既然《水经注》中的高梁河源出有异，流归有别，看起来这似乎是两条风马牛不相及的河。其实不然，《水经注》中高梁河指的就是西直门外的这一条高梁河。我认为，源出蓟城西北平地的高梁河应该是高梁河的正身。因为《水经注·㶟水》引用俗谚云："高梁无上源，清泉无下尾。"意思是"高梁微涓浅薄，裁足津通，凭藉涓流，方成川甽。清泉至潞，所在枝分，更为微津，散漫难寻故也"。这里所说的高梁河上原状况与我们想象的其源出蓟城西北平地泉流的状况是相似的。

　　那么，为什么《水经注》中对高梁河的记载有如此明显的不同呢？在梁山南由㶟水分出的高梁河与出自蓟城西北平地的高梁河，以及从蓟城东十里东南流注㶟水的高梁河与东至潞县注入鲍丘水的高梁河，他们之间是什么关系呢？这些问题的解答，需要进一步了解戾陵堰和车箱渠。

　　要灌溉，当然必须有水。水从何来？引用㶟水之水。㶟水"长岸峻固"，滔滔东流，如何引用？办法是"直截中流，积石笼以为主遏，高一丈，东西长三十丈，南北广七十馀步（旧时一步多为五尺，七十馀步约合三百五十馀尺，即三十五丈馀）"。这就是在㶟水河道中用石笼（当是笼中装碎石）修筑一道拦水堰坝，提高㶟水河道中的水位，以便引流灌溉。这如同现代修水库，所不同的是现代水库大坝高峻宏伟，坚如磐石。坝址以上河水全被拦蓄成水库，而以下河道水量大减，甚至断流。而刘靖所"造戾陵堰",没有那么高大坚固,"山水暴发,则乘遏东下;平流守常,则自(水)门北入(车箱渠)。"这就是说,当山水暴发时,滚滚洪流可漫过戾陵堰而东流;即使平水时期,河水也会通过石笼缝隙渗漏出去,戾陵堰以下的㶟水河道不会断流。因为戾陵堰是拦水的,所以可视为刘靖兴举水利的重点工程。在这里应当特别指出:尽管戾陵堰的南北宽度超过东西长度,但它是一座东西走向的拦水坝。这就是说,修戾陵堰处的㶟水河道基本是南北走向的,水由北向南流。但是,刘靖却"依北岸立水门,门广四丈,立水十丈"。既然水门立在北岸,说明立水门处的㶟水河道又大致呈东西走向,水由西向东流。由此可断,刘靖是在㶟水河道的转弯处修造戾陵堰、设立水门的。

疏导高梁河有了灌溉渠道,修造戾陵堰拦蓄了充足的㶟水河水,但是㶟水在梁山(老山)之南,高梁河源出蓟城西北平地泉(大致在今紫竹院),那么如何将拦蓄的㶟水河水引入高梁河里去呢?于是有了"开车箱渠"的关键措施。仔细琢磨"开车箱渠"四个字,似乎可以得到以下几点认识:第一,车箱渠原来是没有的,是新开凿的一段渠道。一个"开"字,使这一点至为明白。第二,渠称"车箱",当因形似得名,即渠道较宽较直,两岸较陡较深,形似车箱。这是因为新开凿的车箱渠要通过梁山附近高地的缘故。第三,车箱渠的起点无疑是戾陵堰的北水门,终点则在与高梁河的源头,这源头即是蓟城西北平地泉。也就是说,车箱渠应是从老山南戾陵堰的北水门向东北到紫竹院间的连接㶟水与高梁河的一段人工开凿的渠道。有了这段渠道,才能导引戾陵堰之水流入高梁河,以灌溉蓟城南北土地。因此,开车箱渠是刘靖兴举的水利工程的关键环节。

由于车箱渠的开凿,使高梁河原在蓟城西北平地泉的源头向西南方向迁移,使高梁河河身也向西南方向延伸。后来,人们便将车箱渠与高梁河视同为一了。于是,便有了高梁河从流经梁山南的"㶟水分出"或"自戾陵堰枝分"等说法。至于高梁河的下游,我认为流经蓟城东十里而下注㶟水的那条河道为高梁河正身,大致流经今什刹海、北海、中南海以及天坛东原龙须沟一线。至于东去潞县汇入鲍丘水的高梁河,我认为是后有的。《水经注》引刘靖碑碑文云:景元三年(262)樊晨受遣改造戾陵堰水门和车箱渠,使"水流乘车箱渠,自蓟西北迳昌平,东尽渔阳潞县,凡所润含四五百里,所灌田万有馀顷。"这里的"自蓟西北"一语,说明当时灌渠仍然利用高梁河;而"东尽渔阳潞县"一语,说明由高梁河分出一股水流东去潞县。这新分出的向东流去的渠道,我认为就是今坝河的前身。至于"迳昌平"一语,当是由高梁河向北分出的支渠与清河相通的结果,如德胜门外的小月河之类。

总之,我认为"导高梁河,造戾陵堰,开车箱渠",是刘靖镇守蓟城时兴举的三位一体的水利工程。"导高梁河"是疏浚修整灌溉渠道,为主体工程。"造戾陵堰"是拦蓄灢水河水,为重点工程。"开车箱渠"是联通戾陵堰水与高粱河,为关键工程。此外,我认为高粱河的正身应是源出蓟城西北平地泉流的高粱河;戾陵堰应在梁山(老山)之南或稍东南;车箱渠应是从戾陵堰北水门向东北至蓟城西北的高粱河源头之间的一段人工开凿河道。

三、永济渠新解

《隋书·炀帝纪》:大业四年(608)正月,"诏发河北诸郡男女百余万开永济渠,引沁水南达于河,北通涿郡"。隋涿郡治所即蓟城,也就是说,隋炀帝时所开永济渠通到今北京。大业七年(611)二月,隋炀帝"自江都(今扬州)御龙舟入通济渠(从黄河南荥泽至淮河盱眙),遂幸于涿郡"。四月,"至涿郡之临朔宫"。显然,隋炀帝也是御龙舟通过永济渠而到达涿郡的。大业元年(605)八月,隋炀帝乘龙舟幸江都时,"舳舻相接二百余里",好不气派! 六年之后行幸涿郡,当亦如是。

那么,永济渠是从哪里通到涿郡的呢? 比较权威的说法是已故著名的历史地理学家、复旦大学教授谭其骧先生主编的《中国历史地图集》第五册《隋·河北诸郡》图。图中显示永济渠是利用了隋桑乾河下游河道,即从今天津向北,经武清(杨村)大致至河西务,然后向西北大致沿今凤河河道至涿郡(北京)。天津以南至德州,基本与今南运河共道;德州再往西南去,大致就是今卫河河道了。

图中所示的永济渠对不对呢? 天津以上部分,因距北京太远,故舍弃不论,仅就天津至北京河段加以讨论。

对天津至北京间的永济渠所在,言之最详最确者,莫过于北宋人乐史。他在所撰《太平寰宇记》一书卷六九中说:"安次县,本汉旧县。县东枕永济渠。"意思是说,北宋时的安次县城东边靠近或临近永济渠。那么,唐宋时的安次治在哪里呢? 汉代的安次县城在今河北廊坊市西北数里之古县村,上世纪80年代,城墙遗址尚见。《寰宇记》说:"唐武德四年(621),(安次县)移于城东南五十里石梁城置;贞观八年(634),又自石梁城移理于今县西五里常道城置;开元二十三年(735),又自常道城东移就耿桥行市南置,即今县理也。"因此,唐中后期至北宋时的安次县治在常道城东五里。清《嘉庆重修一统志·顺天府·古迹》云:"常道城在东安县(清东安县城在今廊坊南约25里)西北五十里。"今廊坊西约25里有南常道、北常道二村,即常道城所在。其东五里较大的聚落是旧州,因元代及明初东安州治此,故名。唐开元间安次县治自常道城东移就耿桥行市南,也就在旧州这里。既然旧州处是唐开元二十三年之后的安次县治,而且"县东枕永济渠",说明永济渠是从今廊坊市西的旧州镇之东通过的。

　　乐史又在《寰宇记》卷六八"破虏军"下云："永济河自霸州永清县界来，下入淀泊。"按这里的"永济河"即永济渠，是由永清县界向南流到破虏军，而后汇入淀泊的。破虏军即古淤口关。五代时，周世宗从契丹人手中收复"三关"，即益津关、瓦桥关、淤口关，并分别设置霸州、雄州、淤口砦。宋于淤口关置破虏军。《宋史·地理志二》："信安军，同下州。太平兴国六年（981），以霸州淤口砦建破虏军。景德二年（1005）改为信安。"按信安，在今河北霸州东约五十里，是霸州东部的重镇、名镇。《大明一统志》卷 1 云："信安城，在霸州东，古为淤口关。五代周于此立寨，宋升为信安军，金降为县，后置镇安府，元省。"《嘉庆重修一统志·顺天府·古迹》云："信安故城在霸州东五十里。《寰宇记》：本古淤口关。周显德六年（959）收复关南，于此置砦。宋太平兴国六年置破虏军。"可见，今霸州东境之信安镇就是宋破虏军治所。其北不远即永清县界。既然永济渠是由永清县界流入破虏军，那么，永济渠无疑是通过永清县的。《寰宇记》卷六九于"永清县"下云："桑乾水在县北十里，东南流。"如果涿郡境内的永济渠是部分利用桑乾河河道的话，那么永济渠通过永清县北十里之地是可信的。

　　总之，永济渠不经凤河河道，而是由霸州信安向西北来，经永清县北十里、廊坊旧州镇东，然后到涿郡（蓟城），其经由路线大致与龙河河道相近。至于天津以南的永济渠与南运河大致共道。那么，从什么地方折向西来以至破虏军（信安）的呢？《寰宇记》卷 68 于"乾宁县"（今青县）下云："御河（即永济渠）在城南一十步，每日潮水两至，其河从沧州南界流入本军界，东北一百九十里入潮河（当指黑龙港河或子牙河），合流向东七十里，于浊流口（即今天津独流镇）入海。此水西通淤口、雄、霸等州水路。"按正是由于"此水西通淤口（信安）、雄、霸等州水路"，因此，永济渠到独流镇后即折向西行，以至于破虏军（信安），然后再向西北达涿郡。

　　以上对《水经注》中的梁山、戾陵堰、车箱渠、高梁河等提出了一些新的看法，并对隋唐时永济渠在今北京地区的河段通过之地，作了粗略的考证和新解。在此求教于方家，以利推进相关问题的深入研究，彻底破解历史之谜。

（作者系北京市社会科学院历史所研究员）

从《水经注》看古代北京地区水系原貌

吴文涛

《水经注》序曰:"《易》称天以一生水,故气微于北方而为物之先也。《玄中记》曰:天下之多者,水也,浮天载地,高下无不至,万物无不润。"[1]水是生命的源泉,是人类不可缺少的宝贵资源,也是城市形成与发展过程中具有决定性意义的影响因素之一。古都北京在从早期聚落成长为全国首都的历程中,水资源的丰歉、水环境的优劣及其变迁一直是人们极为关注的话题。近几十年来众所周知的水资源危机,更是把人们的视野聚焦在北京历史上水环境状况及其利用的反思上,迄今已出现一大批研究成果。在这些研究中,郦道元的《水经注》是人们不可或缺的文献依据,尤其是对于认识和还原北京地区早期河流水系分布状况具有极其珍贵的史料价值。早在1959年侯仁之先生主编的《中国古代地理名著选读》一书中,就曾对这个问题有过论述,此后很多学者不断把这一论述付诸实践,使得北京历史时期水环境的研究更为深入、明晰。本文在此基础上做一梳理,以期为系统研究古今北京地区水系环境的变迁做出些许贡献。

涉及今北京地区地理情况的记载主要集中于《水经注》卷一二至一四,包含在《圣水》、《巨马河》《灅水》、《漯馀水》、《沽河》、《鲍丘水》等篇章中。大体说来,灅水是今天的永定河,鲍丘水、沽河、巨马水、圣水、湿馀水(漯馀水)分别是今天的潮河、白河、拒马河、大石河、温榆河。正是有赖于这几篇总共不足两万字的著述,我们获得了北魏以前关于北京地区河流水系基本状况的系统认识。试分述如下:

一、灅水

灅水是永定河的前身,在历史上有桑乾河、浑河、卢沟河等名称,清康熙三十七年(1698)始定现名。《水经》中的相关记载是这样的:"灅水出雁门阴馆县(治所在今山西朔州市东南55里下关城村),东北过代郡桑乾县(治所在今河北蔚县东北)南(引者按:"南"应为"北",《水经》误),又东过涿鹿县(治所在今河北涿鹿县东南四十里古城)北,又东南出山,过广阳蓟县(治所在今北京西南广安门一带)北,又东至渔阳雍奴县(治所在今天津武清区西北土门楼村)西,入笥沟(潞水别名,今北运河)。"[2]它只给出了古永定河的一个大致流向和轮廓。

借助于郦道元《水经注》的《㶟水》篇,我们对㶟水的河道源流则有了更加清晰的认识:仅就今北京地区的河段来说,"㶟水南至马陉山,……瀑布飞梁,悬河注壑,湖湍十许丈,谓之落马洪","自南出山,谓之清泉河","又东南迳良乡县之北界,历梁山南,高梁水出焉";"又东迳广阳县故城北,……又东北迳蓟县故城南,……昔周武王封尧后于蓟,今城内西北隅有蓟丘,因丘以名邑也"[3]。也就是说,㶟水即古永定河从今山西朔州境内发源后,经过今河北蔚县、涿鹿进入今北京市境内。河水在官厅附近开始穿越西山山峡地段,这一段叫做"马陉山"。在官厅水库未筑以前的洪水时期,永定河上游从怀来盆地开旷泛滥的河面上汹涌而来,在官厅山峡的口上,也就是现在官厅水库拦河坝所在的地方,奔泻穿行于悬崖壁立的深山峡谷[4]。流出西山之后的河段称为"清泉河",继续向东南流到良乡县(治所在今北京房山区窦店镇西南土城)北界,又经过梁山(具体位置及今是哪座山详见下文)南侧,转而东流,经过广阳县故城(即今房山区良乡镇东北十里广阳城村)以北。由此再转为东北方向,经过蓟县故城南,也就是今北京广安门一带的南侧。

蓟县故城——蓟城是今北京城的前身。关于它和㶟水的关系,《水经》的描述是:㶟水"过广阳蓟县北",而在郦道元的注文中则变成了"迳蓟县故城南"。对于这个变化,侯仁之先生的判断是:《水经》记述错误,而《水经注》做了纠正[5];尹钧科先生则认为,《水经》未必有错,这一变化源自从东汉至魏晋间的永定河河道变迁[6]。《水经》中流经蓟城北的㶟水,就是高梁河与今人通过地质勘探得知的"三海大河"——从今石景山附近向东流,经八宝山北、田村、半壁店、紫竹院、高梁桥,再由德胜门以西入积水潭、什刹海、北海、中南海,穿过长安街从人民大会堂西南、前门向东南流,经龙潭湖再向东南,至马驹桥附近汇入㶟水故道(即循今凤河河道),是"永定河从晚更新世以来延续到全新世的一条古河道"[7],其消亡"大约可以晚到汉代"[8]。关于这条古永定河河道,以往不见有人给出有力的文献依据,《水经注·鲍丘水》里收录的《刘靖碑》中有"高梁河水者,出自并州"语[9],还多以为谬误。如今,随着地质勘探技术的介入和今人研究的深入,证实了这条古河道的存在。由此,让我们进一步认识到:魏晋以前,水量巨大的古永定河流出西山之后,在北京平原西北高、东南低的地势引导下,发生河流改道或者分汊漫流、多股并存的情况是很正常的,而其间一直处于稳定状态的蓟城,其实是见证河流改道的参照物。

㶟水到达蓟城附近后,"又东与洗马沟水合,水上承蓟水,西注大湖。湖有二源,水俱出县西北平地,导源流结西湖。湖东西二里,南北三里,盖燕之旧池也。绿水澄澹,川亭望远,亦为游瞩之胜所也。湖水东流为洗马沟,侧城南门东注,昔铫期奋戟处也,其水又东入灅水。灅水又东迳燕王陵南,……灅水又东南,高梁之水注焉。水出蓟城西北平地,泉流东注,迳燕王陵北,又东迳蓟城北。又东南流,《魏土地记》曰'蓟东十里有高梁之水'者也。其水又东南入灅水"[10]从这里可以知道,古永定河从蓟城以南向东流的过程中,汇入了一条重要的支流"洗马沟水"。据侯仁之先生考证,这条小河"上源出自今北京广安门外的莲花池,只是下游已被导入今外城西护城河内,其故道东南流入今凉水河(北魏时曾是灅水所经过的河道),在一九一五年实测的北京四郊地图上还依稀可见"[11]。这里的"大湖"或"西湖",就是今天莲花池的前身。这个湖泊的水源来自西北平地的泉水,湖面宽广,郦道元时代就已是著名的游览胜地。西湖水顺着靠近蓟城南门的河道——洗马沟——向东流,不久即汇入灅水,其故道就在今右安门外的凉水河一线。灅水继续东流,经过燕王陵(位于蓟城东南)以南。由此转为东南方向后,又有"高梁之水"注入灅水。这里的"高梁之水"即上文所提到的高梁河与"三海大河",对此,下文再予以详述。

灅水"又东至渔阳雍奴县西入笥沟。笥沟,潞水之别名也。《魏土地记》曰'清泉河上承桑乾河,东流与潞河合。'灅水东入渔阳,所在枝分,故俗谚云:'高梁无上源,清泉无下尾。'盖以高梁微涓浅薄,裁足通津,凭藉涓流,方成川圳。清泉至潞,所在枝分,更为微津,散漫难寻故也"[12]。这一段描述了北魏时期灅水下游表现为多条分支漫流的状况。文中的"清泉河"是指灅水冲出西山之后,所流经蓟城以南的河段。西晋发生"八王之乱"时,成都王司马颖密令右司马和演,设法杀死都督幽州诸军事的王浚,"于是与浚期游蓟城南清泉水上"[13],就是指的这一段河流。郦道元告诉我们,高梁河凭借平地涌泉的水量补充保持了原有河道的模样,而清泉河行进到渔阳雍奴县(今天津武清区西北旧县村)后分汊成很条小河沟,在下游平原上大体呈自西向东方向漫流,一部分与由北向南的潞水(今北运河)汇合,其余的则水量趋于微小,逐渐消失在雍奴薮之类大大小小的淀泊中,因而形成了"高梁无上源,清泉无下尾"的局面。

二、高梁水和高梁河

前文屡屡提到的"高梁水"或"高梁河",是北京城市水系中一条十分重要的河流。它与永定河的关系,与北京城址变迁的关系,与北京漕运的关系以及相关的水利工程等等,都是北京历史进程中绕不过去的话题。在《水经注》中,郦道元给出了有关"高梁水"或"高梁河"的原始概貌及其源流。首先,在《灅水》篇中记:灅水"历梁

山南,高梁水出焉",然后,在卷一四《鲍丘水》中对它进行了更详细的描述:

> "(高梁水)首受漯水于戾陵堰,水北有梁山,山有燕刺王旦之陵,故以戾陵
> 名堰。水自堰枝分,东迳梁山南,又东北迳刘靖碑北。其词云:魏使持节都督河
> 北道诸军事、征北将军、建成乡侯沛国刘靖,字文恭,登梁山以观源流,相漯水以
> 度形势,嘉武安之通渠,羡秦民之殷富。乃使帐下丁鸿,督军士千人,以嘉平二
> 年,立遏于水,导高梁河,造戾陵遏,开车箱渠。
>
> 其遏表云:高梁河水者,出自并州,潞河之别源也。长岸峻固,直截中流,积
> 石笼以为主遏,高一丈,东西长三十丈,南北广七十余步。依北岸立水门,门广四
> 丈,立水十丈。山水暴发,则乘遏东下;平流守常,则自北门入,灌田岁二千顷。
> 凡所封地,百余万亩。
>
> 至景元三年辛酉,诏书以民食转广,陆废不赡,遣谒者樊晨更制水门,限田千
> 顷,刻地四千三百一十六顷,出给郡县,改定田五千九百三十顷。水流乘车箱渠,
> 自蓟西北迳昌平,东尽渔阳潞县,凡所润含,四、五百里,所灌田万有余顷。高下
> 孔齐,原隰底平,疏之斯溉,决之斯散,导渠口以为涛门,洒滮池以为甘泽,施加于
> 当时,敷被于后世。
>
> 晋元康四年,君少子骁骑将军平乡侯弘,受命使持节监幽州诸军事,领护乌
> 丸校尉宁朔将军,遏立积三十六载,至五年夏六月,洪水暴出,毁损四分之三,剩
> 北岸七十余丈,上渠车箱,所在漫溢,追惟前立遏之勋,亲临山川指授规略,命司
> 马关内侯逢恽,内外将士二千人,起长岸,立石渠,修主遏,治水门,门广四丈,立
> 水五尺,兴复载利通塞之宜,准尊旧制,凡用功四万有余焉。诸部王侯,不召而自
> 至,繦负而事者,盖数千人。诗载经始勿亟,易称民忘其劳,斯之谓乎。于是二府
> 文武之士,感秦国思郑渠之绩,魏人置豹祀之义,乃遏慕仁政,追述成功。元康五
> 年十月十一日,刊石立表,以纪勋烈,并记遏制度,永为后式焉。事见其碑辞。"[14]

这一段文字记载了三国魏嘉平二年(250),由征北将军刘靖主持,在梁山以南的漯水之上修筑了一道分水坝。从这里分出的水流通过人工开挖的车箱渠,引水东下,穿过八宝山一带的丘陵,转为东北方向,导入今紫竹院周围的天然湖泊所汇成的高梁河,从而增加其流量发展蓟城周边的农田灌溉。这个工程到了魏景元三年(262),又由樊晨加以扩建,延长车箱渠,迳昌平县境内到达潞县境内(今通州)。西晋元康五年(295),骁骑将军、平乡侯刘弘,又再次维修。其效益历曹魏至西晋,持续数十年之久。所引永定河水灌溉了蓟城南北广阔的土地,"凡所润含四五百里,所灌田万有余顷"[15]。北朝时,幽州刺史斛律羡又曾利用车箱渠故道,将永定河水先向东再向北引,

与易京水（即温榆河）合，东注潞水（白河），开发漕运，使车箱渠的灌溉功能进一步扩大。

由此，人们通常以为这条"高梁水"是从梁山以南开凿出来的一条人工渠道，即车箱渠。而对其冠以"高梁水"之名的传统理解是：因为开了车箱渠，使其上源与㶟水相连接，等于向上延长了高梁河；也正因如此，《鲍丘水》篇中所录刘靖碑文有"高梁河水者，出自并州"语[16]，遂勉强可以解释[17]。其实，结合《水经注》的上下文和其他文献的佐证，加上考古、地质勘探等技术支持，如今可以得出一些不同的理解：

其一，"高梁水"、"车箱渠"与高梁河及㶟水的关系：

尽管《水经注》有关"高梁水"的记载分述于不同篇章，表述的发源与尾流也不尽相同，但实际上却是同一条河道，今西直门外的高梁河就是它们共同的一段故道。《水经注·㶟水》篇记："㶟水又东南，高梁之水注焉。水出蓟城西北平地，泉流东注，迳燕王陵北，又东迳蓟城北。又东南流，《魏土地记》曰'蓟东十里有高梁之水'者也。其水又东南入㶟水。"这里所说的"高梁之水"是一条原本就存在的天然河流。经地质人员实地勘测，其走向大致为：自今紫竹院向东，经高梁桥至今德胜门，再南折为今积水潭、什刹海、北海、中海，穿过今长安街人民大会堂西南，再向东南流经前门、金鱼池、龙潭湖，经左安门以西流向十里河村东南，又与㶟水相合——也就是上文提到的"三海大河"中的一段。据地质勘探得知，"此河宽度一般在300米左右，但在供电局至棋盘街一带约宽600米。地层岩性，表层6米—7米以上为杂填土，6米—7米以下为全新世沉积的黏性土，在10米以下为更新世晚期堆积的砂、砾石层"。[18]很显然，这条"高梁之水"其实就是从更新世晚期直至东汉末年的古永定河河道（见上文所述，它起源于今石景山附近的㶟水，向东流经八宝山北、田村、半壁店接今紫竹院以下河道）。尽管㶟水在东汉以后开始改道南迁，但由于有今紫竹院附近泉水（其实也是古永定河河道地下水的浅层溢出）的不断汇入以及原有水体残存形成的湖泊，从今紫竹院以下的河道并没有断流。在斜穿过整个今天的北京城后，于当时的蓟城东南再次汇入㶟水。

刘靖在"梁山南"开车箱渠所分出去的"高梁水"，实际是利用了㶟水"三海大河"的一部分故道，重新开通了这条河，所以在郦道元时代及以前仍以"高梁水"名之，这其实是表明了两者之间原本的承继关系和河流变迁的进程，并非记载谬误或前后文相抵。从这个角度看来，或许我们应该把"三海大河"这条永定河故道直接命名为"古高梁河"更为妥当，显然，在郦道元之前很久它就已经存在了。

其二，"梁山"到底在哪儿？是今天的什么山？

位于㶟水东岸、海拔183米的"石景山"，是这一带最突出的独立地物，曾长期被视为刘靖登临的"梁山",在早期的不少论著中尤其如此。随着地理考察与文献解读的深入,这种认识已经被修正。这是因为,如果梁山就是石景山的话,车箱渠理应自西向东流过石景山南侧,这才符合"水北有梁山"的描写。但是,石景山南侧却缺乏"两山夹一谷"之类的天然便利条件,在古代工程技术条件下,选择此地开渠引水显然不是明智之举。相反,位于石景山西北约1.4公里的四平山及其东南相邻的黑头山,同样处在永定河东岸,与石景山之间具有"两山夹一谷"的天然地形缺口,既为开渠引水提供了低洼易行的沟谷通道与双峰共扼的坚实倚靠,由此修建水门也能大大减少工程量,理应成为刘靖主持兴修水利时的首选。"1986年,石景山发电总厂发掘出三合土砌的拦水坝一条,与永定河床平行。该坝长300米,高2.4米,上宽0.5米—1米,底宽2米—2.5米,中段为引水闸口"[19]。这条拦水坝就是金代开凿、元代郭守敬重开的"金口"遗址,位置正处于石景山与四平山之间。河流的泥沙淤积是造成古今地形差异的重要力量,但山梁与沟谷决定的总体地理格局很难移易,水利工程选址的历史继承性也就取决于地理环境的形格势禁。由此推断,金口的选址在很大程度上是戾陵堰和车箱渠的继承者,上述与永定河床平行的拦水坝遗址,其位置应与当年车箱渠水门及其两侧的堤岸大致重合。对照这一带的山河形势,戾陵堰应是一道紧靠石景山西侧山包、朝着西北即㶟水上游来水方向伸到对岸的拦河坝,由此把河水滞留在石景山以北、四平山以南的河段。两个山包之间相对低洼的"地形缺口",则是把㶟水引入车厢渠的取水口。由于"(戾陵堰)拦河坝位于石景山西麓的永定河上,(车箱渠)取水口在四平山和石景山之间地形缺口处,即今石景山发电厂所在地"[20],车厢渠以北的"梁山"只能是今天的"四平山"而不是"石景山"。

　　与上述推测略有不同的是,位于"四平山"东南约1公里、海拔219.3米的黑头山,是研究者关注的另一个"梁山"。1991年出版的《石景山区地名志》"黑头山"条写道:"在此山南侧,有三国时期魏国镇北将军刘靖修建的、北京历史上第一个大型水利工程和车箱渠旧址。据《水经注》记载:'……水北有梁山……'文中之梁山即今之黑头、四平等山"[21]。在文献研究和田野考古都不够充分的条件下,这里将"梁山"定位为"今之黑头、四平等山",体现了慎重客观的科学态度。1992年,北京市地方志办公室罗保平先生撰文,根据石景山一带的地形特点与工程技术上的可能性推断:"刘靖建戾陵遏最理想的选址,应该在今黑头山与石景山之间,也就是说在石景山北麓,借助石景山与黑头山两座山体来修建坝闸。这样可收到两种效果:第一节省工料,第二比较安全可靠"[22]。该文论证了梁山不是今天的石景山,虽然倾向于黑头山,却也并未否定四平山是梁山的可能,推测的态度依然相当谨慎。2011年李善征、刘延恺等人撰文,则果断肯定了"梁山是黑头山"的说法,但其推断的依据却也并不充分。比如:(1)"梁山的名称,是因黑头山山顶地形呈平坦条形地带……,形似鼻梁,故称梁山";(2)"站在今黑头山上,地势较高,能纵览灅水和高梁水,能看清黑头山与石景山之间的垭口……"[23]。首先,如果"梁山"确实看起来"形似鼻梁",从民间以约定俗成的方式为某一地域命名的普遍规律看,称之为"鼻山"或"鼻子山"显然更加形象生动,也更通俗易接受。如果排除了以姓氏或人物为名的可能,从地物的形状解释"梁山"的语源,也应当是由于山脊线平直、与房梁相似而得名。其次,笔者登临四平山时发现,它同样具有"山顶地形呈平坦条形地带"的特征,同样可以观永定河(古灅水)和石景山附近乃至更远地方的风物,而且地势更高(海拔223.3米),有"一览众山小"之势;如果从"观源流"的角度说,站在此山看三家店以上永定河的出山形势当更为合理。从山体构成来看,四平山和黑头山实际是同一座山脉的两个山头而已,在等高线150米以下它们是相连的同一座山体,在平面图上呈现出"人"字形的脊梁状:稍高一些的四平山面向西南,略矮一点的黑头山伸向东南,像牛头上的两只犄角。另外,在郦道元时代,这一带地方尚未充分开发,人烟稀少,地标的认定并不会像现在这么精细,山的命名不会细分到每一个山头;"四平山"、"黑头山"之名显然都是随着人们来到附近开发、居住后才出现的,是对这座山体支脉的进一步细分。所以,从山体构成、形状及山名语源等因素推断,当时的"梁山"其实是指包含今"四平山"、"黑头山"在内、位于永定河东岸与石景山对峙的这座山岭的整体。目前非要认定"梁山"到底是四平山还是黑头山既缺乏依据,也没有意义,因为它并不影响我们对于"梁山"基本方位的确定及其与石景山之间垭口位置的认定。如果执意用一个山头来代表的话,那么海拔高一点的四平山理应更妥。

三、灅馀水、沽河、鲍丘水

历史上的鲍丘水、沽河、灅馀水,就是现在的潮河、白河、温榆河。"灅馀水"在《水经注》中作"湿馀水"。"灅"字误写字形相近的"湿"或"温"的历史由来已久,而"馀"字又被同音异写为"榆",这就是后来出现"温榆河"一名的原因。陈桥驿先生在点校《水经注》时注释说:"案《汉书·地理志》:上谷郡,军都温馀水,东至路南入沽。《元史》:泰定三年,温榆水溢。《昌平山水记》云:温榆河,即昌平之榆河,《辽史》作温渝,本《水经注》之湿馀水,以字相似而讹也。今考'温'与'湿'并'灅'之讹。《后汉书·王霸传》云:可从温水漕。温水,乃灅水,唐韦挺运米至卢思台,方知渠闭,则旧坏不修耳,霸所漕者温水,非温馀水也。李贤注引温馀释之,疏矣。灅水有《说文》为显证,而温馀见《汉书》,湿馀见《水经》,承讹已久,今姑仍之"[24]。为了纠正这一讹传,在此将《水经注》中的引文改写为"灅馀水"。

　　《水经》记载："灅馀水出上谷居庸关东,东流过军都县(治所在今北京昌平西南十七里土城村)南,又东流过蓟县(治所在今北京广安门一带)北,又北屈东南至狐奴县(治所在今北京顺义区东北三十里呼奴山西侧)西,入于沽河。"[25]郦道元对于这一段的注文称:"其水导源关山,南流历故关下,……其水南流出关,谓之下口,水流潜伏十许里也。……灅馀水故渎东迳军都县故城南,又东,重源潜发,积而为潭,谓之灅馀潭。又东流,易荆水注之。"与当代的地形相对照,这段注文的意思是:灅馀水发源于居庸关以东的关沟,南流经过军都关(今昌平南口),然后潜流地下十余里,再过军都县故城(今昌平西南的土城村)南,继续向东则与多条山沟的水流汇聚为一处水潭,随后有易荆水注入灅馀水之中。关于易荆水,按照郦道元的注文,它导源于蓟城西北的"千蓼泉",其地应在今昌平境内。透过这个以水生植物红蓼命名的泉水名,可以想见那里水草丰美的景象,而"丁蓼水"这个别名应是"千"与"丁"字形相似引起的误写。易荆水东流,有虎眼泉水(在今昌平旧县东)汇入;转为东南流之后,又有发源于孤山的塔界水来汇;再向东流,经过蓟城之北、昌平故城(今昌平沙河镇上下东郭村)南,这一段因此又有"昌平水"之名。在接纳了昌平水之后,灅馀水转为东南流,又接纳了"芹城水","迳安乐故城西",随后在狐奴县西南向东流入沽河。安乐故城即西汉渔阳郡安乐县治所,其地在今顺义西南之古城村。这就是灅馀水(古温榆河)在北魏之前的大略情形。

　　但为什么称"灅馀水"? 它与灅水有什么关系吗? 随着当今地质勘探和卫星勘测等技术的发达,今人在北京西山山前平原发现了4条从晚更新世后期到全新世发育的永定河古河道,由北而南分布,被依次命名为:"古清河"故道、"古金钩河"故道、"灅水"故道和"古无定河"故道。"古清河"从今石景山附近(应当也是从其北、"梁山"南之间)流向东北,经西苑、清河镇接温榆河。据勘测其河床宽度一般为3公里—4公里,最宽可达5公里。纵比降为0.5%—0.7%(在今立水桥附近达2%)。其砂砾层掩埋在地表以下3米—5米,厚度一般为4米—5米,上游可达7米—8米。越到中下游,砾石的比例减少、粒径也越小,砂砾层之上开始覆盖1米—2米厚的砂层,砂层之上还有一层3米—5米后的泥炭。通过对其砂层中有机物的碳14年代测定得知,这条河道存在于7200年前的前后两三百年间,是古永定河最北的一条故道[26]。也就是说,《水经注》中所记"湿馀水"确实是灅馀水,它原本是古永定河清河故道的一段,古永定河改道南迁之后,由于有关沟水、易荆水等昌平一带泉水汇聚的水源补充,仍保持了一定水体,故称灅馀水。这和上文所述高梁河的情形相类似(古高梁河就是"古金钩河"河床上的一条故道)。当灅水继续向南摆动并最终袭夺了圣水(琉璃河)和巨马河(白沟)下游故道之后,灅水与灅馀水、沽水的关系就更加疏远了。

　　沽河或称沽水，《水经》记载："沽河从塞外来，南过渔阳狐奴县北，西南与湿馀水合，为潞河；又东南至雍奴县西，为笥沟（今北运河）；又东南至泉州县（治所在今天津武清区西八里城上村），与清河合，东入于海。"[27]根据郦道元的注文，沽河发源于御夷镇西北九十里丹花岭下，其地在今河北省沽源县境内，流经赤城县，穿越燕山的沟谷，西南流过渔阳县故城（今怀柔梨园庄）西，又南流迳安乐故城（今顺义西北的衙门村）东，这一段俗称为西潞水（今白河）。沽水南流途中有灅馀水自西注入，东侧的鲍丘水（俗称东潞水）也来会合。东、西潞水合流后继续向南经过潞县（东汉至隋的治所在今河北三河市西南城子村），被称为"潞河"，随后向东南漫流入海。

　　俗称东潞水的鲍丘水，是古代北京地区另一条重要河流，也就是今天的潮河。《水经》记载："鲍丘水从塞外来，南过渔阳县东，又南过潞县西，又南至雍奴县北，屈东入于海"[28]。郦道元的注文指出：鲍丘水西南流经犷平县故城（淹没在今密云县东北石匣一带的密云水库）东，又西南经过渔阳县故城（在今怀柔梨园庄）南、狐奴城（在今北京顺义区东北三十里呼奴山西侧）东，注入沽河即白河。鲍丘水进入潞县之后，也被通称为潞河。其间，它接纳了魏景元三年（262）由樊晨加以扩建、延长的高梁河分支水，也就是从今德胜门水关附近向东又加开的一道支渠连接潞河，以灌溉昌平、潞县境内的农田，"现在北京东直门外的坝河可能就是它的一段遗迹"[29]。鲍丘水先后流过潞县（东汉至隋的治所在今河北三河市西南城子村）故城的西、南两侧，又东南入夏泽，最后在雍奴县北东流入海。郦道元记载："（夏）泽南纡曲渚十余里，北佩谦泽，眇望无垠也。"[30]夏泽与它北面的谦泽，构成了一片宽达十多里的广阔湖区，清初学者顾炎武考证说："今三河县西三十里，地名夏店，旧有驿，鲍丘水迳其下，而泃河自县城南至宝坻下入于海。疑夏店之名，因古夏泽，其东弥望皆陂泽，与《水经注》正合。"[31]这片湖泽的位置，在今河北大厂县西北9公里夏垫镇以东、三河县西南一带，当年的大片水体早已干涸；著名的鲍丘水今天称为鲍丘河，但已缩小为一条季节河的名称，它自三河县西北界经夏垫、大厂县城以东到三河县东南境，通过引泃入潮渠流入潮白新河，已经与历史上的面貌迥然不同了。

　　鲍丘水在雍奴县北与泃河相汇，"泃河"的名称至今未变。《水经注》记载：泃河发源于右北平无终县（治所在今天津市蓟县）西山白杨谷，西北流迳平谷县（治所在今北京平谷县东北十里大北关、小北关一带），先后有独乐水（今黄松峪石河）、盘山水（今豹子峪石河）、泃水（今泃河）、五百沟水（今金鸡河）注入。鲍丘水在会合了泉州渠口（约在今河北香河县东二十四里渠口镇一带）之后，向东又有庚水注入，其水出于右北平徐无县（治所在今河北遵化市东）北塞中，流经燕山南麓，向南经过北平城（在今天津市蓟县境）西，再向南入鲍丘水，这条河流的位置大体与今天的"州河"

相当。作为蓟运河的上源,泃河与州河是蓟运河水系的重要组成部分。

四、圣　水

圣水属于巨马河水系,就是著名的琉璃河的前身。《水经》记载:"圣水出上谷,东过良乡县(治所在今北京房山区驻地良乡镇西南24里窦店镇西南土城)南,又东过阳乡县(治所在今河北涿州市东四十五里长安城)北,又东过安次县(治所在今河北廊坊市西北十里古县村)南,东入于海。"[32]这条河道证明,汉代的圣水是独立入海的。到郦道元为《水经》作注的北魏时期,圣水过安次县故城之后,"又东南流注于巨马河而不达于海也"[33],可见其下游河道已发生了巨大变迁。

关于圣水在北京附近的情形,《水经注·圣水》写道:"水出郡之西南圣水谷(即今房山区良乡镇西南六十里圣水峪),东南流迳大防岭(亦称大防山、大房山,在今房山区良乡镇西北三十五里)之东首山下。……圣水又东迳玉石山,谓之玉石口,山多珉玉、燕石,故以玉石名之。其水伏流里余,潜源东出,又东,颓波泻涧,一丈有余,屈而南流也。"在向东到达良乡县境后,"圣水南流,历县西转,又南迳良乡县故城(今窦店西南土城)西,王莽之广阳也。有防水(即今房山东北的丁家洼河)注之,水出县西北大防山南,而东南流迳羊头阜(今房山东北七里的羊头岗村)下,俗谓之羊头溪。其水又东南流,至县东入圣水。圣水又南与乐水(今房山以东的东沙河)合,水出县西北大防山南,东南流,历县西而东南流注圣水。圣水又东迳其县故城南,又东迳圣聚(即今琉璃河镇董家林、黄土坡一带的琉璃河商周遗址所在地,一般认为这里是西周初年召公奭的始封地、燕国最初的都城)南,盖藉水而怀称也。又东与侠河(即今夹括河)合,水出良乡县西甘泉原东谷,东迳西乡县故城(今良乡西南55里长沟镇东侧土城)北,王莽之移风也,世谓之都乡城。按《地理志》,涿郡有西乡县而无都乡城,盖世传之非也。又东迳良乡城南,又东北注圣水,世谓之侠活河,又名之曰非理之沟也。"与今天的河道比较,圣水的主干即位于琉璃河镇以北的大石河(琉璃河镇以下的河段亦称琉璃河,两个名称往往通用),历史上的各个支流也大致有迹可寻。北宋乐史《太平寰宇记》也记载:"圣水,《郡国志》云:俗名回城水,源出县西北玉石山。"[34]今琉璃河镇西北三里、大石河由南流变为东流的转折处,河道东北岸有一村落就以"洄城"为名,足证回城水、圣水、大石河、琉璃河实为一水。但是,今天的大石河向东南流出房山区界不久,就在河北涿州市以东28里的小柳村北汇入了北巨马河,与《水经》记载的圣水单独入海或《水经注》所说直到下游才汇入巨马河的情形大相径庭。

五、结　语

　　综上所述，通过对《水经注》相关记载的追根溯源、条分缕析，我们得到了关于北京早期历史上的河流水系概况，也就是北京上升为全国都城之前的一个水环境背景。正如侯仁之先生所指出的那样："根据《水经注》所提供的丰富而详实的资料，我们就有可能把一千七百年以前（按：当时是 1959 年）北京及其近郊的地理情况进行'复原'，并且把它描绘在地图上。这样一幅地图对我们是有莫大价值的。从这一幅地图上，一方面我们可以看到当时北京城的城址和近郊历史的踪迹以及原始的河流与湖泊的分布等；另一方面我们还可看到在北京近郊第一次出现的一些较大规模的改变自然情况的措施，例如拦河堰的修筑、天然河流的导引以及人工渠道的开凿等。到现在为止，这样一幅地图，是我们所能复原的北京地区的一幅最早的地图，也是我们比较全面的研究北京历史地理的一个重要起点。"[35]

　　的确，正是有了这个起点，我们才得以清楚地看到此后沧海桑田的历史变迁和这个城市翻天覆地的变化。从学术研究层面上讲，凭借几代人的不断努力和各种研究手段的进步，从《水经注》这个起点走出的学术道路也愈加宽广了，《水经注》所提供的底图如今已经被描绘得越发清晰和准确。

　　近年来，随着考古、勘探技术的进步和历史文化热的升温，历史遗迹的寻踪踏勘再次引发热潮。几乎各行各业都有热心人士在关注着北京水环境的历史变迁，分别从工程技术层面、地质学、地名学层面乃至民间传说和民俗学等各个角度提出了对北京古河道流变的解释，其中有些推断颇为新奇、震撼。诚然，在有关水系河道的分布流向及其水利工程的寻古探幽中，根据地形特点和工程技术上的可能性推测其相对精确的位置，无疑是与文献解读互为补充且必不可少的研究途径。但是，随着自三国至晚近以来的河流改道、泥沙淤积等一系列区域环境尤其是地貌的变迁，远古时期的水利工程也大多湮废已久，要想寻找完整真切的水道遗迹和古代水利设施颇为不易。如果单纯从技术手段和所谓科学原理出发进行推测，而轻易否定古人文献记载的价值，势必会产生历史学、文献学、语言文字学等方面的常识性错误。因此，我们今天的研究仍然要以准确理解《水经注》的记载为首要前提，否则将失去研究工作的基石、得出错误的结论。

（作者系北京市社会科学院历史所副所长，副研究员）

注　释

1　郦道元:《水经注》郦道元序，上海古籍出版社 1990 年版，陈桥驿点校本。

2　3　10　12　郦道元:《水经注》卷一三《漯水》。

4　侯仁之主编:《中国古代地理名著选读》第 101 页,科学出版社 1959 年版。

5　侯仁之主编:《中国古代地理名著选读》第 102 页。

6　尹钧科等:《历史上的永定河与北京》第六章第 167—168 页,北京燕山出版社 2005 年版。

7　孙秀萍、赵希涛:《北京平原永定河古河道》,《科学通报》1982 年 16 期。

8　18　孙秀萍:《北京城区全新世埋藏河湖沟坑的分布及其演变》,《北京史苑》第 2 辑,北京燕山出版社 1985 年版。

9　14　16　28　30　郦道元:《水经注》卷一四《鲍丘水》。

11　侯仁之主编:《中国古代地理名著选读》第 103 页。

13　房玄龄等:《晋书》卷三九《王浚传》,中华书局 1974 年版。

15　《三国志·魏书》卷一五《刘馥传附刘靖传》。

17　侯仁之主编:《中国古代地理名著选读》第 107 页。

19　石景山区地名志编辑委员会:《石景山区地名志》第 431 页,科学技术出版社 1991 年版。

20　石景山区地名志编辑委员会:《石景山区地名志》第 438 页,科学技术出版社 1991 年版。

21　《石景山区地名志》编辑委员会:《石景山区地名志》第 89 页,科学技术出版社 1991 年版。

22　罗保平《刘靖建戾陵遏位置之商榷》,苏天钧主编《京华旧事存真》(第一辑),北京古籍出版社 1992 年版。

23　李善征、刘延恺、方伟、龚秀英《戾陵堰、车箱渠位置的新释读和寻迹》,《北京水务》2011 年第 5 期。

24　陈桥驿点校《水经注》卷一四"漯馀水出上谷居庸关东"句下注文。

25　郦道元:《水经注》卷一四《漯馀水》。

26　王乃梁、杨景春等:《北京西山山前平原永定河古河道迁移、变形及其和全新世构造运动的关系》。《中国第四纪委员会第三次会议论文集》,科学出版社 1982 年版。

27　郦道元:《水经注》卷一四《沽河》。

29　侯仁之主编:《中国古代地理名著选读》第 106—107 页。

31　顾炎武:《日知录》卷三一"夏谦泽"条,《四部备要》黄汝成《日知录集释》本,中华书局 1936 年版。

32　33　郦道元:《水经注》卷一二《圣水》。

34　乐史:《太平寰宇记》卷六九《幽州》"良乡县",光绪八年金陵书局刊行本。

35　侯仁之主编:《中国古代地理名著选读》第 98—99 页。

"西涯"再考

郗志群　赵晓娇

一、"西涯"探源

就目前检索所及,"西涯"一词最早出现在元人刘敏中《清平乐·次前韵》中,原词云:

> "经春闭户,人不思量处。蓦地花神通一路,留得神仙肯住。相欢忘却无家,对花细引流霞。此日诗来肠断,望君东海西涯。"[1]

文中的"西涯"从字面意义来说表示"水西边"、"边际"等,没有具体的地理含义。这与字典和古籍中对"涯"字的定义是一致的,如:《说文解字》:"涯,水边也,从水从崖。"[2]《玉篇》:"水际也。"[3]可见"涯"与水有密切的关系,这也与什刹海地区的地理环境特征十分吻合。同时,"涯"字还有边缘、边际的含义,说明"西涯"的地理位置可能在湖区的西部或者在该片水域的西部边缘。

"西涯"之名在什刹海地区的流传与长期居住在此地的明代宰相李东阳有关。李东阳有《西涯杂咏十二首》,首次将"西涯"一词与什刹海联系在一起。他虽祖籍茶陵,但却是土生土长的北京人。他在《蜀山苏公祠堂记》中说到:"东阳楚人而燕产"[4],在《山行记》中即称:"予实京产。"[5]幼时的李东阳就曾居住在什刹海边,"西涯"是李东阳对于此地称谓的一种"雅化",盖"涯"即水边河沿。[6]成化初年,李东阳将"西涯"一词作为自己的别号[7],并在这里建有怀麓堂和西涯书屋。他经常和茶陵诗派中的志同好友在西涯之地雅集吟和,留下了很多诗词作品,这里逐渐成为"茶陵诗派"的文会之所。成化十八年(1482),李东阳在城南太仆巷购买了林司寇的房屋[8],从什刹海畔的西涯迁到了这里,此巷后俗称为李阁老胡同。[9]虽然离开了城北这片风景秀丽的水域,但李东阳还经常回到什刹海畔故地重游,并把这里称为"西涯胜地"。在他逝世之后,许多诗家来到什刹海其故址处纪念他的生日,活动至清不衰。

二、李氏西涯宅邸方位及法式善《西涯考》之讹误

"西涯"在什刹海这一地区的具体范围如何确定;其与李东阳宅邸的位置关系如何;其位置究竟是一个点还是一片区域;随着朝代的变迁,它的位置是否发生了变化。要解决这些问题,我们则要从李东阳在什刹海地区的居所和法式善的《西涯考》说起。

李东阳在《游朝天宫慈恩寺诗序》中说:"慈恩即旧所谓海印寺者,在予所居故里。"[10]清人富察敦崇的《燕京岁时记》载:"前明李东阳西涯故居似在今恭亲王府东南隅,前海北岸,非净业湖也。盖鼓楼、响闸正在其左右耳。"[11]清代的《日下旧闻考》也介绍的十分清楚:

"西涯为李东阳幼时故居,成德《渌水亭杂识》云遗址不可问。今考《东海集·诰命碑阴记》云:'曾祖洪武初,以兵籍隶燕山右护卫,挈先祖少傅始居白石桥之旁。后廓禁城,其地已入北安门之内,则移于慈恩寺之东,海子之北。'又云:'吾祖代父役靖难之师,实在行伍以功得小旗,迁居海子之西涯,坐贾为养。'然则西涯者即海子之北、慈恩寺之东也。《集》中重经西涯诗甚多。……然则本《传》东阳四岁能径尺书,景帝召试之甚喜,抱置膝上,赐果、钞。还家时,正在西涯,是其幼时所居之地也。其与程敏政倡和《西涯十二咏》所咏不尽在别业中。大约举其左右之相近者而悉咏之。"[12]

清人邵二泉在其《哭西涯诗》后自注云:"西涯,公旧第也,在慈恩前海子畔。"[13]法式善在其《西涯考》中也考证出李东阳故居的大致位置:"余综诸说,与地址印证,盖广福观(在今鼓楼斜街[14])之南,响闸(今之万宁桥澄清闸[15])之西,月桥(今之三座桥)之北,海潮寺之东,地名煤厂,文正故第当在是。"[16]集合以上记载,李东阳故居周边主要景物确定如下:

名称	又名	诗词出处[17]	沿革及存废
广福观		[明]李东阳《西涯杂咏十二首(广福观)》	位于什刹海前海东北岸烟袋斜街内,明天顺(公元1459年)建,现已修复。《宸垣识略》:"广福观在鼓楼斜街,有碑一,遗迹不可考。"[18]

名称	又名	诗词出处[17]	沿革及存废
响闸	石闸、澄清闸	[元]隽景山《澄清闸》 [明]李东阳《西涯杂咏十二首（响闸）》 [清]高珩《浴响闸》	1. 位于三座桥东，为昔日月牙河水流入什刹海前海处，今不复存。《宸垣识略》："西涯遗址不可问，而响闸、钟鼓楼、慈恩寺、广福观皆在十二咏中。其地当与月桥相近，盖响闸即月桥下闸而钟鼓楼则园中可遥望耳。"[19] 2. 清法式善《西涯考》称响闸为万宁桥之澄清闸，今不复存。 《日下旧闻考》："澄清闸在鼓楼南海子东岸，万宁桥西。至元二十九年建，名海子闸。"[20] 《渌水亭杂识》："响闸即月桥下闸，殆今万宁桥澄清闸也。"[21]
月桥	越桥、海印寺桥、三座桥、三转桥、海子桥	[元]王蒙《海子桥》 [明]胡俨《越桥》 [清]钱载《月桥作》 [清]法式善《西涯晚秋》	1. 元代，万宁桥称为海子桥，现存。 《析津志辑佚》："万宁桥在玄武池东，名澄清闸。至元中建在海子东。至元后复用石重修，虽更名万宁，人惟以海子桥名之。"[22] 2. 明清时期，月桥称为海子桥，今不复存。 《燕都游览志》："海子南岸，旧有海子桥，亦名月桥，俗呼三座桥，近渐圮。"[23] 《宸垣识略》："海子桥在海子南岸，亦名月桥，俗呼三座桥，在皇城北箭杆胡同。"[24]
慈恩寺	海印寺、慈因寺	[明]李东阳《西涯杂咏十二首（慈恩寺）》 [明]张弼《花朝游慈恩寺》 [明]何景明《慈恩寺》 [明]朱大启《海印废寺》 [清]翁方纲《续西涯十咏题两峰为梧门画册（慈因寺）》	位于什刹海前海之西三座桥附近，明宣德四年重建，改称慈恩寺，久废不存。 《明一统志》："大慈恩寺在府西海子上，旧名海印寺。"[25] 《日下旧闻考》："海印寺久废，今海潮寺中有嘉靖五年碑，云海印寺东为广福观，西为海潮寺，则寺址应在海潮寺东。"[26] 《长安客话》："海子桥北旧有海印寺，宣德年重建，改名慈恩。今废为厂。"[27] 《宸垣识略》："海印寺在海子桥北，明宣德间重建，改名慈恩寺。内有镜光阁，今废。"[28]
李广桥	李公桥、藜光桥	[清]翁方纲《续西涯十咏题两峰为梧门画册（李公桥）》	位于什刹前海西柳荫街之南，明弘治年间太监李广所建，遂名李广桥。今桥已无存。 《宸垣识略》："德胜桥在德胜门内，西有积水潭。潭水注桥下，东行转西南为李广桥。"[29]

由以上景物的位置可知,李东阳宅邸应在什刹前海西岸这片地区,慈恩寺、月桥、响闸等建筑在其宅邸周边,这些建筑可以确定西涯的大致范围。

关于李东阳除宅邸之外有无别业的问题,清代词人纳兰性德在其《渌水亭杂识》中说:"李长沙赐第[30]在西长安门西,俗呼李阁老胡同是也。其别业在北安门北,集中《西涯十二咏》,程篁墩学士和之,有桔橰亭、杨柳湾、稻田、菜园、莲池,而响闸、钟鼓楼、慈恩寺、广福观皆在十二咏中。今其遗址不可问,当在越桥相近。盖响闸即越桥下闸,而钟鼓楼则园中可遥望尔。"[31]由"今其遗址不可问,当在越桥相近"一句可知,纳兰性德错把李东阳的故居当成了别业,而根据文中述及的周边景物也可印证纳兰所说的别业应该是李东阳在成化十八年(1482)之前居住在西涯的宅邸,为其故居所在地。此外,清人汤右曾对李东阳在什刹海地区是否存在别业也做了一番考证,他认为:"《渌水亭杂识》所云'公有别业,在北安门外',或是旧业,非别业也。……推此而言,不但无别业,并旧业亦久废矣。"[32]可见,汤右曾认为李东阳的"别业"为"旧业","旧业"即"西涯"故居,而且其"旧业"也已经久废了。综上所知,李东阳迁居李阁老胡同后,在什刹海周边并无"别业",而其少时所居的宅邸即是"西涯故居",除此之外,并无其他房产。

说到李东阳和西涯,我们就不能不说到法式善的《西涯考》。法式善曾寓居在什刹前海迤西和什刹后海迤南的松树街。出于对西涯诗人李东阳的敬仰,他便把自己的居所称作"小西涯"。关于"西涯"的具体位置,法式善专门撰文的《西涯考》,援引明清史乘、笔记、诗歌等文史资料考索李东阳的故居遗迹,最后得出"地名煤厂"[33],"文正故地当在是",这个结论与史料和实际情况相符。但是关于"西涯"这一地理位置的考证中,法式善却得出了不同的结论。

法式善在《西涯考》中承袭康熙间人汤右曾"慈恩寺在西涯东"和"所云积水潭海子,亦即此地"等语,认为"至于西涯,则今之积水潭无疑","潭即水关"。汤右曾在其《题李文正慈恩游诗卷后即次原韵(有序)》一文中曾说到:"《渌水亭杂识》所云西涯有李长沙别业,考其地在今德胜门西。予近年往来汤泉数经经过,见风漪弥望,直接德胜桥而东,水物可爱,有法华庵在其上,意其为当时之西涯。所云积水潭海子,亦即此地。"[34]积水潭在清代主要指什刹西海,《燕京岁时记》中说:"盖德胜桥以西者谓之积水潭,又谓之净业湖。南有高庙、北有汇通祠者是也。"[35]《道咸以来朝野杂记》也载:"德胜门西,净业湖也,亦名积水潭。"[36]由汤右曾论述中出现的德胜门西、德胜桥、积水潭海子等地可知,他认为李东阳的别业(实为宅邸)位于什刹西海,而西涯的位置也应该在这一范围内。由此可见,法式善的《西涯考》一文虽然考证出李东阳宅邸的所在地,并且给予了明确的肯定,即在什刹前海西岸。但是关于西涯的位置,法式善认为在积水潭,即什刹西海地区。这样,他便把西涯和李东阳的故居分开,认为西涯在西北方的积水潭,而故居在东南方的什刹前海附近。

从李氏宅邸的位置和李氏诗词中的景物描写可以看出,"汤说"和"法说"这两种说法似乎很难成立。首先,李东阳将"西涯"一词作为自己的别号,有可能是因为他对自己的宅邸周围环境的热爱。虽然李东阳后迁居太仆巷,但这里始终是他魂牵梦绕的家。他曾在《赠彭民望三首(其一)》一诗中写道:

> "我家水西涯,性本爱幽僻。与君数携手,兴至忘所适。溪行缘萦纡,野酌散愁寂。倦来倚树坐,举目见山色。山色忽已改,离别复几载。移居在城南,咫尺隔江海。"[37]

可见,李东阳对自己的旧居和周围的风光是十分怀念的。如果西涯位于什刹西海一带,则与处于什刹前海西岸的李东阳宅邸相距甚远,李东阳将其称为西涯并作为自己别号的可能性不大。此外,李东阳曾写过《西涯杂咏十二首》、《重经西涯》、《再经西涯》、《宿海子西涯旧邻》等诗,诗中所述景物皆是西涯一带之实景。例如《西涯杂咏十二首》中的《响闸》、《慈恩寺》、《杨柳湾》等诗皆咏什刹海前海一带的景物,而响闸、慈恩寺就位于什刹前海西岸李东阳宅邸的周围。由此推知,李东阳宅邸应该在西涯范围之内,而西涯则位于什刹前海西岸一带。

三、"西涯"位置的变迁

"西涯"之名自产生以后基本上是文学作品中的称谓,传播范围大致以文人群体为主,当地普通居民未必有此一说。因此,关于西涯位置的叙述,终明一代,只有居于其地的李东阳在其诗文中间接性提及。明中后期,以"公安三袁"为首组成的葡萄社在什刹海畔开展过结社和雅集活动,但是在他们雅集唱和的诗文中尚没有发现有关"西涯"的记录。可见,关于李东阳故居和西涯位置的考论,主要在清代趋于兴盛。康熙朝的纳兰性德和汤右曾对李东阳的"别业"做了一番简要的考证,但是后者对李东阳宅邸的考证存误,因而也影响到了西涯具体位置的确定。根据文献和景物印证,纳兰性德认为其府邸在什刹前海地区的结论应该是正确的。由此推知,与府邸相联系的西涯的位置也应该在什刹前海地区。

至乾隆时期,考据之风盛行,法式善、翁方纲、戴璐等人在文人雅集时又对李东阳故居及西涯的位置进行了比较详细的考证或论述。法式善的府邸称为"小西涯",其地位于什刹后海的松树街[38]附近,临近李东阳的旧宅。震钧的《天咫偶闻》记载:"法梧门祭酒小西涯故居,在松树街东头,李公桥西墙下第一家。"[39]嘉庆间的进士陶澍也曾写道："西涯在北城钟鼓楼西,茶陵李文正公故居也,法时帆先生今居其旁,因自号小西涯居士。"[40]清人鲍之钟的《六月初九为李西涯生日,同人重集诗龛,分韵得塘字》一诗云:"诗龛分半席,只为李东阳。咫尺西涯地,生平一瓣香。"[41]清人吴嵩梁在《诗龛为梧门学士作》中说:"地与西涯近,心情众妙兼。"[42]由于法式善的《西涯考》被众多文人传阅品评,使得"西涯"的知名度逐渐扩大,后来法式善的"小西涯"居所也就被大家认为在明李东阳故居所在的西涯范围之内了。如《清史稿》记载:"所居后载门北,明李东阳西涯旧址也。构诗龛及梧门书屋,法书名画盈栋几,得海内名流咏赠,即投诗龛中。"[43]此时,法式善的宅邸已包含在"西涯"之内,西涯的范围便从什刹前海逐渐向西北方向的什刹后海扩展了。

同时,法式善认为"西涯则今积水潭无疑"是因袭了汤右曾之语,没有做进一步的考证,其《西涯考》一文结论的正确与否也几乎没有受到同时期文人的质疑,以致大家约定俗成,认为西涯位于什刹西海而非什刹前海西岸。如谢振定在其《西涯雅集》一文中说:"明李文正公居第在西涯,因号焉。今二百余年,轶其处。嘉庆三年,国子监祭酒时帆法公,参考《怀麓堂集》及他书,乃得之。谓当在今德胜桥东南汇通祠前,所谓积水潭者。时帆居亦西涯,其所指正故不妄,翁覃溪先生覆核之,尤信。"[44]清人张亨嘉在《游积水潭》一诗中也说:"西涯西涯在何许,鸿胪祭酒说非诬。"[45]近代学者郑逸梅的《纪〈宣南修契图〉》中有一则孟森的小记,记中写道:"有汇通寺焉。寺外城垣隐隐,德胜门谯楼若角之犄。(主僧)松岩指绿杨深处曰:'此李西涯旧居也,故国词人,风流百世矣。'"[46]

这种错误的出现还有可能与清代什刹海周边的两座位置不同的法华庵(寺)有关。在什刹海地区,历史上曾有两座寺庙称为法华庵。一处是位于什刹前海的法华庵。《宸垣识略》载:"法华庵与海印寺相近,即李文正别业也。"[47]海印寺即慈恩寺,位于前海西岸李东阳宅邸附近,可见法华庵也应该离李东阳故居不远。关于此处法华庵的位置,吴长元曾按云:"其地与文正碑记相合,应在今鼓楼斜街(烟袋斜街)。"另一处是现在我们所说的汇通祠。该祠始建于明永乐年间,旧称法华寺,又曾叫做镇水观音庵,乾隆二十六年(1761)重修后改名汇通祠。《日下旧闻考》载:"德胜门之西,城垣下有水窦焉,西山诸水从此流入都城水口,为石犀以当之,遏冲突缓水势也。而庵其上,名曰镇水观音庵。"[48]位于什刹前海一带的法华庵在清后期已经倾圮,而什刹西海畔的汇通祠经过乾隆朝大规模的修缮而得以保存。汤右曾在其《庚子五月初三日复过法华庵》一诗"惊嗟岁月去如流,三度风潭景物幽"一句自注说:"李文正公乐府最传于世,庵即文正别业地也。"[49]在其另一首诗《重过法华庵》中有:"慈恩寺外碧湍流,故老犹传地最幽。"[50]由此可知,此"庵"可能指的是位于什刹前海与慈恩寺相近的法华庵。[51]后来,由于庵内建筑已破败,人们有可能误把位于什刹西海的汇通祠当作与李东阳宅邸相近的那座法华庵,从而认为李东阳的宅邸在什刹西海地区,以至于"西涯"也被误认为在什刹西海一带。

不仅如此,清代中后期在什刹海周边开展的文人活动也大都集中在积水潭(即什刹海西海)附近。如乾隆时进士洪亮吉的《立秋前一日法庶子式善邀诸同人至积水潭汇通寺泛舟观荷》、道光间进士王拯的《什刹海看荷邀游高庙四首》,由"汇通寺"、"高庙"[52]的地理位置可知,两诗均作于什刹西海之地。《天咫偶闻》曾说道:"从祠(汇通祠)上望湖,正见其缥缈;从楼上望湖,又觉其幽秀。……士夫雅集多在于此。"[53]来此地雅集的文人诗词中大多述及"西涯",一是受到法式善《西涯考》结论的影响,认为积水潭(即什刹西海地区)为西涯之地。二是六月初九日为李东阳生日,此地区临水势高,文人大多聚集此地为他作冥寿,并举行诗会活动予以纪念,所作诗文中多以"西涯"代称李东阳。清末画家英浭曾画《西涯雅集图》,画中绘有清光绪三十三年(1907)夏,九位文人雅集什刹海汇通祠的情景,画上方题诗曰:"汇通祠在水中央,叠石为山绕绿杨。九老联吟恒集此,熏人时有藕花香。"[54]可见,这时西涯的位置已在什刹西海的汇通祠一带。

《西涯雅集图》[清]英浭　绘

从以上几点论述可知,西涯经过明清两代的更替,其位置发生了明显的变化。明代李东阳宅邸的所在地即为西涯,清初其位置和范围应该没有变化,但是已经出现了"什刹西海说",主要集中于汤右曾等人的论述中。直至乾隆年间,法式善的"小西涯故居"名扬于文人雅士之中,人们把其居住地也纳入了西涯的范围里,所以西涯的位置逐渐向法式善宅邸所在的什刹后海一带变迁。而《西涯考》一文又将李东阳故居与西涯两地分开,最终将西涯的位置定位于什刹西海周边。从此时至民国初,在大部分文人学者诗文中所见的"西涯"主要指什刹西海一带。由此可见,随着明清二代时间的推移,西涯的位置已经从什刹前海西岸变迁到西北方向的什刹西海,其包含的范围也逐渐扩大。当然,一些文人学者还是支持西涯位于什刹前海西岸一说。如嘉庆间进士潘挹奎所作《西涯》一诗的诗序中写道:"明李西涯别业,在地安门北。今鼓楼斜街沿湖一带,与月桥相近,即西涯也。"[55]晚清人樊彬的《燕都杂咏》其一首载:"西涯留旧宅,犹记李公桥。"原诗后有注:"李东阳宅在西涯,今鼓楼街西一带,是李公桥,讹为李广桥。"[56]近代学者邓之诚在《都中三湖》一文中说:"极北曰积水潭,即净业湖,为明代洗马处。……稍南为什刹海,所谓西涯也。李文正、法梧门所居,已不可寻。"[57]

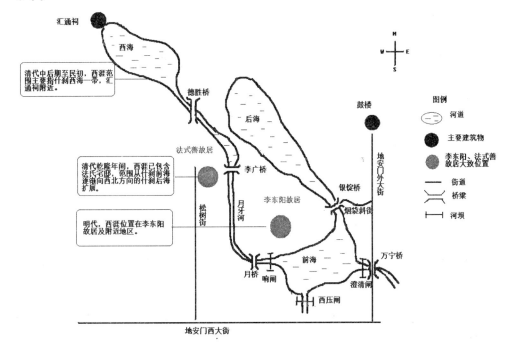

明至清"西涯"变迁示意图

四、结　语

李东阳离开西涯故居以后,曾多次赋诗提到对西涯的怀念,并且经常故地重游,并有"城中第一佳山水,世上几多闲岁华。何日梦魂忘此地,旧时风景属谁家"[58]之语。这些胜地美景和著名的燕京八景一样,浓缩成了最能代表什刹海风景的"西涯八景"——银锭观山、西涯晚晴、响闸烟云、柳堤春晓、湖心赏月、白塔晴云、谯楼更鼓、景山松雪,[59]从而使"西涯"成为什刹海地区最具有文化色彩的风景胜地。如今,李东阳故居和法式善诗龛遗迹早已不可寻,慈恩寺、响闸、月桥等建筑也已随着该地区水域范围的缩小和景物的变迁而消失。但是,"西涯胜地"已经从单纯的地域概念上升为具有深厚的历史文化意义的精神概念,成为人们对李东阳、法式善等名士才臣表达敬仰和崇敬之情的纪念地。正如乾隆间进士谢振定在《西涯雅集》中所言:"西涯以地传,实以人传矣,自兹更数百载后,好古之士慕今日之雅尚,或有传其名,览其地,俯仰低徊,穆然如见其为人,至于愈远而愈彰者,则是今日之会岂偶然也耶!"[60]由此可见,"西涯"一词成了一个代表明清乃至民国时期什刹海文人活动的特定符号,更是文人雅士们寻求"志在山水"的精神家园,在一定程度上彰显了什刹海地区毓秀典雅的历史文化特色。

(作者郗志群,首都师范大学历史系教授;赵晓娇,首都师范大学历史系)

注　释

1　[元]刘敏中:《清平乐·次前韵》,出自唐圭璋:《全金元词》第 765 页,中华书局 1979 年版。

2　[汉]许慎撰、[宋]徐铉校定、王宏源新勘:《说文解字(现代版)》第 631 页,社会科学文献出版社 2006 年版。

3　转引自[清]陈廷敬、张玉书主编:《康熙字典(修订版)》第 701 页,社会科学出版社 2008 年版。

4　5　[明]李东阳撰、周寅宾点校:《李东阳集(第 3 卷)》第 115、108 页,岳麓书社 1983 年版。

6　周汝昌:《恭王府与〈红楼梦〉》,《芳园筑向帝城西》第 105 页,漓江出版社 2007 年版。

7　"约于成化初年,实之已用'西涯'之号。"见钱振民:《李东阳年谱》,(谱前)第 1 页,复旦大学出版社 1995 年版。

8　《诗前稿》卷一五《除夕书怀》诗小序:壬寅(1482)十二月,时已买太仆巷屋。见[明]李东阳撰、周寅宾点校:《李东阳集(第 1 卷)》第 351 页,岳麓书社 1983 年版。

9　今称西城区力学胡同。

10　见《游朝天宫慈恩寺诗序》,[明]李东阳撰、周寅宾点校:《李东阳集(第 2 卷)》第 55 页,岳麓书社 1983 年版。

11　[清]富察敦崇:《燕京岁时记》,与潘荣陛《帝京岁时纪胜》合为一本,第 69 页,北京出版社 1961 年版。

12　[清]英廉等编:《日下旧闻考》第三册第 878—879 页,北京古籍出版社 1981 年版。

13　见《跋西涯图记(临本)》,[清]翁方纲撰:《翁方纲题跋手札集录》第 414 页,广西师范大学出版社 2002 年版。

14　原文中为作者小字注释。根据《宸垣识略》"今鼓楼斜街内分二道:西北出者通鼓楼西大街,西出沿湖至银锭桥者,乃昔时西涯,不知何年列居市肆,使幽清之地,变为嚣尘矣"一句可知吴所指的鼓楼斜街应指今烟袋斜街。

15　原文中为作者小字注释。响闸地址有二说,见下文表格。结合历史文献记载和地图标划,本人认为澄清闸和响闸应是两座不同的水闸。前者位于前海东岸,万宁桥之西;后者位于前海西岸,月桥之东。法式善在《西涯考》中,似沿袭纳兰性德的说法,误将响闸和澄清闸混为一闸,按文中法式善之意,"响闸之西"实为"澄清闸之西"。

16 出自法式善:《西涯考》,马浦生标较:《八旗文经(影印本)》,辽宁古籍出版社,1988 年 10 月,第 719 页。

17 诗词摘自于什刹海研究会:《诗文荟萃什刹海》,北京出版社,1998 年 1 月。

18 19 24 28 29 [清]吴长元:《宸垣识略》卷八第 154、153、152、153、157 页,北京古籍出版社 1982 年版。

20 [清]于敏中:《日下旧闻考》第三册第 872 页,北京古籍出版社 1981 年版。

21 转引自[清]吴长元:《宸垣识略》卷八第 138 页,北京古籍出版社 1982 年版。

22 [元]熊梦祥:《析津志辑佚》第 102 页,北京古籍出版社 1983 年版。

23 《日下旧闻考》引[明]孙国敉《燕都游览志》第 880 页,北京古籍出版社 1981 年版。

25 [清]黄彭年等:《中国佛寺史志汇刊 第二辑 第 25 册 226 畿辅梵刹志》(辑自《畿辅通志》卷一七八——八二),第 61 页,明文书局 1980 年版。

26 [清]于敏中:《日下旧闻考》第三册第 875 页,北京古籍出版社 1981 年版。

27 [清]蒋一葵:《长安客话》第 16 页,北京古籍出版社 1982 年版。

30 李东阳《诗前稿》卷一五《除夕书怀》诗小序:壬寅(1482)十二月,时已买屋太仆巷。可证纳兰性德《渌水亭杂识》中"赐第"一词之误。

31 [清]纳兰性德著:《渌水亭杂识》,见《丛书集成续编》第 90 册第 585 页,上海书店出版社 1994 年版。

32 汤右曾:《题李文正慈恩游诗卷后即次原韵(有序)》,见《怀清堂集》卷一九,《四库全书》集部 264,别集类 1325,第 619 页,上海古籍出版社 1987 年版。

33 今东煤厂胡同附近。

34 汤右曾:《题李文正慈恩游诗卷后即次原韵(有序)》,见《怀清堂集》卷一九,《四库全书》集部 264,别集类 1325,第 619 页,上海古籍出版社 1987 年版。

35 [清]富察敦崇:《燕京岁时记》,与潘荣陛《帝京岁时纪胜》合为一本,第 73 页,北京出版社 1961 年版。

36 [清]崇彝:《道咸以来朝野杂记》,第 27 页,北京古籍出版社 1982 年版。

37 出自《赠彭民望三首(其一)》,[明]李东阳撰、周寅宾点校:《李东阳集(第 1 卷)》第 131 页,岳麓书社 1983 年版。

38 今西城区松树街。

39 53 [清]震钧:《天咫偶闻》卷四第 87 页,北京古籍出版社 1982 年版。

40 [清]陶澍:《陶澍集(下册)》第 612 页,岳麓书社 1998 年版。

41 [清]鲍之钟:《六月初九为李西涯生日,同人重集诗龛,分韵得塘字》,见《诗文荟萃什刹海》,什刹海研究会编,第 171 页,北京出版社 1998 年版。

42 [清]吴嵩梁:《诗龛为梧门学士作》,见《诗文荟萃什刹海》,什刹海研究会编,第 198 页,北京出版社 1998 年版。

43 [民国]赵尔巽:《清史稿·文苑二》,见《梧门诗话》,[清]法式善著、许征整理,第 225 页,新疆大学出版社 2006 年版。

44 [清]谢振定:《西涯雅集》,见《诗文荟萃什刹海》,什刹海研究会编,第 342 页,北京出版社 1998 年版。

45 [清]张亨嘉:《游积水潭》,见《石遗室诗话(一)》,陈衍著,第 80 页,辽宁教育出版社 1998 年版。

46　郑逸梅:《纪〈宣南修契图〉》,见《春游琐谈》,张伯驹著,第342页,中州古籍出版社1984年版

47　[清]吴长元:《宸垣识略》卷八第138页,北京古籍出版社1982年版。

48　[清]于敏中:《日下旧闻考》第3册第854页,北京古籍出版社1981年版。

49　[清]汤右曾:《庚子五月初三日复过法华庵,仍用前韵》,见《诗文荟萃什刹海》第152页,北京出版社1998年版。

50　[清]汤右曾:《重过法华庵》,见《诗文荟萃什刹海》第153页,北京出版社1998年版。

51　由汤右曾的这两首诗可知,此庵应为什刹前海的法华庵,推知李东阳宅邸也应在什刹前海。但其在前文所引《题李文正慈恩寺诗序》中却认为李东阳宅邸在什刹西海,论述观点矛盾,此处存疑。

52　原名普济寺,位于今什刹海西海南沿48号,始建年代无考,重建于明正德十四年(1519),因地势高耸俗称"高庙"

54　出自刘志雄:《笔墨丹青话西涯》,《收藏家》,2004年第7期,第38页。

55　[清]潘挹奎:《西涯》,见《诗文荟萃什刹海》,什刹海研究会编,第199页,北京出版社1998年版,鼓楼斜街应为今烟袋斜街。

56　[清]樊彬:《燕都杂咏》,见《北京风俗杂咏续编》雷梦水著,第153页,北京古籍出版社1987年版。

57　[民国]邓之诚:《骨董琐记》第84页,中国书店1991年版。

58　出自《慈恩寺偶成》,[明]李东阳撰、周寅宾点校:《李东阳集(第1卷)》第348页,岳麓书社1983年版。

59　金诚:《历史上的西涯八景》,《海内与海外》,2009年第12期,第56页。

60　出自《西涯雅集》,《同治刊湘乡县志(第4册)》,1987年11月,第159页。

浅论清代京师南城的历史人文环境

赵雅丽

清代的京师南城,是汉族京官、学者、士人、举子、商贾居住、生活和交往的集居空间。其中,修习儒家经典的文化精英群体,或为文学侍从之臣,充日讲起居注官,日值南书房,得帝王不时召见、顾问而为天子近臣;或主掌文衡,充任各省正副考官、会试考官、同考官,地位清华崇异。而城南隙地,最多古园,"皆昔日名流燕赏,骚客盘桓之所"。[1]本章拟从介绍南城的名迹、名宿及士人的觞咏入手,对南城独特的历史人文环境做简要探讨。

一、士流题咏——康乾年间南城的人文景观

康乾年间是南城人文景观形成的重要时期。"士流题咏率署宣南",[2]江南诗文风会的极盛状况在京师南城得到了延续和展现。居住在南城的翰詹词臣们,身属闲曹,[3]闲暇之余好做诗文酒会。戴璐《藤阴杂记》中就记载了很多康乾年间名流文士讌集、觞咏、问学之事,其中的人、物、景、事、诗、文,透射出一种繁艳的文人气息。

如天坛以北的鱼藻池,乃元、明、清时期饲养金鱼之地,俗名金鱼池,凿于金代,金章宗曾巡幸于此,曾有瑶池殿。史载,池阴一带,园亭甚多:"池泓然也,居人界而塘之,柳垂覆之,岁种金鱼以为业。"鱼的种类:"深赤曰金,莹白曰银,雪质黑章,赤质黄章,曰玳瑁。其鱼,金贵乎其银周之,其金银贵乎其金周之,而别以管若箍管者,鬣下而尾上周其身者也。箍者,不及鬣周其尾者也。"另有变异之种,如"白而朱其额曰鹤珠,朱而白其脊曰银鞍,朱脊而白点七,曰七星,白脊而朱画八,曰八卦。"[4]清初有端午游赏之举,吟诵颇多。如吴伟业(1609—1672,字骏公,号梅村,别署鹿樵生、灌隐主人、大云道人)诗:"金鱼池上定新巢,杨柳青青已放梢。几度平津高阁上,泰坛春望祀南郊。"胡会恩(字孟纶,号苔山)诗:"菰黍菖华满帝畿,散朝仙侣叩岩扉。齐回玉勒连钱骑,并试香罗叠雪衣。日射朱鱼吹浪泳,花随彩燕扑帘飞。当筵水调歌声缓,身似游云忘夕归。"曹溶(1613—1685,字秋岳,号倦圃、鉏菜翁)诗:"旁城微雨踏花

过，五色文鱼戏绿波。不为水亭堪系马，香车珠箔动人多。"王鸿绪有"花底张云幔，风光满碧汀。一杯同洛禊，曲水即兰亭"之句。王士禛（1634—1711，字子真，贻上，号阮亭，又号渔洋山人，人称王渔洋，卒谥文简）《冬日过金鱼池》有诗："记来剧饮暮春天，络马青丝白玉鞭。却倚回廊望珠箔，吴歌赵舞为君妍。"诸诗描绘的杨柳、朱鱼、绿波、彩燕、歌声、微雨、香车、宝马、士人、豪饮、赋诗，其景致繁艳可想！

梁园，引凉水河水入其中，有牡丹、芍药几十亩，亭榭花木一时称盛。据《藤阴杂记》卷五记载，康熙年间，龚鼎孳（1615—1673，字孝升，号芝麓）有《招董玉虬文骥梁园李家庄泛舟观灯》诗云："此地足烟水，当年几溯游。"王鸿绪（1645—1723，字季友，号俨斋，别号横云山人）有《宋荔裳招饮梁家园》诗曰："半顷湖光摇画艇，一帘香气扑新荷。""林间绿酒常浮月，座上清歌迥遏云"。沈涵（字度汪，号心斋）有《陈以树招饮梁家园警露轩》诗："野旷天高启八窗，门前一碧响淙淙。"如此湖光、荷香、绿酒、清歌、画艇、诗人的景致，多么曼妙！

慈仁寺书市，位于广安门内大街，康熙年间最盛，流传着下面一则佳话："康熙朝诸公，皆称慈仁寺买书，且长年有书摊，不似今之庙市仅新春半月也。相传王文简（即王士禛）晚年，名益高，海内访先生者，率不相值，惟于慈仁寺书摊访之，则无不见，亦一佳事。"[5]《藤阴杂记》卷七亦载，孔尚任（1648—1718年，字聘之，号东塘，别号岸堂）《燕台杂兴》云："弹铗归来抱膝吟，侯门今似海门深。御车坍径皆多事，只向慈仁寺里寻。"自注云曰："'渔洋龙门高峻，人不易见。每于慈仁庙市购书，乃得一瞻颜色。'故《古夫于亭杂录》云：'昔有士欲谒余，不见，以告昆山徐司寇（即徐乾学，1631—1694，字原一，号健庵），司寇教以每月三五于慈仁书摊候之，已而果然。'"过去京师的士大夫们常于冷摊中寻得珍物，而冷摊多在慈仁寺。咏慈仁寺之诗作不胜枚举，如潘耒（1646—1708，字次耕，一字稼堂、南村，晚号止止居士）诗："一窗幡影看烧笋，满院松阴听弈棋。多少龙山泥饮客，篮舆风味有谁知。"慈仁寺内有大毗卢阁，高三十六级，"仰瞻宫阙，如傍云霄；俯眺西山，俨入襟袖。"殿前有双松及海棠，宋琬（1614—1674，字玉叔，号荔裳）有《慈仁寺看海棠作》云："维摩室外沙棠树，疑是散花天女移。妖嬗最怜终半放，快游不必定前期。蝶衣乱舞轻风下，莺语流连夕照时。"海棠花儿盛开、蝶舞莺语，令人流连忘返！

崇效寺，在柳湖村西，乃"名流竞游"之地，[6]歌咏之作甚多，如朱彝尊（1629—1709，字锡鬯，号竹垞）诗云："缭垣途转曲，入寺潦初乾。尚有残僧在，同寻断碣看。白花秋细细，红枣晚攒攒。更上荒台望，遥山五髻盘。"宋荦（1634—1713，字牧仲，号漫堂、西陂、绵津山人）《秋日同人游圣安、崇效二寺》有诗："柳湖古寺市南头，芳草闲房处处幽。岁月已同游伴改，依然文宴此中留。"王式丹有诗："尚书清兴属萧晨，野寺烟光洽主宾。莫讶门前驻车马,官场自有爱闲人。"吴士玉(1665—1733,字荆山,号瞿庵)诗曰:"哦松朱夏涌秋涛,萧寺凉生兴转豪。旧是城南联句处,满天诗色碧云高。"缪沅(1672—1730,字湘芷,又字澧南,号永思)有诗:"停云回忆殿西头,种树参天翠色幽。五十年来一弹指,松风解带复句留。""湖烟柳翠杳难寻,槐老楸荒落照临。小队初过挑菜圃,缁徒送出枣花林"。郭元釪(字于宫)有诗:"墙上笼诗有碧纱,十年芋火旧僧伽。圣安寺是尚书寺,不让佳名擅枣花(按:王渔洋改崇效为枣花寺)。"宋至(字山言,宋荦子)诗:"忆陪蚕尾老尚书,枣剥空庭月上初。草色依然僧磬冷,梦回忽复十年余。"吴雯(1644—1704,字天章,号莲洋,与傅山并称"二征君")有《崇效寺雪坞上人种竹》诗:"崇效窗前竹几竿,移来依旧碧檀栾。敲风忽醒三生梦,过雨真添五月寒。"陈廷敬(1638—1712,原名陈敬,字子端,号说岩,晚号午亭山人)有《崇效寺看枣花书雪坞诗后》及《枣林寺门遇袁杜少》诗。王士禛又有《甲戌五月望日,宋山言至邀过崇效寺访雪坞法师看枣花同赋》及《雪中怀拙庵》诗。此正如阮葵生(1727—1789,字宝诚,号吾山)《法时帆学士旧藏诗册跋》所缅怀之境:"三十年前,余从庙市购一诗册,皆己未博学鸿词翰林赋送邱季贞洗马回淮南之作。诗翰各有可观,凡八人:海盐彭羡门(即彭孙遹,字骏孙,号羡门)、平湖陆义山(即陆莱,1630—1699,原名世枋,字次友、义山,号雅坪)、嘉兴徐华隐(即徐嘉炎,1631—1703,字胜力,号华隐)、任丘庞雪崖(即庞垲,1657—1725,字霁公,号雪崖)、东明袁杜少(即袁佑,字杜少,号霁轩)、长州冯方寅(即冯勗,1650—1725,字方寅,号勉曾)、宝应乔石林(即乔莱,1642—1694,字石林)、山阳李公凯(即李铠)也。乾隆戊申秋八月,法时帆(即法式善,1752—1813,原名运昌,字开文,别号时帆、梧门、陶庐、小西涯居士)学士过余寓斋,出此册见示,亦前数公手迹。盖同游崇效寺看梅之作,惟羡门、石林二公不与焉。……是数君子于同年中气谊弥笃,白首如新,有足多者。城南荒刹,岁暮冲寒,半月两过,淹留竟日。缅冷客之胜致,足见前辈风流。而雪坞上人(按:崇效寺住持),手种双梅,待名流之屐齿,皆可作日下旧闻传也。"[7]

琉璃厂附近,有很多汉族京官居住,各地赶考的举子也集居在这一带的会馆中。康熙时灯市迁到琉璃厂,"每于新正元旦至十六日:百货云集,灯屏琉璃,万盏棚悬;玉轴牙签,千门联络;图书充栋,宝玩填街;更有秦楼楚馆遍笙歌,宝马香车游士女。……登土阜北眺,睹宫阙之巍峨,见楼台之隐约,如登海外三山矣。"[8]戴璐《藤阴杂记》卷十记载:"正月游人杂沓,名曰逛厂。鲍西冈釪《春游词》云:'丛脞书多卷帙残,几人著眼笑酸寒。南沙画片香泉字,幅幅装池骨董摊。'"洪亮吉(1746—1809,又名礼吉,字君直,一字稚存,号北江,晚号更生居士)有《十五夜琉璃厂步月》描绘灯市夜景:"一市人如海,尘从隙处穿。帷车排窄巷,社火压汤圆。浊酒呼朋饮,奇闻借客传。欲寻容足地,飞爆向肩燃。"乾隆三十八年(1773)开设四库馆,"于翰林院署藏书分三处:凡内府秘书发出到院为一处,院中旧藏《永乐大典》内有摘抄成卷、汇编成部之书为一处,各省采进民间藏书为一处。分员校勘,每日清晨诸臣入院,设大厨供给茶饭"。午后归寓,翰林院官员们校阅秘府藏书,"各以所校阅某书应考某典,详列书目,至琉璃厂书肆访查之。是时,江浙书贾,亦奔凑辇下,邮书海内,遍征善本,书坊以五柳居、文粹堂为最"。[9]乾嘉之际,从事整理、校勘、注疏、辑佚古籍的考据学大家也亦多在此聚集。文人雅士官宦们以古董古籍、拓帖收藏、古玩鉴赏为时尚,琉璃厂古玩字画街应运而生。李文藻《琉璃厂书肆记》载,"桥居厂中间,北与窑相对,桥以东街狭,多参以卖眼镜、烟筒、日用杂物者。桥以西街阔,书肆外,惟古董店及卖法帖、裱字画、雕印章、包写书禀、刻版、镌碑耳。"戴璐《藤阴杂记》记程晋芳移居,作诗寄给袁枚,有"势家歇马评珍玩,冷客摊钱问故书"之句,袁枚笑曰:此必琉璃厂也。各种古籍书目卷帙浩繁,文房四宝(湖笔、徽墨、宣纸、端砚)、鼎彝瓷器、铜器玉石、金石篆刻、书法碑帖、印石图章等店铺鳞次栉比,被誉为"九市精华萃一衢",吸引京城文人儒士和古玩商贩、收藏家聚集于此,成为"京都雅游之所"。沿街店铺金字匾额多为宰辅执政、名公巨卿、诗人名士所书,字体不一,琳琅壮观。[10]瞿宣颖《杶庐所闻录·养和室随笔》记载,"琉璃厂之为骨董、书籍、字画、南纸各肆所萃,盖始于乾隆间,书肆中有卖《缙绅》及《同年录》者,则凡仕宦者无不趋之,纸店中有卖小楷、笔铜、墨盒、墨汁也,则应试者无不趋之。朝士大夫退食余闲,欲怡情翰墨,则亦巾车野服,于此恣一日之游。至于积学之士,欲读异书而力不能购,则坐书肆中亦得恣眼福焉。故肆主多工应对,通书史,以便与名人往还。其在光绪中有刘振卿者,山西太平人,备于德宝斋古玩铺,昼则应酬交易,夜则手一编,专攻金石之学,尝著化度寺碑图考,洋洋数千言,几使翁北平无从置喙"。[11]

广渠门内万柳堂,乃清初大学士冯溥(1609—1692,字孔博,号易斋)仿元代右丞廉希宪万柳堂遗制,在广渠门内购买隙地所建别业。万柳堂占地百余亩,园内堆土山,上植杨柳及花卉,并建御书楼,内悬康熙御匾"闲廉堂"。康熙己未诏开博学鸿词科时,待诏者曾雅集于此,毛奇龄、乔莱、陈维崧、朱彝尊等皆有诗文留念。陈维崧《万柳堂修禊唱和诗序》曰:"三月三日,水面丽人;一觞一咏,林边名士。"毛奇龄诗记万柳堂修禊情形谓:"曲江修禊已三年,胜饮无如柳下偏。地旷尽教油幔接,溪回不碍羽觞传。沿堤草向春深发,夹路花从雨后妍。陪得蓬山旧仙侣,到来满座尽云烟"。[12]康熙二十一年,冯溥致仕前曾与门下士子二十二人在万柳堂修禊。[13]朱彝尊作诗二首,乃属绝唱,诗曰:"十里沙堤万树杨,秋容犹未点新霜。小车稷下将归日,上已城东旧醉乡。坐立部歌听总好,田园乐事话方长。千秋祖帐赢疏传,录别尊前有和章。"陈廷敬有《重阳谯集》诗:"晓随丞相凤池头,晚接花茵想胜游。万里捷书频送喜,一时佳节倍销忧。松风有梦怀温树,鱼水多情羡野鸥。不尽谢公丝竹兴,边机樽俎在前筹。""胜迹王孙万柳赊,相公清兴渺云霞。黄尘漠漠双蓬鬓,艳蕊凄凄旧菊花。见说登临犹昨日,笑怜岁月属官家。何时蜡屐陪欢谯,也比参军落帽纱"。严绳孙(1623—1702,字荪友,号秋水)有《柳枝词》赞曰:"丹禁城南小苑开,万株新柳拂烟栽。相公论道归常晚,能踏沙堤几度来?""问讯平泉金缕枝,陌头飞絮可同时?移根独近金茎露,不向春风管别离"。"软红冲过六街尘,翦绿搓黄别作春。糁径会怜花似雪,不能更要扫门人"!"雨滋烟敛绿成行,小小红亭曲曲塘。应待相公修禊饮,拂开萍叶送流觞"。"柳浪萍池自不扃,黄鹂啼处绿冥冥。长安冠盖浑无暇,几个双柑树底听"。"踏青挑菜却来无,谱出清明士女图。最想攀条人散后,一庭凉月夜啼乌"。"年年三月门芳菲,雨露常沾在紫微。不管淄川千万树,尽舒青眼望公归"。万柳堂后归仓场侍郎石文桂,不久改为寺,内建大悲阁、大殿、关帝殿、弥勒殿,康熙御赐匾额"拈花寺"。[14]成亲王永瑆曾赋诗缅怀曰:"十日春阴五日雨,崇文门外无尘土。寒草回青趁马蹄,越陌度阡成漫与。居人犹自说冯家,指点荒亭带残堵。野春无门关不住,锁绿惟凭万烟缕。老僧洒扫御书楼,满壁云龙照腾蠢。国初笔迹此间多,竹色墙边无片楮。不知秋井几回塌,莓苔掩抑双猊础。故老风流杳可思,词林句律能从古。赋诗饮酒乐承平,揽迥临深慰羁旅。岂无葫芦嘲学士,亦有莲华歌相府。敝车羸马江南客,眼明到此思洲渚。群鸦剩有后栖啼,双燕如看旧时舞。希宪崇情且莫论,淡对凄如别南浦。落花纷纷已觉多,回首东风真莽卤"。[15]昔日胜景,依稀可见。

陶然亭,在黑窑厂南慈悲庵内,又名江亭,康熙三十四年,工部郎中监督厂事江藻所建,取白香山(居易)诗"更待菊黄家酿熟,与君一醉一陶然"而得名。此亭"坐对西山,莲花亭亭,阴晴万态。亭之下菰蒲十顷,新水浅绿,凉风拂之,坐卧皆爽",为"软红尘中清凉世界"。[16]宣南士大夫"宴游屡集,宇内无不知有此亭者",春秋佳日,因"地近宣南,举趾可及,故吟啸遂多"。[17]

可见,南城的自然景观,因为这些风会人物的雅集觞咏、放意诗酒而具有了文化的色彩,他们的才学名节与风流文采,使南城成为天下士人遐往之地,"相逢尽属龙门客,只是常鳞不敢登"。清代,对士大夫结党警惕颇高,限制颇严,但是并未禁止诗文雅集。以上词臣,多身居翰詹清要,以其天赋奇情、"博学鸿词"、字画文学、经学史学而名重一时,点缀着皇朝的文治武功。陈康祺曾记:"燕郊春事,朱邸谦光,诗虎酒龙,分张旗鼓,洵升平之嘉话,骚雅之清游也。余入都,曾一叩寺门,屡僧扪虱,古佛卧阶,万树垂杨,无复一丝青翠。回车不觉唏叹曰:'康、乾二朝士大夫,真神仙中人。'"[18]百年前风会人物的风流集会,茶烟相望之境,令人艳想!

二、名人宅园—南城美丽的人文风景

除却这些自然胜景,南城的宅园更是一道美丽的人文风景。在邓之诚的《骨董琐记》中,记载了清代名士有住地可考者凡九十二人,包括明清之际的龚鼎孳、王士桢、邵长蘅、朱彝尊等和中经乾隆盛世的纪昀、钱大昕、李调元、孙端人等。

这些名人中有六十五人住在南城。从宣左、宣右一带起,沿宣武门大街,东边从香炉营、海北寺街、永光寺街、椿树胡同、西草厂胡同、铁门、魏染胡同、梁家园,至虎坊桥、菜市口,再从这里向南延及保安寺、绳匠胡同、半截胡同、米市胡同、贾家胡同、潘家河沿一带。西边从斜街、达智桥(时称炸子桥)南延至烂漫胡同、史家胡同、教子胡同一线。除了三人住正阳门外的杨梅竹街及珠市口等一带,其余六十二人都先后集中在宣南的狭长地区。

名士们或在胡同里毗邻而居。如清初王士桢住保安寺街,和邵长蘅(1637—1704,字子湘,号青门山人)门户相对,而陆冰修(即陆嘉淑,1620—1689,字子柔,又字孝可,号冰修,又号射山、射山衰凤,晚号辛斋)又与邵为一墙之隔。从邵长蘅致王士桢信中可以看出这些人因为居住近密而交往频繁:"奉别将十年,回忆寓保安寺街,踏月敲门,诸君箕坐桐阴下,清谈竟夕,恍然如隔世事。又自叙:己未客都门,寓保安寺街。与阮亭先生(即王士桢)衡宇相对,愚山(即施闰章,1619—1683,字尚白,号愚山)先生相去数十武,陆冰修仅隔一墙。偶一相思,率尔造访,都不作宾主礼。其年(即陈维崧,1625—1682,字其年,号迦陵)寓稍远,隔日辄相见。常月夜偕诸君扣阮亭门,坐梧树下,茗碗清谈达曙。愚山《赠行诗》有云:踏月夜敲门,贻诗朝满扇,是也。"[19]

有些宅园因为文人们接续而居而成为"宴会觞咏"之所,如"严介溪(即严嵩,1480—1567,字惟中,号勉庵、介溪、分宜等)听雨楼别墅,在神匠(即绳匠,又名丞相)胡同。清初徐健庵尚书居之,继归溧阳史文靖。其后分为数处,毕秋帆官翰林时得之,为燕会觞咏之地。后归周於礼。立崖好法书,藏彝颇富。"该宅"历为要津所据,诚宣南第一大宅。"[20]

名士们在住地内,堆石植树,凿池养花,收书藏画,并赋以风雅的斋号。本文据邓之诚《骨董琐记全编》(三联书店,1955 年)、戴璐《腾阴杂记》(北京古籍出版社,1982年)摘列一些南城名宿宅名如:宣武门左龚鼎孳的香严斋,宣武门右陈邦彦(1678—1752,字世南,号春晖,又号瓠庐)的春晖堂、汪懋麟(1640—1688,字季角,号蛟门)的十二砚斋,正阳门、宣武门间陆锡熊(1734—1792,字健男,号耳山)的绿雨楼,[21]永光寺西街田雯的方壶居(后又迁横街、粉坊胡同),椿树三条胡同汪由敦(1692—1758,

初名汪良金，字师苕，号谨堂，又号松泉居士）的时晴斋，梁家园李调元（1734—1803），字美堂，号雨村，别署童山蠢翁）的看云楼，外郎营徐本（1683—1747，字立人）的凛存堂，广安门内大街王燕（字子喜）的忏园，教子胡同赵吉士（1625—1703，字天羽、恒夫）的寄园，章家桥西孙公园吴省钦（1729—1803，字冲之，号白华）的晚红堂、沈初（1729—1799，字景初，号萃岩，又号云椒）的兰韵堂，绳匠胡同陈元龙（1652—1736，字广陵、高斋，号乾斋、广野居士，谥文简）的爱日堂[22]，半截胡同汪士鋐（1658—1723，字文升，号退谷，又号秋泉）的听雨楼[23]，顺承门大街吴应棻（号眉庵）的东井书屋，史家胡同德保（1719—1789，字仲容，一字润亭，号定圃）的东贤堂、张鹏翀（1688—1745，字天飞，又字天扉，一字抑斋，号南华散仙）、沈初先后居住的接叶亭、王顼龄（1642—1725，字颛士，号瑁湖，晚号松乔老人）的锡寿堂、史贻直（1682—1763，字儆弦，号铁崖，谥文靖）的广仁堂，海波寺街金之俊、龚鼎孳的古藤书屋，上斜街顾嗣立（1665—1722，字侠君，号闾丘）的小秀野堂[24]，南柳巷查慎行（1650—1727，初名嗣琏，字夏重，号查田；后改名慎行，字悔余，号他山，赐号烟波钓徒）的枣东书屋、吴伟业、祝德麟（1742—1798，字趾堂，号芷塘）、曹锡宝（1719—1792，字鸿书，一字剑亭）、汤右曾（1656—1722，字西崖）的饲鹤轩，绳匠胡同徐乾学[25]、史贻直、毕沅（1730—1797，字纕蘅，号秋帆）、周於礼（字绥远，一字立崖，号亦园，云南嶍峨人）的碧山堂，南半截胡同王崇简和王熙父子的怡园青箱堂[26]，李铁拐斜街黄叔琳（1672—1756，字昆圃，又字宏献，号金墩、北砚斋，晚号守魁）的德寿堂、朱筠（1729—1781，字竹君，一字美叔，人称笥河先生）的椒花吟舫，虎坊桥毛奇龄（1623—1716，字大可，又字于一、齐于，号秋晴，又号初晴、晚晴）的众春园，杨梅竹斜街梁诗正（1697—1763，字养仲，号芗林，又号文濂子）的清勤堂，珠市口西大街纪昀（1724—1805，字晓岚，一字春帆，晚号石云，道号观弈道人）的阅微草堂，韩家胡同李渔（1611—1680，初名仙侣，后改名渔，字谪凡，号笠翁）的芥子园，永光寺西街傅为詝（字谨斋，号岩溪）的方壶斋[27]、徐倬（1624—1713，字方虎，号苹村）的野航斋、后由侍讲陆肯堂（1650—1696，字邃升，又字澹成）继居更名"怀鸥"、自题"舫斋"，[28]粉房琉璃街田雯的古欢堂，[29]等等。

　　这些宅园的主人，不仅是诗赋才情卓越之翰詹词臣，且拥有一定的政治地位，或为朝中重臣，或为天子近侍，地位清华崇高。如龚鼎孳曾任礼部尚书，金之俊曾任兵部侍郎，陈邦彦曾任礼部侍郎，汪懋麟曾任内阁中书，陆锡熊曾任刑部郎中，田雯曾任工部郎中，汪由敦曾任吏部尚书，王崇简曾任礼部尚书，其子王熙是大学士，赵吉士曾任户部给事中，吴省钦曾任左都御史，沈初曾任侍郎，陈元龙曾任翰林院侍读、充日讲起居注官、太子太傅、大学士，汪士鋐曾任翰林院修撰、右中允，吴应棻曾任兵部侍郎，德保曾任礼部尚书,张鹏翀曾任詹事府詹事,王顼龄曾任侍讲、侍读学士,徐本曾任侍读学士,史贻直曾官文渊阁大学士兼吏部尚书,查慎行曾御赐烟波钓徒,任翰林院编修,入内值,祝德麟曾任翰林院编修,曹锡宝曾任监察御史,汤右曾曾任吏部侍郎,徐乾学曾任刑部尚书,毕沅为状元,周於礼曾任大理寺少卿,黄叔琳曾任内阁学士、礼部、刑部、吏部侍郎,朱筠曾任翰林院侍读学士、充日讲起居注官,毛奇龄博学鸿词出身,梁诗正曾官东阁大学士,傅为詝曾任左副都御史,徐倬曾任翰林院侍读学士。纪昀历任翰林院庶吉士、翰林院编修、福建学政、翰林院侍读、侍讲、詹事府右庶子、侍读学士、《四库全书》总纂官、内阁学士、兵部侍郎、左都御史、礼部尚书、加太子少保衔等。这一切,增加了天下士人对南城的景仰与艳羡。

三、结　语

可以这样说,这些居住在南城的名士们或天子近臣、或翰苑词臣的身份,他们的天赋奇情、才学品节,他们的雅集交游、宴会觞咏,使南城具有了"风雅"、"儒雅"、"雅致"、"博雅"之气韵以及独特的历史人文环境,并延续传承下去,成为城南延续了二百多年的文化传统。

（作者系北京市社会科学院历史所副研究员）

注　释

1　19　20　[清]震钧:《天咫偶闻》,卷七,北京古籍出版社 1982 年版。

2　夏仁虎:《旧京琐记》,卷八,北京古籍出版社 1986 年版。

3　陈康祺:《郎潜纪闻初笔》"翰林院詹事府"条,中华书局 1984 年版。

4　[明]刘侗、于奕正:《帝京景物略》卷三,北京古籍出版社 1982 年版。

5　陈康祺:《郎潜纪闻初笔》"京师书摊"条,中华书局 1984 年版。

6　戴璐:《藤阴杂记》卷八。

7　戴璐:《藤阴杂记》卷八,北京古籍出版社 1982 年版。

8　潘荣陛:《帝京岁时纪胜》,北京古籍出版社 1981 年版。

9　陈康祺:《郎潜纪闻初笔》"京师书肆"条,中华书局 1984 年版。

10　《琉璃厂小志》列举了 87 家店铺匾额,《朝市丛载》列举 37 家之多。仅光绪皇帝的老师翁同龢写的就有 5 块,如宝古斋、赏奇斋、秀文斋等,人评"浑脱潇洒,老气横秋"。阿克敦布的清秘阁匾额"神气十足,结构精密,似脱胎于九成宫,然运笔潇洒过之"。徐颂阁的松华斋匾额字体"圆润紧凑,超然绝俗,循其笔迹,系宗多宝塔,而运笔浑脱过之"。宝熙的悦古斋匾、克勤郡王的德宝斋匾、梁诗正、潘祖荫、那彦成、曾国藩的龙威阁藏书处匾额,"或祖欧黄,或宗颜赵,堪称北平匾额精华之集萃"。

11　瞿宣颖:《杶庐所闻录·养和室随笔》第 35 页。

12　[清]戴璐:《藤阴杂记》卷一〇。

13　邓之诚:《骨董琐记全编》记载,阮元"尝于拈花寺补柳,属朱崔年(字野云,号野莹)作图。同光时,潘文勤尚补植新柳,招胜流觞咏。顾其地荒辟,积潦为泊,去御河流处绝远,今竟无过而问之者矣"。

14　[清]陈康祺:《郎潜纪闻初笔》卷八"拈花禅寺"条,中华书局 1984 年版。

15　[清]钱泳:《履园丛话》卷二〇"园林",中华书局 1979 年版。

16　陈宗蕃:《燕都丛考》引《顺天府志》语,第 662 页,北京古籍出版社 1991 年版。

17　[清]震钧:《天咫偶闻》卷七,北京古籍出版社 1982 年版。

18　陈康祺:《郎潜纪闻初笔》卷八"拈花禅寺"条。

21　戴璐:《藤阴杂记》卷五记载,绿雨楼曾是陆深(字子渊,号俨山,弘治十八年进士)旧邸,东曰素轩,北曰澹室,中为书窟。其第七代子孙陆锡熊藏有嘉靖中经筵所赐宫扇,曾邀请程晋芳、汪孟鋗、赵文哲、阮葵生、曹仁虎、吴省钦等就此联句。

22　戴璐:《藤阴杂记》卷九记载:"陈文简公元龙爱日堂第,在绳匠胡同西,有园亭,今归查氏。"

23　戴璐:《藤阴杂记》卷九记载:"北半节胡同有听雨楼,相传为严分宜东楼,前后即其故第。汪荇洲(汪士鋐)侍郎曾寓。"

24　戴璐:《藤阴杂记》卷八。顾嗣立祖居吴中,有秀野堂,乃取苏东坡"花竹秀而野"而得名。康熙三十五年二月三十日入京后,寓居宣武门壕上,即今上斜街,"背郭环流,杂莳花药"。与查嗣瑮为邻,鸿胪寺卿禹之鼎为之画《小秀野图》,王原祁又为顾嗣立作《秀野草堂图》。顾嗣立有四绝句,"诗传辇下,一时属和者百余人"。顾嗣立将和诗编为《小秀野唱和诗》。顾氏在京广为结纳,"作逢十之集",与名士"往来邸舍","文酒留连无虚日",小秀野之名"亦遂传于都下"。四十四年,应召入四朝诗馆。四朝诗馆设局怡园,与林佶、李中、刘青藜、成文昭、蒋静山、刘北固、李苍存、缪湘芷、郭于宫、庄楷、张日容等"为文酒之会,饮如长鲸,酒酣耳热,狂歌间作,见者谓为风流人豪"。诗酒之会,笔墨之事,"殆无虚日",可谓"文酒之会,友朋之聚,未有盛于此时者也"。四十六年《四朝诗选》成,移寓"宣南"春树草堂。四十七年五月,与友人举"消夏诗会",王式丹、杨中讷、查慎行、查嗣瑮、陈鹏年、周起渭等 16 人参加,做《草堂月下分韵诗》,曾自诩"京华风韵,赖以不坠,实自余始也"。五十一年,迁居教场四条胡同,请同年林佶题写"晚翠"二字,并将友人于此处的唱和诗结集为《晚翠阁唱和诗》。

25　据邓之诚:《骨董琐记全编》卷九记载,绳匠胡同徐乾学的碧山堂,屋宇轩敞,后相继归由史贻直、毕沅、周於礼。其南其北,曾是乾隆元年进士、授编修、累官礼部侍郎,工部、刑部尚书,加太子太保的秦蕙田与乾隆三十一年进士、历官刑部主事、湖南巡抚、总督,直隶总督、刑部尚书、工部尚书的姜晟等人宅邸。王士祯假归,门人黄叔琳、李先复、胡闰曾"饯于碧山堂"。查慎行亦是碧山堂的常客,有诗曰:"相逢尽属龙门客,只是常鳞不敢登。"龙门客即指王士祯、朱彝尊、阎若璩、万斯同等。又有《饮徐尚书碧山堂花下》诗曰:"谢公别墅近城濠,载酒曾陪饮兴豪。不料故人还客此,犹能折束致吾曹。商量未定将归燕,摇落何堪旧种桃。并堕平生知己泪,廿年尘土一清袍。"读来有茫茫之感。

26　怡园地跨西、北二城,乃王崇简宅第。王崇简(1602—1678),字敬哉,一作敬斋,宛平人。崇祯十六年进士。清朝人主中原,定鼎北京,经顺天府学政曹溶举荐,补选庶吉士,入翰林院授检讨,累迁侍讲、侍读、国子监祭酒、詹事府少詹事、国史院学士、吏部左侍郎、礼部尚书,加太子太保。与顾炎武、吴伟业、龚鼎孳、孙承泽、米汉雯、颜敏、王铎等交游。其长子王熙,曾官至大学士、礼部尚书,在宅西侧南半截胡同七间楼隙地建宅,取名怡园,邸名"青箱堂"。

27 戴璐:《藤阴杂记》卷九记载,傅为詝所移寓的方壶斋,相传曾是田雯故居。

28 戴璐:《藤阴杂记》卷九。

29 戴璐:《藤阴杂记》卷一○。田雯《古欢堂诗话》曾载,他自横街移居粉坊巷时,"先至其处,督奴子搬家具。闷坐久,作诗题壁,有'墙角残立山姜花'之句。俄而渔洋至,见而和之。遍传都下,和者百人。"

历史时期北京地区人口迁移研究

韩光辉　刘　旭　何文林

北京处于华北、东北和蒙古高原三大地域单元交接地带的特殊地理区位,自古以来,无论作为古代幽燕都会,还是上升为国家政治中心,每当中原王朝实力衰微,北方游牧民族南下至王朝更替、都城地位确立前后,北京均会出现较大规模的人口迁移变动。按照各个时期人口迁移的方向大体可以分为两种类型:一是向北京及其周围地区的向心型内聚迁移,一是由北京及附近地区的离心式离散迁移;对北京整个人口迁移变动过程来讲,这两种类型的人口迁移形式又是交替进行的。本文就历史时期北京地区人口迁移过程及迁移特点和人口迁移机制作较系统的研究,不妥之处,尚祈指正。

一、幽燕都会时期北京地区人口迁移

除军事攻伐直接涉及的人口移动外,最早见诸文献记载的古代北京地区移民是秦始皇统一东方六国后,“徙天下豪富于咸阳十二万户”[1]。燕作为战国七雄之一,秦王朝从其境内迁走一万户上下不成问题,经秦末农民起义和楚汉战争,“大城名都民人散亡,户口可得而数裁什二三”[2];燕、齐、赵人往避高句骊、辰韩等东北及朝鲜半岛各地者达数万口[3]。汉高祖初年,除徙齐、楚大族于关中外,还徙燕、赵、韩、魏后裔及豪杰名家十余万口[4]。因此,秦至西汉初年是燕都蓟城及其周围地区户口离散迁移、人口减耗时期。

东汉初年,北部边疆受到匈奴南下侵扰,故有建武十五年(39)迁上谷(郡治今河北怀来县东南)吏民于居庸关东,据《后汉书·吴汉传》,是时连同迁至常山关东的雁门、代郡人口共计 6 万余人。东汉时期,匈奴不断寇抄,亦造成了幽州人口的流离迁徙。东汉末年刘虞任幽州牧,黄巾起义爆发后,中原离乱,“青徐士庶避黄巾之难归虞者百万余口,皆收视温恤,为安立生业,流民皆忘其迁徙”[5],成为历史上北京地区流民最多、安置最好的时期。在此后的战乱中,“乌丸(桓)承天下之乱,破幽

州,略有汉民合十余万户"[6],被迁往燕山山地及其以东地区。至建安十二年(207),曹操征乌桓,"胡汉降者二十余万口",一部分被俘掠北去的汉人又回到了幽州地区。

魏晋北朝时期是历史上北京地区人口迁移变动最为频繁的时期(表1)。

表1　魏晋北朝时期北京地区人口主要迁移变动统计

年代	内迁	外迁	史料内容	资料出处
魏黄初三年 (222年)	千余家		"遣魏人(在鲜卑者)千余家居上谷"	《三国志·魏书》
太和二年 (228年)	七千余家		司马宣王斩新城太守孟达,"徙孟达余众七千余家于幽州"	《晋书·宣帝纪》
景初元年 (237年)	*		幽州刺史毌丘俭征公孙渊还,右北平、辽西乌丸居幽州辽东,"率部众随俭内附"	《三国志·魏书》
西晋永嘉中 (307—313年)		*	王浚为幽州刺史,"为政苛暴……下不堪命,多叛入鲜卑"	《晋书·王沈传》
西晋永嘉中 (307—313年)	数千余家		高瞻与"叔父隐率数千家北徙幽州,既而以王浚政令无恒,及依崔毖,随毖如辽东"	《晋书·慕容廆载记》
晋咸康五年 (339年)	七千余家		石季龙将夔安攻石城,略汉东,"拥七千余家迁于幽冀"	《晋书·成帝纪》
晋咸康六年 (340年)		*	后赵徙辽西、北平、渔阳万户于兖、豫、雍、洛四州之地	《晋书·石季龙载记》
晋咸康六年 (340年)		三万余户	慕容皝率骑二万,"长驱至于蓟城,……所过焚烧积聚,掠徙幽冀三万余户"	《晋书·慕容皝载记》
永和六年 (350年)		*	慕容儁率军陷蓟,"徙广宁、上谷人于徐无……"	《晋书·慕容儁载记》
永和七年 (351年)	数十家		慕容恪入中山,"迁其将帅、土豪数十家诣蓟"	《资治通鉴·晋纪二十一》
永和八年 (352年)	*		"燕王儁还蓟,稍徙军中文武兵民家属于蓟"	《资治通鉴·晋纪二十一》
永和十二年 (356年)	三千余户		慕容恪克广固,"徙鲜卑胡羯三千余户于蓟"	《晋书·慕容儁载记》
兴宁二年 (364年)	万余户		"慕容评寇许昌、悬瓠、陈城,并陷之,遂略汝南诸郡,徙万余户于幽冀"	《晋书·慕容暐载记》

年代	内迁	外迁	史料内容	资料出处
太元十年 （385 年）		千余户	后燕"建节将军徐岩叛于武邑，驱掠四千余人，北走幽州。……乘胜入蓟，掠千余户去。所过寇暴，遂据令支"	《晋书·慕容垂载记》
北魏天兴元年 （398 年）		*	"徙山东（太行山东）六州（当含幽州）民吏及徒何（鲜卑）、高丽杂夷三十六万、百工伎巧十万余口，以充京师（洛阳）"	《魏书·太祖纪》
北魏泰常三年 （418 年）		*	"徙冀、定、幽三州徒何（即鲜卑）于京师（洛阳）"	《魏书·太宗纪》
延和元年 （432 年）	三万家		"徙营丘、成周、辽东、乐浪、带方、玄菟六郡民三万家于幽州，开仓以赈之"	《魏书·世祖纪》
景明三年 （502 年）	*		（鲁阳）"蛮众数万，屯据形要，以拒官军。（李）崇累战破之，斩北燕军，徙万余户于幽并诸州"	《魏书·李崇传》
建义元年 （528 年）		*	"幽州北平府主簿河间邢杲，率河北流民十余万户，反于青州之北海"	《魏书·敬宗纪》
北齐天保八年 （557 年）	*		"议徙冀、定、瀛无田之人谓之东迁，诣幽州宽乡以处之"	《通典·食货·四制》

＊表示区域内聚迁移或离散迁移人口缺乏具体数字

　　由上表可知，魏晋北朝时期北京（幽州）地区人口迁移变动不仅规模大、范围广，而且内聚与离散迁移交互进行，甚为频繁；这恰恰是政治分裂、战乱纷繁的时代特征在人口迁移过程上的反映。

　　隋唐时期北京地区人口迁移变动亦较频繁，继北朝末年幽州人口严重流失，中经隋文帝开皇年间（581—600）的短期发展，至大业中炀帝开运河发动三次大规模征辽东的战争，虽然一方面推动了幽州城市的发展，但另一方面由于赋役沉重，户口亦多所流离，尤其隋末战乱及唐初突厥南犯，使幽州地区均被其患。贞观初，唐灭亡东突厥，将俘获男女 15 万人安置于东起幽州西至灵州（今宁夏灵武）的缘边地带。贞观十九年（645），唐克辽东城（今辽阳市），降民44000 人，安置幽州为民。万岁通天初，契丹陷营州（今辽宁朝阳），营州都督府被迫侨治幽州，所属羁縻州亦纷纷南迁，分置于幽州及其以南地区。神龙年间（705—707），内迁的游牧部落亦安置于幽州附近。

开元五年(717)唐王朝平息了契丹南犯,营州都督府及一部分所属羁縻州迁回营州,但亦有滞留在幽州者。当时,归降唐王朝的突厥、辽东、契丹及奚人即被部分地安置于幽州地区,因置有顺州、归顺州、燕州、威州、慎州、崇州、夷宾州、师州、鲜州、带州、黎州、沃州、归义州、瑞州等领之。到天宝初,其总人口已有34876人。这些人口成为安禄山发动政变的军事力量的一部分。"安史之乱"历时八年,使包括幽州地区在内的河北"农桑井邑,靡获安居,骨肉室家,不能相保"[7],区内人口大量流亡。

唐末五代的战乱和苛政使"幽涿之人多亡入契丹"[8],"幽蓟荆榛满目,寂无人烟"[9]。

二、帝都时期北京地区人口迁移

崛起于北方的契丹人亦趁五代战乱之机南下俘掠人口,劫夺财物,如《辽史·兵卫志》所载,阿保机即位"六年(912)春亲征幽州,东西旌旗相望,亘数百里。所经郡县,望风皆下,俘获甚众"。神册元年(916),"攻蔚、新、武、妫、儒五州,俘获不可胜纪,斩不从命者一万四千七百级"。六年(921)又"出居庸关,分兵掠檀、顺等州,安远军,三河、良乡、望都、潞、满城、遂城等县,俘其民徙内地";并"以征伐俘户建州襟要之地,多因旧居名之"[10];或如《阴山杂录》所谓"俘其民而归,置州县以居之,不改中国州县之名"[11]。

在契丹人攫取幽蓟十六州地之初,因政治和自然灾害原因,亦有大量人口流徙南下,据《旧五代史·周太祖纪》,是时后周广顺元年(辽穆宗应历元年,951),"北境饥馑,人民转徙,襁负而归中土者,散居河北州县,凡数十万口"。

契丹人得幽州建为陪都,号南京,使古老的蓟城政治地位上升。为稳定并加强自己的统治,契丹贵族不仅停止了对这一地区户口的掠夺,而且派驻了大批宫卫军户,约达1.2万户。同时为驱掠和收降的中原户口建置了行唐县或安置于燕京近畿州县,并徙渤海各帐千余户于燕,因而使辽南京地区户口得到恢复和发展。

金代,在女真贵族推翻辽朝统治的进程中,推行了"每收城邑",往往徙其民以实京师(按指上京会宁府)[12]的政策;克辽南京之后,即"根据燕山府所管州县百五十贯已上家业者得三万余户,尽数起发"[13],因而使辽南京几为空城。女真人攻略燕京,使"燕民破散,悉流转近地",进入宋境"州县动数千口,至少犹不下五七百口"[14]。至女真人攻克汴京灭亡北宋,又驱掠宋国男妇二十万[15]北上,其强壮者至燕京,"各便生养……以类各相嫁娶"[16]。当时滞留燕京的宋朝宗室大臣即达1800余人。

在女真人确立对河北与河东地区统治之后即开始"起女真国土人散居汉地"[17]。熙宗初年,金与南宋划淮为界,始"创屯田军(按指猛安谋克军户),凡女真、契丹之人,皆自本部徙居中州,与(汉族)百姓杂处"[18]。

海陵王迁都燕京,改称中都,首先将上京全部中央机构官吏三千余员迁往中都,并"以京城隙地赐朝官及卫士"[19]。其次将女真皇族掌管之猛安谋克及其宗室迁至中都,"以蕃卫京国"[20]。同时实行了"凡四方之民欲居中都者,给复十年,以实京师"[21]的政策,鼓励州县之民移居中都,因而加速了中都城市及京畿地区户口的迅速增长。

在成吉思汗的蒙古骑兵围攻中都,河北、山东诸郡失守,河东州县亦多残破,"京师乏粮,军民饥死者十四五"[22]的情况下,金宣宗决意迁都南京(汴京)。宣宗南迁,首先是宫眷、监户、近侍、百官、军将、宗室及其眷属皆偕行,"銮辂一动,北路皆不守"[23]。更兼金朝政府进一步推行了"哀兵徙,徙豪民,以实南京"[24]的政策,使数年之内,仅"河北军户徙河南者几百万口"[25],"河北失业之民侨居河南、陕西,盖不可以数记"[26]。而蒙古贵族驱掠山东、河北、河东少壮亦数十万,诸王及诸将校所掠户口,寄留诸郡者,"几居天下之半"[27]。因而中都城市和中都地区户口迅速耗减了。

在忽必烈即帝位迁都中都并创建大都新城的过程中,更大规模地内聚迁移军户、匠户、官员及其家属于京师,即所谓"迁居民以实之"(按指大都新城)。因而使中都(大都)城市人口由至元元年(1264)的4万户迅速增加至至元十八年(1281)的21.95万户。短短18年间,大都城市增加了17.95万户,显然以各地户口的内聚迁移为主。但至元代中后期由于社会与经济原因,大都城市在京人口流徙日益严重,以坝河漕户为例,至元十六年(1297)开坝河,所设坝夫户、车户和船户共计14397户,但到至正初年,"坝夫累岁逃亡(按当在中期以后),十损四五",所剩车船坝户总计仅5348户[28],逃亡户占原设总户数的63%,京畿站赤户和州县民户亦因负累不堪、生计困顿,致使"官司交忿,农民窘窘"[29]。及明军北伐,元顺帝仓惶北逃,有大量蒙古及汉人等被裹携北去,因而元末大都城市及近畿户口大规模离散迁移直接导致元末明初北京地区户口的锐减。

明初建都南京,降元大都为北平府治;北平成为明王朝北方军事重镇,除派驻大量卫所军人之外,有计划地迁散了大都城元朝遗民,其中包括"征元故宫送至京师(按指南京)";"北平府应有南方之人,愿归乡里者听";"徙北平在城兵民于汴梁"[30]。加以战争造成的人口流徙,明初北平地区人口锐减至历史最低水平,随之而来的就是大量迁移沿边迤北及山西人口于北平等府所属州县屯垦。其中仅洪武四年(1371)所迁沙漠移民即达32860户,置在254处,因而使北平府属户口迅速增加起来。

燕王朱棣发动的"靖难"曾使北平人口遭到严重损失,故至永乐迁都北京,在将南京卫所大量北调[31]的同时,迁移江浙富民与工匠于北京,迁移山东、山西人口于京畿屯田。因而使京师五方杂处,附近州县"地多卫官、陵户、皇庄、戚畹、戍守诸人所托处,其土著之民什仅三四耳"[32]。明中期商业经济的发展,使北京"四方辐辏"、"生齿滋繁"[33]。

至嘉靖、隆庆之际,京师商民铺户因征商严苛已"有散之四方,转徙沟壑者"[34],至万历中后期则出现了京师城乡坊铺人丁"率多逃绝不堪,""户口渐耗"[35]的局面。至明末州县之民"流移日众,弃地猥多"[36];再经满洲贵族四次入关抄掠,京畿地区"百姓流亡者十之六七"[37]。

清初,满洲入关,定都北京,共有 660.5 个佐领(又称牛录)迁入北京及南下征伐,按当时每佐领编设壮丁的数目,入关之八旗官兵合计 17.2 万丁,总人口约 58 万人;另有旗下奴仆约 41 万人安置于近畿圈地上耕种[38]。为补充兵员打赢统一中国和镇压三藩的战争,自顺治至康熙初年不断地征兵于满蒙各地,充实京师八旗人口。因此清初是八旗人口大量内聚迁入京师的时期。但同时为安置旗人,除圈占北京内城外,还圈占了京畿大量土地,使京畿人民流离失所。另一方面入关之旗仆和投充旗下汉人因不堪侵扰,多致逃亡,因而又有严苛的罚治逃人的法令,形成了"法愈峻,逃愈多"[39]的社会动荡局面。至顺治三年(1646)"(旗仆)逃亡已十之七"[40]。在康熙更订"逃人法"后的康熙二十八年(1689),一年之内旗下奴仆逃走男妇子女还在八千名以上。清代初期逃人的大量出现成为北京地区州县人口增长长期缓慢的重要原因。

在镇压三藩之后,京师八旗进入了迅速增殖的时期,因而到清代中期形成了"户口日繁,待食者众,无余财给之,京师亦无余地处之"[41]的严重局面。如何措置京师八旗人口的生计,减轻北京内城人口压力就成为清政府的当务之急,为此主要实行了四项措施:一、政府拨款,建房城外,移内城兵丁携眷口分驻四郊;二、增加直省驻防,迁移京师旗人于各地;三、迁移京旗闲散人口于东北屯垦;四、汉军出旗,占籍州县,编为民户[42]。实行这些措施后自北京内城迁出官兵 5.5 万人,人口 22 万,这不仅在当时产生了控制城市人口规模的良好效果,而且一直制约着清代后期京师旗人的增长过程。

三、近代北京地区人口迁移

清末太平天国北伐,英法联军及八国联军进攻北京,均曾导致北京人口的离散迁移。

民国时期北京(北平)曾因政治和战乱等原因发生过对人口增长过程产生了短期影响的离散迁移,如清末至民国初的政权更替,1924 年至 1926 年北洋军阀混战及"七七"事变日寇武力占领北平的年代[43]。相比而言,这一时期北京(北平)仍以人口的内聚迁移为主,长期影响了城市人口增长的过程和规模,这主要是由于北京城市性质由封建帝都向近代自由市场经济城市转变,导致社会资本和近代技术向城市集中,进而吸引了华北农村破产人口向城市的迁移。北京城市人口增长过程虽然受到政局和战乱等的影响出现过短时间迅速增减,但基本趋势是稳定增长的。在前述自然增长率相当低的情况下(即使考虑统计不完备的影响,将增长率提高到6‰或8‰),自1910至1948年的38年间维持北京人口以17.4‰增长率增长的显然主要是人口的内聚迁移。除个别年份之外,每年均有大批外省区人涌入北京(北平)城市,也有大批城市人口迁出,因而使北京(北平)城市形成一个人口迁移的开放系统,但迁入常大于迁出(表2)。从历年市民的籍贯统计来看,移民以河北、山东、山西、辽宁省籍为主,来自全国各地。民国18年、31年及37年省籍人口分别占49.4%、53%、51.6%。据民国25年6月的统计,北平市省籍人口占57.5%,其中河北籍占40.2个百分点,山东籍占5.6个百分点,其他省籍占11.7个百分点(表3)。因迁入的青壮年男性人口远多于女性,就导致了城市人口年龄构成不合理、性别比高等现象。

表2　1939年北平市迁入迁出人口统计

单位:人

区	迁入		迁出	
	男	女	男	女
总计	193456	147109	174525	128053
内一区	13112	8764	14331	9485
内二区	16904	13607	18312	14430
内三区	16134	13385	16294	13213
内四区	18131	15189	15415	12605
内五区	13504	11928	13176	11069
内六区	10016	8117	10606	8280
外一区	8110	4553	8633	4665
外二区	13070	8883	11524	8345
外三区	14810	10075	12508	7513
外四区	15604	12751	12995	10159
外五区	15120	10114	12844	8303
东郊区	12040	9647	9322	6960
西郊区	12541	9138	7907	5343
南郊区	7961	6057	6593	4643
北郊区	6408	5101	4065	3041

资料来源:《市政统计月刊》

表 3 民国二十五年(1936)六月北平市市民籍贯统计 单位:人

	合计	男	女
总计	1533083	943429	589654
北平	651021	394084	256937
河北	616114	375342	240772
山东	86567	61521	25046
山西	35977	27633	8344
辽宁	25310	13325	11985
江苏	22878	15270	7608
河南	17374	10649	6725
湖北	12136	5904	6232
浙江	10583	6353	4230
安徽	7131	4251	2880
广东	5914	3464	2450
福建	5401	3157	2244
湖南	5135	3099	2036
吉林	4627	2597	2036
察哈尔	4202	2872	1330
江西	3515	2000	1515
四川	2992	1816	1176
绥远	2430	1572	858
陕西	2131	1323	808
热河	1767	1006	761
广西	1617	1082	535
黑龙江	1453	880	573
甘肃	1397	894	503
蒙古	1317	775	542
云南	1244	721	523
贵州	920	587	333
新疆	710	472	238
西藏	543	344	199
青海	363	258	105
宁夏	269	145	124
西康	45	33	12

资料来源:《北平市统计览要》。

但个别年份也出现户口迁入少于迁出的状况(表4)

表4　民国二十五年(1936)六月北平市户口迁移变动统计　　　　单位:人

区效	迁入				迁出			
	户数	口	男	女	户数	口	男	女
总计	51358	177184	105253	71931	59965	224131	134557	89574
内一区	4151	15916	10017	5899	4658	19109	12141	6968
内二区	4674	17720	9893	7827	4704	19689	11443	8246
内三区	4640	17057	9435	7622	5490	21610	12220	9390
内四区	5393	20097	11507	8590	9093	36223	20436	15787
内五区	3260	12043	6763	5280	3307	12931	7228	5703
内六区	2913	10521	5803	4718	3079	11670	6535	5135
外一区	2081	7107	4680	2427	2093	7852	5273	2579
外二区	3334	10989	6624	4365	5547	20094	12190	7904
外三区	3859	12130	8054	4076	4846	17369	11598	5771
外四区	3443	10700	6494	4206	3551	11843	7223	4620
外五区	4211	13080	8326	4754	3768	12548	7990	4558
东郊	2651	7964	4772	3192	2613	8281	5047	3234
西郊	2948	9537	5671	3866	3217	10997	6739	4258
南郊	1555	5032	2914	2118	1453	5005	3034	1971
北郊	2245	7291	4300	2991	2546	8910	5460	3540

资料来源:《北平市统计览要》

四、北京地区人口迁移的特点

综上所述,秦汉以来至民国时期北京城市和北京地区人口迁移经历了一个异常复杂的过程,具有四个方面的特点。

1. 区域人口迁移的阶段性

伴随各个朝代政权的兴衰更替,区域人口迁移呈现了并不严格的明显阶段性变化。每当一个王朝的统治者初入北京地区时,总要俘掠和迁移这一地区的人口,攫取这一地区的劳动力资源和物质财富。历代统治者受其初入这一地区时所处的社会发展阶段的制约,在掠夺这里的人口方面表现更为突出。其实,朱明政权在占领这一地区后,亦大量离散迁移了各族人口。因此,每当政权更替时,北京地区人口总是明显而激剧地减少。但是,当他们在这里站稳了脚跟,取得了稳定的统治之后,尤其决定迁都和建都北京前后,便开始强制性地内聚迁移大量军民人口来"填实京师"或吸引与鼓励各地人口自发内聚迁移,使区域人口在短时期内大规模增加。但到中后期,由于政治、社会与经济的原因,京师及京畿人口开始离散迁移,至每个朝代末期便出现较大规模的人口流徙并遭受新统治者的野蛮俘掠,人口又激剧减少,从而形成并表现了人口离散迁移——内聚迁移——离散迁移的明显阶段性变化。清代咸丰以降列强先后两次入侵北京和清末民初政权更替均曾导致京师人口的离散迁移,但比较而言历时短人口迁移规模比较小,尤其以清帝逊位的和平方式实现政权过渡,避免了战争破坏和大规模人口离散迁移;1948年北平和平解放亦相类似。因此,清末以来的两次政权更替时期人口离散迁移用于内聚迁移虽亦表现了阶段性变化,但迁移人口的规模甚小。人口迁移变动的这一过程决定了历史上的北京人口是属开放人口。

人口迁移的这种阶段性造成了区域人口的阶段性增长与损失及社会经济的阶段性发展与破坏。这与中国其他任何地区比较都是最突出的。同时这种阶段性的人口迁移还导致了一种恶性循环,即强制性的人口内聚迁移可以在短时期内完成,迁移增长很快;但政局改变,离散逃亡亦众,使人口迅速减少。反之,离散迁移人口越多,建都北京填实京师需要内聚迁移人口也越多。因而这里土著户口相对较少。但清初以来,由于如上所述的原因,这种状况才发生了明显变化。

2. 区域人口聚散迁移与人口增减的同步性

根据人口增长理论,人口的迁移增长与自然增长是区域人口增长的根本因素。而在历史时期尤其辽金元明清时代与民国时期的北京地区,前者更显示了它对区域人口增长的决定作用。每当北京地区人口大规模离散迁移(包括军事俘掠与自发流徙)的时期便是区域人口锐减的时期。五代末至辽初、辽末金初、金贞祐初,元末明初及明末清初,均是如此。如元末明初,北京地区人口经过流徙及纵北人北还和令南人南迁政策的推行,至洪武二年(1369)北平府属城乡户口总计仅有1.5万户,4.9万人。金贞祐初,在与北京今市域大致相当的地区内,区域人口经蒙古骑兵的俘掠和大量南迁以及大量饥疫死亡,较章宗末年减少80%以上。明末清初,北京地区户口分别由极盛时期的55万户(丁),219万人,减少到大约15万户,55万人,减少了40余万户(丁),160余万人,其中70%以上属离散迁移户口。与此相反,每当各地军民户口大量内聚迁移的时期,便是北京地区户口迅速增长的时期。如金海陵迁都、元世祖迁都、明成祖迁都、清顺治迁都北京时均如此。据文献记载,元世祖至元十八年前后至元代中期是元代大都城市军民户口的极盛时期;明代宣德、正统时期则是明代北京城市人口的极盛期;人口内聚迁移使区域人口迅速增加,具有同步增减的特点。故人口迁移是各时期北京地区人口大幅度增减的首要决定因素。

3. 区域人口聚散迁移的地域广阔性

秦汉至隋唐幽燕地区人口聚散迁移已具有明显的地域广阔性特点(表1)。辽、金、元、明、清各个王朝是中国历史上的契丹、女真、蒙古、汉族和满族等不同民族先后建立的国家政权,而且除辽代燕京为陪都外,金、元、明、清四代在正式建都北京之前还均曾建都于自己的发祥地。辽朝虽始终建都于上京临潢府,驱入中原之初俘掠汉人北去,安置于上京、中京、东京三道的广大地区,但陪都南京作为辽朝财富之区的中心城市,契丹统治者为加强防务,增加区域人口,恢复区域经济,又内聚迁移宫卫军户、渤海户以及来自宋境的降俘户口于南京地区,人口迁移的地域范围已扩大到今辽河、黑龙江和鸭绿江流域及沿海地区。金人最初建都上京会宁府,位于今哈尔滨市东南阿城市南郊。金人南下灭辽俘掠辽南京地区3万户豪族、工匠首先迁往上京会宁府,即所谓金源内地;灭北宋俘掠宋汴京大量人口,驱入燕京地区以及北方其他路府各地。在其取得了对中原地区的稳定统治,尤其海陵迁都燕京前后又将金源内地大量人口南迁至中都地区及中原各地。人口的迁移距离和幅度明显较辽代大为扩展。蒙古建国初诸汗均驻跸和林,忽必烈即位建都开平,并无建都燕京的意图,故将俘掠的大量人口驱往漠北。在忽必烈迁都中都并创建大都新城后,便将漠北、西域、东北及中原各地军队、各族工匠内聚迁移到都城。平南宋以后,又将长江以南各地军人、官吏及其妻孥内聚迁移到大都。与金代相比疆域更为辽阔的元代,大都地区人口的来源地域也更为广阔。明代无论放北人北还,令南人南迁,还是自中原各地内聚迁移人口于北京,人口迁移的地域和幅度虽没有元代广阔,但也大大超出了辽、金时代。清初内聚迁移北京的八旗人口主要来自东北和蒙古高原,而离散迁移包括控制京师旗人的增长,外迁人口主要去向则涉及东北、中原、西北和江南等地。民国时期,北京人口来自全国各省区。以1942年为例,北平市1792865人,除47%的本籍人口外,53%的人口来自华北、东北、华东、华南、西南及西北各地,同样表现了北京城市人口来源的地域广阔性。总之,秦汉、魏晋北朝、隋唐、辽、金、元、明、清代与民国时期北京地区无论人口的内聚迁移还是人口离散迁移,均具有地域广阔的特点。

4. 区域与城市人口民族构成的复杂性

这一特点是由区域人口迁移的上述诸特点派生出来的。自古以来,至隋唐五代,幽州作为幽燕都会;辽代以来,北京作为不同民族先后建立的政权的政治中心,每一个王朝的统治者势必要把本民族的人口大量内聚迁入这一中心,以便建立起一个居统治地位的核心人口集团和稳固自己统治的人口基础。辽代宫卫户及渤海人的迁入,使南京城市和周围地区出现了一批契丹人、奚人、室韦人和渤海人等。金代将猛安谋克户迁入中都地区,使中都城市和京畿地区出现了占有一定比重的女真人,并增加了一部分契丹人、渤海人、奚人等。元代,蒙古人及回族人、阿速人、色目人、唐奴人、维吾尔人等则较多地迁入了大都地区。明代汉族政权统治下的北京,其他少数民族人口则相对大大减少了。除汉人外有蒙古人、回族人、朝鲜人等。清代除满族、蒙古族、汉族户口外,还包括新满洲(鄂温克及达斡尔)人、俄罗斯人、藏族人、回族人、越南人等。民国时期来自全国各地的人口族属更为复杂。当然,不论哪一个时代,北京城市与北京地区都是以汉人占绝对多数。因此,实际上秦汉以来,辽、金、元、明、清与民国时期北京地区始终以汉人为主要人口成分,这一点并未发生根本变化。

以上是秦汉以来至民国时期北京地区和北京城市人口迁移的基本特点。这些特点构成了北京地区人口迁移的基本过程,影响着区域与城市人口的消长和构成,对区域人口规模的大起大落起着举足轻重的决定作用。

五、北京地区人口迁移的机制

一般来讲,人口迁移作为一种社会与经济现象,受到政治包括战争因素与经济因素两方面的影响和制约。自然灾害对人口迁移的作用也是通过经济杠杆实现的,而在某些地区或某些历史时期,政治和经济的作用又是不平衡的。

1. "实京师"政策是北京地区人口迁移的根本原因

所谓"实京师"就是大量内聚迁移人口于京城和京畿地区,"以分田里,以令贡赋,以造器用,以制禄食,以起田役,以作军旅"[44],来满足封建帝王和封建政权对各种职业人口的需要。其实,这一政策早在秦汉时期即已开始实行。如秦徙天下豪富12万户于咸阳[45];西汉高祖九年(前198),"徙齐楚大族昭氏、屈氏、景氏、怀氏、田氏五姓于关中"等[46]。此后,"实京师"这一强本弱末或称强干弱枝的人口迁移政策为历代帝王所沿用。到辽金元明清时期随着政权的更替与北京城市地位和职能的升降,"实京师"又具有不同的表现形式和具体内容。在北京尚未获得政治中心(包括陪都)地位之前和暂时丧失国都政治地位之后,即契丹人建皇都于上京临潢府,女真人建皇都于上京会宁府,蒙古人驻跸和林与开平,朱明政权建都南京,满洲人建都于辽阳和沈阳(盛京)时期,当时北京城市和北京地区相对于这些都城来讲,处于"末"或"枝"的地位,故"实京师"就意味着俘掠和驱迫各地人口包括燕京地区城乡人口并劫夺燕京地区财物,去填实各自都畿的事实。辽初驱掠幽蓟之民徙于契丹内地;辽末金初女真人发"燕京豪族工匠由松亭关徙之内地";蒙古人初入中原,"尽驱山东、两河少壮数十万而去";明初朱明王朝迁移大都城乡人口至南京和开封等[47],明末满洲贵族四次破关南下俘掠京畿士民徙往辽沈地区,均属将燕京地区城乡人口大量离散迁移,实其内地的实例,因而均给燕京地区城乡人口造成极大损失。五代末至辽初,"幽蓟荆榛满目,寂无人烟"[48];金初经女真贵族俘掠席卷之后的燕京竟变成了一座空城[49];蒙古初,整个河北,包括燕京地区"户口亡匿,田畴荒芜"[50];元末明初,经兵燹灾伤及人口大量离散迁移之后,北京地区"户口凋残,十室九空,后徙齐晋之民填实之"[51];清初,京畿"一望极目,田地荒凉,四顾郊原,社灶烟冷"[52],荒地九万余顷,"兵燹之余,无人佃种"[53],可见,每当民族矛盾与政治斗争交织在一起无法解决而激发了战争时,北京由于政治、经济、军事地位及其地理区位关系,总是首当其冲地遭受战争冲击和人口俘掠,结果使北京地区人口锐减,生产破坏,经济衰退,一片萧条。它不仅中断了北京地区人口增长的历史过程,而且成为日后在此建都的王朝必须内聚迁移更多人口弥补人力不足以填实北京的根本原因。其实每当政局稍微稳定之后,新统治者即开始去掠夺或迁移其他地区,包括原来国都城市的人口内聚迁移到北京地区来,以增加兵员和劳动力,恢复生产,发展区域经济。

在封建统治者决定迁都或建都北京,北京城市职能与政治地位上升之后,"实京师"的内容便发生了本质的变化,即由人口从这一地区被迫离散迁出,转变为有计划有组织地内聚迁移,以满足封建政权对军人、工匠、商人、民户的人口需要。在金代人看来,"衰兵徙,徙豪民",以实京师是固邦强本的需要[54]。在明代人看来,"京师天下根本,居重驭轻,武备不可不盛"[55],人口不得不众。清王朝将"披坚执锐,露宿风餐,汗马血战,出百死一生,以开拓天下"[56]的满洲官兵视为"国家根本"[57],因此定都北京,分列八旗,"拱卫皇居,星罗棋置"[58]。显而易见,这与汉初迁移各地大量人口实关中的初衷毫无二致[59]。同时,面对由于上述人口离散迁移和灾伤所造成的京畿荒残、人口殊稀的局面,各朝代建都北京之初内聚迁移人口于京畿,"填实所不免也"。因此,建都北京,满足封建政权对各种职业的人口尤其军队、工匠、商业服务和州县赋役人口的需要,恢复京畿的经济,发展生产,以建立稳固的统治基础,是辽金元明清代均曾大量内聚迁移人口填实京师的根本原因,带有历史的必然性。当然,如上所述,"实京师"政策本身就包含着政治与经济两方面的因素。要巩固封建政权,加强京师防卫必须强化国家机器,集结军队;要恢复遭到破坏的社会与经济,建立正常运转的城市生活,首先是满足皇室贵族必需的日用手工产品及各种服务,必须组织众多的工匠及商业服务人口,还必须有提供城市生活不可或缺的农副产品的农业人口等。这些构成了移民"实京师"的全部内容。

2. 社会经济因素是北京地区人口内聚迁移与离散迁移的基本原因

在历代政府为满足自己政治与经济生活的需要大量内聚迁移政府官吏、军队、工匠和赋役及服务人口的同时,均实行了鼓励和吸引各地商人内聚迁移的政策。这就是政府强制性迁移之外的吸引人口自发迁移。如辽初徙渤海大族千余户于燕,给以田畴,消其赋入,往来贸易关市皆不征。对于来自宋境的降民,则"择沃壤,给牛种谷",并给寒者裘食,提供安居生息的基本条件。金人迁都中都,"以京城隙地赐朝官及卫士",并实行了"凡四方之民欲居中都者,给复十年,以实京城"的政策,激劝各地手工业者、商人及农民迁居京师。元代集中天下工匠于京师,"给之食,复其户"。明永乐中除于京城抑税置店,招商聚货外[60],重申了"嫁娶丧祭时节礼物,自织布帛、农品、食品,及买既税之物,车船运己货物,鱼蔬杂果非市贩者,俱免税"[61]的恤商政策。所有这些政策措施无疑地吸引了各地工匠、商人及农民的内聚迁移,加速了各时期北京城市人口的膨胀。如明代到正统初,北京已是"官府居民之鳞次,廛市衢道之棋布,觐观会同之麇至,车骑遄来之坌集"[62]的繁华城市。明代中期,中国商品货币经济的发展及农业经济的衰落加速了人口向城市的转移。北京"百货充溢,宝藏丰盈","四方之货,不产于燕,而毕聚于燕"[63],"天下良工美材,皆聚都下"[64]。因此,当时的北京已是"生齿益繁,物货益满,坊市人迹,殆无所容"[65]的景象。

　　清初除前朝弊政,轻徭薄赋,招徕逃亡,开垦荒田,俾民间安居乐业的政策在某种程度上缓和了圈地、投充及逃人之法的祸害,推进了流民复业与生产恢复。尤其"盛世滋丁,永不加赋"和"摊丁入亩"政策的实施,大大削弱了农民对国家的人身依附关系,"使田夫贩竖,咸得优游康衢,而毕生无追呼之累"[66],便于"民轻去其乡,五方杂处"[67],为城市人口规模的扩大提供了前提条件。废除匠籍的同时,废止工匠当官差,削弱了官府手工业,提高并巩固了民营手工业的地位,推动了城镇民营手工业和城市商业的发展。在北京,出现了"致天下之民,聚天下之货,熙熙攘攘,骈阗辐辏"[68]的景象;在外城则形成了"中城珠玉锦绣,东城布帛菽粟,南城禽鱼花鸟,西城牛羊柴炭,北城衣冠盗贼"[69]等不同行业的区域分化。中城所在前三门外,更是"棚房比栉,百货云集,较前代尤盛"[70],甚至在安定门外关厢"市廛栉比,屋瓦鳞次,充街溢巷,只见明驼,列肆连箱,惟陈服匿"[71];京城内外大小当铺六七百家[72]。手工业,除内务府和户部所属11200余名匠役外,仅铜炉铺户即达364家[73],北京城市工商会馆则由清初的近40个,发展到392处[74]。随着京师户口的增加,西山煤的开采规模也在不断扩大,据乾隆二十七年(1762)统计,京西西山及宛平、房山二县共有旧煤窑750座,现采者273座,其中西山16座、房山140座、宛平117座[75]。煤的生产,使京师燃料仰给于西山之煤,"未尝有匮乏之虞"[76]。手工矿冶及商业服务业的发展,既繁荣了城市经济,又为劳动人口提供了就业机会,吸引了外地人口的内聚迁移。

　　但另一方面,每到一个朝代的后期,随着政治危机的加深,在都市经济生活领域中积弊日趋严重,京城及近畿人口因生计困顿,尤其役重差繁,开始离散迁移。辽代后期南京"赋役日益重"[77],兼"交易法坏,财日匮而民日困"[78],致使"民大失职,离乡内徙"[79]。金代至章宗时期已出现"比年五谷不登,百姓流离"[80]的现象。大安初京畿因"岁荒歉,所在流民失业,在处闲田旷土甚多"[81]。至蒙古贵族南下抄掠,社会生产力和农业经济更遭破坏,以致"田之荒者,动至百余里,草莽弥望,狐兔出没,盗贼纵横"[82]。农业生产的破坏直接危及了中都城市的粮食供应,形成了"民失稼穑,官无俸给,上下不安,皆欲逃窜"[83]的形势,使中都城市人口在蒙古骑兵长达半年的围困中大量饥死。其实宣宗南迁,实际上是帅先逃亡。重要原因之一就在于"燕京乏粮,不能应办"[84]。元末官吏贪残,"吏弊未祛,民瘼滋甚"[85],加水旱相间,"岁入不增,小民告病"[86],兼供役繁重,百姓纷纷破产丧家[87]。如前所述近京坝夫,累岁逃亡,十损四五[88]。京师城市人口则因海运断绝,赈粜匿迹,除大量饥疫死亡外,还有大量人口离散迁移逃亡。明代后期各项社会积弊更深,尤以赋役负担最为严重。当时京畿州县正赋之外尚有徭赋;赋银之外,还有力役。"一里之中,甲无一户之闲,十年之内,人无一岁之息",甚至"一家当三五役,一户编三四处"[89],因此有赋重差繁,科派倍昔[90]之说。结果使"富家倾家破产,贫者弃祖离乡"[91],形成了"丁差愈重,逃亡更多,户口渐耗"[92]的局面。加以旱蝗水涝,地震饥疫,"无岁不灾",使"饥民食草木,逃就食者,相望于道"[93]。在北京城市,政府对工商业者的征敛与搜刮也日益严重。就商税而言,正德中京城九门税较弘治时期增加了数倍[94]。万历二十四年(1596)大派税监之后,暴敛之风日炽。据《万历会计录》:崇文门、河西务等沿运河各钞关,原额年征银32.55万余两,到万历二十五年(1597)又增税银8.2万两,较原额增加了25%。至崇祯二年(1629)、三年(1630)、十二年(1640),随着政府加派搜刮的发展,又分别增加关税10%、20%及20万两[95]。加以官吏敲诈勒索,使各地商贾畏缩不前。另一方面,在京工商店铺必须向官府承担"当行"差役[96],负担也十分沉重。而且自成化以后,"顺天府铺行买办诸物,不即关与物价;市廛小人富少贫多,或典卖家资,或出息假贷,竭尽艰苦,方得完足。又经月久,未得价值。资本既少,无所经营,多致失所"[97]。嘉靖末曾对积弊至深的"当行"制度进行改革,将铺商划分为三等九则,上二则轮次签差,领价供办,继续当行;下七则按户分等出银,以代力差[98],谓之行银。到万历中,"行银继续征收,当行之差又派及铺户";这样一来,实际上铺户承担了双重差役。而且"不论事大小,俱概及之。于是行户始群然告匮",致使"逃死相继,京师空虚,深可忧惧"[99]。铺行之害至万历后期更为严重,使城市工商铺户消乏逃亡,北京城市编户大大减少了。及于天启崇祯,因兵增饷,加派繁兴,更是民不堪命[100]。清代后期除列强入侵北京造成的城市与近畿户口的流亡迁徙之外,在北京城市,首先是八旗人口由于"近京五百里之旗地大半尽典于民,"[101]及旗兵俸饷的减少和各项优恤的撤除,旗人生计贫困化,或坐以待毙,或"逃无所归,则相率为盗",或脱离京师,自谋生理;其次是外城士民,因官吏骄奢,士风败坏,物价腾涌,官民交困,使"弱者尽成饿殍,强者流为盗贼"[102],社会生活动荡。在近畿州县,因土地兼并,役重差繁及自然灾害频仍,使农民经年不见谷食者"十室而五","流亡转徙者,十室而三"[103]。民国时期北京地区人口迁移过程表明,除战争因素的影响之外,经济因素始终是该时期人口内聚与离散迁移的杠杆。

总之,各时期的社会经济因素是造成各地人口内聚迁移北京与北京人口离散迁移各地的基本原因。同时北京作为不同时期区域和全国文化与教育中心,对北京城市人口的内聚迁移与离散迁移也具有重要影响。

3. 战争与灾害是区域人口迁移的重要原因

战争骚乱除驱迫人口大量迁徙流亡之外,还会直接造成人口的杀伤。而在国都所在地区发生的战争一般出现在国力日渐衰微的朝代后期。

除前述表1引用的古代文献对幽燕都会时期北京地区人口迁移的明显反映之外,辽代之后有更多的文献反映了战争和灾害对北京地区人口迁移的重要影响。辽末屡次遣发燕人东征,参加镇压女真人的战争;由"契丹(军队)屡败,精兵锐卒十无一存"[104]的记载可知当时军人损失严重。金章宗泰和中,为防止北部蒙古人南下,"军民并役",所费百万贯。泰和六年(1206),南宋北伐,章宗"尽征诸籍兵";蒙古人南下,中都地区遂成为蒙古与金人争夺的战场。战争抢掠、杀戮,不仅破坏了社会经济的发展与粮食生产,造成城市乏粮,使饥死者不可胜计[105];同时,也造成了人口的大量杀伤。[106]因而,战争直接或间接造成的人口死亡,成为金大安至贞祐年间中都城市及周围地区人口迅速减少的重要原因。元代自泰定末年后,迭起的战争均给京郊人口的生命财产带来了严重的危害。

明代,北京地区州县先后遭到也先、俺答及满洲贵族的劫掠。而且由于战争的杀掠性质,更给区域人口的增长过程带来了严重负面影响。正统末,英宗亲征也先,从行者"官军私属共五十余万人",经土木堡一役,明"师死伤过半"[107]。故史称,土木之战,"师溃,死者数十万"。[108]。经此事变,"京军没几尽"[109]。明代京卫军是当时北京地区人口的重要组成部分,死者数十万,直接造成京师人口的锐减。景泰初,不得不"征两畿、山东、河南备运粮诸军入卫"[110],以补充兵员。当时明师败绩,也先先后陷白羊口、紫荆关,直犯京师,肆行杀掠抢劫,仅明朝官军夺还人口即达万余人[111]。嘉靖十九年(1540)后,俺答、锡林阿等先后入犯京畿,"或在宣大、或在山西、或在蓟昌,甚或直抵京畿,三十余年迄无宁日,遂使边境之民肝脑涂地,父子夫妻不能相保,膏腴之地,弃而不耕"[112],给近畿人民生命财产造成极大损失。在隆庆州,俺答"大举入寇,州县之民被杀戮,惨弗忍言……";次年,复入寇;不及半年,两经战乱,户口迅速耗减。据嘉靖《隆庆志》统计,隆庆州和永宁县总计损失1958户、9953口,分别占原有户与口的57.3%和47.1%。因而有"欲复其旧,必丰年与仁政培养五十余年,犹未知竟何如"之说[113]。昌平州原有8000余丁,至嘉靖二十九年(庚戌,1550年),被杀掳

5000 丁[114]。怀柔、密云、顺义、通州均被"屠戮其惨",[115]"城外居民被伤千万,成群奔京师"。经此战乱,被杀害男妇六万,掳去四万,掠杂畜数百万,焚庐舍万区。[116]嘉靖四十二年(1563)锡林阿蹂躏顺义、三河等县,饱掠而去,[117]入平谷县城,使如丘墟[118]。直至隆庆五年(1571)许俺答封贡之后,才赢得了边陲静谧,"东起延永,西抵嘉峪七镇,数千里军民乐业,不用兵革","九边生齿日离,守备日固,田野日辟,商贾日通,民始知有生之乐"[119]的社会景象。

明代中期,战争不断打破北京地区人口的连续发展过程。明代北京地区和北京城市户口达于极盛发生在战争之前的正统末年,而不是明代中后期,由此可见,战争是直接导致区域人口离散迁移和阶段性减少的重要原因。

明末,战争荼毒对区域人口的影响表现在两个方面:(1)对内"盗"镇压与对女真战争的消耗。当时"京师武备积弛,禁兵皆南征"[120]。而南征军士因"罹炎暑瘴毒,物故十二三",且逃亡众多[121]。对后金的战争,"战死者,逃死者,不知涂炭几许生灵"[122]。因而,京畿地区军民,非死于锋镝,即死于追呼,以至到崇祯十七年(1644)三月李自成农民军兵临京师城下时,京卫军"登陴止老弱万数千人",平则(阜成)、德胜各门外仅陈兵千骑而已。[123](2)满洲贵族入关杀掠。入关前,以皇太极为代表的满洲统治者发动战争的目的,"惟多得人为可喜"[124]。为此,据《东华录》、《清实录》有关记载统计,他们分别于崇祯二年(天聪三年、1629)、七年(天聪八年、1634)、九年(崇德元年、1636)、十一年(崇德三年、1638)、十五年(崇德七年、1642),先后五次长驱入关,直抵京畿及山东、山西等地,俘掠人口达百余万口。当时,京畿州县皆为所掠。此外,对反抗者进行残酷杀戮。据崇祯《固安县志》,崇祯己巳(崇祯二年,1629 年),八旗兵破固安城,杀伤包括远近逃难者在内的县内外人口约 1 万余人。直至清初,因战争创伤及圈地、投充和惩治逃人之法,社会长期处于动荡之中,"近畿流民载道"[125]。

清代后期,先是咸丰三年(1853)太平军北伐,京师人心汹汹,至翌年春,官民挈家外徙者不下 3 万家,使城市户口日减。[125]咸丰七年(1860)英法联军攻占北京,逃亡者甚多。光绪二十六年(1900)八国联军进攻北京,京畿人口流离失所,户口减耗。此外,抵抗英法联军进攻的京畿张家湾、八里桥阻击战,死伤甚众[126],八国联军攻占北京,清军"死者十之四五,潞水为之不流"[127]外,被杀害老百姓多达数千人。[128]大批军人的战死,使旗下孀妇大增,据民国初年八旗饷银津贴表统计,正红旗拥有兵额共3895 名,而宗室觉罗孀妇多达 3559 人。这种现象必然影响京师旗人的自然增殖过程。清朝末代皇帝的逊位,除皇族官僚遗老离散迁移外,避免了战争的破坏和城市户口的更大规模流亡。但民国十三年(1924)九月至十五年北洋军阀混战,北平人民遭受涂炭[129],使人口自然增长下降,迁出增加。民国二十四年(1935)日军开始武装骚扰北平市区,频繁进行罪恶的挑衅活动。"七七事变"爆发后日军侵占北平,市民流离,学校南迁,人口减少。因此,在京畿发生的历次战争及杀戮是造成各时期,尤其各朝代后期区域人口锐减的重要原因。

历史时期北京地区自然灾害一直比较严重且频繁。但各个朝代的前期,处于政治经济的上升时期,社会升平,经济实力比较雄厚,灾赈以时,故人口少殍死流徙。但到各朝代的后期、尤其末期,不仅自然灾害有加重趋势,而且由于国家政治腐败,吏治日污,民生日瘁,国库日虚,无论政府还是民间的抗灾自救能力均已极度脆弱,每遇灾害,人口非流徙即殍死,使区域人口停滞增长甚至减少。

如辽代,早在圣宗时期,南京地区即曾发生过以水灾为主的严重自然灾害,如统和十二年(994)春正月,"漷阴镇水,漂溺三十余村"[130]。金大安二年(1210),因"去岁荒歉,所在流民失业,在处闲田旷土甚多"[131],人口大量流离。元至顺四年(1333)的大水灾使京畿饥民达40万人[132],造成人口的流迁。明崇祯年间,"民食草本,逃就食者,相望于道"[133]。

综上所述,通过幽燕都会、国家都城和近代城市三个历史阶段的人口迁移具体过程的研究,较全面地探讨了北京地区人口迁移的阶段性、人口聚散与人口增减的同步性、人口聚散迁移的地域广阔性和迁移人口民族构成的复杂性等特点,及各时期"实京师"政策是区域人口迁移的根本原因,社会经济因素是北京地区人口聚散迁移的基本原因,战争与灾害是区域人口迁移的重要原因的人口迁移机制。

(作者韩光辉,北京大学城市与环境学院教授;刘旭,北京大学城市与环境学院博士生;何文林,北京大学城市与环境学院硕士生)

注　释

1　北京市哲学社会科学"十一五"规划项目(09Aals043)和国家自然科学基金项目(41071074)的成果。《史记》卷六《秦始皇本纪》第170页,中华书局1999年版。

2　《史记》卷一八《高祖功臣侯者年表·序》第739页,中华书局1999年版。

3　《后汉书》卷八五《东夷列传》第1898—1899页,中华书局1999年版。

4　《汉书》卷四三《刘敬传》第1637页,中华书局1999年版。

5　《后汉书》卷七三《刘虞传》第1590页,中华书局1999年版。

6　《三国志·魏书·武帝纪》第20页,中华书局1999年版。

7　《旧唐书》卷一四一《田承嗣传》第2608页,中华书局1999年版。

8　《新五代史》卷七二《四夷附录一》第590页,中华书局1999年版。

9　《辽史拾遗》引《唐明宗实录》。《丛书集成新编》第117册,第262页,台北新文丰出版公司1986年版

10　《辽史》卷三七《地理志》。

11　韩光辉:《辽代中国北方人口的迁移及其社会影响》,第72—80页,北方文物1989年第2期。

12　《金史》卷一三三《叛臣传》第1903页,中华书局1999年版。

13　徐梦莘:《三朝北盟会编》卷一五《政宣上帙》第105页,上海古籍出版社1987年版。

14　徐梦莘:《三朝北盟会编》卷一六引《北征纪实》,第114页。

15　《靖康稗史》卷六《呻吟语》第2页,民国28年铅印本。

16　《三朝北盟会编》卷九八引《燕云录》第725页。

17　宇文懋昭:《大金国志》卷八《太宗纪》第72页,商务印书馆1936年版。

18　宇文懋昭:《大金国志》卷一二《熙宗纪》第97页,中华书局1986年版。

19　《金史》卷五《海陵纪》第65页,中华书局1999年版。

20　《金史》卷四四《兵志》第654页。

21　《金史》卷八三《张浩传》第1235页。

22　《大金国志》卷二四《宣宗纪年》第325页。

23　《金史》卷九十九《徒单镒传》第1457页。

24　《金史》卷一〇五《张翰传》第1549页。

25　《金史》卷一〇七《高汝砺传》第1572页。

26　《金史》卷一〇二《田琢传》第1497页。

27　《元文类》卷五七宋子贞《中书令耶律公神道碑》第755页,上海古籍出版社1993年版。

28　《元史》卷一八三《王思诚传》第2812页,中华书局1999年版。

29　《续通典》卷三《食货三》。

30　《明太祖实录》卷34—35,洪武元年八至九月。

31　《明史》卷九〇《兵志》第1466页,中华书局1999年版。

32　康熙《昌平州志》卷六《赋役志·户口》,澹然堂刻本。

33　《张凤盘集》卷一《京城新建外城记》,见《明经世文编》卷373第4052页,中华书局1962年版。

34　《高文襄公文集》卷一《议处商人钱法以苏京邑民困疏》,见《明经世文编》卷301第3167页。

35　沈榜:《宛署杂记》卷六《人丁》第49页,北京古籍出版社1983年版。

36　吕坤:《陈天下安危疏》,《明臣奏议》卷三三,《丛书集成新编》第539页。

37　《清世祖实录》卷一二顺治元年十二月庚申,第114页,中华书局1985年版。

38　参见韩光辉:《北京历史人口地理》第120—125页,北京大学出版社1996年版。

39　《清世祖实录》卷八八顺治十二年春正月庚戌,第695页。

40　史惇:《恸余杂记》卷一《圈田》,《四库禁毁书丛刊》第72册,史部,第122页,北京出版社2000年版。

41　《清史稿》卷三〇三《梁诗正传》第10411页,中华书局1977年版。

42　参见韩光辉:《北京历史人口地理》第302—310页,北京大学出版社1996年版。

43　韩光辉:《民国时期北平人口初析》,《人口研究》,1986年第6期。

44　徐干:《中论》卷下《民数第二十》,四库全书,第501页。

45　《史记》卷六《秦始皇本纪》,第170页。

46　《汉书》卷一下《高帝纪》,第49页。

47　洪武初,朱元璋曾计划建北京于汴梁,作为陪都,因有移民实之的举措。

48　《辽史拾遗》引《唐明宗实录》,《丛书集成新编》第 262 页,台北新文丰出版公司 1986 年版。

49　《续资治通鉴》卷九五宣和五年四月。《续修四库全书》第 344 册,史部,第 443 页,上海古籍出版社 1995 年版。

50　《金史》卷 107《高汝砺传》,第 1572 页。

51　康熙《三河县志》,卷二《户口》,抄本,北京图书馆藏。

52　卫周胤:《痛陈民苦疏》,《皇清奏议》卷一。见《续修四库全书》第 473 册,史部,第 18 页。

53　《清世祖实录》卷一一,顺治元年十一月癸卯,第 108 页。

54　《金史》卷一〇五《张潮传》,第 1549 页。

55　《明经世文编》卷六四《马文升疏》第 536 页,中华书局 1962 年版。

56　《清世祖实录》卷八八顺治十二年正月己亥,第 691—692 页。

57　《清圣祖实录》卷三二康熙九年三月丁丑,第 438—439 页。

58　《八旗通志初集》卷一《旗分志》第 144 页,台湾学生书局 1968 年版。

59　《汉书》卷四三《刘敬传》:刘敬谓汉高祖:"陛下虽都关中,实少人。北近胡寇,东有六国强族,一日有变,陛下亦未得安枕而卧也。"并建议:"徙齐诸田,楚昭、屈、景,燕、赵、韩、魏后,及豪杰名家,且实关中。无事,可以备胡;诸侯有变,亦足率以东伐。此强本弱末之术也。"第 1637 页。

60　沈榜:《宛署杂记》卷七《廊头》,第 58 页。

61　《明史》卷八一《食货志》,第 1319 页。

62　《明经世文编》卷一六《杨文贞公文集二·都城览胜诗后》,第 126 页。

63　张翰:《松窗梦语》卷四《百工记》第 68 页,上海古籍出版社 1986 年版。

64　《明世宗实录》卷五四,嘉靖四年八月庚戌,第 1335 页。

65　吴宽:《家藏集》卷四五《太子少保左都御史闵公七十寿诗序》,四库全书本,第 406 页。

66　光绪《常昭合志稿》卷七《户口志》,中国地方志丛书,光绪甲辰活版排印。

67　冯贵芬:《显志堂稿》卷一一《稽户口议》,《续修四库全书》集部 1536 卷,第 19 页。

68　光绪《顺天府志》卷一一《京师志·关榷》第 653 页,台北文海出版社 1965 年影印本。

69　陈康祺:《郎潜纪闻初笔》卷六。

70　于敏中等:《日下旧闻考》卷五五《城市》。

71　震钧:《天咫偶闻》卷八《郊坰》,《续修四库全书》第 730 册,史部,第 703 页。

72　中国第一历史档案馆馆藏档案《内务府·广储司档案》02—2792 卷,嘉庆九年九月十八日。

73　《清高宗实录》卷 226 乾隆九年冬十月壬子,第 923—924 页,《清实录》第十一册。

74　李华:《明清以来北京工商会馆碑刻选编》第 20 页,文物出版社 1980 年版。

75　中国社会科学院经济研究所藏《清代档案抄件》史贻直奏,乾隆二十七年正月十一日。

76　中国社会科学院经济研究所藏《清代档案抄件》哈达哈题,乾隆五年十一月九日。

77　陈述校辑:《辽文汇》卷一一《与李处温使为辽内应书》,中国科学院 1953 年版。

78　《辽史》卷六〇《食货志》,第 569 页。

79　刘挚:《忠肃集》卷六《奏议·论备契丹奏》,四库全书本,第 518 页。

80　《金史》卷十《章宗纪》,第 150 页。

81 《大金国志》卷二二《东海郡王纪年》,第 156 页。

82 《大金国志》卷二三《东海郡王纪年》,第 162 页。

83 《金史》卷一〇八《侯挚传》,第 1593 页。

84 《大金国志》卷二四《宣宗纪年上》,第 168 页。

85 《元史》卷四一《顺帝纪》,第 591 页。

86 《续通典》卷三《食货三》,第 35 页。

87 梁寅:《新喻梁石门先生集》卷九《策略一·赋税》,北京图书馆古籍珍本丛刊第 96 册,集部,第 489—490 页。

88 《元史》卷一八三《王思诚传》。其实,至正初逃亡者已占坝夫人口的 63%,第 2812 页。

89 《续文献通考》卷一六《职役考》,四库全书本。

90 隆庆《昌平州志》卷四《田赋志·徭役》。

91 《续文献通考》卷一六《职役考》,第 356 页。

92 沈榜:《宛署杂记》卷六《人丁》,第 49 页。

93 《明史》卷三〇《五行志》,第 344 页。

94 《续文献通考》卷一八《征榷一》,第 401 页。

95 《续文献通考》卷一八《征榷一》,第 408—409 页。

96 《宛署杂记》卷一三《铺行》,第 103 页。

97 《明宪宗实录》卷五三成化四年四月乙卯,第 1082 页。

98 《明世宗实录》卷五五六嘉靖四十五年三月辛酉,第 8952 页。

99 《明神宗实录》卷四一八万历三十四年二月丁巳,第 7902 页。

100 康熙《良乡县志》卷三《赋役志》,清康熙刻本。

101 《皇朝续文献通考》卷六《田赋》,第 481 页,《续修四库全书》第 815 册。

102 《中国近代货币史资料》第 1 辑上册,第 303 页。

103 张之洞:《张文襄公全集》卷一《奏稿·畿辅旱灾请速筹荒政摺》,光绪五年八月,第 338 页。

104 叶隆礼:《契丹国志》卷一九《张琳传》。《文渊阁四库全书》第 383 册,史部,第 763 页。

105 《大金国志》,卷二四《宣宗纪》,第 325 页。

106 《大金国志》卷二三《东海郡王纪下》,第 309—313 页。

107 沈节甫:《纪录汇编》卷一六《否泰录》,民国 27 年(1938 年),上海涵芬楼影印本。

108 《明史》卷一〇《英宗纪》,第 95 页。

109 《明史》卷八九《兵志》,第 1454 页。

110 《明史》卷一一《景帝纪》,第 97 页。

111 《明史》卷一七三《杨洪传》,第 3066 页。

112 《高文襄公文集》卷一《明经世文编》卷 301,第 3165 页。

113 嘉靖《隆庆志》卷三《食货·户口》,《天一阁明代方志选刊》上海古籍书店 1982 年重印本。

114 隆庆《昌平州志》卷四《田赋志·徭役》。

115 《冯元成文集》卷一《明经世文编》卷 434,第 4744 页。

116 郑晓:《今言》卷四《经武门·驭夷》页 273,丛书集成初编。

117　《明史》卷二一四《杨博传》，第 3773 页。

118　康熙《平谷县志》卷上《地理志》，康熙六年刻本。

119　《明史》卷二二二《方逢时传》，第 3898 页。

120　《崇祯实录》卷一三崇祯十七年三月庚寅；谈迁《国榷》卷一〇〇，甲申崇祯十七年三月庚寅。

121　《明史》卷二五二《杨嗣昌传》，第 4356 页。

122　宋祯汉：《修政恤民疏》，《明臣奏议》卷三八，第 569 页。

123　钱𪩘：《甲申传信录》卷一《睿谟留憾》，嘉庆戊辰刻本，《续修四库全书》第 440 册，史部。第 428 页。

124　《清太宗实录》卷六天聪四年正月至四月，夏四月乙卯，第 96 页。

125　《清世祖实录》卷九〇顺治十二年三月戊子，第 705 页。

125　《太平天国史料丛编简编》第 5 册，第 348 页。

126　《第二次鸦片战争资料》（二）第 9—11 页；（六）第 292 页。

127　《义和团运动史事要录》第 422 页；《义和团资料》（二），第 470—471 页。

128　《义和团运动史事要录》第 422 页；《义和团资料》（二），第 470—471 页。

129　来新夏：《北洋军阀史》第 162—176 页。

130　《辽史》卷一三《圣宗纪》。第 100 页。

131　《大金国志》卷二二《东海郡王纪年上》，第 156 页。

132　《元史》卷三八《顺帝纪》，第 552 页。

133　《明史》卷三〇《五行志》，第 344 页。

北京能源供应与生态环境问题举隅

孙冬虎

历史上的北京长期作为国家首都,为城市能源供应提供了独有的政治保障。宫廷、衙署、军民与冶炼厂、窑厂等所需的木柴、木炭、煤炭以及晚近出现的电力,都取自城市之外的周边地区。自然资源无疑应为人类所利用,但超过某种限度就会引起程度不等的生态环境问题。本文选取元明清时期北京周边的几则典型事例,初步阐发它们的过程与环境史意义。

一、易州山场的生态破坏及其往复迁移

明代易州治今河北易县,位于北京西南约 85 公里。清雍正十一年(1733)升为直隶州,辖涞水、广昌(今涞源)二县。地处太行山区与华北平原的交界带,自东南一隅平原向西、向北,迅速过渡为蕴藏着丰富森林资源的丘陵与深山区。这里距北京不远,交通运输比较便利,军事意义也不如长城一线的森林明显,因此成为京城木柴与木炭的主要供应地。

永乐年间,北京的柴炭主要取自长城一线的昌平白羊口、黄花镇与怀柔红螺山等地。《大明会典》记载,易州山厂设于宣德四年(1429)。宫廷常用的木炭是白炭或坚实白炭,专供御用的则是造价昂贵的红箩炭。万历至崇祯年间的太监刘若愚说:"凡宫中所用红箩炭者,皆易州一带山中硬木烧成,运至红箩厂,按尺寸锯截,编小圆荆筐,用红土刷筐而盛之,故名曰红箩炭也。每根长尺许,圆径二三寸不等,气暖而耐久,灰白而不爆"[1]。今北海西侧的"大红罗厂街",就是历史上存放红箩炭的场所。朝廷规定的烧炭指标,天顺八年(1464)为 430 余万斤,成化元年至三年(1465—1467)增至 650、1180、1740 余万斤,以后各年又陆续有所调整。嘉靖二年(1523)奏准,皇帝及各宫合用柴炭各 20 万斤,由山厂拨夫采运。惜薪司每年供应各宫及内官内史人员木柴 2456 万余斤,其中包括本色柴(杨木长柴、顺柴)1812 万斤、折色柴(改征其他实物或银两)644 万余斤;木炭 608 万斤,其中包括长装炭(即红箩大炭)55 万

斤、白炭 543 万斤、坚实白炭 10 万斤;荆条 2 万斤[2]。这些柴炭的砍伐、烧制和运输,按"军三民七"的比例承担:民柴由工部分派山东、山西两省及顺天、保定、真定三府完成,军柴由后军都督府所属各卫负责。朝廷各衙门每年按规定采办大量柴炭,光禄寺、礼仪房、银作局、御用监、御马监、织染局、翰林院、太常寺、神乐观、太医院、会同馆、西舍饭店、坝上大马房等,总计需要木柴约 1964 万斤、木炭约 246 万斤。由于职责所在,"掌祭享、宴劳、酒醴、膳羞之事"的光禄寺[3],就占了其中的柴 1392 万斤、炭 123 万斤[4]。官府征收的指标与虚报的运输损耗经常上涨,实际上缴的数量远不止于此。

京城对木柴与木炭的大量消耗,使周边百姓的负担日益加重。成化二十三年 (1487),礼部右侍郎丘濬指出:"夫自立柴厂于易州以来,恒聚山东西、北直隶数州民夫数千于此,取柴炭以供国用;又役顺天之民以为挑柴夫,府县添设佐贰官以专管之;又特敕侍郎或尚书一员以总督之。此事非特今朝无有定制,而前代亦所未闻也。"[5]正统五年(1440)保定府大饥,"乞暂罢其采运柴炭者三千九百七十一人"。工部认为柴炭是京师日用所急,不允许减少工役人数,只为他们调了一些粮食加以缓解[6]。六年九月,监察御史又奏:房山县遭受蝗灾,"其采柴夫三百余人,每人月柴四百斤,赴京输运,疲劳不堪。请量减以苏其力。诏减一百斤,明年春仍旧"[7]。七年十月,工部令惜薪司为营缮衙门增加薪柴三百万斤,但"易州山场岁办柴炭已九千四百余万"[8]。主管官员鉴于疲惫不堪的百姓早就不能承受,奏请后得以暂时优免。天顺元年 (1457)五月,顺天府尹上书:"本府所属二十七州县,除为事为民屯所外,土民止有五百六十里,每年应当神木厂夫六百名,砍柴夫一千七百三十五名,惜薪司抬柴夫三千二百名,……比之外府,实为倍蓰。"[9]此类奏疏屡见不鲜,正反映出北京周边省府州县劳役负担的严重程度。

木柴的砍伐与木炭的烧制,以牺牲山厂周围地区的生态环境为代价。《大明会典》记载:宣德四年(1429)"始设易州山厂,专官管理。景泰间移于平山(今河北平山县),又移于满城(今河北满城县),天顺初仍移于易州"[10]。弘治年间的戴铣《易州志》所记与《大明会典》不同:"山厂之设,专以烧采薪炭供应内府。宣德五年(1430)置于平山,继迁沙峪口(今易县西北 18 公里沙峪口村)。景泰间移置满城县西十里(今东渝河、抱阳村一带),……各府厂房未有定居,率于西山寨口置厂烧采,地荒又徙他处……。天顺元年(1457)移置州城西北二里许(今易县厂城村)"[11]。两相比较,排除其间的矛盾,相对合理的过程可能是:(1)宣德四年在易州设山厂;(2)宣德五年移到平山;(3)随后不久移到易州沙峪口;(4)景泰年间移到满城西十里;(5)天顺元年移到易州西北二里(参见图1)。在森林茂密的山岭"置厂烧采,地荒又徙他处"，它的往复迁徙也就是所经之地森林罄尽的见证。

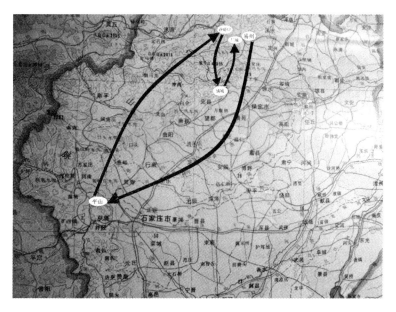

图1　明代易州山厂迁移地点

此后，工部在易州西北二里的山厂新址修建了分治厂务的厅堂，四周以土城环绕，这就是"厂城"的命名之源。以部堂为中心，两侧依次排列管理相关府州劳役事务的分治之所与兵营：东边是直隶真定府，山东兖州、青州、济南3府；西边是直隶保定府，山东东昌府，山西太原、平阳2府以及直辖5州。所辖政区合计36州、190县。即使这些州县未必完全参与其中，采木烧炭的规模亦即森林消耗的速度也已相当可观。戴铣指出："民之执兹役者，岁亿万计。车马辏集，财货山积，亦云盛矣。然昔以此州林木翁郁，便于烧采，今则数百里内山皆濯然。举八府五州数十县之财力屯聚于兹，而岁供犹或不足。民之膏脂日已告竭，在易尤甚。"[12]宫廷无休止的需求加剧了易县一带林木的砍伐，只用了四五十年的工夫，就使得周围数百里内的森林变成了荒山秃岭，生态破坏的程度比其他地区要严重得多。有鉴于此，弘治初年丘濬建议："京城渠路及边境地宜多种柳树，以备易州山厂之缺"[13]。这对于缓解易州山厂的生态压力，应该能够起到一些作用。万历十三年十二月丁卯（1586年1月20日），颁诏裁减惜薪司冗员，减大炭十五万斤，"时山厂设于易州，而数百里外林麓都尽，长装大炭岁五十五万斤，嘉靖间以建醮复加三十万，又各厂中贵五百六十八员皆有分例，边商苦之"[14]。即使减掉十五万斤最昂贵的"长装大炭"即"红箩炭"，易州山区从郁郁葱葱变为童山濯濯的命运也依然如故。

清代煤炭的大量开采,使柴炭的用量显著减少。康熙二十九年(1690)查阅宫廷用度,明代"每年木柴二千六百万斤,今止七八百万斤;红螺炭(即"红箩炭")一千二百余万斤,今百余万斤"[15]。但是,明代长期依赖的易州山厂,在清代依旧无法得到生态恢复所需的喘息时间。内廷采办的红箩炭,顺治初年定额为每年烧造八十万斤,动用保定府柴夫银支付。康熙五十六年(1717)"令煤炭监督于易州地方采办供应,每岁与煤炭一并报销"[16]。柴炭产地外的州县,还是要抽调人力到山场。即使远在直隶南部的冀州(治今河北冀州),每年都需派出"易州山场斫柴夫一千一百五名,共银三千三百一十五两,外加路费银一百一十两五钱,脚价银二十七两四钱四厘"[17],在明代曾承担大量劳役的"八府五州数十县"也未必变得轻松,易州森林的过度砍伐仍在延续。

二、遵化铁厂两度搬迁的生态背景

遵化市位于北京以东约130公里,"唐天宝初,始于其地置马监铁冶,居民稍聚,因置县,以遵化名"[18]。自那时起,冶炼铁矿的传统迄今已有约1300年的历史。作为满足大都建设需求的外围地区铁厂之一,"元时置冶于沙坡峪"[19]。今遵化西北11公里的沙坡峪村,村南1公里处仍有一座铁矿。元代在此建厂,既能就近取得矿石,又便于从周围山岭砍伐烧炭所需的林木。由此消费的森林资源,也可视为元大都能源需求的组成部分。

朝廷采矿炼铁和铸造钱币造成的巨大能源消耗,直接转化为森林的大量砍伐。明永乐年间如同元代一样,继续在遵化县境内的砂坡谷("沙坡峪"的同名异写)设置冶铁厂,后迁到松棚峪(今遵化市东北12公里松棚营、小厂一带),正统三年(1438)又迁到白冶庄(今遵化市东南24公里铁厂村)[20](参见图2)。从地名方面看,"松棚峪"当以有松林分布得名,这正是烧炭冶炼所需的自然条件;"白冶庄"、"小厂"、"铁厂"三个带有冶炼厂痕迹的古今地名,表明它们所指的村落是工厂在不同时期、不同地点聚集人口的产物。促使永乐以后铁厂几度迁移的主导因素,惟有燃料的供应状况。铁厂附近的林木被砍光后不得不搬家,这才相继从遵化县城西北迁到东北、再迁到东南,这个过程实际上就是所在地域的森林被依次砍光的过程。正德年间工部上书称:"彼时林木茂盛,柴炭易办。经今建置一百余年,山厂树木砍伐尽绝,以致今柴炭价贵"[21]。至万历九年(1581)三月,终因所产铜铁的价值不抵投入的人力物力,冶铁厂宣布废弃[22],但周围森林生态的恢复却要花费漫长的岁月。明代支撑遵化铁冶厂的山场,"蓟州、遵化、丰润、玉田、滦州、迁安,旧额共四千五百六十一亩九分六厘,采柴烧炭。成化间,听军民人等开种纳税"[23],直到嘉靖四十五年(1566)还在不断调整垦种者纳税的数额。这就意味着,原有的森林被砍伐以后,并未实行人工造林或等待次生林的天然恢复,而是顺势开垦成农田,从而彻底改变了相关区域的植被特征。

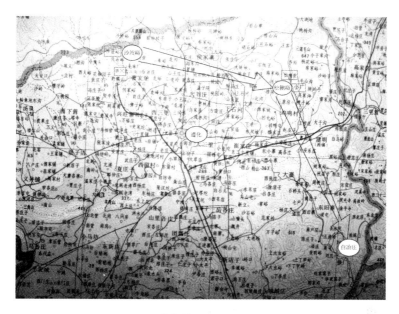

图2　遵化铁厂明代迁移路线

三、门头沟煤炭开采及其环境问题

为供应元大都与明清北京城的能源需求,门头沟、房山所在的京西煤炭开采的区域和数量越来越大。长期持续采煤形成的地下采空区,在晚近时期曾迫使有些村落搬迁或归并,这是历史环境问题累积的结果。

蒙古中统三年(1262)设立的养种园,职责之一是"掌西山淘煤"[24]。淘煤亦作"洗煤"、"选煤",将开采出来的原煤分类筛选,以决定其利用方式和价值。元至元二十四年(1287),徽政院管辖的西山煤窑厂"领马安山、大峪寺石灰、煤窑办课,奉皇太后位下"[25],这是管理石灰、煤炭税收的机构。"马安山"今作"马鞍山",在门头沟区潭柘寺镇东,大峪寺指今区政府西南的黑山、大峪村一带。同年设置的上林署,也兼有"备煤炭以给营缮"的职责[26]。《永乐大典》本《顺天府志》提到,元代宛平县"煤炭出城西七十里大峪山,有黑煤洞三十余所,土人恒采取为业。……其用胜于然薪,人赖利焉。又西南五十里桃花沟有白煤十余里。水火炭出城西北二百里斋堂村,有炭窑一所"[27]。大峪山、斋堂村、桃花沟，分别在今门头沟区大峪、斋堂以及房山区大安山乡一带；黑煤、白煤，是褐煤、无烟煤的别称；水火炭，是形容煤炭与水和黄土混合后燃烧的俗称。元末《析津志》记载："城中内外经纪之人，每至九月间买牛装车，往西山窑头载取煤炭，往来于此。……往年官设抽税，日发煤数百，往来如织。"[28]在两三个月之内每天运出数百车，大都冬季用煤的水平已相当可观。

明代对西山煤炭的开发继续上升，成化二十一年（1485）三月工部尚书刘昭奏：在朝廷有意保护的西山，"近年军民人等往往投托内外势要，或开窑取煤，或凿山取石"[29]。二十三年，礼部右侍郎丘濬提出普遍用煤代替柴炭的主张，借以满足京城99%的燃料需求，减少对具有军事价值的森林的砍伐[30]。正德元年（1506）五月，仁和大长公主"请浑河大峪山煤窑四座榷利养赡"[31]，此地即今门头沟大峪一带。万历十八年（1590）任宛平知县的沈榜记载：自柳林水"又十五里至矿山，与房山界相连。矿山稍西二十里至史家营"，该"矿山"在今房山区史家营东南，至今仍是煤炭产地；宛平县有"东厂柴煤户二百四十丁"的劳役，表明京城煤炭供应已经制度化；有些"马户"把为官府养的马出租，"甚者持往西山驮煤草入城鬻售，而马病矣"[32]。在今门头沟的门头口、天桥浮、拉拉湖、官厅村一带，"民皆市石炭为生"[33]，这也就意味着煤炭生产的广泛性。

清代西山煤炭开采的规模超越了元明两朝。《大清会典事例》记载：顺治六年（1649）清理宛平、房山的煤窑，分四等规定了纳税数额。康熙三十二年（1693），鉴于"京城炊爨，均赖西山之煤"，朝廷计划修整香山于公寺（碧云寺）一带的道路。乾隆五年（1740）放宽了开矿采煤政策："各省产煤之处，无关城池、龙脉、古昔陵墓、堤岸、通衢者，悉弛其禁。该督抚酌量情形开采"；二十六年（1761）发出谕旨："近京西山一带，产煤之处甚多。现在已开窑口，率以年久深洼，兼有积水，以致刨挖维艰，煤价渐为昂贵。著工部、步军统领、顺天府等各衙门，会同悉心察勘煤旺可采之处，妥议条规，准令附近村民开采，以利民用"。次年，开挖排水沟解决了煤窑积水问题。四十七年（1783）奏准借给帑银一万五千两，排除过街塔（今挂甲塔村天宝山）等处煤窑的积水。嘉庆六年（1801），强调"民间炊爨，石煤在所必需"，敦促步军统领衙门、顺天府、直隶总督扩大煤炭生产，以平抑物价、满足需求，随后又借帑银五万两维护门头沟煤矿的泄水沟[34]。清末可以开采的煤窑，宛平有99座，房山为16座[35]。光绪三十四年（1908）修筑京绥铁路的京门支路，自西直门向西至三家店，过永定河，止于门头沟外小龙村，全长23.5公里，专门用于运输煤炭。

仅在门头沟区范围内，开采煤炭连带出现的生态问题也比比皆是。矿区多年采煤，导致"山上全无树木"[36]。马鞍山戒台寺钟楼北侧，有明宪宗成化十五年（1479）

《敕谕》碑：寺院"近被无籍军民人等牧放牛马、砍伐树株、作践山场，又有恃强势要私开煤窑，挖通坛下，将说戒莲花石座并拆，殿积渐坏动"。"今后官员、军民、诸色人等，不许侮慢欺凌；一应山田、园果、林木，不许诸人骚扰作践；煤窑不许似以前挖掘。敢有不遵朕命，故意扰害、沮坏其教者，悉如法罪之不宥"。这块石碑证实，采煤已经危及戒台寺僧人利益与寺院安全。山门殿外，清康熙二十四年（1685）《御制万寿寺戒坛碑记》写道："朕以时巡，偶至斯地，辄为驻跸。顾近寺诸山，为产煤所，居民规利，日事疏剔。念精舍之侧，凿山采石，良非所宜。爰命厘定四止而禁之。俾梵境常宁，旧观弗替。于以葆灵毓秀，山川当益增辉泽尔。"[37] 重申划定戒台寺的保护范围，限制采煤区向寺院蚕食，直至动用最高权力以保持"旧观弗替"。光绪十七年（1891）恭亲王奕訢立碑，赞颂康熙帝的碑记是"名山之护符，禅门之宝诰"[38]，反衬出采煤对环境的巨大威胁。

　　乾隆三年（1738）宛平县在香峪村竖立《遵旨永禁碑》："香峪村地方旧有榆林、双门等煤窑，因近王坟，久经封禁在案。谋利之徒，觑各窑产煤多而获利大，每事偷采。"王坟埋葬的是努尔哈赤第七子、饶余敏郡王阿巴泰以及阿巴泰的四子安亲王岳乐。碑文重申了早在康熙三十一年（1692）就已颁布过的上谕："安亲王坟后附近所有现刨煤窑，差工部提议给官价承买，严行封禁，不许刨挖。"[39] 1999 年 12 月在崇化寺遗址，出土了乾隆六年（1741）《宛平县告示碑》。碑文显示：成子山崇化寺一带，有采煤的窑口与"附近贝子宝顶地脉相连"，因影响坟地风水被封禁，此后有人多次呈请开挖。宛平县认为："崇化寺山场煤窑距公府茔地约二里许，□（引者按：疑为"其"字）产煤处所即在山岭之内，逼近坟茔。若听其开挖，于坟茔实属有碍。"于是在崇化寺山门内竖立了永行封禁的石碑，"嗣后如有不法棍徒抗玩不遵，复蹈前辙，私行开挖，许该乡地及住持僧人立即赴县指名禀报"[40]。这两块石碑，都记录了采煤危及贵族坟茔的事实。

　　采煤破坏民宅、影响安全等引起的诉讼，成为官府封禁某些煤矿的发端。板桥村三官庙，原有道光十五年（1835）《军粮厅布告碑》：西板桥村民韩宏良等"先后呈控刘继兴勾串石德友、田生等私开封禁煤窑，致裂庙宇、房舍、墙垣等情一案。经军粮厅亲旨查勘，刘继兴等新开煤窑，坐落西板桥东三官庙下，实系从前封禁旧窑，有碍居民房舍"。除了处置当事人之外，还布告各色人等，"此后该处永不准再行开做煤窑，并将此示勒石存记"，如有违犯则从重处罚。板桥村《宛平县布告碑》立于道光十八年（1838）：东、西板桥村的石得印等大批村民到县里反映，"本村旧有凉水泉地内东、西坏儿煤窑两座，因有碍村舍，不准开采。前因西坏儿窑私会刨挖，村众禀县，蒙查明封禁在案"。为了村民的安全，他们提出，"开采煤窑如有碍村庄者，例应封禁"[41]。县里同意这一要求,将窑门用石块砌墙封闭,颁布了永远不许开采的禁令,鼓励百姓监督举报违法者,并把布告刻在石碑上。道光年间立碑距今已有170多年,"现在的东、西板桥村,因地处采空区,居民早已迁往新址。原有的东、西板桥村,已是一片残垣断壁"[42]。新址名为"新板桥",俗称"唐家坟",位于东板桥与西板桥的西南,板桥村的居民1974年以后全部迁入。这类情况在门头沟不乏其例,"新板桥"西南的"庄户村",就是因为"原址地下已为采空区,西迁0.5公里至现址"[43]。煤炭开采引起的区域生态变迁虽然发生在现代,事情的源头显然必须追溯到清代之前。

围绕水源的官司,在碑文中也有所反映。妙峰山西边的禅房村废址,有清同治三年(1864)《争窑泉地碑》:"禅房村自昔迄今,山涧地狭,临村附近原有水泉便民,众生养育之实望焉。且云从山生,水由地行,但窑多槽众,挖取年深,⋯⋯井泉之水岂足用哉?"[44]地下水位由于多年采煤而下降,泉水已经不敷使用。村民们打算利用村南一口废弃多年的煤窑挖掘井泉,引起了关于废窑、附近土地以及泉水所有权的官司。宛平县军粮厅裁断,此泉属于禅房村全体村民共有,并竖立石碑以息争罢讼、淳化风俗。采煤对地下水源的重大影响,在清代以后仍然在发生着。

能源供应尤其是森林的砍伐与煤炭的开采,对区域生态环境影响极大。通过正史、实录、方志、笔记、碑刻等反映出来的上述问题,只是与北京及周边地区能源供应相关的几个典型事例而已。将人类活动作为驱动因子、注重区域地理变迁的历史地理学,以人类与环境的互动关系和事件过程为主的环境史学,都能够从中找到自己的观察视角和用武之地,为梳理历史上能源供应与生态环境的关系做出有效的探索。

(作者系北京市社会科学院历史所研究员)

注　释

1　[明]刘若愚:《酌中志》卷一六《内府衙门职掌》"惜薪司"条,北京古籍出版社1994年版。

2　4　10　[明]申时行等:《大明会典》卷二百零五《工部二十五·柴炭》,万历十五年内府刻本。

3　[清]张廷玉等:《明史》卷七四《职官志三》"光禄寺",中华书局1997年版。

5　30　[明]丘濬:《大学衍义补》卷一五〇《治国平天下之要·驭外番·守边固圉之略》上,文渊阁《四库全书》本。

6　《明英宗实录》卷六四,页二。

7　《明英宗实录》卷八三,页三。

8　《明英宗实录》卷九七,页六。

9　《明英宗实录》卷二七八,页九。

11　12　[明]戴铣:《易州志》卷三《山厂》。上海古籍出版社《天一阁藏明代方志选刊》本1981年版。

13　[清]孙承泽:《天府广记》卷二一"铁厂",北京古籍出版社 1982 年版。

14　《明神宗实录》卷一六九,页一。

15　[清]王庆云:《石渠馀纪》卷一《纪节俭》,北京古籍出版社 1985 年版。

16　《钦定大清会典事例》卷九五一《工部》。

17　王树楠:《冀县志》卷一五"起运表",1929 年铅印本。

18　[清]孙承泽:《天府广记》卷五《畿辅杂记》"遵化县"条。

19　《嘉庆重修一统志》卷四五《遵化直隶州一》。

20　23　[明]申时行等:《大明会典》卷一九四《工部十四·冶课》。

21　[清]孙承泽:《天府广记》卷二一"树植"。

22　《明神宗实录》卷一一〇,页四。

24　26　[明]宋濂等:《元史》卷九〇《百官志六》,中华书局 1997 年版。

25　[明]宋濂等:《元史》卷八九《百官志五》。

27　《顺天府志》卷一一《宛平》第 295—296 页,北京大学出版社 1983 年影印本版。

28　[元]熊梦祥:《析津志》,《析津志辑佚》第 209 页,北京古籍出版社 1983 年版。

29　《明宪宗实录》卷二六三,页七。

31　《明武宗实录》卷一三,页二。

32　[明]沈榜:《宛署杂记》卷五"街道"、卷六"人丁"、卷九"马政",北京古籍出版社 1983 年版。

33　[清]于敏中等:《日下旧闻考》卷一〇六《郊坰》引宋启明《长安可游记》,北京古籍出版社 1985 年版。

34　《钦定大清会典事例》卷九五一《工部》。

35　[清]周佳楣等:《光绪顺天府志》卷五七《经政志四·矿厂》,北京古籍出版社 1987 年版。

36　罗桂环等:《中国环境保护史稿》第 310 页,中国环境科学出版社 1995 年版。

37　[清]于敏中等:《日下旧闻考》卷一〇五《郊坰》。

38　此碑竖立在戒台寺千佛阁遗址前。

39　北京市门头沟区文化文物局:《门头沟文物志》第 278 页,北京燕山出版社 2001 年版。

40　此段碑文根据《门头沟文物志》第 278—279 页所载重新标点订正。

41　《军粮厅布告碑》与《宛平县布告碑》的碑文,根据《门头沟文物志》第 279 页所载重新标点订正。

42　北京市门头沟区文化文物局:《门头沟文物志》第 279 页,北京燕山出版社 2001 年版。

43　门头沟区地名志编辑委员会:《北京市门头沟区地名志》第 59 页,北京出版社 1993 年版。

44　此段碑文根据《门头沟文物志》第 280 页所载重新标点订正。

古都城建

古代北京建都过程考论

高福美

关于北京建都之始，目前学界多有争论，有"慕容儁"说，"北辽"说，"金朝海陵王迁都燕京"说等。[1]因对于"都城"概念及界定的标准不同，导致了上述研究观点的分歧。实际上，先秦时期北京地区已为诸侯国都城；辽金时期，随着辽南京及金中都的设立，北京地区进一步成长为中国北方政权的都城之一；至元明清时期，北京最终确立为中国统一王朝政权的都城。本文旨在梳理北京建都史，以期考察古代北京政治中心地位的形成过程。

一、从地区中心到北半部中国都城地位的转变

中国古代王朝对于设都之所的选择十分讲究，《管子·乘马》言："凡立国都，非于大山之下，必于广川之上。高勿近旱而水用足，下勿近水而沟防省。因天材，就地利，故城郭不必中规矩，道路不必中准绳。"《度地》篇亦言："故圣人之处国者，必于不倾之地，而择地形之肥饶者。"[2]北京地处我国三大地理单元——东北大平原、华北大平原和蒙古高原的交接点上，是沟通三大地理单元的枢纽地区，地理位置十分重要。正如《谏北幸》所言："燕都地处雄要，北倚山险，南压区夏，若坐堂隍，俯视庭宇。"[3]万历《顺天府志》也说："燕环沧海以为池，拥太行以为险。枕居庸居中以制外，襟河济而举重以驭轻。东西贡道，来万国以朝宗；西北诸关，壮九边之雄堞。万年强御，百世治安。"[4]基于此，北京地区建城历史十分悠久，周灭商后，封召公于燕，封黄帝之后于蓟，《史记·燕召公世家》记载："周武王之灭纣，封召公于北燕。"[5]春秋时期，燕并蓟，移治蓟城。秦攻燕后，"以其地为渔阳、上谷、右北平、辽西、辽东五郡"。[6]汉高帝时期，又分燕置涿郡，西汉《盐铁论》言："燕之涿蓟，赵之邯郸，魏之大梁，韩之荥阳，三川之二周，富冠海内，皆为天下名都，非有助之耕其野而田其地者也，居五诸侯之衢，

跨街冲之路也。"[7]后汉又"置幽州,并因前代,理于蓟县"。[8]隋唐时期,幽州为北方重要的军事中心。至此,北京地区从先秦时期的诸侯国的都城已为北方地区重要的军事重镇。

五代时期,后晋皇帝石敬瑭将燕云十六州割让给辽朝。辽以幽州为其南京,改称析津府。辽朝设五京,上京乃辽太祖创业之地,为辽朝政治中心;辽南京则是其文化中心。辽南京经济文化繁荣兴旺,据史料记载:"南京本幽州地……自晋割弃,建为南京,又为燕京析津府,户口三十万。大内壮丽,城北有市,陆海百货,聚于其中;僧居佛寺,冠于北方。锦绣粗绮,精绝天下。膏腴蔬蓏、果实、稻粱之类,靡不毕出,而桑、柘、麻、麦、羊、豕、雉、兔,不问可知。水甘土厚,人多技艺,秀者学读书,此则习骑射、耐劳苦。石晋未割弃已前,其中番汉杂斗,胜负不相当;既筑城后,远望数十里间,宛然如带,回环缭绕,形势雄杰,真用武之国也"。[9]

继辽之后,兴起于东北松花江上的女真族建立的金朝占据了燕京。天辅五年(1121),金太祖称:"若克中京,所得礼乐仪仗图书文籍,并先次津发赴阙。"[10]因上京会宁府(今黑龙江阿城)地处偏远,"官艰于转漕,民难于赴诉,不若徙燕,以应天下之中。"[11]内侍梁汉臣提出迁都燕京之议:"燕京自古霸国,虎视中原,为万世之基。陛下宜修燕京,时复巡幸。"[12]金人梁襄亦言:"燕都地处雄要,北倚山险,南压区夏,若坐堂隍,俯视庭宇,本地所生,人马勇劲,亡辽虽小,止以得燕故能控制南北,坐致宋币。况今又有宫阙井邑之繁丽,仓府武库之充实,百官家属皆处其内,非同曩日之陪京也。居庸、古北、松亭、榆林等关,东西千里,山峻相连,近在都畿,易于据守,皇天本以限中外,开大金万世之基而设也。"[13]

天德二年(1150),海陵王颁布求言诏,得到臣民认可,并于天德三年四月正式颁发诏书迁都燕京。贞元元年(1153),金朝正式迁都燕京。海陵王认为"燕乃列国之名,不当为京师号,遂改为中都。"[14]迁都不久,张浩向海陵王提出了一个重要建议:"请凡四方之民欲居中都者,给复十年,以实京师。"[15]即采取优惠措施,鼓励全国各地人民迁入首都地区,促使中都地区人口迅速增加,不久即"殆逾于百万"。[16]综上,辽金时期,北京已成长为中国北方政权的都城,政治中心地位进一步提升。

二、元朝北京作为全国都城的肇始

金元易代之际,中都被焚毁,1215年蒙古攻占金中都后改名为燕京。1264年八月,忽必烈下诏改燕京为中都,定为陪都。不过,自1260年忽必烈登基之后,以元上都为都城。但是上都位置偏北,对控制中原不利,因此在1264年忽必烈在解决了与其弟阿里不哥的汗位之争后,决定迁都至燕京地区。其时,大臣霸突鲁认为,"幽燕之地,龙蟠虎踞,形势雄伟,南控江淮,北连朔漠,且天子为居中,以受四方朝觐,大王果欲经营天下,驻跸之所,非燕不可"。[17] 著名汉族谋士郝经也建议:"燕都东控辽碣,西连三晋,北负关岭,瞰临河朔,南面以莅天下。"[18] 更何况"燕京自古霸国,虎视中原,为万世之基。"[19] 但是,迁都之议却遭到蒙古族保守势力的极力反对,派遣使者质问忽必烈:"本朝旧俗,与汉法异。今留汉地,建都邑城郭,仪文制度遵用汉法,其故何如?"[20]

1267 年,忽必烈最终决定迁都位于中原的中都,1272 年又将中都改名为大都(突厥语称汗八里,帝都之意),将上都作为陪都。忽必烈迁都燕京后,乃居住于城外的金代离宫——大宁宫内。至元四年(1267 年),开始了新宫殿和都城的兴建工作。中书省官员刘秉忠为营建都城的总负责人,阿拉伯人也黑迭儿负责设计新宫殿。郭守敬担任都水监,修治元大都至通州的运河,并以京郊西北各泉作为通惠河上游水源。至元二十二年(1285)时,大都的大内宫殿、宫城城墙、太液池西岸的太子府(隆福宫)、中书省、枢密院、御史台等官署,以及都城城墙、金水河、钟鼓楼、大护国仁王寺、大圣寿万安寺等重要建筑陆续竣工。同年,发布了令旧城(金中都故城)居民迁入新都的诏书:"诏旧城居民之迁京城者,以赀高及居职者为先,仍定制以地八亩为一份,其或地过八亩或力不能作室者,皆不得冒据,听民作室。"从至元二十二年到三十一年,有四十至五十万居民自金中都故城迁入大都。此时期还陆续完成了宫内各处便殿、社稷坛、通惠河河道、漕粮仓库等建筑工程。元大都的营建工作至此基本完毕。此后元朝各帝陆续又有添建,如孔庙、国子监、郊祭坛庙和佛寺等,但对元大都总体布局没有变动。

元大都设立后,城市政治经济文化得到了迅猛发展。史载:"四方之士,远者万里,近者数百里,航川舆陆,自东西南北而至者,莫有为之限隔。"[21]《马可·波罗行纪》对来自欧洲、亚洲众多的商队和四方使者络绎不绝的盛况也有精彩描述:"每个城郊在距城墙约一英里的地方都建有旅馆或招待骆驼商队的大旅店,可提供各地往来商人的居住之所,并且不同的人都住在不同的指定的住所,而这些住所又是相互隔开的。例如一种住所指定给伦巴人,另一种指定给德意志人,第三种指定给法兰西人……每当有外国专使来到大都,如果他们负有与大汗利益相关的任务,则他们照例是由皇家招待的。"[22] 元大都城中"万方之珍怪货宝,璆琳琅玕,珊瑚珠玑,翡翠玳瑁象犀之品,江南吴越之絭漆刻镂,荆楚之金锡,齐鲁之柔纩纤缟,昆仑波斯之童奴,冀之名马,皆琨煌可喜"。[23] 当时各地的珠玉宝器,均可在大都城中寻获,甚至外国商货在此亦能斩获,"外国巨价异物及百物之输入此城者,世界诸城无能与比"。[24]

三、明朝北京作为全国都城地位的巩固

元惠宗至正二十八年（明太祖洪武元年，公元1368年）六月，因"北平土旷，利于骑战，不可无备"，朱元璋遣将领徐达、常遇春率军北征，"宜选裨将，提精兵为先锋，将军毒督水陆之师继其后，下山东之粟以给馈饷，由邺趋赵，转临清而北，直捣元都，彼外援不及，内窥自生，必可克也"。[25] 七月二十八日，大军到达通州，元惠宗携后妃、太子、公主自健德门出城北逃，前往上都避难。八月初二日，明军攻陷大都齐化门，八月十四日，元大都改名北平府。

为保证北平的安全，明朝先后驻扎了大量兵力在此，朱元璋更派遣自己最为信任的大将徐达承担了镇守北平的重任，"每岁春出，冬暮召还，以为常"。[26] 自此，北京地区成为明王朝经略北方的重要政治、军事中心。洪武十三年，朱元璋"以燕旧京，择可以镇服者"，封朱棣为燕王，驻扎北平府。[27] 明太祖逝后，燕王朱棣起兵，夺得皇位，并于南京登基称帝，年号永乐。朱棣登基不久，礼部尚书李至刚即"首发建都北平之议"[28]，内称"自昔帝王或起布衣平定天下，或由外藩入承大统，而于肇庆之地皆有升崇。窃见北平布政使司，实皇上承运兴王之地，宜遵太祖高皇帝中都之制，立为京都"，并得以批准："可，其以北平为北京"，自此，北平由明王朝的地方政府上升为都城，称北京。[29] 出于战略因素的考虑，朱元璋曾提议过迁都，以"北平建都，可以控制胡虏……比南京如何？"因群臣对："胡元起自朔漠，立国在燕，今已百年，地气已尽，不可困也，今东南兴王之地，宫阙已完，不可改图。传曰：在德不在险"。此后朱元璋感念"今朕年老，精力已倦，又天下新定，不欲劳民"而最终作罢。[30]

永乐元年二月初三日，首先改北平府为顺天府，与南京应天府遥相对应。并陆续撤销北平布政司、按察司及北平都指挥使司，开始设立基本等同于南京六部的行政机构。在教育方面同样也按照南京应天府的建制设置相应学制，"旧制应天府设学，不设上元、江宁二县学。今既设北京国子监，以顺天府学为之。革大兴、宛平二县学，而以大兴县学为顺天府学"。[31] 经济与城市建设方面，先是下令将江浙等富饶之地大量移民北京，充实北京人口，增加经济实力。如永乐二年，选江南各地无田粮并有田粮不及五石殷实大户充北京富户，附顺天府籍。[32] 同时积极开通漕运、调集人力物力，为运输物资、营建北京做好准备。

永乐十三年朱棣正式下令营建北京城，并最终于永乐十八年完成，"凡庙社郊祀坛场，宫殿门阙规制，奚如南京，而高敞壮丽过之"。[33] 完工后的北京，城分三重：最内是宫城，也称紫禁城，城外是皇城，再外为京城。其中的紫禁城，前部以奉天、华盖、谨身三大殿为主体，文华殿和英武殿为东西两翼，后部以乾清宫、交泰殿、坤宁宫为主

体,东六宫和西六宫为两翼。宫城周长六公里,墙高十米,宫殿群巍峨壮丽,气派非凡。北京营建完毕后,永乐十九年正月初一,明王朝正式迁都北京。明朝迁都北京之后,南北文化交流得以加深,北京真正成为荟萃全国各地文化和人才之都。

明代设置于北京的国子监是全国规模最大、规格最高的教育机构,是在元代国子监的基础上扩建的。国子监学生总数达上万人,生源除指派的"官生"(皇帝钦定的勋戚、官僚子弟)和地方选拔的"民生"外,还有外国留学生。史料记载:"边徼属裔,以及海外君长,梯航相望,遣子入学,附之官生。"[34]同时,北京贡院则是明政府科举考试会试及殿试所在地。每三年举行一次会试和殿试,届时全国各地考生云集北京,会试完毕再择优进行殿试,成绩优异者将被朝廷留用。以上两项机构保障了明政府对于高级人才的培训和选拔。除科举外,明政府开科武试以收纳全国武备人才。明代北京的科学技术在当时世界上首屈一指。明代北京科技人才济济,还有西方来华的学者、传教士等,对明代中国科学技术事业的发展作出了巨大贡献。如明末大臣徐光启,是当时天文历算学家,他除对天文、历法、算学有众多著述外,还写成我国农学巨著《农政全书》。医学家李时珍,曾在北京太医院工作,完成我国医药学名著《本草纲目》。明代后期,大量西方传教士来华,如利玛窦、南怀仁、汤若望、庞迪我、熊三拔、龙华民等,他们长期居住在北京,成为明代中西方交流的重要媒介。明代北京设有四驿馆,专门培养蒙、藏、维、傣、缅甸、梵文等语种的翻译人才,以备对外交流时从事翻译工作。

明初北京人才集聚,同于元朝,是在一定政治调控作用下的结果。但其人才培养与选拔机制较前来看已成规模和定制,其中科举制度在明代已较完善。北京"因帝都所在,万国梯航,鳞次毕集。然市肆贸迁,皆四方之货,奔走射利,皆五方之民。"[35]

四、清代北京作为全国政治中心的鼎盛

清朝兴起于东北,随着清军入关和统一全国的进程,故都沈阳已经未能满足其需要。皇太极曾言:"若得北京,当即迁都,以图进取。"[36]在多尔衮进入北京之后,就确定了迁都的想法。五月十二日,祖可法、张存仁上疏说:"京师为天下之根本","京师理则天下不烦挞伐,而近悦远来,率从恐后矣"。多尔衮在敕谕臣下时,也屡次提到"底定中原"、"建都燕京"这样的词。至六月丁卯,多尔衮便与诸王、贝勒、大臣们定议迁都北京,派辅国公吞齐喀、和托、固山额真何洛会等赍奏迎驾。奉书上说:"仰荷天眷及皇上洪福,已克燕京,臣再三思维.燕京势踞形胜,乃自古兴工之地,有明建都之所。今既蒙天畀。皇上迁都于此以定天下,则宅中图治、宇内朝宗、无不通达,可以慰天下仰望之心,可以锡四方和恒之福,伏祈皇上熟虑俯纳焉。"[37]不过,对于迁都一

事,满洲王公贵族中就有不同意见。多尔衮认为,皇太极生前多次说,"若得北京,当即徙都,以图进取",最终确定迁都北京的决议。经过整整一个月的跋涉,九月十九日下午,福临车驾从正阳门入宫,十月初一日,举行了即位登基的大礼。自此,清王朝由一个地方割据势力上升为统一国家的主宰,由一个边疆民族政权转变为统一的多民族国家政权,由东北一隅走向全国。移都北京前,清朝虽在关外经营三十多年,然而在关内却始终没有一块立足之地。就全国形势而言,东北乃为一隅之地,仍是割据政权。移都北京,第一次把清势力推向关内,并由此掌握了国家政治军事斗争的主动权。定鼎北京,有利于控制全国局势、夺取全国政权。

作为少数民族政权,多尔衮摄政之始即广招汉族官员,笼络旧明文士,由此奠定了清朝的统治基础。清政府尊崇汉族儒家文化,在制度设定时全面承袭"明制",以昭示自己的正统。开科取士作为元、明两代选拔人才的重要举措,早在清朝进京伊始即行"仍袭旧例",保证了初定中原时期对于人才的渴求,北京也很快继明之后再次成为全国的政治文化中心。

综上,自先秦时期地方诸侯国的中心,北京地区在辽金时期成长为中国北方政权的都城之一。元明清以来,随着中国统一王朝的建立,北京地区也进一步成长为中国统一政权的都城所在。纵观历代王朝之所以定都北京,有着多方面的因素。

首先,特殊的地理位置是中国古代多个王朝在此设都的重要原因。正如明代张萱所言,"天地间之形势,大抵无如燕京,其次则关中,洛阳四面受敌,非用武之地……若金陵则僻在东南,不足控驭西北,非胜地也"。[38]于敏中亦言,"京师实据万国之中,四表来同,八维举朔。川流云集,道里咸均。控制宏规,实为亘古未有。于以膺景命而固丕基,苞桑永固之业,垂庆于亿万斯年矣"。[39]

其二,北京地区自先秦以来即为地区文化中心所在。北京地区是中华文化的发祥地之一,北京猿人、山顶洞人、王府井人在此活动及繁衍。先秦至隋唐时期,北京地区的文化发展已经崭露头角。春秋战国时期的燕文化,在百家争鸣中占据重要一席;两汉时期,燕蓟地区先后出现了韩婴、卢植等著名经学家;魏晋至隋唐时期,燕蓟地区的学术发展兴盛,出现了著名的范阳卢氏儒学和昌平寇氏世学。随着辽金时期北京作为都城之一,本地文化发展和积淀渐趋深厚,并为后世的元明清三朝统一政权在此定都奠定了重要基础。

其三,北京地区作为北方游牧民族与中原民族的过渡地区,是两个文明中心的融合地区,由此也决定了北京民族文化交流中心的地位。正如学者所言,"元代以大都作为首都,是中国封建的多民族统一国家发展中的一个重大步骤。大都作为全国政治中心,使漠北与中原地区统一在一个政治中心之下,加强了长城内外、大漠南北的联系。朱棣迁都北京,正是继续推进这一进程,肯定了北京作为全国统治中心的地位。它不仅可以统治广大中原和南方,而且还包括北方的黑龙江、贝加尔湖、阿尔泰山一线广大地区。它不仅是联系汉人与南方各族人民的纽带,而且也是联系女真人、蒙古人、西域各族人民的纽带。"[40]

　　另一方面,北京相对于全国版图来说,虽偏居东部,然而古代北京凭借着本地发达的运河、海运和陆路交通体系,既沟通了大河上下、长城内外,又连接着蒙古草原、东北大地。正是由于有了这种沟通,由此才进一步发展与巩固了中华民族的融合与统一。同时,发达的交通体系便利了繁盛的商货贸易。元朝设都北京后,大都已为全国的经济中心,元大都城中"万方之珍怪货宝,璆琳琅玕,珊瑚珠玑,翡翠玳瑁象犀之品,江南吴越之縠漆刻镂,荆楚之金锡,齐鲁之柔纩纤缟,昆仑波斯之童奴,冀之名马,皆琨煌可喜"。[41]当时各地的珠玉宝器,均可在大都城中寻获,甚至外国商货在此亦能斩获,"外国巨价异物及百物之输入此城者,世界诸城无能与比"。"凡是世界各地最有价值的东西也都会集中在这个城里,尤其是印度的商品,如宝石、珍珠、药材和香料。契丹各省和帝国其他地方,凡有值钱的东西也都要运到这里,以满足来京都经商而住在附近的商人的需要。这里出售的商品数量比其他任何地方都要多,因为仅马车和驴马运载生丝到这里的,每天就不下千次,我们使用的金丝织物和其他各种丝织物也在这里大量的生产。在都城的附近有许多城墙围绕的市镇。这里的居民大多依靠京都为生,出售他们所生产的物品,来换取自己所需的东西。"[42]这是对元大都商贸繁荣的真实写照。清代北京是全国最大的消费城市,也是国内商业的贸易交换中心,"致天下之民,聚天下之货,熙熙攘攘,骈阗辐辏"[43]。史料记载,迁都北京之后,这里"因帝都所在,万国梯航,鳞次毕集。然市肆贸迁,皆四方之货,奔走射利,皆五方之民。"[44]清代乾隆年间,每年由各地输送至京师的商货仅向税关交税即高达三十余万两,如以清末海关通行税率5%推算,每年贩至京师的商货价值六百余万两之多。正是在种种的机遇与自身条件之下,伴随着中国统治政权的不断更迭,北京逐步从地区中心一步步迈向全国政治、经济、文化中心。

　　　　　　　　　　　　　　　　　　　　　　　　（作者系北京社会科学院历史所副研究员）

注　释

1　相关成果包括:王毓蔺、尹钧科:《北京建都发端:金海陵王迁都燕京》,《城市问题》2008 年第 11 期;苏仲湘:《北京建都始于北辽》,《社会科学战线》1996 年第 6 期;一介:《历史上在北京建都的少数民族》,《中央民族大学学报》(哲学社会科学版)2002 年第 1 期。

2　《管子》乘马篇、度地篇。

3　《金史》卷九六《梁襄传》引《谏北幸》。

4　万历《顺天府志》卷一,《地理志》。

5　《史记》卷三四。

6　《通典》卷一七八,《州郡儿·古冀州上》。

7　《盐铁论》,通有篇第三。

8　《通典》卷一七八,《州郡典》。

9　叶隆礼:《契丹国志》卷二二,《四京始末》。

10　《金史》卷二,《本纪第二》。

11　李心传:《建炎以来系年要录》卷一六一,绍兴二十年。

12　19　《日下旧闻考》卷四,《世纪》。

13　《金史》卷九六。

14　《金史》卷二四。

15　《金史》卷八三。

16　《金史》卷九六,列传第三十四。

17　《元史》卷一一九,《木华黎传》。

18　《郝文忠文集》卷三二,《东师议》。

20　《元史》卷二二五,《高智耀传》。

21　《危太朴集》卷九,《送归宪使赴河西诗序》。

22　冯承钧译:《马可·波罗行记》第298页,河北人民出版社1999年版。

23　马祖常:《石田集》卷九,《李氏寿桂堂诗序》。

24　《马可·波罗行记》第299页。

25　《明太祖实录》卷二九,洪武元年六月庚子。

26　《明史》卷三一,《徐达传》。

27　谢贲:《后鉴录》卷下,《燕王起兵》。

28　《明史》卷一五一,《李至刚传》。

29　《明太宗实录》卷一六,永乐元年正月辛卯。

30　《全明文》卷三三,《祭光禄寺灶社文》。

31　《日下旧闻考》卷六五,《官署》。

32　《明会典》卷一九,《富户》。

33　《日下旧闻考》卷四,《世纪》。

34　孙承泽:《天府广记》卷三,《学宫》。

35　谢肇浙:《五杂俎》卷三,《地部一》。

36　《李朝实录》,后祖卷七。

37　《清太祖实录》卷五,顺治元年六月丁卯。

38　张萱:《西园闻见录》卷六二。

39　于敏中:《日下旧闻考》卷四,《世纪》。

40 白寿彝：《中国通史》丁编，《传记》第 51 页，上海人民出版社 1989 年版。

41 马祖常：《石田集》卷九，《李氏寿桂堂诗序》。

42 《马可·波罗行纪》第 299 页，上海书店出版社 2006 年版。

43 光绪《顺天府志》，《京师志》——《关榷》。

44 谢肇淛：《五杂俎》卷三，《地部一》。

明代北京皇城营建考论

董　焱

明成祖迁都北京,在北京史、北京城市发展史上都具有重要意义。北京皇城是在洪武时期修建的燕王府基础上建设而成,而燕王府又是直接在元大都旧址上兴建起来。可以说,从都城选址方面,明皇城直接继承了元大都的中轴线。但是,明代皇城改变了元大内偏西的局面,重心往东、往南移动,皇城北城墙北缩了五里,使得明皇城的范围略小于元大内。明初还在皇城北部兴建了万岁山,但与金元时的万岁山分处两地;随后又在皇城东南兴建了重华宫(即南内);复建了西苑太液池,终形成今天的格局。应该说,除了西苑太液池是在"金明昌中万宁宫西园遗迹,乃当时别馆所在"[1],其余宫室,都或多或少改变了原来的选址。终明一代,皇城屡次被毁,而又不断重建,尤其是三大殿的建设,更是耗费举国之财力,但都没有改变明初兴建的位置,而又随后被清廷所承继。有清一代,对于皇城的建设,多是在制度和功能方面,基本的建筑格局,则成于明代。故考证明代北京皇城的营建,对于研究北京史及北京城市发展史,具有重要的意义。

一、明代北京皇城的营建过程

明代北京皇城的营建,历经了洪武、永乐、嘉靖及万历至天启几个重要的时期。明初北京城墙的一次大改动,发生于洪武元年(1368),八月庚午,徐达攻占大都;丁丑,"大将军徐达命指挥华云龙经理故元都,新筑城垣,北取径直,东西长一千八百九十丈";己卯,"督工修故元都西北城垣"[2]"洪武元年九月戊戌朔,大将军徐达改元故都安贞门为安定门,健德门为德胜门"[3]"洪武初改大都路为北平府,隶北平布政司,缩其城之北五里,废光熙、肃清二门,其九门俱仍旧"[4]这次改动将北城垣北缩五里,废东城垣北门光熙门和西城垣北门肃清门,其余九门仍旧。洪武二年(1369),北平行省参政赵耀"因奏进工部尚书张允所取《北平宫室图》,上览之,令依元旧皇城基改造王府,耀受命,即日辞行"[5]由此可见,明初燕王府的选址及建造,是在太祖的直接授意下进行的。[6]燕王府建于元隆福、兴圣诸宫旧址之上，"明初燕邸仍西宫之旧，当即元之隆福、兴圣诸宫遗址，在太液池西。其后改建都城，则燕邸旧宫及太液池东之元旧内并为西苑地，而宫城则徙而又东"。[7]洪武"十二年十一月，燕府营造讫工，绘图以进。其制：社稷、山川二坛在王城门之右。王城四门，东曰体仁，西曰遵义，南曰端礼，北曰广智。门楼廊庑二百七十二间，中曰承运殿，十一间。后为圆殿，次曰存心殿，各九间。承运殿之两庑为左右二殿，自存心、承运周围两庑至承运门，为屋百三十八间。殿之后为前、中、后三宫，各九间，宫门两厢等室九十九间。王城之外，周垣四门，其南曰灵星，余三门同王城门名。周垣之内，堂库等室一百三十八间。凡为宫殿室屋八百一十一间"。[8]。

而洪武时期对于北京另一个重要意义，则在于明太祖朱元璋的分封制。洪武十三年（1380）三月，"燕王棣之国北平"[9]，洪武二十三年（1390），燕王朱棣第一次北征并获得大捷。"北平"作为燕王封地，并充当拱卫明廷北疆的军事重地，为成祖迁都北京奠定了基础。

永乐时期。成祖登极之初，已有迁都的构想。先是提出将旧封国社稷坛升格："上谓廷臣曰：北京朕旧封国，有国社国稷，今既为北京，而社稷之礼未有定制，其议以闻。"[10]虽未得到礼官们的支持，但仍得到"设北京社稷坛祠祭署"的结果。随后，丘福等提出营建北京宫殿，"以备巡幸"。"甲子，拓北京南城，计二千七百余丈"。[11]这也是继徐达之后，北京城垣的第二次大变动。在营建北京城的过程中，确定了皇城的范围及布局。明北京宫殿的营建，是建于元大内基础上，"明永乐间改建宫城，又在元大内迤东"[12]。可见，明皇城在元大内旧址东边重建而成。北京紫禁城，"规制悉如南京，而高敞壮丽过之"，在布局上比中都、南京都更为完整。今天看到的紫禁城，其基本格局，成于永乐时期。永乐四年（1406）颁布"营建北京诏"，命陈珪"董建北京宫殿，经画有条理，甚见奖重"[13]。永乐十四年八月，作西宫。"初，上至北京，仍御旧宫。及是将撤而新之，乃命作西宫，为视朝之所。中为奉天殿，殿之侧为左右二殿。奉天殿之南为奉天门，左右为东西角门。奉天门之南为午门，午门之南为承天门。奉天殿之北有后殿，有凉殿、暖殿及仁寿、景福、仁和、万春、永寿、长春等宫。十五年六月，建郊庙。十一月，建乾清宫"。[14]"（永乐十四年）十一月，诏群臣议建北京。十八年，诏改京师为南京，北京为京师。十一月，以迁都北京诏天下，是月北京郊庙宫殿成"。[15]由此可见，明初西宫的营建是先于紫禁城主体宫殿的建设，同时，它也有着属于自己的中轴线，建筑左右对称。在紫禁城主体宫殿建成之前，它充当着"视朝之所"的作用，是成祖来北京时的御所。永乐十五年（1417），鼎建北京宫殿，十八年（1420）十二月，宫殿成："初营建北京，凡庙社、郊祀、坛场、宫殿、门阙，规制悉如南京，而高敞壮丽过之。复于皇城东南建皇太孙宫，东安门外东南建十王邸，通为屋八千三百五十楹，自永乐十五年六月兴工，至是成。"[16]永乐十九年（1421年）正月初一，"上以北京郊社、宗庙及宫殿成，是日早，躬诣太庙，奉安五庙、太皇太后神主。命皇太子诣天地坛，奉安昊天上帝、厚土皇地祇神主。皇太孙诣社稷坛，奉安太社、太稷神主。黔国公沐晟诣山川坛，奉安山川诸神主。礼毕，上御奉天殿受朝贺，大宴文武群臣及四夷朝使"。[17]至此，永乐年间对于北京宫殿的营建完成。

正统、景泰、天顺三朝，皇宫进行过大规模的兴建。北京各城门的瓮城等，是在这个时期最后完成。三殿两宫的建设仍然是这一时期的主要工程。英宗在御苑方面，先后修建了玉熙宫、大光明殿，重建了南内。

嘉靖时期。嘉靖朝曾对北京外城进行加筑。嘉靖三十二年（1533）闰三月丙辰，聂豹等言："臣等钦遵于本月初六日会同掌锦衣卫都督陆炳、总督京营戎政平江伯陈圭，协理戎政侍郎许论督同钦天监监生杨纬等，相度京城外四面宜筑外城，约计七十余里。"乙丑，"建京师外城兴工。"[18]"嘉靖三十二年筑重城，长二十八里，门七"[19]；"筑重城包京城南一面，转抱东西角楼止，长二十八里。为七门：南曰永定、左安、右安，东曰广渠、东便，西曰广宁、西便。城南一面长二千四百五十四丈四尺七寸，东一千八百八十五丈一尺，西一千九十三丈二尺，各高二丈，垛口四尺，基厚一丈，顶收一丈四尺。四十二年，增修各门瓮城"。[20]这一时期的重点工程仍然是三大殿。这一时期的火灾最多，最大的一次是嘉靖三十六年（1557）的三殿火灾，一直延烧到午门和左、右廊，"三殿十五门俱灾"，整个前朝化为瓦砾灰烬。从此陆续重建，到嘉靖四十一年（1562）才重新建成，并在万岁山西建了一座大高玄殿。

嘉靖时期，在原来太庙的基础上，新建了九庙。"太庙在阙之左，永乐十八年建……嘉靖十一年，中允廖道南请建九庙，上从其议，撤故庙，祖宗各建专庙，合为都宫，因旧庙新之……（嘉靖）十五年十二月，九庙成"。[21]

明初，天地一起祭祀，至嘉靖九年（1530），立四郊分立制度，方改为天地分祀。永乐十八年，天坛建成，始名"天地坛"，嘉靖十三年（1534）改名天坛。嘉靖九年，在天坛建圜丘坛，用以祭天；在北郊建方泽坛，用以祭地。

万历、天启时期。万历二十五年（1597）三殿又发生了一次火灾。万历四十三年（1615）才开始兴建，直到天启七年（1627）才完成。万历、天启重建的三大殿较永乐初建时体量要低，与三台高度不协调。这个阶段，限于朝廷财力所限，只能进行小规模维修。西宫的大光明殿、南内的延禧宫、琼华岛上的广寒殿毁败后再没有重建。

二、明代北京皇城的格局

1. 西宫的营建

明皇城内有三海,即北海、中海、南海。其中,北海和中海以琼华岛为中心,又称为太液池,"琼(花)岛在太液池中"[22]。"太液池在子城西乾明门外,周遭凡数里。其源自玉泉山合西北诸水,流入都城德胜门,汇为积水潭,亦名海子。至北安门水关,流入西苑,人呼西海子"。[23]池西建有隆福、兴圣二宫,元时是皇后和皇太子居住的宫殿群落,为元大都的西宫。而明西宫即在元旧址上重建而成。东侧是皇宫正殿。[24]明西宫的主体建筑群,始建于永乐十四年(1416)八月,"作西宫。初,上至北京,仍御旧宫,及是将撤而新之,乃命工部作西宫,为视朝之所"。[25]大内宫殿完成后,与南海统称为西宫,又名西苑。所以,在北京宫殿建成之前,它实际上起着政治中心的作用。有关西苑的介绍,明代史料、文人文集中有大量涉及。明佚名《明内廷规制考》卷一《宫阙》著录了太液池的概貌:"皇城内河来自玉泉山,经高粱桥分而为二,一灌城隍,一从德胜水关汇入后湖,至药王庙西桥下流入禁地,所谓西苑太液池也。池水又分为二,一环绕灵台宝钞司东,与护城河合流过长安右门之北,经承天门前,再东过长桥左门之北,自涌福阁下,从巽方流出,经玉河桥与城河会一,自元武门之西从地沟入,由怀公门过长庚桥里马房桥,经仁智殿西御酒房东,武英殿前思善门外,皇极殿前文华殿西,而北而东自慈庆宫外南从地沟亦至巽方,西出会于玉河桥。"明黄瑜《双槐岁钞》卷三记录了西苑河东亭榭的营建情况:"嘉靖十三年九月己亥,西苑河东亭榭成。上亲定额曰天鹅房,北曰飞霭亭,迎翠殿前曰浮香亭,宝月亭前曰秋辉亭,昭和殿前曰澄渊亭,后曰台坡,临漪亭前曰水云榭,西苑门外二亭曰左临海、右临海亭,北闸口曰涌玉亭,河之东曰聚景亭,改吕梁洪之亭曰吕梁碍,前曰欓金亭,翠玉馆前曰撷秀亭,万岁山后曰玩芳亭。"李贤《明一统志》卷一"西苑"条则描述了太液池的胜景:"在皇城内中有太液池琼华岛,池周围深广,波光澄澈,绿荷芳藻,含香吐秀,游鱼浮鸟,竞戏群集,岛皆奇石,巉岩磊砢,下瞰池水,上有广寒殿,栋宇翚飞,金碧交映,复阁危榭,左右拱向,乔松古桧,烟云缭绕,然蓬莱仙府也。京师八景有曰太液晴波,曰琼岛春云,谓此。"京师八景中,西苑独占二景。明王士性《广志绎》卷二"两都"条:"西苑在禁垣西,内有太液池,池内有琼华岛,岛上有广寒殿。乔松高桧,俨然蓬莱,禄荷开时,金碧辉蘸。永、宣朝,尝敕侍从游之,如三杨业皆有记。此礼数近不闻矣。"关于西苑的布局及各处景致的名称,《水东日记》中记录了叶盛赐游西苑记:"天顺三年四月六日,有旨赐游西苑,先饭于左顺门东北廊讫,趋右顺,出西华、西上、西中、西苑四门,北入椒园,至行殿,殿枕太液池,下瞰如镜,出,北行至圆殿,由东城门入上殿,殿前古松极奇怪,又置翠屏岩,郭公砖,木变,太湖石,从西城门下,北至太液,历御桥再北至万岁山,由西路入,山径旁有仙人老虎洞,抵绝顶,入广寒宫,两旁圆亭,东曰玉虹,西曰金露,两亭下次第又各两殿,东曰方壶,次曰介福,西曰瀛洲,次曰延和,山半坪间有仁智殿旧址,自东路出山,至九间殿,过黄船厂,过北闸口行殿,又西从湖岸折而南,至养牲房,所养皆珍禽,经虎城至小山子,名赛瀛洲,前后左右皆有殿,中两旁有水阁,山顶之殿状如广寒,殿前有水出腰,垂如珠簾然,流至石池,西流从石龙口吐出,复浟流山下,殿前凿石为流觞曲水,水折流至东池,复南入湖中,过桥亭至南台行殿,前有石(石秋)直阶,下数十步至水中,是为钓矶,前所历览皆上游幸所也。"由此,可对西苑有一概貌。

西苑营建的过程,历时七个月:永乐十四年八月丁亥,"初,上至北京仍御旧宫,及是将撤而乃命工部作西宫为视朝之所"[26],九月丙申太宗闻听汉王高煦"以随侍为名教习武事,造作器械,心益疑之,遂有还京之意"。[27]十一月壬寅"复诏群臣议营建北京"[28]。十五年四月癸未"西宫成"[29],五月丙戌朔"车驾至北京,御奉天殿受朝贺"[30]。从成祖永乐十四年九月离开北京到十五年奉天殿受朝贺,也正是西苑建设的全过程。西苑的规制:"其制中为奉天殿,殿之侧为左、右二殿。奉天之南为奉天门,左、右为东、西角门。奉天门之南为午门。午门之南为承天门,奉天殿之北有后殿、凉殿、暖殿及仁寿、景福、仁和、万春、永寿、长春等宫。凡为屋千六百三十余楹。"[31]永乐十八年,"正北京为京师",在此之前,北京一直都是以"视朝之所"的身份履行着自己的职责,为成祖迁都以及政治中心的转移奠定基础。成祖定都北京之前,曾有过三次巡狩:前两次都与北征有关,且以旧邸更名为行在所。第一次北征本雅失里及阿鲁台,第二次北征马哈木,永乐十二年三月"丙戌,命皇太子以出师告天地、宗庙、社稷。命皇太子监国留守事宜一循永乐八年之制"。[32]永乐六年监国礼为:"凡有重事并四夷来朝,俱达行在所,仍具本启闻。其余事务奏启,俱达京师启闻施行,事有碍者,在京合该衙门具奏,取自上裁。"[33]永乐八年北征期间,在永乐六年所议太子"监国礼"基础上增定的"皇长孙留守北京事宜":"……天下诸司表文,俱诣北京进贺。四夷朝贡,俱送南京礼部,启皇太子施行。其文选,行在六部、都察院等衙门及北京行部所属衙门,如有缺员应除补者,五品以上,行在吏部移咨南京吏部,启皇太子选补;六品以下及考满、起复,例应升降复职,及对品改用、常选官拨用吏典,俱循例启皇长孙施行。其武选,行在五军都督府及行后军都督府所属衙门,例应袭替、优给、升降者,行在兵部亦循例启皇长孙施行。自余非常选者,启皇太子斟酌行之。"[34]而第三次巡狩则与前两次不同,当时迁都已经提上日程;"视朝之所"正在营建,且已在巡狩时建成;巡狩并非出于北征的需要。永乐十五年三月"丁亥朔,上将巡狩北京,命礼部定东宫留守事一"[35],自此,成祖再也没有返回南京。

2. 南内的营建

明初,在皇城东南位置修建了南内,又以重华宫代称。南内的规制,"犹乾清宫之制,有两长街。西则有宜春等宫。重华宫之东曰洪庆宫,供番佛之所也。又东则内承运库,再东则崇质宫,俗云黑瓦殿是也,景泰间英庙所居"。[36]英宗北狩回京,即被禁于南内之中。在此居住期间,恰逢景皇帝明代宗朱祁钰建隆福寺,于是翔凤等殿石栏杆,都被"内官悉取去,又伐四围树木",引起了英宗的不快,及其复辟,"寻增至各殿为离宫者五,大门西向,中门及殿南向,每宫殿后一小池跨以桥。池之前后为石坛者四,植以栝松。最后一殿供佛甚奇古。左右回廊与后殿相接,盖仿大内式为之"。[37]"南内在禁垣内之巽位,亦有首门、二门以及两掖门,即景泰时锢英宗处,所称小南城者是也。二门内亦有前后两殿,具体而微,旁有两庑,所以奉太上者止此矣。其他离宫以及圆殿石桥,皆复辟后天顺间所增饰者,非初制也"。[38]天顺年间,重建了南内,主要是添建了离宫、圆殿、石桥等增饰,而这些,是明初所建时没有的:"因增置殿宇,其正殿曰龙德,左右曰崇仁、曰广智。其门南曰丹凤,东曰苍龙,正殿之后,凿石为桥。桥南北表以牌楼,曰飞虹,曰戴鳌。左右有亭,曰天光,曰云影。其后叠石为山,曰秀岩,山上平中为圆殿曰乾运。其东西二亭曰凌云、曰御风。其后殿曰永明,门曰佳丽。又其后为圆殿一,引水环之,曰环碧。其门曰静芳,曰瑞光。别有馆曰嘉乐、曰昭融,有阁跨河曰澄辉,皆极华丽。天顺三年(1459)十一月工成,杂植四方所贡奇花异木于其中。"[39]

3. 万岁山的营建

金元时也有万岁山,"在大内西北太液池之阳,金人名琼花岛。中统三年修缮之,至元八年赐今名"。[40]朱彝尊考证其与明之万岁山分处两地。宣宗《广寒殿记》及杨文贞、李文达、彭文宪、叶文庄、韩襄毅"西苑诸记"所称万岁山,"皆本金元之旧",直到马仲房始以煤山为万岁山。到了万历年间,揭万岁门于后苑,而纪事者往往混二为一,"盖金元之万岁山在西,而明之万岁山在北也"。[41]"今京师厚载门内逼紫禁城,俗所谓煤山者,本名万岁山,其高数十仞,众木森然。相传其下皆聚石炭,以备闭城不虞之用者"。[42]万岁山至清代改名景山。万岁山在明代又有镇山之称。"万岁山在子城东北玄武门外,为大内之镇山,高百余丈,周廻二里许"。[43]从皇城内建筑的整体布局来看,紫禁城前为金水河,后依万岁山,背山而面水,万岁山可谓是紫禁城的屏障。

明代的万岁山主要建筑有寿皇殿、毓秀馆、育芳亭、永禧阁、永寿殿、观花殿、集芳亭(花圃)。《王文端文集》中详细描述了万岁山上的景致:"六月七日,陪少师少保及诸学士于太液池上,焚三朝实录草本,诏许游万岁山,观金元遗迹,中官引自圆殿后度石桥,桥中空二丈许,用一大舟实其中以通行者,既度,入山门,门有三,中为御路,众从左右门入,山皆奇石迭成,相传金人取宋艮岳石为之,至元增饰加结构焉,山趾两旁皆有门,蹑石级而上,至半有三殿,中曰仁智,左曰延和,右曰介福,独广寒殿在其顶,又有瀛洲、方壶、玉虹、金露四亭在延和、介福之后,昔皆穷极侈丽,今犹有可观者。山右之半有废井,深不可测,中人云下与海通,有蛟蛰焉。山下一石曰庆云,奇峰万变,盖艮岳之绝奇者。又有康干石。康干,国名。石乃松木入河,水浸渍久而成者,其木理宛然,凡诸殿宇皆仍其旧,未尝修治,我朝列圣恭俭之德于此可见矣。观毕赐宴山下,尽醉而归。”[44]《明宫殿额名》曾记载了崇祯七年丈量万岁山的情形:“崇祯七年九月,量万岁山,自山顶至山根,斜量二十一丈,折高一十四丈七尺,万岁山左门、山右门于万历十八年八月添牌。有玩芳亭,万历二十八年更靓景亭,二十九年再更毓秀亭,亭下有寿明洞,又有左右毓秀馆、长春门、长春亭。寿皇殿万福阁下曰臻禄堂,康永阁下曰聚仙室,延宁阁下曰集仙室,万福阁东曰观德殿,又有永寿门、永寿殿、观花殿、集芳亭、会景亭、兴隆阁,万历四十一年更靓春楼,万福阁西曰永安亭、永安门,乾佑阁下曰嘉禾馆、乾佑门,兴庆阁下曰景明馆,外为山左里门、山右里门。”[45]“载金台十二景,而万岁山居其一”[46],引来了众多文人的酬唱,有《金幼孜和胡学士春日陪驾游万岁山诗》:“凤辇游仙岛,春残花尚浓,龙纹蟠玉砌,莺语度瑶宫,香雾浮高树,祥云丽碧空,五城双阙外,宛在画图中,巇嵲临丹阙,迢遥跨紫台,龙香浮日动,风盖拂云来,迭巘参差出,层厓隐映开,幽情不可极,临眺重徘徊。”[47]《胡俨次韵胡学士陪驾游万岁山诗》:“凤辇宸游日,祥云夹道红,香风传别殿,飞翠绕行宫,径转千岩合,波回一镜空,忽看鸾鹤起,声在半天中,阁道云为幄,仙山玉作台,更无凡迹到,只有异香来,柳拂金舆度,花迎宝扇开,太平多乐事,扈从得徘徊。”[48]《王洪和胡学士从游万岁山诗》:“飞斾临丹壑,鸣镳陟紫台,日边双凤下,云里六龙来,宝殿临空敞,璚筵就水开,共夸青琐客,陪宴柏梁回。”[49]这些诗文中,无不体现了万岁山的精巧布局与精湛的建筑艺术。

4. 三大殿的重建

三大殿是皇城中最重要的建筑。在成祖初创时期,从前往后依次称奉天殿、华盖殿、谨身殿。三殿建成后,屡遭大火,数次重建,嘉靖朝重建后,把奉天、华盖、谨身三殿更名为皇极殿、中级殿、建极殿。“嘉靖四十一年九月壬午,以三殿工成,命……分告南、北郊、太庙、社稷。甲申,更名奉天殿曰皇极、华盖殿曰中极、谨身殿曰建极,文楼曰文昭阁,武楼曰武成阁,左顺门曰会极,右顺门曰归极,奉天门曰皇极,东角门曰弘政,西角门曰宣治。”[50]。整个明代,三大殿初建于永乐朝,之后分别在正统朝、嘉靖朝和万历天启时期有过三次重建。永乐十八年(1420)三殿建成后,相隔九个月便被一场大火烧光。至正统六年才又重新建成。而后又在嘉靖三十六年(1557)、万历二十五年(1597)连遭两次火灾。三大殿的主要兴建过程:1.永乐十九年(1421)四月三殿火灾:"永乐十九年四月庚子,奉天、华盖、谨身三殿灾"。[51]2. 正统五年(1440)三大殿复建,六年(1441)十一月竣工:"(正统五年三月)戊申,建奉天、华盖、谨身三殿。乾清、坤宁二宫,是日兴工[52]","正统六年九月甲午朔,奉天、华盖、谨身三殿,乾清、坤宁二宫成"[53]。3. 嘉靖三十六年(1557)四月十三日,"三殿二楼十五门俱灾"[54],延烧奉天门、左、右顺门,午门外左、右廊:"(嘉靖三十六年四月)丙申,奉天等殿门灾,是日申刻,雷雨大作,至戌刻,火光骤起,初由奉天殿延烧华盖、谨身二殿,文武二楼、左顺、右顺、午门及午门外左右廊尽毁。至次日辰刻,始熄"[55],次年门工先成,改奉天门曰大朝门。四十一年(1562)重建三殿成,改各殿名皇极、中极、建极。4. 万历二十五年(1597)三殿又灾:"(万历二十五年六月戊寅)火起归极门,延至皇极等殿……文昭、武成二阁,周围廊房一时俱烬"[56],万历四十三年(1615)重建。但这次重建历时较长,历经泰昌、直到天启二年(1622)正月乙丑"殿工暂停"[57],天启五年(1625)二月"二十三日再度兴工"[58],天启六年(1626)皇极殿成:"(天启六年十月)己酉,皇极殿成,诏告天下"[59],天启七年(1627)八月中极、建极二殿成。至此,三大殿重建方告竣。由此可知,三次大火,后两次的损失要远超永乐朝。而且所修复工程的内容,都包括三台本身的修复,以及周围廊房的复建。而永乐朝大火,仅三大殿尽毁,两侧廊庑均无大碍,所以正统时期,才能在短时间内迅速完工。而后两次复建,又以嘉靖朝发生的变化最大。

三大殿在明代几次重建中,形制与永乐朝初建时已然不同。嘉靖朝三大殿的规制,有《世庙识余录》一书记载:"三殿规制,自宣德间再建后,诸将作皆莫省其旧,而匠官徐杲能以意料量,比落成,竟不失尺寸。"[60]从中可知,宣德朝所建三大殿,"皆莫省其旧"。宣德朝,宣宗多次提到,京师没有大的工程:宣德元年(1426)七月,"京师无他营造,工匠亦可省用,徒多聚无益也。"[61]宣德五年(1430)二月罢采木之役时,"今京师无大营繕,当东作之时而工部采运木植未已,岂不妨废农业"[62]。由此可见,宣德朝的确有重修三殿的计划,宣德元年十月,吴中就曾奏请"拟来年修造殿宇",但是"上姑止之"[63],而三大殿一直未能在宣德年间重建,究其原因,非常复杂。主其事的吴中曾入狱服刑,缺少主管官吏,工程自然也就搁浅了。当然,这只是其中的一个原因。

到了嘉靖朝,面对重新修建三大殿的局面,世宗曾对当时的内阁说过:"我思旧制固不可违,因变少减,亦不害事。"[64]时内阁首辅严嵩答曰:"旧制因变减少,固不为害,但臣伏思,作室,筑基为难,其费数倍于木石等。若旧基丈尺稍一移动,则一动百动,从新更改俱用筑打,重费财力,久稽岁月,完愈难矣。臣愚谓,基址深广似合仍旧,若木石围圆,比旧量减或可。"[65]由上可知,最初让世宗产生"因变少减"想法的原因,是由于时间有限。而严嵩提出,如果改动地基,恐怕"完愈难矣",也就是说,会更耗费时间,才让世宗放弃了最初的想法,而采取了一种折中的方式:在原来地基不变的情况下,减少建筑的体量。也就是所谓"比旧量减"。

（作者系北京市社会科学院历史所助理研究员）

注　释

1　7　8　12　14　15　19　20　21　22　23　36　37　38　39　40　41　43　44　45　47　48　49　54　60
　　[清]于敏中等:《日下旧闻考》卷二九第 404、494、494、404、495、495、606、606、498、565、574、626、628—629、
　　627、629—630、468、551、550、552、550、552、550、566、567、517、518—519 页,北京古籍出版社 1983 年版。

2　《明太祖实录》卷三四,台湾校勘本。

3　《明太祖实录》卷三五,台湾校勘本。

4　[明]陈循、彭时等纂修:《寰宇通志》卷一。

5　《明太祖实录》卷四七,台湾校勘本。

6　24　王岗:《明成祖与北京城》,《北京社会科学》2008 年第 3 期。

9　《明史》卷二《太祖纪二》,中华书局点校本。

10　《明太宗实录》卷二〇上,台湾校勘本。

11　《明太宗实录》卷二一七,台湾校勘本。

13　[清]张廷玉等纂修:《明史》卷一四六《陈珪传》。

16　《明太宗实录》卷二三二,台湾校勘本。

17　《明太宗实录》卷二三三,台湾校勘本。

18　《明世宗实录》卷三九六,台湾校勘本。

25　《明太宗实录》卷一七九,台湾校勘本。

26　《明太宗实录》卷一七九,台湾校勘本。

27　《明太宗实录》卷一八〇,台湾校勘本。

28　《明太宗实录》卷一八二,台湾校勘本。

29　《明太宗实录》卷一八七,台湾校勘本。

30　《明太宗实录》卷一八八,台湾校勘本。

31　《明太宗实录》卷一八七,台湾校勘本。

32　《明太宗实录》卷一四九,台湾校勘本。

33　《明太宗实录》卷八二,台湾校勘本。

34　《明太宗实录》卷一〇一,台湾校勘本。

35　《明太宗实录》卷一八六,台湾校勘本。

42　46　[明]沈德符:《万历野获编》卷二四《畿辅》"煤山梳妆台"条,第 604 页。

50　《明世宗实录》卷五一三。

51　《明世宗实录》卷二三六,台湾校勘本。

52　《明英宗实录》卷六五,台湾校勘本。

53　《明英宗实录》卷八三,台湾校勘本。

55　《明世宗实录》卷四四六,台湾校勘本。

56　《明神宗实录》卷三一一,台湾校勘本。

57　《明熹宗实录》卷一二,台湾校勘本。

58　《明熹宗实录》卷八七,台湾校勘本。

59　《明熹宗实录》卷七六,台湾校勘本。

61　《明宣宗实录》卷一九,台湾校勘本。

62　《明宣宗实录》卷六三,台湾校勘本。

63　《明宣宗实录》卷二二,台湾校勘本。

64　65　《明世宗实录》卷四七〇,台湾校勘本。

北京四合院与四合院文化

韩茂莉

一

　　房屋是人类生存的必要物质条件之一，随着社会的发展，居住建筑除了满足人们遮风避雨的需要之外，也逐渐被赋予了文化内涵。不同地域，不同民族，不同时代，有着不同的生存需要与审美意识，也有着不同的择居方式。在中国数千年的历史长河中，从远古时期的穴居野处，到近代的深宅大院；从北方的黄土窑洞，到云南的傣家竹楼；从青藏高原的碉堡土堡，到沿海城市的花园别墅，民居形式可称得上多姿多样。各个时代，各个地区虽然都有盛行的民居形式，但可称贯穿整个历史、遍布全国各地的建筑布局，就只有四合院了。

　　远古时期生活在黄河流域的人们主要采取穴居，根据地形与自然条件不同，有袋穴、坑穴以及半穴居几种形式，至新石器晚期虽然已有简单的木架建筑，但穴居仍是当时最多的居住形式。这一时期温暖潮湿的南方，盛行干栏式民居，为了适应当地气候，这类民居一般采取下部架空的建筑结构，主要建筑材料除木、砖、石外，还利用竹子、芦苇等，有墙体薄、窗户多、利于通风透气的特点。随着人类社会的发展，江浙一带用于民居的干栏式建筑虽然逐渐减少，却更多地被西南少数民族保留下来。中国现在用干栏式建筑作民居的民族主要有：傣族、壮族、侗族、苗族、瑶族、布依族、水族、毛难族、崩龙族、仡佬族、景颇族、基诺族、布朗族、佤族、爱尼族、黎族、高山族等十几个民族。

　　将穴居上升，干栏下降至地面就形成了后来的屋宇建筑，这种建筑出现较晚。当人类社会进入阶级阶段后，阶级之间的差别不仅体现在物质财富的分配上，也反映在居住形式中。

　　中国考古学界虽然在许多地方发现了殷商时期的宫室遗址，但也同时发现了洞穴式居址,说明这一时期两种建筑形式都在显示着作用。人们基本摆脱洞穴生活,主要以木构架屋宇建筑为民居,大概在西周初期。

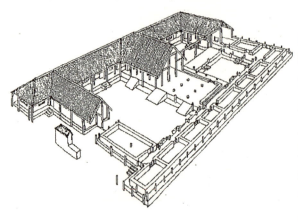

陕西岐山西周建筑复原图

商周时期,虽然没有出现四合院,但四合院建筑结构中的某些特征开始出现了。考古学界在对河南安阳殷墟进行发掘中,发现几十座宫室基址,这些基址在整体布局上,已显示出南北方向中轴线的作用。此后因宗法与礼制的需要,以闭合对称形式,将主要建筑安排在中轴线上的布局在民居建筑中日见普及。汉代的明器与画像石中反映此类特点的民居是非常多的,其中有的是以坞壁形式出现,有的则形成多重院落。魏晋南北朝时期具有四合院特点的民居越来越多,随着佛教的盛行,不但各地广建寺庙,就是达官贵人为了祈福积德,也不断有人将自己的宅院捐给佛寺。具有四合院特点的民居是舍宅为寺的前提,这样的宅院只要略加改造,譬如在适当的位置安放一座佛塔,就是一处合格的寺院了。典型的四合院出现在隋唐时期,在当时的绘画作品与出土器物中反映此类题材的非常多,从中可以看出,这一时期的四合院不但在布局上显得更加规范整齐,而且已不是城市贵族的住宅象征,即使在乡村也可屡屡见到这样的住宅形式。宋以后四合院的地位越来越重要,特别是明清以来,已经成为民居的主流。

四合院是中国古代建筑中最具代表性的一种形式,这类建筑庭院与组群的布局,大都采用均衡对称的方式,沿着纵轴线和横轴线进行设计。首先在纵轴线上安置主要建筑,并在院子左右两侧对称修建两座形体较小的建筑,然后在主要建筑的对面建一座次要建筑,构成正方形或长方形的庭院,称为四合院。四合院的四角通常用走廊、围墙等将四座建筑连接起来,成为封闭的整体。对称式平面

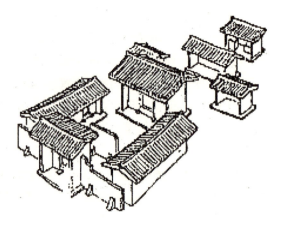

陕西商洛出土的唐代四合院模型

与封闭式外观是四合院的两个主要特征,这种布局适合中国古代社会的宗法与礼教制度,便于安排家庭成员的住所,容易造成安静舒适的生活环境。此外只要将庭院的数量、形状、大小与木构架建筑的形体、样式、材料、装饰、色彩等略加改变,即可满足不同气候条件与功能作用的要求。因此四合院不但是中国古代民居的一种重要形式,而且被广泛用于宫殿、官衙、佛寺、道观、祠庙乃至陵寝,成为中国古代建筑中的基本形式。

以四合院作为民居,在中国不但有久远的历史,而且也有广泛的分布地区。中国幅员辽阔,各地不但有着千差万别的环境特征,也有着形式各异的民俗风情,受这些因素影响,四合院的庭院布局就形成了南北方的不同风格。南北四合院之中差异最大之处,应算大门的位置了。南方四合院的大门大多都安放在中轴线上;北方四合院却将大门放在东南或西北角。造成这种差异的原因要追溯至宋代,据说当时以河北正定为中心的北方各地盛行北派风水学说,这派人认为住宅与宫殿、庙宇不同,不能在南面中央开门,应依先天八卦以西北为乾,东南为坤,乾坤都是最吉利的方向,可以作为大门的位置,路北的住宅大门开在东南角,路南的住宅大门开在西北角。这种风水思想不但支配了以往北京地区住宅的平面布局,而且在不同程度上影响了河北、陕西、山西、山东、河南等省的民居。淮河以南与东北地区的四合院都将大门安放在中轴线上,与京畿地区形成明显的差异。除此南方各地因自然条件所限,四合院中的庭院空间比北方要小得多,并且出现了楼层结构,被建筑学家命名为"一颗印"的民居就属于这一类型。另外各地还出现了一些以四合院布局形式为基础、建筑形式进行过改造的民居。譬如在西北黄土高原的窑洞,一类直接开凿在黄土断崖上,另一类则在深厚的土岗上挖掘长方形或方形的天井,然后在院壁的四面开凿窑洞,这样的窑洞与院落布局就很接近四合院。

二

四合院虽然是遍布中国各地的重要民居形式,但是说起四合院,人们自然想到的还是北京。北京四合院作为北京人的居住建筑,不但构成了往日北京的城市景观,而且蕴涵着深厚的文化内涵。

北京四合院有着悠久的历史,元大都营建之初,即对城内街道进行了规划。《析津志》载:"大都街制,自南以至于北谓之经,自东至西谓之纬。"胡同开在街道两侧,北京的胡同多为东西走向,四合院就建在胡同两边,路北、路南均有院落。四合院无论大小,都由基本单元——"院"组成。由四面房屋围成的庭院,为四合院的基本单元,称为一进四合院,如果围成两个院落即为两进四合院,有三个院落则为三进四合院,以此类推。北京大型四合院可多达七进、九进院落。北京四合院在空间发展上虽然以纵向为主,但由于胡同宽度限制,并不是所有宅院都能有四进以上的规模,于是一些大宅院出现了横向结构,一般将沿中轴线布局的院落称为"中路",分居两侧的院落分别称为"东路"、"西路"这样的跨院。

标准的北京四合院由正房、厢房、倒座房、后罩房等房屋建筑组成,由于日照原因,无论路南还是路北的四合院均需保证正房朝南。北京四合院中的建筑以正房的型制最高,无论台基还是间架正房都显现着突出地位,普通四合院正房多为三间、五间,七间很少。正房两侧较低矮的房屋称为耳房,耳房的台基与间架均比正房小得多。宅院中与

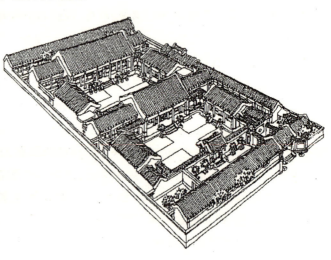

标准北京四合院

正房呈直角关系的房屋称为厢房,分别座落在院落的东西两侧。倒座房位于宅院前部,大门左侧,因其方向与正房相反,故得此名。后罩房位于宅院最后,为一溜儿间架不大的北房组成。北京四合院建筑多为单层,其高度与院落南北向长度比约为3∶10。与北京四合院不同,山西等地四合院建筑以两层为主,南方各地此类建筑更多,房屋高度与院落南北长度比也发生了变化,江浙一带为3∶5,福建则为5∶6。

除上述房屋外,北京四合院中还有许多附属建筑,如既能遮风避雨,又起装点作用的回廊,分隔内宅、外宅的垂花门等,这些附属建筑在四合院中虽然不是主角,但凭着五彩的油漆与别样的装饰,却成为四合院中的亮点。

北京四合院的院落基本呈方形,其南北向与东西向的长宽比约为1∶1。与北京四合院院落的长宽比不同,山西约为2∶1;陕西北部为3∶1,这样的院落特征与当地的气候有着重要关系。北京四合院中宽敞的庭院不仅保障了房屋采光的需要,而且也为人们提供了活动空间,种植在院内的花草点缀了庭院,也拉近了人和自然的距离。

三

北京四合院在北京城的历史中,不仅仅是人们的居住建筑,同时也是北京文化的

载体。伴随 800 多年北京城市历史,四合院不但接纳了百姓众生,而且也滋生出自身的文化内涵。

提起北京四合院文化,第一步就应从大门说起。大门是四合院的重要组成部分,中国旧时攀亲多讲究"门当户对",可见大门上的讲究可以显示出户主的职业、家境以及社会地位。为了确立封建统治秩序,见于《唐会要》记载,从唐代开始,朝廷就明确规定了不同爵位、品级的贵族宅院与大门的形制,这项制度一直延续至清。《清会典事例》中记载顺治初年明确规定,亲王府"基高十尺,正门广五间,启门三","均红青油饰,每门金钉六十有三"。郡王府、世子府"基高八尺"。"正门金钉减亲王七分之二"。贝勒府"基高六尺,正门三间,启门一","门柱红青油饰"。贝子府"基高二尺","启门一"。"公侯以下官民房屋,台阶高一尺","柱用素油,门用黑饰"。

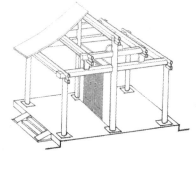

广亮门

朝廷虽然只规定了亲王贵族府第大门的形制,但从公侯以下民居的大门也仍然能看出户主的身份高下。普通四合院大门可分屋宇式与墙垣式两种,屋宇式大门级别要高于墙垣式大门。屋宇式大门依门柱的位置不同又分广亮门、金柱门、蛮子门、如意门。广亮门位于中柱间,大门里外形成面积相等的门洞;金柱门位于金柱间,大门外的门洞小于门里的门洞;蛮子门直接安放在檐柱上,门外没有门洞。这三种大门都为一开间,如意门则不足一间,大门位置与蛮子门相同。这些大门中广亮门级别最高。居住在屋宇式大门中的主人或在朝中为官,或为社会名流,或具富贵钱财。墙垣式大门是四合院中级别最低的,虽然因主人的财力、爱好,也作了简单的修饰,但居住在这种四合院的大多是一般百姓。老舍先生在《四世同堂》中所描写的祁家宅院就属于这种院门。

旧时四合院不仅大门型制有许多讲究,门饰也作了许多规定。唐代著名诗人杜甫有一句名诗"朱门酒肉臭,路有冻死骨",诗中用"朱门"形容达官贵族的宅第,是有制度依据的。以往对门漆颜色的规定是十分严格的,公侯以下的官民住宅,一律"柱用素油,门用黑饰",如果谁敢越制,罪过就大了。

1911 年"辛亥革命"推翻了清朝皇帝,帝制取消了,帝制时代制定的制度也随之废除,胡同

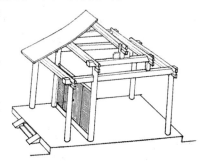

金柱门

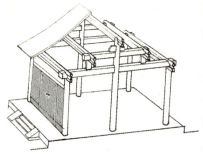

蛮子门

两侧的朱漆大门越来越多,这已不是特权与地位的象征。

北京四合院建筑讲究含蓄、祥和,无论门第高低,大门内都有一扇影壁,既挡住了院内的杂乱,也藏住了主人的隐私。常见的影壁有三种,一种独立于厢房山墙或隔墙之外的,称为一字影壁,如果影壁与山墙连为一体的称为座山影壁,一种影壁坐落在胡同对面,正对宅门,随排列形式不同分别叫一字影壁,或雁翅影壁;还有一种影壁位于大门的东西两侧,与大门檐口成 120°或 135°夹角,平面呈八字形,称"反八字影壁"或"撇山影壁"。影壁虽然是四合院的附件,但也显示出与四合院氛围完全吻合的文化特征,无论是雕刻精美的砖雕,还是镶在上面的吉词颂语,都寄托着主人祈祝祥和、平安的愿望。

反八字影壁

一字影壁

北京四合院中两进院落以上的四合院,一般都分内宅、外宅,分隔方式是沿厢房南侧建一道隔墙,将院落分为内外两部分。隔墙以内由北房、厢房围成的院落为内宅;隔墙以外的倒座房及院落称为外宅。大门与二门之间的院落,虽然不是四合院的主体,但也同样有许多讲究。一般的四合院进入大门,影壁左右两侧各有一个月亮门,进入左面的月亮门就是二门以外的小院了,这里有一溜南房,由于房屋朝向为南,也称为倒座房。旧时讲究人家往往将南房作为客房,或年轻少爷的书房。影壁右侧的月亮门内是一个小院,有一间面积很小的南房,一般用作私塾或佣人的住处,小型的四合院往往不设这处小院。

内外宅之间的沟通是靠二门实现的,二门也叫垂花门。垂花门位于院落的中轴线上,起着沟通内外院的作用,俗称二门。垂花门的建筑形式是多种多样的,北方四合院中多为一殿一卷式,所谓一殿一卷是指垂花门的屋顶是由一个尖型顶与一个卷棚顶组合而成,外形很像英文字母 M。也有的垂花门是有单卷棚顶构成。传统四合院用色讲究协调、淡雅,整个院落大多建筑都为材料本色,唯有二门装饰得五彩缤纷,门旁两侧的垂花柱更是形态各异。除非红白喜事,二门正面一般也是不打开,人们过往出入都走侧面。

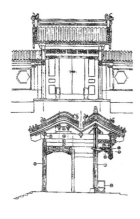

垂花门结构图

垂花门

　　进入二门就是四合院的内宅,由于日照的影响,四面的房子以坐北朝南最好,所以四合院无论将宅门开在哪个方向,都以北房为正房,东西方称为厢房。四合院正房、厢房之间,一般由抄手游廊沟通,抄手游廊是开畅式附属建筑,既可供人行走、躲风避雨,也可休息小坐。内宅是四合院的主体,北面正房是院内最大的建筑物。清朝对于亲王、贝勒的府第除规定了大门的型制外,也详细规定了正殿的开间、基高、颜色、脊饰等。与王府相比,普通四合院的正房自然要小得多,但在一家之中的地位仍然最高,台基和房屋的尺寸都比较高大,一般是三间或五间,正房两侧还有进深、高度都较小的房间,称为"耳房"。四合院中上下尊卑,内外亲疏,一切都井然有序,这里有着中国人的传统,中国人的观念。见于《周礼》记载,早在几千年前所形成的"前朝后寝"的居舍布局观念,不仅体现在帝王宫殿的功用安排上,而且也反映在民居的利用中。大型四合院一进院落中的北房多做接待贵客的厅堂,小型四合院没有多余的房间,只好将这一功能安排在北屋的中厅,两侧套房中仍然住人。旧时内宅的居住分配是十分严格的,如果一家祖孙数代,那么辈分最高的多住在北房,东西厢房是后辈儿孙居住的地方。厨房往往设在东院,东厢房后墙另开扇门与厨房相通,以往灶王爷有"东厨司命"之称,大概就源于此了。

　　大一些的四合院最后一排正房称为后罩房,也有的人家在这里盖起楼房,称后罩楼,后罩楼多作小姐的绣楼。后罩楼深藏于宅院的后部,这就使小说家有了充分的想象余地,由此而编纂了数不清的鸳鸯蝴蝶故事。

　　讲究的四合院屋墙与院墙之间都有一条更道,供更夫巡夜、打更之用。更道对于大多数人很陌生,但看过《红楼梦》的人都能想起王熙凤唤使贾蓉、贾蔷在夹道内戏弄贾瑞之事,这里的夹道就应是更道。

　　房屋建筑之外,与四合院整体环境配套的还有院中的花草、屋内的家具以及檐头、屋脊的砖雕、彩绘。可以说庭院之中,一草一木都有说不尽的学问,说不尽的讲究。拿院中的花草来说吧,旧时人家大多种石榴、夹竹桃等象征吉祥的植物,桑树合种枣树则是犯忌的。鲁迅先生曾在《野草》中写道:"院中有两棵树,一棵是枣树,另一棵也是枣树。"此时已是民国时期,虽然人们的观念随着时代也有了改变,但旧时的讲究仍然能记得,所以鲁迅用同样的语句强调了院中的景观。

　　四合院是中华文化的载体,也是北京地域人文风貌的象征。风雨的更造,岁月的剥蚀,虽然使大多四合院失去了往日的光彩,但院落中的一砖一石仍能唤起人们对历史的追忆,对中华文化的向往。随着时代的变迁,城市面貌发生了很大的变化,新的建筑拔地而起,逐渐取代了往日的四合院,林立在城市四周,城中的那片老房子越来越多地成为文物,四合院的时代过去了,北京城的历史也进入了新的阶段。

　　　　　　　　　(作者系北京大学城市与环境学院历史地理研究中心教授)

北京胡同和四合院的价值和作用

谭烈飞

北京在人类文明史上占有特殊的地位,从 60—70 万年的"北京人"开始在这块土地上揭开发展史的序幕,北京有着 3000 余年的建城市、近 1000 年的建都史、700余年的全国政治中心的历史地位、特别是 1949 年成为中华人民共和国的首都,历史的每一次进步都清晰可见,都在提升着北京的地位和影响。历史是以各种形式来体现的,留存至今的胡同和四合院以实物的形式昭示着北京的前行轨迹,自然、政治、经济、文化、风俗习惯都得以有形的状态下体现出来。

一、胡同和四合院的产生

元大都的建立在北京历史上具有特殊的意义,元大都始建于至元四年(1267),于至元十三年(1276)建成,这是一座经过认真周密规划的城市。当时大规模的战争,城市变成了一片废墟,需要重新建设一个几乎是全新的城市。当时的建设者所规划的依据是《周礼·考工记》所设想的"匠人营国,方九里,旁三门。国中九经九纬,经涂九轨。左祖右社,前朝后市"。马可波罗在其《游记》中对新大都城街道有过描述:"街道甚直,此端可见彼端,盖其布置,使此门可由街道远望彼门也。"还描写道:"全城中划地为方形,划线整齐,建筑房舍。"从文献和实地踏勘来看,元大都城的街道布局除由于城市南部中央有皇城,城的北城墙有两座门,再加上海子(积水潭)在城市的西部占有一块地方外,整个城市的街道基本是直的或丁字型的。按照都城的设计,分为大街、小街、胡同。两条胡同的距离 50 步(约合 77 米)。北京的胡同和四合院与元大都的规划紧紧地联系在了一起。全城的大街主要以南北向为主,胡同则沿着南北大街的东西两侧平行排列。这样大都城的居民住宅就分布于胡同的南北两侧,而胡同是由院落组合而成,由官僚、权贵及富商用分得的土地建造房屋,《元史·世祖本纪》有记载:"至元二十二年(1285)二月壬戌,诏旧城居民之迁京城者以赀高及居职为先,仍定制以八亩为一份,其或地过八亩及力不能作室者,皆不得冒据,听民作室。"由此可见，"八亩为一份"是原蒙古建房的旧制，而新大都的规划与建设也保持了原来的习惯：按份授地，所以新大都城的房子留下了足够的建房空间，这也是与马可波罗所记述的划地为方形，划线整齐建筑房舍，每方足以建筑大房子的记述是吻合的。

四合院的基础也应该是从这些房子开始的。在上世纪60—70年代修建北京第一条地下铁道时发现了后英房元代居住遗址，地处今西直门里后英房胡同西北的明清北城垣墙基下，这处遗址，只保留了明显的房基。整个院子由主院、后院和东西跨院组成，总面积约200平方米，主院正中偏北是五间正房，前出轩廊，后有抱厦，台阶两侧饰有精美的砖雕"象眼"，院子中铺有高低错落的露道，以连接东西跨院，院落里无南房。北房与厢房之间以围墙封闭，前院到后室中间用穿廊相连，从上看形成一个工字形的格局，这与明清时期的四合院有差异。同时，与后英房元代居住遗址一起发掘的还包括：西直门至安定门原北城墙南侧的后桃园、西绦胡同、旧鼓楼大街豁口、雍和宫后身等处。从这些房子的情况来分析，可以明显反映出以下特点：

院子较大。后英房胡同的院子是200平方米的一个狭长的院子，由围墙围起来，显然，这个院子是为马匹准备的。

规制并不严格。且不说后英房的院子呈工字形的格局，不是四合的。就是按照房子的位置摆放，也感到无规制的制约，在西绦胡同发掘出的居住遗址，有意思的是从房子的地基来看，整个院子共有6间房子，分别是三间北房、三间南房，北房的基础却低于南房的基础，从房子的台阶和面积来看，南房还略大于北房。究竟哪个是正房，也许在元大都并没有像后来这样讲究。

建筑材料是先进的。从发现的元代居住遗址中，我们可以清楚的看到，石材、砖瓦、木料基本上是与其后的建房材料差不多，这足以说明，当时北京地区的建筑材料的生产与使用达到一定的水平，石材基本上采自大都周围的地区，今房山、门头沟等地区从辽金以来，一直为城市的建筑提供源源不断的建筑材料，特别是元代大都城的兴建，又进一步刺激了建筑材料的生产，砖、瓦、灰、沙、石的生产规模越来越大，在元代的一些文献中有比较多的反映。

生活设施也具有一定的水平。在后英房的遗址中发现有烧火做饭用的煤炉，这种煤炉与北京上世纪50—60年代居民使用的火炉几乎一模一样，也是铁皮包裹，三条腿，炉面挺大可以放一些保温的东西。这至少可以说明，在当时有条件的居民中，已经开始使用煤炭取暖做饭。如果这户居民是蒙古人的话，已经基本脱离了原有的生活习惯，被中原的文化、习惯所同化，迅速地接受和适应了这里的环境。从发掘的几处元代的居住院落来看，这些房子的大门是朝南的，整个院落也是坐北朝南，基本上奠定了以后北京地区四合院形成和发展的格局。

这些院落排列组合成胡同,从残存的《析津志》中我们大略可以知道:"大都街制:自南以至于北,谓之经;自东至西,谓之纬。大街二十四步阔,小街十二步阔。三百八十四火巷,二十九衖通。"这里提到的小街、火巷、衖通,都可视为如今概念的胡同。

胡同一词的来源和解释说法各异,但是比较集中的多是与建大都的蒙古族语言、风俗、习惯联系在一起。最通常的说法,是说"胡同"一词的本意为蒙古语"水井"的意思,其最初的发音为"忽洞"。有人居住的地方就必有水井,于是"井"便成为人们居住地的代称。还有一种说法"胡同"的原意为"浩特",蒙古语中称城镇为"浩特",蒙古人进入大都城后,按照他们的习惯,将街巷也称为"浩特",讹成了"胡同"。也有说法是,在蒙古人居住地,比村落稍大的部落叫"胡衕"。建大都时,按片建设居民区,每一片就是一个比村落小的居民聚落,于是便按照蒙古人的习惯,将其称为"胡衕"。因"胡衕"书写繁琐,于是就简写成"胡同"。也有人认为当时城内居民的住房都是按片建设的,中间辟有通道,具有防止火灾蔓延的作用,成为防火的隔离道,蒙古语中读音为"火疃"或者是"火巷",后来北京人便将那些居住区之间相通的小通道、小过道、横街、小巷等通称为"火疃",以后被谐音为"胡同"。

二、胡同和四合院的类型

有文字记载,北京不同历史时期究竟有多少胡同,莫衷一是,有言道"有名的胡同三千五,无名的胡同赛牛毛"。明嘉靖三十九年(1560),城内外胡同有1200多条,胡同两侧四合院已大量建造,鳞次栉比。[1]明《京师五城坊巷胡同集》载,北京有1170条街巷,明确标出胡同的有459条。清代《京师街巷志稿》中,列街巷胡同大约是2077条,其中直称胡同的978条。民国到抗日战争胜利后《北京市都市计划设计资料第一集—北京市之概略》载,北京城区共有胡同3065条。1949年北京老城区的胡同有3250条,1990年北京老城区的胡同有2257条;2003年北京老城区的胡同有1928条;在第一、第二、第三批(33片)历史文化保护区范围内有胡同660多条,保护区范围之外尚有900多条胡同。2007年由段柄仁主编的《北京胡同志》收集的街巷胡同达6000余条,当然这些胡同包括了北京郊区的胡同,有些胡同是早已消失了。

北京的胡同最长的是东、西打磨厂,共计长1832米,最短的胡同在琉璃厂东街东口的桐梓胡同至樱桃胡同北口段,原叫一尺大街,现在已并入杨梅竹斜街。最窄的胡同是前门外钱市胡同,最窄处仅宽40厘米。弯最多的胡同是前门外九湾胡同,有13个弯。北京的斜街也很多,有白米斜街、樱桃斜街、杨梅竹斜街、上斜街、下斜街、东斜街、西斜街等,这些斜街大都是因河道、水沟流向形成的。最老的胡同是宣武区长椿街国华商场后身的三庙街一带,辽代叫檀州街,已有900多年的历史,还有老墙根街等也是辽代的胡同[2]。

从北京城区的胡同分布来看,北京内城的胡同基本上是以东西向为主,胡同与胡同之间保持平衡,每条胡同平直,仅积水潭周围的一些胡同,受到湖岸的影响,有一些曲折和相对倾斜的胡同;北京外城的胡同,多为东南向,由于外城受永定河古河道的不断改道的影响,加上没有经过规划,由居民按自然地理环境建筑发展起来的缘故,显得不规则,不仅方向有变化,而且胡同的宽窄,以及相互间的连接也变化较大。影响胡同间距离的是支撑胡同的院落,一般胡同之间的距离为五十步(合77米),较宽的距离为70步(合100多米),有衙署、豪门、贵族、官僚、府第的胡同比一般胡同的间距宽一些,多达到了70步。外城胡同之间的距离则较小,在前三门地区,胡同间的距离往往在30米至50米之间,甚至有的两条胡同之间只有20米。

胡同命名也离不开胡同的环境、居住者的身份地位及其影响,多以街署、官方机构、寺庙、仓库、作坊、桥梁、河道、市场、商品、器物、居民、人名、地名等决定名称。以衙署、官方机构命名的胡同,如提学按院胡同、大兴县胡同、宛平县胡同、府学胡同、北城兵马司、西城兵马司、贡院胡同等。以寺庙决定胡同的名称有:正觉寺胡同、观音寺胡同、真如寺胡同、云居寺胡同等。以水井命名的胡同有:沙井胡同、高井胡同、井儿胡同(今福绥境)等。以贵族、官僚住地命名的胡同有:李阁老胡同、泰宁侯胡同、石大人胡同、吴良大人胡同、王驸马胡同、武定侯胡同、马定大人胡同、三保老爷胡同(三保太监郑和宅所在地,今名三不老胡同)、武安侯胡同、永康侯胡同、马将军胡同等。以市场、商品产销地命名的胡同为:羊肉胡同、驴肉胡同、驴市胡同(今礼士胡同)、菜厂胡同等有八九十个之多。以手工业工人名字命名的胡同有:砂锅刘胡同(今大沙锅胡同)、丁儿张胡同(今丁章胡同)、隋磨房胡同(今水磨胡同)、裱褙胡同(今东、西表背胡同)、针匠胡同(今针线胡同)、姚铸锅胡同(今共治国胡同)、何薄酒胡同(今荷包酒胡同)、杨毡胡同(今樱桃斜街)、骟马张胡同(今拴马桩胡同)等。以一般居民姓名命名的胡同有:贾三胡同、任四胡同、李四家胡同、李浩家胡同、孟端胡同、安成家胡同(今安成胡同)、石老娘胡同、陈信家胡同(今大乘巷)、刘汉胡同(今刘海胡同)、吴老儿胡同(今五老胡同)、范子平胡同、粉子胡同(粉子指妓女)、宋姑娘胡同(今东、西颂年胡同)、王寡妇胡同(今板船胡同)、哑吧胡同(今大、小雅宝胡同)、瞎子胡同、黄兽医胡同、刘和尚胡同、杨和尚胡同、刘师婆胡同、罗道士胡同等。以手工业工人、艺人、商贩、居民命名的胡同,数量远远超过以贵族、官僚、豪门命名的胡同。还有以特殊标志命名的胡同,如堂子胡同、石虎胡同、孝顺胡同、柏树胡同(今百顺胡同）、铁狮子胡同等。此外，还有以本地特点或形状命名的胡同，如喇叭胡同、扁担胡同、耳朵眼胡同、椅子圈胡同、罗圈胡同等[3]。

明代四合院的型制与元代的型制发生变化是明显的。前轩后廊的平面仍在应用，但正房省去台基前接筑的露道，并以抄手游廊代替正房两侧封闭的围墙；"工"字形平面组成的前堂、穿廊、后寝改为按对称轴布置房屋和院落。在建筑规模、式样和装饰上，已有亲王、公侯、品官、百姓四个等级。其四合院的规模可分为大、中、小三种。大四合院房屋设置可为五南五北，七南七北甚至还有九间的大正房，这显然是多重四合院，由多个四合院向纵深相连而成，有前院、后院、东院、西院、正院、偏院、跨院等。院内均有游廊连接各处，占地面积大，并带有花园；中四合院一般是北房五间，三间正房，两间耳房。东、西厢房各三间房，前有廊以避风雨，院内另用院墙隔为前院、后院。院墙并以月亮门相通；小四合院一般是北房三间，一明两暗或者两明一暗，东西厢房各两间南房三间。院内铺砖，青石作阶，连接各处房门。四合院还有影壁、垂花门或屏门、抄手廊、南山墙、后罩楼等装饰性的附属设施。垂花门、月亮门等分隔里外院，门外是客厅、客房、车房、马号等"外宅"，门内是主要起居的卧室"内宅"。大四合院是府邸、官衙用房，中型和小型四合院一般是普通居民的住所。

明清时期北京城的四合院约占民居的一半，从其分布看内城的宅院较大，特别是内城的东北、西北一带集中了标准最好最多的四合院。民国时期，四合院"除掉一部分为机关团体借用，一部分为有产阶级占用，其余的不是化大为小，便是由一家居住而变为几家居住，甚或变为'大杂院'"。四合院虽"多有渐就颓废者，然一般而言……城内之房，则普通常为砖墙瓦顶，内有广阔之庭院"。30年代，根据一项调查，普通房间一般长2.6米—3.7米，宽2.2米—2.9米，高2.2米—2.9米，被调查的房间容量一般为18立方米[4]。

上世纪80年代，根据航测调查，保存较好的四合院共有805处（不包括当时公布的国家级和市级文物保护单位），用地面积约115公顷，其中外城有96处，用地面积9公顷；内城有709处，用地面积106公顷。分布多集中在西四北一条胡同至八条胡同一带和地安门锣鼓巷以及景山、东四、丰盛街道办事处所辖范围[5]。

三、胡同和四合院的价值

北京的胡同和四合院是世界建筑史的杰作，见证了古城历史的演进，是世界上独一无二的建筑财富。如果没有大面积的四合院和胡同，北京城的古都风貌、北京的历史文化血脉将被割断。古老的北京离不了四合院，四合院是这座历史文化名城的细胞；古老的北京离不开胡同，胡同是这座城市的肌理。

如果分析北京胡同和四合院的价值所在有以下几方面尤为突出。

其一，烘托出北京不同凡响的特殊地位。作为历史文化名城、世界著名古都，北京城市的中心是从明初保存至今的皇城、宫城，金碧辉煌的宫殿，高低错落的红墙，这些建筑既威严肃穆，又气势恢宏，而排列在皇城外的条条胡同和胡同中以灰色为主的四合院，以其特有的形状、色调、高度起到了特有的衬托作用。从明代有关的资料中获知，胡同中四合院的所有的建筑形式、建筑高度都受到严格的限制，即便是清代的王府，也不能有任何的僭越。从整个城市的布局来看，宫城、皇城、内城、外城都是一个相互配套的整体，中心的壮观和四周的平缓、中心的强烈色彩和四周的灰墙灰瓦，都形成巨大的反差，内城和外城中的胡同与四合院都是这个整体不可或缺的部分，没有胡同和四合院就无法烘托出城市中心帝王之都的地位。

其二，承载北京灿烂的历史演绎。北京的历史是通过有形的建筑来反映的，北京的胡同有准确的文字记载是从元代开始，曹尔泗所作《"胡同"小考》，记载"（胡同）最早见于元曲，如关汉卿的《单刀会》中有'杀出一条血胡同来'的词句。还有元杂剧〈沙门岛张生煮海〉中，张羽问梅香：'你家住哪里?'梅香说：'我家住砖塔儿胡同'。按砖塔元胡同一带是元代妓女聚居的地区，……砖塔儿胡同至今犹存，……由此可见，胡同之名始于元代，至今有七百多年的历史了"。[6] 胡同和四合院在北京的政治史、文化史、民族史、社会史上都具有特殊的地位，在不同的历史阶段中紧紧地与北京历史行进的步伐联系在一起，一些大的历史事件、历史人物都与胡同和四合院相关联，就像火烧赵家楼与五四运动联系在一起、小杨家胡同与老舍联系在一起一样，承载着北京历史前进脚步的印记。

其三，体现了北京厚重的文化底蕴。在胡同和四合院中，保存有不同时代的多种文化内涵，包括了内容丰富的京城传统民俗文化，城市的衣食住行、婚丧嫁娶、生老病死的各种习俗都在胡同和四合院中得以体现和传承；有历代名人故居文化系列，古往今来在中国历史上，乃至世界历史上的不少政治家、科学家、艺术家，都与胡同与四合院联系在一起，留有他们的故居，有的就是在这些院落中留下不朽著作，创造了举世瞩目的不朽篇章；有鲜明的街区胡同文化，如城南以天桥为代表的平民文化娱乐场所，以传统会馆为代表的宣南文化区，以四合院民居为代表的南北池子、南北锣鼓巷等，其中著名的有什刹海地区，有元代以来逐步形成的包括有王府庙宇、四合院街巷、商业老字号及历史河湖、传统园林等多种文化遗存；有民族融合文化，在元代的大都城内就已汇集了全国各少数民族在此居住和生活，其中居住人口较多的有满族、回族、蒙族、维族、苗族等，多分布于全市各处的四合院、胡同区域内，有的形成了本民族的聚集区，其中牛街是北京回民最大和最古老的聚居区，各个民族都有自己独特的生活习惯和宗教信仰及岁时节日等,在生活上,各有其遵循的习俗。历史上各民族所信仰的汉传佛教、藏传佛教、正一道教、伊斯兰教的各种寺、院、观、庙、堂、宫等在京城比比皆是,并和睦相处。北京还有众多的与胡同和四合院联系在一起的近现代革命文化及遗迹。

其四,显示着人们对美好生活的向往和追求。在四合院的装饰、彩绘、雕刻乃至于院落种植的花草树木中,处处象征着人们对幸福生活的追求。有对多子多福的兴旺企盼,石榴、葫芦、瓜、葡萄这些多福象征的水果,是老北京四合院里最为常见的植物。在植物中,莲荷多子,又洁身自好,出淤泥而不染。梅兰竹菊清雅而不畏寒,象征文人的气节和高洁。牡丹象征高贵富丽。有对长寿康宁的吉祥追求,寿为"五福之首",在北京四合院中寿也是最为常见的主题,影壁、砖墙上常常刻画的松鹤延年图。有对富裕生活的向往,直观地体现在四合院的吉祥文字或图案之中。如裕、足、丰、盈、满、殷等祝词,通常这些字会被雕刻或贴挂在房屋的门框、窗户、门簪、墙面等处,表现出对生活富足、仓廪殷实的渴求。还常用仙鹤、鹿、蝙蝠、牡丹、莲荷、石榴、寿纹、万字纹等来表达长命百岁、吉祥如意、多子多福等祈福内容。谐音是最常用手法,如莲与年、荷与和、鱼与余、蝠与福、瓶与平等。梅与眉谐音,喜鹊与梅花组合喻意喜上眉梢;莲与鱼组合为年年有余;瓶中插月季花为岁岁平安。有对封侯拜相的梦想,这一主题体现在马上蜂猴(猴子骑马立于树下、树枝上挂一个蜂窝)、蜂猴挂印(松树上挂有蜂窝和一方印,猴子在摘印)、梅花鹿(鹿谐音禄)、牡丹(寓意富贵)、玉兰海棠(寓意玉堂富贵)等等吉祥图案中。

其五,昭示着人与人和人与自然的和谐关系。北京四合院宽敞明亮,阳光充足,视野开阔。有居房,有甬道,有天井,生活、休息、娱乐皆可。四面房屋各自独立,彼此之间有游廊联接,院落宽绰疏朗,便于起居和休息。四合院对外是封闭式的住宅,只有一个街门,关起门来自成天地,具有很强的私密性,非常适合独家居住。院内四面房子都向院落方向开门,一家人在里面休养生息,和睦相处,其乐融融。庭院是户外活动场所,植有葡萄、紫藤,养有小鹦鹉。天棚、鱼缸、石榴树,也是四合院里常见的。在院子中种夹竹桃,尤其石榴树是老北京的四合院所种的植物,无论开花还是结果都是火红火红,莲籽都带有红色,是吉祥的象征。在院落中有水是必不可少的,由于水景受到限制,不可能院院都有活水,老北京四合院中央,常常摆上一只或数只很大的鱼缸,一是为了观赏,二是能够调节空气,更重要的是增加了人与自然的亲近关系。有的院落宽敞,可在院内植树栽花,饲鸟养鱼,叠石造景。居住者不仅享有舒适的住房,还可分享大自然赐予的一片美好天地。

其六,在中国城市史、建筑史具有不可替代的地位。北京四合院属于典型的木构架建筑,是砖木结构建筑的结合体,房架子檩、柱、梁(柁)、槛、椽以及门窗、隔扇扇等等均为木制,木制房架子周围则以砖砌墙。梁柱门窗及檐口椽头都要油漆彩画,虽然没有宫廷苑囿那样金碧辉煌,但也是独具匠心。墙习惯用磨砖、碎砖垒墙,所谓"北京城有三宝,烂砖头垒墙墙不倒"。屋瓦大多用青板瓦,正反互扣,檐前装滴水,或者不铺瓦,全用青灰抹顶,习惯称"灰棚"。四合院的建筑色彩多采用材料本身的颜色,青砖灰瓦,玉阶丹楹,墙体磨砖对缝,工艺考究,虽为泥水之作,犹如工艺佳品。中国的三雕:木雕、砖雕、石雕,艺术著称世界,北京的四合院也可以领略到。由于北京的特殊地位在建筑艺术上吸纳了全国各地之长,又在多方面有所创新,形成北京独有的建筑特色。

另外,在传统的理念上、道德上也体现的淋漓尽致。

四、北京胡同和四合院的研究、保护和利用

在对北京胡同和四合院的研究上,普遍认为四合院建造深受儒家哲学思想影响,体现着礼与乐的统一,等级性、规范性,造就了严整、凝重、和谐的建筑品格。其文化价值必须保存,这是构成中国古代城市规划理念的重要组成部分、中国传统城市艺术的真实写照、古代社会培育"修身""齐家"人生观的生活环境,是我国传统民居的典型,其装饰、装修中体现出"图必有意,意必吉祥"的特点,处处反映出人们对幸福生活的向往。

在对北京胡同和四合院的保护与利用上,有学者建议从类型学角度分析研究北京胡同的演变过程,从根本上认识其价值层次。政府及相关部门应当尽快制定出一套综合研究、评判四合院的指标体系,将四合院保护与利用作为一种产业来经营。应开展四合院、胡同的普查工作、价值评估并形成工作档案,开展对四合院、胡同文化内涵的研究、发掘工作。四合院出路在于保得好、用得通、改得对、拆得值。除居住之外,还应在实践中自发形成四合院多功能、有活力、开放性的复合社区。

北京城的建筑形态是以胡同街巷系统为骨干,开阔平缓的平房四合院为主体的历史悠久的文化古城。由于建筑结构与建筑材料的原因,其中许多平房已经成为危旧房屋。再加上近些年建设性的破坏,北京旧城的历史风貌正在逐渐消失。北京旧城最有价值、最值得保护的部分就是胡同和四合院,然而胡同和四合院一直是北京旧城保护的难点之一,《北京历史文化名城保护条例》的颁布,对如何保护奠定了基础。要妥善处理好保护与发展的辩证关系,用发展眼光分析旧城保护与改造,体现文化战略的要求、城市竞争的需要、循序渐进发展和以人为本等理念。要正确处理好房地产开发与危旧房改造的关系,北京的老城区62.5平方公里,每条胡同、每座四合院都要

以文物的观点予以审视。严格控制旧城人口发展规模、建设规模,特别是住宅建设规模。调动群众的积极性,重视和发挥各种投资的软、硬件环境条件。

现在提整体保护北京古城、保护胡同、四合院并不太晚,北京古城并不因为它已遭到多少破坏而贬值。北京古城是一件完整的文物,具有严谨性与不可分割性。北京古城应该像生长的树叶一样成片保护,"推平头"的结果是故宫成了没有头的龙,天坛成了没有毛的凤。北京古城的胡同、四合院依然是中国的唯一、世界的唯一。北京古城悠久的历史与丰富的文化内涵,其不可再生、不可替代的文物属性与文化魅力,我们必须倍加珍惜。

(作者系北京市地方志办公室副巡视员兼研究室主任)

注 释

1 北京市地方志编纂委员会编:《北京志·市政卷·房地产志》第 31 页,北京出版社 2000 年版。

2 北京市地方志编纂委员会编:《北京志·市政卷·道桥志》第 194 页,北京出版社 2001 年 10 月版。

3 贺树德:《明代北京的街道、胡同和四合院》,《城市问题》1984 年第 4 期。

4 陆翔、王其明:《北京四合院》第 160 页,中国建筑工业出版社 1996 年版。

5 北京市地方志编纂委员会编:《北京志·市政卷·房地产志》第 32 页,北京出版社 2000 年版。

6 《北京胡同丛谈》,载《北京史大事纪年·北京胡同丛谈》第 45 页,北京史研究通讯增刊本,1981 年 8 月版。

民国早期皇城功能属性与
内部空间格局的演变(1912—1928)

王建伟

北京皇城是位于紫禁城外的一重外围城,主要职能为拱卫、服务于整个皇宫,同属皇家禁地。皇城城墙是皇城整体建筑的重要组成部分,它确立了皇城与紫禁城以及北京内城之间的空间关系,皇城范围内既包括太庙、社稷坛、大高殿这样的皇家礼制建筑,也有西苑三海这样风景优美的园林景观,还有内府所属的众多专职服务于皇家的居处、仓库、作坊等。

北京皇城的历史可以追溯至元代,发展于明清。作为一个特殊的空间场所,皇城一直作为宫城的附属角色而存在。1912年2月12日,清宣统皇帝发布诏书,正式逊位。皇权陨落,帝制消亡,作为皇权重要载体的紫禁城的命运也发生重大变化。根据与南京临时政府达成的《关于大清皇帝辞位后优待之条件》规定:"大清皇帝辞位之后,尊号仍存不废,中华民国以待各外国君主之礼相待";"暂居宫禁,日后移居颐和园。"[1]根据协议,逊清皇室"暂居宫禁"并非占有紫禁城的全部,而只能在紫禁城后半部活动,即乾清门以北、神武门以南,通常被称为"内廷"的区域,原来举行国家大典,象征最高权威的前廷三大殿已收归民国政府所有。

紫禁城作为一个整体被肢解,而拱卫、服务于这座宫城的皇城的原有使命也面临终结。在国体发生重大变更的背景之下,作为皇权重要象征的皇城的功能属性与空间格局都发生了根本变化。伴随大部分皇城城墙在20世纪20年代被拆除,皇城的边界逐渐模糊,皇城的概念逐渐混沌,皇城与北京内城的区隔逐渐被打破,原有的皇家宫殿、坛庙、园囿等纷纷向社会开放,皇城内部的街巷格局有了新的规划,出现了一批与原皇城完全不相关的新式建筑,一些公共文化机构在此建立,普通居民也开始生活在曾经的皇家禁地,皇城由皇帝个人私产演化为大众公共空间。以皇城解体为标志,皇权影响逐渐远去,政治制度的变革痕迹开始在城市发展的许多方面表现出来,作为一座城市,曾经的"帝都"北京艰难开启了近代市政化的进程。

一、民国早期皇城城墙的历史遭遇

明清时期,皇权至上,宫城与皇城作为一个封闭体系位居北京城中心,不仅占据着大片区域,而且对城市道路通行的阻碍异常明显,"皇城地处宫禁,前清时仅东西华门及地安门三面许人通行,而东西辽远,城圈阻阂,殊感不便"。[2]要想穿越东西城只能经由地安门以北及正阳门棋盘街绕行。由于北京的四重城墙[3]设置,城市内部缺乏一以贯通的大马路,很多道路被城墙打断,交通缺乏连续性,数量有限的城门成为皇城、内城与外城的连接点,对于出行的通畅构成了不小的压力。

帝国的解体导致政治制度的变革,为民国初年北京的城市建设带来的更多是推动、促进作用。1914年,北京建立起了专门的市政管理机构——京都市政公所。[4]市政公所首先以城市道路建设与交通改善作为现代市政建设重点,在西方现代城市规划思想传入以及皇权礼制与等级秩序被打破的时代背景之下,主要出于交通与经济因素的考量,曾经尊贵的皇城城墙开始成为京都市政公所的改造对象。

民国初年的北京城,内外四重的城墙格局得以保留,尽管局部因战争以及自然原因有损毁情况,但整体尚属完整。京都市政公所建立之初,并未对皇城城墙采取大规模的拆除措施,而是选择在城墙开设豁口。最初,在皇城西北与厂桥对应的地方开凿了豁口,南面打通了府右街,东面开有翠花胡同等豁口,皇城与外面的道路开始打通,原有的封闭体系逐渐走向开放。1915至1920年,皇城四面又开辟了北箭亭、枣林豁子、南池子三孔旋门、南长街三孔旋门、菖蒲河、五龙亭、大甜水井、汉花园马路、南锣鼓巷和石板房等一批豁口。通过这些豁口,一定程度上打通了北京城的交通联络,缩短了穿行南北东西的空间距离,皇城作为一个整体对城市的阻隔得到了缓解。

但是,随着豁口的不断增多,形成了越来越多的所谓小型"城门",皇城城墙的完整性遭到破坏,并且由"点"到"面",个别段落的城墙开始被小规模拆除。1921年10月,南北河沿空地开放,两处城墙被拆除。1923年,东方时报社新建洋房,将对面皇城打开一个豁口,此后不到半年,市政公所将该豁口到大甜水井豁口一段长达21丈2尺的城墙全部拆除,皇城整体性遭到肢解。

皇城城墙的拆除也与大明濠暗沟工程的材料使用有直接关联。大明濠和御河是北京两大排污系统,大明濠北自西直门大街起,南至宣武门护城河止,纵贯京城西部地区,为西城重要排水干道。民国初年时大部分已经塌毁,功能丧失。京都市政公所计划将大明濠改为暗沟,在上面开辟马路。但因资金紧缺,时断时续,而已经破败的皇城城墙成为市政管理机构缓解资金压力的重要来源。经过估算,如果用旧城砖代替铁筋混合土,可节省出一大笔工程材料费用。于是市政公所在第6段工程招标中规定所有该段需用旧城砖,由灰厂至西华门及御河桥至东华门两段皇墙拆用,并归包揽大明濠暗沟厂商自行拆用及拉运。1921 年 6 月,承包商开始拆除西安门以南段城墙,10 月又开始拆用东安门以南段城墙。皇城城墙的旧砖成为了修建排污系统的建筑材料,我们不能以今天的眼光去评判当事人的这种选择,因此也无法衡量这是一种进步还是倒退。

拆除皇城城墙的活动曾有过一段时间的停滞,徐世昌任大总统期间,因与逊清皇室的密切关系,曾下令内务部停工。1924 年颜惠庆以国务总理兼长内务部时,认为城墙系数百年古物,亟宜保存,不可拆毁。但此后随着控制北京的军事势力的变化,在内务部、京师市政公所主持下,开始大规模拆除皇城城墙。

经济因素也是皇城城墙被拆除的重要原因,皇城城墙主要由方砖与石块组成,皇家的规制决定了城墙建筑材料的质量必定超过内城与外城城墙,因此价值更高。如前所述,拆下的城墙砖石不仅可以直接应用于大明濠改建工程从而节约生产成本,而且其本身就可以被作价甩卖,成为官方的收入来源。1925 年 1 月,内务部将东安门以北段通往京师大学堂等处的城墙拆卖,同年 8 月,将地安门东西全墙折价三万元拆卖,皇城已经沦为可以出售的建筑材料了。

1925 年 7 月,京都市政公所以改造大明濠上段工程为由,向内务部购买了宽街至西华门这段皇城城墙的处置权。1926 年春,市政公所工程队开始拆用西安门北段皇城。到 11 月,西安门至仓夹道皇城基本拆完,1927 年续拆东北拐角向东一段皇城。至此,皇城东、西、北面城墙以及东安门、西安门先后被拆除,仅剩余零散的几段,原东、西城墙遗址也被民居所占用,至此,皇城城墙仅存南段正面东西墙及由天安门至中华门之部分。[5]

对于民国初年皇城城墙被拆除的基本情况,清光绪三十年(1904)进士、曾在民国政府任职的陈宗蕃在初版于 1931 年的《燕都丛考》中记述:

> 皇城四面,历年逐渐拆毁。长安左、右门自民国元年即已拆去,仅余门阙,俗所称三座门者是也。乾隆时所增筑之围墙,亦于是年改修。东安门于民国十三年拆去,今惟西安门巍然尚存。西皇城根如灵清宫一带,民国六年拆去,以其砖移修大名濠,惟以近处民居,群起反对,遂只拆其半面,至今嶙峋如齿,殊碍观瞻。东皇城根则向南一段,拆于十三四年,向北一段,拆于十五六年。北面皇城拆于十五六年,皇城所余者仅矣。
>
> 皇城南面东西两端与皇城之天安门成一平线,民国初年,于东侧辟南池子门,于西侧辟南长街门,又西侧辟灰厂墙门。于是,南、北长街、南、北池子以及灰池、石板房诸处,昔为行人所不易至者,今俱成为通衢孔道矣。其皇城东面,则辟

翠花胡同一门,以通马神庙大学堂之路,北面则辟宛平县署一门,以通德胜门之路。至民国十六年,则城垣尽拆,翠花胡同,宛平县署之新门,亦无余迹。[6]

当城墙作为可以估价的生产材料时,当拆除城墙已经涉及到经济利益时,在皇权与帝制已经远去的时代背景下,在当时各种经费均十分短缺的情况下,一度作为皇权象征的城墙的命运似乎已经注定。城墙的拆毁使得皇城的概念失去了整体性与直观性。皇城的边界在模糊,人们对它的情感也在模糊。

但是,皇城城墙的拆除与城门的增辟对北京内城交通的改善作用是明显的。皇城内部街道与外部街道连为一体,形成了内外城众多新的交通干道,原有的城市封闭格局被打破,北京城数百年来因为皇城存在导致的通行障碍在一定程度上得以解决。

1928年,奉系军阀退出北京,阎锡山控制了京津地区,表态服从南京国民政府的领导,南京成为新的首都,北京改名为北平,由曾经的国家政治中心转化为一个地方性城市,原来附带于国都地位的城市发展动力逐渐丧失,北平市政府开始重新考虑城市发展的基本方向,文化城市与旅游城市的定位被提出。同时,北平社会各界也对包括城墙在内的大量历史古迹的价值有了新认识,提出了新建议,这些古物的命运发生了新的转折。何其巩担任北平市长之后,开始着手北京城市发展的长远规划,明令保护仅存的南段皇城城墙,古城北京的城市发展走上了一条新的轨道。总体讲,进入1930年代之后,北京城墙的损毁势头得到遏制,皇城城墙拆除后内城城墙与外城城墙体系被大体保存了下来,至少在抗战之前,北京城作为一个体现中国传统城市设计理念的典型样本,其整体格局基本得以保持。

二、从皇宫到故宫到博物院

民国建立之后,紫禁城从皇宫变成"故宫",后来又改建成博物院,这种改变不只意味着功能属性的变化,更记录着时代进程与社会的剧烈变革。

紫禁城的衰败迹象早在清后期就已经显现,慈禧太后、同治皇帝、光绪皇帝很少在这里居住,他们的时间大部分在西苑三海及颐和园度过。庚子年间八国联军侵入北京,紫禁城惨遭洗劫,皇宫内一时杂草丛生。

辛亥革命爆发之后,按照清室与民国政府达成的协议,逊帝溥仪"暂居"紫禁城乾清门以北、神武门以南部分(也称"内廷"、"内朝"、"后朝"等,即通常所谓的后宫),而乾清门以南、天安门以北部分(也称"外廷"、"外朝"、"前朝"等),包括太和殿、中和殿、保和殿以及文华殿、武英殿等收归民国政府所有。曾经的皇宫被一分为二,但两者之间的关系暧昧不清,作为一种过渡性安排,一直是不稳定因素。已经失去皇位的皇室还像一个"小朝廷"存在着,在这个封闭的空间中,皇室日常生活的运行模式仍然基本保留。同时,皇室存在的象征意义与符号意义不能低估,它是一部分群体的精神寄托,这些人既有逊清遗老遗少,也有以满籍王公宗室为中心的宗社党,另有一批任职于民国政府的前清旧官僚。他们一直希望以此为阵地,寻找昔日的荣光。而在张勋短暂的复辟中,复辟势力与"小朝廷"之间的积极相互呼应提示着国人,只要皇室还在,似乎就预示着某种希望。民国政府虽然制定了相关法令试图规范逊清皇室在故宫的行为活动,但效果并不明显。

同时,处在过渡阶段的紫禁城内部管理混乱,原有文物流失严重。1913年7月至1914年1月间,发生了"盗卖热河避暑山庄前清古物案",热河都统熊希龄调任国务总理兼财政总长之后的一段时间里,北京、上海、天津等地的古玩市场纷纷出现来自承德离宫的文物,一时社会议论纷纷,吁请政府严加制约。但此案扑朔迷离,前清古物的命运再次引发国人的关注。

早在清末,出国考察的大臣就上奏提出建立图书馆、博物馆的主张,认为这是教化民众的重要方式。蔡元培等学者一直呼吁应该建立一所为公众服务的博物院,他们倡言,西方国家即是以注重实物的博物馆作为教化公民的重要方法。1913年,时任北洋政府内务总长朱启钤呈请总统袁世凯,提出将盛京(沈阳)故宫、热河(承德)离宫两处所藏各种宝器运至紫禁城,筹办古物陈列所,北洋政府批准了这一建议,由美国退还庚款内拨给二十万元为开办费,1914年2月,古物陈列所在紫禁城前朝武英殿宣告成立。

古物陈列所并非现代意义上的博物馆,该所成立时向社会公告其设立宗旨:"默察国民崇古之心理,搜集累世尊秘之宝藏,于都市之中辟古物陈列所一区,以为博物院之先导。"[7]它只是简单起到保存与摆设部分古物而已,社会关注度不高,"纷若列市,器少说明,不适学术之研究",观看古物陈列者亦多不满意,鲁迅在当年日记中描述武英殿古物陈列所"殆如骨董店耳"。[8]

对于居住在紫禁城后朝的逊清皇室而言,这里的生活也并不安宁。他们的存在一直被很多势力视为对"共和"制度的威胁因素,国会中也一直存在着将全部紫禁城收归国有的呼声,同时,皇室本身的行为也时常被新闻舆论猛烈抨击。宫内收藏的珍贵文物,在溥仪的"赏""赐"、内务府抵押和太监盗窃之下,大量流出宫外。同时,清室还以用度不足为由,将宫内部分文物拍卖,并经常拿出一些金银珍宝抵押和变现。1923年建福宫花园一场大火,敬胜斋、静怡轩、延春阁一带焚烧殆尽,此处许多殿堂库房都装满当年乾隆皇帝的珍宝玩物。《京报》评论:"自清帝退位之日起,一切主权,已移于民国,则今番千万以上之损失,实民国国家所有之财产也。非但物质上横遭暴殄,而与历史有关之古物尽付一炬,则尤为堪痛也。因清室不肯遽行迁让之故,使民国所应保存者皆葬送于咸阳焦土之中,其责任应谁负之？此岂可以勿问哉。宜速将溥仪及其家族为适当之处置,以杜将来祸源,而正中外观听。"[9]随着居住在紫禁城内逊清朝廷负面作用的日益显现,力主驱逐的声音越来越高,并且上升到保卫共和体制、杜绝帝制死灰复燃的政治高度,所缺少的,只是一个契机而已。

1924年第二次直奉战争爆发,10月22日夜,直军第三军总司令冯玉祥在前线倒戈回京,软禁总统曹锟,发动北京政变。冯玉祥控制北京之后,组成了以黄郛为总理的摄政内阁政府。摄政内阁于11月4日晚通过《修正清室优待条件》,其中表示:"民国建国,十有三年,清室仍居故宫,于原订优待条件第三条,迄未履行,致民国首都之中,尚存有皇帝之遗制,实于国体民情,多所牴牾",因此要求清室"即日移出宫禁"。[10]11月5日上午9时,时任京畿警备司令的鹿钟麟受冯玉祥之命,携带摄政内阁总理黄郛代行大总统的指令,会同张璧、李煜瀛,带兵进入紫禁城,以武力强迫溥仪离开,紫禁城被"收归国有",成为"国产"。

但如何处置溥仪离去之后的故宫再次成为焦点。11月7日,摄政内阁发布命令,组织成立"办理清室善后委员会",负责故宫公产、私产的区分,清理一切善后事宜,并提出了公产的处置构想:"修正清室优待条件业经公布施行,著国务院组织善后委员会会同清室近支人员协同清理公产私产,昭示大众。所有接收各公产,暂责成该委员会妥善保管。俟全部结束,即将宫禁一律开放,备充国立图书馆、博物馆等项之用,藉彰文化,而垂永远。"[11]

11月20日,"办理清室善后委员会"宣告成立,由政府和清室双方人士组成,政府方面聘任的委员有汪兆铭(由易培基代)、蔡元培(由蒋梦麟代)、鹿钟麟、张璧、范源赚、俞同奎、陈垣、沈兼士、葛文浚九人。清室方面指定绍英、戴润、耆龄、宝熙、罗振玉五人,但他们并未到会,李煜瀛被聘为委员会委员长。"办理清室善后委员会"的职责主要包括:会同军警长官与清室代表,办理查封接收故宫珍宝;审查区别公私物件,并编号公布;保管宫殿古物;筹建长期事业如图书馆、博物馆等。

1924年11月24日段棋瑞临时执政府成立之后,按"清室善后委员会组织条例",决定成立博物馆筹备会,聘请易培基为筹备会主任。此后,清室善后委员会组织人力对深藏宫禁的珍宝一一登记,化私产为公产。清室善后委员会议定,博物院以溥仪原居住的清宫内廷为院址,名称为故宫博物院,并起草了《故宫博物院临时组织大纲》和《故宫博物院临时董事会章程》,博物院下设三馆、一处,即图书馆、古物馆、文献馆和总务处。

经郑重遴选,清室善后委员会推定21名董事,他们都是地位显赫的军政界要人和声望颇高的学者教授,如鹿钟麟、张学良、卢永祥、蔡元培、许世英、熊希龄、于右任、吴敬恒等。这种安排主要是为显示社会各界的支持,寻求博物院的保护力量,确保其长远发展。执行故宫博物院管理事务的理事会 9 人名单如下:李煜瀛、黄郛、鹿钟麟、易培基、陈垣、张继、马衡、沈兼士、袁同礼。各理事推定李煜瀛为理事长,主持院务,并由其题写"故宫博物院"匾额,悬于神武门城楼上方。1925 年 10 月 10 日,故宫博物院在乾清门广场举行开院典礼,宣告正式建立。

神武门开放,封闭了近五百年的紫禁城终于掀开了其森严和神秘的面纱,昔日百姓可望不可及的皇家禁城一夜之间成为自由出入的博物院,一时人潮如海,《社会日报》报道:"唯因宫殿穿门别户,曲折重重,人多道窄,汹涌而来,拥挤至不能转侧。殿上几无隙地,万头攒动,游客不由自主矣!且各现满意之色,盖三千年帝国宫禁一旦解放,安得不惊喜过望,转生无穷之感耶?"[12]

故宫博物院的开放是继法国大革命开放卢浮宫、俄国十月革命开放艾尔米塔什之后的一次东方博物馆史上的大事件,古老的帝国之都开始走向新的起点。与古物陈列所不同,故宫博物院是一所现代意义上的公共博物馆,吸收社会各界名流组建董事会、理事会,创建新型管理体制,确立制度保障,依靠一批专业学者参与具体工作,及时清点文物并向社会公布,不断推出各种专题文物展览,陆续创办数种刊物公开发行,吸纳社会赞助修缮危损建筑。正如曾在故宫博物院工作多年的古物专家马衡所言:"吾国文化上之建设,图书馆方面规模粗有可观;而博物馆之设施,尚在萌芽。民国以前,无所谓博物馆,自民国二年政府将奉天、热河两行宫古物移运至北京,陈列于武英、文华二殿,设古物陈列所,始具博物馆之雏形,此外大规模之博物馆,尚无闻焉。有之,自故宫博物院始。"[13]

故宫博物院建院之初,受动荡时局左右,屡经坎坷,甚至一度陷入停办险境。直到北伐结束,南京国民政府控制北京之后,才走上正式轨道。[14]

三、从皇室私产到公共空间:皇家坛庙、园囿的功能转化

明清皇城区域内有超过一半为皇家坛庙、寺观园囿等所用,包括左祖(太庙)右社(社稷坛)、西苑三海(北海、中海、南海)和万岁山(景山),还有大高玄殿等御用宗教建筑。1912 年清帝逊位之后,这些曾经的皇家坛庙与苑囿的未来走向是一个非常复杂的问题,作为紫禁城周围附属建筑的重要组成部分,作为曾经的皇室私产与禁地,当皇帝的命运都不能自己主宰之时,它们的个体属性与功能都相应发生了根本性变化。

民国建立之后,创办公园成为各地市政建设的重要内容。在西方现代公园理念引进之前,中国的园林主要是皇家园林与私家花园,不存在供普通民众游览的公共园

林。19世纪60年代,近现代意义的"公园"在国内最先出现在上海租界,国人译为"公家花园"。此后,逐渐有一批私家花园对外开放。

1905年,清廷派五大臣(载泽、端方、戴红慈、尚其亨、李盛铎)出洋"考察政治",他们回国后对西方的军政、教育体制进行了分析,详细介绍了所见欧洲诸国的图书馆、博物院、万牲园(动物园)、公园,对其大加称赞,认为这是引导教育人民的重要的公共文化设施,建议京师作为首善之区先行试办,其他省分次第筹办。同年,天津《大公报》刊发一篇《中国京城宜创造公园说》,建议在京城建造公园:"皇城,帝都者,万国衣冠之所荟萃其间,市廛繁密,车马殷阗,空气少而炭气多,无公园宜疏泄之,则不适于卫生,而疾病易起,是以各国京城地方皆有公园,且不第有一处之公园。今中国之北京,市肆之盛、民居之稠与泰西各国等,而街衢之不洁,人畜之污秽,则尤非各国京城可以举似于此。而不设公园,其何以造福于臣民而媲美于各国哉?"[15]

对于国都北京而言,对公园的需求确实急迫,不仅因为市民缺少可供休闲的场所,而且对于刚刚成立的京师市政公所而言,一个现代意义上的公园也是其城市建设事业上的标志性事件。在公园地点的选择上,京都市政公所将目标瞄准曾经的皇家坛庙与苑囿。北京作为几朝之都,皇家园林、坛庙众多,民国初期多是通过对这些场所改造,使它们成为现代化的大众公园。以社稷坛、景山、北海等地为例,由于地处市中心、交通便捷,基础设施完善,改造成本低,最重要的是由于帝制的废除,曾经的皇家御苑收归国有,将这些地方改建为普通民众能够进入的公共空间,暗含了社会的总体发展潮流。在时任内务总长兼任京都市政督办的朱启钤向袁世凯申论的理由中如此表述:

> 我国建邦最古,名迹尤多。山川胜概,每存圣哲之遗迹,宫阙钜观,实号神明之宅。望古遥集,先民是程。兴其严樵苏之禁,积习相仍;何如纵台沼之观,与民同乐? 所有京畿名胜,如天坛、文庙、国子监、黄寺、雍和宫、北海、景山、颐和园、玉泉山、汤山、历代山陵等处,或极工程之雄丽,或矜器艺之流传,或以致其信仰,凡外人之觇来游与夫都人士乡风怀慕者,罔不及其闲暇,冀得览观。故名虽禁地,不乏游人,具有空文,实无限制。若竟拘牵自囿,殊非政体之宜。及今启闭以时,倘亦群情所附,亟应详定规条。申明约束,以昭整肃而遂观瞻。本部履与外交部暨顺天府会同核议办法,兹经订定《京畿游览场所章程》十条,拟于前列各场所中择一、二处先行开放,其余酌量情形,再与各主管机关陆续协商办理。[18]

1914年10月10日,在朱启钤的主持推动下,北京城内第一座现代意义上的公园——中央公园正式向民众开放了。

中央公园由社稷坛改造而成。社稷坛位于紫禁城外西南方,天安门与端门之右,为明清两代帝王祭祀社(土神)和稷(谷神)的处所,始建于明永乐十九年(1421)。民国建立之后,社稷坛一度荒废。1913 年 3 月,清隆裕皇太后去世,社稷坛作为临时停灵允许群众参拜,时任交通总长的朱启钤负责指挥事宜,得以巡察坛内情况,呈现在他面前的景象是:"古柏参天,废置既逾期年,遍地榛莽,间种苜蓿,以饲羊豕。其西南部分则为坛户饲养牛羊及他种畜类,渤溲凌杂,尤为荒秽不堪。"[19]对于社稷坛改建为中央公园的过程,朱启钤曾经写有《中央公园建置记》:

> 民国肇兴,与天下更始。中央政府既于西苑辟新华门,为敷政令之地。两阙三殿,观光闳溢,而皇城宅中,宫墙障塞。乃开通南、北长街,南、北池子,为东、西两长衢。禁御既除,熙攘弥便,遂不得不亟营公园,为都人士女游息之所。社稷坛位于端门右侧,地望清华,景物钜丽。乃于民国三年十月十日,开放为公园。以经营之事,委诸董事会。园规则取于清严,偕乐不谬于风雅。因地当九衢之中,名曰中央公园。设园门于天安门之右,绮交脉注,绾毂四达。架长桥于西北隅,俯瞰太液,直趋西华门。俾游三海及古物陈列所者,跬步可达。西拓缭垣,收织女桥御河于园内,南流东注,迤逦以出皇城。撤西南垣,引渠为池,累土为山,花坞水榭,映带左右,有水木明瑟之胜。更划端门外西庑旧朝房八楹,略事修茸,增建厅事,榜曰公园董事会,为董事治事之所。设行健会于外坛东门内驰道之南,为公共讲习体育之地。移建吏部习礼亭,与内坛南门相值。东有来今雨轩及投壶亭,西有绘影楼、春明楼、上林春诸胜。复建东西长廊以避暑雨。迁圆明园所遗兰亭刻石,及青云片、青莲朵、寒芝、绘月诸湖石,分置于林间水次,以供玩赏。其比岁市民所增筑如"公理战胜"坊、药言亭、喷水池之属,更不遑枚举矣……启钤于民国三、四年间长内部,从政余暇,与僚友经始斯园,园中庶事决于董事会公议。凡百兴作,及经常财用,由董事蠲集,不足则取给于游资及租息,官署所补助者盖鲜。岁月骎骎已逾十稔,董事会诸君砻石以待,仅述缘起及斯坛故实,以诒将来,后之览者,庶有所考镜也。[20]

中央公园开放之日,时值国庆,社会各界参观热情高涨,"男女游园者数以万计,蹴瓦砾,披荆榛,妇子嘻嘻,笑言哑哑,往来蹀躞柏林丛莽中。与今日之道路修整,亭榭间出,茶寮肆分列路旁俾游人憩息,得以自由,朴野纷华,景象各别。然彼时游人初睹宫阙之胜,祀事之隆,吊古感时,自另具一种肃穆心理"。[21]

中央公园开放即以"共谋公共卫生,提倡高尚娱乐、维持善良风俗"为宗旨,在公园内设置了图书阅览室与监狱劳改产品展销馆,将原神库、神厨改建成卫生陈列所。

除此之外还修建了音乐堂、卫生教育馆等设施。1915 年 5 月,在中央公园内建北京第一个公共讲习体育场所"行健会"。设有棋类、台球、网球、投壶、弓矢等项目,并聘请武术教师教练拳术、剑术。1928 年之后,园内又新建儿童体育场、溜冰场、高尔夫球场等。每逢节日,中央公园经常举办庆祝会,播放电影,燃放焰火。

中央公园也是一个文化气息很盛的地方,"它为民国文人交流学术思想、建构文化沙龙提供了优越条件,又是民国文人发生浪漫情事、表达故园之思的寄情场所。"[22]南社文人经常在这里聚会,留下大量诗作。1921 年 1 月 4 日,周作人、郑振铎、沈雁冰、叶圣陶、王统照、许地山等人组织的文学研究会在中央公园来今雨轩召开了成立大会;同年 6 月 30 日,北京大学、男女两高师、新学会、尚志学会共五家单位在来今雨轩为美国学者杜威离华举办送别宴会,梁启超、胡适、范源濂等学界名流 80 人出席。1923 年 11 月在此成立"中国清真教学界协进会";1935 年水榭修葺,北京文坛推举陈三立为主盟,聚会赋诗。1936 年为苏东坡 900 岁生日会,四十多人到会,当场作诗二十余首,时论赞为风雅盛事。同年还在此成立"中国书学研究会"。《新青年》杂志社、少年中国学会、国语研究会、语丝社等团体在中央公园亦留下了诸多痕迹。蔡元培、胡适、鲁迅、章士钊、吴宓、戴季陶、于右任、朱自清、沈从文、萧乾、徐志摩、林徽因、老舍、李苦禅、张恨水等各界文人经常光顾这里。

中央公园不是一个功能单一的市民休闲场所,它还是民国时期北京城中一处政治意味浓厚的公共空间。1915 年 4 月 11 日、5 月 23 日,北京商会等民众团体在中央公园连续发起集会,30 多万市民踊跃参加,宣传爱国自强,提倡国货,抗议日本扩大侵华权益的"二十一条"秘密条约。1918 年 11 月 28 日,为庆祝一战中协约国胜利,北洋政府在中央公园召开国民大会,国务总理钱能训、参战督办段祺瑞等军政各界要人到会演说;同一时期,北京大学也以"欧战总结"为主题举办多场演说大会,李大钊在这里发表了著名的讲演——《庶民之胜利》。第二年,北洋政府将原来建在东单的克林德碑转移到中央公园,并改为"公理战胜坊",段祺瑞亲自主持了盛大的奠基典礼。1925 年 3 月孙中山在北京逝世之后,灵柩由协和医院移至中央公园,安置在拜殿中,供全体市民公祭。

中央公园自建成之后,由于各种因素的累积,一直是北京城中最具代表性的、人气最高的公园,"嗣后先农坛公园、北海公园等继之,而终不如中央公园之地位适中,故游人亦甲于他处。春夏之交,百花怒放,牡丹芍药,锦绣城堆。每当夕阳初下,微风扇凉,品茗赌棋,四座俱满。而钗光鬓影,逐队成群,尤使游人意消。"[23]1935 年出版的《旧都文物略》如此描述:"兹述园囿,首中山公园,次中南海,次北海,次景山,次颐和园"。[24]在 1936 年出版的《北平一顾》中,作者魏兆铭称赞中央公园和北海公园是北京

"最好玩的地方",中央公园"灵雅素淡",游客"络绎不绝",处处"表现着太平天下的升平快乐气象"。[25]

中央公园的名称也不断改变,展示的是整个民国时期的阶段特征。1928 年 7 月,中央公园董事会奉国民党北平特别市政府令,改称"中山公园"。1937 年北平沦陷之后,中山公园复改为中央公园,中山堂一度更名为"新民堂",成为"新民会"的活动场所。1945 年抗战胜利之后,中山公园名称得以恢复,沿用至今。

紫禁城西的西苑三海从皇城的北墙直抵南墙,以其湖光山色成为游赏兼问政的御园,晚清以来的许多重大历史事件均发生在此。清帝退位之后,根据协议,清皇室将三海房舍移交北洋政府。1913 年 3 月,袁世凯将总统府迁入中南海,北海由于地段稍嫌偏远,由总统府护卫部队进驻。自此,北海房舍由军队所有。《北海公园景物略》记:"原驻军部队不知爱护,益加摧残,数年驻军屡更,毁坏之迹,益不堪问",苑内已呈"破壁断权,弥望皆是"的景象。团城曾先后被袁世凯的"政治会议"、财政整理委员会、古物保管委员会、中国地理学会等单位占用。此后几年,北海曾临时开放过几次,但主要用于举办游园会、游艺会、水灾赈济会等活动。

1925 年 5 月,内务总长龚心湛仿中央公园先例,制定《北海公园开放章程》,经临时执政段祺瑞批准,交京都市政公所办理。市政督办朱深主持成立"北海公园筹办处"。6 月 13 日"北海公园筹备处"接收北海,经过一个多月的筹备,8 月 1 日,北海公园正式开放,"是日虽然微雨,而各界游人,尚称踊跃"。[26]

作为一个现代意义上的公园,北海开放之后通过增添新设备,为游人提供了一些新的娱乐方式,如在园内添设电影场、照相馆、球房,购买新式望远镜数架,供游人远眺,设置游船备人乘坐等。同时,北海公园通过实行一些管理制度,对游人的行为进行规范,实际上也是对现代文明方式的一种普及。

北海开放为公园之后,无论冬夏,均为北京城最受民众欢迎的场所之一。尤其是在寒冷冬日,北海冰面如镜,用杉蒿、芦席在冰面上围出冰场,以青少年为主的群体在冰面上相互追逐,在 20 世纪 30 年代在北海还出现了冰上化妆舞会,造型各异,在当时可谓时代先锋。

在民国北京,虽然开放时间偏晚,但北海公园可谓后来居上,与中央公园齐名,这不只因其良好的基础,还因其经营有方,园内服务设施齐全,《故都变迁记略》描述:"三海自辟为公园后,亦招商设酒肆、茶肆,与中央公园同。中南海各殿宇以未完全开放,故酒馆、茶社较鲜。北海则漪澜堂、道宁斋、濠濮间、五龙亭、慧日亭、般若香台等处均设肆,外且于积翠堆云桥西邻水筑屋五楹,名揽翠轩。天王殿、快雪堂之间筑屋一区,为仿膳社,皆为茶点肆。故都女士夏则泛艇,冬则嬉冰,盖为稷园外第一之胜地也。"[27]

中南海位于故宫的西侧，由中海和南海构成，与北海旧称"三海"，又名"西苑"、"太液池"。始建于辽金，历经元、明、清的扩建。自清代起，中南海成为皇家禁苑，是皇帝避暑听政的场所，尤其进入清后期，成为实质意义上的政治中心。

辛亥革命，清帝退位，溥仪虽然可以暂居宫禁，但西苑三海须移交民国政府。1913 年 3 月，袁世凯将总统府由铁狮子胡同陆军部大楼（今北京东城区张自忠路 3 号院）迁入中南海，把中南海改为新华宫。以金鳌玉蝀桥为界，西苑三海被分为北海和中南海两个部分。自此，它相继成为黎元洪、曹锟的总统府和张作霖的大元帅府。1928 年北伐军进入北京之后，北洋政府使命正式终结，作为总统府所在地的中南海一度闲置。

1928 年 12 月，中南海董事会向北平市工务局呈递了关于召开成立大会的函件，建议将中南海归于市民直接管理，筹备真正代表民意、直接管理中南海的董事会，"以绝罪恶之根株，以供游人之玩赏。"在清点物品并进行修缮的基础上，1929 年 4 月，中南海公园董事会成立，熊希龄被推举为主席委员，不久，北平市政府也成立了中南海公园临时委员会，负责管理中南海。至此，中南海正式向全体公民开放。

太庙位于紫禁城外东南，是明清两代皇帝专用于祭祀祖先的礼制建筑群，始建于明永乐十八年（1420）。在这座建筑广阔，殿宇高大的庙里，除举行登基、大婚等庆典活动，才有封建帝王来此祭祀祖先外，平时只有少数守护庙宇的官员差役等在这里驻守。

清帝逊位，祭典始废，根据《清室善后优待条例》，"宗庙陵寝永远奉祀，民国政府派兵保护"。这里供奉着他的历代祖先，依然归爱新觉罗氏所有，只是不再关乎国家政权。1924 年 11 月溥仪被驱出宫之后，太庙永远结束了作为皇家祭祀的历史，按《清室善后委员会组织条例》的规定，太庙由清室善后委员会接管，变为公产，改为和平公园，向普通市民开放。1925 年 10 月以后，归属新成立的故宫博物院管理。张作霖进驻北京之后，太庙于 1927 年 8 月改由安国军大元帅府内务部坛庙管理处管理。1928 年 10 月安国军大元帅府倒台，故宫博物院由南京国民政府接管。根据南京国民政府公布的《故宫博物院组织法》的规定，太庙又由故宫博物院收回管理。经过一段时间的准备，1930 年太庙作为故宫博物院分院对外开放。

景山位于紫禁城外正北方，是明清两代的皇家御园。明代和清初时的每年重阳节，皇帝由大臣陪同到此登山为乐，平时是"视射校士"及观赏游玩的活动场所。辛亥革命以后，按《优待清室条件》规定，景山仍由居住在紫禁城内廷的逊清皇室管理使用。清皇室此时无力顾及，景山一度荒芜。1924 年 11 月，溥仪被驱出宫之后，景山作为清室财产,由清室善后委员会接管。1925 年 8 月,《社会日报》公布了北京市民姜绍谟等 120 人致清室善后委员会函,请求开放景山,公诸当世,以免胜迹荒颓。[28] 1925 年 10 月,故宫博物院成立,景山由其收归管理。1928 年稍加修葺整理,以公园形式对外开放。但寿皇殿、观德殿等殿宇未作开放景点,仍由故宫博物院管理使用。

大高殿原名大高玄殿,[29] 位于紫禁城外西北方,东临景山西街,北隔陟山门街与清代御史衙门相对,初建于明嘉靖二十一年(1542),是中国目前仅存的建于皇宫旁边的规模最大的皇家道观。庚子年间八国联军侵占北京,法国军队进驻大高殿,在此扎营超过 10 个月,大高殿建筑群及陈设文物遭到破坏和劫掠。《辛丑和约》签订后,各国撤兵,经过近两年时间,修缮工程完工,但此后局部仍遭火灾破坏。

1911 年辛亥革命后,大高殿仍由居住在紫禁城内廷的逊清皇室管理使用,由小朝廷的内务府派人进行管理。溥仪仍按旧制,派贝子等官员到大高殿拈香行礼。溥仪及其眷属被逐出紫禁城后,大高殿同太庙、景山一起由清室善后委员会接管,1925 年后又交由故宫博物院管理使用。1926 年初,故宫博物院将大高殿辟为临时库房,把接收北洋政府国务院保存的清代军机处档案和有关清代掌故书籍等存放该处保管。

四、结　语

随着帝制的消亡,附着在皇权基础上的皇城角色开始转换,原来皇室成员居住的封闭空间开始向普通百姓开放,旧的权力等级制度造成的空间分隔宣告终结。随着皇城城墙的大规模拆除,确立皇城存在的边界概念不断消失,皇城作为一个实体本身不断遭到消解。

当 1924 年逊清皇室彻底离开之后,皇城的属性开始发生本质性的变化,原有皇城区域内的空间实现新的功能划分,原来只服务于皇权的坛庙与园囿几乎全部开放,成为市民自由出入的公共场所。这里出现了现代意义上的博物院、图书馆,著名的国立北京大学不断在这片区域内扩展自己的范围,兴建新式建筑,此外还有医院、中学等各种机构在此选址,皇城早已不再高高在上,曾有的尊贵性被逐渐稀释。

在由各种因素所催生的现代城市建设的进程中,皇城区域承担了重要的角色与职能。在大部分皇城城墙拆除之后,皇城对城市中心交通的阻隔逐渐弱化,经过道路的改建与重新规划,层层环绕、内外封闭的原有格局逐渐走向开放。最重要的是,在现代城市建设理念的引导下,原有的皇家礼制与等级秩序被彻底突破,城市建设的主体从帝制时代的宫殿衙署转向基础设施,市民的日常需求被凸显,被重视,被满足,以皇权为中心的指导原则已经远去,皇权唯我独尊的时代结束了,城市在一定程度上回归到个人手中,古老的帝都北京迈开了走向现代城市的最初步伐。

(作者系北京市社会科学院历史所副研究员)

注　释

1　中国史学会主编:《中国近代史资料丛刊·辛亥革命》(八)第185—186页,上海人民出版社1957年版。

2　《京都市政汇览》第101页,(1914年6月至1918年12月)。

3　四重城墙由内而外分别是宫城城墙、皇城城墙、内城城墙和外城城墙。

4　1914年4月,袁世凯颁布总统令,批准设立京都市政公所,并任命时任内务总长的朱启钤为京都市政公所督办,北京自此建立起了专门的市政管理机构,它和内务部基本总揽了北京市政事宜。

5　关于民国初年皇城城墙的拆除情况,此处参考了李少兵《1912—1937年北京城墙的变迁:城市角色、市民认知与文化存废》,《历史档案》2006年第3期。

6　陈宗蕃:《燕都丛考》第30—32页,北京古籍出版社1991年版。

7　《内政部设立古物陈列所有关文件》,《中华民国史档案资料汇编(第三辑)·文化》第286页,江苏古籍出版社1991年版。

8　《鲁迅日记》1914年10月24日,《鲁迅全集》第15卷第137页,人民文学出版社2005年版。

9　《亡清故宫失火之责任问题》,《京报》1923年6月28日。

10　吴瀛:《故宫博物院前后五年经过记》卷一第10页,故宫博物院编1932年版。

11　《中华民国史档案资料汇编(第三辑)·文化》第292—293页。

12　[林]白水:《故宫博物院之不满意》,《社会日报》1925年10月13日。

13　马衡:《组织中国博物馆学会缘起》,《中国博物馆协会会报》1935年第1卷第1期。

14　关于民国时期故宫博物院的历史考察,可参见李文儒《从皇宫到故宫到博物院》,《故宫博物院院刊》,2011年第6期;郭长虹:《故宫图像:从紫禁城到公共遗产》,《国际博物馆》全球中文版,2008年第1—2期。

15　《中国京城宜创造公园说》,《大公报》1905年7月21日。

16　关于民国时期北京公园的详细情况,可参考王炜、闫虹编著《老北京公园开放记》,学苑出版社2008年版。

17　杨曼卿:《游坛纪盛》,《正宗爱国报》1913年1月13日。

18　《请开放京畿名胜酌订章程缮单请示》,吴廷燮:《北京市志稿·建置志》第636—637页,燕山出版社1998年版。

19　中央公园委员会编:《中央公园廿五周年纪念刊》第1页,中央公园事务所1939年版。

20　陈宗蕃:《燕都丛考》第141—143页,北京古籍出版社1991年版。

21　《中央公园二十五周年纪念刊》第10页,1939年版。

22　高兴:《北京中央公园与民国文人的文化心态》,《北京社会科学》2012年第3期。关于中央公园,还可参阅戴海斌《中央公园与民初北京社会》,《北京社会科学》2005年第2期。

23　陈宗蕃:《燕都丛考》第141页,北京古籍出版社1991年版。

24　汤用彬等编著:《旧都文物略》第55—56页,书目文献出版社1986年版。

25　陶亢德:《北平一顾》第113—114页,宇宙风社1936年版。

26　《北海开幕后之第一日》,《益世报》1925 年 8 月 3 日。

27　余棨昌著、陈克明校勘:《故都变迁记略》第 34 页,燕山出版社 2000 年版。

28　《市民请开放景山,胜迹荒颓殊为可惜》,《社会日报》1925 年 8 月 27 日。

29　清玄烨(康熙帝)即位后,为避讳"玄烨"的"玄"字,将大高玄殿改名为大高殿。

学术与宗教

张烈治学及其在清初学术重建中的境遇

刘仲华

　　清入关后的统一进程,不仅存在于政治军事领域,而且同时也发生在思想文化领域。就学术秩序的重建而言,当时有两股动力。一是来自学术发展的内在趋势。明季王学盛行,讲求心性,致良知,固然催生了很多反传统的思想萌芽,但这反过来也刺激了思想领域的整合,理学重回程朱独尊的趋势愈加明显。与此同时,在明清政治鼎革的现实震动下,又进一步促使士人在反思明亡教训时,把时代动荡的罪过归咎于所谓王学末流。于是,以程朱理学一统学术的呼声在学术内部就已是不可阻挡的潮流。另一推动学术整合的动力来自政治层面的需要。自古治世,文武并用,乃长久之术,"马上"可得天下,但绝不能保证"马上"治之。清入关后,在以军事武力手段推进统一进程的同时,清政府也开始借助思想武器,以稳定局面,拉拢广大的汉人士大夫,竭力重建学统与道统,以尽快确立取代明朝后在全国统治的合法性,于是理学道统便很快成为了朝廷构建意识形态的重要工具。再加上,清朝是以满洲入主,面对华夷之辨,来自思想意识形态领域的一统天下,即治统合法性的需求,更加显得迫在眉睫。在这两种动力的推动下,清初学术重建以理学一统为中心,不仅程朱再次被确定为庙堂之学,而且像张烈这样的理学士人在清初政治社会秩序的构建中的确发挥了作用。

一、参修明史,反对立《道学传》

　　张烈(1622—1685)[1],字武承,一字庄持,顺天大兴人。据陆陇其《三鱼堂集》,先世为浙江金华府东阳县人,明嘉靖时先曾祖自浙江迁居大兴。张烈自幼英敏,博闻强记,读书数行俱下。康熙九年(1670)进士,授内阁中书。康熙十八年(1679),由礼部侍郎杨中正、刑部侍郎任克溥荐举,参加朝廷举办的博学鸿词科,列一等三名,授为翰林院编修,参修《明史》。在《明史》馆中,张烈表现勤奋,同馆的施闰章曾经记述当时张烈读书的情形:"帝里张华旧宅存,草堂秋色自山村。皋比坐拥公超市,蒿径深闲仲蔚门。弟子半收天下士,诗书凭送手中樽。高斋退食多清暇,倘抱遗经共讨论。"[2]

在《明史》馆中,张烈主要分纂明孝宗、明武宗两朝的人物传记,如刘健、李东阳、王守仁诸传"皆先生手笔"[3]。此外,他还撰写了明末人物朱之冯、金铉、史可法、张缙彦、罗俊、金毓峒等传,据称除了史可法传因涉嫌避讳而颇为简略外,其余皆"淋漓痛快"[4],极得司马迁笔意。每写一个人物传,博考详征,传信传疑,决不附会。张烈对自己所写的传也很满意,自称"吾此数传是非不爽铢两"[5]。

在《明史》馆中,张烈坚决反对在《明史》中设立《道学传》。《明史》馆关于是否立《道学传》的争论首选缘起于史馆总裁徐乾学、监修徐元文兄弟。康熙十八年(1679),徐乾学、徐元文兄弟出于朝廷树立理学独尊旗帜的政治需要,提出要在《明史》中立《道学传》。在《修史条议》中,徐氏兄弟提出,《明史》纂修"宜如《宋史》例,以程朱一派另立《理学传》"[6]。徐乾学兄弟立《道学传》的根本目的是要尊程朱而斥陆王,凸显程朱理学的独尊地位。夺得博学宏词科第一名的彭孙遹也基于这一出发点,认为《明史》必须立《道学传》以维持"道统赖以不坠",表彰程朱诸儒尊崇"道学之统"、"衍孔孟真传"[7]之功。

《明史》馆欲立《道学传》的消息一经传出,立即遭到了维护王学者的反对。黄宗羲便移书史馆,称:"《宋史》别立《道学传》为元儒之陋,《明史》不当仍其例。"[8]黄宗羲从维护王学的角度出发,反对立《道学传》,反对借此贬抑阳明心学。其观点得到了弟子万斯同的响应。反对程朱、陆王之辨的朱彝尊也主张不立《道学传》,在他看来,"六经者,治世之大法,致君尧舜之术,不外是焉,学者从而修明之,传心之要,会极之理,范围曲成之道,未尝不备,故《儒林》足以包《道学》,《道学》不可以统《儒林》"[9]。由此可见,似乎尊程朱者主张立《道学传》,而维护王学者反对立《道学传》。

张烈学尊程朱,而且持门户极严,是清初批评陆王心学的急先锋,如果从尊朱的角度出发,他应该支持徐乾学兄弟的主张,赞同在《明史》中立《道学传》,可事实上截然相反,他极力反对。但张烈反对在《明史》中立《道学传》,并不意味着他反对"道学"本身,也并不意味着他准备维护陆王之学,相反,他极其推崇《宋史·道学传》。他说:"《宋史》有《道学传》,惟《宋史》宜有之。周、程绍先圣之绝绪,朱子集诸儒之大成,以'道学'立传,宜也。余则笃学如蔡西山父子,高明如陆子静兄弟,纯粹有用如真西山仅列之《儒林》,此为《宋史》者有识也。"[10]他认为,《宋史》立《道学传》完全是正确的,而且只有这样才能体现出尊崇程朱正统的立场。可见,张烈反对《明史》立《道学传》的态度与他尊程朱的思想并不矛盾。

至于明人修《元史》时不立《道学传》也是正确的。他说:"元儒如许鲁斋、刘静修、吴草庐、许白云、金仁山皆有功圣门,而许为最,然终不敢比于程朱,故不立《道学传》,此为《元史》者有识也。"[11]张烈认为元代程朱一派的理学大儒有许衡、刘因、吴澄、许谦、金履祥等人,其中成绩最大的是许衡,但即便是他也无法与程朱相提并论,因此《元史》不立《道学传》是正确的,也是对元代理学家的正确定位,否则便混淆了程朱与后学的区别。

基于同样的逻辑,张烈认为,为了凸显程朱独尊的地位,《明史》中也不应该再立《道学传》,更何况明末还出现了阳明心学。他认为,明代即使比较纯正的理学家,如曹端、薛瑄,也远不及真德秀、许衡,即便出现了一个"光芒横肆"的王阳明,却是"假孔孟以文禅宗,藉权谋以标道德",其实质是"破坏程朱之规矩,蹂躏圣贤之门庭",更恶劣的后果是导致明后期的学者"人人各树宗旨,卒之纳降于佛老,流遁于杂霸,总以成其争名利、攘富贵之私,辱圣门甚焉"。假如后人修《明史》时,将王阳明列入"道学传",则"天下后世稍知圣人之道者,必以史臣为无识"[12]。在张烈看来,"理学"高峰只有宋代的程朱,因此也只有程朱等人配得上"道学"的徽章,后来者无人能有资格获此殊荣,如果还继续立《道学传》,便是降低甚至亵渎了"道学"的神圣性。

由此可见,张烈反对立《道学传》与黄宗羲等人维护王学,反对"道学"本身、批评《宋史》立《道学传》"乃元人之陋"、"道学一门当去"[13]的出发点也完全是两回事。张烈反对立《道学传》的理由不仅与黄宗羲等维护王学者的理由不同,就是与同样尊朱斥王的陆陇其等人也不一样。面对否定《道学传》的意见,徐乾学曾经致信陆陇其,询问他的态度。陆陇其虽然也是一位批评王学的干将,但他的答复也是《明史》不必立《道学传》,其理由是:"《宋史》道学之目不过借以尊濂、洛诸儒,而非谓儒者可与道学分途","尊道学于儒林之上所以定儒之宗,归道学于儒林之内所以正儒之实"[14]。陆陇其在读过张烈的《读史质疑》后也说:"明《道学传》可以不立。初甚骇其论,潜玩味之,此言非孟浪。"[15]不同的是,陆陇其不认同"道学"的提法,认为"道学"的提法,将其与"儒林"分为二途,反而泯灭了程朱作为儒学孔孟正统的地位。陆陇其否定"道学"本身,这与张烈尊"道学"以彰显程朱的做法虽然目的相同,但显然途径不同。鉴于尊朱、尊王两派都反对设立"道学传"的态度,《明史》馆最终取消了这一设想。

总之,在清初《明史》纂修是否立《道学传》的争论中,张烈表面上与徐乾学不同,但尊程朱的目的相同;他与黄宗羲、汤斌等人都反对立《道学传》,但出发点迥异,黄宗羲是要维护王学,汤斌是要调合程朱与陆王,而他是独尊程朱;他与陆陇其一样反对立《道学传》,也都尊奉程朱、斥责陆王,但陆陇其否定"道学"提法,而张烈独尊"道学"。

二、攻驳王学，坚决反对"不朱不陆"

清初理学虽然主流趋势是由王返朱，但当时兼取或者调和程朱、陆王之学的学者并不少见，而且很多都是当时的士林名望，如黄宗羲、孙奇逢、李颙、汤斌等。张烈说："本朝厘正文体，朱注复兴，讲者称周、程、张、朱，而仍与陆、王并列。"[16]对于这种调和现象，张烈极为不满，在他看来，程朱与陆王犹如水火，"非朱子真面，即非孔子真面也"，朱子之学"详密的实、中正无瑕"，王阳明之学则"虚浮飘荡"，"导后学以妄诞浮夸"，"乱儒术而坏人心，莫此为甚"。[17]张烈认为这种混淆是非的情形必须消灭，在史馆中撰《王学质疑》，其言辞表现出一统天下学术的气概，"专守朱子家法，毅然以卫道为己任"[18]。这与熊赐履在康熙二十四年完成《学统》一书，极力维护程朱地位的路数如出一辙。

据毛奇龄记述，张烈撰写《王学质疑》的直接缘起是馆中对是否立道学传的争论：

> 往在史馆时，同官尤悔庵(侗)阄题得王文成传，总裁恶传中多讲学语，驳令删去。同官张武承(烈)遂希意极诋阳明。予曰：'何言之?'曰：知行合一，圣人之学乎? 予曰：知行合一有二说，皆紫阳之言，然紫阳不能践其言，而文成践之。……武承大怒，诉之总裁。归，即作诋阳明一书(即《王学质疑》)。将进之，乃连具三札(按即《王学质疑》附录之《读史质疑》)，一曰孝宗非令主，二曰东林非君子，三曰阳明非道学。三札齐进，同馆官并起而哗之。会徐健庵(乾学)庶子入都，总裁咨之，健庵大惊曰：'阳明已耳，孝宗、东林岂可令史馆颠倒至此! 傥在明代，京城内外将共逐之矣。'总裁遽毁札而罢。其后武承不甘，复与汤潜庵侍郎争辩格物，上书潜庵，潜庵但致书于予，竟不之答，而武承已死。

在分配撰写任务时，尤侗通过抓阄，分到撰写王守仁传的任务。稿子完成后，史馆总裁看了不满意，认为阳明传中有太多的讲学语，令尤侗删去重写。由此引发了馆臣对王学的争论。张烈极力批评王学，反对立道学传，而毛奇龄支持王学，主张立道学传，还质问张烈理由何在。张烈回答："知行合一，圣人之学乎?"毛奇龄针锋相对，说："知行合一有二说，皆紫阳之言，然紫阳不能践其言，而文成践之。其一说，即予前所言者是也。其又一说谓'知是理必行是理，知是事必行是事'，此即紫阳注《中庸》所云：知所以知此也，仁所以体此也，知在此，行即在，此凡所知所行当在一处，亦谓之合一。乃其注《大学》于'格物'则所知在物，于诚意则所行又在意，在物少一行，而在意少一知，何也? 有人于此曰吾格礼节文登降所当习也，吾格乐钟鼓考击所当事也,知礼乐当行礼乐,乃曰吾知在礼乐而所行在意可乎?且知礼乐只知礼乐,乃曰吾已知礼乐,而凡吾心之所行更不必再知可乎?是此知非此行,此行非此知,一知一行,断港绝流矣,此非合一之病,不合一之病也,此非阳明之言不合紫阳,紫阳之言不自合也。”据毛奇龄说,张烈听了他这段驳斥后,脸色大变,而且非常气愤,并将此事上告总裁。不久,张烈便撰成《王学质疑》。在将此书呈送明史馆总裁时,张烈又接连写了三札,即《王学质疑》的附件《读史质疑》。其中谈了三个问题:一是明孝宗并非令主;二是东林党并非君子;三是阳明之学并非道学。结果《王学质疑》连同这三个附件呈送明史馆后,一石激起千层浪,立即引起了馆臣一片哗然,一时间,史馆总裁也把握不好。当时徐乾学入都,史馆总裁就此事询问徐乾学,他惊呼:“阳明已耳,孝宗、东林岂可令史馆颠倒至此!傥在明代,京城内外将共逐之矣。”[19]徐乾学认为张烈批评阳明之学也就罢了,竟然否定明孝宗是令主、否定东林党是君子,这简直是颠倒黑白。见徐乾学如此反映,史馆总裁立即撕毁张烈书札,置之不理。后来张烈还不甘心,又与汤斌争辩“格物”。汤斌对王学并不反感,但反对肆意的批评和谩骂,因此当时并没有立即回应张烈。

经历《明史》馆中的争论,张烈深切体味到严辨朱陆异同的重要性,“惜也士无深志,不朱不陆,而习为浮华无用之空言”。[20]他认为“朱陆异同”必须要辨,这不光是个学术异同的问题,而是有“大是非、大利害存焉”。而且朱陆异同并非“互为异”这么简单,错误完全在于“陆之异于朱”,而不是朱学异于陆学。他甚至说:“天下之道不容有二。”其学术思想的专制性和一统气概也和当时的封建专制集权思想一样,达到了前所未有的程度。张烈认为,孔圣人之学是唯一的,至于后来的学术只能继承、绍述孔学,而且朱熹之前的学术都不是正统,“秦汉以来学者未睹其要”,只有朱子之书“广大精深,无所不备”,且“平淡切实,雍容详至,不敢为新奇可喜之论”。[21]如果要学习、继承孔子之学,唯有朱子之学才是终南捷径,“舍是无由”,否则便会像陆九渊那样“猖狂自恣,侮圣蔑经”。

不过,在张烈看来,陆学在当时的危害还不严重,因为宋、元两朝还是朱子之学的天下,陆学并不盛行,张烈将明中期以前的中国描述为太平盛世,而且这一切都要归因于朱学。他说:“明以前学者守朱学甚严,言纯师,行钝法,贤者穷理居敬,务惇于本实;而庸常之流亦毋或自越于彝矩,即闾巷父老往往颂习《小学》、《性理》、《纲目》诸书。当是时,风俗最为纯质,议论一于下,纪纲修于上,而天下号为治平,则朱学之效也。”[22]可到了明朝情形就大不同了,明中叶以后世风大坏,纪纲沦替,这是因为有了王阳明,“阳明即宋之象山也”。自王阳明倡导良知说,与朱子为难,“操戈树帜,为天下祸首”,于是世风渐下,人心不古,“魁桀黠猾之士相为波涛,而庸愚下士尽从风而靡",不仅士子读的《四书五经》"悉更面目",维系社会秩序的纲常名教也"为之扫地"。王学发展到后来,一传为王畿,再传为李贽,"当时以姚江为圣人,颂佛老者为名士,掊击朱子为高贤,诃诋传注为俊杰,酗博狎谑者为风流,争自号于天下曰我学禅者也,学姚江者也。"[23]张烈认为,王阳明原本是要让人人为圣人,结果其却使"天下之不肖及夫礼义之教泽已尽,贪诈之习俗已成,日嚣竞于功利嗜欲之内"。总之,明中期以来天下祸乱之首是王阳明。因此,张烈认为辨别"朱陆异同"的关键,不是陆九渊而是王阳明。正是基于这样的认识,他急切地撰写了《王学质疑》[24],并立即上呈史馆。

《王学质疑》以王阳明《传习录》为驳斥对象,将《传习录》的主要主张分别条析为几个问题进行辨难,全书共为五个部分。第一部分是辨"心即理"之说;第二部分是辨"格物致知"之说;第三部分是辨"知行合一"之说;第四部分是与人问答形式的一些杂论;第五部分是总论王阳明心学的流弊。针对王阳明心学,张烈着力辨难的是三个核心问题,即:"心即理"、"格物致知"、"知行合一"。

关于"心即理",这是阳明心学的逻辑起点,是其哲学思想的理论基础,也是他的宇宙观。王阳明认为无心外之物,无心外之理,"心"是一切事物存在意义的本体。王阳明说:"于事事物物上求至善,却是义外也。至善是心之本体,只是'明明德'到'至精至一'处便是,然亦未尝离却事物。"[25]张烈批评说:"今直求诸心而欲事理之无不尽,虽大贤不能也。心能知觉,发于欲,为人心;发于理,为道心,故贵乎择之精焉,守之一焉,未闻心之即理也。程子曰:性即理也,是矣。理义悦我心,犹刍豢悦我口,若曰:心即理,是口即刍豢也,目即色也,耳即声也。"[26]他认为王阳明混淆了"心"与"理"的不同,以"心"代替了"事物"本身,如同将口等同于食物的美味,眼睛等同于所看到的颜色,耳朵等同于所听到的声音,而事实上,"心"只是感知事理的载体、媒介,不是事物本身。

王阳明又说:"如事父不成,去父上求个孝的理;事君不成,去君上求个忠的理;交友治民不成,去友上民上求个信与仁的理:都只在此心,心即理也。此心无私欲之蔽,即是天理,不须外面添一分。以此纯乎天理之心,发之事父便是孝,发之事君便是忠,发之交友治民便是信与仁,只在此心去人欲、存天理上用功便是。"[27]针对此言,张烈反驳说:"然惟吾生必有父,而后此心知孝,吾生必有君,而后此心知忠;且惟其为父,故孝以事之,若他人则不得以孝施矣;惟其为君,故忠以事之,若他人则不得以忠名矣。所当忠当孝者在君父,而知忠知孝者即在吾心,此所谓无心外之事、无心外之理也。求之父,求之君,即所以求此心,所谓合内外之道也。今必曰求之心,不求之君父,则君父为外矣。"[28]他认为,人之所以有"孝",是因为有"父"的存在,之所以有

"忠"是因为有"君"的存在；离开了"父"便无所谓"孝"，离开了"君"便无所谓"忠"，如果不是针对具体的对象，如果不是已经有了先前的实践经验，仅仅是在"心"上"去人欲，存天理"，是不可能的事情。

张烈认为，不能颠倒主客观的关系，而且主观认识的正确与否要取决于客观的事实。他说："王子之言何多现成而不切实也，且权能称物，度能量物，而物亦自有轻重长短之不可诬，使权之轻重与物之轻重不符，度之长短与物之长短不合，势必参互考验以正之，不得执权度而抑物以从我也。即心为理而不即物以求理，恐不虚不公、自私自用之弊必不免矣。"[29]张烈以"权"、"度"比喻人心，物之轻重、长短需要借助"权"、"度"加以衡量，只有"即物求理"，权、度才有正确，否则便会导致私心自用的弊病。

张烈批评王阳明"心即理"的提法直接抹杀了"即物求理"的必要性，其后果是放弃学问思辨、蔑弃礼仪、骄矜自大。他说："若先语以求心，未有不骄矜自大者，欲其虚心逊志从事于学问思辨也难矣。况其聪明足以拒谏，才气足以有为，方将震慑天下而奔走之，安望其能自反乎？若不善会扮演之喻，势必举礼仪威仪、三千三百尽等于戏场，三纲五常、礼乐刑政尽付之游戏，老庄以为糟粕，释家以为幻影，皆此见也。无惑乎阳明之教流至万历，举世化为佛老杂霸而不可救止也。"[30]王阳明将"心"与"理"浑然一体，主张仁义、性理为人心内在固有的，求学向善的实质是发扬和恢复人心固有之善和理。"心即理也。学者，学此心也；求者，求此心也"。[31]王阳明这一思想针对的是当时乡愿、假道学的理学末流，在他看来，那些仪式、教条反而成了假道学私心自用的戏场与貌合神离的扮演和游戏。这对于打破传统，冲破束缚，反对旧权威、旧教条的确发挥了积极振奋的作用。而这正是程朱理学所不愿看到的，也是张烈批评王学的根本所在。

关于"格物致知"，此语出自《大学》，大概意思是说，要通过探究事物本身以掌握事物的本质规律。朱熹重视"格物致知"，把它置于"诚意"之先；王阳明则认为格致本于诚意，以诚意为主。朱熹"格物"思想中的"物"，是指事物，"物，犹事也"，指天下万事万物。朱熹"致知"思想中的"知"，是知识的意思，"知，犹识也"，是指包括知识的知和道德的识两部分。朱熹的格物致知途径是通过身体力行去研究事物的规律，或间接地从书本上读书穷理，获取前人的经验和知识。王阳明的"格物"便是格心，是去恶归善，"正其不正，以归于正"，存天理即是穷理。

王阳明"即物穷理""亦是玩物丧志"。[32]理解王阳明这一思想必须了解当时的语境。王阳明认为当时理学末流，乡愿横行，整个社会根本没有天理可言。对于普通百姓而言，如何在这样一个无天理的社会中，找到个体的安身立命之所呢？他的答案是"致良知"，即只需求之于自己的良心；每个人都有良知，只要你能确保自己的行为选择出于心，你就可成为圣人。王阳明追求的是个体独立精神的解放，这种思想倾向毫无疑问不符合清初追求思想一统并维护社会稳定的需要。张烈不仅不去理会王阳明思想的背景，而且完全站在否定"私意"的逻辑上，展开对王学的批判。他说："以存天理为穷理，使辨别未真，将以何者为天理，所存者皆私意耳。"言下之意，"私意"都是不正确的，都是违背"天理"的。个人辨别当然有"未真"的时候，但"私意"未必不符合"天理"，只是王阳明过于强调只有从"良知"出发的"私意"才是"天理"。

张烈以辨别银子的成色、看病进行比喻，认为王学中离开"格物致知"的"诚意"必然寻求不到真正的"天理"。他说："用好银者诚也，识银色者知也，顾银色之参杂诡异、日新月巧，非一一辨验、积累功深不能识也。"又，"治病者诚也，识病原者知也，顾症候之变、脉理之微千状万态，古今方书之异同、药性制炼之得失，手不胜书，口不胜述，非一一辨验、积累功深不能识也"。[33]张烈认为只有了解银色的好坏才能用好银，只有知病、知药才能看好病。如果只是说"去不正以归于正，而不令其即物穷理，究其如何为正，如何为不正，如何为欲，如何为理，则有肆意妄行、傲然自以为正、自以为理，究为无忌惮而已矣"。[34]张烈又说："耳能听，目能视，然耳所未闻、目所未见者多矣，闻之不确、见之不精者亦多矣，乃曰耳听目视皆在此，安有认不真之理，愚所不敢信也。"从认识事物的规律上看，朱熹先"格物"才能"致知"的逻辑和张烈的观点并没有错，但问题是王学提倡个体独立意识的思想恰恰是针对当时理学末流弊端的。离开了王学这一思想背景，简单地批评其为"儿童戏论"，显然有些"隔墙"之感。反过来，张烈如此维护朱学，也正反映了程朱理学在传统社会中对于统治者构建社会秩序的重要性。

关于"知行合一"，程朱都强调知先行后，将知、行分别对待，认为只有真知才能真行。但目睹了乡愿和假道学的王阳明提出了知、行合一的主张，认为"知"亦是"行"，"行"亦是"知"。王阳明说："夫人必有欲食之心然后知食，欲食之心即是意，即是行之始矣。食味之美恶，必待入口而后知，岂有不待入口而已先知食味之美恶者邪？必有欲行之心然后知路，欲行之心即是意，即是行之始矣。路歧之险夷，必待身亲履历而后知，岂有不待身亲履历而已先知路歧之险夷者邪？"[35]张烈批评王阳明混淆了知行的关系，他说一个人"欲食"，必然说明他"知食"，但如果直接"以欲为行"，把欲望等同于实际行为，则是缘木求鱼。假如"以欲为行"，那么凡事只要"欲之"便可，不必付诸实践。况且食物味道的好坏，固然是进口以后才能知道，但前提也是他已经知道了这种食物能吃，否则所有食物都要"一一待入口而后知"，就会像神农尝百草一样，"一日而遇数十毒"，早就中毒身亡了。张烈又说，"路歧险易，亲历乃知"，这当然也有道理，但如果不是事先了解道路的艰易、远近，事先预知"由某至某用舟，由某至某用马"，而是贸然前行，"待亲历而后知"，其后果则是"适燕而南其辕，适齐而西其辙，临时始知用舟也而舟不具，及途始知用马也而马不得，陷荆棘，没泥沼"，[36]等到亲历后才判断怎么走，那就太晚了。这完全否认了知与行的辩证关系。

王阳明的确有混淆知、行的弊病，因为知行是否合一并不因为世人"知而不行"、"行而不知"而有所改变，如强行认为提出知行合一是为了"补偏救弊"、"对症下药"，则难脱师心自用的干系，将个人主观的意志、观念强加在概念关系身上，必然会导致对概念的误解与误用。这也是他离开贵州后很少论及"知行合一"而倡导"致良知"的原因。但张烈的批评并没有抓住王阳明的这一弱点，而只是说他混淆概念："今执其合，讳其分，则天地一物也，日月一明也，男女一身也，君臣一位也，父子一名也，可乎？""是必糊涂混杂为害，不可胜言矣。"[37]张烈认为，王阳明主张良知，其弊病就在于"使人丧本心，丧良知"。"心即理"的说法实际是说在"天道"之外别有一个独立存在的"心"。他坚决反对这种说法，认为"视听言动"就是"心"之所在，"治伦物政事"就是"治心"，两者是一体的而不是分离的。人们只要遵从这些"视听言动"、"伦物政事"的"往训"和规范，"宁慎勿疏，宁拘勿肆"，即使不能"皆进于高妙"，也不会出大格。

从以上张烈对王阳明核心思想的批评来看，他的终极忧虑是担心阳明心学会为不肖者打开"方便之路"，担心阳明后学"借此以师心自用，借此以畔道离经，借此以破灭礼乐名物，凭陵睥睨，莫敢谁何，而后奸私凶狠得以恣肆而不顾"[38]。他说："今诋学朱子者，曰支离也，玩物也，义外也，以此垂教，其谁不曰吾自有良知，六经任我驱使，读书训诂不足为，制度仪节不必谨。公议皆世俗之论，名教特形迹之粗，但求一念自信，不妨肆行无忌，而流弊不可言矣。故专提本心良知者，予人以假借掩饰之题，高可以陵蔑君子，下亦开不肖者以方便之路。而及其既为不肖也，并掩饰假借，亦可不用，此必至之势也。"[39]张烈甚至将王学比拟为秦朝焚书坑儒之祸，是"学术杀人"，而且危害后学。他说："隆、万之末，士子以訾朱注相高，实自此始，可谓丧心病狂矣。其始未至灭理乱常之甚，而学术杀人比于洪水猛兽，此数言者皆先生自道也。"[40]应该说，张烈对王学的抨击已经到了无以复加的地步。

在清初，由于学者对明亡的反思，一般都将其覆亡的原因归结为王学末流所致，因而对王学大都进行驳斥。清廷入关后，为笼络汉族士大夫，也摆出了尊儒的架式，以程朱之学作为庙堂钦定合法的学术正统。这两股潮流都促使清初出现了一股强大的批判王学的潮流。其实，从张烈对王学的批评来看，与孙承泽、魏裔介、熊赐履、陆陇其、张伯行等理学家相比，除了言辞更加猛烈之外，也并没有多少新意。更重要的是,张烈对王学的批评反映了清初重建学术乃至社会秩序的需要。张烈完成《王学质疑》撰写后,曾请陆陇其为其书作序。刊行后,一时间得到不少尊奉程朱理学者的共鸣。"凡宗洛闽之学者,皆奉为圭臬"。[41]

王阳明倡导心学,对于扫除专制权威,倡导平等意识、自由精神的确起到了潜移默化的作用,但这些足以松动封建统治秩序的东西,在张烈看来却是不能容忍的。张烈对王学的激烈批评也确实看到了王学在这方面的作用。无论是张烈还是最高统治者对程朱的提倡以及对陆王的批评,都无不是要营造一种"循循讲习,谨守规矩"的和谐秩序,而不是"凭陵睥睨,莫敢谁何"[42]的反抗情绪。作为清初《明史》纂修馆中一个普通士大夫,张烈重建学术秩序的思想竟然与清统治者一统天下的专制思想高度一致,这反映了清初在政治一统的同时,作为统治合法性重要支撑的学术也在进行着同样的整合趋势。从主观上讲,张烈未必"趋时局"[43],不见得就是在附和清政府最高统治者的意图,也不见得他就是要凭借这些东西想谋取更好的仕途和利禄,但他的学术主张毫无疑问暗合了当时统治者的需要。

三、理学名臣陆陇其、张伯行对《王学质疑》的刊刻与散布

张烈攻击王学的大胆程度,立即得到当时很多人的声援与称赞,死后入祀孔庙的陆陇其"引为同志,表章其书",张伯行"力守其说",[44]同乡宛平人黄叔璥"亦每道其学术之纯"[45]。《王学质疑》完成于康熙二十年(1681)四月,二十四年(1685)张烈卒,二十五年(1686)陆陇其将其刊行,后来张伯行又将其刊入《正谊堂丛书》。正是陆、张二人的极力推广,张烈及其《王学质疑》的影响渐广,并成为当时尊朱斥王的范本教材。

先说陆陇其,其学术亦以程朱为尊,反对将程朱、陆王之学混同起来。当时的著名学者中,南有黄宗羲,北有孙奇逢,都在一定程度上有兼取程朱、陆王的倾向,陆陇其评价此二人说:"叹近年来南方有一黄梨洲,北方有一孙钟元,皆是君子,然天下学者多被他教得不清不楚。"[46]陆陇其不仅为《王学质疑》、《读史质疑》作序跋,而且对张烈称赞有加。陆陇其说:"先生言良知之害,至明至悉,不特尽扫龙溪海门之毒,而凡梁溪之所含糊未决者,一旦如拨云雾见白日,盖自罗整庵、陈清澜而后未有言之深切著明如斯者也。"[47]张烈与陆陇其多有交往。康熙二十一年(1682,壬戌)七月廿一,陆陇其应邀到张烈家中做客。据《三鱼堂日记》记载:"(壬戌七月)廿一,张武承名烈招至书斋,与李子如讳开泰,三人同素饭。武承深以阳明之学为不是,谓嘉隆之际,其弊犹未见,而闢之也易,其书斋中有《许鲁斋全书》,因借之归寓。"[48]这年七月,陆陇其应张烈之邀,到其家中作客,并与曾经编纂《宛平县志》的作者李开泰一起吃了顿素

饭。三人在张烈家中书斋一起谈了很多,其中给陆陇其留下深刻影响的就是张烈对阳明学的批判。陆陇其还从张烈那里借了《许鲁斋全书》。这次会面,陆陇其似乎还没有见到《王学质疑》,直到"癸亥"(康熙二十二年,1683),陆陇其说:"康熙癸亥,余在京师,张武承先生示余《王学质疑》一卷。"[49]

康熙二十二年,徐乾学任《明史》总裁官后,曾就《明史》中是否应立"道学传"一事询问陆陇其。其《答徐健庵先生书》曰:"至蒙下询《明史》'道学传',陇其向虽好窃窥先儒绪余,然自汩没簿书以来久矣,茅塞何足以议此间?尝见张武承《读史质疑》云:《明史》'道学传'可以不立。初甚骇其论,潜玩味之,觉此言非孟浪。"[50]陆陇其不仅赞同《明史》不应立"道学传",而且援引张烈《读史质疑》以为论据。陆氏认为张烈之言,乍一听,有点惊人耸听,但仔细琢磨起来,还是很有道理的。可见,至迟在康熙二十二年陆陇其便看到了张烈的《王学质疑》。同年,经左都御史魏象枢举荐,陆陇其任直隶灵寿县知县。康熙二十四年,张烈卒。也就是在这一年,陆陇其在《三鱼堂日记》记,八月十三,"校《王学质疑》"[51]。一年后,经陆陇其校核的《王学质疑》刊行。

此后,陆陇其便不失时机地向那些调停程朱、陆王的学者推荐、呈送张烈的《王学质疑》。例如山西理学名家范鄗鼎,他也是清初理学名家,此人淡泊名利,康熙十八年举博学鸿词科时,因母亲年老,不出仕。他早就从魏象枢荐疏中得知了陆陇其"清操如冰,爱民如子"的大名,但负笈有心,通声无缘,经人引介投呈自己撰写的《理学备考》,希望交流学术心得。陆陇其在回信中说:

> 微有商者,《备考》中薛、胡、王、陈兼收并列,无所甲乙,取朱子《名臣言行录》之例,而不取《伊洛渊源录》之例,曰以待后之君子甲之乙之,此诚见先生虚怀若谷,望道未见之心。然仆谓亦有不可不甲乙者,譬如适京师者,必先辨其孰为坦途,孰为险径,然后可以命驾,倘并举以示人,而不告之以坦险之分,万一有误入荆棘者,吾心安乎?况王、陈之为险径,薛、胡之为坦途,前人论之详矣,非吾敢甲乙之也。以前人之甲乙告后人,何碍其为虚怀乎?至《备考》序中谓学问只怕差不怕异,此又有说。学当互相发明,小有异者不害其为大同,但可以言圣门游夏之徒大同而小异者,若王、陈之与薛、胡,则非直小异也,是大差也,即其一身言行,岂无可取,然岂可以小醇而并取其大疵?每怪世人以阳明之功业烜赫,遂不敢议其学术,不知管仲、墨翟非无功业者也,何以见讥于孔孟?其中曲折非一二语可尽。嘉靖中粤东陈清澜先生有《学蔀通辨》一书,备言其弊,不识先生曾见之否?近有舍亲刊其书,谨以呈览。又有大兴张武承著《王学质疑》一编,言阳明病痛亦甚深切著明。仆新为刊之,今并附呈区区之意,非欲效世儒之聚讼

也,但不分别路径,恐学者不知所取舍,不识先生以为何如?[52]

范鄗鼎在《理学备考》中将程朱学派的薛瑄、胡居仁与陆王学派的王阳明、陈献章并列,而且声称"无所甲乙","待后之君子甲之乙之",显然他是不想突显薛、胡的程朱特色,也不想贬低王、陈的心学。范鄗鼎并不是装糊涂,而是有意为之,是在有意调合程朱与陆王的矛盾。这在严格尊朱贬王的陆陇其看来是不妥的,因此,他委婉地批评范鄗鼎,说他这不是应该谦虚的时候,而是要告知后人孰优孰劣。他还打了个比喻,好比从遥远的外地前往北京,既有顺利的坦途,也有荆棘密布的险途,只有先判断哪个是捷径,才能走上正确的道路。对于后世学者,程朱就是正途,而陆王则是险途。为了说服范鄗鼎,陆陇其除了建议他阅读明陈建所撰《学蔀通辨》外,还特意赠送他张烈所撰写的《王学质疑》。

这种情形还不是偶然所为,陆陇其在与另一位持调和意见的秦云爽辨别程朱、陆王异同时,也同样将《王学质疑》与《学蔀通辨》并重,而且向这位秦先生极力推荐张烈的《王学质疑》。他说:"仆极知先生从学术世道起见与世俗之以私意调停者不同,而埽除未尽,不免涉于调停之迹,恐遗后学之惑,所以不揆愚陋,不敢自匿其所疑,辄以上陈伏候教示,知先生谅其求正之心,不以指摘为罪也。嘉靖时清澜陈氏《学蔀通辨》一书,先生曾细阅之否?近时北方有张武承讳烈所著《王学质疑》一卷,其言阳明之病亦颇深切著明,惜其已故。仆顷为刊其书,敢并附正。"[53]秦云爽字开地,号定叟,钱塘人,早年守业于同乡的虞鈖,"鈖之学兼取陆、王,而以朱子为正",秦云爽也继承了他这位老师的兼取陆王的风格,他评价阳明时说:"弊在以无善无恶为心之体,若良知之说,不可谓非孟子性善之旨。""阳明独崇古本《大学》,能绝支离宿障,有功吾道。"而且他反对门户之见,认为先儒各有所得。他说:"先儒所见不同,吾人最急,无如为己。若窃卫道虚名,门户相持,开罪名教,不敢效尤。"[54]秦云爽终归还是推崇程朱,但他并不像陆陇其、张烈那样极力批评王阳明,尽管陆陇其苦心劝导秦云爽,并向他推荐《学蔀通辨》和《王学质疑》这两部批驳王学最激烈的著作,结果并没有说服秦云爽。

此外,陆陇其又曾向安平令陈子万推荐《王学质疑》。其《答安平令陈子万》曰:

> 所示田先生大序,意义深远,发明随时,立教之旨最得前贤心事,不胜叹服,用以弁首,实可为此书生色。中间惟说及王伯安一语,微似可商。盖伯安与诸儒大有异同,非徒激不激之间也,幸致请正之意。外有敝同年张武承《王学质疑》一册,前岁偶为刊行,谨并附致,不识田先生以为何如?[55]

由此可见,陆陇其已经把张烈的《王学质疑》视为尊朱斥王的标准教材,并且四处散播、推荐。在某种意义上,《王学质疑》也成了陆陇其本人学术态度的代言。陆陇其并非不知道张烈的激烈态度和言辞,但他似乎也不愿充当出头鸟。

稍晚于陆陇其、康熙年间另一位尊奉程朱理学的名臣张伯行对《王学质疑》评价也相当高。张伯行并没有见过张烈,他是通过阅读陆陇其文集才了解张烈及其《王学质疑》的,而且一见如故,"喜其力驳《传习录》以尊朱"[56]。张伯行早年就景慕陆陇其,陆陇其于康熙三十一年(1692)去世;张伯行于康熙二十四年(1685)中进士,不久丁父忧归。直到康熙四十五年(1706),张伯行到江南做官,才有机会前往陆陇其平湖老家,并从他后人那里得到陆陇其所著《问学录》、《读礼志疑》、《读朱随笔》以及《三鱼堂文集》等。张伯行了解张烈及其《王学质疑》当始于此。但是陆陇其所刊刻《王学质疑》数量有限,到张伯行时已经很难看到,有感于此,决定再次刊行《王学质疑》,广为传布。康熙四十六年(1707),张伯行从江苏按察使升任福建巡抚,于是建鳌峰书院,广置书籍,刊刻《正谊堂丛书》。其中,就有《王学质疑》。从张伯行的序言来看,他对《王学质疑》的评价之高不亚于陆陇其。其《王学质疑序》曰:

> 武承张先生品行卓然,不随流俗,初出入于王学者有年,既而翻然自悔,洞彻底里,著为《质疑》一书以问世,盖真能勇于抉择者。余一再披阅,不禁喟然叹曰:何其忧道之深、觉世之切也。其大要,以朱子之学绍述程、张而远宗孔孟,王氏之学绍述象山而远宗告子。就两家之言,直指其抵牾舛错之处,其若何附会牵合而卒相矛盾,率天下为佛老,日趋于沦胥而不救者,能一一穷其源而披其根。盖其心即罗、陈两先生卫道之心,而抉择精微,则又有前人所不及道者。学者果能信其言而熟复玩味,不啻暗室一炬、中天白日,任足所之而不迷于歧途曲径,夫岂诪张诡辩、畔道离经之说所能惑溺其心志也哉! 是书为当湖陆稼书先生所极赏,久经叙订刊行,惜乎学者不得多见。余故重付诸梓以广其传,成先生嘉惠后学之志,并以明余之非敢好辩云。[57]

张伯行刊刻程朱理学经典以及张烈《王学质疑》等书,用以教士取士,完全是从规范学术人心考量出发的。他还特意强调,之所以刊刻《王学质疑》,是为了"嘉惠后学",而不是因为自己好辩论。作为康熙时期一位享有"清正廉洁"声誉的著名理学名臣,张伯行对张烈及其《王学质疑》的表彰,无疑具有风向标的意义。

另一位尊朱的学者吕留良也非常称赞张烈。在清初学术界,吕留良深受张履祥"尊朱辟王"思想的影响,也算是攻击王学的一名斗士。他说:"某平生无他识,自初读书即笃信朱子之说。"[58]康熙二十二年(1683)十月廿七日,当时在北京的陆陇其前往友人吴涵家中,这位吴涵先生拿出吕留良生前给他的一封回信,信中"甚许可张武承之《王学质疑》"[59]。陆陇其去拜访吴涵,而这位吴涵拿出吕留良给他的信看,并不是无缘无故的,因为陆陇其不仅相当尊崇吕留良,而且吕还是他的老师,甚至其尊崇程朱的学术道路也是受到了吕留良的影响。

张烈的同年友、康熙朝理学名臣李光地,虽然认为张烈"自己主意一定,偏执到底,急切说不转,难与相商量"[60],但也极其推崇张烈在清初维护程朱理学中的地位。他在《榕村集》卷十二中说:"顾明之季年,学无师承,横骛别驱,议论大驳,其宗旨皆与程朱相觝排,虽刘、黄诸君子不免。……畿内学者其后如魏柏乡、张武承,皆确守朱学,柏乡尽读宋人书,而武承攘斥余姚不遗余力。"[61]稍后的黄叔璥对张烈也称赞有加,"每道其学术之纯"[62]。晚清理学大师唐鉴在《国朝学案小识》中说:"读先生书如日之中于天,如雷之奋于地,使人肃然而起,卓然而知所趋向,举凡淫诐邪道虚无怪诞之说,中于人心者,一砭而可以去其害矣。"[63]以上这些赞许,对于那些尊程朱者尤其是在清廷明确以程朱之学为庙堂之学的情况下是不得不然之势。正如《四库全书总目》所言:"盖汉学但有传经之支派,各守师说而已,宋学既争门户,则不得不百计以求胜,亦势之不得不然者欤。"[64]

总之,清初朝廷内外活跃着众多理学家,如孙承泽、熊赐履、魏象枢、魏裔介、陆陇其、汤斌等人,他们不但立朝做官,而且相互之间都或多或少地有交往。他们大都学宗程朱,力斥阳明,从而与清政府提倡理学的态度相互鼓动,营造了以程朱理学为中心的学界气氛。张烈只不过是尊朱阵营中炮火最为猛烈的一位,所著《王学质疑》是清初尊程朱学派者的典型声音,尤其是在清廷欲以程朱理学牢笼天下士人的推动下,他攻击阳明心学的表现自然很容易赢得那些不能忘情于庙堂之外者的捧场与附和。

四、尊王学以及持调和意见者的批评

张烈激烈驳斥王学的主张,对于信奉王学以及主张调停意见的学者来说显然是不可容忍的。当他在史馆呈《王学质疑》后,当事的总裁没有明确表明支持的态度。他又与汤斌争辩"格物",李光地在《榕村续语录》中记述此事:"汤潜庵亦向姚江,张武承烈全在紫阳。张每于朝堂与汤辨,汤不甚与人争,但冷笑不然而已。一日,张在朝班向汤殷勤云:'何许时不见。'汤曰:'顷数日闭门格物。'哄然作笑,汤党大喜,以为妙语。"[65]汤斌倾向王学,但他不想与张烈争论,"未敢漫然附和"。

陆陇其刊刻《王学质疑》的做法,在当时也招致了很多反对者,甚至有一些人直欲毁其板而后已。他在给魏裔介之子魏荔彤的信中就谈到了这一情形:"接手教并批点《王学质疑》,知足下留心正学,师门箕裘不坠,喜何如之。自王学盛行以来,渐渍于人心,高明之士多陷溺其中,不可救药,武承一书刊行,不满者甚众,甚有欲毁其板者。如足下之咄咄叹赏,岂可多得哉!"[66]又如魏一鳌(字莲陆)。康熙二十六年(1687)三月廿四,陆陇其从周好生那里听说,"魏莲陆见《王学质疑》,曰此刺讥之谈,不必刻。"[67]魏一鳌,河北新城人,著有《北学编》,与汤斌、赵御众三人号称孙奇逢的三大弟子。他与汤斌一样,传承了孙奇逢兼取程朱、陆王的学术态度,自然反对批驳阳明之学的做法。

反对的还有邵嗣尧(字子昆)。这位邵嗣尧,山西猗氏人,也是一位与陆陇其齐名、以廉洁著称的人物。作为山西人的他还特别维护北方学者的名誉,有一次在井陉道署中,因丁景吕说"北方之学者不通",邵嗣尧听后大怒,两人为此"几欲攘臂"。[68]他强烈反对陆陇其刊布张烈《王学质疑》的做法,康熙二十七年(1688)九月,专门给陆陇其写信,"极诋《王学质疑》,至欲毁其板,焚其稿"[69]邵嗣尧是陆陇其的好友,可他强烈反对如此攻击王阳明,在他眼里,只有焚毁《王学质疑》才能解气。李塨也记述此事:"陆稼书任灵寿,邵子昆任清苑,并有清名,而稼书以子昆宗陆王,遂不相合,刊张武承所著《王学质疑》相诟厉。及征嘎尔旦,抚院将命稼书运饷塞外。稼书不知所措,使人问计子昆。子昆答书云:'些须小事,便尔张皇! 若遇宸濠大变,何以处之? 速将《王学质疑》付之丙丁,则仆之荒计出矣。"[70]可见,当时陆陇其刊刻、传播张烈的《王学质疑》也并不都是一篇赞誉之声,还有不少像魏一鳌、邵嗣尧这样的反对者。

其实,陆陇其还在很多场合遭遇了王学的维护者。陆陇其记述了当时发生在北京的一个场面:

> (癸亥,十月)廿八,赴徐潮席。徐胜力在座,极言辟阳明之非,主人之气甚谦,然亦似主阳明,述熊孝感之寄史馆诸公书,言阳明非正人,其意似以熊为过当。又述汤潜庵云:人言阳明初亦交通宁王,不知宁王一日未反则尚是亲王,以亲王之礼待之,不可云交通。又人言伍文定先入南昌,阳明冒其功,不知文定偏裨也,宜先入,阳明大将也,宜后入,偏裨之功皆大将之功,不为冒。又言汤极不喜东庄言及阳明家庭之短。又言汤亦不喜许酉山之学。余略陈己意,然亦未能畅所欲言。大抵阳明行事之本末非后人所能遥断,此只当据所传闻,疑则传疑可也,若其学术之误人,则不可不辨。……胜力又言:辨别异同,此教者事,不是学者事。此言大非,若止作一场说话,则教者亦不必,若论实用力则学者举足便要识路径,如何可不辨。[71]

康熙二十二年(1683)十月二十八日,陆陇其到浙江钱塘人、时任左春坊左赞善的徐潮寓所做客,时任翰林院检讨的浙江秀水人徐嘉炎(字胜力)也在座,"极言辟阳明之非",而作为主人的徐潮"甚谦",听得也是频频点头,"亦似主阳明"。徐潮又说熊赐履在寄给明史馆诸公的信中攻击王阳明非正人,在陆陇其看来,徐潮的语气言辞也是在指责熊赐履,"其意似以熊为过当"。徐嘉炎又说,辨别朱陆异同的问题"此教者事,不是学者事"[72]。陆陇其虽然不满二徐偏袒王阳明的言论,但也仅是略陈己意,未能畅所欲言。当年十一月二十日,陆陇其又拜访朱彝尊,同样谈到了朱陆的问题,朱彝尊说:"程朱虽妙,然有日月必有众星,有河海必有细流,今诸儒一见与程朱异,便以为得罪先儒,如《诗》之郑风,亦不敢齿及古注疏,所以议论最难。"[73]朱彝尊同样同情王学。

维护王学的彭定求也反对陆陇其、张烈等人尊朱斥王的做法。他认为,"尊朱是矣",不是不能尊程朱,但不能反过来将王学打倒在地。彭定求承认王阳明之学与朱熹有所不同,但强调他们的宗旨是一致的,"文成入手工夫,与朱子有毫厘之别,故其训格物也,实与朱子抵牾,至其所归,同传孔、曾、思、孟微言,同究濂洛渊源。文成揭出良知宗旨,警切著明,于朱子居敬穷理之学,未尝不可互相唱提也"[74]。彭定求认为王学在本质上与朱子没有什么不同,所以也就没有必要非打倒王学不可。

又如,汤斌也不赞同陆陇其借刊刻《王学质疑》以张扬门户之争的做法。其实,汤斌对张烈维护圣贤之学的出发点还是认可的,但他并不想批评王阳明,更担心这种尊朱斥王的做法会成为一种随声附和、夤缘攀附,"以趋时局"的时尚。他给陆陇其的信中说:

> 若夫姚江之学,嘉、隆以来,几遍天下矣。近有一二巨公昌言排之,不遗余力,姚江之学遂衰,可谓有功圣道。然海内学术,浇漓日甚,其故何欤?盖天下相尚以伪久矣。今天下深明理学者固众,随声附和者实多。更有沉溺利欲之场、毁弃坊隅、节行亏丧者,亦皆著书镂板,肆口讥弹,曰"吾以趋时局"也。亦有心未究程朱之理,目不见姚江之书,连篇累牍无一字发明学述,但抉摘其居乡居家隐微之私,以自居卫道闲邪之功。夫讦以为直,圣贤恶之,唯学术所关,不容不辨。如孟子所谓"不得已"者可也。今舍其学术而毁其功业,更舍其功业而讦其隐私,岂非以学术精微未尝深讨,功业昭著未易诋诬,而发隐微无据之私,可以自快其笔舌?此其用心亦未光明矣。在当年,桂文襄之流不过同时忌其功名,今何为也?责人者,贵服人之心。自古讲学,未有如今日之专以谩骂为能者也。[75]

当时批评张烈,反对陆陇其做法者大有人在,他们或者是尊奉陆王心学,或是持调和意见,更担心这种尊朱斥王的做法会成为一种随声附和、夤缘攀附、"以趋时局"的时尚。王源也在批评当时这种风气时说:"今之诋阳明者,行伪而品陋,识暗而言欺,天下从而和之者,趋时耳,干利耳,举世若狂,以诋姚江为风气,亦何足与深辨。"[76]
又,"后世之治天下,当首严诈伪之禁。……凡为虚言以欺天下而盗名者,悉焚其书
而填之法"。[77]尊朱的学术选择,固然是明末清初之际学者反思明亡教训之所得,然而
很快却成为一股巧言伪饰的恶习,一些士大夫甚至"心未究程朱之理,目不见姚江之
书"[78],就随声附和,似乎只要能骂陆王,就表明了自己的学识和品行之纯正。而且当
朝廷也宣示以程朱理学要笼络士人时,原本已经倾心程朱理学者可能更愿意大声宣
传自己的主张,更愿意通过批驳阳明心学的姿态展示自己的立场,还有更多的士人,
尤其是那些没有背负出处困惑的士人们,也不管是否真的理解程朱、陆王的异同,就
会主动站到尊朱斥王的队伍中去。在清初,并不排除那些尊奉程朱的士人中确实有
一些学问、品德皆优的学者,也不否认他们尊朱斥王并不是要博取朝廷属意而谋取仕
途,但那些敢于明确维护王学的学者,如孙奇逢、黄宗羲、范鄗鼎等,却大多不在庙堂
之中,的确是不争的事实。正如钱穆所言:"以若是之人才,若是之心术,相与鼓噪而
言正学,结帝王之权固有余,服豪杰之气则不足,宜乎非难之蜂起也。"[79]

五、颜元、李塨超越门户之见的批评

　　来自尊王者的批评,终究未能跳出理学内部纷争的漩涡,而来自反理学者的批评
则试图摆脱这一束缚。对于那些希望走出理学束缚的思想家而言,《王学质疑》纯粹
是"习气使然"[80]的聚讼之作。清初著名的反理学思想家颜元在《王学质疑》刊刻后
不久就看到了此书,并且进行了详细的评述。与那些尊崇程朱理学的庙堂臣子的观
点不同,颜元虽然也赞同张烈的一些观点,认为"武承(即张烈)看王子之弊甚透",但
他并没有反过来以程朱为尊。颜元说:"(张烈)先生之辨王学,有耳者能听,有目者
能见,虽使朱子复生,不过如此。然即以此胜王学而使之废,吾道不明不行自若
也。"[81]在颜元看来,张烈批驳王学在观点上没有什么不对,但问题是,即使程朱理学
胜过阳明心学,甚至使之一蹶不振,也改变不了圣人之道"不明不行"的状况。

　　对于程朱、陆王两派,张烈坚持"朱子未可厚非"。颜元则认为"两家俱未可厚
非",这倒不是因为两者都有值得肯定的地方,而在于理学(包括程朱与陆王)本身
"失孔子学宗",远离了儒学注重实践的真谛。颜元说:"吾夫子之道合身心事物而一
之之道也,吾夫子之学,学而时习之之学也,习礼、习乐、习射御、习书数以至于兵、农、
钱、谷、水、火、工、虞,莫不学且习也。故曰博学之朱子则易为博读之,观其言曰:不读
一书则一书之理不明,又曰:凡书须读取三百遍,考其功曰'半日静坐,半日读书',是
看理都在此书矣,以视夫'看理都在此心者'又何如也?"[82]实学才是孔孟之学的本质,
而程朱、陆王都远离了这一根本。

至于程朱、陆王两派在一些问题上分歧，张烈一概地肯定朱学而贬斥王学；颜元则认为两派争辩中的是是非非从根本上来讲毫无用处，不仅"无补于身"，而且与"周孔实学"无关。他说："两派学辩，辩至非处无用，辩至是处亦无用。盖闭目静坐、读讲著述之学见到处俱同镜花水月，反之身，措之世，俱非尧舜正德利用厚生、周孔六德、六行、六艺路径。虽致良知者见吾心真足以统万物，主敬者读书认吾学真足以达万理，终是画饼望梅，画饼倍肖，望梅倍真，无补于身也，况将饮食一世哉！"[83]颜元将程朱理学概括为"读讲著述之学"，将陆王心学概括为"闭目静坐之学"，即使两派学术所争辩的问题都能分辨出个是非高低，也都"无用"，两派的见解好比"镜中花"、"水中月"；即使他们所阐述的道理足以"统万物"、"达万理"，也不过是把饼画得更逼真，望梅止渴而已。

理学不仅无用，而且有害。颜元曾一针见血地说："果息王学而朱学独行，不杀人耶？果息朱学而独行王学，不杀人耶？"[84]无论是朱学还是王学，其中任何一派盛行，其结果都是"杀人"，而且是最终导致"圣道之亡"。

由此可见，在学术思想上独辟蹊径的颜元在评价《王学质疑》时已经超越了程朱陆王的门户之见，他所寻求的学术道路既不同于程朱，也不同于陆王，而是讲求"实践"的实学。作为颜元的第一高徒，李塨也在康熙二十八（1689）"阅张烈《王学质疑》"，并批曰："武承之驳陆、王，何其明耶！然酷护程、朱，夫教人以性为先，程、朱不犹陆、王耶？乃一主一奴，何耶？"[85]又，"然《质疑》一书多可采观，其辟陆、王'蹀等'、'性天'之弊甚切，但其驳陆王者即驳程朱者也。乃一主而一奴，此尚归之读书不细耶？抑有所蔽而不自知耶？"[86]在李塨看来，张烈尊朱斥王无异于出主入奴，五十步笑百步。

以张烈为代表的程朱理学固然在当时理学重建的主流中取得胜利，实现了对"王学的反动"，但由此而引发的争论也让那些追求"经世致用"的学者感到厌倦、疲惫，不仅理学内部开始厌足，批评张烈"未免过激"，而且那些试图开创新风气的学者也不满，有些甚至索性抛弃朱陆异同的束缚，直接走出理学。超越理学，摆脱程朱、陆王之争，这是清初学术发展的一个基本趋势。颜李学派对张烈的批评就是如此。再到清中期，朴学盛行，学者大都讳谈理学，更不愿意辨朱陆异同，此时即使是不愿意批评程朱，也认为张烈当年的态度不免过当。乾隆年间纂修《四库全书》时，《王学质疑》被列为存目。纪昀等人所撰《四库全书总目》评论此书言辞过于武断，"未免锻炼"[87]。可以说，随着朴学风气的兴起，张烈及其《王学质疑》不仅逐渐失去了共鸣，也不再是争执的焦点，理学内部的朱陆争斗已时过境迁，代之而起的则是汉宋攻讦。

（作者系北京市社会科学院历史所副研究员）

注　释

1　关于张烈生卒年，根据陆陇其在《王学质疑后序》中所言："先生已于乙丑十一月捐馆舍矣。"（见《王学质疑》卷尾，《四库全书存目丛书》子部第23册第96页）乙丑，即康熙二十四年（1685）；《清史列传》、《光绪顺天府志》、《国朝先正事略》、《北学编》等传记资料记载张烈终年64岁，以此推算，张烈当生于明天启二年（1622）。

2　[清]施闰章：《学余堂诗集》卷四二《偶过张武承编修有作》，文渊阁《四库全书》影印本第1313册。

3　[清]陆陇其：《王学质疑后序》，见《王学质疑》卷尾，《四库全书存目丛书》子部第23册第96页。

4　[清]李集、李富孙等：《鹤征前录》，"张烈"传后李富孙按语，《丛书集成续编》第257册第570页。

5　[清]徐世昌等：《清儒学案小传》卷三《孜堂学案》，见《清代传记丛刊》第5册"学林类5"，第441页，台北明文书局1986年版。

6　刘承幹：《明史例案》卷九，民国四年吴兴刘氏嘉业堂刊本。

7　[清]彭孙遹：《松桂堂全集》卷三五《明史立道学忠义二传奏》，文津阁四库全书影印本，集部第439册第728页，商务印书馆。

8　[清]全祖望：《鲒埼亭集内编》卷一一《梨洲先生神道碑文》，见朱铸禹汇校集注《全祖望集汇校集注》上册第223页，上海古籍出版社2000年版。

9　[清]朱彝尊：《曝书亭集》卷三二《史馆上总裁第五书》，见《曝书亭全集》第391页。

10　《读史质疑》三，《王学质疑》附，《四库全书存目丛书》子部第23册第104页。

11　12　《读史质疑》三，《王学质疑》附，第104页。

13　[清]黄宗羲：《黄梨洲文集》，《移史馆论不宜立理学传书》第452页，中华书局1959年版。

14　[清]陆陇其：《三鱼堂文集》卷五《答徐健庵先生书》，文津阁四库全书影印本，集部第442册第489页。

15　《三鱼堂文集》卷五《答徐健庵先生书》，文津阁四库全书影印本，集部第442册第489页。

16　17　《王学质疑》，张烈自序，第81页。

18　《清儒学案小传》卷三《孜堂学案·张先生烈》，见《清代传记丛刊·学林类》第5册"学林类·5"，第440页。

19　[清]毛奇龄：《西河集》卷一二〇《折客辨学文》，文津阁四库全书影印本，集部第441册第183页。

20　21　22　23　《朱陆异同论》，《王学质疑》附，第99页、第98页、第98页、第98—99页。

24　关于《王学质疑》的完成时间，张烈自序的时间是"康熙辛酉四月"，即康熙二十年（1681）四月。陆陇其所作序的时间是康熙二十四年（1685）五月，陆陇其序文中称康熙癸亥年即康熙二十二年（1683）张烈将《王学质疑》给他看。陆陇其在后序中又说："先生已于乙丑十一月捐馆舍矣。"可见，此书最迟在1681年已经完成，之后请陆陇其等人阅示，生前未能刊刻，至1685年张烈卒后第二年即1686年陆陇其才为其刊刻行世。

25　[明]王守仁：《王阳明全集》卷一《语录·传习录上》第2页，上海古籍出版社1992年版。

26　28　29　30　《王学质疑》卷一《心即理也》第82页、第83页、第83页、第84页。

27　31　32　《王阳明全集》卷一《语录·传习录上》第2页，卷二《语录·传习录中》第52页、第44页。

33　34　《王学质疑》卷二《致知格物》第85页。

35　《王阳明全集》卷二《语录·传习录中》第41—42页。

36　37《王学质疑》卷三《知行合一》第88—89页、第89页。

38　《王学质疑》卷四《杂论》第 91 页。

39　42　《王学质疑》卷五《总论》第 94 页、第 95 页。

40　《王学质疑》卷四第 93 页。

41　[清]李元度:《国朝先正事略》卷三〇,《张武承先生事略》下册第 863 页,岳麓书社 1991 年版。

43　[清]汤斌:《汤潜庵集》卷上《答陆稼书书》:"然海内学术之浇漓日甚,其故何欤? 盖天下相尚以伪久矣。巨公倡之于上,随声附和者多,更有沉溺利欲之场、毁弃坊隅节行亏丧者,亦皆著书镂版,肆口讥弹,曰:'吾以趋时局也。'亦有心未究程朱之理,目不见姚江之书,连篇累牍,无一字发明学术,但抉摘其居乡居家隐微之私,以自居卫道闲邪之功。"见《丛书集成新编》第 76 册第 390 页。

44　[清]徐世昌等:《清儒学案小传》卷三《孜堂学案》,见《清代传记丛刊》第 5 册第 439 页,台北明文书局 1986年版。

45　[清]魏一鳌辑、尹会一续辑:《北学编》卷三《张武承先生》,《四库禁毁书丛刊》史部第 63 册第 719 页,北京出版社 1997 年版。

46　[清]陆陇其:《三鱼堂日记》卷九,《续修四库全书》史部第 559 册第 578 页,上海古籍出版社 2000 年版。

47　陆陇其:《王学质疑序》,见《王学质疑》卷前第 80 页。

48　《三鱼堂日记》卷八第 559 页。

49　陆陇其:《王学质疑序》,见《王学质疑》卷前第 80 页。

50　《三鱼堂文集》卷五《答徐健庵先生书》第 489 页。

51　《三鱼堂日记》卷九第 573 页。

52　《三鱼堂文集》卷五《答山西范彪西进士书》第 490 页。

53　《三鱼堂文集》卷五《答秦定叟书》第 492 页。

54　《清儒学案小传》卷二《潜斋学案·秦先生云爽》,《清代传记丛刊》第 5 册"学林类·5",第 375—376 页。

55　《三鱼堂文集》卷七《又答安平令陈子万》第 502 页。

56　[清]魏一鳌辑、[清]尹会一续辑:《北学编》卷三《张武承先生》,《四库禁毁书丛刊》史部第 63 册第 719 页,北京出版社 1997 年版。

57　[清]张伯行:《正谊堂文集·续集》卷四《王学质疑序》,《丛书集成新编》第 76 册第 626 页。

58　[清]吕留良:《吕晚村先生文集》卷一《答吴晴岩书》,《续修四库全书》集部第 1411 册第 77 页。

59　《三鱼堂日记》卷八第 560 页。又,吕留良卒于康熙二十二年八月十三日。

60　[清]李光地:《榕村续语录》卷九《本朝人物》第 687 页,中华书局 1995 年版。

61　[清]李光地:《榕村集》卷一二《孙北海〈五经翼〉序》,文津阁四库全书影印本,集部第 442 册第 343 页版。

62　《北学编》卷三《张武承先生》第 719 页。

63　[清]唐鉴:《国朝学案小识》卷三《翼道学案·张武承先生》,《清代传记丛刊》第 2 册"学林类·2",第210 页。

64　《四库全书总目》卷一八三,集部三六,别集类存目一〇,《孜堂文集》第 995 页。

65　[清]李光地:《榕村续语录》卷九《本朝人物》第 684 页,中华书局 1995 年版。

66　《三鱼堂文集》卷七《答栢乡魏荔彤》第 504 页。

67　68　《三鱼堂日记》卷九第 579 页、第 578 页。

69　《三鱼堂日记》卷一〇第 587 页。

70　［清］李塨:《传注问》卷四《中庸传注问》,《四库全书存目丛书》经部第 173 册第 299 页。

71　72　73　《三鱼堂日记》卷八第 561 页。

74　［清］彭定求:《姚江释毁录》卷二,转引自龚书铎主编《清代理学史》上卷第 270 页,广东教育出版社 2007 年版。

75　［清］汤斌:《汤潜庵集》卷上《答陆稼书书》,《丛书集成新编》第 76 册第 390 页,新文丰出版公司 1985 年版。

76　《居业堂文集》卷七《与朱字绿书》第 508 页。

77　《居业堂文集》卷七《与李中孚先生书》第 508 页。

78　《汤潜庵集》卷上《答陆稼书书》第 390 页。

79　钱穆:《中国近三百年学术史》,"第七章李穆堂",第 294—295 页,商务印书馆 1997 年版。

80　81　82　83　84　《习斋记余》卷六《阅张氏〈王学质疑〉评》第 450 页、第 450 页、第 450 页、第 451 页、第 451 页。

85　［清］冯辰、刘调赞撰:《李塨年谱》卷二第 43—44 页,中华书局 1988 年版。

86　［清］李塨:《传注问》卷四《中庸传注问》,颜李丛书本,《四库全书存目丛书》经部第 173 册第 299 页,齐鲁书社 1997 年版。

87　《四库全书总目》卷一八三,集部三六,别集类存目一○,《孜堂文集》第 995 页。

介入与疏离:略论王筠与
嘉道年间北京的小学圈

程尔奇

清代小学大兴,以顾炎武为先导,至乾嘉时期戴震、段玉裁、王念孙王引之父子集大成。嘉道年间,小学之风仍盛,在京师学界存在着一批关注文字、声韵及训诂的学者,这其中既有如汪喜孙观察到的徐松、徐颋、吴鼎臣、陈潮、龚自珍等治学较为驳杂者[1],又有苗夔、许瀚、王筠等专治《说文》等小学著作者。他们常以论著、诗文相往来,彼此影响,保持着一定的流动性,形成了一个较为明显而又动态的小学圈。来自山东安丘的王筠作为内中一员,其学术生活之演变、对京师小学圈的观察以及离开京师后的回忆,均值得细致研讨,这对于细化清季京城学术圈的内外关节或可提供些许助益。

一、王筠京师学术道路之片断

王筠于嘉庆二十一年(1816)初次进京,时年三十三岁。不过在此之前,少年王筠便已略受京师学风之濡染。王氏回忆在其十一岁时,家居读书,父亲自京"寄谕曰:人不可眼孔小。于是胆少壮,而未深悉其理,遂以不敢妄自菲薄之意,转而为不敢菲薄斯人之心。"[2]父亲之教,是命其放宽视界,胸怀广大,养成吞象之志,故入京后王筠既能不厚此薄彼,从容应对异议,又能始终坚持自我,不轻易改弦更张,恐与此皆不无关系。二十四岁时,王筠还曾陪同赴安徽做官的父亲至阜阳,在父命之下从游于桐城姚鼐四弟子之一的方东树[3]。方氏少时"泛滥百家,惟于朱子言有独契,觉其言言当于人心,无毫发不合,直与孔、曾、思、孟无二,以观他家,则皆不能无疑滞焉,故见后人著书凡与朱子为难者,辄恚恨,以为人性何以若是其蔽也"[4]。方东树一生坚持宋学立场,曾撰《汉学商兑》攻讦汉学,王筠却不受影响,至京师后逐渐走向从小学入手的汉学之路,益突显其不为外物所动的性格。

道光元年(1821),王筠回山东参加乡试,"以第三十四名中式顺天榜举人",因策论为徐颐所赏,"得进呈焉"[5]。居京师二年后,开始正式治《说文》之学。此后,王筠孜孜治学,用力甚勤,或学而有得,或思而有得,皆札记之,学养日进。其研治《说文》,更为注重字形方面的研究,对于声韵之学措意不多,这除了兴趣使然之外,作为北方学者,对古声韵难以深刻体会也是其中一点。但他能触类旁通,道光九年(1829)阅读友人许瀚转赠张畊所著《古韵发明》一书时,提出古音韵"耳治胜目治"的观点。他说:"东晋之时,读书者携家而南,而北方野老,沿袭口语,多得正音,有胜于士夫者,可见耳治胜目治也,亦可见流变之由。"[6]可以说,"耳治胜目治",是治声韵学所特有的学术理念。因为以当日条件而言,治古学所能获得信息的途径主要通过文献及部分古物遗存,可谓以"目验"为主。但在声韵学范畴内,相对于字形的符号,声音信息是最为直接的材料,是判断声韵的核心要素,故而王筠才会有此一说。

就在读《古韵发明》的同一年,李璋煜借抄朱彝尊旧藏朱文藻所著《说文系传考异》,请王筠书其篆文。王筠得书后,除写篆外,又随手校订讹误,以朱墨别之,但并未细读[7]。稍后,叶志诜购朱文藻《说文系传考异》,王筠往观,觉其讹误较多,且"过于简略",遂于道光十二年纂《说文系传校录》,"辑二徐本同异,辨其是非,凡二百余番"[8]。道光十四年(1834),王筠丁父忧守制在家,撰序文一篇。后王氏对此书不断增删,以致成书甚晚,友人似多未见。

简言之,在京师最初的这段时间里,王筠观京城风气,纳群贤之言,确定了自己治《说文》的路向,并为其后学术成就之总结做了大量准备。虽著作仅有《正字略》等寥寥数种,《说文系传校录》亦不为人知,尚不足以引起小学同人的关切与讨论,但毕竟已跻身小学圈,成为其中的一份子。数年后,王筠再回京师时,能因《说文释例》一书引起学界震动,实是此段时间内学术积累之势所必然。

二、共同圈:王筠京师交游之"谐"

清初以来,朝廷以举荐博学鸿儒、开明史馆、修四库全书等多种方式笼络读书人,使京城成为学人荟萃之地,儒士、经生麇集,形成庞大而复杂的学术圈子。王筠于三十三岁入京后,中间虽屡次返回原籍,但多数时间在京师度过。其间,结识许瀚、李璋煜、何绍基、何绍业、汪喜孙、陈奂、祁寯藻、徐颐、多隆阿、胡培翚、叶志诜、张穆等人,彼此之间互通学问,共赏碑文,逐渐形成一个有共同话语的小群体[9]。相较而言,王筠与许瀚、李璋煜、汪喜孙等人的交情最为深厚,成为王氏京师交游过程中的和谐之面。而同诸友与朝鲜使臣的交往,更为王筠在京师的学术与日常生活增添了丰富内容。

道光六年(1826)底,时任朝鲜礼曹判书(礼部尚书)的申在植作为冬至兼谢恩使来到北京,以巩固两国关系。申氏字仲立,号翠微,朝鲜黄海道平山人,是朝鲜有名的学者型官员。他到北京后,与王筠、汪喜孙等人在不到二十天之内,前后共会见四次[10],王筠参与了其中的第一、三、四次。在第一次会见时,申氏希望与会诸人能够题扇面,以为留念,作为思想交流的见证,得到众人回应。申氏遂"言如不果就,诸君子当罚以酒东向溑之"。王筠闻后觉其雅谑可纪,即作《溑酒歌》以助兴。[11]后来王氏赠申在植画扇及词作,并论篆书与隶书、楷书之间的关系,申氏为之折服。在最后一次会面中,王筠与汪喜孙、李璋煜等人一起,还与申在植进行了一次有关汉宋学关系问题的学术争论。

朝鲜学人安晦轩于元朝至元二十六年(1289)将朱熹的著作带回国以后,理学逐渐在该国发生影响。至李朝开国,儒学取得国教地位,朱熹的学说成为其学术的正统。虽然后来陆王心学传入,也未对理学的地位产生根本性的冲击。像申在植这样的朝鲜使者,大多仍持宋学立场,与王筠、汪喜孙、李璋煜等人的汉学取向适相对立。

在辩论中,李璋煜力图证明,本朝即便是崇尚理学的人物,也并不完全排斥前代学说。他以理学名臣汤斌为例,认为其固然以理学而见著,但也曾说过汉儒得"圣人之博",宋儒得"圣人之约"的话。由博返约,无可偏废。"若偏主一家,是汉儒宋儒之经,而非圣人之经"。因此,李璋煜提出既然理学大儒汤斌亦有此论,"可知非一人之私言也"。随后,汪喜孙、李璋煜又分别举无汉宋学背景的李塨和汉学名家凌廷堪之例,来说明汉学的重要性。申在植对于王筠等人的诘难予以回应,他努力树立朱熹的权威,认为"孔夫子以后,有朱子一人而已",但引据并不丰富,无法有力还击宗汉学诸人。李璋煜等人则依照汉学家的基本理念,指出"舍训诂而谈义理,恐近禅学耳",并希望"与其读后人书,不如读古人书",因为"去孔子愈近,而愈真且理"。[12]

王筠在此次辩论中显得不如李璋煜、汪喜孙积极,但他毕竟融入了这个特定的小圈子,且也发挥自己应有的作用。王筠十分郑重地向朝鲜学人郑重推介汉学著作,他曾对申在植说:"近有段茂堂先生,名玉裁,字若膺。《说文解字注》共四函,京钱十二千可得。其书诚《说文》至好之本,其中有武断处,然不掩其瑜。欲识字者,非此莫由。"[13]显然,在当时汉学的主流风气中,王筠自然而然地扮演着所在圈子中一定分量的角色,并不自觉地在为主流学术作出自己的努力。

除王筠外,汪喜孙等人亦深感向海外传播汉学的重要性。汪氏在《与朝鲜某大夫书》[14]中,重点论述了《尚书》及音韵之学。谈到《尚书》时,他以阎若璩《古文尚书疏证》为例,认为《皇清经解》盛行,却不收阎氏之书,恐致其失传。"仆架上只一册,亟取奉寄,非徒一时传播,实欲千古长留"。他还介绍说:"《易图明辨》、《洪范正论》、《易汉学》、《孟子字义疏证》,皆《经解》所缺,不可不读之书。"言及音韵学,汪氏将从明代陈第至清代顾炎武、江永、戴震、段玉裁、王念孙、王引之、江有诰等人的学说一一罗列，使对方对清代音韵学发展的脉络有大概的了解。他还诚挚地向另一位朝鲜学人金正喜批评说："东国人文，不知由训诂以通理义，由小学以入大学，由六经以明道，由两汉以阐明七十子。"[15]在汪喜孙看来，朝鲜学术仍昧于宋学，徒尚空谈，不知经学之根本，并不能真正探知圣道。

上述诸人在向外推广汉学方面取得了明显的一致性，这是由于此时汉学群体是作为一个整体而言，且其对手方为域外学术群，双方容易抱作一团，形成合力。王筠作为一名纯粹以学术为指归的《说文》专门学者，此时即能充分发挥其作用。然而，抛开对立面，当我们的目光转向汉学群体内部时，京师小学圈和谐的表象下便生发出不谐的面相。

三、竟处困局：与段玉裁学脉的"不谐"

王筠身处京师学术圈中，原想广为结交，以富学识，却在沉浮多年后未能如意，以致记忆中略感苦涩。他在回忆这段留京岁月时曾说："后来薄游京华，谓是人才之所荟萃，倾心以求，不意事会蹉跎，究少兰契。二十年来，不我弃者数人耳。"[16]二十余年间仅得数友，说明其在京师交游（特别是后期）并非顺遂。究其原因，一方面或在于王氏自身过于孤傲耿直之个性，另一方面则是其对已经身故的小学宗主段玉裁的不敬，使其与段氏学脉并不和谐，致其始终无法真正进入京师主流学术群体。这种情况并非仅见于王筠个人，故考察个中衷曲，亦可推想在当时的环境下，与王筠相似之"薄游京华"的学人们的共同处境。

道光十六年（1836），已在京师甚久的王筠"病目"后回籍山东安丘[17]。次年，以54岁之龄成《说文释例》一书。他在该书的自序中对当今《说文》研究情况进行了点评，以桂馥、段玉裁二家为"最盛"，"治《说文》者，以二书为津梁，其亦可矣"。王氏又指出两人的优劣之处。他认为，桂馥之书"凡所称引，皆有次第，取足达许说而止"，段玉裁之书"体大思精，所谓通例，又前人所未知"。至于弊端，他说桂馥"引据之典，时代失于限断，且泛及藻绘之词，而又未尽加校改，不皆如其初旨"，而段玉裁之弊则是"武断支离，时或不免"。[18]王筠仅就学术本身作出如此论断，但他不会想到之后会与段氏弟子及尊段学人因之而失和。

《说文释例》一书显示出王筠治《说文》的深厚功力。与前人相较，此书从结构到内容可谓新见迭现。清儒治小学成绩卓著，对于文字形声义三者的关系均予以密切关注。如戴震提出"故训音声相为表里"[19]，王念孙认为"诂训之旨本于声音，故有声同字异、声近义同，虽或类聚群分，实亦同条共贯"[20]，段玉裁的看法有所深入，他说："许君以为音生于义，义著于形。圣人之造字，有义以有音，有音以有形。学者之识字,必审形以知音,审音以知义。"[21]段氏指出了先有声义而后有形,即先有语言而后有文字;而识字,则先形后声义,这一见解颇精到。但即便如此,段氏仍然较多是因声求义,关注的重点仍是音、义,对形的关注固然增多,但仍略有缺失。王筠则不但与前人同样指出"文字之奥,无过形声义三端,而古人之造字也,正名百物以义为本,而音从之,于是乎有形。后人之识字也,由形以求其音,由音以考其义,而文字之说乃备"[22],同时,他更明确的提出造字之本源。他说:"其始也,呼为天地,即造天地字以寄其声,呼为人物,即造人物字以寄其声;是声者,造字之本也。"[23]也就是说,文字的本质是人在自然界中的生存过程中形成的语言记录符号,这种观点显然更为深入。

除文字起源外,王筠对于文字的演变发展也提出了颇有睿智的看法。他认为文字演化的过程有两条重要的规律,即分别文和累增字。对于前者,王筠说:"字有不须偏旁而义已足者,则其偏旁为后人递加也。其加偏旁而义遂异者,是为分别文。其种有二:一则正义为借义所夺,因加偏旁以别之者也;一则本字义多,既加偏旁,则只分其一义也。"对于后者,王筠说:"其加偏旁而义仍不异者,是为累增字。其种有三:一则古义深曲,加偏旁以表之者也;一则既加偏旁即置古文不用者也;一则既加偏旁而世仍不用,所行用者反是古文也。"[24]在《说文释例》一书中,王筠详论分别文三十五例,累增字四十四例,又在附录中简举两种文字近百例,以证其说之确。此外,王氏还发现文字发展过程中的"纹饰"、"非字"等现象,总结出早期文字由图画转换之后所保留的图画的痕迹,以及文字中部分笔画从所属字中析出后既无声音亦不自成字等特殊情况,使人们对于文字本身的认识愈加完善。

王筠之后,续有江沅《说文释例》、陈瑑《说文举例》、张行孚《说文发疑》等等,概为发明许书条例之作。虽间有王氏书所未道者或可补正王氏书者,但大体与王筠《说文释例》相仿,可知该书亦颇有影响。

《说文释例》成书次年,王筠即带着该书返回北京,"示诸友人"。不久又"厘订补苴"《正字略》,并在陈山嵋的敦促下有意撰《字学蒙求》(即后来之《文字蒙求》)。他还给阮元写信,以所著各书求正。[25]既然把《说文释例》给友人传阅,还请与段玉裁同为王念孙弟子的阮元是正诸书,则其序中对段玉裁的褒贬之词,当很快能在京城学术圈中传播开来。书中对于作为领军人物的段玉裁多有批评,"武断支离",更是刺人眼目。故纵使王筠所论堪称卓识,友人也认为《说文释例》乃王筠"生平精诣所萃,"并赞其"如亭林之于音韵,后有作者,补苴焉、匡救焉可矣,必无更能过之者"[26],但诸学人在纸面上却会回避甚至有所回应。

王筠将《说文释例》给京城友人看后,在受到治小学同人认可的同时,即不乏驳斥者的声音。但他不以为意,认为"幸闻吾过,则我进矣。即我友驳之者或过,则我重言以尽其意,而我友亦进矣,孰如没世之后有指摘我者,而我不得受其益耶"[27]?王筠对于学人之间的辩难,纯以学术的内在价值为标准,甚少考虑到其外围的因素。然而,令王筠没有想到的是包括一些友人在内的刻意回避。与之素相友善的何绍基、绍业兄弟,对《说文释例》一书便不赞一词,使王筠希望从何氏兄弟二人那里得到学术帮助的想法落空。王氏对此既感不满,又有些困惑,禁不住自问"岂鄙之为无足置议耶"[28]?虽然后来王筠六十岁生日时,何绍基特和韵祝寿,赞其"海康成后一人,礼堂垂老著书身。……古今声不淆宫徵,俯仰形难遁鲁鱼。盛业倘教甄石室,同文直与达毛车。超斯轶籀追皇颉,达士通人古孰如"[29],但何绍基于王筠身后曾为其撰的墓志铭,却在后来自编的《东洲草堂文集》中不收此篇[30],恐亦有淡化二人关系之目的。

除何绍基兄弟不赞一词外,与王筠订交已逾十载的陈奂,在后来所撰《师友渊源记》里记载了包括段玉裁、汪喜孙等在内的大量师、友、门生,却对王筠只字不提[31]。王筠曾将《说文释例》重加整理,"倩人写一帙上呈"阮元,望其"赐之序文",但检《说文释例》诸版本及阮元已刊著作,似均未见有此序文。陈奂是段玉裁授业弟子,维护师尊自然不遗余力,故《师友渊源记》不录王筠或有其道理在。而阮元曾与段玉裁发生不快[32],他对《说文解字注》固然赞誉甚高,却也明确指出段氏"知者千虑,必有一失。书成之时,年已七十,校雠多属之门下士,往往不见本书,未免有误其言旨哉"[33]。可即便如此,阮元依然不给王筠写序,若细思之,或许反映出阮元之心态,既不愿与王筠一道成为反段玉裁的同盟,又对王氏学术潜质并不看好。如此,则王筠与京城主流学术群体距离尚远。

段玉裁的《说文解字注》成书于嘉庆十三年(1808),先于王筠《说文释例》成书三十年,即便以段书初次刊行(1815)来算,亦早23年,在此期间,实并不乏对段书批评的声音。有人甚至指出因段玉裁"恐老而不及期,未免求速",遂"多漏略",以致形成"凡治许书者,群起而正之"[34]的局面。责之最力者,是钮树玉、徐承庆和王绍兰。钮树玉在道光三年(1823)写就的《段氏说文注订》自序中,明言段注与许慎原书不合者有六处,包含有"别易一字"[35]。徐承庆(去世于1833年,故成书亦早于王筠,据宋翔凤言,徐颈为其"再从弟")《说文解字注匡谬》对段玉裁改字作了大量举证[36]。王绍兰著《说文段注订补》,后潘祖荫撰序称其对段改字之驳难,"假令段氏复生,不能难也"[37]。即便为徐承庆作传的宋翔凤,虽无专门辩驳段玉裁的著作,也曾不断和徐承庆谈及段氏"所以改定前人者,恐其误后人"[38]。

至于王筠的《说文释例》,细绎序言中之措辞实不难看出,王筠心中对于桂、段二人,有明显的高下之分。作为同治《说文》者,王筠对段玉裁显示出极大程度上的认可,赞其"体大思精"、发"前人所未知",虽"武断支离",也不过"时或不免"而已,可谓以"大醇小疵"视乎段氏。既然前人对段氏已有类似评判,王筠所言当不致于招致段氏学脉的不满。然而,从后来王筠的言论来看,令其与段氏学脉不谐的重要原因是其不断表露出的刻意与段玉裁针锋相对的指向。王氏曾在谈到写作《说文释例》之缘由时云:"余平生孤行一意,不喜夺人之席,剿人之说,此《说文释例》之所为作也。……苟非段茂堂氏力辟榛芜,与许君一心相印,天下亦安知所谓《说文》哉! 惟既创为通例,而体裁所拘,未能详备。余故辑为专书,与之分道扬镳,冀少明许君之奥旨,补茂堂所未备。"³⁹这段话分明可见其与段玉裁"分道扬镳"之用意与"孤行一意"之决心。就在《说文释例》写毕不久,王筠"以《说文》传写,多非其人;群书所引,有可补苴。遂取茂堂及严铁桥、桂未谷三君子所辑",纂成《说文句读》三册。他在此书的序言中特别宣告与段玉裁不同者"凡五事",分别是删篆、一贯、反经、正雅、特识,可谓处处显露出与段氏立异的决心。⁴⁰当然,这种做法与钮树玉类似,段氏《说文解字》一出,亦有数人与之争锋,但关键是至王筠时,段玉裁作为戴震之学的嫡系传人,其《说文》研究上的成就已获学界认可,宗主的地位已经确立,在这样的情况下,又有诸弟子护持,难容他人置喙。加之王筠这种耿直的性格使之在京师学术圈中并未得到多少盟友,其将自己置于与段玉裁"相抗"的角色中,作指摘之语,必然难以真正在这个小圈子中获得更为突出的一席之地。

对于此种遭际,王筠似乎早有预料。在《说文释例后序》中他说:"著书者,每勇于驳古人,而怯于驳今人,谓今人徒党众盛,将群起而与我为难也。然使群起难我,我由之讲其非以趋于是,则我愈有所得矣。或以非义之词相难,则人皆见之,而我亦无所失矣。况乎荧光自照,蚁封自高,得其所得,聊为怡悦,讵谓与斯世竞短长哉! 许书故在,请自研究,我之说或能启翼之,非谓竟可障蔽之也。知我罪我,或可与许君遥质之尔。"⁴¹面对此种情形,该当如何? 王筠亦曾自道。他在给许瀚的信中借题发挥说:"丈夫但当容人,不当受人容,但当谅人,不当受人谅。弃悗来之物,坚进德之志,笑我者必转而敬我,即爱我者亦不至怜我也。仙人即谪,仍是仙人,何至与凡俗较短长哉?"⁴²王氏与许瀚私交最笃,虽然此信内容多为慨叹赵执信高才落魄,然其阐发之处,多可视作夫子自道之语。以"仙人"自况,王筠难免在复杂的京师学术圈中感到不为所容,从而发出"事会蹉跎,究少兰契"之感叹。若再以此回望1823年王筠初到京师即因为家事而"私心刺谬,乃波及其著作",批评翁方纲之学术,还振振有词说自己"之所以不服覃溪先生,乃性僻致然"⁴³,丝毫不掩饰其有违公允之处,则王筠乖僻之性情,已经注定其在京师终将陷入"二十年来,不我弃者数人"而已的困境之中。

晚年的王筠与张穆订交,一度甚为亲密,但却在张穆去世之年与之断然绝交⁴⁴,其刚烈之作风可谓伴其终生。以如此之秉性,又并无明显的师承与宗主,纵然有极高价值之著作,在复杂而多变的京师主流小学圈中,王筠却始终处于介入其中但又游离于中心之外的边缘状态。而与王筠情况相类之学者在京师学圈中的处境,亦能大体推而见之。

（作者系北京市社会科学院历史所助理研究员）

注　　释

1　汪喜孙:《尔雅小笺识语》,杨晋龙主编:《汪喜孙著作集》(上)第 69 页,(台湾)中央研究院中国文哲研究所 2003 年版。

2　王筠:《送光寿堂先生序》,《清诒堂文集》第 100 页,齐鲁书社 1987 年版。

3　王筠:《节园诗稿序》,《清诒堂文集》第 98 页。

4　方东树:《汉学商兑序略》,《书林扬觶》卷下,载《四库未收书辑刊》第 9 辑第 15 册第 49 页,北京出版社 2000 年版。

5　郑时辑著:《王菉友年谱》,载《清诒堂文集》第 236 页。

6　王筠:《致芸心先生书》,《清诒堂文集》第 128 页。

7　王筠:《书朱文藻〈说文系传考异〉后》,《清诒堂文集》第 44 页。

8　王筠:《上阮芸台先生书》,《清诒堂文集》第 146 页。

9　详见王筠:《复翟文泉先生书》,《清诒堂文集》第 142—143 页。

10　具体过程,见郑时辑著:《王菉友年谱》,载《清诒堂文集》第 240—243 页。

11　王筠:《濮酒歌》,《清诒堂文集》第 204—205 页。

12　详〔日〕夫马进著、伍跃译:《朝鲜燕行使与朝鲜通信使——使节视野中的中国·日本》第 69—70 页,上海古籍出版社 2010 年版。

13　郑时辑著:《王菉友年谱》,载《清诒堂文集》第 241 页。

14　汪喜孙:《与朝鲜某大夫书》,杨晋龙主编:《汪喜孙著作集》(上)第 194—195 页。

15　汪喜孙:《与朝鲜金正喜书(一)》,《汪喜孙著作集》(上)第 200—201 页。

16　王筠:《复单廉泉书》,《清诒堂文集》第 116 页。

17　郑时辑著:《王菉友年谱》,载《清诒堂文集》第 259 页。

18　27　28　41　王筠:《说文释例》序,《清诒堂文集》第 58、61、61、60 页。

19　戴震:《六书音均表序》,张岱年主编:《戴震全书》(六)第 384 页,黄山书社 1995 年版。

20　王念孙:《广雅疏证序》第 2 页,中华书局 1983 年版。

21　段玉裁:《说文解字注》卷一五上第 764 页,中华书局 1981 年版。

22　王筠:《说文释例自序》,《说文释例》第 1 页,中华书局 1987 年版。

23　王筠:《六书总说》,《说文释例》卷一第 9 页。

24　王筠:《分别文累增字》,《说文释例》卷八第 173 页。

25　郑时辑著:《王菉友年谱》,载《清诒堂文集》第 261 页。

26　张穆:《说文解字句读序》,《月斋文集》卷三,《续修四库全书》第 1532 册第 271 页。

29　何绍基:《次韵和王菉友六十自寿》,《何绍基诗文集》(一)第 160 页,岳麓书社 2008 年版。

30　44　郑时辑著:《王菉友年谱》,载《清诒堂文集》第 234、277 页。

31　陈奂:《师友渊源记》,光绪十二年(1886)函雅堂刊本。

32　见陈东辉:《阮元与段玉裁之恩怨探析》,《浙江大学学报(人文社会科学版)》2005 年第 3 期。

33　阮元:《段氏说文注订叙》,载王绍兰:《段氏说文注订》,清道光四年(1824)刊本。

34　宋翔凤:《徐谢山先生家传》,《续修四库全书》第 214 册第 217 页。

35　钮树玉:《段氏说文注订自序》,《续修四库全书》第 213 册第 1 页。

36　徐承庆:《说文解字注匡谬》(张鸣珂同治十一年抄本,见张氏跋),《续修四库全书》第 214 册。

37　潘祖荫:《说文段注订补序》,见王绍兰:《说文段注订补》,《续修四库全书》第 213 册第 164 页。

38　宋翔凤:《徐谢山先生家传》,《续修四库全书》第 214 册第 217 页。

39　王筠:《说文句读序》,《清诒堂文集》第 80 页。

40　详见王筠:《说文句读序》,《清诒堂文集》第 81—82 页。

42　王筠:《致许印林书》,《清诒堂文集》第 151 页。

43　王筠:《致文泉先生书》,《清诒堂文集》第 140 页。

17—19 世纪法国艺术中的中国题材

——兼论 19 世纪法国画刊中北京题材的铜版画

张雅晶

欧洲旅行家通过丝绸之路早就知道东方有个文明古国,所以他们把中国称为"丝国"。直到中世纪,欧洲人发现远东,意大利人、荷兰人、葡萄牙人、西班牙人等国的旅行家和传教士及商人亲临中国并留下记述,那正是中国的元帝国之时,16 世纪中国地域宽阔、人口众多、物产丰富、风俗奇特,领土混一欧亚,中西交通畅行无阻。明王朝建立百年,而一般欧洲人心目中的中华帝国是"大汗的契丹"。

17 世纪的法国,在法人心中颇为自豪,如同中国的汉唐时期。路易十三加强君主王权和发展经济文化,使法国遂为欧洲经济文化艺术中心,已居于欧洲之首,法国人称 17 世纪为"伟大的世纪"黄金时代。路易十四自封"太阳王",他颇有时尚艺术天赋,到统治末期,他的喜好已经被西方世界奉为时尚和品味的标志,被认为路易十四时代风格——"伟大的风格",其核心是庄严宏伟的古典主义,法国路易十四在 17 世纪末已成为欧洲时尚的决定者。

18 世纪的法国艺术随着进入路易十五王朝而转变为"路易十五式"风格,即罗可可艺术风格,它取代了巴罗克时代雄健奔放风格,成为 18 世纪欧洲占统治地位的艺术风格。17—18 世纪,正值清朝康雍乾时期,中国与欧洲有着频繁的贸易往来,这就使得中国瓷器、漆器、珐琅等工艺品远销法国和欧洲诸国,并在欧洲引起皇室、贵族、收藏家和艺术家的浓厚兴趣,中国工艺品备受追捧。这个时期,在多数欧洲人看来,中华帝国是一个富足美妙的国度,他们印象中的中国是美丽的自然风光、湖水假山、亭台楼阁、宫廷仕女、戏院车马、陶瓷茶叶等。欧洲美术界出现了中国热,建筑装饰和工艺美术领域,更是出现了追求"中国趣味",崇尚"中国风格"的时尚流行浪潮,法国罗可可(Rococo)风格代表画家奥德朗、瓦托、布歇等人的作品中,可以清楚地反映出"中国趣味"和"中国风格"。"故日本美术史家小林太市郎,甚至认为应将当时风靡欧洲的'罗可可式'称之为'中国——法国式'。"[1] 由此可见,17—18 世纪中国艺术对欧洲美术之深刻影响。

19 世纪,西方列强的军事侵略、经济掠夺和文化冲击,猛扑中国。随着军队和商人、西方传教士的进入,外交官、记者也进驻中国和北京,他们亲身经历北京,并把他们不完整的中国观和北京观,记录成书在西方出版发行,向西方介绍中国,并产生了极大的影响。"如果说早年欧洲艺术家是带着崇敬与好奇的目光来描绘中国,那么19 世纪中叶鸦片战争以后,中西方交流的性质则完全改变。随着欧洲快速工业化,各国纷纷寻求海外殖民地,以满足原料供应与市场销售的庞大需求。当中国的神秘面纱被揭开以后,欧洲人看见的是一个仍活在中世纪处处落于世界之后的中国。"[2]

据《老北京西洋铜画典藏》所载,19 世纪,法国画刊刊载了 20 幅以北京为题材的铜版画,这些铜版画家,几乎都没有亲临北京,他们主要是依据当时在西方流行的有关中国的书籍,传教士的信件和记者的照片而绘制。通过这些铜版画的内容,我们由此可见鸦片战争以后,欧洲人对中国居高临下的心理,由此可见,19 世纪西方人的中国观及北京观的转变。

一、17—18 世纪法国兴起的中国热

17 世纪法国皇室对中国事物开始感兴趣,路易十四的宰相玛萨林收藏了大量各类物品,"其内容之丰富,几乎与一个市场相仿"。[3]玛萨林的爱好也影响了路易十四,路易十四和凡尔赛宫使用了很多中国物品有瓷器、丝纺织品,还有各种类型的橱子、容器、扇子、书橱、桌子等,宫廷内"充满了珍奇装饰……其中有不少优美的中国瓷器,也有瓷人和中国绘画"。路易十四修建的凡尔赛"瓷宫",把"中国式的瓷器是作为装饰集合体被纳入法国建筑样式,它是利用其整体的雕塑感作为图案来使用,而不是欣赏单个的瓷器。在这里,为专制君主路易十四所需要的古典主义的庄严宏大和巴洛克式的豪华与中华帝国的富丽堂皇气派结合在一起了。"[4]

在路易十四当政时期,法国的"中国趣味"已经相当浓厚,受路易十四的影响,宫廷、贵族、民间对中国艺术都产生了的极大兴趣,异国情调是他们追求的一种时尚。

才女兰菲宅邸兰菲馆,是上层社会妇女文学界沙龙集会地,这里有间中国式装饰的房间——青房间,四面摆着花瓶之类的瓷器及书橱等中国工艺品。女主人在中国风的流行中居于领导地位。而戏剧大师莫里哀也收藏的中国瓷器,藏品数量丰富,品质上乘,令路易十四惊讶。贵族化装舞会,是反映时尚的一个风向标的场所,1699 年布尔康尼公爵夫人身着中国服装出现于舞会、次年她又把乐队化装成中国人乐师,节目之一是"中国国王"出场。这种着装对以后化装舞会都有影响,至 1867 年凡尔赛宫举办的一次化装舞会上,仍有一些人穿中国服装,这种化装舞会当时在欧洲各地

都有。[5]

二、18 世纪法国带有中国风的画家

18 世纪上半叶的法国"罗可可"风格的绘画作品,大多是娇媚浮华,缺少精神内容和深刻性之绘画,"但是它以法国式的轻快优雅使绘画艺术完全摆脱了宗教题材,在反映现实生活方面向前迈进了一步"。[6]已经成为风雅别致有生气的东西。"罗可可"艺术中,有着明显的东亚因素和中国因素,东方艺术对整个 17、18 世纪法国和欧洲美术、特别是对"罗可可"绘画和装饰美术产生过一定的影响,"这种影响实际是超出绘画而波及整个文化心理的"。

18 世纪,带有中国趣味风格的法国画家,主要有克洛德·奥德朗(Audran)——"罗可可"艺术的先驱者、让·安托万·瓦托(华多、华托)(J. A. Watteau)——"罗可可"艺术的奠基人、弗朗索瓦·布歇(Francois Boucher)——最具"罗可可"风格的画家。透过他们带有个人倾向的"浪漫主义的中国风",可以反映出当时法国人的中国趣味。

克洛德·奥德朗,法国宫廷画师,以油画家、雕刻家、版画家及室内装饰家著称。1704 年被任命为卢森堡宫的保管人。克洛德·奥德朗的装饰画里透着中国的趣味,"中国意趣已成为他的新法则的不可分割部分"。他指导学生瓦托,用非西方绘画笔法来描绘拉米埃特(La Muette)城堡的中国场面,使其习得自由飘逸笔法。他还指导画室工作的乌德利等人,在白色或金黄色底子上来完成装饰作品,色彩温润光泽是其作品特点之一。

让·安托万·瓦托(1684—1721),比利时人,出身手艺人家,生性高傲,历经坎坷。18 岁移居法国巴黎,师从吉洛,又师从著名装饰画家、版画家克洛德·奥德朗,后进皇家绘画院学习,以《西苔岛的巡礼》一举成名于巴黎画坛。37 岁因病而逝。1731 年《米尔基尔》杂志,刊载他 20 幅一套的《中国人物画帖》铜版画,每幅画名,是把中文拼译成拉丁文,如"海南岛的女神"、"医生"、"宫妃"、"尼姑"等等,这套铜版画从情趣和手法上看有一种新的倾向。如《海南岛的女神》瓷器画样是瓦托临摹拉米埃特城堡的壁画。《海南岛的女神》画的是中国海神——妈祖,女神的形象为瓦托化的法国女郎,服饰和道具带有几分东方风情,而太湖石般的带岩洞假山,"似乎正是构成'罗可可'装饰母题——所谓'岩状工艺'的东西"。

"一般认为奥德朗对瓦托的画风形成有直接影响,瓦托是继奥德朗之后最早在法国绘画中表现中国趣味的画家。"

弗朗索瓦·布歇(1703—1770),弗朗索瓦·布歇是法国最具罗可可风格的油画

家、版画家和设计师,他把罗可可风格发挥到极至。早年随父学画,受鲁本斯、瓦托影响,20 岁时获皇家美术院展览会一等奖,得皇家美术学院奖学金留学罗马、威尼斯。他迎合贵族喜欢希腊神话故事、爱情风流韵事的审美趣味而创作,得了美术院院士的头衔、晋升为教授。晚年声望至巅峰,担当美术院院长、皇家首席画师。

弗朗索瓦·布歇是中国文物收藏家,藏有相当数量的中国绘画、陶瓷、家具以及佛像、武器等古玩。他的作品中反映了浓厚的中国趣味,如《早餐》192(1739,油画)中的中国瓷器、佛像和《化妆》(1742,油画)中的那花鸟屏风。弗朗索瓦·布歇最著名的中国风作品,是于 1742 年他为博韦织造所设计的一套 9 幅中国主题的壁毯,这组壁毯的图画分别为《中国皇帝上朝》、《中国皇帝的宴飨》、《中国婚礼》、《中国捕猎》、《中国捕鱼风光》、《中国舞蹈》、《中国集市》、《中国风俗》和《中国花园》。据说壁毯是参照供职于清廷的传教士画师王致诚在北京所作的画稿而设计的。描画上明显带有画家想象和揣摩东方艺术风韵的成分。路易十五于 1764 年将这套壁毯赠给了中国的乾隆皇帝。乾隆皇帝曾在圆明园特别为这组壁毯开辟专室保存。

一般认为瓦托对布歇有所继承。18 世纪 40—50 年代,布歇的画风在路易十五的宫廷中成为最高的标准。而他在西方美术史上却是一位颇有争议的画家。[7]

三、19 世纪法国画刊以北京题材的铜版画

1840 年的鸦片战争打开了中国的大门,更多的西方人进入中国和北京,他们亲身经历北京,对中国和北京有着自己的认识。约翰·斯塔德(John L Stoddard)是一位美国旅行家,他对古老帝国颇有兴趣,1897 年亲历中国,他把这次旅行当作是对人文知识的一种独特、有效的学习,人生中最有价值的一段经历。他对古老的中华帝国给予颇高的评价:"从历史、人口和制作工艺三个重要的方面考虑,中国足够可以傲视整个世界。就历史而论,她无疑拥有世界上最古老的政体,与她所经历的年代相比,即使罗马教会也年轻了许多。至于我们今天的共和政体,更仿如昨日。就人口而论,古老的中华帝国遥遥领先于世界各国。她的疆土几乎相当于美国的两倍,而人口却是美国的 6 倍。就中国的工艺而论,西班牙的征服者——撒拉逊人的马撒在说到他们的先知从天堂重返人间时,曾经形象地比喻先知拥有希腊人的聪明头脑,阿拉伯人的如簧巧舌以及中国人的灵巧双手。中国一度和现在的美国一样,是多项发明的诞生地。"[8]同时,约翰·斯塔德也指出:中国如同长城,有久远的年代,有深广的空间维度,具有辉煌的时代。而"现今已经逐渐残破不堪一样,庞大的中华帝国在 19 世纪的今天已经是完全闭关自守,腐朽没落了。她的道路一度四通八达,现在是满目疮痍;她的街道令人厌恶;她的江河沟渠已经淤塞急需疏浚;甚至是她的寺庙也缺乏必

要的修缮。她庞大的组织机构在平稳运行中已经疏于管理反应迟钝,腐朽的肌体一触即溃"。[9]约翰·斯塔德的中国认识,代表了西方对中国的普遍认识。

法国在中国的势力范围,原集中在中国云南、两广一带,版画题材也多以中国南方为主。庚子事变,使得法国人更加关注北京,这样,有关北京的版画创作激增。

19 世纪法国画刊(L' univers illustre)《Le Petit Parisien》,刊载了 20 幅以北京为题材的铜版画,从时间和内容上看,19 世纪 60 年代刊载有"紫禁城",19 世纪 80 年代刊载有以皇帝为题材背景的和与皇帝相关的"同治皇帝"、"皇帝祭天"、"中国皇陵入口处";刊载外国驻北京军营和使馆内容的有:"法国军营"、"8 月 15 日的前大门";刊载北京平民社会生活内容的主要有:"中国家庭"、"北京街头的流动理发师"、"北京街头的摊贩";"从城墙看外城"、"街道巡捕"、"庶民生活"、"街头木偶戏"、"野外戏剧表演"、"8 月雨季北京胡同的景象"、"北京市集"、"北京街头"、"饮食摊贩"、"民众聚赌";19 世纪末还刊载法国绘制的"中华帝国首都北京城图"。

法国画刊(L' univers illustre)在 1860 年刊载了铜版画"紫禁城",此画是两位画家的合作之作品,版画描述英法联军进入北京城的情景。画中间的北京城全景,是依据蒙达班副官的照片而绘制,城的左侧除房屋外还有护城河及七孔桥,右侧则是众多的宫殿式院落,远处山岚白云,而城楼门前是联军官兵或列队而立、或马上坐骑。而北京城左右两侧的特写是另一位画家补绘的。左侧前方站立着两位军官,其中一位扛枪,他们的身后,是掠抢妇女的混乱场面;右侧前方站立着一位士兵,他的身后,有抢掠财宝和席地酗酒的联军。"英法联军进入北京城",场景壮观,人物表情逼真,是西洋版画中的杰作。同时,它也是以图像记载了英法联军第一次侵入北京城的历史。

19 世纪 80 年代起,法国画刊大量刊载了以北京为题材的西方铜版画,上至皇帝下到庶民。"同治皇帝"坐像铜版画,画面同治皇帝身穿补服,戴孔雀翎帽,同治面容圆润,双目低垂,左手五指张开扶放在左膝上,右手并拢微握放在右膝上。画师未亲见同治皇帝,画师根据自己的想象和美学经验来描绘中国的人物,所以,铜版画中的皇帝面目轮廓更像是西方人。

反映北京不同居住地的街道有:"北京街头"、"8 月雨季北京胡同的景象"。

"北京街头"(画中签字 GAILDRAU),画呈现的是北京城外,一个幽静角落。画面:一条石板路上,有一位戴草帽的挑担行人。行人的后面,有一位打着阳伞的人背对着同人交谈;路的左侧是一排二层房子,右侧是高耸的亭阁建筑,亭中两人一坐一站,和打阳伞的一样,并不像是中国人;亭阁的右边是一带高墙的建筑,同亭阁一样,不像是中国建筑(或是不像中国北方建筑)。这里有水有花木,环境优美,整洁。"北京街头"的画面,就同英人密福特[10]于 1865 年 9 月 5 日,从北京发出的第十三封信中所述十分相似:"离开北京50里外,那种京城特有的污秽不雅的景象一扫而光。离京城越远,一切就显得越好。田野耕种得更精细,房屋修建得更适宜居住,村庄比城镇更干净。不少农家,园地美观,外屋整洁,如同建在英国的某个郡,没有一丝中国的烙印。人们看上去富足,地主则显然相当富裕。"[11]而"北京街头"的画面布局和画风,又同19世纪法国最杰出的风景和人物画家柯罗[12]的《杜艾的钟楼》颇为相似。

"8月雨季北京胡同的景象"。是依据照片而绘作的,版画主要呈现的是一条胡同路面。画面的左右两边是两排房子,近处的房门口都有人张望(似乎在看拍照者),右侧房院内有一棵参天大树,茂盛的枝叶荫遮到街道的左侧;远处也是树茂成片。画家关注的巷道却是泥泞不堪,其中一段积水甚重,水面上倒映着巷道边的房屋树影,水中有一辆人力车。这幅画面正好印证了约翰·斯塔德和明恩溥对中国道路的评价:"满目疮痍,她的街道令人厌恶。"[13]"支那政府,怠于公务;支那人民,乏于公共心"。"譬之于家屋,新造时,则雕栋画梁,金碧灿烂,而足惊人。于道路,则有往时悉以甃磴石以掩砂尘者,今也所残留之部分,悉成石片之凹凸而已。车行时,颇极困难,其残留之石片街者,唯城内外之大街,或城门附近之大部分而已。故至雨时,则道路全陷于泥泞,而深没车轮,而其泥泞之中,实为彼之人粪犬矢尘芥等,几多之污秽品所合成,因而臭气满途,恶气掩于市,殆至不能步行。于天晴时,则泥土干燥,而此臭气之蒸发,若稍为减少。然此干燥之泥土,忽化为尘埃,而于人马通行之时,飞扬于空中,而又至不辨咫尺。若加以一阵之风,则朦朦之尘烟,回舞于城中,而全市如没于烟雾"[14]。

反映市民家庭题材的"中国家庭",版面十分简单,除了上方露有一个门角、二个不全的灯笼和左侧一柱外,五位人物占据了整个画面。其中,三位女士两坐着,一位站着,她们服饰华丽,坐站姿端庄,表情却带凝重,让人联想到两个词——封建和自闭。18世纪西方美术作品中的中国女子清秀、妩媚、娇娆、浪漫全然不见。西方人对中国大家庭妇女的印象即是如此。

反映北京城商贸市集的有:"从城墙看外城"和"北京市集"很有动感。

"从城墙看外城"是根据J·Blase摄影作品而作,故版画呈现的是实景内容。在城墙外的商业街道中,行走着一队骆驼商旅,走在最前面的骆驼上面还坐着一个人。骆驼商队在画面中,仅占十分之一的比例,更多的是呈现远近房子。"北京市集"(作者Sodefr oY dur And)版画呈现的是北京街区一两层房前,集市上人头攒动的喧嚣景像,近处有几堆人席地而坐,正进行物价商议。

反映平民娱乐活动的"街头木偶戏"表情逼真;"野外戏剧表演"带有法国情调。

"街头木偶戏",画面是街边一个木偶戏台车,戏台里有男女各一木偶。台前和两侧的地上和长条板凳上,站有老幼 10 人围着观赏,他们或手舞、或扬脖、或伸颈,表情自然、专注、愉悦。版画名称虽为"街头木偶戏",但作品表现重点更像是木偶戏围观者。"野外戏剧表演"画面只有一女三男演员站立在台上。女演员无论是从衣帽服饰到体态姿势,更像是西方人。

反映使馆题材内容的"8 月 15 日的前大门"十分破败而"法国军营"倒还有些庄重。自从 1842 年 8 月 29 日中国与西方列强签订第一个——《中英南京条约》一直到 1860 年《天津条约》订立,外国使节才被批准进驻北京,外国人也才被允许可以在帝国内地自由游历。对于北京使馆区,美国丁韪良传教士曾说:"北京已经成为堪与君士坦丁堡相媲美的阴谋中心。在那里,我们的公使除了应付东方外交的精明,还要面对欧洲最敏锐的智者。他们与中国近邻的使者不同,除了照应美国公民(商人或传教士)的权利,以及保证他国人民不取得不公平的优势,并无一定的政策可以遵循。"[15]

"8 月 15 日的前大门",是依据 J·Matignon 的摄影作品而绘制,画面展现了庚子事变东交民巷使馆区的破损状况。由于清兵和拳民包围使馆区达两个月之久,通信中断,北京成为世界瞩目的焦点。铜版画面的四分之三呈现残墙断壁、破损石狮、堆弃砖瓦,山墙荒草。这里是使馆区破败荒废的一角。

"法国军营",依据照片而绘作。画面结构庄重,一处院落门前,有两尊高座石狮,石狮前又有铁链将院前护围。铁链护围外有多棵树和一辆车的后半部分。

"北京街头流动的理发师"(grau. 545)场面热闹,人物众多。前排坐着六位客人,他们的身后站着七位理发师(其中一位年轻者看似徒弟),前排 6 位客人和 7 位理发师,姿态各异,生动逼真,有侧头、低头、托腮、拎辫等;其他 12 位都在后排参差不齐地忙碌着,有的在洗脸、有的在梳辫,还有的在为师傅打着下手。画面中,还有六个木架支撑的小火炉,上面放着盛水的铜盆,是烧水洗头之用具。版画中 25 位人物,几近把为辫子服务的流程都展现出来了。"北京街头的理发师"是当时北京极具代表性的一个街景。

欧洲男人是以蓄胡须为美,中国男人则是以辫子为珍贵。这是当时东方民族与西方人种之间,最引人注目的表面差异。中国男人留辫子以及头前剃发,让西方人深感不解和怪异。西方画家为猎奇,常把中国男人的发辫,作为绘画中国男人的重要特征。北京街头的理发人群,刚好反映了清洁发辫的过程,故这也是西方画家在此画上大费功夫的原因。

关于中国男人的辫子以及头前剃发,美国的哈罗德·伊萨克斯(Harold Robert Isaacs)[16]、公理会传教士明恩溥(Arthur H. Smith)[17]、何天爵(Holcombe Chester)[18],都在其各自的书中有过论述。"那是他们最珍贵之物"[19],"支那如此大国之民人,而反甘受头之前部之头发,天然所赋以保护其头者,悉为之剃去之,背理之风俗,此实使西人所不堪怪异者也。"[20]

西方人以胡须为一种美的标志,而中国不同,中国人留长辫子不仅是中国成年男人的标志,另外,也有孝道思想的内容。何天爵在他1895年出版的书中,把中国人留辫子的风俗源起,清朝皇帝颁布谕旨、礼仪规范、孝道思想、"剪辫子"风波,都向西方作了详细介绍:虽然辫子是中国成年人的标志,但它最初并不是中国人的发明,而是来自异族的舶来品,与清朝帝国之内的其他风尚相比较,它是相对接近于近代的革新创造。辫子最初是鞑靼人或者蒙古人所首创,作为异族的清朝统治者大约在三百年前才刚刚把它推行到中国。我们还可以顺便提一句,留辫子这种风俗大概是汉族人从满洲人那里所接受的唯一的新生事物。在清朝之前,中国人像西方人一样,根本不剃发留辫子。当清朝的建立者最初登上皇位君临天下时,他颁布了一道谕旨,命令所有的忠臣良民一律剃光前额的头发,后面扎起长辫子。这道谕旨立即在全国各地引起了轩然大波和激烈的反对。因为在汉人看来,扎起辫子便意味着身份和地位的堕落丧失,是向异族暴君屈服降服的标志。各地相继发生了骚乱和暴动,一时山雨欲来风满楼,人心惶惶而不可终日。

但是,清朝的那位统治者镇静自若,不慌不忙。他以自己的精明和机智成功地处理了这棘手的问题,他也因此赢得了古往今来中国历史上上下几千年绝无仅有的最英明帝王的称号。他没有热中于搞威逼胁迫,也没有试图采取高压政策:他沉着地置人们的反抗于不顾,又进一步颁布了另一道法令。这道法令规定一切罪犯都不准留辫子,命令各地官员立即将所有罪犯的那附属的辫子剪掉,并且禁止这些罪犯剃头发。通过这样的方式,皇帝向百姓表明,剃光前额留起辫子是受尊重的标志。于是,他的臣民们现在便如饥似渴趋之若鹜地接受了这一新潮发型。其接受的心情同以前他们坚决反对的程度一样坚定不移。此外,那位满族皇帝把孝道思想搬来作为其助手,规定如果某人的父亲或者母亲去世,那么他就要蓄起头发,让辫子披散在脑后,不得梳理,以此作为服丧尽孝的标志之一。——中国人在辫子方面的礼仪规范正如东方人对衣着打扮和言谈举止的要求一样严格和挑剔,他们天天要对它进行无微不至的梳理和打扮,添加一些马鬃或者生丝以便使它变得粗壮修长。有时人们会把它盘在头上,然后戴上干干净净的帽子,以保护它一尘不染。如果有谁没有把辫子编紧,那么他就被认为是一个粗野的无赖。辫子普遍被视作了一个人尊严与荣誉的标志。中国的儿童们满怀渴望早日得到它,正像美国的孩子希望早日穿上带兜的裤子一样。而剪掉别人的辫子更是犯上作乱,法律一定要予以严重的惩罚。[21]

　　如果说何天爵从发辫认识到了中国人的孝道,那么,明恩溥则更近一步,他认识到"支那人之所谓孝,其中不独止有孝之一语,有其与孝有密附关系之礼。……今欲译以礼之语与孝之语俱备之语,则可揭出曾引用于《中华(Middle. Kingdom)》中之加礼(Ceremony)之说:'礼之一字,可以包括支那人之全心;而据予所思考,则《礼记》者,支那人示外人以己等最精密之纪录也。礼记者若无情欲,其情欲,由礼而可得满足;其义务亦由礼而得尽;人之德不德亦关于其礼;人相互之关系,亦由于礼。简言之,则支那人者,无论对于家庭,对于社会,对于宗教,无一不依于礼者。'"他在论中国人之气质时,对中国人的孝行颇有议论,"于支那孝行之教,于根本上之欠点,有五条,而其中二条为消极的欠点,三条为积极的欠点"。[22]

四、余论:法国"中国热"的逐渐冷却

　　"中国热"在法国以及欧洲约有百年历史,但从 18 世纪 50、60 年代开始,逐渐降温,法国贬华言论渐增,出现"颂华派"和"贬华派"并存的局面。英国学者赫德逊认为:"1789 年以后对中国的崇拜几乎完全消失。"马戛尔尼使团的访华报告,则在很大程度上改变了欧洲人心目中的中国形象,至 18 世纪末"中国热"冷却结束。鸦片战争前夜,中国全无 18 世纪在法国的巅峰。鸦片战争以后,欧洲的"黄祸论",使得中国形象衰落,甚至还被称为"既极端丑陋又非常可怖"。

　　一般来说,"中国热"的兴起和中国形象的形成,都与耶稣会士们向欧洲介绍中国有关,"17 及 18 世纪,耶稣会士是沟通欧洲和远东文化的桥梁"(利奇温:《18 世纪中国与欧洲的文化接触》)。耶稣会士对中国文化中的"形而上"有深刻地观察,他们翻译大量儒家经典,和各种有关中国历史、地理、制度、思想、文字的著述,加之,书信和报道稿件(《北京耶稣会士中国论集》),使欧洲学者打开眼界。然而,随着在华传教事业衰落和耶稣会被取消,"中国热"也开始退热和走衰。欧洲人重燃对古代罗马的兴趣,并把异国情调的关注点转向印度。

　　"18 世纪下半叶以前,中国的基本形象已经在欧洲确立。在大多数欧洲人心目中,这是一个历史悠久、地大物博、人口众多、政治开明、道德高尚、宗教宽容的国度。耶稣会士为此做出了巨大贡献,其他传教士和外交家、商人同样功不可没,他们在各自的记述和游记中,对中国作了基本上符合事实的报道,既谈到了中国的美,也谈到了中国的丑,他们各自报道中的差异,恰好互为补充,塑造出了一个基本上与实际相符的中国形象。"[23]

　　乔治·安逊的《环球航行记》和孟德斯鸠的《论法的精神》分别对中国进行批判,两书对中国形象的有一定的影响,出现了明显的"颂华派"和"贬华派"。文化人逐渐

改变对中国的态度,他们或是对中国失去了兴趣,或是对中国流露出一种鄙夷的态度。在 18 世纪下半叶,达尔让的《中国信札》虽然声誉甚高,但他却在书中抬高埃及,贬低中国。荷兰人鲍乌在 1773 年出版的《对埃及人和中国人的哲学研究》中,全然否定耶稣会士和其他传教士关于中国的报道,把这些报道称作夸大和谎言,指责它们是为了欺骗欧洲人而写作的。[24]1767 年亚当·斯密在《国富论》——书中写道:"中国下层人民的贫困程度,远远超过欧洲最贫乏国民的贫困程度",[25]加之马戛尔尼使团访华报告,促使中国形象从此黯淡。

"中国在欧人眼中的形象,除了有形的'罗柯柯'、'中国趣味'外,还有一种'横看成岭侧成峰,远近高低各不同'的奇韵。在莱布尼茨、沃尔夫、伏尔泰、狄德罗、霍尔巴哈、波维尔、莫奈、歌德的眼中,或充满了对中国的浪漫激情,或充满了理性的向往;而在孟德斯鸠、卢梭、亚当·斯密等人的眼中,中国则是一个专制、停滞、文明落后的国家,这其中固然有偏颇之处,但其批判也含有理性成分。就这个时期而言,尽管中国在欧人眼中折射出不同的光彩,但总体形象是美好可爱的。"[26]

"中国热"降温的过程始于 18 世纪中叶,终结于 18 世纪末。如果一定要以某个事件作为标志的话,法国大革命和马戛尔尼使团便是欧洲"中国热"终结的标志。

19 世纪上半叶,欧洲人视中国:清朝衰落,行政机构失灵,中国官吏对外国渗入多有猜疑和敌视,对传教士和商人多有不利。中国人口过多,艺术衰微。其原因赫德逊认为:"最大的原因是欧洲文明的巨大进展,它现在远超中国水平。工业革命和蒸汽机时代给予欧洲人前所未有的优势感和效率感。欧洲人不仅在自然科学、贸易和发明创造方面,而且也在伏尔泰认为中国人已经是完美了的伦理学方面,都是最优异的。"[27]在欧洲中心主义者的眼中,中国"是一具木乃伊,它周身涂有防腐香料,描画有象形文字,并且以丝绸包裹起来"。而在"奥林匹斯山的宙斯"黑格尔的视野里,中国竟被排斥出他的"世界精神"之外,中国的语言、文字、科学技术、医学研究、伦理道德、儒道之说等等,都大部分遭到否定和贬低。[28]"盖西洋诸国,犹渐向东天光之时刻,而支那则犹在深夜中也"。[29]

19 世纪的中国被西方列强所凌辱,这在 19 世纪法国画刊多有表现,其中,铜版画"紫禁城",英法联军攻入北京城,就是这一历史的图像印证。

(作者系北京市社会科学院历史所助理研究员)

注　释

1　王镛主编:《中外美术交流史》,第 184 页,湖南教育出版社 1998 年版。

2　秦风编:《老北京西洋铜画典藏》,第 8 页,广西师范大学出版社 2008 年版。

3　斯坦科维奇:《路易十四时代中国文物在法国考》(1910),转引王镛主编:《中外美术交流史》,第 188 页,湖南教育出版社 1998 年版。

4　5　参见王镛主编:《中外美术交流史》,第 190 页、第 189—190 页,湖南教育出版社 1998 年版。

6　《外国美术史》第五章 17 至 19 世纪法国美术(上)

7　参见王镛主编:《中外美术交流史》,第 191—193 页,湖南教育出版社 1998 年版。

8　9　[美]约翰·斯塔德著,李涛译:《1897 年的中国》,第 1—2 页、第 97 页,山东画报出版社 2004 年版。

10　密福特(Algerlion Bert, I' am Freeman—Mitford, 1837—1916)是英国外交官、古董收藏家、作家。1837 年 2 月 24 日出生于英国伦敦,3 岁随父母去欧洲大陆,定居德国法兰克福。1842 至 1846 年,主要在法国巴黎和特鲁维尔生活。1846 至 1854 年,就读于英国伊顿公学。1858 年进入英国外交部,最初在圣彼得堡担任英国驻俄国大使馆二等秘书。1865 至 1866 年自愿到北京英国驻华使馆任参赞。1866 年奉调去日本,任英国驻日本外交使团二等秘书,1870 年由于健康原因离职,回到英国外交部。1873 年正式辞去外交部工作。1874 年担任英国公共建筑部大臣。1892 年至 1895 年,担任国会保守党议员。1902 年获得爵位,成为瑞德斯戴尔男爵一世,曾在上议院,就有关远东问题发言。著作有:《旧日本故事》(1871)、《竹园》(1896)、《清末驻京英使信札》(1900)、《赴日嘉德授勋使命》(1906)、《回忆录》(1915)、《回忆录续》(1917)。

11　密福特著(英),温时幸、陆瑾译,李国庆校订:《清末驻京英使信札》(1865—1866),第 90 页,国家图书馆出版社 2010 年 5 月。

12　19 世纪法国最杰出的风景和人物画家柯罗(Jean Baptiste Camille 1796—1875),柯罗的画风,可以分为两大类型。一类是取景随意,造境自然,且极富于光感,画面明晰、单纯而朴实。《杜艾的钟楼》,这是他这类最好作品之一。另一类是有更浓厚抒情气息的画风,也可以说是典型的"柯罗风格"。他独创了一种在未干的油彩底色上描绘物象的新的技巧,就好象中国画在滋润的宣纸上运用笔墨一样,而产生出恍惚朦胧的美。柯罗作品在中国展出时(2009 年 11 月 6—9 日北京农业展览馆),人们感到他的画很有中国山水画的味道。20 世纪初,日本名画家竹内栖凤游学欧洲时,发现柯罗作品与东方艺术有相近之处。他吸收了柯罗的某些方法。之后中国岭南画派创始人高剑父去日本,又从竹内栖凤的作品中取得了借鉴。岭南派渲染朦胧而又有光彩效果的山水画,与柯罗的风景有某些近似之处,这也是中西艺术交流的一个例子。见迟轲:《西方美术史话》第 348—350 页,中国青年出版社 1983 年版。

13　[美]约翰·斯塔德著,李涛译:《1897 年的中国》,第 97 页,山东画报出版社 2004 年版。约翰·斯塔德(John L Stoddard),美国的旅行家,1897 年亲历中国。

14　20　22　29　[美]明恩溥(Arthur H. Smith)著,佚名译,黄兴涛校注:《中国人的气质》,第 76、191—192、89、125、136、227 页,中华书局 2006 年版。

15　[美]丁韪良著;沈弘、恽文捷、郝田虎译:《花甲忆记:一位美国传教士眼中的晚清帝国》,第 276 页,广西师范大学出版社 2004 年版。

16　哈罗德·伊萨克斯(Harold Robert Isaacs),曾任职于上海《大晚报》和《大陆报》,主办《中国论坛报》(China Foyum)兼"哈瓦斯通讯社"驻沪通讯员。1933 年参加中国民权保障同盟任执行委员。1943—1950 年任《新闻周刊》副主编。1953—1965 年任麻省理工学院国际研究中心副研究员,后又任政治学教授。涉及到中国的著作有《中国革命的悲剧》(1938)、《亚洲殊无和平》(1947)、《心影录——美国人心目中的中国和印度的形象》(1958)。

17　明恩溥(1845—1932),本名阿瑟·史密斯(Arthur Henderson Smith),美国公理会传教士,1872 年夏来华,经
　　上海到山东传教,先后居住于天津、山东等地。他还兼任《字林西报》通讯员。1905 年辞教职留居通州写
　　作。在中国近 50 年的传教和写作生涯,著作和编著有九种,19 世纪出版的有:《汉语谚语熟语集》(Proverbs
　　and Common,Sayings From the Chinese,1888)、《中国人的气质》(Chinese Characteristics,1890)、《中国乡村生
　　活》(Village Life in China:A Study in sociology,1899)。最有影响的代表作是《中国人的气质》,此书由不同
　　的英文、德文、日文和俄文等版本,在美国乃至整个西方世界长期畅销不衰,是 19 世纪末和 20 世纪初介绍
　　研究中国的著作中,阅读面最广的书,时任美国总统罗斯福称赞此书"迥非他书所能比拟",它对西方的中
　　国观有着巨大而深远的影响。鲁迅也曾多次向国人推荐此书。另外,明恩溥最早提出美国退还庚子赔款,
　　用于资助中国文教事业并供给留学生的建议。

18　何天爵(Holcombe Chester),美国公理会传教士。于 1869 年来中国,在北京负责公理会所办的学校,1871 年
　　辞教职后任美国驻华使馆译员及参赞等职。曾参与起草 1880 年关于华人移居美国的条约。1895 年回国,
　　1895 年出版本书。

19　[美]伊萨克斯(Isaacs,H. R.)著,于殿利、陆日宇译:《美国的中国形象》,第 146 页,时事出版社 1999 年版。

21　[美]何天爵著,鞠方安译:《真正的中国佬》,第 129—131 页,光明出版社 1998 年版。

23　见许明龙:《欧洲 18 世纪"中国热"》,第 295 页,山西教育出版社 1999 年版。

24　参见许明龙:《欧洲 18 世纪"中国热"》,第 285—300 页,山西教育出版社 1999 年版。

25　亚当·斯密:《国民财富的性质和原因的研究》上卷,第 65 页,商务印书馆 1974 年版。

26　28　参见吴孟雪:《明清时期欧洲人眼中的中国》,第 6 页,中华书局 2000 年版。

27　赫德逊:《欧洲与中国》。

北京古旧书业的行业特征及其影响

马建农

北京古旧书业通常泛指于从辽金以来,到上世纪 50 年代中期,在北京地区经营古旧书收售业务的书肆行业。狭义则是指清末民初西方印刷技术传入中国后,开始出现西式翻身图书之后,北京出现了新书业和古旧书业经营的区分,承担着古书和旧书经营的书店群体,被称之为古旧书业。由于北京古旧书业在其经营范围、经营内容以及经营风格上较为完整的保留了传统的古代书肆的历史血脉,因此,我们一般将北京古旧书业作为北京历史上的书肆业的传承者和标志,以古旧书业的历史来指代北京书肆发展的整个过程。

北京古旧书业因其所经营的主要为流传数百年的古籍图书和历史文献,虽然各个书肆以盈利为准,但由于它特有的行业经营行为,客观上为我国历史典籍的传承和文化的积累起到了积极的促进作用。并且成为北京历史文化演变的重要内容之一,客观上记录了北京地区文化发展的历史变迁轨迹。我们研究北京古旧书业的行业特征及其影响,可以从一个侧面反映出北京文化发展的历史过程,同时对我们今天的图书出版发行事业以及图书市场格局研究提供历史的参考和借鉴。

一、北京古旧书业的发展历程

北京古旧书业源于历史上的书肆。"书肆",我们今天称之为书店,古代又称为"书坊"、"书林"、"书铺"、"书堂"、"书棚"、"经籍铺"等。中国的书肆,最早起源于西汉时期。西汉文学家扬雄在《法言》中曾说:"好书而不要诸仲尼,书肆也"[1],这是我们今天能看到的古籍文献中最早提到"书肆"的记载。随着我国古代雕版印刷技术的成熟和广泛使用,古代书刊的传播、流通更为广泛,并开始出现规模性的图书贸易活动,由此而带来了一个新的经营行业——古代书肆业。

北京历史上的图书贸易活动,最早出现的时间约在唐代后期至五代初年。据《契丹国志》卷十四记载,阿保机之长子耶律倍曾"令人赍金宝私入幽州书市,载以自随,凡数万卷……"[2]。这里所称的"凡数万卷"未尝没有形容性的语言成分,但也说明当时的幽州地区(今北京)的图书贸易已经形成一定规模,幽州城的书肆经营实力初见端倪。

北京地区的书肆业的大规模兴起始于辽代。北宋时期的中原地区雕版印刷的成熟发展以及图书刊印的繁荣,直接、间接的影响到北方少数民族政权统治区域。居于北方的辽统治者仰慕华风,充分利用辽宋之间的榷场贸易,尽可能输入中原汉文书籍,其中北京地区是其进行图书交易的主要的地域。辽朝统治区域的少儿启蒙常常以汉人诗词为教材,参加科举的学子,所读的典籍也多为汉文经典图书。一些书贩便往返南北,私自携带图书进行贸易,书贩和书肆由此而活跃于南北两地。苏辙在《北使还论北边事札子五道》中记述:"本朝民间开版印行文字,臣等窃料北界无所不有。……访闻此等文字贩入虏中,其利十倍。"[3]北方少数民族对中原汉文化的仰慕和对汉文书籍的渴求,使得南北图书贸易快速增长,拉动了辽代北京地区的书肆业的迅速成熟和发展。不仅如此,当时北京地区的一些书肆也开始刊刻汉文书籍,据王辟之《渑水燕谈录》记载,北宋张芸叟出使辽朝时,"闻范阳(即今北京地区)书肆亦刻子瞻(苏轼)诗数十篇,谓《大苏小集》"。[4]苏辙出使北辽时,也曾发现苏轼的诗集——《眉山集》被辽南京城的书肆翻刻。1974 年,在山西应县的佛宫寺释迦塔的佛像中发现大量的辽代刊刻的经卷和其他印刷品,这些面世的雕版印刷品除了非常珍贵的《契丹藏》等藏经之外,还有《蒙求》等民间流行的图书,其中绝大部分是在南京城(今北京)雕刻的。这批发现的雕版刷印的出版物中,既有卷轴装的经卷,又有蝴蝶装的图书,其工艺水平及刊刻技艺十分出色,与中原地区印刷品的刊刻水平颇为接近,由此可以明显看出当时辽燕京城的雕版刷印的水平和书肆业发展的规模。同时,也说明北京地区书肆业的发展和兴盛,与中原汉族地区的书肆业发展接近于同步。

金代的书肆、刻坊发展速度很快,而且分布范围广泛。金明昌五年(1194)章宗据宋朝的《崇文总目》下诏购求缺少的书籍;泰和元年(1201)又再次令官员购求遗书。从金统治者的几次大规模下诏购书,可以看出金中都书肆发展的基本轮廓。统治者的倡导和重视,给北京地区的书肆业发展创造了有利的条件,中都城钞书、刻书之风极盛。据《宋史·洪皓传》记述,洪皓使北"所著诗文,争钞诵求锓梓"。而这些钞、刻图书的活动大都是通过中都的书肆进行的。各个书肆所刊刻、出售的图书,重在满足民众的需求,其所刻售之书多为医书、类书和民间的说唱诸宫调等。

元大都城的书肆在金中都书肆的基础上进一步发展,不仅为满足正常的文化需求,大量刻印销售正史正经之外,还迎合科举需要,大批刻印纂图互注的经书、子书、韵书以及各种经书的新注、史书的节注。更为引人注目的是,在大都城内已经出现了专营某类图书的专业书肆,当时的窦氏"活济堂"就是专门刻卖医书的书肆,而汪谅经营的汪氏书铺则主要经营文学类图书。专业书肆的出现,表明北京地区的书肆刊刻专业化程度发展到一个新的高度,显示出元大都城的书肆规模和经营水平远远超过了前代。元代北京书肆业得到明显发展的另一个重要标志,是一定规模、有相对固定场所的书籍市场的形成。在城内的省前东街,出现了"文籍市",文人学士购书不必再各处搜求,免去四处奔波之劳。这同辽、金时期的书肆相比,无疑是一大进步,说明当时的北京书肆业已经开始形成相应的规模,成为一个独立、完整的行业。

明永乐间迁都北京,北京书肆业也随之而进入发展的成熟期,无论是书肆经营的图书品种、经营方式以及经营规律等都出现了全新的特征。首先,明代北京书肆业已经形成行业内刊刻、批发、流通等各环节的专业化分工明显的特征。胡应麟在其《少室山房笔丛》中这样描述:"今海内书,凡聚书之地有四,燕市也、金陵也、闾阖也、临安也。"[5]所谓"聚书"就是图书的集散地,用今天的语言说,就是图书批发中心。其文中所说的"燕市"即指北京城。其次,明代北京书肆的网点分布集中化、经营活动规律化的特点也开始凸显,这充分显示北京书肆进入了成熟发展期。其三,明代北京书肆业的经营活动和经营内容与北京的重要文化活动相呼应,充分体现出为应试举子和那些"作文官、弄学问"的封建士大夫服务的特点。以明代北京贡院考场前形成的三年一次的图书集市和城内"朝前市"的书肆的布局,就可以看出明代京城书肆业的这一特征。

有清一代,是北京古代书肆业发展鼎盛时期,其重要的标志之一是琉璃厂书肆的集中发展。据现有的资料看,在康熙末年琉璃厂就开始有书肆出现。到乾隆前期,逐渐增多,特别是一些规模较大的书肆的出现,标志着琉璃厂文化街区的成型。清乾隆三十八年(1773)朝廷开"四库馆",广征天下藏书,编修《四库全书》。书贾们借此良机涌入京城,设店开肆,图书交易异常活跃,书肆的发展得到极大地促进,北京的书肆进入了第一个发展繁荣时期。参加编撰《四库全书》的编修官们"……午后归宿,各以所校阅某书应考某典,详列书目,至琉璃厂书肆访之。是时,江浙书贾奔辏辇下。书坊以五柳居、文粹堂为最"。[6]"四库馆"的开设,成为琉璃厂书肆繁荣的重要契机,琉璃厂的书肆发展出现了第一次高潮。琉璃厂书肆的大规模出现,大量图书典籍聚集于此,使琉璃厂成为文人雅士"安身立命"之所,带动了这个街区的文化经营氛围的兴盛。在这条街衢上除了众多书肆、南纸店以及古董铺之外,裱字画、雕印章、包写书禀、刻板镌碑等与文人学士有关的行当莫不纷集,并奠定了琉璃厂文化街的特殊地位,成为京城重要的文化活动区域。琉璃厂文化街区的形成,又反过来极大地促进了北京书肆业的繁荣发展,这里的书肆经营状态,成为北京书肆业的晴雨表。

　　19 世纪后期,随着西方石印技术传入中国,尤其是清末变法维新的影响和新的教育体制的出现,石印技术印刷的图书开始大量出现于北京的书肆之中。浙江士人张枏记载:"京师书贾亦向沪渎捆载新籍以来;海王村各书肆,凡译本之书无不盈箱插架,思得善价而沽",而经营这些石印的新书,往往是新型图书"充牣肆市,西域之韵,篡夺风骚;宋椠贵至千金,插架等于古玩,廖板齿侪十客,牟利甚于権场"[7]。利用西方石印技术印刷的图书,不仅仅是在内容上代表了新的思潮和新知识,也确实有印刷清晰、信息量大、价格相对便宜的特点,因此,京城一些书肆也开始加大新书的经营数量。由此,经营新版书籍的书肆开始逐渐形成规模,甚至很多琉璃厂的书肆也开始向新书经营销售靠拢,于是才有人们当时所说的:"新学盛行,厂肆多杂售石印、铅版诸书、科学仪器之属,而好古之士,日见寥寥。"[8]与此同时,北京城还出现了专门经营销售新学书籍和教科书的书局,如商务印书馆、锦章书局、世界书局、中华书局、北新书局、广益书局等纷纷在北京开设门店。与此同时,在隆福寺、东安商场、西单商场等地也开始出现大量的新型的洋装书店。这些新型书店的出现,使得北京从辽金以来兴起发展的书肆业开始分化,形成了经营传统古籍书刊的古旧书业和经营新学书籍以及教科书的新书业。

　　清末民初北京书肆业分化成为古旧书业、新书业,标志着北京图书行业的发展进入了一个全新的发展时代。尤其是进入民国以来,随着京城现代文化教学机构的大量出现,人们对图书的需求量快速增长,对历朝各代的古旧书刊以及历史文献的需求也与日俱增,这种文化需求的转变,大大的刺激了北京古旧书业的发展。20 世纪 20 年代到 40 年代,北京的琉璃厂、东安商场、隆福寺以及西单商场、前门打磨厂等地形成了古旧书店集中地,最多时达数百家之众。其中,琉璃厂的来薰阁、邃雅斋、文禄堂、富晋书社、通学斋、宝纶堂、森宝堂、肆文堂、养拙斋、纯华阁、文道堂、文英阁、澄云阁、翰琳斋、崇文斋、企古堂、勤有堂、述古堂,隆福寺的三槐堂、文奎堂、修绠堂、带经堂、文元堂、明经堂、宝书堂、聚珍堂、文萃斋、阅古堂、三友堂、稽古堂、东来阁,东安市场的佩珊书社、维新书社、瀛贤书社、尚贤书社、德玉书社、聚文书社,西单商场的文光楼、大众书社等都是京城较为著名的古旧书店铺。从 20 世纪 20 年代初到 40 年代末,北京古旧书行业虽然历经周折,但其行业内各个店铺无论在经营品种、经营方法、陈列方式以及经营发展特征等各个方面,最大限度的保留了传统书肆业的经营模式,并且形成了鲜明的行业个性和突出的行业经营传统。

二、北京古旧书业的行业特征

　　纵观北京书肆业以及古旧书业发展历史,呈现出以下几个较为显著的行业发展特征：

第一，历朝各代的北京书肆或古旧书店分布网点十分注重与北京文化区域及所在区域居民成分相呼应，从店肆的选址和历史上不同时期古旧书肆门店网点分布上能明显体现出古旧书经营与文化需求、文化服务紧密结合的特点。

北京书肆业兴起于辽代，主要是由佛教寺院以及民间礼佛需要刊行佛经等活动带动起辽南京的书肆兴起和发展。因此，当时的刊刻活动以及书肆与佛教寺院保持着颇为紧密的结合。1974 年山西应县木塔出土的辽南京刊刻的印刷品，如《燕台大悯忠寺诸杂赞一策》开列了城内著名寺院悯忠寺印行的各种经赞，而《上生经疏科文》则是"燕京仰山寺前杨家印造"。元代的大都城，省前东街邻近各个府衙，官员学子时常出入，因此在这里出现了较为集中的"文籍市"，文人学士购书不必再各处搜求，免去四处奔波之劳。而明代北京书肆与京城的文化活动以及文化消费需求密切结合，平常之日众多书肆开设于"大明门之右，及礼部之外，及拱宸门之西"。[9]很明显的折射出书肆为"作文官、弄学问"的封建士大夫服务的特点。每逢会试之年，书肆纷纷在贡院考场之前设点立摊，满足各地举子赶考需要。有清一代，以书肆业为主体的琉璃厂文化街的形成，更是把书肆网点分布与城市居民结构及文化消费需求相结合的特点表现的淋漓尽致。清代实行"旗民分城而居"的管理政策，大量汉族官员以及每逢会试之年赶考举子多集中于宣南一带，书肆大规模集中于此，带动和刺激了琉璃厂文化街的兴起和繁荣，并且成为北京古旧书业的典型代表。民国以后，随着旗人家境的败落，居住于内城的显贵之家藏书开始外流，隆福寺书肆店铺由此异军突起，成为民国初年古旧书经营的重要集中区域。而东安市场的畅观楼、丹桂商场、中华商场、贵铭商场的古旧书店由于接近外国人出入区域以及部分教会学校、医院，以经营外文旧书而擅长。相比之下，西单商场的旧书店和旧书摊，因为比邻一些新兴的学校和部分政府机构，往往以经营小零本及旧教材等价格相对低廉的旧书为主。

纵观北京历史发展，北京书肆的网店分布以及相应的经营特点形成，与城市居民结构以及文化消费需求有着极为密切的呼应关系。各个书肆店铺在网点的确定以及经营品种、经营特点等与平时光顾的读者群体文化消费需求竭力趋同，以此来适应读者购书的客观需要。

第二，北京古旧书业特有的行业经营内容及其服务功能，使得古旧书店肆与文人学士形成天然的联盟，"以书会友"成为这个行业特有的传统。

古旧书肆往往围绕着文人学士的学术文化需要开展经营，因此，自古就十分注重与文人学士的密切交往，"以书会友"是北京古旧书业良好的行业风尚和经营传统。而文人学者往往将古旧书店视为"安身立命之所"，称书肆店铺的店员为"书友"，交往中反过来又促进了古旧书店铺文化经营的品位,使之更具有深厚的文化底蕴。清前期的著名学者孙承泽、王士禛、孙星衍、朱彝尊、李渔、纪昀等人都是古旧书肆的常客。而近代著名学者翁同龢、潘祖荫、李文田、王懿荣等常以书肆为聚会场所,看书赏画、吸烟品茶、闲聊杂谈,成为一种风气。高兴之余,便为书肆题诗写匾,京城很多古旧书店的牌匾都是名人学士所题。20世纪20年代,鲁迅先生寓居北京时也与古旧书肆结下不解之缘,从他的日记中统计,在琉璃厂访书购物达480次之多,先后购买3800多册(部)图书、碑帖,当时的来熏阁、通学斋、有正书局、直隶书局、商务印书馆、神州国光社等都留下了鲁迅先生的足迹。著名学者、散文家梁实秋曾这样回忆北京的古旧书店:"买书就是一乐,旧日北平琉璃厂隆福寺街的书肆最是诱人,你迈进门去向柜台上的伙计点点头便直趋后堂,掌柜的出门迎客,分宾主落座,慢慢地谈生意。不要小觑那位书贾,关于目录版本之学他可能比你精。搜访图书的任务,他代你负担,只要他摸清了你的路数,一有所获立刻专人把样函送到府上,合意留下翻看,不合意他拿走,和和气气。书价么,过节再说。"[10]梁实秋先生对北京古旧书店铺经营特点以及与文人交往方式的记述,可谓是活灵活现。原中国书店业务顾问郭纪森先生,民国时期经营开通书店时与一大批专家学者建立了密切联系。顾颉刚主编《禹贡》半月刊,郭便给他找到许多地方志和地图,洪煨莲教授主编经史子集各种《引得》,郭纪森先生就给他送去有关古今书目不下数百种。北京大学著名学者邓之诚先生在日伪统治时期重点研究明末清初历史,通学斋的店员雷梦水先生就曾经为他搜求到孔东塘的《湖海集》、王鸣盛的《西沚居士集》、田茂遇的《燕台文选》、朱彝尊的《腾笑集》等等,深得邓之诚先生赞许。每当他到邓之诚家中,邓先生总是要家人为雷梦水沏上热茶。邓公在自己的日记中,称雷梦水为"书友",而言及琉璃厂的其他书店的人则称为"书贾",对雷先生的偏爱由此可见一斑。多少年后这些学术大家还念念不忘昔日古旧书店的老书友,每逢撰写文章还时常念及他们。

北京古旧书业与文人学士的这种以书会友的深厚友情和优良的经营传统,使得这个行业客观上与北京的文化学术发展紧密的联系在一起,从一个侧面折射出北京文化学术的发展历史。

第三,北京古旧书业特有的经营品种和经营范围,使得古旧书店铺在门店陈列、经营服务以及古旧书进销等方面形成了独特的行业经营内容和运行模式,并且带动和促进了古书雕版刷印、古籍装订修补及其他相关的文化产品的连带性经营,客观上形成古旧书业的经营更具有文化渗透力。

北京古旧书店铺因其承继了传统的书肆业的基本经营业务,再加之其所经营的图书多为古今中外的古旧书刊,因此,在其经营上更多的保留了传统书肆业的风格和特点。首先，京城古旧书店铺除少数几家外，大多经营规模较小，参与经营的人数有限。民国时期北京古旧书业最鼎盛时期，全市有古旧书店铺或书摊300余家，从业人员不到600人。到上世纪50年代初，北京古旧书店铺仅为111家，从业者不过209人，平均每个店铺人数不到两个人，其书店规模由此可见一斑。其次，在书店经营内容方面，很多古旧书店也适量兼营新书业务，以适应市场需要，扩大业务范围。据20世纪50年代初统计，北京古旧书店中，有近一半的书店有代售新书的业务。如在古旧书业中副有盛名的富晋书社，设有新书代售、邮购等业务，其发行广告中称："北京富晋书社专售玻璃版精印金石、书画、楹联、碑帖、拓本、绳版印谱及各种新旧书籍、目录"，可见其业务已经超出了单纯收购古旧书籍的范围了。除了代售新书，民国时期京城古旧书肆也开展一些古代典籍的刻版印书业务，它们所刻印的书，藏书家称之谓"坊刻本"。例如富文堂、双峰书屋刊刻的《皇朝经世文编》、《全唐诗》；富晋书社刊刻的《说契》、《殷契钩沉》等等都是民国期间北京地区销售较为热门的新印古籍。一些财力雄厚的古旧书店在现代技术重印古籍的影响下，也开始运用新技术自印古籍，成为古旧书业发展的一个新的变化。如琉璃厂邃雅斋书店在坚持收购、经营古籍的同时，从1936年起，自行出版发行《邃雅斋丛书》，在社会上产生一定的影响。其三，北京古旧书店铺在其经营之中，往往将读者的文化消费需求作为其业务发展和经营的主线，因此，他们往往不仅局限于售卖古旧书刊，还根据顾客的需要提供相应的连带性销售服务。比如，自古以来，古旧书店铺就有为买主找书和为书找顾客的经营传统，书店伙计往往根据文人学者的研究方向或研究兴趣，主动为其搜罗相关的文献资料，而且经常是主动送上门，颇得文人学者的赞扬。著名学者张次溪先生回忆说："北京书估之能长袖善舞者，其销售之法，首在察言观色，揣摩购买者之心理，某也治经，某也究史，某收方志，某售曲本，某为研习词章，某为搜讨掌故，某所企求者宋元精椠，某所物色者绝版禁书，一一志其所好，牢记在心，既有所获，望门投止，则购者倒屐承迎，欢喜赞叹，不吝重价，书估饱欲而归，购书者犹感念不已。然购者所需，得一已足，则必熟知购者某书已收得，某书尚未备，然后不致劳而无功，徒取人厌。顾此犹脑力之敏捷，脚步之勤快已耳，而尤重要者在其特擅之专长，即此中人多染囊时京中士大夫之习气，清谈娓娓，典雅安详，不亢不卑，恰到好处。"[11]而这也恰恰反映出古旧书店从业者对服务对象的了解和古籍版本、目录学的专业水平。此外，古旧书店也根据顾客的需要，开展古书装订修补、古旧书刊的集配等业务，可谓是为学者文人提供全方位的文化服务，这无形中让古旧书业的经营具有更强的文化渗透力。

第四，古旧书店铺长期的经营实践和业务积累，让古旧书店的掌柜及其店铺伙计成为具有古旧书刊某一方面的专门人才，形成了具有一批较强古书版本专业造诣的文化商人,并且直接影响到古旧书店铺的经营内容和门店的经营风格。

北京古旧书店铺所经营的古旧书刊,具有深厚的文化底蕴和丰富的文化内涵,尤其是经营古籍版本、碑帖书画以及诸多历史文献资料等,由于其内容的特殊,往往需要很高的专业造诣。古旧书店铺的店主、店员终日接触和经营古旧书刊,过手经眼无数古籍版本,再加之常年与文人学者交往,久而久之耳濡目染,深受熏陶,自然会在历朝各代古书刊本、源流、作者、内容以及古书装订修补等不同专业领域有着丰富的积累和锻炼,逐渐造就出一批具有较高古籍专业水平的"专家式"文化商人。他们或是古书版本专家,或为古籍目录学内行;或有古书装订修补的高超技艺,或具碑帖书画的鉴定绝技。这些具有显著专业特长的"专家式"文化商人,往往在其实际经营过程中充分发挥自己所特有"独门绝技",使其所经营的古旧书店铺形成鲜明经营特色。从民国期间到上世纪 50 年代,北京古旧书业中在古书业务方面具有较高水平并有一定权威者有:来薰阁的陈济川、藻玉堂的王雨、邃雅斋的董会卿、修绠堂的孙助廉、富晋书社的王富晋、通学斋的孙殿起、松筠阁的刘殿文以及开通书社的郭纪森等人。旧书业务方面有:春明书店的孙琴堂、文光书店的马玉山、五洲书店的李东洲等。这些人多为店主,其专业技能与店铺经营特色紧密结合,形成不同风格的古旧书店铺。其中,通学斋掌柜孙殿起最为典型。他在古书经营历程中,十分注重对古书版本的收集和整理,每当收到一部古书,孙殿起便详尽地记录其版本的情况和流传过程,并按照版本目录学的基本要素加以整理,民国二十三年(1934 年)他撰著的十二卷《丛书目录拾遗》刊行。短短的两年后,民国二十五年(1936 年),孙殿起撰写的二十卷《贩书偶记》刊行问世。《贩书偶记》是《四库全书》未收版本的古书著录总目,是一部重要的目录学著作,在这部书中孙殿起将自己在长期的古书经营中目睹经手的典籍逐一详细记录,所记录的包括书名、卷数、作者、籍贯以及刊刻时间等项目,凡是一种古书但卷数和版刻有异同者,或者作者姓氏需要考订、书籍内容有待于说明的,孙殿起都一一做出备注。孙殿起的《丛书目录拾遗》和《贩书偶记》两书的刊行为近现代版本目录学发展做出了很大的贡献。著名藏书家、版本学家伦明先生曾这样评价孙殿起:"吾友孙殿起……于版本外尤留意近代汉宋学之渊源,诗古文辞之流别,了晰于胸。随得一书,即能别其优劣……今之言目录者,未有如君者也。"[12]郑振铎先生在他的《西谛书话》中也称赞孙殿起:"孙即编《贩书偶记》者,为书友中之翘楚。彼专搜清人诗文集及单行著作之冷僻者,颇有眼光,见闻亦广……。"[13]而上世纪经营琉璃厂松筠阁的刘殿文,以经营旧期刊而闻名京师,对各种期刊的版本流传了如指掌,在京城古旧书业中,被公认为精通杂志目录之学的第一人。他的代表作《中国杂志知见目录》,体现了他在期刊集配以及杂志目录学上的成就,世人送其雅号"杂志大王"。正是由于北京古旧书业的从业者中,在古书版本、古籍装订修补、旧书刊集配等不同领域具有独特的专业才能的文化商人不断涌现出来,带动和影响其所经营的店铺经营的品种类型和业务方向,形成了京城古旧书店铺鲜明的差异化经营风格。而这样的差异化经营,关键取决于从业者自身的古旧书专业优势和专业经营实力。

三、北京古旧书业的影响

北京古旧书业在长期的发展历程中形成了较为鲜明的经营特点和独特的文化功能,使得这个行业在北京文化发展历程中发挥出行业的文化优势。而这些都为中国传统文化典籍的继承与传播发挥着积极的促进作用,也成为京城文化、学术发展中不可忽视的文化力量。北京古旧书业所产生的深远影响,一直持续到今天。这种颇为显著的影响力,对我们今天的古旧书经营和发展都具有极强的感召力。我们今天文人学者所熟悉的中国书店,之所以能有着十分突出的文化标志性作用,并成为京城传统文化的重要经营阵地、传统文化窗口,很大程度上在于它继承和延续了北京古旧书业的行业特征和传统的行业经营风格。与此同时,我们今天深入的研究北京古旧书业行业特点,特别是注重对其行业发展影响力的深化研究,对我们的文化产业发展以及图书文化市场的格局,有着重要的启示作用。

首先,开展北京古旧书业的研究,将系统、完整地勾画出北京图书发行业的起源、沿革及其发展的历史全貌,填补北京文化史研究领域的空白点。

长期以来,北京古旧书业历史研究颇为薄弱,甚至在北京史研究领域,北京古旧书业史研究几乎是空白。这种状况与北京古旧书业的历史地位及其在中国图书发行史、北京文化发展历程中所具有的特殊作用是极不相称的。因此,系统、完整的研究北京古旧书业史,将北京历史上书肆的起源、沿革以及古旧书行业发展规律、经营特点等内容完整地呈现在人们的面前,将填补北京文化史研究领域的空白点。与此同时,我们应该看到,北京古旧书业发展史是北京文化史的组成部分之一,在北京历史发展历程中,历朝各代的书肆一方面受北京文化发展的左右而逐步发展、壮大,另一方面在书肆的经营活动又对北京文化发展起到一定的促动作用。二者互为制约、互相促进,成为有机的结合体。研究北京古旧书业各个不同阶段的发展状况,将透视出北京不同阶段文化发展的面貌,从另一个视角勾画出北京历史上各个朝代的文化环境和当时统治阶级的文化政策。另外,历史上的北京古旧书业经营极为活跃,并伴随着北京文化状况的变化而不断地调整自己的经营内容和经营方式,研究北京古旧书业在历史上的经营方式、经营特点及其重要的经营内容,将对我们了解北京历史上不同时代的文化发展走向和文化思潮,提供了丰富、直观的内容。

　　其次,由于北京古旧书业发展在全国的图书发行史上所具有的特殊地位和典型代表意义,研究北京古旧书业发展进程和行业影响,将有利于促进中国图书发行史的研究。

　　北京在历史上虽不是刊刻书籍的中心,但在图书的流通上占有重要的地位。尤其是元、明、清以来,北京作为全国的政治、文化中心,图书的消费往往代表了当时的文化走向。因此,北京古旧书业的变化和发展,也成为不同历史时期文化走向的风向标之一。研究北京古旧书业的历史,探讨这个行业在北京不同历史阶段的演变,将从一个全国图书消费的中心来体现我国图书流通发展状况,为中国古旧书行业史的研究提供一个参考的范本,带动和促进全国古旧书行业史研究的发展。

　　其三,研究北京古旧书业史经营风格及其行业优势,不仅具有重要的历史价值和文化意义,还具有突出的实践指导意义。

　　通过我们对北京古旧书业历史和行业优势的研究,直接对我们今天规划、发展北京图书发行事业提供历史的经验和借鉴。尤其是在当今京城图书市场竞争日趋白热化,网上书店、数字阅读对实体书店形成巨大冲击的状态下,我们研究古旧书业的发展轨迹,对北京图书发行业,特别是像今天的中国书店这样的古旧书经营机构如何确定经营定位以及经营形式的创新提供重要的历史参考。而从宏观上,如何确定今后的图书出版、发行产业格局,如何制定相关的产业引导政策,对北京古旧书业史的研究将为我们提供基本的认识概念和探索思路。

(作者系中国书店出版社总编辑)

注　　释

1　扬雄:《法言·吾子卷第二》,中华书局 1959 年版。

2　[南宋]叶隆礼:《契丹国志》,上海古籍出版社 1985 年版。

3　苏辙:《栾城集》卷四二,《北使还论北边事札子五道》,上海古籍出版社 1987 年版。

4　王辟之:《渑水燕谈录》卷七,《歌咏》第 64 页,中华书局 1981 年版。

5　胡应麟:《少室山房笔丛》卷四,《经籍会通四》第 55 页,中华书局上海编辑所,1958 年版。

6　7　孙殿起:《琉璃厂小志》第 4 页、第 37—38 页,北京古籍出版社 1982 年版。

8　坐观老人:《清代野记》第 119 页,巴蜀书社 1988 年版。

9　胡应麟:《少室山房类稿》,明万历四十六年(1618 年)刊本。

10　梁实秋:《梁实秋雅舍小品全集》第 186 页,上海人民出版社 1993 年版。

11　张次溪遗稿:《北京书市谈往》,《文史资料选编》第 32 辑。

12　孙殿起辑录:《丛书目录拾遗》,民国二十三年(1934)排印本。

13　郑振铎:《西谛书话》,三联书店 1998 年版。

清至民国时期北京外城西部
寺庙的历史变迁

何岩巍

关于清至民国时期的北京外城寺庙,主要研究资料为《北平寺庙通检》和《北京寺庙历史资料》[1]等。因第一历史档案馆中收藏有 1906 年京师警察厅的《北京外城寺庙调查表》(仅包括外城西城部分),现以此为时间断面进行研究。笔者认为在传统社会中,寺庙的历史变迁有其固有的变化规律,探讨外城西部的寺庙也能使我们对整个外城寺庙的历史变化有所认识。

外二区范围内明代存在寺庙:万善给孤寺、铁老鹳庙、观音寺、抬头庵、延寿寺、仁威观、延寿寺、云峰寺、五圣庙、新火神庙、云居寺、马神庙、万寿关帝庙、关帝庙、关帝庙、鹫峰寺、协资庙、火祖庙、五道庙

外二区范围内 1906 年存在而 1928 年不载的寺庙:真武庙(车辇胡同)、土地庙(蔡家胡同)、七圣祠(三府菜园,住持人李茂看庙)、三官庙(佘家胡同,住持人俞成宗,家庙)、土地祠(厂甸,江禹臣管理,铺户二)、关帝庙(永光寺街)、娘娘庙(娘娘庙夹道,住持人瑞观,僧人)五圣祠(西河沿)、关帝庙(赶驴市,住持人于秦信,道士)、土地庙(蔡家胡同,住持人蒋兆祺,道士)、观音阁(牟俸管理,住户一,铺户二十五)、五圣祠(成瑞林看庙,住户一)、天龙寺(抬头庵,住持人明亮,僧人,住户四,铺户五)、玉皇庙(王锡珍,道士,铺户十)、李姓家庙(椿树下三条)。

外二区范围内 1928 年存在寺庙:大弘庙(延寿寺街内三眼井,此庙 1906 年时住持人为觉性,僧人,赁居铺户十三,1928 年龙泉管辖办理慈善,1936 年归龙泉寺管辖,为香火挂单之用)、五道庙(李铁拐斜街西头五道庙街,心宽,僧人,赁居住户一,赁居铺户二,于光绪元年由卢道士手中置买)、正觉寺(西草厂胡同 89 号,印宝,僧人,赁居住户一,赁居铺户三)、玉极庵(王广福斜街,慈玉,僧人赁居住户一,赁居铺户二)、北极庵(北极庵 1 号,瑞成,僧人,赁居铺户五)、延寿寺(住持人悟明,僧人,铺户四,自行管理出租)、吕祖祠(厂甸 5 号,薛至善,道士,赁居铺户八)、协资庙(协资庙,住

持人德广,僧人,铺户四,自住出租)、皈子庙(皈子庙,訾德利,赁居铺户六)、云居寺(前门外云居寺,赵瑞生,寄居人四十七,)、万佛寺(万佛寺湾,性果,僧人,住户二,铺户二,有余即办理慈善公益事业)、万寿关帝庙(正阳桥南西河沿,光耀,僧人,赁居住户一,赁居铺户四)、准提庵(石头胡同,普照,僧人,赁居铺户三)、龙王庙(后青厂 15 号,能池,尼姑,赁居住户一,赁居铺户二)、关帝庙(西河沿响闸桥,住持人绪山,尼僧,住户一)、铁老鹳庙(铁老鹳庙街,住持人龙奎,僧,赁居铺户一,1928 年时管理及使用状况为供佛)、关帝庙(东北园 70 号,美奇,僧人,赁居铺户二)、关帝庙(山西街 14 号,住持人省三,僧人,1928 年管理及使用状况为除供佛外出租)、关帝庙(麻线胡同 2 号)、关帝庙(琉璃厂百合园 15 号,窦王氏家庙,赁居铺户一)、关帝庙(东椿树胡同 16 号,马氏家庙,1928 年管理及使用状况为除自住外并酌量出租)、石关帝庙(五斗斋 11 号,住持人体如,僧人,赁居铺户六,烧香信仰用)、观音寺(观音寺街 52 号,住持人性泉,僧人,住户一,铺户五,自住出租,有余便兴办慈善事业)、观音寺(永光寺中街 1 号,住持人学仁,僧人,焚修、慈善、出租房屋)、观音寺(方壶斋 1 号)、观音庵(车辇胡同 13 号)、白衣庵(虎坊桥 64 号,住持人慧清,僧人,住户一,铺户二,以房租维持香火生活)、白衣庵(胭脂胡同西皮条营 8 号,供佛、焚修公益等事项)、文昌会馆火神殿(小沙土园 4 号)、火神庙(安澜营头条 4、5、6 号,住持人法平,僧人,住户二,)、火德真君庙(粮食店 44 号,住持人李岐详,道士,各商铺公款私建)、天仙庵(虎坊桥 89 号,住持人澄观,僧人,铺户五,供佛外自住出租)、天仙庵、真武庙(观音寺扁担胡同 2 号,住持人漆常易,僧人,铺户六,出租土地房屋自住)、真武庙(石井胡同,住持人苗成业,道士,赁居住户二,铺户四)真武庙(西河沿 86、87、88 号,徐士佳管理,铺户七,由会馆董事经营将房殿均散租出)、娘娘庙(取灯胡同 18 号,住持人妙玺,僧人,铺户四,房间租赁)、娘娘庙(后青厂 8 号)、娘娘庙(炭儿胡同 18 号)、慈航寺(铁门 68 号,住持人权实,僧人,住户一,铺户二,《北京外城庙宇册》记其住持为玉明,出租)、英济堂(西茶食胡同 47 号,谭波,僧人,民国 9 年置买,管理及使用状况为除供佛自主外出租,《一览表》称其为正定大佛寺下院)、文光寺(小安澜营三条 1 号,住持人德宗,僧人,住户二,房间租赁)、玄帝观(骡马市 176 号,住持人王道龙,道士,住户二,铺户三,租赁)、太岁庙(九道湾 23 号,住持人赵德化,道士,铺户五,自管出租)、土地祠(南新华街 3 号)、小土地庙(大马神庙 3 号)、都土地祠(虎坊桥 61 号,成善水会公产,住户一,供佛外出租)、地藏庵(琉璃厂西门路北 132 号,住持人竹森,僧人,铺户一,出租)、五圣庙(香炉营五条 13 号)、延寿庵(石头胡同 92 号,住持人福庵,僧人,铺户一,供佛出租)、地藏寺(山西街 15 号住持人省三,僧人。铺户三)、财神庙(铁门 27 号)、财神庙(西皮条营 1 号)、三圣庵(火神庙夹道 1 号,住持人禅林,僧人,铺户五,看守焚修饮食费用公益等事)、龙王堂(排子胡同 24 号,住持人明山,僧人,自住出租)、福祥寺(西草厂 84 号,瑞泉,僧人,铺户一,余房出租)、福峰寺(西河沿 108 号,住持人光耀,僧人,铺户三,自管)、灵鹫寺(茶儿胡同 32 号,住持人善慈,僧人,铺户四,信仰烧香出租)、警觉寺(百顺胡同,住持人美奇,僧人,铺户二,闲房出租)、圆通寺(裘家街 28 号,住持人玉山,尼僧,住户三,铺户二,出租)、三元禅林(大耳胡同 10 号,住持人如启,僧人,铺户六,分别租赁)、莲花寺(石头胡同 5 号,住持人述禅,僧人,铺户一,租赁)。

外二区范围内见于《北平庙宇通检》而在 1928 年已废弃寺庙:大隐庵(铁厂北口西河沿)、火祖殿(琉璃厂,住持人孙立荣,道士,住户一,铺户十三)、火神庙(李纱帽胡同西火神庙夹道,俞林之,家庙,僧人,住户三,铺户一)、天仙庵(棉花九条胡同,住持人性空,尼僧,住户二,铺户三)、仁威观(琉璃厂火神庙西,薛立荣,道士,铺户一)、正乙祠(前门外西河沿)、永光寺(永光寺街)、永兴寺(西草厂东南柳巷,住持人海泉,铺户二)、石芝庵(骡马市南四川营)、地藏庵(西河沿排子胡同,又称白衣庵,住持人本玉,僧人,住户二,铺户十三)、抬头庵(抬头庵)、马神庙(大马神庙 2 号,住持人瑞林,僧人,铺户二)、海波寺(海波寺街)、给孤寺(珠市口北给孤寺夹道)、云峰寺(宣武门外大街东南)、圆通庵(棉花五条胡同南裘家街)、寿佛寺(南新华街西梁家园)、闻喜庵(赶驴市,赁居住户四)、兴胜寺(南新华街十间房北)、关帝庙(给孤寺夹道东)。

外二区范围内 1906 年存在而各种资料均不载寺庙:关帝庙(宣武门大街)、广灵观(广安门大街)、关帝庙(上斜街 9 号,住持人启照,僧人,赁居铺户二)、关帝庙(上斜街,赁居住户三,赁居铺户一)、关帝庙(金井胡同,赁居住户二,赁居铺户一)关帝庙(营房东南头条)、五圣祠(东宽街)、普佛寺(张相公庙,住持人修起,僧)、关帝庙(达子营,住持人汪复兴,道士,赁居住户五)、三官庙(米市胡同,赁居铺户一)、伏魔寺(九间房,赁居住户一)、观音寺(盆儿胡同,秀山,尼僧,赁居铺户一)、七圣庵(樱桃园 15 号,住户一)、真武庙(樱桃园 26 号,住户一)、观音阁(南横街)、千佛寺(南横街 30 号,住持人永惠,赁居铺户一)、福缘庵(南堂子胡同,住持人郭守善,道士)、晋太高庙(南堂子南)、火神庙(窑台,赁居住户一)、皂君庙(东砖胡同,住持人宽亮,僧人,赁居住户六,铺户一)、四圣庙(四圣庙,赁居住户一)、地藏庙(阡儿胡同,住持人慧若,僧人,赁居住户二,铺户)、七圣庙(七圣庙胡同,赁居住户一,铺户一)、华严寺(香厂河北,住持人静养,赁居住户一,铺户三)、九圣庙(罗家井,赁居住户三)、关帝庙(三元庵,住持人志果,僧人,赁居铺户二)、宏慈道院(灵佑宫,住持人魏明文,道士,与灵佑宫同)、天仙庵(灵佑宫,同前)、药王庙(住持人任元震,道士,赁居铺户一)

外四、外五区范围内（西部）明代存在寺庙：松筠庵、接待寺、广慧寺、都土地庙、长椿寺、玉虚观、大圣恩寺、小圣恩寺、善果寺、紫金寺、报国寺、增寿寺、法源寺、绵山寺、灵虚观、净宁寺、莲花寺、宝应寺、永庆寺、崇效寺、玉皇庙、水月庵、保安寺、慈悲庵、龙泉寺、万明寺、真武殿、永光寺、海波寺、北极庵、圆通庵、关王庙、永兴庵、城隍庙、竹林寺、老君堂、昊天寺、砖庙、三官庙、相国寺、崇教寺、贾家庙、娘娘庙、新寺、观音堂、关王庙

外四、外五区范围内（西部）1928 年存在寺庙：永乐寺（右安门内姚家井，住持人兰若，僧）、永庆寺（教子胡同 2 号，住持人慧和）、七圣庙（广安门内南菜园）、三教寺（盆儿胡同，住持人常寿，尼僧）、小报国寺（报国寺街）、千佛寺（枣林街 7 号，住持人惟和，僧人，明万历二十二年间，由太监商尚质修建。自行看管，烧香信仰）、天仙庵（三教寺街）、水月庵（烂漫胡同，住持人海龄，尼僧，赁居住户一，烧香信仰）、玉皇庙（保安寺街，住持人陈毓坤，道士，赁居住户一，赁居铺户一，自行管理）、弘衍寺（醋章胡同）、法源寺（法源寺前街）、长椿寺（下斜街，住持人庙均，僧，赁居铺户二，除自住外，停灵柩房）、保安寺（保安寺街，住持人玉修，僧人，赁居住户九，赁居铺户一，出租，办理公益事业）、祖师庵（白纸坊街 29 号，赁居住户一，铺户一，纸行合行公管）、峨眉禅林（老君地北，又称阿弥庵，赁居住户四，铺户五，除住僧众外，一部分房屋租与住户）、崇效寺（陈家胡同，住持人妙慈，僧人，）、张相公庙（张相公庙）、极乐寺（姚家井，住持人惠祥，僧人，赁居住户一，赁居住户一）、善果寺（善果寺西夹道，住持人海连，僧。1928 年管理及使用状况为除殿宇及和尚居住外，尚有停灵或出租，以便烧香生活，并办学校公益之用）、报国寺（报国寺街，住持人法亮，僧）、万寿西宫（广安门内万寿西宫 5 号，李教忠，道士）、圣安寺（南横街口外 4 号，住持人玉明，僧人，此庙停灵柩）、圣寿寺（陈家胡同十四号，住持人明元，僧人，出租）、广恩寺（唐建，名大悲阁，辽开泰间重修。斜街口，住持人超尘，赁居铺户二，1928 年管理及使用状况为自行焚修，管理弘法）、昙花寺（安家庄，即白纸坊，住持人阔山，僧人，除自住外，酌量出租以补衣食）、龙王庙（大川淀，属私建家庙，管理及使用状况为庙主管理并信仰）、关帝庙（南横街）、莲花寺（莲花寺湾，住持人瑞光，僧人，赁居住户十二）、三圣庵（黑窑厂，住持人宝山，尼僧，住持人管理，每月收入为本寺经常费）、五圣庵（阡儿路）、古佛寺（储子营，住持人志成，赁居住户二）、佑圣庵（永定门大街路西，住持人长泰，僧人，赁居住户九，铺户四，酌量出租）、真武庙（先农坛北，赁居住户二，铺户三，已塌）晋阳寺（南横街东潘家河沿，住持人普光，尼僧，余房出租）、哪吒庙（黑龙潭，住持人吴安，道士，赁居住户三，绦带行公所使用，）青慈庵（黑窑厂 35 号，赁居住户六，铺户四，自己管理，余房出租）、都城隍庙（宣武门外城隍庙街，住持人李肇禅，道士，赁居住户

一,住持人管理)、龙泉寺(右安门内龙泉寺 3 号,住持人道兴,僧人,管理及使用权均为十方僧众挂单食住及佛前香火灯油之资,每月收支均计二百余元,除寺公用外,若有余资,补助自办龙泉孤儿院)、响鼓庙(粉房琉璃街,住持人义然,尼僧,自住出租)、观音寺(宣外大街 67 号)、观音寺(兵马司前街 8 号)、观音院(官菜园南口上街 20 号)、观音庵(老君地,赁居住户五,铺户一)、观音庵(南半截 1 号)、白衣庵(玉虚观 6 号,无,自行管理烧香敬佛)、白衣庵(白衣庵 6 号)、关帝庙(王子坟 2 号)关帝庙(西便门内杨道庙 1 号)、关帝庙(米市胡同 51 号)、关帝庙(槐柏树街 1 号)、九圣关帝皂君庙(宣外车子营路北,茶行公建)、清泰寺(广安门大街,住持人朱森,僧,1928 年管理及使用状况为由本寺管理用为信仰)、娘娘庙(校场小六条 38 号)、龙王庙(观音堂 1 号)、小龙王庙(大耳胡同 1 号)、道祖观(北樱桃园)、华藏庵(西便门内南大道 2 号,自己管理,余房出租)、紫竹林(南线阁 15 号,住持人承福,相继管理,烧香信仰)、慈慧寺(报国寺夹道 1 号)、地藏庵(阎王庙街 29 号,住持人信和,僧人,赁居住户 7,赁居铺户三,生活维持全仗出租)、松柏庵(大猪营 17 号,住持人彰普,僧人)、五道庙(安家庄 11 号)、玉虚观(宣外老墙根,除供佛及自居外,余房出租,《北平寺庙通检》称其析为民居)、隆庆寺(广安门内大街 182 号,1926 年住持人轻尘,僧人,赁居住户五,赁居铺户五,1928 年管理及使用状况为住持管理)、伏魔寺(丞相胡同 9 号,住持人僧,笑凡,赁居住户五,出租)、韦陀寺(广安门大街,住持人本悟,僧人,铺户一,1928 年管理及使用状况为住持管理并信仰烧香,余房出租)、土地庙(下斜街 41 号,住持人刘锡佩,道士,房屋出租,每月逢三日市集之期,各项小贩摆设浮摊)、正真观(菜园甲 6 号)、灶君庙(达智桥 37 号,赁居铺户二,为白云观附属,民国四年接管,房间收租)、三官庙(宣外小猪营 1 号,住持人善修,道士,)、三义庙(上斜街 12 号)、七圣庙(蓝旗营房东南头条 9 号)、七圣庙(白纸坊,赁居住户一,自行管理,准其民众焚香)、中华寺(广内 139 号)、三圣观(右安门后身 47 号,住持人张洪瑞,道士,铺户一)、慈悲庵[2](黑窑厂西南隅)、三官庙(窑台 22 号)、火神庙(三门阁 1 号)、法华林(南堂子胡同 13 号)、三元庵(养羊胡同 1 号)、增寿寺(南横街 29 号)、老爷庙(窑台 15 号)、福庆寺(粉房琉璃街,住持人如真,住户一,铺户二,主持焚修)、般若寺(九道湾 13 号,住持人德宗,僧人,赁居铺户四,房间租赁,维持生活)、通法寺(通法寺,住持人智月,僧人,赁居住户一,自行管理出租)、皂君庙(虎坊路 2 号)、陶然亭(住持人静明,僧人,自行管理)、永寿庵(粉店 4 号,住持人松山,尼僧,赁居住户三,自住出租)、双五道庙(香厂路南 9 号,赁居住户一,自己管理家庙,供奉财神)、花神庙(窑台 23 号,自行管理,出租得价,僧人用度)、弥陀庵,(潘家河沿 46 号,住持人光顺,尼僧,住户二,自行管理,余房出租)、大慧寺(九道湾 5 号,住持人德林,僧人,赁居住户二,铺户八,自行管理出租)、圆通观(南横街,住持人李永禄,道士,赁居住户八,1936年自行管理,办理慈善事宜)、药王庵(潘家河沿41号,住持人法连,尼僧,自行管理,葬坟使用)、关王庙(四圣庙3号,住持人德林,僧人,赁居住户四,铺户五,自住出租)、关帝庙(留学路15号,住持人广廷,赁居铺户二,除焚修饮食费用外,余作公益事项费)、关帝庙(高庙4号,住持人慧直,僧人,赁居住户一,属五圣庵下院)、关帝庙(窑台15号)、观音寺(永内大街7号,住持人贵印,僧人,赁居铺户二)、观音庵(铺陈市45号,住持人成秀,尼僧,赁居住户一,自行管理)、太清观(南下洼太清观1号,无僧,管理及使用状况为收养贫民)、七圣庙(里仁街10号,管理及使用状况为公管并办公用。1906年档案未记其具体情况,无僧,无赁居户,《北平寺庙一览表》称其为当街庙)。

　　外四、外五区范围内见于《北平庙宇通检》而在1928年不载寺庙:一苼庵(西便门内)、七圣庙(烂漫胡同内箭杆胡同)、三官庙(枣林街西,住持人化尘,僧人,赁居住户二)、三忠祠(上斜街)、土地庙(蔡家胡同)、大延寿寺(法源寺东)、大悲院(法源寺前街,住持人春山,僧人,赁居住户一)、小圣安寺(白纸坊)、火神庙(白马寺坑)、天齐庙(箭杆胡同)、五道庙(枣林街西)、五圣庙(小川淀)、玉虚观(玉虚观,)、白马寺(南横街西口外)、竹林寺(西城根三庙西)、妙光阁(下斜街一苼庵后,住持人怀空,僧人)、宏仁万寿宫(盆儿胡同)、弘法寺(广安门内)、松筠庵(达智桥40号,住持人学真,僧)、昊天寺(西便门大街西)、相国寺(崇效寺左近)、净土寺(南老君地,住持人正果,僧人,铺户一)、张公祠(盆儿胡同西)、接待寺(达智桥巷内路北)、华严寺(四译馆东)、智泉寺(法源寺东)、紫金寺(善果寺东南)、都土地庙(下斜街)、圆通观(南横街西)、新寺(宣武门外宣南坊)、碧霞元君庙(宣武门外宣南坊)、福禄庵(蔡家胡同东)、赵公祠(法源寺前街)、绵山寺(法源寺西)、广德寺(报国寺街)、增寿寺( )、潮庆庵(达智桥10号,)、畿辅先哲祠(下斜街)、静宁寺(法源寺左近)、谢叠山先生祠(法源寺后街)、归义寺(善果寺南归依寺)、关帝庙(广安门大街路南)、关帝庙(米市胡同)、宝应寺(千面胡同4号)、顾先生祠(报国寺街)、灵虚观(法源寺前蛤蟆北岸)、观音庵(右安门内姚家井)、观音院(官菜园上街红土店)、三门阁(黑窑厂南)、火神庙(南堂子胡同西)、天仙庙(先农坛西)、仁寿寺(先农坛后崔家井,住持人普照,僧人)、斗老宫(先农坛西,住持人祁秉宗,道士,赁居住户二,赁居铺户三)、仙露寺(宣武门外菜市西)、地藏庵(太平巷南)、东岳庙(胶房)、岳王庙(大腊八胡同)、比卢庵(先农坛西南)、高庙(西珠市口西南高庙4号)、崇兴寺(粉房琉璃街,住持人源志,赁居住户十,铺户二)、清泉庵(和平门外太平巷)、眼药庵(虎坊桥东)、万明寺(香厂)、慈悲庵(陶然亭4号)、比卢庵(南堂子东)、关帝庙(黑窑厂南口,乾图称其为伏魔庵,赁居住户一)、灵佑宫(先农坛北,住持人魏明文,道士,赁居铺户一)。

将上述外城西部明代曾经存在的寺庙与1906年《北京外城寺庙调查表》及其他资料进行对比,可以发现两个变化:1、清末时这一区域内的寺庙数量大大增加,明代时这一区域共有寺庙65座,清末时已经增加到243座;2、相比于明代,清代出现了更多的关帝庙、火神庙、白衣庵等民间崇祀庙宇。但这些庙宇的主持仍多为僧人。笔者认为这两点变化一方面说明自明至清宗教信仰对民众的影响越来越大,另一方面也说明清代以来正统佛道教以外的民间信仰显现与正统佛教的融合。

据《清末北京外城寺庙调查表》和《北京外城寺庙历史资料》进行统计,外城西城1906年有243座寺庙(其中包括《清末北京外城寺庙调查表》漏载的43座寺庙),1928年时这一数字已减少到157座。现将这些废弃的寺庙列举如下:

外二区:真武庙(车辇胡同)、七圣祠(三府菜园,住持人李茂看庙)、三官庙(佘家胡同,住持人俞成宗,家庙)、土地祠(厂甸,江禹臣管理,铺户二)、关帝庙(永光寺街)、娘娘庙(娘娘庙夹道,住持人瑞观,僧人)、五圣祠(西河沿)、关帝庙(赶驴市,住持人于秦信,道士)、土地庙(蔡家胡同,住持人蒋兆祺,道士)、观音阁(牟倖管理,住户一,铺户二十五)、五圣祠(成瑞林看庙,住户一)、天龙寺(抬头庵,住持人明亮,僧人,住户四,铺户五)、玉皇庙(王锡珍,道士,铺户十)、李姓家庙(椿树下三条)、火祖殿(琉璃厂,住持人孙立荣,道士,住户一,铺户十三)、火神庙(李纱帽胡同西火神庙夹道,俞林之,家庙,僧人,住户三,铺户一)、天仙庵(棉花九条胡同,住持人性空,尼僧,住户二,铺户三)、仁威观(琉璃厂火神庙西,薛立荣,道士,铺户一)、永兴寺(西草厂东南柳巷,住持人海泉,铺户二)、地藏庵(西河沿排子胡同,又称白衣庵,住持人本玉,僧人,住户二,铺户十三)、马神庙(大马神庙2号,住持人瑞林,僧人,铺户二)、闻喜庵(赶驴市,赁居住户四)

外四及外五区:关帝庙(宣武门大街)、广灵观(广安门大街)、关帝庙(上斜街9号,住持人启照,僧人,赁居铺户二)、关帝庙(上斜街,赁居住户三,赁居铺户一)、关帝庙(金井胡同,赁居住户二,赁居铺户一)、关帝庙(营房东南头条)、五圣祠(东宽街)、普佛寺(张相公庙,住持人修起,僧)、关帝庙(达子营,住持人汪复兴,道士,赁居住户五)、三官庙(米市胡同,赁居铺户一)、伏魔寺(九间房,赁居住户一)、观音寺(盆儿胡同,秀山,尼僧,赁居铺户一)、七圣庵(樱桃园15号,住户一)、真武庙(樱桃园26号,住户一)、观音阁(南横街)、千佛寺(南横街30号,住持人永惠,赁居铺户一)、福缘庵(南堂子胡同,住持人郭守善,道士)、晋太高庙(南堂子南)、火神庙(窑台,赁居住户一)、皂君庙(东砖胡同,住持人宽亮,僧人,赁居住户六,铺户一)、四圣庙(四圣庙,赁居住户一)、地藏庙(阡儿胡同,住持人慧若,僧人,赁居住户二,铺户)、七圣庙(七圣庙胡同,赁居住户一,铺户一)、华严寺(香厂河北,住持人静养,赁居住户一,铺户三)、关帝庙(三元庵,住持人志果,僧人,赁居铺户二)、宏慈道院(灵佑宫,住持人魏明文,道士,与灵佑宫同)、天仙庵(灵佑宫,同前)、药王庙(住持人任元震,道士,赁居铺户一)、三官庙(枣林街西,住持人化尘,僧人,赁居住户二)、大悲院(法源寺前街,住持人春山,僧人,赁居住户一)、五道庙(枣林街西)、妙光阁(下斜街一茎庵后,住持人怀空,僧人)、松筠庵(达智桥 40 号,住持人学真,僧)、净土寺(南老君地,住持人正果,僧人,铺户一)。其中废弃之关帝庙有九座,土地庙有两座,火神庙有三座,真武庙两座,各类圣庙六座

关帝庙的大量废弃是一个值得研究的问题,明清以来,在政府和民众共同倡导之下,关帝庙的数量与日俱增。虽然有清两百年来,关帝庙时有废弃,但是新建庙宇甚多,因此在一个很长的时期,关帝庙的总量维持了一个很高的数字。但是民国以来,几乎很少新建寺庙,是因关帝庙赖以生存的社会环境亦发生了变化,失去了国家政权的支持造成了关帝庙的衰落。当然关帝信仰在一般民众中虽有所降低,但影响仍不容忽视。不过就总体而言,到 1928 年时关帝庙已经前所未有的衰落了。受到清代国家政权支持的其他神祠也发生了类似的情况,例如火神庙、城隍庙、真武庙等。与之形成对比的是正统佛教寺庙数量的减少程度明显少于上述寺庙。笔者认为这与佛教信仰的相对独立性有关。时移事易,封建帝王和传统社会民众崇祀的神灵在国家转型以后,理所当然的受到新政权的抵制。国民政府《神祠存废标准》的颁布充分说明了这一点。佛教信仰相比于中国传统信仰较少世俗性,它与旧制度的联系相对较弱,这一点反而使其崇祀庙宇得以较多保存。

综上所述,笔者认为自唐代以来,这一区域内的庙宇发生了深刻变化。自唐至元代,本区的庙宇由单一的佛教寺庙向佛、道、民间崇祀庙宇转化。自明至清代末年,本区庙宇的数量大大增加,同时民间崇祀庙宇和正统佛道教之间的融合进一步加强。自清代后期至民国年间北京的庙宇因国家政权的转型逐渐走向衰落。

(作者系北京市社会科学院历史所助理研究员　北京外国语大学博士研究生)

注　释

1　该书收录了民国年间三次寺庙调查的资料,三次调查分别在 1928 年、1936 年和 1947 年版。

2　秋生:《北平寺庙调查》,首都图书馆影印 1961 年版。

朝顶进香:北京的道教民俗

郑永华

  碧霞元君全称东岳泰山天仙玉女碧霞元君,俗称"泰山娘娘"、"泰山老奶奶",民间传说其神通广大,佑农耕、护商旅、牵姻缘,又能疗病救人、送子、保护童稚。因而明清以来北方地区信仰极盛,北京民间对其十分崇拜,并形成了盛大的道教民俗。

  碧霞元君信仰最早在什么时候传入北京,已难找到确切记载。有学者认为,元代开始正式祭奠东岳仁圣大帝,"作为东岳大帝之女的碧霞元君可能也就在这时受到北京民众的祭祀"。[1]大都东岳庙落成于至治年间,其香火兴盛则应在元代中后期,此或可视为北京碧霞元君信仰的萌芽时期。

  从现有史料看,最迟到明代中后期,碧霞元君信仰已经成为北京民众生活的重要组成部分。其时建造了众多碧霞元君庙,并初步出现了"五顶"之说,至清代更是老少咸知。所谓"五顶",就是北京城郊附近五座最著名的碧霞元君庙,具体分为东、南、西、北、中。明人记称,"麦庄桥北,曰西顶;草桥,曰中顶;东直门外,曰东顶;安定门外,曰北顶。盛则莫弘仁桥若,岂其地气耶!"[2]除南顶以外,《帝京景物略》中都有明确记载。其中弘仁桥元君庙,大约就是明代京城之"南顶"。清人励宗万说到:"今此庙曰大南顶,旧曰南顶"[3],此因清代以大红门外之元君庙为南顶,又称"小南顶",于是以明代之南顶为"大南顶"。关于北京五顶的记载,也见于其他文献,但并不完全相同。如西顶,明末刘若愚《酌中志》称万历三十六年于蓝靛厂"始建西顶娘娘庙",《帝京景物略》则记在麦庄桥北。又如北顶,一说在德胜门外土城东北三里,又说在德胜门内路东。[4]但总起来大同小异,其中缘故,或许是由于年代不同而各碧霞元君庙的香火有了盛衰替代,也可能是由于作者识见以及取舍标准的不同,还有的则仅是记载所用词句之别。不管如何,基于方位分布的京城"五顶"之说,生动反映了明代以来北京碧霞元君信仰之盛,"夫亿万姓所皈礼,以俗教神道焉,君相有司不禁也"。[5]

  明代京城"五顶",以南顶弘仁桥香火最旺。"岁四月十八日元君诞辰,都(城)土女进香。先期,香首鸣金号众,众率之如师、如长令、如诸父兄。月一日至十八日,尘风汗气,四十里一道相属也。舆者、骑者、步者、步以拜者、张旗幢鸣鼓金者",届期香会民众争相前往,[6]"倾城趋马驹桥,幡乐之盛,一如岳庙"[7],从左安门至弘仁桥,四十里路上游人如织,来往不绝。清代南苑大红门外元君庙受到清室格外垂青,"乾隆三十八年发帑重修。前殿供碧霞元君,额曰神烛碧虚。中殿奉东岳,额曰神功出震。后殿奉斗姥,额曰妙握璿杓。门外二坊,左曰广生,曰长养,右曰群育,曰蕃滋。俱皇上御书。"[8]人们于是转以该庙为南顶,而称弘仁桥元君庙为"大南顶"。

　　清代弘仁桥元君庙沿明代之旧于四月开庙,虽仍然是一处较为重要的庙会场所,但已有所变化。而安定门外的新南顶,则改于五月开庙,兼之得到皇室与大员的支持,其声势逐渐超过弘仁桥娘娘庙。此地不仅为元君进香者的一个重要去处,届期又成为京师年少者之乐园,跑车跑马者终日不绝,竞骑夸胜。时人称:"但开南顶(五月初一日起,十八日止)极喧哗(纨绔少年多于此地生事),近水河棚数十家。纨绔子弟归更晚,天桥南面跑新车。"[9]光绪十九年五月初二日,御史端良上折说到,"永定门外南顶地方庙宇,向于五月间迎神进香,男女杂沓,结队冶游,驰骋车马,相习成俗,久干例禁。近闻竟有公侯大员、部院职官微服混淆其间,……且闻自本月初一日以来,游人车马络绎不绝,往往迟至亥刻,城门尚未掩闭",请求查禁。[10]清廷据此奏下令查禁,"著步军统领、南城御史严饬营城司坊各官,一体严行禁止。倘敢明知故纵,即行从严参办。并分饬各城门该管员弁,务当遵照向章,按时启闭,以重门禁"。[11]从此南顶香火开始败落,"遂废其事,与昔日金鱼池相仿佛"。[12]到民国年间,更是破败,"有其名无其实,在民国之先,顶早就坍塌倒坏喽"。[13]

　　"五顶"的另一重要地方是西顶。万历三十六年蓝靛厂西顶娘娘庙落成后,"其地素洼下,时都中有狂人倡为进土之说,凡男女不论贵贱,筐担车运,或囊盛马驮,络绎如织。甚而室女艳妇,藉此机会以恣游观,坐二人小轿,而怀中抱土一袋,随进香纸以徼福焉",很快得到京城民众的香火。[14]清代对西顶十分重视,并予以特殊礼遇,"庙有七十二司神,皆绘画,非塑像也。每开庙时特派大臣拈香,与丫髻山同,他处无之"。[15]因此西顶庙会随之繁盛。后人记称,"每年四月初一日起至十五日止开庙,香火极盛。盖宫之左近各营房及海淀村民来游者甚多,宫门内外赶集,设摊极夥"。[16]时人亦有纪实诗:"欲游西顶(娘娘庙烧香,必曰朝顶)顺长河,一路楼台点缀多。万寿寺前须驻马,此中山子甚嵯峨。"[17]到民国年间,西顶建筑仍基本保存完整,但已呈现出衰败之象。1930年,前来参观的人就看到二门里的七十二司神像,"有的不知被那一位厉行破除迷信的志士给凌迟了,断头残肢,陈尸在那地上。但是却有人每间里供献两根菽秸糊成的拐棍,我不知是什么用意,供献给它们还能有什么用。"[18]抗战之后,又有人说到:"本庙大殿亦为工字型,而前殿后寝宫,中以长廊联系之,……且本庙之娘娘像悉为青铜所铸,当年本庙之富庶可以想见。……其各司(七十二司)之尊神鬼使大都坍塌倒坏,东西配亭败坏尤甚。其庭院虽广,无非蔓草荒烟。则本庙除庙会外,人迹罕至,可知也矣。"[19]

"清和时节开诸顶,忙煞街头荡子车"。[20]除南顶、西顶外,北京中顶也较为繁荣。其庙始建于明代,在右安门外十里草桥,"唐时有万福寺,寺废而桥存。明天启间,即基建碧霞元君庙,土人呼为中顶"[21],"岁四月,游人集醵且博,旬日乃罢"。[22]清代有所修葺,"乾隆三十六年,发帑重修,前殿奉碧霞元君,中殿奉东岳。庙内有康熙年所立碑二,一大学士王熙撰;一大学士李天馥撰。"[23]并改于六月间开庙,所谓"右安门外少风尘,人影衣香早稻新。小有余芳(以园亭为茶社者)开市后(春夏间始开),坐看中顶进香人"。[24]又有竹枝词称:"十里城南过草桥,竭来中顶趁晴朝。花风谷雨清和序,如此烟光不易描。"[25]文献则记载:"六月朔日,各行铺户攒聚香会,于右安门外中顶进香,回集祖家庄回香亭,一路河池赏莲,箫鼓弦歌,喧呼竟日。"[26]又称:"市中花木甚繁,灿如列锦,南城士女多往观焉。"[27]可见清代中顶庙会以南城人为多,且与花市有着密切的关系。《越缦堂日记》说到,清光绪初年的中顶,"赛会甚盛。其地去城十里而近,曰草桥,为众水所归,荷池亘数里,居人以种花为业"。同时也提到:"又吴岩《游中顶诗》言岁以四月一日开庙,今以六月一日,不知始以何时也。"[28]可推测中顶庙会日期之改动,可能在清代中期或其稍前。民国年间中顶有所衰落,但其开庙时在夏季,正是赏花佳节,故仍可观。时人称"该处花畦菜圃一望无际,此时大可往游矣"。[29]又称"夏季游人如织,亦胜地也"。[30]

相比较而言,京师"五顶"中略为逊色的是东、北两顶。东顶在东直门外,亦建于明代,俗称行宫庙,每岁四月有庙会,但规模不大,影响也小,民国年间游者的观感,是"庙基极小,逛者不多。现亦多年不开庙会矣"。[31]北顶有宣德铜钟、万历铜炉及崇祯董其昌撰书碑等明代文物,清乾隆年间又奉敕重修,有山门、前殿、后殿、钟楼和鼓楼等建筑,略具规模。但北顶主要是京城北郊昌平、沙河一带农民的商品交易场所,每年四月间开市,"市皆日用农具,游者多乡人"[32]。虽然其庙会直到1949年后才中断,但北顶的影响远不及南、西、中三顶,而仅与东顶在伯仲之间。

明代北京碧霞元君信仰,著名者还有涿州娘娘庙,"二月,都人进香涿州碧霞元君庙,不论贵贱男女,额贴金字,结亭如星,坐神像其中,绣旗瓶炉前导,从高梁桥归,有杂伎人腾空旋舞于桥岸,或两马相奔,人互易之,或两弹追击,迸碎空中"。[33]《酌中志》中说,"(四月)初旬以至下旬,要西山、香山、碧云寺等,要西直门外之高梁桥,涿州娘娘、马驹桥娘娘、西顶娘娘进香",将涿州娘娘置于马驹桥与西顶之前,可见其地位之高。这与明廷宫中独重此庙有一定关系,因"其涿郡娘娘,宫中咸敬之,中官进香者络绎",天启年间,权倾一时的魏忠贤还亲自到涿州娘娘庙进香。[34]入清后,涿州娘娘庙进香之俗没有得到发展,遂不及后起的"五顶"。

除此之外,清代以来北京最重要的碧霞元君信仰风俗,当属"朝山",即京城东边的丫髻山与西边的妙峰山,俗称东、西二山。学者认为,"有清一代北京地区的社会宗教活动以碧霞元君信仰为主",共有碧霞元君庙宇三十余座,但"集中在妙峰山、五顶和丫髻山",其中尤以两座真正的山峰——丫髻山与妙峰山最盛,"五顶碧霞元君信仰始终没有达到丫髻山和妙峰山的兴旺程度"。[35]妙峰山俗称"金顶",其由来至今未有明确结论,"既可能是皇朝参与的原因,也可能是人们对它们香火极其旺盛的一种敬仰性表述,更可能两种原因兼而有之"。[36]丫髻山后来也传出有"金顶"之称。但两者并非一时而盛,而有先后承递的关系。大致而言,清代中前期以丫髻山为重,清代后期及民国年间则妙峰山盛极一时。

清代竹枝词说道:"逛来二闸无多日,丫髻山头又进香。"[37]又称:"杏黄招子贴墙间,约日烧香丫髻山。前导绣旗亭结彩,高粱桥畔接神还。"[38]描绘的就是清前期都人往丫髻山进香的情况。丫髻山座落在北京平谷(原属怀柔)境内,距北京百余里,因山顶两座突起的岩峰远望恰如女丫头上的两个发髻,故名。丫髻山碧霞元君信仰,早在明代就已经出现了。官书记称,"怀柔县丫髻山碧霞元君祠,创自嘉靖中"。[39]地方志则有更详细的记载:"(丫髻)山旧有碧霞元君庙三间,明嘉靖中有王姓老媪发愿修建。以山高风烈瓦易飘失,募化铁瓦,独身运至山上,往来迅速。人异之,施者渐众,殿以告成。每岁四月十八日,四方聚会五日。"[40]清末文献则回忆到,"(丫髻山)西峰顶有天仙圣母碧霞元君庙,元明以来香火俱盛"。[41]将其香火更上推到元代,然是泛泛而言,未见所据史料,故不尽可信。不过明中期以后丫髻山碧霞元君信仰已经出现,当属事实。其时以四月十八日为进香日,会期五天,但庙会可能还不及后来兴旺,因此相关记载较少。

进入清代以后,丫髻山名气很快上升,前来进香的人数也迅速增加。方志记称"国朝香火日盛"[42],清初康熙皇帝也说到:"(丫髻山)自元、明以来,号为近畿福地。因上有碧霞元君之祠,是以每岁孟夏,四方之民会此祈祷者,骈肩叠迹,不可胜计。"[43]可见清初康熙年间,丫髻山就开始兴盛。后来的文献也说到,丫髻山"有娘娘庙,每四月初一至十五,香火极盛"。[44]有的更称,"(丫髻山)上碧霞元君庙,四月十八日,为神设帨之辰,焚楮帛献牲醴者,自春入夏,合齐、鲁、赵、魏、秦、晋之乡,男妇担簦杖策,竭丹诚而叩祝者,毂相击、趾相错也,而神之灵异,亦最著"。[45]

以上所述,个别或不无夸张,但基本上也有所据。之所以出现如此盛况,与清代最高统治者的提倡大有关系。清朝中前期,几乎每年夏初皇帝都要"移驾"承德避暑山庄。其时正届丫髻山开庙之期前后,而丫髻山又正好处于京师与"离宫"承德的交通要道之侧。或是为了显示"与民同乐",当然也不乏"神道设教"的教化功能,清廷遂在丫髻山建筑了行宫,并多有祭祀与兴修之举,"宝殿千花,崇墉百雉,尤为壮丽"。[46]其中见于正史所载,就有"(丫髻山碧霞元君祠)康熙三十七年重修,四十三年圣祖御书匾曰敷锡广生,五十二年复建玉皇庙,御书匾曰清虚真宰,并御制碑文。皇上御极以来时加修葺,屡奉皇太后安舆临幸,御书匾曰神霄朗照,曰慈护香嵒;玉皇阁匾曰妙握乾枢"。[47]此外,康熙、乾隆等又多次亲临拜祭,雍正曾下旨拨款修缮,道光时又有御制碑,凡此等等,均可见清廷对丫髻山之重视。尤其是康熙五十二年,时届玄烨六十大寿,"至(三月)十八日万寿节,在京皇会至山进香,綵楼仪仗,凡二三万人",盛极一时。[48]臣民随即又在东山顶上,专门建造了玉皇庙为康熙祝寿。此举对后来丫髻山香会的兴盛,具有更为特殊的刺激作用。

丫髻山"上有碧霞元君祠,灵感异常,有祷则应,是以每岁仲夏四方人士会于此者,或辇纸帛,或异香烛,拜叩登山,各为盛会,骈肩叠迹,不可数计"[49],在清代中前期的元君信仰中占着非常重要的地位,成为北京一个重要的道教民俗。这也得到了朝廷的认可,每逢庙会,清廷内务府"例以四月十八日致祭",派官员或皇亲贵族前往行礼。[50]清代丫髻山很快成为北京民众"朝山"的重点,其会期也改为四月初一至二十日,即由明代的五天增加到二十天。到乾隆年间,"丫髻山每年香会,众庶云集"[51],都城附近以及近畿方圆数百里的人们都来朝山进香。尤其在皇家祭拜的影响下,参与者多为"富香"与"贵香",更受到特殊关注。档案记载,乾隆十五年丫髻山庙会期间,不仅有怀柔县典史陈洪泰驻在庙内维持秩序,平谷汛把总陈成龙也"循例带领兵目,赴彼巡查弹压"。[52]由此可见官方对丫髻山庙会的重视程度。

清代丫髻山庙会最具特色者,除御制碑匾众多以示其独特的政治地位外,民俗方面则为灯会。史料称,京东丫髻山娘娘庙,"香灯之会最盛"。[53]其中最著名的为"一山善人"灯会。这其实是由两个善会组织所主持的。先是乾隆二十四年,京城德胜门内涤儿胡同袁氏夫妇捐募灯笼,排列成"一山"二字,悬于娘娘顶上,此后相沿。不久,又有人续建灯会,组成"善人"二字,缀成"一山善人"。这很快成为丫髻山庙会一道独特而著名的风景,"每当日暮时,月色灯光辉映山谷,虽数十里外,犹隐隐可辨焉",传诵一时。"善人"灯会后来因"费用浩繁",曾经中断,复经香会努力,募集"白银五百两寄存生息,即以每年所得息银七十金为灯烛茶水之资",得以恢复与维持。[54]

清代晚期国势日衰,清廷"移驾"承德之举逐渐停止,丫髻山庙会此后开始衰落,而京西妙峰山则后来居上,并最终取而代之。有关妙峰山碧霞元君信仰的早期记载,有宛平县人张献所作《妙峰山香会序》，其中说到："己巳春三月，里人杨明等诚心卜吉共进楮币于妙峰山圣母之前，因勒石纪同事姓名，传诸不朽，而邀予数言为序。强之至再，终不得辞"云云。[55]学界曾长期将此碑年代误为"明崇祯二年（1629）或以前"。然从现存碑刻可见，此"己巳"实为康熙二十八年，前人所谓"妙峰山香会始于明末"的观点尚无史料支持。[56]目前所见关于妙峰山香会最早的确切记载，为康熙二年海淀新庄保福寺三村所立的引善老会题名碑，其中已有香会中的"钱粮都管"、"请驾都管"、"车上都管"等诸多名目，如"钱粮都管"郝起祥、郭二、刘太、胡明，以及马景福、吴廷魁等会众成员名单计一百多人。[57]虽然关于妙峰山香会的初始时间尚待进一步研究，但至少到清初顺康年间，妙峰山天仙圣母庙就已经存在，并有了一定规模的民众信仰活动，则可断言。

清代中前期，关于妙峰山碧霞元君的信仰情况，较少见于官方文献记载，但推测起来，似在以平稳的速度发展壮大。奉宽《妙峰山琐记》记录到康乾时期有关香会活动的石碑有十五块之多，可见其概。刊于嘉庆二十二年的《草珠一串》称，"西山香罢又东山（天台山与妙峰山），桥上（宏仁桥俗名马驹桥，桥头有娘娘庙，俗呼为桥上）娘娘也一般。道个虔诚即问好，人人知是进香还"，也明确提到妙峰山。[58]据此可推测妙峰山碧霞元君信仰，自清初以来就未断香火，规模逐渐扩大。道光十九年，时任京城步军统领的皇室奕经上奏要求查禁，而上谕称："民人等赴庙烧香，原所不禁。即沿途搭盖棚座，鬻卖食物，亦事所常有。"[59]咸丰二年，御史伦惠再次上折"请饬严禁"，朝廷亦认为，"乡民春秋报赛，诣庙烧香，原为例所不禁"，即使查办其中的不法行为，也要"先期出示晓谕，……仍不准差役人等藉端扰累"。[60]可见清朝对妙峰山进香之事，原则上持默许认可的态度，这正是"辇毂之下"的妙峰山香会存续并不断发展的重要原因。

"孤峰矗立妙峰山，各处人们把愿还。香火亟盛烟无断，昼夜不停庙不关"。[61]晚清时期妙峰山香会迅速崛起，很快取代了丫髻山的位置，因此有了"西山"、"东山"之别。清末《燕京岁时记》记载妙峰山"每届四月，自初一日开庙半月，香火极盛。……自始迄终，继昼以夜，人无停趾，香无断烟。奇观哉！……以各路之人计之，共约有数十万。以金钱计之，亦约有数十万。香火之盛，实可甲于天下矣"。同书载丫髻山，则谓"繁盛亚于妙峰，而山景过之。都人谓之东山"。[62]《道咸以来朝野杂记》也说："（丫髻山）以四月十八日为进香正日。年例内务府请派员致祭，其仪似重于妙峰山，然名之彰著不若也。"[63]晚清丫髻山庙会的衰落，与朝廷参与力度的减弱有直接关系。而妙峰山庙会在道光后是否因"获得了皇朝的支持"遂有"金顶"称号，并进而超过丫髻山，现仍为民间传说，尚未见于史料。但同（治）光（绪）以后妙峰山香火之盛，则为诸多文献共载。如《天咫偶闻》记称："京北妙峰山香火之盛闻天下。……岁以四月朔开山，至二十八日封山，环畿三百里间，奔走络绎，方轨叠迹，日夜不止。好事者联朋结党，沿路支棚结彩，盛供张之具，谓之茶棚，以待行人小息。食肆亦设棚待客，以侔厚利。车夫脚子竟日奔驰，得佣值倍他日。无赖子又结队扮杂剧社火，谓之赶会，不肖子弟多轻服挟妓而往。山中人以麦秸织玩具卖之，去者辄悬满车旁，而归以炫市人。"[64]《京都风俗志》则云："四月初一，至十五日，京西妙峰山娘娘庙男女答赛拈香者，一路不断由德胜门外迄西，松林闸东，搭盖茶棚，以达山上，曲折百余里，沿途茶棚几十数处。其棚内供奉神像悬挂旗幡，花红绫彩外，列牌棍斧钺。昼则施茶，夜则施粥，以备往来香客之饮。灯烛香火，日夜不休。……夜间灯笼火炬，照耀山谷。城内诸般歌舞之会，必于此月登山酬赛，谓之朝顶进香，如开路秧歌、太少狮、五虎棍、杠箱等会。……游人麕集于山林木间，实京都一巨观也。"[65]

民国以后，妙峰山香会仍然旺盛。《北平旅行指南》称："（妙峰）山在平西百余里，为最著名之大香火山，……每年由旧历四月初一日至十五日，列［例］有庙会半月，善男信女，率皆不辞跋涉奔走数百里长途，于此进香朝顶。而津保一带信士，亦多有来此者。……每届庙会之期，沿路茶棚林立，灯火相属有如星宿。男女香客，纷至沓来，莫不诚敬惟谨，甚有一步一揖、三步一叩首者。迄至山顶，不惮疲劳。娘娘之魔力，较之名贤当道殆又过之矣。"[66]据报道，抗战胜利后的1946年妙峰山庙会，"各地前往赴会观光者在十五万人以上，尤以来自平津保等城市的香客、旅行团，以及狮子会、石锁会一类的娱乐组织最为踊跃，繁盛情形为七八年来所未见"。[67]

民国年间京畿左近尤其是天津民众的加入，为妙峰山香会注入了新的力量。天津民众前赴京西妙峰山进香，自晚清以来就已经开始了。光绪年间的文献中说，北京之西北八十里的金顶妙峰山，"去天津计三百余里。上有庙宇，供天仙圣母，灵爽式凭，香火极盛，每年于四月开庙，朔起望止。……天津人士信之者笃，赴之者众。"[68]后来有竹枝词记之："夏初忙里且偷间［闲］，各秉虔诚将愿还。车水马龙人似蚁，去朝金顶妙峰山。"诗后注云："山在京西，上有庙，四月上半月内，津人多往进香，谓之'朝顶'。"[69]又有史料提到，"京西妙峰山之灵感宫，久为京、津人士所信仰，所以每年一到四月而烧香者络绎于途。且未兴火车之先，御河并有善人船，专载天津香客，分文不取，由津运往通州，再由通州绕道北京，转赴老北道（即聂各庄）。……老北道概不募捐，以天津人及内监占多数"。[70]天津来妙峰山进香者多为有钱人，俗称"富香"，这与天津近代开埠以来财力的上升有很大关系。比如天津香客在老北道上就采用了明亮的汽灯，又捐巨资修葺娘娘顶上各殿堂，并将天津人自己的神祇王三奶奶置入殿中，"头上戴着凤冠，身上披着黄色华丝葛大衫"，称为"慈善引乐圣母广济菩萨"。近代开埠以来,财大气粗的天津香客,与北京城内的传统香会逐渐形成明争暗斗的竞争关系,并因此有了"富香"与"贵香"、"穷香"的区别。[71]

妙峰山香客,上山者皆道"虔诚",下山者则须改为"带福还家"。"带福还家",也就是返回时头上戴着丝绒或纸扎的蝙蝠形花朵,别出心裁者则胸挂红绶,上书"朝山进香,代福还家"等字,这成为妙峰山"娘娘顶"进香以后一个最普遍也最受欢迎的民俗。史料记载说:"凡祭赛事毕,先后散于庙内,外肆摊购绒绫花朵,插帽而归,谓之戴福。遥望人群,则炫烂缤纷,招颤于青峰翠陌间,其风物真堪入画也。"[72]又说:"游人亦多于朝顶之后,购买绒制蝙蝠纸制金鱼及元宝等,美其名曰'戴福还家'、'求财如意',极尽妙想之趣。"[73]妙峰山进香期间严密而庞大的香会组织,则成为学者关注与研究的对象。据调查,民国年间妙峰山进香时已有相当发达的香会组织,李景汉抄录了六十多个香会名称,而顾颉刚则录有九十九个。其实姚峰山鼎盛时,前来进香的香会数目还远不止此。在田野调查中,学者就注意到"听茶棚里的人说,从前进香的有四百余会,今年只有一百余会"。[74]这些香会分为文、武两大类,各有会头、会规,组织严密,传承不绝。他们自称"为老娘娘当差",在香会期间尽力举办种种特定的娱神助人活动,成为妙峰山道教风俗的独特风景,并对其传承、发展和繁荣起着最核心的作用。[75]

（作者系北京市社会科学院历史所副研究员）

注 释

1　吴效群:《妙峰山—北京民间社会的历史变迁》第 28 页,人民出版社 2006 年 5 月版。

2　5　6　刘侗、于奕正:《帝京景物略》卷三,弘仁桥,第 133 页、第 133 页、133—134 页。

3　励宗万:《京城古迹考》第 6 页,北京古籍出版社 1983 年版。

4　分别见于《燕京岁时记》"北顶"条,及《都市丛载》"寺观"条。

7　刘侗、于奕正:《帝京景物略》卷二,春场,第 68 页。

8　于敏中等:《日下旧闻考》卷九〇,第 1524 页,北京古籍出版社 1981 年 10 月版。

9　得硕亭:《草珠一串》,名胜,《清代北京竹枝词》(十三种),第 58 页。

10　录副奏折,匪徒迎神进香请饬禁等由,掌广东道监察御史端良奏,光绪十九年五月初三日。档号:03—7397—068,缩微号:550—0224。

11　《德宗景皇帝实录》(五),光绪十九年五月癸未,第 56 册第 180 页,中华书局 1987 年版。

12　震钧:《天咫偶闻》卷九,郊坰,页一,光绪三十三年甘棠转舍刊本。

13　杨曼青:《夏节之逛》,《群强报》,1915 年 6 月 23 日起连载,转自《北京庙会史料通考》第 288 页。

14　刘若愚:《酌中志》卷一六第 111 页,北京古籍出版社 2001 年 2 月第二次印刷版。

15　富察敦崇:《燕京岁时记》,西顶,第 59 页。

16　《北京市志稿》"礼俗志"卷六，庙集，第 7 册第 383 页，北京燕山出版社 1998 年版。

17　24　得硕亭：《草珠一串》，名胜，《清代北京竹枝词》（十三种），第 56 页。

18　熨：《广仁宫一瞥》，《北平日报》1930 年 5 月 10 日起连载，转自《北京庙会史料通考》第 104 页。

19　痴呆：《西顶庙》，《一四七画报》1946 年 5 月 14 日，转自《北京庙会史料通考》第 106 页。

20　佚名：《燕台口号一百首》，《清代北京竹枝词》（十三种），第 29 页。

21　23　《光绪顺天府志》卷一七，京师志一七，寺观二，郭外寺观，第 2 册第 531 页，北京古籍出版社 1987 年 12 月版。

22　刘侗、于奕正：《帝京景物略》卷三，草桥，第 120 页。

25　黄钊：《帝京杂咏》，载《读白华堂诗》，雷梦水辑《北京风俗杂咏续篇》第 23 页。

26　潘荣陛：《帝京岁时纪胜》，赏莲，第 23 页。

27　富察敦崇：《燕京岁时记》，中顶，第 69 页。

28　光绪四年六月朔日条，第 11 册第 7911 页，国家清史编纂委员会文献丛刊，广陵书社 2004 年 5 月版。

29　秋生：《夏季五顶》，《北平日报》1929 年 5 月 29 日，转自《北京庙会史料通考》第 100 页。

30　马芷庠编：《北平旅行指南》，南郊，古迹名胜，中顶，第 3 页。

31　秋生：《夏季五顶》，《北平日报》1929 年 5 月 29 日，转自《北京庙会史料通考》第 308 页。

32　富察敦崇：《燕京岁时记》，北顶附东顶，第 60 页。

33　《光绪顺天府志》卷一八，京师志一八，风俗，系引《北京岁华记》第 2 册第 586 页，北京古籍出版社 1987 年 12 月版。

34　刘若愚：《酌中志》，卷二〇、卷二四，第 180、218 页。

35　36　参见吴效群《妙峰山—北京民间社会的历史变迁》第 33—39、46 页。

37　杨米人：《都门竹枝词》，《清代北京竹枝词》（十三种），第 19 页。

38　佚名：《燕台口号一百首》，《清代北京竹枝词》（十三种），第 29 页。

39　47　53　《乾隆大清一统志》卷七，上海古籍出版社 1987—1989 年版，《文渊阁四库全书》第 474 册第 164 页。

40　康熙《怀柔县新志》卷二，庙宇，中国方志丛书，华北部分第 132 号，台湾成文出版社印行，1968 年 8 月，第 88—89 页。

41　46　50　《鸿雪因缘图记》，丫髻进香，转自《北京庙会史料通考》第 268 页。

42　48　康熙《怀柔县新志》卷二，庙宇，第 89 页、第 91 页。

43　玄烨：《丫髻山玉皇阁碑记》，《平谷县文物志》第 131 页，民族出版社 2005 年 3 月版。

44　巴哩克杏芬辑：《京师地名对》卷上，身体类。

45　俞蛟：《梦厂杂著》，丫髻山神异记，《清代笔记小说》第 18 册第 305 页。

49　《京都龙灯老会挂灯献茶碑》，嘉庆十三年，东岳庙北京民俗博物馆编，赵世瑜主持辑录并审订：《北京东岳庙与北京泰山信仰碑刻辑录》第 332 页，中国书店 2004 年 1 月版。

51　《高宗纯皇帝实录》（五），乾隆十五年四月甲申，第 13 册第 986 页，中华书局 1986 年版。

52　朱批奏折，直隶古北口提督布兰泰为平谷县丫髻山玉皇阁失火被毁情形事折，乾隆十五年四月初十日奏，档号：04—01—01—0184—049，缩微号：04—01—01—028—0306。

54　《京都龙灯老会挂灯献茶碑》，嘉庆十三年，《北京东岳庙与北京泰山信仰碑刻辑录》第 332 页。

55　张献:《妙峰山香会序碑》,《北京东岳庙与北京泰山信仰碑刻辑录》第 271 页。

56　具体考察,参见拙稿:《〈妙峰山香会序〉碑刻之年代订误——兼及妙峰山香会的初始时间》,《民俗研究》2009 年第 2 期。

57　《引善老会碑》拓片,见于前引首都图书馆"北京记忆网",碑文整理见前引《北京东岳庙与北京泰山信仰碑刻辑录》第 269—270 页。

58　得硕亭:《草珠一串》,名胜,《清代北京竹枝词》(十三种)第 57 页。

59　《宣宗成皇帝实录》(五),道光十九年六月癸未,第 37 册第 1072 页,中华书局 1986 年版。

60　《文宗显皇帝实录》(一),咸丰二年正月辛巳,第 40 册第 702 页,中华书局 1986 年版。

61　子鸿:《妙峰山》,载《燕京竹枝词》。雷梦水辑《北京风俗杂咏续篇》第 160 页。

62　富察敦崇:《燕京岁时记》,妙峰山、丫髻山,第 59—60 页。

63　崇彝:《道咸以来朝野杂记》,第 89 页。

64　震钧:《天咫偶闻》卷九,郊坰,页一七。

65　让廉:《京都风俗志》第 10—13 页。

66　73　马芷庠编:《北平旅行指南》,西郊,古迹名胜,妙峰山,第 57—58 页。

67　《平津香客络绎偕来,妙峰山庙会盛况空前》,《解放日报》1946 年 6 月 16 日,转自《北京庙会史料通考》第 252 页。

68　张焘:《津门杂记》第 82 页,天津古籍出版社 1986 年 11 月版。

69　冯问田:《丙寅天津竹枝词》,转自李志强《中国北方俚曲俗情》第 19 页,天津人民出版社 1992 年 12 月版。

70　逆旅过客:《都市丛谈》,茶棚之今昔,第 204 页。

71　参见吴效群《妙峰山—北京民间社会的历史变迁》上编第 8 章,第 176—189 页。

72　汤用彬等编著:《旧都文物略》,杂事略,礼俗习尚,第 270—271 页。

74　李景汉:《妙峰山"朝顶进香"的调查》,《社会学杂志》第 21 页,编辑部 1925 年 8 月版。

75　参见吴效群:《妙峰山—北京民间社会的历史变迁》,人民出版社 2006 年 5 月版。

1840 年后北京宗教发展趋势研究

佟　洵

1840 年鸦片战争以后,由于受到外国侵华势力的影响,整个中国社会战火不断,社会动荡,民不聊生,经济萎靡,而此时的西方已非昔比,经文艺复兴运动进入资本主义阶段后,西方基督教文明大大超越了停滞不前的东方文明,处在时代剧变的国体转型期的中国传统文化面临着前所未有的危机。

一、大炮轰开中国大门、传教士在京城索堂传教

基督教最早传入的是其聂斯脱利派,在唐贞观九年(635)大秦国(即古罗马)主教阿罗本携带经卷来到中国长安建堂传教,时称景教。唐会昌五年(845)武宗灭佛运动使其受到沉重打击而销声匿迹。

基督教再次传入是在元朝。元朝统治者对各种宗教都采取"一视同仁,皆为我用"的政策。元世祖忽必烈曾对马可·波罗说:"有人敬耶稣,有人拜佛,其他的人敬穆罕默德,我不晓得那位最大,我便都敬他们,求他们庇佑我。"[1]元大都是基督教聂斯脱利派和圣方济各派活动的中心,元朝政府为了管理基督教专门设立了管理机构——崇福司。由于基督教并未被中国广大民众所接受,故随着元朝的败北而销声匿迹。

明万历年间意大利传教士利玛窦把天主教带到了北京,但是并没有取得长足的发展。

"只有战争能开放中国给基督",这就是传教士鼓吹使用武力和直接投入战争的逻辑[2]。

原来明末清初之际天主教传教士在北京建堂宣教事业虽然取得了一定的进展,并步入中国上层社会,但是一场危机正在酝酿之中。这场危机一方面来自中国社会传统文化对西方基督教文化的抵制,另一方面主要是来自基督教内部耶稣会、多明多我会、方济各会等对利玛窦传教方式的争论。这场西方教会内部的争执终于引发了罗马教廷和清朝政府的直接对峙——"礼仪之争",从而导致了清朝政府对基督教态

度的骤然变化,使天主教传教士在北京建教传教的活动再次衰落。北京"教堂已成废墟,教徒已鸟兽散,传教士被驱逐并集中到广州——中国唯一开放的口岸,不许进入内地,天主教本身几乎遭到禁绝"[3]。

天主教在中国取得长足发展是在 1840 年鸦片战争以后,西方各国传教士跟随着军舰昂首阔步地来到中国,他们改变了明清时期谦卑的姿态,凭借着不平等条约所赋予的权利使传教成为一种合法的行动。

天主教在近代中国的传播历史是纷繁复杂的,其传教事业与殖民主义羼杂在一起。传教士雅裨理公然宣称:鸦片战争是"上帝用来打开中国大门的手段"[4]。倪维思也说:"不管这场战争正当、不正当,它是按照上帝的意志被用来开辟我们同这个巨大的帝国关系的新纪元的。"[5]中英《南京条约》签订后,法国在传教士的策划下强迫清政府签订了不平等的中法《黄埔条约》,强行把保护天主教教堂列入条款之中。凭借着《黄埔条约》条款,天主教传教士进入中国索要教堂、强行传教,就连京城亦掀起索堂、建堂之风。第二次鸦片战争,在英法联军大炮的轰击下北京沦陷,《北京条约》的签订,标志着天主教在中国的局面发生了重大变化,也标志着清政府对天主教政策的重大转变。

近代时期,法国耶稣会、遣使会、巴黎外方传教会的传教士,意大利方济各会、米兰和罗马外方传教会,西班牙多明我会和奥斯定会,比利时圣母圣心会,德国圣言会等修会的传教士,在西方殖民侵略者枪炮的呼啸声中涌入中国各地,进入京城。可以说天主教每一个宗教派别,每一个宗教团体,都有派往中国的代表,教会组织遍及全中国,他们到处修建教堂,用种种方法传播天主教,俨然成为中国一股特殊的势力。道光皇帝在法国专使拉尊尼的强烈要求下,只得同意归还原来没收的天主教教会财产,并允许中国人信仰天主教,作为京师的北京也只得任其建堂传教。

1860 年 10 月,被罗马教廷任命为北京主教的法国传教士孟振生到达北京,在法国侵略军的支持下,重开了已封闭 20 余年的北京天主教南堂。这表明,外国传教士的活动,清政府已经无力管理。19 世纪 70 年代,天主教会在中国的资财、地产、房屋,急剧增加。"在北京,仅在西单牌楼以南、宣武门内外就有店铺 130 余家,出租给商人收取房租"[6]。天主教与中国社会的冲突非常剧烈,在这期间,有的传教士仗势欺人,各地民众与西方传教士的冲突与纠纷频频出现。如京城百姓说:"未入教,尚如鼠,既入教,便如虎。"[7]教案接连发生,终于酿成了烧教堂、反洋教的义和团运动的爆发,义和团运动实际上是基督教同中国民众冲突积累半个世纪后的一次大爆发。

义和团运动使西方天主教传教士认识到,在文化上彻底征服中国、使中国基督化是不可能的。与此同时,一批富有民族意识的中国天主教信徒开始探索自办教会、自行传教、收回教权、使教会本色化的途径,力图摆脱外国势力的控制,走上独立自主自办教会的道路,北京天主教逐渐形成。

二、在"传教条款"的保护下,基督教各差会涌入京城

鸦片战争以后,随着一系列不平等条约的签定,基督新教传教士在"传教条款"的保护下,亦纷纷来到中国,进入内地,并在北京地区传布。

第一个进入北京建堂传教的基督新教的传教士,是英国伦敦布道会派遣的雒魏林(Willian Lockart)。1861年英国到北京设立使馆时,雒魏林便以英国使馆医官的名义进入北京,暗中传教,并在缸瓦市租赁房屋,建立伦敦布道会教会,至第二次鸦片战争后他才公开其传教士的身份。

美国基督教长老会传教士丁韪良(W. A. P. Martin)是第一位来京的美国传教士,在京期间一面任同文馆的英文教习,一面建堂传教,并在北京崇文门内东单以南路东租房建立长老会会所,这一会所就是后来的亚斯立堂(即崇文门教堂)的外堂。

英国安立甘会第一个到北京的传教士是包约翰(John Shaw Burdon)。1862年4月,他以英国大使馆牧师的身份来到北京。为了传教、布道,包约翰在绒线胡同租用民房建立会所,开办学校。后北京绒线胡同的教堂就成为安立甘会华北教区座堂(即有主教的教堂)。

19世纪六七十年代,欧美基督教各差会纷纷派遣传教士在北京租买房屋、设立会所、修建教堂、开办学校和医院布道传教,北京基督教新教的教堂亦接踵而起。据粗略统计:近代时期北京各差会所建礼拜堂近百所,无论是城区,还是远近郊区到处都有教会和教堂。

基督新教在北京的传布活动主要表现在兴办学校、医院和其他文化慈善事业上。在传教士的眼里学校能够传播上帝福音,从而提高基督教在中国人心目中的地位。医疗事业"作为福音的婢女"[8],由此而为传教铺平道路。1900年以后,基督新教各差会利用庚子赔款在北京到处开设医院和学校,以期实现传教的目的。

北京的基督新教原由不同的国家、不同宗派的差会派遣的传教士而逐渐形成的,是一个没有统一组织和统一领导的宗教,其派系多、机构也比较庞杂。自北京基督新教产生之日,教会的权利就一直掌握在外国传教士的手里,这种状况自然引起一些入教的中国信徒对归属的差会与教派日益不满,并促使一部分基督徒中的知识分子对基督新教本色化的探索。

魏云波于1915年创办的"中华基督教会"(即真耶稣教会),是北京最早的自立自养的教会。周康耀和周宏宝是北京基督徒聚会处的创始人,他们创办的教会,经向

地方政府申请、备案，并得到批准而成为正式教会。北京基督徒聚会处的信徒曾多达五、六百人。当时这种独立创办、自立门户的小教派在北京先后成立了 15 个。如：圣城新教会，基督徒会堂，耶稣基督圣灵永生神的召会、东大地福音堂和阜内大街福音堂等都是自办的教会。教会所需经费基本上都是由信徒筹集的，但是也不拒绝外国教会的捐款和资助。

随着基督新教独立自办教会的发展壮大，北京基督教逐渐形成、并实现了本土化。

三、北京道教艰难地生存

鸦片战争使中国沦为半封建半殖民地的社会，作为清王朝封建统治中心的北京所受的震撼极大，西方的科学文化与自由平等思想，猛烈地冲击着中国传统文化与忠君的封建伦理纲常。作为具有鲜明的民族特色以及独特的宗教形式的本土宗教——中国道教，更是受到猛烈的冲击，在风雨飘零中日益衰微，沉沦为北京教团势力和政治影响最弱的宗教。北京不少道教宫观有的被人强占，有的被挪作他用，但道教界仍有一批道士潜心修炼，课徒传戒，使道教法脉得以延续。为了适应社会的变化，道教也曾企图效法西方的教会组织，建立全国性的道教教会组织。为了振兴道教，北京白云观方丈陈明霦于 1912 年成立了以全真派为主的"中央道教会"，力图开辟适应道教发展的新途径。

近代时期北京道教虽然举步艰难，但在民间却找到了发展的空间。如每逢道教祭祀日期，道教宫观的住持人开庙，供信仰道教的民众进香朝拜；每年正月十九日，白云观便举行庙会，京城称其为"宴九节"或"燕九节"；还有的在道观中设定期市集，交易百物，日期根据贸易需要而定，不与宗教节日挂钩。北京的道教庙会，实际包含"香火"、"香会"、"春场"、"庙市"、"市集"等多种概念。庙会期间，京城百姓一如既往地崇拜道教诸神，对道教宫观举办的庙会活动更为欢迎。

四、北京佛教日趋民间化

鸦片战争以后，中国积贫积弱，屡遭外国列强的侵略，社会政治动荡，战火连绵，名山胜地的佛教寺庙得不到及时的维修和保护，殿堂衰颓，佛教僧众也相继离散。随着中国国体的转型，国家政权对于宗教信仰的政策也发生了显著的变化，藏传佛教丧失了国教的地位，佛教不再承担为统治者用作教化民众的工具，喇嘛庙也不再是统治者的御用场所，历届政府对佛教基本上是采取以管理为主的政策。

北京的佛寺有的被强占、有的被变卖、有的被挪作他用。面对社会环境陡然的变化,生存的压力迫使北京佛教不得不寻求新的生存方式以适应社会的巨变。北京佛教审时度势,及时调整了佛教的发展模式和寺院的功能,将着眼点投向京城百姓,关注民间信仰中的现实利益需求。举凡京城民众的生老病死、婚丧嫁娶、祈福消灾、家宅平安,乃至赏花观景和游览访古等等诉求,北京佛教寺庙皆满足其相关需求。

北京藏传佛教的僧众为了生存,首先向京城百姓敞开了喇嘛庙的寺门,把原来皇家寺院变成了普通老百姓礼佛拜佛的圣地。

佛教寺院中的园林景致更是文人墨客和京城民众赏花踏青的好去处。大觉寺的玉兰花与法源寺的丁香花、崇效寺的牡丹花一起被称为北京的三大花卉寺庙。北京的永安寺,自民国以来变成为京城赏花观景、游览访古的北海公园。

明清朝时期在京城兴起的隆福寺、护国寺、白塔寺等庙会虽然在民国年间依然兴盛,但是其袅袅法音却被京味的叫卖声所取代。

近代时期北京佛教庙会为数甚多,大致有两种形式:一是以宗教活动为主的庙会;二是以商贸、娱乐为主,宗教活动为辅的庙会。由于庙会在北京地区分布的广泛性和当地民众参与的普遍性,客观上促进了佛教的传播,并进一步加快了佛教本土化的进程。

逢年过节逛庙会已成为京城百姓生活中的习俗。随着北京佛教与京城习俗的紧密结合,日趋民间化,逐渐成为北京传统文化的重要组成部分。

五、北京伊斯兰教在厄运中求生存与发展

1840 年,英国殖民侵略者对中国发动了可耻的鸦片战争。清朝政府由于腐败无能而战败,被迫与资本主义列强签定了一系列不平等条约,使中国的主权遭到严重的破坏,作为京城的北京更是备遭荼炭。北京地区的穆斯林与各族人民同样生活于水深火热之中,在危难中广大穆斯林把救亡图存为己任。伊斯兰教界一些有识之士愤然而起,不但掀起了爱国振教的反帝反封的爱国运动,而且为了挽救国家的危亡不惜抛头颅、洒热血,献出自己的生命。如:在甲午战争中殉难的爱国将领左宝贵,与八国联军奋战死守京城的爱国将领马福禄等都是回族将领,他们表现出穆斯林的精神与威武不屈的力量。

近代期间,随着时代的进步,人们民主意识不断增强,一些新的观点逐渐被人们接受。新时代的思潮不但影响着伊斯兰教,而且猛烈地冲击着伊斯兰教世袭掌教制度。在时代思潮的冲击下,伊斯兰教清真寺世袭掌教制度改革为延聘制。随着妇女地位的提高,是时清真女寺在北京地区亦应运而生。牛街寿刘胡同的清真寺女寺是北京地区第一座女清真寺,可谓开北京时代风气之先河。虽然北京地区清真女寺的

规模大多比较简陋,有的存在时间也不长,但是其数量却居全国之首。

在近代期间,北京伊斯兰教在教育方面也得到进一步的发展,除了清真小学、清真中学建立外,北平成达师范学校于 1923 年派出了第一批留学生。马松亭校长护送该校毕业生韩宏魁、王世明、金殿桂、马金鹏、张秉铎出国留学。马松亭阿訇此行到了埃及,而且"晋谒埃王福德一世,访问了该国文化界名流及宗教当局,并转赴各回教国家考察教育及教务之实施状况"。[9]自此,北京伊斯兰学者与国外伊斯兰学者开始沟通与交流。

这一时期,穆斯林在北京地区先后修建了鼓楼清真寺、天桥清真寺和米市清真寺三座,这说明伊斯兰教的发展是极其缓慢的。北京伊斯兰教与道教和佛教一样,是在厄难中求生存,其发展是十分艰难的。

六、多元共存的北京宗教

自元明清以来,北京就是三朝的京师,而且是一个多民族、多宗教、多文化共同发展的大舞台。北京人有自己传统的信仰,有出自本土的道教,还有由国外传入的佛教,伊斯兰教,在长期发展中彼此和谐共融,对于以殖民侵略者的姿态强行在北京传布的天主教和基督教,随着被北京民众的认同与接纳,亦日益发展起来。近代时期也是道教、佛教、伊斯兰教、天主教和基督新教等宗教碰撞、摩擦、吸纳、融合的历史时期,逐渐融入中华民族传统文化和北京历史文化的过程,为北京多元共存的宗教奠定了基础。

（作者系北京联合大学北京学基地教授）

注　释

1　任继愈主编:《中国的基督教》第 44 页,商务印书馆 1997 年版。

2　3　4　5　顾卫民:《基督教与近代中国社会》第 48 页、第 75—76 页、第 122 页、第 123 页,上海人民出版社 1996 年版。

6　北京市地方志编纂委员会:《北京志》民族·宗教卷之《宗教志》第 402 页,北京出版社 2007 年版。

7　张力、刘鉴唐:《中国教案史》第 388 页,四川省社会科学出版社 1987 年版。

8　顾长生:《传教士与近代中国》第 275 页,上海人民出版社 1995 年版。

9　李兴华、冯今源编:《中国伊斯兰教史参考资料》下册,第 1055 页,宁夏人民出版社 1985 年版。

大家写"小书"应该提倡

——读蔡美彪著《中华史纲》

孟繁清

"小书"通常是指篇幅不多、文字通俗、读者广泛的书籍。这些读物,有些人往往不以为然。殊不知,真正写好这样的"小书",非常不易。作者不仅要对所写内容有深入研究和思考,高屋建瓴,洞悉幽微;而且还要有很好的文字功底,言简意赅,深入浅出。严格来说,只有该领域的大家才能胜任。近日,读了蔡美彪著《中华史纲》(社会科学文献出版社 2012 年,以下简称《史纲》),进一步加深了这一认识。

众所周知,蔡先生曾长期协助范文澜先生撰写《中国通史简编》。范老去世后,蔡先生秉承范老遗愿,主持完成了 12 卷《中国通史》巨著,赢得广泛赞誉。在当今学界,蔡先生无疑是对中国历史深有研究、且有独到见解的史学大家之一。有关领导委托先生编写一本简明中国通史,"提供给工作忙碌的同志们朋友们,用不多时间浏览一下中华民族历史发展的概状"(《史纲》前言),显然是一个恰当的抉择。

也许有人以为,《史纲》是多卷本《中国通史》的简编。其实不然。《史纲》饱含着作者数十年史学研究的心得,同时汇入了最新研究成果。

如果我们拿《史纲》与《中国通史》相对照就会发现,《史纲》中的许多内容,《中国通史》及一般通史著作很少提及。例如,关于商纣王的评价,过去往往只侧重于他的骄奢淫逸与昏庸残暴,而《史纲》则指出:"纣似曾企图有所变革,不祭祖先以减少杀奴,收容逃亡奴隶以缓解反抗。但这些被指责为'变乱旧章',并不能阻止阶级矛盾激化。纣是有作为的国王,也是刚愎自用的暴君。"(《史纲》第 14 页。以下仅标页数者,均引自《史纲》)。作者依史实做出的这些评价,显得更加客观全面。

我国历史上经济中心南移,通常都认为发生在唐宋之际。而《史纲》却把这一经济现象前移至南朝时期。指出,"原来处于落后状态的江南地区,经过南朝的开发,经济水平超过传统的中原地区,是社会经济发展的一次重大转折。全国统一后,国家财赋主要来自江南。江南成为经济开发的基地,对此后的历史进程产生了深远的影响"(第 108 页)。对中国历史上的宗教问题,作者有着深刻认识,在谈到唐代宗教时,作了如下概括:"与外国情况不同,唐朝从没有任何一种宗教成为'国教'。僧侣们可以个人身份参加政治活动,但不能以教派干预朝政。各种宗教和同教的各宗派之间,可以有教旨的争论,但不发生行动上的冲突,更没有所谓'宗教战争'。具有不同信仰的各种宗教同时并存,各自传教,和平共处,是唐代宗教界的一大特色,形成优良传统"(第 159 页)。这一概括十分精当,而且具有启迪意义。

作者喜爱戏剧,并对元曲深有研究。因相关著述很多,所以《史纲》对此并未多着笔墨。但在不长的篇幅内,却特意提到了纪君祥的《赵氏孤儿》,并介绍说,它"十八世纪传入欧洲,译为法文,后又译为英文、德文,是最早传入西方的中国戏曲"(第 247 页)。这就更加凸显了元曲的世界影响。

类似例子很多,无须赘述。

蔡先生在辽、金、元史领域卓有建树。近年出版的《辽金元史考索》(中华书局 2012 年)、《辽金元史十五讲》(中华书局 2011 年)等,集中代表了他在这一领域的研究成果。辽金元时期是我国历史上民族矛盾与民族融合最为显著的时期之一,作者把对民族问题的研究心得也融入到了《史纲》的写作中。不仅写出了历代民族矛盾斗争的基本线索,而且突出了各少数民族统治者在汉文化影响下所采取的有利于民族融合和社会进步的种种举措与效果。例如,作者在写到康熙帝汉化情况时说:康熙帝南巡时曾亲自祭明太祖陵,又在曲阜祭孔子庙,行三跪九叩礼,自撰祭文,称孔子"开万世之文明,树百王之仪范",并书写"万世师表"匾额悬挂,以争取汉人文士和民众的拥戴。康熙帝精通汉文,常题字赋诗,以争取汉人的认同。作者深刻指出,"满洲八旗兵征服了汉人地区,汉文明征服了康熙皇帝"(第 297—298 页)。清朝是我国历史上立国时间较长的王朝,这与清政府的汉化政策不无关系。中华民族是以汉族为主体多民族凝聚的民族共同体。我国疆域广阔,地区自然条件差异很大,人们的生产、生活方式乃至语言文字的等存在诸多差异。因此,民族矛盾与民族融合相交织,必然是一个漫长的历史过程。但民族团结与民族融合,毕竟是历史发展的大势,是不可逆转的。

《史纲》以政治史为主线,在经济与思想文化方面往往点到为止,不作过多分析。以语言文字为例,《史纲》指出,"夏代已有文字,但文字的大量制作和广泛应用是在商代"。"甲骨文字和铜器铭文是商代的原始文字记录,与后世的文献记录相印证,可以约略得知商代历史和国家制度的概状"(第 9 页)。秦统一后,秦始皇命李斯等人规范文字,省并异体,创制了"小篆","是秦统一后的一大业绩"(第 41 页)。

范文澜先生对唐代拼音文字的传入十分重视,在《中国通史简编》中有较详细的说明。《史纲》尽可能保留了这些成果。指出,中国僧人智广依据印度字书《悉昙章》作《悉昙字记》,是唐人编纂的一部古印度文梵文的字书。高僧义净撰《梵语千字文》(一名《梵唐千字文》)是梵文汉文对照的读本。汉字的构成原是以象形、形声为基础。梵文作为拼音文字传入中国,给予汉语音研究重大启示。僧人守温在隋陆法言《切韵》的基础上,制定汉语的三十个声母(宋代增为三十六母),为此后汉语音韵学的发展奠定了基础(第165页)。

宋元时期,汉语言文字与民族语言文字的发展精彩纷呈。以大都(今北京)方言为基准的"官话"的形成,汉字简体字的流行,汉语白话的广泛应用,以及契丹字、女真字、西夏字、蒙古畏兀字、蒙古国字(即八思巴字)等的创制,《史纲》都有专门说明。但这些说明,都十分简约。以蒙古国字为例,作者仅写了如下二百余字:

> 八思巴依藏文字母制作的"新字",近人习称"八思巴字"。原来制作时立意,拼写蒙古语外,还能"译写一切文字",主要是汉语。但因兼顾蒙汉两种语言,采用以音缀为单位的方体,致使蒙古语多音词被割裂,极易误读,很不方便。虽被元廷法定为"国字",实际上只用于官方文书,并未能在蒙古人中广泛行用。现存文献主要是北京居庸关云台的佛经译文和各地寺观保存的禁约骚扰的公告刻石,内容大同小异。另有中书颁发的牌符等文物、简短的石刻题字和一些断简残篇。元朝亡后,八思巴字逐渐成为一种死亡文字,不再在蒙古族中行用(第259页)。

这无疑是对八思巴字的精确概括。数十年来,蔡先生在八思巴字与元代白话等研究方面卓有成就。他与罗常培先生合著《八思巴字与元代汉语》(科学出版社1959年;增订本,中国社会科学出版社2004年),自著有《元代白话碑集录》(科学出版社1954年)、《八思巴字碑刻文物集释》(中国社会科学出版社2011年)等,体现了蔡先生在语言文字研究方面的深厚素养。他完全可以在《史纲》中就八思巴字写出更多的内容,但限于体例和篇幅,他没有那样做。在一次访谈中,他这样说:"学者的著作往往是研究越深入,越觉得没有多少东西可写,可能几句话就能写出,但这几句话很有分量。越是新涉猎的、不很熟悉的东西越要多说,总怕没说清楚"(《学林旧事》第252页,中华书局2012年)。蔡先生从学术造诣与修养的角度,对此作了很好的说明。

《史纲》还不时解说一些历史知识。如:"以红、黄两色象征吉祥和高贵,是炎黄子孙世代传承的文化传统"(第5页)。"俘虏的黎人罚作奴隶,被称为'黎民'"。"'夷'字是人执弓的象形,大约多是射猎部落,也加入了黄帝联盟"(第5页)。

"'王'字原是长柄斧钺的象形,是权力的象征"(第9页)。"诸侯要定期到王廷朝见天子,称朝觐。王廷因而又称'朝廷'。周国的朝廷称周朝"(第18页)。"东林人士志同道合,彼此称为'同志'"(第284页)。"中国历史上历来只有军旗、都旗,并没有国旗。总署(清总理各国事务衙门——引者)委托曾国藩依各国通例设计出三角形黄色龙旗,作为国旗。这是中国最早的一种国旗"(第357页)。文字都不多,却可以使读者增加不少知识。

　　范老在语言文字方面极具特色。蔡先生追随范老多年,其文风也深受其影响。例如,他评述梁武帝:

　　　　梁武帝雅好文学,也是儒学的积极提倡者和研究者。他平素卷不离手,燃烛侧光,常至深夜。撰述研究儒经的著作达二百余卷(小部分关于玄学),文集百二十卷。京师设五经馆置博士,招生员。又制礼乐,敦崇儒雅,命儒生撰定五礼颁行。梁武帝也是佛学的积极提倡者和研究者,力求把儒学和佛学调和到一起,主张佛、儒、道三教同源。撰著研究佛典的著作数百卷,并亲自去京师讲说,听众万余人。梁武帝先后三次到佛寺舍身当小和尚。少者三四天,多着三四十天,再让大臣们出钱几万万把他从寺院赎回。梁武帝提倡儒学以争取士人的支持,提倡佛学从精神上消磨人们的斗志,也影响宗室诸王,削减他们的争夺心,免蹈宋、齐的覆辙(第105页)。

梁武帝在位48年,在南朝皇帝中是少见的。惜墨如金的蔡先生据《梁书·武帝纪》等资料,把梁武帝热衷和倡导儒学、佛学等事迹,写得既生动具体,又精炼平实,着实难得。

　　用30万字的篇幅写好一部既通俗易懂,又科学严谨、富有新意的中国通史,无疑是一项十分艰巨的工作。蔡先生在一次学术会议上曾用"探索未知"四个字来概括数十年来的元史研究工作,他自己就是用这种"探索未知"的精神,以85岁高龄圆满完成了这一重要任务,为学术界树立了好的榜样。愿大家写"小书"成为风尚,为大众,也为学术百花园地,增添更多绚丽的篇章。

(作者系河北师范大学历史文化学院教授)

青年视角

两汉燕蓟地区诸侯王与诸侯王陵

靳　宝

汉代诸侯王是汉代分封制度下的封国国王,他们的墓葬就是封国所在地的王陵,是封国内最高等级的墓葬,墓内的埋葬是当时最高物质生活的缩影。而郡县制下的郡国并行制度的推行过程,对诸侯王陵埋葬制度和丧葬习俗均有一定影响。因此,了解诸侯王分封对于认识诸侯王陵丧葬制度有积极意义;反过来,通过大量诸侯王墓葬这一实物资料,可以更准确地认识诸侯王分封制度及郡国并行的国家政治体制[1]。

一、燕王(广阳王)陵考辨

从汉代燕蓟地区分封情况来看,仅西汉一朝,在燕蓟地区就分封 3 位异姓王和 9 位同姓王,分别为燕王臧荼、卢绾、刘建、吕通、刘泽、刘嘉、刘定国、刘旦,广阳王刘建、刘舜、刘璜、刘嘉。

在当时蓟城地区建陵者,其实并非所有王侯。西汉 12 位燕王(广阳王)中,异姓王臧荼、吕通皆被擒杀,不会建陵;卢绾亡入匈奴,封为东胡卢王,后忧郁而死,墓不在燕地;末代广阳王刘嘉在新莽时被贬为扶美侯,赐予王姓,随后被废侯爵,故也不会以王制建陵;燕王刘定国被赐自杀,虽其在位 24 年,应有足够的时间去为自己营建陵墓,但按其道德沦丧的罪行来看,似乎也不会将他按王制埋葬。至于燕王刘旦,虽也被赐自杀,但鉴于其特殊的政治地位,仍建有陵墓,即文献记载的戾陵[2]。

这样,除了臧荼、吕通、卢绾、刘嘉、刘定国之外,其余 7 位诸侯王均会按照诸侯王埋葬礼制葬在蓟城附近。

见于文献记载的东汉诸燕王(广阳王),如燕王刘庆,更始二年被封,后更始败,为乱兵所杀[3];渔阳太守彭宠于建武三年(27)自封为燕王,建武五年(29)二月即被奴所杀,虽彭宠尚书韩立、高宣等共立宠子午为燕王,但没过几天就被彭宠国师斩首[4]。

故这几位燕王都没有建陵的可能。建武二年（26）封为广阳王的刘良[5]，建武五年（29）三月徙为赵王[6]，其陵不在燕地。同时，自广阳王刘良被徙为赵王不久，广阳就省入上谷郡，尽管和帝时期重新恢复广阳的"独立"，也只是广阳郡，而非广阳国了，直至东汉末年[7]。因此，东汉时期没有燕王（广阳王）陵墓存在于蓟城及邻近地区。

目前已发现、发掘三座王（后）陵，即大葆台一、二号汉墓和老山汉墓。至于其他一些王陵，我们也可从文献史料和考古材料探寻一些线索。

北魏郦道元在其《水经注》中曾有关于燕王陵的记载，如《水经注》卷一三《灅水》载曰：

> 灅水又东与洗马沟水合，水上承蓟水，西注大湖。湖有二源，水俱出县西北，平地导源，流结西湖。湖东西二里，南北三里，盖燕之旧池也。绿水澄澹，川亭望远，亦为遊瞩之胜所也。湖水东流为洗马沟，侧城南门东注，昔铫期奋戟处也。其水又东入灅水，灅水又东径燕王陵南，陵有伏道，西北出蓟城中。景明中造浮图建刹，穷泉掘得此道，王府所禁，莫有寻者。通城西北大陵，而是二坟，基趾磐固，犹自高壮，竟不知何王陵也。灅水又东南，高梁之水注焉。水出蓟城西北平地，泉流东注，径燕王陵北，又东径蓟城北，又东南流。《魏土地记》曰：'蓟东十里有高梁之水者也。'其水又东南入灅水。

又《水经注》卷一四《鲍丘水》载曰：

> 鲍丘水入潞，通得潞河之称矣。高梁水注之，水首受灅水于戾陵堰，水北有梁山，山有燕剌王旦之陵，故以戾陵名堰。水自堰枝分，东径梁山南，又东北径《刘靖碑》北。……又东南流，径蓟县北，又东至潞县，注于鲍丘水。

这两段文献所提及到的燕王陵，一处较为明确，即高梁水流经其南的燕剌王刘旦之戾陵，而高梁水东经梁山南，据侯仁之先生考察，梁山即今石景山[8]，戾陵堰又位于梁山南，山上有燕王刘旦之陵，故燕王刘旦之陵应位于蓟城西北。2000年发掘老山汉墓时，有人曾推测这座较大规模墓葬可能是燕王刘旦戾陵，但从种种发掘材料和文献史料来看，其可能为西汉早期燕敬王刘泽王后的墓葬[9]。另一处则存疑，但也有一些线索可寻，即灅水[10]东与洗马沟水（今北京莲花河）汇合后又继续东流经燕王陵南，燕王陵有伏道，西北出蓟城中。北魏宣武帝景明（500—504）年间曾在施工中发现此道，后因官府禁掘，莫有探寻者。据郦道元记载，这里的燕王陵共有两座，位于蓟城的东南，当时陵墓还存在，高大雄伟，至于墓主人是谁，郦道元也并不清楚[11]。

1956年在永定门外安乐林村大公报宿舍工地出土唐姚子昂墓志，志石现藏于首都博物馆。志云：子昂"葬于幽州城东南六里燕台乡之原"。志又云：墓地"左带梁河,近瞩东流之水,右临城廓,西接燕工之陵"。有学者对该墓志进行了考证,指出姚子昂墓志早于金大定三百八十余年,记载了燕王陵在幽州城之东南,志文与郦道元《水经注》、《金史·蔡珪传》所记燕王陵方位相吻合。由此观之,汉两燕王陵由汉、北魏、唐、辽直至金大定九年,历经一千三百多年,皆在蓟城(唐幽州城)东南,其位置未变。[12]侯仁之先生对此作了进一步分析,他指出,墓志所提到的梁河,即为高梁河,由于文字对偶的关系,略去了一个高字,高梁河的故道,由今左安门外向东南流去,正是墓地的左方,所以说是"左带梁河,近瞩东流之水",这是第一次从实物中发现有关高梁河下游位置的记载,至可宝贵;志文所谓"右临城廓",即指蓟城,至于"燕王之陵",也有可考,即《水经注》中所记"㶟水又东径燕王陵南,陵有伏道,西北出蓟城中"的燕王陵,由此可知蓟城东南,确有燕王陵,其陵址去城不远,所以到了金朝开拓城垣兴建中都时,此陵竟入城中,于是不得不进行迁葬。所以,志文称"西接燕王之陵"也是完全正确的[13]。

近来有学者认为《水经注》所言"㶟水又东径燕王陵南,陵有伏道,西北出蓟城中"中的燕王陵,按其地望,是否为姚子昂墓志所言,值得商榷,倒是与大葆台汉墓有几分吻合,理由是:姚子昂墓位于幽州的燕台乡,与大葆台汉墓所在的正礼乡相距不远[14]。仔细考察,这一说法是不能成立的。

关于正礼乡,1981 年 11 月,在丰台区大葆台附近发现唐代墓葬一座,该墓位于大葆台西汉墓博物馆南一里许的铁路边上。墓虽早年被盗,但出土墓志一合,有志盖、志铭,共二石。盖正中阴刻篆文"阳氏墓志"四字。志铭为楷书,共有 18 行,残存约 322 字。其中"三月八日卜其宅址于蓟城西南廿里正礼乡南胡堡村"这一志铭,是非常重要的一条考古材料[15]。赵其昌先生认为其地为唐时正统乡无疑,以前未见记录,为新发现[16]。

关于燕台乡,据赵其昌先生考证,西北界当直达城垣,西南界会川乡,乡界可在安乐林至邓村之间;北界于安乐林之北,琉璃厂南,东及广渠门之南的适当地区,唯有乡之东界,一时难以划出,如果比照燕夏乡之东界,以王仲堪葬地广渠门附近为准,也许相差无多。后又根据1989 年 8 月丰台区西罗园发现"唐董长庆墓志",记董君"大中十三年(859)归窆于幽州蓟县之东岗燕台乡新莹",1985 年丰台区蒲黄榆方庄小区(焦家花园)发现"唐彭城夫人刘氏墓志",记"大和七年卒,其年十二月葬幽府东南十里燕台乡高义村之原",证实永定门外西南侧西罗园地以及其东的蒲黄榆方庄小区,在唐代分别为燕台乡的东岗村和高义村。[17]

另据赵其昌先生文中"唐幽州村乡复原示意图",所谓西接燕王之陵,说明唐幽州城东南有座燕王陵,其位置就在燕台乡范围内。而且,从赵其昌先生文中"唐幽州村乡再探图示"来看,燕台乡与正统乡(即正礼乡)相距很远,之间隔有会川乡、招贤乡、广宁乡、效德乡,因此无法把《水经注》与唐姚子昂墓志所载的燕王陵与大葆台汉墓相连。

至于位于蓟城东南的燕王陵,其主人为哪一位燕王,文献史料和考古资料对其也有所回答。

宋代学者洪迈在其《夷坚志》支甲卷一《燕王迁都》中曾有这样一段记述:

> 虏(金)天德二年(1106)五月,以燕山城隘而人众,欲广之。其东南隅曰通州门,西南曰西京门,各有高丘,俗呼为燕王冢,不能知其为何代何王也。及是立标埒,定基址,东墓正妨碍,议欲削其北面,以增雉堞。工役未施之数日,都民于中夜时闻人声云:燕王迁都。皆出而观之,见鸾辂、仪卫,前后杂沓,灯烛荧煌,香风袭人,罗列十里,从东丘至西冢遂灭。明夕复然。民以白府留守张君,为请于朝廷,乃迁枉其叠以避之。

这是说,在1106年金代扩建燕京城时涉及到两座燕王陵,一座位于"通州门",另一座位于"西京门",两座陵墓相距约十里,但当时仍不知其主人为谁。这里提及的东南隅"通州门"与西南隅"西京门",未见于《金史·地理志上》、《大金国志·燕京制度》所载,说明其不是当时京城的正门。

值得注意的是,金中都的城门还有瓮城,瓮城门有三座,一正两侧。文献明确记载的,南门丰宜门有瓮城。有的学者根据中轴线原理,认为正北门通玄门也应有瓮城[18]。那么《夷坚志》所提及的"通州门"、"西京门"是否为南门中的瓮城门呢? 经有关考察,金中都南城墙应在凤凰咀村土城遗址一直向东,经万泉寺、石门村、霍道口、祖家庄、菜户营等地,东南角为永定门火车站以南的四路通村,实测约有4750米[19]。《夷坚志》所言"罗列十里,从东丘至西冢遂灭",在距离上似乎与此较为符合。另据《大金国志·东海郡侯纪下》载,崇庆元年(1212)十一月初一日,蒙古军复围困中都,"攻顺阳门、南顺门、四会门"。有学者认为,顺阳门、四会门当亦属中都外城门的俗称或别称,然史文简略,皆不知所指[20]。这一点说明并非所有门都有明确记述,东南"通州门"、西南"西京门"的出现,亦必有据。

对这两座王陵明确的则是《金史》卷一二五《文艺列传上·蔡松年附蔡珪》的一段记载,其文曰:

> 珪字正甫,中进士第不求调入,乃除澄州军事判官,迁三河主簿,丁父忧,起复翰院修撰,同知制诰,在职八年,改户部员外郎,兼太常丞。珪号为辨博,凡朝廷制度损益,珪为编类详定,检讨删定。官初,两燕王墓旧在中都东城外,海陵广

京城围，墓在东城内，前尝有盗发其墓。大定九年（1169），诏改葬于城外。俗传六国时燕王及太子丹之葬。及启圹，其东墓之枢题其端曰'燕灵王旧'，'旧'，占'枢'字，通用[21]，乃西汉高祖子刘建葬也。其西墓，盖燕康王刘嘉之葬也。珪作《两燕王墓辩》，据葬制名物，欵刻甚详。

这是继金天德二年（1106）后又一次较为正式的迁改葬燕王陵于中都城外，而蔡珪参与了当时的发掘迁葬，并根据发掘实物撰写了《两燕王墓辩》一文，详尽考证了这两座燕王陵的墓葬形制和出土文物，可惜的是这篇北京地区较早考古发掘报告因兵难而佚失，只靠正史留下了一丝信息，即东墓为汉高祖之子燕灵王刘建的王陵，西墓可能为燕康王刘嘉的王陵。《金史·世宗纪》也载曰："（大定九年二月）丙申诏改葬汉二燕王于城东。"两燕王墓，"自大定九年改葬后，其遗迹遂莫可辨矣"[22]。后来的一些方志对此有所提及，说其迁于今北京顺义区，且有一个村庄叫燕王庄，可能与燕王陵迁葬有关，但这只能作为一种推测，至于具体事实有待今后考古发掘来解释。

合葬的方式很早就已出现，不同时期的不同形式又有不同的含义。汉代以前的墓葬曾发现少量的夫妻异穴或同椁室合葬形式。西汉早期开始，合葬墓数量大幅增加，且以夫妻并穴合葬为主要形式。西汉中期开始出现向夫妻同穴合葬转变，而且合葬数量占很大比重。西汉晚期至东汉时期，同穴合葬则成为主要形式，夫妻双双或一家数口，甚至几代人合葬一墓[23]。西汉帝陵均采用"同茔不同穴"合葬这种形式[24]，西汉早期的诸侯王、列侯级别的墓一般也是这种形式。燕王刘旦戾陵，应包括其王后墓；燕灵王刘建陵墓、燕康王刘嘉陵墓，虽然当时在迁葬过程中只提及"燕灵王旧"，但按照西汉早期的合葬制度，其王后墓也应存在，只不过如《日下旧闻考》作者所言"其迹莫辨矣"；至于老山汉墓，根据当时发掘人员的初步勘探和有关遥感科学探测，发现在老山汉墓附近有几处异常地点，如在距该墓以西一百多米处，不仅发现有大型夯土层堆积，从外观上也可看出土丘的下部呈方形，与汉墓的封土堆极为相似，推测有可能是一座墓葬，因此，可以确定老山汉墓周围是一处燕王陵区[25]。

综合考古实物资料和文献记载，14 座汉代燕（广阳）王（后）陵中，有迹可寻的达10 座：西北向的燕王刘旦及其王后陵墓，东南向的燕灵王刘建和燕康王刘嘉及两位王后陵墓[26]，西南向的大葆台广阳顷王刘建与王后墓，以及西北向的老山燕敬王刘泽与王后墓。因此，从这些王陵的选址和分布等方面，可以看出一些相关陵墓制度问题。

二、燕王（广阳王）陵选址与分布

据有关学者统计，在西汉王朝存在的 209 年间，至少会形成 310 座以上的诸侯王陵[27]。目前已发掘六十多座西汉诸侯王陵墓，基本可以对汉诸侯王陵的营建制度和葬制等方面寻找出一些规律性的东西，大体可以看出王陵发展演变的情况[28]。这是汉文化统一性或趋同性在陵墓制度方面的反映和体现[29]。同时，汉文化涵盖的空间范围，远远超过以前的任何一种中国的考古学文化，所以其中存在的区域差异性，一定是很大的，对汉文化的研究，不能回避区域差别问题[30]。燕王(广阳王)陵作为汉代诸侯王陵，必然体现汉文化的统一性与多样性特征。

从战国时代各诸侯王墓大兴版筑方坟开始，至秦汉时代的帝王陵墓都盛行筑造巨大坟墓，同时还十分重视坟墓的立地与周围自然景观的相互关系[31]。

西汉的帝王陵墓在营造地及配置方面最显著的特点就是立地选择偏重山岗台地，更注重山岗与河川的位置关系和走向。同时，还照顾到埋葬设施与地形、地势之间的相互关联，强调坟墓与周围自然景观之调和。[32]如秦始皇陵选择在连绵起伏的骊山北侧营造，又称骊山陵。陵墓以版筑方坟为中心，由陵园、祭祀寝殿等组成，坐落在宽阔无际的关中大平原上，北枕渭水，南依连绵骊山做天然屏障，其间还有缓缓东流的自然河川犹如彩带装饰，构成当时帝王陵墓所谓最理想的立地景观。除西汉文帝霸陵属依山为陵建筑以外，西汉陵墓以汉高祖刘邦和吕后的长陵为首，都选择沿渭水北岸一线配置，并且多营建在面临河川的高原台地上。

西汉时期诸侯王墓亦如此。如徐州市分布的西汉楚王墓，一般都选择黄河与淮水之间的平原地带的石灰岩低丘陵岗地上，河南省永城县芒砀山一带的梁王墓也同楚墓一样，玄室多选择营建在相对高度 100 米—200 米的石灰岩山峰顶上。又如湖南省长沙市马王堆汉墓、望城坡长沙王室墓、象鼻嘴一号长沙王墓、广州市南越王墓等，坟墓营造地都分别选择当地的自然山岗台地之上，并且坟墓的立地位置多与周围的山川河流相关。

同时，秦汉帝陵和诸侯王陵选址还注重于地势高敞。古人埋葬多选择于背山、地势高敞和面向阳光的地方，贵族择茔更要选优取胜[33]。秦汉时期墓葬择地，普遍有"高敞"的要求[34]。文献对此多有记录[35]。秦汉时期墓葬选址于高敞之地，一是因天地之性，尽自然之宜，即有学者强调，"高敞"的追求，原本自有实用的意义，其出发点，可能首先在于防水以保证墓主及地下居室和用物的安全[36]。二是离不开秦汉时期墓葬文化的影响，如有学者提出汉代择茔方式：一是看风水，二是相墓，三是择吉定茔[37]；还有学者明确认为，汉墓的立地选择以及地下埋葬空间的配置和变迁等都深受汉代社会思想信仰的影响而发展变化的[38]。

对于秦汉王陵分布特点，从最东的文帝霸陵到最西的武帝茂陵，绵延 50 余公里，中间分布着许多县邑和功臣、贵戚、富商大贾的墓地，已不是一个集中的陵墓区，表明西周以来的"公墓"制度已经遭到破坏。这对当时诸侯王陵区的形成有很大影响。如诸侯王陵分布,大多在本国首府附近的高地或丘陵山阜之上,交通方便,一般距王宫所在地(首府)数里或数十里,没有超过一日路程的,其目的很显然是为了便于祭祀[39],只是选择在首府的哪一方向似无定制[40]。如果王城所在地无山岗,则选择在高亢的坡地上营建[41]。

总的来说,"西汉时诸侯国王陵的分布既有集中也有分散,以分散为主,尚未出现将诸侯王陵集中起来统一分布的制度性要求,各诸侯国不同代诸侯王陵的分布总体较为零乱,并没有形成紧密的追随或依附关系,因此也就不会存在所谓的昭穆排序";"在距离方面,诸侯王陵基本都位于该国都城的周边,陵墓和都城之间的距离一般不大,但也有一些诸侯王陵墓距离其国都城则较远。"[42]

我们再看燕(广阳)王(后)陵的选址与分布情况。其一,燕王刘旦戾陵,在今石景山一带,老山汉墓,在今石景山地区老山南麓,二者均位于蓟城之西偏北[43];燕灵王刘建及另一座燕王墓(可能为燕康王刘嘉),在蓟城东南;大葆台汉墓则在蓟城西南。这说明,燕王(广阳王)陵并不都在同一陵区,方位也不完全一致。这与西汉诸侯王陵墓分布的整体情况相一致。其二,从《水经注》所载戾陵的地理环境来看,刘旦戾陵选址南望漯水(即永定河),背依梁山(即石景山);老山汉墓,临永定河,背依老山,这说明它们符合一般意义上帝王陵墓对山水格局的基本要求。而燕灵王刘建及燕康王刘嘉之陵墓,既无高山,也不临河;大葆台汉墓同样如此。虽然这不符合帝王陵墓对山水格局的基本要求,但他们与一些诸侯王陵墓选址于丘陵或高台之上,是一致的,且体现了王陵"高敞"的选址要求。

大葆台汉墓所在地属于丰台区西南隅,当时蓟城的西南郊缘。史书记载:"丰宜门外,西南行四五里,有乡曰宜迁。地偏而嚣远,土腴而气淑。郊丘带乎左,横冈亘其前。中得井地三九之一,卜筑耕稼,植花木,凿池沼,覆蒉池旁,架屋台上,隶其榜曰远风,以为岁时宾客宴游之所者,……顾瞻河山形势,在北则近连圻甸,南则远际河朔,东控海门碣石之雄,西眺太行桑乾之胜。千里一瞬,略无限隔。"[44]这一冈丘,确实具有"高敞"的气势。朱彝尊之子朱昆田曾提出:"今之丰台,疑即远风台之遗址。"[45]远风台在金中都时代的丰宜门西南四五里,大约相当于今玉泉营以西、郑王坟到于家胡同一带[46]。大葆台两座汉墓之间,曾发现一座金代遗址。据《析津志》载:"葆台在南城之南,去城三十里,故老相传。明昌时李妃避暑之台,无碑志,有寺甚壮丽,乃故京药师院之支院也。"[47]明昌为金章宗完颜璟的年号,此遗址可能为李妃避暑之台。如果属实的话,这更加说明了这一地区地理环境的适宜性。

此外,据有关人员测量,大葆台汉墓所在位置,大致海拔在51米—55米[48]。这与一些西汉诸侯王陵墓的选址基本一致。如西汉某代长沙王的长沙象鼻嘴一号墓修建在"一座高出湘江水平面约 40 多米、自然形成的椭圆形山头"上[49]，徐州北洞山西汉楚王墓则依山开凿在"一座海拔 54 米的石灰岩小山上"[50]，徐州狮子山西汉楚王墓位于狮子山主峰南坡，为一座东西走向的小山包，海拔 62.15 米[51]。

　　上述说明，大葆台的地理环境，符合西汉诸侯王陵墓选址于台地、丘陵之上的要求，也体现出帝陵及诸侯王陵"高敞"的要求。大葆台汉墓与刘旦庆陵、老山汉墓以及燕灵王墓等，在陵墓各自选址和总体分布上与西汉诸侯王陵选址与分布的总特征，是一致的，并不像他人所言有其独特性[52]。

（作者系北京市社会科学院历史所、中国社会科学院历史所在站博士后）

注　释

1　近来有学者专门对汉代郡国制度进行了考古学考察，如宋蓉：《汉代郡国分制的考古学观察》，吉林大学博士学位论文，2009 年 4 月。

2　14　参见陈康：《西汉燕（广阳）王墓辨》，《北京文博》2001 年 1 期。

3　《文献通考》卷二六八《封建考九》。

4　《后汉书》卷一二《彭宠传》。

5　[东晋]袁宏撰，张烈点校：《后汉纪》卷四《光武皇帝纪》，中华书局标点本，2002 年版。

6　《后汉纪》卷五《光武皇帝纪》。

7　参见《后汉书》卷一下《光武皇帝纪下》、《太平寰宇记》卷六七《河北道·幽州》、《畿辅通志》卷一三《建置沿革》。

8　13　侯仁之：《关于古代北京的几个问题》，《文物》1959 年 9 期。

9　参见拙作《北京大葆台汉墓墓葬年代及墓主人考略——兼谈北京老山汉墓墓葬年代及墓主人问题》，见《秦始皇兵马俑博物院院刊》第 2 辑，陕西人民出版社 2012 年 7 月版。

10　诸多版本均作"湿水"，源于雁门阴馆县累头山，又曰治水。就北京地区而言，漯水即后来的永定河。

11　关于《水经注》记载的"高梁之水"与"高梁水"，侯仁之先生与罗保平先生均有过探讨，虽然二人对此认识有些不同，但并不影响对燕王陵的判断，参见侯仁之：《关于古代北京的几个问题》（《文物》1959 年 9 期）、罗保平：《刘靖建庆陵碣位置之商榷》（《京华旧事存真》第四辑，北京古籍出版社 1997 年，又见苏天钧主编：《北京考古集成》（四），第 1187—1190 页，北京出版社 1999 年版）。

12　鲁晓帆：《唐姚子昂墓志考》，《首都博物馆丛刊》1993 年总第 8 期。

15　洪欣：《唐〈王时邕墓志〉、〈阳氏墓志〉考》，见《北京文物与考古》第二辑第 122—130 页，北京燕山出版社 1991 年版。

16　赵其昌：《唐幽州村乡再探》，见赵其昌：《京华集》第 58 页，文物出版社 2008 年版。

17　赵其昌：《唐幽州村乡初探》、《唐幽州村乡再探》，见《京华集》第 36—59 页，文物出版社 2008 年版。

18　19　20　于德源：《北京历代城坊·宫殿·苑囿》第 88 页、第 81 页、第 89 页，首都师范大学出版社 1997

年版。

21　吴玉搢：《别雅》（文渊阁四库全书影印本，商务印书馆，2005年）卷四载曰："'旧'，'柩'也。《字彙补》引《金史·蔡珪传》燕灵王'旧'，谓'旧'古'柩'字，通用。按'柩'字，古文本作'匶'，此或从'匶'省，或讹作'旧'也，'旧'非古'柩'字。"

22　《日下旧闻考》卷一五六《存疑》，北京古籍出版社1981年版。

23　谭长生：《论汉代墓葬的文化特点》，见《探古求原——考古杂志社成立十周年纪念学术文集》第258—277页，科学出版社2007年版。

24　刘庆柱、李敏芳：《西汉十一陵》第155页，陕西人民出版社1987年版。

25　王鑫：《北京老山汉墓》，见《2000中国重要考古发现》第72—77页，文物出版社2001年版。

26　据有关记载，二陵似乎被迁移到蓟城东部，即现今顺义区燕王庄一带。具体事实，只待今后考古发掘来说明了。

27　42　刘瑞、刘涛：《西汉诸侯王陵墓制度研究》第61页、第427—437页，中国社会科学出版社2010年版。

28　40　郑绍宗、郑滦明：《汉诸侯王陵的营建和葬制》，《文物春秋》2001年2期。

29　谭长生在其《论汉代墓葬的文化特点》一文中，就指出汉代墓葬具有文化面貌的趋同性、文化内涵的写实性和家庭家族关系的紧密性等文化特点；俞伟超：《考古学中的汉文化问题》（见俞伟超：《古史的考古学探索》第180—189页，文物出版社2002年版）则从汉文化分期角度谈到汉代考古学文化的整体发展特点；白云翔：《从北京大葆台汉墓论汉代物质文化的统一性与多样性》（见《汉代文明国际学术研讨会论文集》第56—67页，北京燕山出版社2009年版）以北京大葆台汉墓为例对汉代物质文化的总特征作了分析，并指出原因所在。

30　俞伟超：《考古学中的汉文化问题》，见俞伟超：《古史的考古学探索》第180—189页，文物出版社2002年版。

31　32　38　黄晓芬：《汉墓的考古学研究》第127页、第127页、第129页，岳麓书社2003年版。

33　37　李如森：《汉代丧葬礼俗》第66页、第66—67页，沈阳出版社2003年版。

34　王子今：《秦汉时期生态环境研究》第87页，北京大学出版社2007年版。

35　如《史记·淮阴侯列传》、《汉书·陈汤传》、《汉书·谷永传》、《后汉书·冯衍传》等对此均有记载。

36　王子今：《秦汉时期生态环境研究》第84、89页，北京大学出版社2007年版。

39　对此，有学者提出了疑义，认为西汉诸侯王陵位置的选择与"上陵"礼无关，参见刘瑞、刘涛：《西汉诸侯王陵墓制度研究》第433页，中国社会科学出版社2010年版。

41　黄展岳：《汉代诸侯王墓论述》，《考古学报》1998年1期。

43　关于西汉蓟城的位置，目前学术界比较认同宣武门至广安门一带之推测，笔者也倾向于这一认识。具体有关早期蓟城城址的讨论综述，可参见陈平：《燕文化》第141—144页，文物出版社2006年版。

44　（元）王恽：《远风台记》，见《秋涧集》卷四〇《远风台记》，据《全元文》本校核，江苏古籍出版社1999年版。

45　47　《日下旧闻考》卷九〇《郊坰》。

46　孙冬虎：《北京地名发展史》第234页，北京燕山出版社2010年版。

48　参考《大葆台西汉木椁墓发掘简报》（《文物》1977年第6期）中的等高线图。

49　湖南省博物馆：《长沙象鼻嘴一号西汉墓》，《考古学报》1981年1期。

50　徐州博物馆、南京大学历史系考古专业：《徐州北洞山西汉墓发掘简报》，《文物》1988年2期。

51 王恺、邱永生:《徐州狮子山楚王陵发掘简报》,《文物》1998 年 8 期。

52 赵妍:《大葆台汉墓选址研究》(《首都师范大学学报》2010 年 2 期),首篇专文论述大葆台汉墓的选址问题,本文颇受其启示。不过,有一些论述值得商榷,如作者提出"刘旦及其子孙,他们的墓葬位置同在蓟城之西,说明燕王和广阳王在墓葬选址时聚族而葬是一个基本原则",显然这与西汉帝陵及诸侯王陵的分布特征是相背的,也不符合燕王墓整体分布特征。

庚子事变中的北京城

贾　琳

庚辛之乱作为近代中国的一个"历史时刻",几乎在所有的经典叙述中都会提及,然而本文试图将"叙事焦距"拉近,考察庚子事变发生当天,风暴的中心——北京城究竟发生了怎样的变故;北京城中活动的人群(Social Communities),诸如两宫、在京官僚以及普通百姓,是如何应对这一事变;自然环境——如京畿地区的天气,作为一只"看不见的手"(Invisible Hand),如何作为事件背景的同时又暗中参与甚至重塑了历史事件。本文拟通过"两宫出逃路线考"、"京城:攻占与开献"、"京官:走与留"、"天气:晴与阴"四部分的考察,立体建构出那一个已逝的历史瞬间,并试图在相关史料的考辨与使用方面做一些有益的探索。

一、两宫出逃路线考

一九〇〇年七月二十一日(1900 年 8 月 15 日)清晨,八国联军攻占北京城,慈禧太后仓猝间携光绪帝出宫西逃,由此开始了历时一年零四个月的流亡播迁生涯。

关于两宫的出城路线,似不应成为问题,然检阅相关史料,至少有以下三种说法:

1. 出德胜门

朱寿朋在《光绪朝东华录》中载:"光绪二十六年七月庚申,慈禧携光绪启銮出德胜门驻园。"[1]

恽毓鼎《崇陵传信录》亦载为出德胜门:"七月二十日,英军陷京师。翌日,联军继之,两宫黎明仓皇乘民车出德胜门。"[2]

2. 由西华门出西直门

李希圣在《庚子国变记》中载:"二十一日,天未明……太后乃青衣,徒步泣涕而出,发不及簪,上素服及后随之,至西华门外,上坐英年车,太后坐载澜车……是日驾出西直门。"[3]

3. 由神武门出西直门

那桐在其七月二十二日的日记中写道:"昨、前两夜全家几殉国,相见悲喜交集,同庆再生。询知皇太后、皇上、皇后、大阿哥于廿一日辰刻出神武门、西直门赴昌平州,仓卒西狩。"⁴

杨典诰《庚子大事记》中载为:"廿一日,黎明时,皇太后御蓝布夏衫,坐澜公之车,皇上御黑纱长衫,骑马;率同皇后大阿哥由神武门出西直门,至颐和园小憩。"⁵

由于朱寿朋书为二手资料,恽毓鼎、李希圣、那桐、杨典诰时困居京师内、外城,事非亲见,且李记有极强渲染色彩,故皆须存疑。如能找到事件亲历人记述则为最佳。笔者恰在《晚清宫廷生活见闻》一书中,找到岳超《庚子—辛丑随銮纪实》一文,可释诸疑。

岳超,叶赫那拉姓,慈禧侄孙辈,父伊里布,17岁补神机营管理大臣桂祥(慈禧胞弟)之戈什哈。庚子、辛丑间随驾往返北京、西安等地。岳超记载:"庚子年七月二十一日上午五时许,余照例肩荷英国制十三响快枪,与其他扈从二十余人随护桂祥上朝;至神武门时甫六时,即见慈禧等人徒步走来。(自注:自京师局势紧张后,王公大臣、文武百官每日上朝不再走东、西华门而走神武门,直入后宫。)慈禧即上桂祥所乘朱轮紫韀之大鞍骡车(自注:入八分公以上爵位赐物之一,上围蓝呢,下围红呢。),有桂祥坐在车外,光绪乘伦贝子之车,由溥伦跨车外,众人或骑马,或徒步,挤挤跄跄,经由景山西街出地安门西行。上午八时许,至西直门,忽下细雨。从者未携雨具,悉被淋透,厥状萧索凄苦。"⁶

其中"自京师局势紧张后,王公大臣、文武百官每日上朝不再走东、西华门而走神武门,直入后宫"一条非亲近臣工不得而知,并为此后两宫出神武门埋下伏笔。另外从所乘车辆来看,两宫非轻宜乘坐普通臣子之车马,若亲贵如桂祥、溥伦者方可权宜为之。故杨典诰记载"皇太后御蓝布夏衫,坐澜公之车,皇上御黑纱长衫骑马"与李希圣记载"上坐英年车,太后坐载澜车"便有传言虚构成分在内。至于恽毓鼎"仓皇乘民车"的记载更似杜撰。故从两宫所乘车辆合理性的角度,亦可侧面推知岳超所述最接近实情,此为旁证一;旁证二便是当时天气,其阴雨连绵之状也与事实相合,此点详见本文第四部分。故可知慈禧太后和光绪帝是六时许出神武门,分别乘桂祥和溥伦车经由景山西街出地安门西行,上午八时许出经西直门"弃国潜逃"。

此出逃路线看似无关紧要,但是如果我们把此次几乎是全班文武的"弃国潜逃"放在北京建都史的大背景下,也只有五百多年前元末顺帝君臣"全身而退"堪比。而时人对于此事件感受之强烈远非后人所能想像,如刘坤一写给张之洞的私信中即以"亡国"视之:"况此次创巨痛深,实与亡国无异。若不刻苦自励,何以上回天意,下协群情……”[7]

两宫既然“弃国潜逃”，北京城以及余下的百姓又是怎样一种遭际呢？最形象的记述仍莫过于岳超，在此引用如下，并结束本节。

庚子十一月，岳超自告奋勇由陕护送辅国公定昌灵柩回京安葬，记述道：“京师市街依旧，景色全非，战迹斑斑，蓬蒿满目，一派亡国气象……各国军管区内之商户、住户，均悬军管国国旗，并于旗上大书‘某某国顺民’字样。”[8]今日读之，犹令人唏嘘。

二、京城：“攻占”与“开献”

此节特拈出此一段历史“公案”，是因为是否“攻入”，从八国联军的角度看，直接关系到清廷到底是交战方还是受拳民操纵的受害方，这对于将来的和谈极为重要。

也因此，京师沦陷的第四日（七月二十四日），张之洞即急电盛宣怀与袁世凯询问此事：“鄂督张急电并致盛京堂、袁慰帅：洋兵入京，是否攻入，抑系说明接入，此层关系甚巨”。[9]

经时任直隶布政使的廷雍调查，联军入城为守兵所献，立刻复电（是电七月二十八日到）：“廷护督保定来电：二十一黎明，洋兵入都。砂锅门守城之兵开献。”[10]

电文中“砂锅门”应为“沙窝门”之音讹，即北京城外城东侧之广渠门。然而，即使守兵不献，脆弱的城防亦难以抵御联军的炮火：“耆老云，咸丰时各城门内外黄土塞满，今则不然，只以布袋盛黄土，堆积于门内合缝处，故不耐炮火也。”[11]

而实际情况，却可以在时负责紫禁城防御的那桐日记中读到：“七月二十日：辰刻进内，知军事甚急，崇文、朝阳两门均失……酉刻洋兵攻大清门甚急，兵有伤亡者。余守东华门尚无事。”[12]至于时任直隶布政使的廷雍到底是没有了解到这一情况，还是已经嗅出“询问”电报背后的潜台词而彼此心照不宣，因无材料佐证，便不得而知了。不过这一有意或无意之举，客观上极大增加了督抚外围斡旋的话语权，同时也呼应了事变期间中枢在荣禄等人的苤谏下做出的姿态调整。[13]正所谓“迨联军入都，地方未遭甚大糜烂，合议未遇意外难堪者，实因有此双方心照之议于先也”。[14]辛丑和约有偿款而无割地，此种非交战国关系之转圜实为重要一因。

庚子十二月二十六日（1901年2月14日），清廷颁布了一道“销除矫诏”的上谕，正式以“受害方”自居。其中写道：“当时所颁谕旨，首祸诸人，竟于事机纷扰之际，乘间矫擅，非出朝廷之意。所有不得已之苦衷微言宣示中外臣民，谅能默谕……着内阁将五月二十四日以后，七月二十日以前谕旨，汇呈听候查明，将矫擅妄传各谕旨提出销除”。[15]

在刘坤一看来，此举“不仅外人之责我围攻使馆系奉内谕等语可以消弭；即持异议者,以东南保护之约为不遵朝命,甚至指为海外叛臣,亦无所施其毒螫矣"。所谓"中外固结之冤,以片言解释;上下昏浊之气,以一笔扫除。"因此刘坤一读后,"不禁拍案叫绝",认为"西狩以来,惟此次纶音最为得体"。[16]

三、京官:走与留

关于京官在庚子事变当日状况,需要动态地考察随着政局的动荡此群体所做出的普遍反应,如此方能更好把握事变当天京官的真实心境。

据郭廷以编著的《近代中国史事日志》载,最迟至庚子年五月十二日(1900 年 6 月 8 日),局势开始吃紧。京城地面已是"往往有无籍之徒,三五成群,执持刀械,游行街市,聚散无常",而北京教士只得"集使馆附近自保"。[17]并且市面上"连日米价腾贵,而银价转高,识者知非佳象"。[18]而"十五六日以来,各京官之眷属,均纷纷出京。城内外各教民已逃徙一空。"[19]

尽管六月十八日朝廷降旨阻拦,并称"京官擅离职守者皆革职",[20]终究无济于事,"嗣后纷纷四窜,或走直北,或走山东,流离艰苦,不可胜言"。[21]

不仅直北、山东,逃往河南的亦为数不少。庚子六月十八日,时在河南开封任差的张守炎在给姻亲吴重熹的私信中写道:"京官出京者甚多,日内来汴者络绎不绝。"[22]

此间,张守炎还亲自接洽了由京城来到开封的朋友,"昨徐梧生携眷到汴,尚未得晤谈。其他京官来者极多"。并在信中披露"闻京内及出京在途官员,被劫被害者不计其数。"[23]

最后,竟至于"汉京官大小在京者,寥寥二三百人。大约不能南还,又不能赴行在者,今冬以公和赈济,尚可支持"。[24]

至此,我们已将随着事变的逼近,京师官员的不同应对以及动态变化基本理清,所谓"寥寥二三百人",虽然为高枏(时滞留京师)十月十七日所记,以之衡量事变发生当日的京官数量,应该不会有太大的出入。

这里还想补充一点,尽管绝大多数官员在事变之际"纷纷四窜","走"者比"留"者在其后的公共舆论中似乎更多一重"道德优越感",叶昌炽(时滞留京师)在《缘督庐日记》中写道:

　　"吾告佩鹤云,此次随扈一等,若留京困守者,既不殉难即属汉奸,否则亦于洋人声气相通者也。此非刻论,实洞见诸公症结也。"[25]

恽毓鼎(时亦滞留京师)之子恽宝惠在为其父编校日记时,亦有一段按语:

　　"庚子西幸之际,行在诸臣颇诩扈从之功,《缘督庐日记》(辛丑二月廿七日)
曾有一段志其感慨:'行在诸公显分畛域,以扈跸者为第一等,奔赴者为第二等,
留京者为第三等。'(咸丰庚申决不如是)'吾辈效死危城,流离惊恐,不知何负于
朝廷也。'"[26]

　　如果说事变当天,滞留的京官对于来自外部的冲击,心理上还有所准备——即使
如此亦使人"流离惊恐",那么对于事后受到来自内部的交困,却是远远始料未及。

　　笔者细检《缘督庐日记》辛丑二月廿七日所记,其中"咸丰庚申决不如是"八字非
《缘督庐日记》所固有,亦不似宝惠擅自添入,极有可能是平日闻之乃父,整理日记
至此处时触景生情,不禁笔之于书。从此"不写之写"之今昔感慨及前引"耆老"将庚子
城防与咸丰时对比(见注11),颇可触摸庚子事变后清季士人心理所起之微妙变化。[27]

四、天气:晴与阴

　　最后,再来考察一下庚子事变之际北京城的天气,并进一步探讨京畿地区的天
气,作为一只"看不见的手"(Invisible Hand),如何作为事件背景的同时又暗中参与
甚至重塑了这一历史事件。

　　由于京师战乱,庚子年北京官方气象记录多付诸阙如,因而私人的气象记录便显
得弥足珍贵。[28]

　　据《庸扰录》庚子四月十八日条下记载:"自四月以来,天气亢旱异常,京城内外
喉症、瘟疫等病相继而起,居民死者枕藉,朝廷求雨多次,迄无一应。"[29]

　　细心的读者会发现,京师的局势也是在庚子四月以后开始吃紧的(见注16、17)。
"天气亢旱"与"局势吃紧"、"米价腾贵"之间在这里呈现出某种因应关系。

　　为坐实此点,这里另有一条有力旁证,以说明此前京师面貌与此迥异。庚子七月
十九日(即两宫出逃前两日),两江总督刘坤一在给安徽巡抚王之春的私牍中说:"春
间同在都门,何等太平气象。仅逾三月,祸变如斯。"[30]都门春间,犹是"太平气象",这
就从侧面证明《庸扰录》所在庚子四月"天气亢旱"恰为京师局势吃紧之转捩。

　　庚子六月十八日,此场亢旱仍在持续蔓延,这从张守炎致吴重熹的信中可以明白
读出:"惟河北饥民太多,竟无抚恤之策,伏莽堪虞。由兼旬久不雨,粮价日增。"[31]

　　朝廷"求雨多次,迄无一应",就是时任英国驻华公使的窦纳乐在发给国内的信
函中亦盼望着"阴雨":"我深信:下几天大雨,以结束长期持续不断的干旱(这个干旱
大大助长了农村地区的动乱),同中国政府或各国政府所能采取的任何措施相比,将
更有利于恢复平静。"[32]从政治角度来看,双方无疑都认识到"阴雨"对于缓解当前紧
张局势将发挥关键甚至是决定作用。

　　如果说"阴雨"被中外上层赋予了极强的"政治涵义",那么对于下层民众尤其是义和团民来说,则意味着"百姓"与"拳民"的身份的转变。

　　《梦蕉亭杂记》中记载,义和团"大师兄"向时任京兆的陈夔龙借粮之际,"天际浓云密布,大雨将至。该拳民仰天太息曰:我等亦系好百姓,倘上天早半月降雨,四野霑足,早已披蓑戴笠,从事力作,那有功夫来京作此勾当"。[33]

　　此雨究竟有无降下,书中并没有显示。不过可以确定的是,七月二十日深夜至二十一日凌晨,一场久违的阴雨终于降临了北京城。时居外城仲芳氏在日记中写道:"二十一日,夜雨淋漓,清晨未止。天将发晓,有人自城内逃出,言皇太后、皇上携领宫眷,与亲近王公大臣统率御营兵丁,于夜半弃国潜逃。"[34]据本文第一部分可知,"于夜半弃国潜逃"固然有误,不过作者亦言实闻之于他人。

　　而在高枏的日记中,我们还可以读出当日的温度:"廿一日,出伏。八十度零,阴,雨意……城内外隔绝,不知两宫消息,奈何奈何。"[35]所谓"八十度零",为时人所用华氏温度,换算为摄氏温度约为 26.7℃。此时淋漓的夜雨已渐渐转停,不过仍然阴有雨意。

　　此两条资料再加上前引岳超所记"上午八时许,至西直门,忽下细雨。从者未携雨具,悉被淋透,厥状萧索凄苦",就可以完整勾勒出二十日深夜至二十一日上午八时许的天气变化:

　　二十日深夜至二十一日凌晨,夜雨淋漓;直至清晨稍后,渐渐转停,不过仍阴有雨意,此时气温 26.7℃;上午八时许,又忽下细雨,而此时两宫恰好行至西直门。

　　阴雨虽至,终究是姗姗来迟。此时,两宫开始流亡,联军占领京师,京官大多奔走,城内外教民早已"逃徙一空"[36]。

　　时人记述此次事变道:"逮庚子之役,六龙西狩,万民荡析。公卿逃于陪隶,华屋荡为邱墟,而京师又一变",其结果则是"京师之为京师,亦仅仅矣"。[37]

尾　声

　　这段出自《天咫偶闻》中的话,是世居北京的满族士人震钧写下的,他在书末《自叙》中将写作此书看作是"绳《梦华》、《梦粱》二录之前踪",似乎有亡国遗老追述前朝之意。然而《自叙》结尾所缀年月为"癸卯秋七月既望",即一九〇三年七月十六日,至此,一种"无可奈何花落去"之感溢于言表。

　　　　　　　　　　　　　　　　　　　　　(作者系北京师范大学历史学院博士生)

注　释

1　朱寿朋编、张静庐点校:《光绪朝东华录》(四)总第 4536 页,中华书局 1958 年版。

2　恽毓鼎:《崇陵传信录》,中国史学会编:《中国近代史料丛刊·义和团》第一册第 53 页,上海人民出版社、上海书店出版社 2000 年版。

3　李希圣:《庚子国变记》,中国史学会编:《中国近代史料丛刊·义和团》第一册第 23—24 页,上海人民出版社、上海书店出版社 2000 年版。

4　那桐著、北京市档案馆编:《那桐日记》(上册)第 350 页,新华出版社 2006 年版。

5　杨典诰:《庚子大事记》,中国社会科学院近代史研究所近代史资料编辑室编:《庚子记事》第 94 页,中华书局 1978 年版。

6　岳超:《庚子—辛丑随銮纪实》,全国政协文史资料研究委员会编:《晚清宫廷生活见闻》第 90—91 页,文史资料出版社 1982 年版。

7　"复张香涛牍",刘坤一著,中国科学院历史研究所第三所工具书组校点:《刘坤一遗集》第五册第 2289 页,中华书局 1959 年版。

8　岳超:《庚子—辛丑随銮纪实》,《晚清宫廷生活见闻》第 100 页,1982 年版。

9　10　《李鸿章全集》第 27 册·电报(七)第 207 页、第 214 页,安徽教育出版社 2008 年版。

11　杨典诰:《庚子大事记》,《庚子记事》第 95 页,1978 年版。

12　那桐著、北京市档案馆编:《那桐日记》(上册)第 350 页,新华出版社 2006 年版。

13　所谓"恳切面陈,感动天听,故有慰问各国使臣、保护侨民之上谕……中外感情略见和善"。见杜春和、耿来金、张秀清编:《荣禄存札》第 423 页,齐鲁书社 1986 年版。

14　杜春和、耿来金、张秀清编:《荣禄存札》第 423 页。

15　朱寿朋编、张静庐点校:《光绪朝东华录》(四)总第 4615 页,中华书局 1958 年版。

16　"复盛杏荪",辛丑正月十六日,刘坤一著,《刘坤一遗集》第五册第 2281 页。

17　郭廷以编著:《近代中国史事日志》(下)第 1073 页,中华书局 1987 年影印版。

18　19　佚名:《庸扰录》,庚子五月十二日,中国社会科学院近代史研究所近代史资料编辑室编:《庚子记事》第 249 页、第 252 页,中华书局 1978 年版。

20　"十八日,今日有旨,京官擅离职守者皆革职"。见叶昌炽著、王季烈编:《缘督庐日记》第二册,庚子六月十五日,第 516 页,北京图书馆出版社 2007 年影印版。

21　佚名:《庸扰录》,庚子六月二十三日,《庚子记事》第 262 页。

22　23　"张守炎庚子六月至九月致吴重熹函十二件",中国第一历史档案馆编辑部编:《义和团档案史料续编》(上册)第 844 页、第 847—848 页,中华书局 1990 年版。编者按:写信人张守炎为山东人,身世未详,似为中下级官员,仕途不甚得意,时在河南开封任差。收信人吴重熹为其姻亲,字仲怡,时任江苏道员(似在南京),当年九月授福建按察使,旋改直隶布政使。

24　高枬:《高枬日记》,庚子十月十七日,中国社会科学院近代史研究所近代史资料编辑室编:《庚子记事》第 214 页,中华书局 1978 年版。

25　叶昌炽著、王季烈编:《缘督庐日记》第三册,辛丑三月廿四日,第 32 页。

26　恽毓鼎著、史晓风整理:《恽毓鼎澄斋日记》第 204 页,浙江古籍出版社 2004 年版。

27 因此处越出本文题旨,故不展开。然咸丰"庚申"与光绪"庚子"不时并见于时人著述中,此现象颇堪玩味。

28 参见曹冀音:《〈高枬日记〉中庚子年间北京私人气象记录及其价值》,《北京档案史料》第226—229页,2002年第4期。

29 佚名:《庸扰录》,庚子四月十八日,中国社会科学院近代史研究所近代史资料编辑室编:《庚子记事》第247页。

30 "致王爵棠",庚子七月十九日,刘坤一著:《刘坤一遗集》第五册·书牍,第2271页。

31 "张守炎庚子六月至九月致吴重熹函十二件",《义和团档案史料续编》(上册)第844页。

32 "窦纳乐爵士致索尔兹伯理侯爵函",关于中国反抗运动的函电:中国第三号第273件,《英国蓝皮书有关义和团运动资料选译》第72页,胡滨译,中华书局1980年版。

33 陈夔龙:《梦蕉亭杂记》第33—34页,北京古籍出版社1985年版。

34 仲芳氏:《庚子记事》,中国社会科学院近代史研究所近代史资料编辑室编:《庚子记事》第32页,中华书局1978年版。

35 高枬:《高枬日记》庚子七月廿一日,《庚子记事》第172、173页。

36 佚名:《庸扰录》,庚子五月十二日,《庚子记事》第249页。

37 震钧:《天咫偶闻》第224页,北京古籍出版社1982年版。

"丁戊奇荒"期间的京师赈济与治安

冬烘刚

光绪二年,西历 1876 年,历经劫难的大清朝刚刚出现"中兴"征兆,一场罕见的特大灾荒就悄悄袭来。从这一年起至光绪四年,持久的干旱席卷山西、河南、陕西、山东、直隶五省和苏北、皖北、陇东等地区,造成大面积农田绝收,直接和间接的人口死亡超过一千万[1],由于灾荒最严重的光绪三年、光绪四年对应的干支纪年是"丁丑"和"戊寅",故史书多称之为"丁戊奇荒"。

在这场灾荒中,作为"天下根本"的京师不是灾情最重的地区,但却承受着特殊的考验:灾荒期间,约十多万饥民从四面八方涌入京城,受饥饿驱使,时有沿街抢夺、入室行窃、拦路抢劫等暴力行为,社会治安急剧恶化。此时,清政府尚未从太平天国以来的社会动荡中恢复元气,又在进行着收复新疆的战争,有一个开支巨大的无底洞,财政状况本来就非常严峻。面对十多万嗷嗷待哺的饥民,财力是个大难题。同时,因光绪即位发生的"继统之争",清廷政局本来就处在摇荡之中。天灾的出现,借助传统的"天人感应"思维,又成为批评者抨击朝政的另一口实。由此衍生出的种种社会传闻更易唤起人们对政权是否合乎"天命"的怀疑。因此,不只是京师的社会秩序,而且京师的财政秩序、政治秩序都在这场灾难中经历了严峻而持久的冲击。内忧外患中的清廷最终如何度过了这轮危机? 如何在财政匮乏和政局动荡的局面下保持了京师的稳定? 这似乎是一个值得关注的问题。

自 1993 年起,学界对这"丁戊奇荒"已经做过很好的研究。要而言之,可分为两大类。一类是着眼全局的通论性考察,如夏明方《清季"丁戊奇荒"的赈济及善后问题初探》[2]、杨国强《丁戊奇荒——19 世纪后期中国的天灾与赈济》。[3]一类是对受灾省份所作的重点考察,如郝平等《丁戊奇荒之晋豫比较——以豫为中心的考察》[4]、王金香《山西"丁戊奇荒"略探》[5]、罗勤力《谭钟麟与"丁戊奇荒"》。[6]这些研究都立足于扎实的史料,提出了许多令人信服的结论。不过,笔者所关注的上述问题,均未从中得出理想答案。

　　故本文试图做一些尝试,从政治史角度考察当时的社会控制。在灾荒时期,难题是多方面的,应对措施也是多方面的。赈济和治安都是基本手段之一,也是维持社会稳定的重点所在。清制,五城察院"掌赈恤之政令",京师的赈济由他们负责。[7]而今天意义上的京师"治安",则是由步军统领衙门、五城察院和顺天府等多个部门共同负责。[8]不过,灾荒时期,主要由慈禧太后的近臣荣禄(时兼任内务府大臣)任步军统领,重要的赈济和治安措施,多由他领衔议奏,所以步军统领衙门在这一时期的职能和作用要重要一些。故本文的论述是围绕这一部门展开,在史料上侧重《军机处录副奏折》、《清实录》等官方文献。现将主要结论汇报如下,以就教于方家。

一、最初的考验:粮价、钱法、粥厂(光绪二年正月至光绪三年五月)

　　同治时代的十多年,是晚清历史上一段相对平静的时光。被太平天国和捻军起义破坏的社会秩序开始逐渐恢复,甚至出现了"中兴"的迹象。在这种大背景下,京师也相应呈现出安定有序的局面。作为农业时代社会稳定的一个重要指标,粮价在此间的大多数时间内保持着平稳走势。[9]然而,这一切随着旱灾的到来在光绪二年戛然而止。

　　京师及近畿地区在这场灾害中首当其冲。最早的天气异常是从光绪元年开始,当年四月《清实录》记载:"京师入春以来,雨泽稀少,节逾立夏,农田待泽孔殷。"[10]至当年年底,京师的降雨量较往年严重偏少。待翻过年头,灾情仍持续恶化,五岁的光绪帝和近支王公开始频繁前往庙宇祈祷[11],但直至闰五月中旬,京师及周边几乎滴雨未降。[12]

　　持久的干旱首先破坏了京师的物价秩序。根据直隶总督李鸿章的奏报,在灾情刚刚开始的光绪元年,京师所在的顺天府粮价尚属稳定,粟米价格长期保持在每石一两六钱至二两九钱四分之间。[13]但进入光绪二年,粮价便出现明显上涨(除当年二月有小幅回落)前六个月呈现出节节攀升的趋势,粟米的最低价由正月的一两六钱增至闰五月的一两七钱四分;相应的最高价也从二两九钱四分增至三两(参见下图)。从光绪二年三月起,御史奏报"粮价渐增"的奏折便不断出现。[14]待本年闰五月,情形已经相当严重,兵部尚书广寿的奏折以"天时亢旱,诸物昂贵,八旗兵饷不足养赡"为由,奏请"每月加成放给饷银兵米"[15]。从中已看出京师内城旗民的生活已相当困难,其他小民的生活更可以想见。物价上升,使原先生活在温饱线边缘的"穷民"因无力购粮而沦为"饥民",京师等待赈济的民众较平常年份大幅增加。

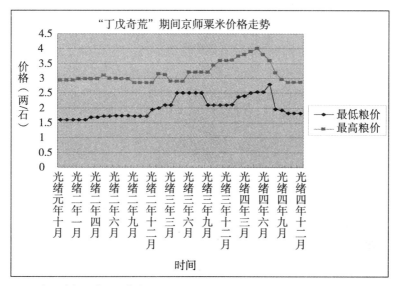

说明1. 数据来自《李鸿章全集》中所见直隶总督奏报雨水粮价折中的顺天府属粮价。
　　　2. 光绪四年正月缺少具体数据,但根据折内奏报,知道本月粮价属"增",故最低粮价估为二两一钱一分,最高粮价估为三两六钱一分。

　　昂贵的粮价随之破坏了京师的货币秩序。自咸同以来,云南铜斤运输中断,鼓铸钱币的金属不足,官方发行的多是"以一当十"的大钱。这些钱由于成色不足,在京师市面不太受欢迎,平常时期尚能维持。但在灾荒时期,老百姓就挑剔钱色,不愿使用。致使当时民间自铸的"私钱"大行其道,而"官钱"因难以推行而不断贬值。反映在银一钱关系上,则是"银价日增,百物日贵"。光绪二年十一月,御史英俊鉴于"钱法日坏"引起的一系列弊端,甚至奏请严拿"私铸"奸宄,以强制手段稳定货币秩序。[16]

　　在"天人感应"的思维中,久旱不雨是君主失德的表现,不断出现的社会难题又加剧了人们的不满,清政府内部日渐增多的批评声音开始冲击高层的政治秩序。自光绪立为新君的当天,清朝政局就不怎么稳固,最大的困扰当然是围绕同治立嗣而引发的"继统之争"。加之同治皇后死后,"道路传闻"颇多,"或称伤悲致疾,或云绝粒殒生"。言官遇到机会,就拿这些题目做文章,使政局更加纷扰。[17]光绪元年初,御史潘敦俨以同治帝"统嗣未有定议",而皇后又"仰药殉"为借口,要求为皇后更改谥号。引发了又一轮争议。结果慈禧报以严厉手段,将潘革职。[18]在旱灾趋于严峻的光绪二年二、三月间,官员借天灾批评朝政的折子开始陆续出现。但或许有潘的教训,起初显得比较温和,没有触及上面的敏感问题。二年三月十六,御史袁承业以"雨泽愆期"奏请"修明政体"、"下诏求言",矛头所指,主要是官场内的"滥捐滥保"之风。[19]闰五月十一，广寿奏折指出"天时亢旱"，从"部院堂官"到"督抚大吏"都难辞其咎，或遇事因循、或举劾失当。言辞就稍显激烈。若照此趋势，也许那些敏感的问题被翻出，是迟早的事。

但就在京师的社会秩序和政治秩序出现动荡征兆的关头，一场久盼的大雨到来了。光绪二年闰五月十八，京师及周边一带大雨滂沱，"农田深透"[20]，京师上上下下在数月来的焦急等待中长出了一口气。迟来的大雨没能挽救麦季的收成，但起到了安定人心的作用，言官的批评很快中止；粮价虽未明显下降，但也未再有大幅度的上升。从这时到来年的夏天（光绪三年六月），京师没有再出现严重干旱或其他极端天气，总体上晴墒应时。[21]京师赈济和治安的压力因之减小很多。此间，清政府维护京师稳定的努力，几乎全是寻着以往的"成案"，围绕粥厂赈济展开。

这里首先要介绍一下京师的粥厂制度。所谓粥厂，是指官方或民间士绅依托寺庙、道观等场所，熬煮稀粥、免费散放给饥民的一种救济方式（有些粥厂兼办暖厂，冬天给穷民提供取暖）。它是京师在常年青黄不接时期和灾荒中最常见也最成熟的赈济手段之一。自清初开始，京师就形成了"五城十厂"的粥厂体系。外城东西南北中各有官办粥厂两座，靠近城门地方。至同治九年，又在靠近内城附近增加粥厂五个，形成了"五城十五厂"的格局，每城各有粥厂三个。此外，外城以内，还有"中城之朝阳阁，东城之东坝，南城之打磨厂，西城之长椿寺、赵村，北城之圆通观、梁家园"等大大小小近十座民办官助粥厂。在正常年份，各粥厂一般于十月一日起开始施粥，至来年清明前后停放。[22]因为有这种赈济体系的"成案"可循，京师第一阶段的赈济显得较为比较有序。光绪二年六月，在京师物价走高、穷民增加的第一时间，清廷决定将当年的放粥时间提前三个月，从七月初一开始施粥，使夏收无望的穷民有所依托。[23]同时，每月向朝阳阁、东坝等民间粥厂各拨官米三百三十石。[24]这两项措施，从力度上说，都是清代以来所未有[25]，但对于此次灾情来说，仍显得远远不足。当年九月，清政府令顺天府筹议增设粥厂。随后根据顺天府的议奏结果，在京师近郊按四个方位，又添设礼贤镇（南）、定福庄（东）、清河镇（北）、庞各庄（西）"四镇粥厂"。[26]

在京师内城，针对旗民的艰难处境，清廷于二年六月谕令"八旗及绿步各营官兵，均著加恩照现放章程，赏给一月钱粮"。[27]以上这些差不多构成了《清实录》中京师第一阶段赈济措施的全部。从结果来看，这些措施起到了维持安定的作用：在这一阶段，史料所见，罕有因饥饿演化成暴力的叙述。京师的盗案、窃案在实录出现的频率也很低，较往年没有明显变化。但是，经灾荒冲击的物价秩序和货币秩序，没能得以恢复。粟米的价格总体呈现持续上涨势头，至光绪三年正月，最低价突破了每石二两，最高价突破了每石三两一钱。此后仍有小幅增长。至光绪六年六月，京师的粮价已经令高层忧心忡忡,时任户部侍郎的翁同龢在日记中写下了"粮价日昂,穷民难活,奈何奈何?"的字样。[28]

从全国来看,这一时期,灾情最为严重的是直隶、山东、河南和皖北地区。其中,直隶被灾州县离京师最近,但该省的赈济力度也最大。二年闰五月初一,朝廷谕令户部一次性拨款十万两,交顺天府和直隶总督分领,在近畿地区办赈。[29]稍后又准李鸿章将"山东后帮粟米尽数截留,并将奉天本届牛庄运通粟米二千九百余石、锦宁广义四州县运通粟米一万一千七百余石一并截留",[30]分拨直隶和顺天府放赈。由于赈济较为充分,这一阶段,近畿地区没有出现大规模的流民队伍。而山东、皖北虽有大批流民,但流动的方向是从本省流向江苏。[31]因此,这一时期,外来饥民并未构成冲击京师社会秩序的因素。

简单地说,从光绪二年开始到次年六月,灾荒带给京师的主要问题是赈济问题而不是治安问题。但光绪三年六月之后,这种形势就完全改变了。

二、危机的加剧:盗案、抢劫、财政困境(光绪三年六月至光绪四年正月)

光绪三年八月十三,几位内阁中书像往常那样,到内阁大库查看《实录》。但行至库门之外,就发现了种种异常:门上封条脱落,门锁有拨动迹象。赶忙查看后确认:大库昨夜失窃,盗贼竟在紫禁城内盗走皇家财物。[32]在灾荒的年景下,这起盗窃不是一起孤立的治安事件,而是这一时期京师治安形势恶化的一个缩影。

当时间来到光绪三年春夏之交,京师一带虽雨水尚可,但邻近省份山西、河南、直隶的灾情却逼近"无以复加的巅峰期"。[33]四月,山西奏报"官民捐赈、力均不支"[34],灾民大批饿死,部分州县"每村庄三百人中饿死者近六七十人"。[35]七月,河南奏报"备荒积谷及义社各仓"等赈济机构,钱粮"全部放罄"。[37]直隶全省在春荒肆虐下,南部地区又发生蝗灾;仅河间一府就有二百余万饥民嗷嗷待哺。[37]饥荒所至,当地的社会秩序和人伦底线遭到强烈颠覆,拦路抢劫、聚众抢粮、武装叛乱等暴力事件在各省层出不穷。[38]周边的社会动荡很快随饥民的流动蔓延到京师:六七月间,顺天府所属的通州、霸州、固安等地,出现"明火拒捕及路劫之案"。[39]八九月间,工部主事潘国祥、户部员外郎张汝霖住宅均遭盗贼洗劫[40],连内阁大库等禁地都不免于难。到了十月,五城内盗案如此之多,负责治安的司坊官为规避责任,开始有意隐瞒不报。[41]

其间,京师各粮仓尤其成为盗窃、抢夺的重灾区。有清一代,运往京师的漕米,约50—70万石储存在通州;另外的大头儿,约300万石储存在京仓,包括城内的北新仓、海运仓、南新仓、旧太仓、兴平仓、富新仓、禄米仓、内仓以及朝阳门外的太平仓、东便门外的裕丰仓、储济仓、德胜门外的本裕仓、丰益仓等十五座粮仓。[42]八月,一伙匪徒携带洋枪,数次洗劫城外的太平仓。[43]九月,城内北新仓花户勾结"匪徒"四五十人,多次拆仓盗米被发觉。[44]随后,南新仓、太平仓等处也都发生了内外勾结盗窃仓米的事件。[45]这些花户、贼匪往往是与京城的粮店串通,盗窃的仓米到手,即刻运往米店销赃。[46]故从这些案件也可看出,当时京城粮食市场的紧缺局面。

从这时(光绪三年六月)直到光绪四年底全国灾荒形势好转,京城的治安问题一直是最令统治者头痛的问题之一。当年秋季,山西、河南、直隶三省大部分州县秋粮绝收,周边省份呈现出更为严重的社会动荡,原来的饥民"闹荒风潮"已经升级为局部的农民起义。从九月起,京师又再次出现光绪二年春天那样的持续干旱,直到光绪四年三月才有有效降雨。[47]在多重因素的作用下,京师的治安压力始终在不断增加,整体形势是在不断恶化。这些,笔者后面还会陆续提到。

新一轮的冲击还破坏了清政府本就十分脆弱的财政秩序。在第一阶段,国库尚能拨十万两办赈。但到了这时,库银已近枯竭,面对山西、河南频繁的"告饥"、求援,清政府迟至光绪三年八月二十六方谕令筹措四十万两。这四十万两中,户部仅能拿出二十万两,另外二十万两饬李鸿章筹措,其中的八万两来自挪用海防军费。[48]自此之后直到灾荒结束,这种"拆东墙、补西墙"的方式就成为清廷财政运行的常态。

第一阶段已平息的清廷政治秩序,此时又再掀风潮。首先是言官们再度活跃起来,九月十三,翰林院侍讲张佩纶奏请"广开言路",直称清朝面临的形势是"芒角、怪风、洪水、亢旱、蝗蝻。灾异遍天下"[49],言辞异常激烈。重灾区大员谭钟麟、蒋凝学等尤其成为抨击对象[50],以恭亲王领衔的军机班子也被指"不敢任咎、不肯任怨"。[51]此前许多潜伏的政争因素,也借助天灾被重新翻出。如创建时饱受诟病的总理衙门,这时又成为众矢之的。十月初四,国子监司业宝廷以"时事艰难、民生困苦"为由,在折片内列举总理衙门多项罪名,给予抨击。[52]其次,围绕救灾的分歧激化了朝局中的"清流—洋务"之争。清流势力援引儒家的"民本"思想,认为在这样的非常时刻,国家财力自然应当"以缓就急",以"养民"为第一;而洋务派抱定"自强"目的,拒绝动用洋务经费,从光绪三年七月詹事府洗马马温忠的奏议开始,双方围绕要不要动用海防经费,要不要暂停机器局、招商局展开剑拔弩张的持续争论,渐成水火之势。[53]

面对新一轮的动荡,清政府这一时期的赈济力度显著加大,并屡饬整顿京师治安。下面分别叙述之。

在第一阶段中,"五城十五厂"和"京郊四镇"粥厂体系,扮演着非常关键的角色,是支撑京师安定的重要支柱。但这时,它已有点不堪重负——至迟在光绪三年十月,官方文献中注意到:外来饥民在不断涌入[54],等待赈济的饥民每天都在增加。起初,清廷希望通过对旧体系增拨钱粮来解决这一问题,先是于八月底拨付普济堂、功德林两粥厂钱粮,令其提前一月(九月)放赈。随后,又于十月二十一议决,从下月起,对中城之朝阳阁、东城之卧佛寺、育婴堂,南城之打磨厂,西城之长椿寺、砖塔胡同、关帝庙,北城之圆通观、梁家园等民间粥厂每月加放粟米三百三十石。[55]但等待赈济的人数还是远远超出清廷的想象,不得不于十月份再次增加官办粥厂的数量,决定从十一月初一开始,在京城安定、东直、朝阳、德胜、西直、阜城等六门外各增一座粥厂。[56]由绅士捐办的民间粥厂也在陆续增加,清政府酌情分别赏给钱粮。[57]至光绪四年正月,京师有:"五城官饭厂"、"六门四镇"等官办粥厂 25 个,朝阳阁、长椿寺等"民办官助"粥厂 9 个,民办粥厂约 20 个。[58]按照以往年岁的记载,像长椿寺这样的粥厂,可以容纳 3000 人以上就食。[59]在这次灾荒中负责在圆通观粥厂放赈的翁同龢记载,那里每天的饥民也是 3000 余人。[60]若各厂都按照这个数字估算,当时京师的粥厂体系,在为十多万人饥民提供活着赈济。

这一阶段,清政府还增加了新的赈济措施:设局平粜,平抑物价。光绪三年九月十七,御史何金寿奏称,京师当时的动荡局势(特别是物价形势),除设局平粜外,没有更好的解决途径。[61]奏上,清政府饬令直隶总督李鸿章办理平粜。李通过轮船招商局赴上海一带采买大米、于冬季封河前陆续运抵京师。至当年十一月,已运到大米三万石,本拟在十二月间开局平粜,但由于在设局地点上有不同意见,迟至光绪四年正月二十才开始发放。其价格"每百斤照每日市价减一钱",散放地点有西珠市口、栏杆市、铁门三处,每人购买的数量"不得过二十斤"。[62]这种平粜手段此后持续了数月,至光绪四年八月撤局。

尽管从这些赈济措施的力度明显大于第一阶段,但就稳定社会秩序来说,其效果不如以前。首先,从粥厂来说,当时施粥的数量是每人"一小勺",早晚两次(有些粥厂仅有早上一次)。[63]这些食物,仅能维持饥民不被饿死,远远不足温饱。在饥饿驱使下,仍有大批大批的饥民游弋在京师地面沿街乞讨。挣扎在死亡线上的他们,很容易变为"暴民",当乞讨不到食物时,就暴力抢夺。[64]因此,更大规模的暴力冲突随时都可能发生。其次,设局平粜对于当时的物价来说,只是杯水车薪。有限的米谷,远不足以起到稳定物价的作用,此后的京师粮价仍在上涨。[65]这就意味着会有更多的"穷民"因无力购买而沦为"饥民"。赈济的压力和治安的压力会像滚雪球一样越来越大。

当赈济对稳定社会秩序的作用越来越有限,这一时期,清廷整顿京师治安的谕令开始密集出现,试图保持一种高压态势。其主要手段是通过整顿保甲加强对流动人口的管理。京城的保甲,最早从明代开始,京师分三十六坊,"坊"下有"铺","铺"下有"户"。每户的成员在官方的"黄册"上均有记载。[66]清代在一定程度上沿袭了这种制度,乾隆中期以降,京师居民分别旗籍和民籍,全部编入保甲(满汉王公文武大臣宅第除外），每户在登记人口后发给门牌户册，每年定时核查更换。[67]此后，凡京师治安恶化时，保甲就作为一种惯用手段被饬令严查。咸丰三年，太平军北伐至近畿一带，京师治安异常混乱，清政府出台了最为严厉的保甲章程，并在此后趋于定型。根据这次修订的章程，京师住户每户发给一张门牌，令各户如实填写后由官方覆封、存档；再由官方将每十户编为一张"总牌"，"总牌"内的十户每户轮值十天，稽查另外九户有无异常情况，每百天循环一次。每年春秋二季，根据各家人口变动，更换两次门牌。此外，每条胡同都设"牌夫"一名，负责胡同内地面治安。[68]理想状态下，官方可以通过这些门牌登记情况对外来人口进行清查，但从《清会典事例》的记载看，保甲的效果时好时坏，全看有无政治高压。当谕旨严厉、官员认真办理时，保甲制度确实"大有实效"，曾拿获过流窜京城的巨犯；[69]但高压一过，保甲常常流于形式，门牌久不更新。[70]在这次灾荒的第二阶段，保甲再次被清政府想起。光绪三年九月十八，清政府要求严查"门牌户册"，此后又多次予以重申[71]。此时担任步军统领的荣禄也视保甲为一大法宝，他于三年十一月奏报说："本年年岁荒歉，外来奸宄易于混迹"，正在"逐户稽查保甲"。[72]这样，清政府将外来人口置于严密监控之下，时刻处于防范态势。此外，对于旅店、寺庙等外来人员的集中的场所及烟馆、赌场等容易窝赃的场所进行了重点布控，安排有一定数量的"眼线"。[73]

京师另一种治安组织是团防，荣禄也非常重视。所谓团防，就是由民间绅士自发筹办的社会治安队伍，负责某一片区的巡逻和捕盗，遇有异常情况及时报官。从文献看，京师团防最早出现在咸丰朝英法联军入侵北京时期。[74]荣禄当时随同文祥办理京师巡防[75]，对其运作十分熟悉。这次灾荒时期，步军衙门破获的一些大案，就是在团防的帮助下实现的。[76]

从效果上看，在治安力量的高压态势下，这一时期京师尽管面临周边局势恶化及本地治安案件上升等状况，但终没有出现大的暴力事件。到这时为止，靠加大赈济和强化治安，清政府仍能保持京师社会秩序的大体稳定。不过，这些都是以很高的财力、人力成本为前提，在这种高成本下焦急等待了七个月后，当光绪四年的新年鞭炮响起，甘霖依然没有到来，而此时清廷日益艰难的财政和人们越来越焦灼的内心，都已经等不了太久。

三、最艰难的岁月：饥民、谣言、军事调动（光绪四年二月至五月）

到光绪四年二三月间，京师的局势几乎到了难以收拾的地步，清政府的应对能力正在逼近它的极限。最严峻的一轮挑战到来了。

首先，长达七、八个月的"祈而不雨"和全国持续的糜烂形势，已经使清政府的威信降到谷底。官场内的不满情绪已经难以压制。公开的指责不但对准决策层的军机大臣,而且也指向慈禧太后本人。[77]无法从上天那里祈到甘霖的统治者,此时也没有太多的辩解空间,为平息众怒,先是于二月十九下"罪己诏"[78],又于二月二十六将全部军机大臣"严加议处"、革职留任。[79]民间各种关于"天象"的流言也在不断传播,从正月起,北京日出、月出时,天空常现红色;太白星也在白天出现,这些都被认为是清政府的不祥之兆。[80]政府威信的滑落,意味着社会控制力的削弱,社会成员将不再以它的意志为意志,长此以往,京师将会出现无政府状态的大动荡。

其次,将近两年中不断增加的持续放赈宛如一个无底洞,快要耗尽清政府的财力。至四年正月,京师的仓储余粮已十分堪忧。当月,面对河南大面积人口死亡和请求截留漕粮的请求,清政府以"恐京仓亦形缺乏"为由,予以拒绝。[81]二月,京师除朝阳阁、资善堂等少数粥厂,大多数粥厂都因粮食和经费不足,由每天放粥两次改为一次。[82]足见该时期京师粮食问题的严峻形势。

而就在这时,外省的饥民的涌入达到了高峰。二月份起,京官奏报"外来贫民日众"的记载非常密集。[83]京师的粥厂体系开足马力,仍显得无济于事:京城内也出现了大批人口饿死的惨况。[84]沿街乞讨、抢夺食物更成为司空见惯的事情,许多店铺不敢开业,老人和儿童不敢上街行走[85],社会秩序处在崩溃的边缘。

人心的焦灼和危机的严峻,使官场内出现了不少极端的意见。二月十三,御史刘恩溥上《京师外来贫民日众请妥为安插》一折,其核心的提议是将灾民定点安置、定点救济、严禁流动。奉旨议奏的荣禄驳斥了这个看法,他认为,按当时的赈济,饥民难以果腹,上街乞讨是最后活路。依靠武力弹压、将其禁锢在某地的结果,很可能是激起民变。因此,抱定审慎使用武备的原则,他认为应将防范的重心继续放在赈济上,进一步加大放赈力度。[86]

根据荣禄的议奏方案,清廷于二月二十五下旨,在永定、左安、右安、广安、广渠等外城七门附近,再设粥厂五座。[87]二十九,又谕令京师所有粥厂,"每日加赏粟米一石"。[88]

三月初十,又谕"五城等处粥厂",延长两个月放赈,并再次"加赏米石"。[89]

第二阶段开始的设局平粜,这一时期也进一步加大投入。三月,准李鸿章动用海防经费五万两、并饬户部拨银四万两赴奉天采买杂粮,陆续运往京城平粜。[90]从三月到八月,共运到小麦一万三千多包,高粱两万六千多包、小米五千七百多包。[91]在此其间,杂粮平粜不设最高限额,居民可敞开购买。

虽然进一步的赈济可以增加一分穷民活命的机会,但它的效果在随着饥民的继续涌入在不断稀释。三、四月间,御史奏报饥民增加、治安恶化的奏折仍在纷至沓来,激进的提议还在继续提出。三月初三,兵部代递主事蒋元杰条陈:灾荒以来,以步军营和团防为主的现有力量已不足应对京师的局面,奏请加派兵力。[92]三月二十五,御史曹秉哲奏称"京师内城设有粥厂,就食之人,每厂多至数千",应防备"宵小溷迹"。提议将城内粥厂全部搬迁到城外,并提议增加各城门的兵力和城内的巡视力度,遇有饥民沿街乞讨,"悉令在城外粥厂就食栖宿"。[93]这种方案的实质是将饥民限制在城外,以平息京城内日渐混乱的社会秩序。奏上,清廷谕令步军衙门、顺天府、五城御史会同议奏,都没有得到荣禄的支持。

　　尽管如此,这样的奏折多了,也足以让统治者产生恐惧。三四月间,清廷至少5次谕令强化京师治安[94],或严申保甲、或弹压饥民、或加强门禁,不一而足。而这一时期谣言的传播,又成了压垮这种恐惧心理的最后一根稻草。四月二十八,翁同龢的日记中这样记载:"得南信,讹言繁兴,意甚忧之。"一天后他又记载"外间妄言甚多,而掖庭屡见若有人在屋然,数惊,故禁军皆设备。"[95]可知这时留言的传播已经使统治者惶惶不安,到了调兵遣将的地步。"禁军皆备"只不过是手段之一。在此前后,由醇亲王指挥的京师最精锐部队神机营开始调动,加入到"巡查京师地面"的行列中[96],原先由步军衙门、五城察院、顺天府负责的京师治安,突然有了"王牌军"的加入。这一做法使京城内人心惶惶,各种传闻更加离奇恐怖。一种被言官侦知的说法称:京内"饥民"将勾结"教匪"起义,故调动军队以备非常。[97]更为离奇者说"某县某村镇邪教起事,勾结山东、河南教匪,克期入京,九门遍张揭帖。"[98]官场内也一时舆论哗然,弄不清传闻是真是假。恰在此前后,钦天监递了一份奏折,内容久不见明发,有官员联系到当时天空经常出现的红色,猜测不久会有更可怕的灾变。[99]

　　三月十八,京师迎来了久盼的甘霖,这本是社会走向安定的一个良机。但统治者在谣言面前的做法,却让京师四五月间处在惶恐不安之中,此间反倒成了灾荒以来最为动荡的时期,粮价飙升到灾荒以来的最高值。[100]面对急转直下的形势,醇亲王进而向慈禧提议:调李鸿章的淮军来加强戒备("奏请电调北洋淮军驻扎京师,归其调遣,以备不虞")。[101]结果,这一做法受到了荣禄抵制,在荣看来:

> 京师为辇毂之地,旗、汉、回、教五方杂处,易播流言。臣职司地面,近畿左右,均设侦探。如果匪徒滋事,讵能一无所知?倘以讹言为实据,遽行调兵入卫,迹涉张皇,务求出以镇定。[102]

　　五月十一,张佩纶、宝廷等言官也呼吁两宫"示以镇定",公布钦天监原折,平息各种猜测。在这种呼声之下,清廷忙对此前的做法进行补救,将神机营的调动说成是例行的夏休,只是顺便协助京师治安。同时也公布了钦天监的原折。[103]一场几乎导致功亏一篑的危机终于平息。

这时,威胁京师安定的另一个大问题:外地灾民的涌入,已因三月十八日以来的雨水而大大缓解。三四月间,河南、山西、陕西、直隶等重灾区都迎来了久盼的雨水,持续四年的特大旱灾终于开始全面解除。[104]在京师降下第一场大雨的第十天(三月二十七),圆通观等民办官助的粥厂就开始"停粥放钱",[105]此后,官方就开始着手资遣外地灾民。四月二十七,清廷下旨,著"步军衙门、顺天府、五城御史会同确查各省来京灾民,分别给资,均即遣令回籍"。[106],早已身心疲惫的顺天府官员也希望从五月起一律停办粥厂,但荣禄认为这一步应走得稳妥一些[107],按照分批遣散灾民、分别停办粥厂的原则,在灾民尚未资遣完毕的六、七两月,"六门四镇"粥厂和京外的卢沟桥粥厂还在继续放赈[108],其余官办粥厂则从五月起撤去。一切进行得有条不紊。人心开始渐渐归于平静。

四、余 论

随着雨水的姗姗来迟和饥民的陆续离去,北京城似乎又恢复了老样子。但社会秩序的全面恢复,却是一个很长的过程。

从一开始就被破坏的物价秩序,此后仍然是北京老百姓的难题。光绪四年五月至次年正月,《清实录》中提及物价(粮价)腾贵的记录不下十条。[109]据有关学者的研究,直到光绪六年(1880)粮价居高不下的格局才开始改变。[110]

同病相怜的货币秩序,尤其令统治者头痛。在光绪四年四、五月间那段最困难的日子,"京师市肆,私钱充斥。"[111],官钱更难以推行,许多钱店不得不关门歇业。[112]此后,清政府为整顿钱法,强令钱店开业,甚至不惜运用暴力手段,将"有意牟利潜逃之奸商"枷号示众[113],但仍迟迟看不到效果。

灾荒第二阶段开始频繁出现的盗案,此后很长时间内,也仍是北京居民的梦魇。盗窃仓米、白昼抢劫、持刀入室等案件在四年下半年仍时时出现。[114]好在这些问题比起数以万计的饥民,总不那么棘手。可以留待以后的岁月。

现在,当我们基本回顾完这三四年间京师的主要史实,要试着对本文最初提出的问题做一些回答。

首先,笔者认为,京师这一时期的安定,与天气有很大关系。持续四年的"丁戊奇荒",是对华北整体而言的,在不同地区,干旱的情况并不一样。对于京师来说,持久成灾的干旱出现在三个时段:光绪元年春,光绪元年冬至光绪二年闰五月;光绪三年九月至光绪四年三月。其他时段是基本正常的。特别是光绪二年闰五月至光绪三年九月,这一年多的时间内,京师及近畿地区的雨水尚可,这使第一阶段灾情(光绪元年冬至光绪二年闰五月)造成的社会动荡没有持续恶化,中间有一个宝贵的喘息机会。

其次,灾情对社会秩序的冲击,造成的恶果是多方面的,但也是有一个时间先后。像物价问题和钱法问题,是一开始就出现,随后就贯穿始终。而治安问题是灾荒第二阶段(光绪三年六七月间)开始恶化,随后持续下去。外来饥民问题是第二阶段(约光绪三年十月)出现,光绪四年二三月趋于尖锐。问题叠加最多的时刻无疑是最艰难的时刻(光绪四年二三月间),但这种时刻没持续太久,一场及时雨化解了很多难题(比如饥民问题)。所以,对清政府来说,起初的考验并不十分严重,尚可以在"成案"的范畴内维持社会的稳定。当最严峻的考验到来时,它的应对并不十分成功,有惊慌失措的时候,好在大雨帮了他们的忙。

第三,魏丕信认为,清政府的仓储体系,从 19 世纪以来有个大的变化:往往只够维持国家的军队,而不再具备社会赈济的能力。从这次灾荒看,确实有这样的问题。以往灾荒年月,清政府往往是从京仓中拨米平粜。[115]这次未沿袭成案,而是让李鸿章从南方购运米粮,且出现过"恐京仓亦形缺乏"的忧虑,这些反映出京仓的赈济能力已经萎缩。尽管如此,其放赈能力依然不容低估——从灾荒第一阶段开始到灾荒结束(光绪二年七月至光绪四年七月),在两年内的绝大多数时间里,各粥厂都在开足马力放赈,但即便最艰难的光绪二三月间,京仓内仍"实存粳籼米二百二十七万石,尚可敷两三年支放"。[116]可知,面对这样严重的饥荒,京师的赈济能力仍然是有富裕的。

第四,虽然自第二阶段以来,京师的治安就承受着巨大冲击,其间频繁出现过匪徒抢劫、盗窃、饥民抢夺食物等暴力事件,但大多数时间内,京师的治安体系始终是"预防型"的,其重心在于通过保甲和对重点场所的监控进行事先防范,武力弹压方式是非常审慎的。即便在情形最危急的时刻(光绪四年四五月间),也反对调动武备。官方的镇定,带动了全社会的镇定。

(作者系北京大学历史系 2010 级博士研究生)

注　　释

1　杨国强:《丁戊奇荒——十九世纪后期中国的天灾与救济》,《社会科学》2010 年第 3 期,第 132 页。

2　夏明方:《清季"丁戊奇荒"的赈济及善后问题初探》,《近代史研究》1993 年第 2 期,第 21 页。

3　杨国强:《丁戊奇荒——十九世纪后期中国的天灾与救济》,《社会科学》2010 年第 3 期,第 132 页。

4　郝平、翟军:《丁戊奇荒之晋豫比较——以豫为中心的考察》,《开封大学学报》2011 年第 3 期,第 26 页。

5　王金香:《山西"丁戊奇荒"略探》,《中国农史》1988 年第 3 期,第 21 页。

6　罗勤力:《谭钟麟与"丁戊奇荒"》,河北师范大学硕士论文。

7　张德泽:《清代国家机关考略》第 120 页,学苑出版社 2001 年版。

8　光绪朝《清实录》中,凡涉及京城的治安措施,往往是由这三个部门共同负责议奏。

9　参见李明珠:《华北的粮价与饥荒》,收入李文海、夏明方编《天有凶年　清代灾荒与中国社会》第28页图表,三联书店2007年版。

10　《清实录》,光绪元年四月初七,癸酉。按,本文中的《清实录》引文,均来自第一历史档案馆:《大清历朝实录》电子数据库,故只标注日期和干支。

11　见《清实录》光绪元年正月十一、二月初三、三月初四、五月初二、五月十三、五月二十四记载。

12　见《清实录》光绪元年闰五月十八及此前五月二十四等日记载。

13　见李鸿章:《恭报直属光绪元年十月粮价折》、《恭报直属光绪元年十一月粮价折》、《恭报直属光绪元年十二月粮价折》,收入《李鸿章全集》第7册,安徽教育出版社2007年版。本文以下提到的粮价数据除特殊说明外,均来自当月李鸿章奏报的粮价折。

14　见御史余上华:《奏为奏为畿辅内粮价渐增请预筹采买等事》第一历史档案馆军机处录副档,档号03—6707—008;亦可参见当日《清实录》。

15　《清实录》,光绪二年闰五月十一,辛未。

16　本段中的引文均引自英俊:《粮价日增钱法多窒关系国计民生折》,收入李鸿章全集第7册第262页。原书中未注明时间,此处系作者根据《清实录》考出。

17　18　参见郭卫东:《论光绪朝的继统之争》,《清史研究》2009年第1期,第94页。

19　《清实录》,光绪二年三月十六,戊申。

20　《清实录》,光绪二年闰五月十八,戊寅。

21　凡京师一带水旱极端天气出现,皇帝均会祈雨、祈晴,在这段时间内,《清实录》中似未出现这类记载。此外,从《翁同龢日记》看,这段时间内雨雪天气是很多的。如果二年六月十七、七月二十二均有大雨出现;九月初七、十月二十九均有雨水;十一月初一、十一月十七、光绪二年二月二十四均有降雪。三月二十一、三月二十三、四月二十九均有小雨以上的降雨。

22　本段引文除特殊说明外,引自王宏伟《晚清北京社会救济制度研究》中很好的论述,首都师范大学博士论文。

23　24　《清实录》,光绪二年六月十三,壬寅。

25　这一结论是笔者翻阅《清会典事例》卷一三一四——〇三六《都察院—五城》中的历次救荒成案后得出,可能与史实有出入。参见《钦定大清会典》第17423—17443页,台湾新文艺出版股份有限公司,1976年版。

26　《清实录》,光绪二年九月十七,甲戌。

27　《清实录》,光绪二年六月十二,辛丑。

28　陈义杰整理:《翁同龢日记》第三册第1293页,中华书局2006年版。

29　《清实录》光绪二年闰五月初一,辛酉。

30　《清实录》光绪二年闰五月十四,甲戌。

31　见《清实录》,光绪二年十月三十,丁巳;及十一月二十七,甲申。

32　《清实录》,光绪三年八月十七,己亥。

33　李文海、夏明方等:《中国近代十大灾荒》第87页,上海人民出版社1994年版。

34　山西巡抚鲍源深《奏报旱灾甚重民不聊生已饬属开仓赈济折》,光绪三年四月二十一,转引自戴逸、李文海主编:《清通鉴》第17册第7455页,山西人民出版社2000年版。

35　山西巡抚曾国荃奏折，光绪三年五月十九，转引自《清通鉴》第 17 册第 7459 页。

36　39　《清实录》，光绪三年七月十六，己巳。

37　李文海、夏明方等：《中国近代十大灾荒》篇，第 93 页。

38　赵晓华：《丁戊奇荒中的社会秩序》，《华南师范大学学报》2008 年第 2 期，第 83 页。

40　见《清实录》，光绪三年九月十八，庚午及光绪三年九月二十六，戊寅。

41　光绪三年十月十九，御史秀文奏称"近来窃盗各案层见叠出。该司坊官并不呈报。"，见当日《清实录》。

42　周家楣等编：《光绪朝顺天府志·京师志十》第一册第 294 页，北京古籍出版社 1987 年版。

43　见《清实录》，光绪三年八月二十七，己酉。

44　见《清实录》，光绪三年九月十九，辛未。

45　见《清实录》，光绪四年十月十六，丁酉及十一月十四，乙丑。

46　见《清实录》，十一月十四，乙丑。

47　光绪帝是从九月初三开始祈雨，此后九月十五、九月二十二、十月初六、十月十四、十一月二十四、十二月十四、十二月二十四、光绪四年正月三十、二月初八、二月二十四都在不断祈雨。见当日《清实录》。

48　见《清实录》光绪三年八月二十六，戊申及光绪三年十月初四，甲辰。

49　张佩纶：《奏为灾异叠见请广开言路事》第一历史档案馆，《军机处录副档》，03—5663—128。

50　见《清实录》光绪三年九月十八，庚午。

51　52　《清实录》，光绪三年十月初四，甲辰。

53　参见艾志端：《晚清中国的灾荒与意识形态》中的《有争议的恶魔：清流与自强之争》部分，收入李文海、夏明方编：《天有凶年　清代灾荒与中国社会》第 520—525 页。

54　见《清实录》，光绪三年十月十六记，丁酉。

55　见《清实录》，光绪三年十月二十一，壬寅。

56　见《清实录》，光绪三年十月二十四，乙巳。

57　如光绪三年十二月十八，巡视南城御史额图洪额奏"官绅捐办崇善堂、百善堂栖息穷民，经费不敷，恳恩赏拨米石"，清政府"著照所请"，每年赏给该二厂小米各三百石。见当日《清实录》。

58　荣禄：《奏为遵旨会议御史刘恩溥奏京师外来贫民日众请饬妥为安插一折事》，光绪四年二月二十五。第一历史档案馆，《军机处录副档》，03—5581—044。

59　乾隆朝何绍基的文集有这样的记载："昨晨步过长椿院，三千余人饱粥饭；都城内外十八区，计活人将五六万。"，见《东洲草堂诗抄》卷十九，清同治六年长沙无园刻本，第 237 页。

60　光绪四年正月初三记："圆通观放粥……来者日多。三千余。"见《翁同龢日记》第三册第 1339 页。

61　如光绪三年十二月初十，巡视西城给事中克什布等奏："本年各省灾区甚广，京师粮价倍昂。"见当日《清实录》；约光绪三年底或四年初，国子监司业宝廷奏片中亦痛陈："京中粮价昂贵……市价日增，穷民何以待之？"第一历史档案馆，《军机处录副档》，03—5580—043。

62　63　《翁同龢日记》，光绪四年正月十三，第三册第 1340 页、第 1339 页，中华书局 1989 年版。

64　御史刘恩溥：《奏为京师近日外来贫民日众请饬妥为安插事》，光绪四年二月十三。转引自荣禄二月二十五的议复奏折，第一历史档案馆，《军机处录副档》，03—5581—044。

65　约光绪四年三月，宝廷奏片中提到"春来雨泽稀少，粮价又增"，《军机处录副档》，03—6672—072。

66　参见吴建雍等：《北京城市生活史》第 193 页，开明出版社 1997 年版。

67　参见《清会典事例》卷一〇三三《保甲》,《钦定大清会典》第 17415—17422 页。

68　69　参见《清会典事例》卷一〇三三《保甲》中咸丰三年的记载,《钦定大清会典》第 17420 页、第 17420 页。

70　《清会典事例》卷一〇三三《保甲》嘉庆二十四年谕旨中称:"京师户口门牌,原应随时稽查更正,覆实办理,恐日久生懈。"道光九年谕旨又称:"五城地方设立保甲,并不按照章程稽查填注,以至贼匪潜匿。"见《钦定大清会典》第 17418、17419 页。

71　参见《清实录》,光绪三年九月十八,庚午;及光绪四年四月二十七,丙午。

72　73　荣禄:奏为《拿获外来盗犯请交部严讯等事》,军机处录副档,03—6011—057。

74　这一结论是由笔者检索《大清历朝实录》电子数据库得出,可能不准确。检索词段为"团防"。

75　《清史列传》卷五七《新办大臣传·荣禄》,收入周骏富辑:《清代传记丛刊》第 103—068 页,台北明文书局。

76　参见荣禄:奏为《拿获外来盗犯请交部严讯等事》,军机处录副档,03—6011—057。

77　《清实录》,光绪四年二月初一,辛巳。

78　《清实录》,光绪四年二月十九,己亥。

79　《清实录》,光绪四年二月二十六,丙午。

80　张佩纶《奏为太白昼见请上下交儆以挽天实事》,光绪四年二月初一,军机处录副档,03—7422—025。另见《清实录》,光绪四年五月十一,庚申。

81　《清实录》,光绪四年正月初四,甲寅。

82　荣禄二月份的奏折称:"各粥厂除朝阳阁、资善堂等处每日早晚放粥二次外,其余皆因经费无多,日给一次。"军机处录副档,03—5581—044。

83　如二月十三刘恩溥奏"京师近日外来贫民日众";二月二十五步军衙门奏"京师近日外来就食贫民逐渐加增";二月二十七黄体芳奏"京城流民日多";二月三十王邦玺奏"现在外来饥民日多"等等。黄体芳奏折见《翁同龢日记》第三册第 1348 页。其余均见当日《清实录》。

84　《清实录》光绪四年二月二十六日丙午记载:"京师五城地面近来道毙颇多。"

85　刘恩溥二月二十五日的奏折中称:饥民"驯良者沿门告乞,桀骜者沿街抢夺,近来老幼及妇女上街行走者欺其不能追捕,任意肆夺",二月三十王邦玺的奏折称:"京师自去冬以来。城市卖食物者。每被贫民抢夺。"后者可参见当日《清实录》。

86　本段引文,除特殊说明者,均引自荣禄:《奏为遵旨会议御史刘恩溥奏京师外来贫民日众请饬妥为安插一折事》,光绪四年二月二十五,军机处录副档,03—5581—044。

87　《清实录》,光绪四年二月二十五,乙巳。

88　《清实录》,光绪四年三月二十九,

89　《清实录》,光绪四年三月初十,庚申。

90　见光绪四年五月十四李鸿章:《奏为京城平粜派员接办片》,《李鸿章全集》第 8 册,G4—05—017。

91　见光绪四年八月二十九李鸿章:《裁撤京城平粜局折》,《李鸿章全集》第 8 册,G4—08—020。

92　《清实录》,光绪四年三月初三,癸丑。

93　《清实录》,光绪四年三月十五,乙丑。

94　分别见《清实录》,光绪四年三月初三(两则)、四月初七、四月十七、四月二十七。

95　《翁同龢日记》第三册第 1360 页。

96　五月十一清廷谕旨在为调动神机营辩解时称:"复据醇亲王面奏,神机营兵,年例歇夏。可派令帮同地面官兵巡查。当经允其所请。"可推测,神机营的调动大概在三四月间,最晚不会晚于五月初。引文见当日《清实录》。

97 张佩纶:《奏为讹言辗转传会妄诞不经请明诏宣示以定人心事》,光绪四年五月十一,军机处录副档,03—5509—048。

98 陈夔龙:《梦蕉亭杂记》卷一,第 56 页,上海古籍出版社 1981 年版。

99 《清实录》,光绪四年五月十一。

100 参见本文第一部分图标。

101 陈夔龙:《梦蕉亭杂记》卷一第 56 页。

102 陈夔龙:《梦蕉亭杂记》卷一第 56 页。

103 《清实录》,光绪四年五月十一。

104 北京三月十八日大雨见当天《翁同龢日记》,河南、山西分别奏报得雨见三月二十二、四月二十一《清实录》。

105 《翁同龢日记》第三册第 1354 页。

106 《清实录》,光绪四年四月二十七,丙午。

107 翁同龢五月初五日记载:"荣仲华(荣禄)约少待,乃来商顺天府撤粥厂稿。本拟资遣即撤,此万宗(万青藜,管顺天府事)之意也,今仲华乃拟分别撤留,甚妥。"《翁同龢日记》第三册第 1361 页。

108 顺天府等:《奏为六门四镇及卢沟桥加添各粥厂拟请再展限两个月事》,军机处录副档,03—5582—047。

109 这一结论由笔者在《大清历朝实录》电子数据库中检索得出。检索字段为"物价"、"粮价"。

110 参见李明珠:《华北的粮价与饥荒》,收入李文海、夏明方编《天有凶年　清代灾荒与中国社会》第 29 页。

111 113 《清实录》,光绪四年五月二十六,乙亥。

112 光绪四年五月二十六《清实录》记载道:"近因私铸搀杂,街市挑剔小钱,致钱价无定。钱店关闭者不少。"

114 参见光绪四年十一月初一、十一月初三、十一月十二《清实录》。

115 见《清会典事例》卷千零三十四《都察院·五城·米厂》中雍正三年、乾隆四十三年、乾隆四十四年、乾隆五十二年、嘉庆十六年、道光三年的记载。咸丰、同治两朝,已不见动拨京仓平粜的记载。《钦定大清会典》第 17423—17430 页。

116 光绪四年三月二十李鸿章:《赈粮不敷请截南漕折》,《李鸿章全集》第八册第 44 页。

庚子事变前后北京的社会救济与政府行为

周增光

学界对庚子事变时期,或者说义和团运动时期的研究可谓硕果累累。对饱受兵燹的北京城的社会救济,学界亦有相关研究,成果主要集中在江南绅商对北京难民的社会救助上[1],关于清政府在这一时期的救济行为,研究不多。然而不能忽视的是:多种资料表明,清政府在庚子事变前后进行了多种形式的救济活动,包括:拨仓米平粜、提前发放旗民钱粮、稳定钱庄票号以稳定市面,以及开设粥厂施粥、发放棉衣裤以赈济贫民等。

庚子事变时期,灾荒伴随兵祸,被八国联军占据的北京城,更是首当其冲,天灾人祸带来的大量难民并不是慈禧庚子七月二十一日出逃后才出现的情况。慈禧出逃前,清政府对此有无举措? 是否参与社会救济? 慈禧出逃后,至庚子八月初十日全权大臣奕劻回京之前,北京城的社会救济情况有何改变? 不同阶段的社会救济对象是否有所侧重? 北京留京诸臣、"西巡"的清廷中枢与东南督抚三股力量在京城社会救济中扮演何种角色? 在京城仓储库银被联军抢掠占据的情况下,京师社会救济如何展开? 较之此前清廷应对的单纯灾荒,政府参与社会救济的方式、方法有无改变? 较之四十年前第二次鸦片战争期间京师的兵灾救济有何不同? 随通讯、运输方式的进步,清廷在庚子事变后几近全面学习西方等因素是否影响到京师社会救济? 在上述问题没有得到解答之前,庚子事变京城的社会救济情况就不能简单归结为:庚子之变后清政府在社会救济中"暂时缺失",无力对灾民进行救济。

一、慈禧出逃前清政府的救济行为

庚子四月间,义和团开始延入京城,其后五月十五、十六(1900年6月11、12日)[2]两日连续大批涌入。随即,清廷谕令陕甘总督董福祥所率甘军入卫京师,城外驻军戒严,城内则令步军统领衙门巡查。五月十九日(1900年6月15日),列强军队逼近北京。五月二十日(1900年6月16日),清廷派许景澄和那桐迎挡洋兵,试图通过商议让其不入城,商议无效后再令董福祥兵抵挡之,但许、那二人途遇义和团而回。那桐在日记中简略记载了当日拳民焚烧洋药房导致的结果:"今日前门外火延烧三千余家。"[3]聊聊数字,却可窥无家可归的难民数量。清廷官方档案称这次纵火"延烧城外炉房,以致实银无从周转,行市无定,间有匪徒乘机抢劫钱店。傥号商纷纷歇业,必致官民交困,人心愈觉惶惑"。[4]五月二十三日(1900年6月19日),清廷在上谕中承认京师出现"京师粮价昂贵,钱店纷纷关闭,商民交困"的情形。[5]时人描述此间情形,不乏"街场不靖"、"炮火弥天"[6]的记载,对二十日之大火,更是感慨:"京师市面菁华已竭,市物因之空虚,银钱因之滞塞,人心因之益加动摇"[7],"可怜几千家生意生业,一刻而尽"![8]在慈禧西逃前,清廷为了挽救此局面、稳定市面,采取了一系列救济措施。

　　清廷官员亦见到因战争戒严、拳民运动而带来的物价飞涨、市面不稳,于是纷纷上奏,如御史许佑身奏请晓谕定价、大学士徐桐等奏请速济民食。这些官员的奏请得到了清廷的响应。清廷进而试图通过限定米价、运米平粜、提前发放钱粮、加铸现钱、稳定金融等措施以稳定市面。

　　庚子五月十七日(1900年6月13日),清廷下谕:"著顺天府、五城晓谕米商酌中定价,不准囤积居奇,以便民食。"[9]然而事态发展愈发严峻,二十日的纵火事件发生后,仅由官府出面限定价格已无法稳定市面,清廷又令从通仓运米至京以缓解京师困顿。二十二日(1900年6月18日),清廷即谕令仓场侍郎,称"京师匪徒滋事,存米无多,能否于通仓筹拨若干,设法运京",著"即行奏明,赶紧办理"。[10]

　　除了米商囤积居奇、存米不多外,清廷还认为市面不稳是因为现钱短少,未能流通,故而下令"户工两局赶紧加卯鼓铸,分别搭放,总期便民利用,以靖闾阎"。[11]针对钱店纷纷歇业,恒和、恒兴、恒利、恒源等著名钱铺也暂停营业的现状,清廷令步军统领衙门,"传集四恒等号商人,剀切晓谕,应令速筹照常开设。如因票存过多,虑及银钱短绌,一时应付不及,并著该衙门示谕市面所有各号零星银钱票,先行陆续开发,其数目过钜票存,一俟炉房复业,周转从容,该号等自能随时应付。并由该衙门派令弁兵,妥为弹压,傥有匪徒藉端挤抢,即行严拏,从重惩办,以便民用而靖地方"。[12]在清廷眼中,四恒银号关系京师市面的稳定,所以一定要大力维护。针对四恒"库款支绌,商情疲滞,无力周转",清廷即发给"内帑银五十万两,并由户部发给内库银五十万两",让赵舒翘等人按所拟章程,督饬四恒商人分别办理。[13]据当时经办人之一的顺天府尹陈夔龙回忆,四恒在北京设立二百余年,信用最著,流通最广,如果停业则关系北京数十万人的财产生计。慈禧在召见陈夔龙时亦表示拯救四恒乃出于挽救穷民起见,称:"四恒本非无钱,不过为炉房所累,一时不能周转,如以银根见紧,管家可先借钱给他，从速开市，免得穷民受苦。"[14]

为应对"京师粮价昂贵，钱店纷纷关闭，商民交困"的局面，清廷除了进行限价、增加粮源、扶植钱庄票号外，还于五月二十三日（1900 年 6 月 19 日）下令将"京城旗绿各营兵丁，六七两个月应领钱粮，一并豫行放给，并先发给三个月兵米，用示体恤，而资周转"[15]，试图以此增加民间购买力并稳定军心。

二十五日（1900 年 6 月 21 日），清廷又下谕平粜以低价米救济平民，称："现在京师戒严，米价日昂，民间购食维艰。著顺天府五城御史迅速遴委妥员，于城内外添设平粜局，以济民食。所需米石，随时知照户部剗放仓拨物给，勿迟延，钦此。"[16]二十六日（1900 年 6 月 22 日），遵旨将通仓存储之米运京的仓场侍郎侍郎长萃等上奏汇报存米情况，清廷立即谕令将"所有白米一万石即著迅速运京"，并命令长萃等"知照步军统领衙门，转饬地面官认真护送"。二十九日（1900 年 6 月 25 日），军机大臣面奉谕旨，应徐桐等奏请，"著仓场即拨粳米十万石备粜。知照仓场分别具领，仍大为减价，俾贫民得需实惠。均毋刻延，钦此"。[17]为了体现平粜是为救济"穷黎"，清廷参考户部代递主事万秉鉴条陈，针对胥吏拒收新铸钱币一事，专门下谕称："平粜本以便民，岂容胥役等任意挑剔。著顺天府、五城御史传谕该局员等，凡买米贫民，准其将市面通用钱与部局新铸钱，一律通用，以惠穷黎。"[18]

然而，据当时巡视中城御史文琳等人的奏请，这十万石米似乎远不能应付救济贫民之需。他们称"外城市面日急，贫民过多"，要求清廷破格再拨钱粮。对此清廷的回复是，让顺天府五城办理平粜，仍由此前拨发的十万石米中"按照单开各处，随时领给"。[19]而且，原先支援京师的通州也出现了"米价腾贵"现象，长萃等人连忙奏请发漕粮平粜。六月初三日（1900 年 6 月 29 日），清廷最终顺应长萃等人所请，拨发漕粮二万石，"由长萃等饬令通永道沈能虎具领，赶紧设局平粜，以济民食"。[20]

清廷稳定市面的救济措施，虽号称针对"穷黎"，但若无兵丁身份，是无法享受提前发放钱粮、平粜等措施带来的好处；针对无兵丁身份的其他赤贫者，清廷亦有相关救济措施。

六月初一日（1900 年 6 月 27 日），巡视中城掌山东道监察御史文琳等奏称"外城市面情形日急，贫民过多，吁恳天恩破格赏给米石经费，劝令各粥厂趱日开办，以资接济而固民心"。[21]粥厂本来是绅士筹划开办，以解决冬令贫民生计艰难之救济举措。但庚子事变带来"市景未转，饥饿日多"的局面，文琳等官员遂传集"粥厂绅士共同筹议"，请求清廷破格赏给米石，并开放经费二千两。[22]

稳定市面、施粥赈济是保障平民、贫民度过庚子事变带来的"兵灾"的积极措施，而对于那些未能躲过"兵灾"的死难者，清廷亦下令移除掩埋。清廷于六月初一日

（1900 年 6 月 27 日）下谕："连日内外城杀毙教民人等甚多，著步军统领等传谕两翼官弁，将九城地面各遗弃尸体，各就相近城门，亟行移出，交坊一律掩埋，勿稍迟缓。"[23]虽然掩埋尸骸更多是出于"入土为安"的传统，但及时处理兵灾造成的遗弃尸体，从现代医学的角度来看，具有预防疾病传播的客观效果。

综上所述，可见在庚子五至六月，清廷为缓解因京师戒严、拳民运动带来的米价上涨、市面不稳、难民大增等问题，采取了限价、平粜、提前发放兵丁钱粮、扶植四恒等重要银号以及开办粥厂施粥、掩埋遇难者尸骸等举措。

二、议和时期清政府的社会救济行为

慈禧于七月二十一日（1900 年 8 月 15 日）出逃，号称离京"西巡"、"西狩"，部分大臣陆续随扈。留京大臣在七月二十二日（1900 年 8 月 16 日）即筹划如何解开困境。总理衙门总办舒文等函致海关总税务司赫德，称：

"前因民教相仇，种种败坏，其故总因权臣擅政，皇太后、皇上几无自主之权，遂大局决裂至此。现在日本护军已入京城，阖城居民岌岌可危。阁下久任中国，素受皇太后、皇上恩礼优加，覩此情形，定思挽救，俾使宗社转危为安，京城生灵不致同归于尽。缘与执事同事多年，用敢告援，以冀挽此大劫，至各国主见若何，和局应如何酌议，均望大力维持，并希赐复为荷。

再启者，现在京中土匪蜂起，街市纷纷抢劫，实与居民暨总署均有可危，刻无他法，惟有函乞阁下转为借重日本护军设法弹压，以冀暂济眉急，不胜切盼。又及。"[24]

从信函内容可知，总理衙门的留京官员试图通过赫德这一桥梁，与列强沟通，筹议和局，并希望借助外国治理，镇压京城"蜂起之匪徒"。总理衙门的这些努力也曾起到一定作用。据时人记载，在"中国大臣未出议和"时，京师"颇赖俄翻译塔木庵克什纳、法翻译联春卿芳出与外国统领说项，保全民命"。[25]不仅总理衙门的官员考虑与洋人议和，"俾使宗社转危为安，京城生灵不致同归于尽"。其他满族官员，如绍英，七月二十五日（1900 年 8 月 19 日）拜访户部尚书敬信，"劝其出与洋人暂议保全宗庙社稷、阖城性命为要"。[26]而后，八月初六日（1900 年 8 月 30 日），昆冈、敬信、崇礼、阿克丹等留京大臣至各国公使馆拜谒。[27]

七月二十七日（1900 年 8 月 21 日），留京大臣昆冈等人与赫德见面后，向清廷奏报：各国意在修好，若有大臣出头商办，定可转危为安。同时，请求派出在总署多年、"各国最为信服"的庆亲王奕劻回京"早议和局"。[28]八月初十日（1900 年 9 月 3 日）庆亲王奕劻回京与列强议和。鉴于联军分驻京城，奕劻的第一举措是通过总税务司赫德，"转告各兵官，先行开放各城门，俾四乡粮食、菜蔬照常入城，以维生计。并戒各国军队强占民房,抢掠奸淫,以保人格"。[29]从档案史料中亦可看出,回京议和的奕劻很重视京城的社会恢复与救济。八月十六日(1900 年 9 月 9 日),奕劻在致五城御史陈璧等人的函中称:"昨见京中兵燹情形,十室九空,良深悯恻。加以匪徒乘间蜂起,凡殷寔铺户抢劫焚毁,惨不忍言。亟思先行设法招徕,渐图恢复。"奕劻之对策为:"惟有暂行藉重洋人保护商贩,庶几敢于贩卖米粮煤炭暨一切用物",他通过与总税务司赫德商议,决定颁给商人"护票",使得商人们"可以出入城门,沿路毫无阻滞。"又"本爵仍恐各国洋兵麇集,良莠不齐,商贩入城难免有所掳掠,复经函达各驻使转饬该洋兵随时保护"[30]。总之,奕劻力图通过协商,尽力恢复京师正常的社会秩序。

除开放城门、放行商旅以引入京城所需之生活必需品外,留京官员还组织人手外出采购生活必需品。1900 年 9 月 11 日,赫德函致西班牙公使葛络干称,"某些在北京有声望而没有权力的中国官员"商谈指派一批殷实商人去各地为北京采办煤、粮食。同时,留京官员还试图通过赫德请求外国军队特别保护这些商人。而赫德认为这个办法可以很容易为军队和居民取得供应,因此请求各公使让各国将领注意此事。[31]

虽然此时慈禧及枢府远在西安行在,但留京官员仍积极设法进行社会救济。随办议和事宜的官员陈夔龙称:"京师每届冬令,贫民众多,顺天府向设粥厂,兼放棉衣。兵燹之后,库帑无存,不得已,电寄山东袁慰亭中丞、上海盛杏荪京卿,请各助棉衣裤五千套,即日运京。一面商之日本军官,索回禄米仓小米两廒,分设粥厂十余处。"[32]巡视五城御史文琳在给清廷的奏报中也透露五城贫民过去依赖粥厂收养,议和期间米粮无处可领,全籍奕劻与日本占领军筹商,收回仓米数廒,令顺天府会同五城御史等"分厂煮粥散放"。[33]足见虽经历兵灾、库款支绌,清廷还是尽力展开了庚子事变后北京的社会救济。翻检其他史料,更是不乏对这段时期留京官员进行社会救济的记载。

陈夔龙、文琳都记录了留京清廷官员向日本侵略军索回仓米,以进行社会赈济的史实。可见在八国联军进驻北京城、清廷试图与之和议的大背景下,留京官员欲展开社会救济,是离不开外国势力的。随着和议的开展,联军逐步交还占据的仓米,这有助于清廷在庚子事变后进行社会救济。九月三十日(1900 年 11 月 21 日),五城御史称:"本五城常年设粥厂十九处,未能一律举办,业经面商顺天府设法通融,酌量开厂以济贫民。正在筹办间,美兵戴丽生来晤,据称美兵所驻地内贫民甚多,愿先乐助米石归五城设厂,需米多寡如数照给。"于是,"即择西珠市口一所,于十月初一日起煮粥开放,已准美兵送米前来。更有南横街旧设粥厂一处,亦经美兵指归五城筹措,商明顺天府设法挹注"。[34]光绪二十七年五月二十九日(1901 年 7 月 14 日),荣庆在日记中亦提到,"日本少将山根函庆邸,允交富新等仓"。[35]

虽然留京官员借助外国势力进行了一定范围的社会救济,但这些救济还是有限的。当时的京城,不仅一般平民困顿,北京的兵丁粮饷、官员薪俸"久未开放",就连贵为亲王的奕劻"也得向邻居尽量张罗,才借到二千两银子"。[36]这部分人员与清廷利益息息相关,被留京上层官员重视,于是屡次上报远在西安行在的清廷中枢。得到指示称"在京各衙门官员暨各旗营弁兵人等所需薪俸钱粮,自应设法筹给",允许全权大臣李鸿章、奕劻将各省京饷奏明酌量裁留。[37]全权大臣奕劻为此奏请将各省应解京饷划拨银一百万两,以便发放。清廷即令各省督抚将银两在九月内全数解沪,交江海关道兑收,转交汇丰银行迅速汇京,以便发放。[38]九月二十二日(1900 年 11 月 13 日)奕劻又致电盛宣怀,让其转电"粤淮各督抚帅、川督奎、滇督崧、苏抚松、江抚景、晋抚锡、粤抚德、漕督松等,"称"因兵燹,京员困苦,汉员经各省同乡大吏筹寄巨款,藉资挹注。旗员别无生产,冻馁堪怜,情形尤迫,执事素敦乡谊,望速量力筹济,并希分电旗籍外任藩臬关道诸君,共筹巨款,一有成数即由汇丰赶封冻前汇京,以资津贴同纫厚谊。"[39]可见仅靠催促清廷划拨银两已无济于事,[40]须向外官寻求募捐以解京官之困顿。

综上所述,在慈禧出逃后,留京官员主要致力于恢复因战火中断的粮食、煤炭等生活必需品的交易,通过与外国雇员、外国使节、占据京城的八国联军联络协商,借助外国势力恢复京城的正常秩序。在议和期间,留京官员亦进行了如开放粥厂、发放棉衣裤以及赈款等方面的救济,不过这些举措都必须透过占据京城的外国势力进行。在社会救济对象方面,此时留京官员不再仅仅标榜救济"贫民"、"穷民"、"穷黎",还特别关注久未发放薪俸钱粮的留京兵丁和官员。

三、庚子事变前后清政府社会救济的有效性

庚子事变前后,清廷为稳定社会采取了诸多办法,其中不乏各种社会救济举措,这些举措的有效性如何呢?

在慈禧未出逃前,北京的社会救济情况是可以借由京官"直达圣听"的。所以,此时政府参与社会救济较为及时,针对京师灾情,能够在灾起后一两日内出台举措;慈禧出逃后,受通讯限制,留京官员向清廷中枢汇报自然不如此前通畅。庚子闰八月初八日(1900 年 10 月 1 日)清廷中枢从太原启程去西安,理由之一即为"省城电报不通,京外往来要件,转辗恐多延误"。[41]可见,清廷中枢虽不在北京,但除去极短暂一段时间内通讯不便外,大部分时间通讯还是通畅的。但通讯的便利是否就一定能带来上行下达?

在慈禧出逃前,为解决京师粮价飞涨、存粮不足问题,清廷下旨限价、并运漕粮平粜、开办粥厂。但应火速运往北京的漕粮却因"津通路阻","不克到坝",仓场侍郎长萃等因此奏请"暂行停运"。不过,清廷中枢对此事态度强硬,坚称:"现在京师需米孔殷,全恃漕粮接济。长萃等仍当设法陆续趱运,毋得藉口路途阻滞,遽行停办。"[42]为解决漕粮问题,清廷除谕令仓场侍郎督饬赶运外,还多次下令:"南来漕粮,赶紧运通交兑,以便验收运京"[43],"闻本届漕米,上海招商局约尚存三十万石。海道既阻,亟应变通办理。著刘坤一、松椿、刘树堂、袁世凯、聂缉规迅速会商,改由运河兼程赶运"。[44]清廷试图通过督饬各督抚筹运,改换运粮通道等方式将南方漕粮运京,虽连连下旨敦促,但效果平平,漕粮并未全数运京。如江浙漕粮便一直未能齐运北京,且此项漕米有四十多万石存于天津招商局,但"天津招商局已被洋人占住,存米四十余万石,洋人据为己有"。[45]

在京亲历庚子事变的海关总税务司赫德,因其外国人兼清廷雇员的身份被清政府官员视为与西方沟通的桥梁。清廷留京官员在慈禧西逃后与他会晤,希望能找出解决问题的良方。但在1900年8月30日赫德给金登干的一份电报中称:"现状极其紊乱,……邮电不通,供应仍缺,对于平民更少顾及。抢劫、强奸和自杀经常发生。……除非能鼓励中国人运粮进城出售,全城的人都将饿死。"[46]9月8日,赫德在电报中仍称:"在这样一个各国军队混合杂处的情况下,城市生活发生了困难。联军的政策应是恢复秩序和信用,并劝导人民将供应物品运来出售;但是恐怖主义代替了一切,各国士兵(日本占领区除外)似乎以劫掠和任意正法为唯一的办法。"[47]赫德鼓励商旅运粮进城的看法,与回京议和的庆亲王奕劻是不谋而合的。奕劻返京后函令顺天府、五城御史等与赫德晤商办法,遴选妥实商人恢复京城的必需品供应。据巡视中城御史文璨的奏折,通过此举"米麦杂粮煤薪食物贩运入城,络绎不绝,粮价亦贱,民心稍定"。[48]由此看来,慈禧西逃期间,京城饱受兵灾,八国联军仍在劫掠、屠杀,留京官员在赫德的协助下,进行了有限的社会救济。

留京官员组织的社会救济,一方面碍于京城被八国联军占领,须通过外国势力才能展开。如1900年9月24日(光绪二十六年闰八月一日)赫德在致庆亲王函中称:"招商运米一事,前数日曾面见恽、贾大人商酌,以王爷之意欲由上海多购米石,惟此法实有碍难之处。刻闻某仓内存有上中下三色米约一万万斤,按照一百六十斤为一石,核计约有六十余万石,若中国欲赎回,可按每三百五十斤付洋银六元三角,则每石约银二两余,约共合银一百二十万两,可分四季归清,每三个月付银三十余万,惟头批银必须先复。目前复见恽大人,已将此事情形面请转禀王爷,昨由恽大人遣同文馆徐文志来称,王爷愿照办理,应付之银,保定府库内尚有存款即可拨用云云。惟此巨款仍须由汇丰经手,不若由王爷特派一人或恽大人或他员专为经理。至总税务司帮同料理一节,亦须王爷特备劄文交下,以凭与汇丰商办一切,令知还款实有着落,且此事必须于初五日以前付信,若初五日无确信,则此项米石即早定转卖他人矣。应如何办理之处,即请速为酌夺示复遵行为要。"[49]由此可见,本来属于清廷仓库的米粮,却需要清廷支付银钱赎回方能使用,且必须在外国人规定的时限内完成,否则"转卖他人"。更何况,并非所有外国人都支持清政府的社会救济。据顺天府尹在八国联军占领京城后给清廷的奏告,各国驻军中"德最骚扰,日、美较为平善"。甚至在近畿各处,洋兵轮番抢掠以致"南路村镇焚毁殆尽"。[50]由此可见,清廷的社会救济备受外国势力掣肘。

另一方面,清廷的社会救济,碍于财政困窘,不能全面展开。据留京大臣之一那桐的日记记载,光绪二十六年十月十三日(1900年12月5日),那桐"早同小石(陈夔龙)谒邸(奕劻),言南漕及两局德日铸钱事,发催饭银两电事,赈款三千两事,均允可",[51]可见,时至此时,留京官员才较为正式地提出拨发"赈款"。清廷在庚子事变后的上谕中屡称"库款奇绌",不得不四处筹款,向各省征集款项。而财政困窘不仅此时才是萦绕在清廷上空的噩梦,从清廷为筹集饷需不断开捐缺、设厘金开始,到清末新政设度支部进行财政改革,各项举措皆是为解决财政困窘的问题。然而,这个问题在整个晚清都未能解决。财政困窘的前因后果探讨已超出本文讨论范围,故在此不予赘述。

四、庚子事变前后清廷社会救济的特点

从已有研究成果来看,清廷对灾荒进行救济的举措主要有:急赈、蠲缓、平粜、工赈、鼓励贩运、开放粥厂、抚恤灾民等;而"至于对战祸以及由此引发的饥荒实施的救助行为,其具体的措施与方法与荒政并无太大的差异,而且直至清末红十字会成立才与前者形成比较明确的分工"[52]。庚子事变前后清政府的救济行为在方式方法上与之前的灾荒救济并无太大区别。但在八国联军侵华、进驻北京城的大背景下,必然带有涉外色彩。由于战事影响,漕粮不能按时尽速运京;由于洋兵占据官府粮仓,使得赈济必须经过洋人的同意才能进行。甚至来自江南绅士所进行的社会救济都不能免去这一色彩,如刘鹗入京用低价向联军购买其所掠夺的太仓储粟,设平粜局,以赈北京饥困。[53]依赖外国势力,则势必处处受之掣肘。

慈禧出逃前后,清廷救济对象的侧重点也不一样。慈禧出逃前,清廷在北京城仍占据主导地位,故其救济政策虽有提前发放兵丁钱粮、维护钱庄票号等项,但侧重救济的对象是以平民为主,在谕旨中强调拯救"穷黎"、关注贫民;慈禧出逃后,京城被

联军占领,清廷无法起到主导作用。虽然后期的救济也施粥赈济贫民,但侧重点已放在恢复社会秩序、救济长期得不到薪饷的兵丁、官员上面。这些以往生活较一般平民优渥的人员,在此期间,经历了漕粮运京之滞缓、联军占据仓储、薪俸久未发放的困窘,以致留京官员都是在"光绪二十七年冬月初一日(1901 年 11 月 22 日),领俸米,始食白粮"。[54]从这一时期清廷的谕令来看,朝廷"殊深轸念"的是因"京城仓库多被焚毁,月饷及俸薪银米久未开放"而陷入困苦境地的在京旗步各营兵丁及官员。[55]

清廷的赈济还带有统治者的个人色彩,救济黎民能体现上位者"仁民爱物"。慈禧太后在回銮路途中,"偶见道旁小民有冻馁之色,立沛恩施,日于乘舆中庋置碎银,随饬颁给"。[56]瞿鸿禨随即将此视为慈禧"圣德"之行,专门撰文记录。在庚子事变后,清廷首要任务是如何应付外来入侵者,故各方来往电报多是关于议和。社会救济并非清廷工作的重心,只是其维护统治、社会稳定的手段。故其社会救济行为,出发点都是为了维护社会秩序、早日恢复正常局面。所以在慈禧西逃后、奕劻回京前,独立"支撑二十余日"的昆冈等留京大臣,针对"都下土匪甚多"的情形,毫无例外地选择"即咨商庆、李二君及步军统领衙门、顺天府、五城先事绸缪,征调良兵,俟各国军退,即星罗棋布,以资弹压"[57]。全权议和大臣庆亲王奕劻亦称"京城土匪蜂起,……现已会同李相奏调袁、马各军,分扎京城内外,以资弹压"。[58]丝毫不区分这些"土匪"是否有陷入绝境的难民、战败的清军散兵溃勇等。

五、结　语

相较于江南绅士于庚子后在北京进行的社会救济,庚子前后清廷的社会救济则缺乏研究者的关注。庚子事变前后,清廷通过不同方式进行了一定范围的社会救济,不能简单归结为在这一时期清廷在社会救济中暂时缺失。

慈禧出逃前,清廷从粮源、钱源(虽加铸新钱不一定是解决通货膨胀的好办法,甚至起到反作用)入手,采取调运漕粮、扶植四恒、进行平粜、开放粥厂等举措,试图解决当时面临的粮价飞涨、小民饥馑等问题;慈禧出逃后,留京官员仍设法通过筹集款项、与外国势力协商,进行了一定范围的社会救济。然而,这些举措并非全数行之有效。由于外国军队的入侵加之财政困窘,清廷很多举措无法具体落实,如漕粮运送就因战事阻隔、联军占领未能如数运京;而战后京城的社会救济几乎处处仰仗外国人鼻息,甚至属于清廷的仓储粮米亦须靠外国人的恩赐或清廷出钱赎买方能拨用。这些更增加了清廷进行社会救济的难度。

除涉外色彩,庚子事变前后清廷的社会救济还有一个鲜明的特色,即救济对象发生了改变——清廷中枢离京,留京官员、兵丁的薪俸、饷银久未发放,加之八国联军、

"土匪"对京城的劫掠,京官陷入困顿之境。虽然困苦的京官没有沦落到仰赖粥厂赈济的地步,但也已到了依靠外省官绅筹款救济的境地。如此困顿之境,是这些长期居于高位的官员前所未遇的,故而在庚子事变后他们急切希望恢复正常秩序,期盼和议之心较之西迁的清廷中枢更为强烈。在议和大臣未抵京时,他们已努力与外国使臣接触以寻求和议的契机。

正是由于具有浓烈的涉外色彩、救助对象特殊等鲜明的时代特色,庚子事变前后清廷的社会救济行为更不容忽略。虽然这一时期的救济范围、效果有限,方式方法亦无更新,但此间的留京官员,因列强入侵和自身困窘感悟出:"我虽有坚台巨炮巍然排立,亦属徒具外观"[59]、"译署鼎新,彼如不言,中国亦宜自加整顿"[60]、"时局难棘,致斯已极。举凡善后应办之事甚多,如用人、理财诸大端"[61]等观念,却开启了清末新政的序幕,由此清廷走向了从政府层面倡导制度改革之路。

(作者系北京师范大学历史学院 2011 级博士生)

注　释

1　相关论文有:李文海、朱浒:《义和团运动时期江南绅商对战争难民的社会救助》,《清史研究》。2004 年 5 月。阮清华:《非常时期的民间救济——以"庚子之变"后上海绅商义赈为例的探讨》,《华东师范大学学报(哲学社会科学版)》2005 年 1 月。

2　本文年代遵从史料所用纪年方式,另用括弧注明阳历,纪年转换所用工具书为陈垣先生所编《二十史朔润表》,中华书局 1999 年重印版。

3　27　51　那桐:《那桐日记》,第 345 页、第 352 页、第 363 页,新华出版社 2006 年版。下文如无特殊说明,所引书目均为第一次注释所用版本,简注为《＊＊》,卷＊＊,第＊＊页。

4　《德宗实录(七)》,卷四六四,《清实录》第 58 册,中华书局 1987 年,第 77 页下栏。

5　《德宗实录》卷四六四,第 78 页上栏。

6　35　54　谢兴尧整理、点校、注释,荣庆:《荣庆日记:一个晚清重臣的生活实录》,1986 年,五月十七日(1900 年月 13 日)、五月二十六日(1900 年 6 月 22 日)日记,第 38—39 页、第 46 页、第 49 页,西北大学出版社 1986 年版。

7　《乱中日记残稿》,中国史学会主编:《义和团》(一),第 348 页,上海人民出版社 2000 年版。

8　《石涛山人见闻志》,载北京大学历史系中国近现代史近现代史教研室编:《义和团运动史料丛编》第一辑,第 76 页,中华书局 1964 年版。

9　10　11　12　《德宗实录》卷四六四第 72 页下栏、第 79 页上栏、第 78 页上栏、第 78 页下栏。

13　《德宗实录》卷四六五,六月初十日(1900 年 7 月 5 日),第 88 页下栏。

14　29　陈夔龙:《梦蕉亭杂记》卷一第 22 页、第 37 页,上海古籍书店出版 1983 年版。

15　《德宗实录》卷四六四,第 78 页上栏。

16　17　19　21　22　中国第一历史档案馆编:《庚子事变清宫档案汇编》第 157 页、第 207 页、第 250 页、第 254

页、第 255 页,中国人民大学出版社 2003 年版。

18　20　23　《德宗实录》卷四六五第 99 页下栏、第 84 页上栏、第 83 页下栏。

24　31　36　46　47　49　中国近代经济史资料丛刊编辑委员会编:《中国海关与义和团运动》第 25—26 页、第 63 页、第 11 页、第 91 页、第 10 页、第 34 页,中华书局 1983 年版。

25　绍英:《绍太保公年谱》卷一,《绍英日记》第 18 页,国家图书馆出版社 2009 年版。

26　《绍太保公年谱》卷一,《绍英日记》第 18 页。

28　《德宗实录》卷四六八,第 135 页。

30　34　《陈璧档(一)》,虞和平主编:《近代史所藏清代名人稿本抄本》第 1 辑,第 589—591 页、第 685—686 页,大象出版社 2011 年版。

32　《梦蕉亭杂记》卷一,第 40—41 页。

33　《义和团档案史料》第 800 页

34　《陈璧档一》第 685—686 页。

37　38　50　《德宗实录》卷四七一,第 189 页下栏、第 192—193 页、第 191 页上栏。

39　《北京庆亲王来电》,《愚斋存稿》第二册,卷四五,电报二二,第 1033 页上栏 a,文海出版社 1975 年版。

40　那桐在十月份日记中仍称“发催饭银电”,可见虽然清廷中枢同意划拨京饷以济京官,但这笔款项并没有即时到位。

41　《德宗实录》卷四七〇,第 174 页上栏。

42　《德宗实录》卷四六五,第 84 页上栏。

43　《德宗实录》卷四六五,六月戊寅谕令直隶总督裕德查明押送漕粮的运漕粮道及押运委员究竟在何处,赶紧将南来漕粮运京,第 87—88 页。

44　45　《德宗实录》卷四六五,第 88 页下栏、第 89 页上栏。

48　国家档案局明清档案馆编:《义和团档案史料》第 799 页,中华书局 1959 年版。

52　李文海、夏明芳、朱浒编:《中国荒政书集成》序言,天津古籍出版社 2010 年版。

53　丁进军:《有关刘鹗的几件史料》,《历史档案》1992 年第 1 期。

55　《德宗实录》卷四七一,第 192 页下栏。

56　瞿鸿禨:《圣德纪略》,《清宫旧事纪略》,《瞿鸿禨集》第 156 页,湖南人民出版社 2011 年版。

57　58　59　60　61　杜春和编:《荣禄存札》第 14 页、第 10 页、第 8 页、第 9 页、第 9 页,齐鲁书社 1986 年版。

新中国建立初期北京市
普及新婚姻法史事考察

庄秋菊

　　婚姻法是调整婚姻家庭关系的基本准则。新中国建立初期,为了尽快打碎传统的婚姻体系、规范人们的婚姻行为、保护妇女的合法权益,新中国政府于 1950 年制定并颁布了《中华人民共和国婚姻法》(以下简称"新婚姻法"),随后在全国范围内发起了声势浩大的贯彻婚姻法运动。北京市委、市政府响应党中央号召,迅速成立了贯彻婚姻法的领导机构、选取了十个重点试验区并采用多种宣传方式在全市范围内开展了轰轰烈烈的贯彻婚姻法运动。本文利用档案材料回顾新中国成立初期北京市普及新婚姻法的具体史事,以考察该市在贯彻婚姻法运动中的努力及其成效。

一、领导机构的组建与人员的培训

　　贯彻婚姻法运动是在中央政府号召下开展的一场旨在推翻传统婚姻体系、建立新婚姻体系的群众性运动。为了保证运动正常、有序的开展,北京市政府在全市开展贯彻婚姻法运动时,建立了领导机构、培训了大量的干部和大批积极分子。

(一)各级领导机构的组建

　　新中国成立初期的贯彻婚姻法运动从 1951 年 9 月持续到 1953 年 4 月。以"三反"、"五反"运动为界分为前后两个阶段。前一阶段主要是检查婚姻法执行情况阶段,后一阶段则是大规模的贯彻婚姻法阶段。在这两个阶段中,北京市各级政府根据实际需要成立了贯彻婚姻法领导机构。

　　推广新婚姻法仅靠单个部门难以取得良好的效果,只有多部门联合行动才能实现既定目标。新中国政府也认为多部门联合宣传新婚姻法十分必要,因此于 1951 年 9 月颁布了《中央人民政府政务院关于检查婚姻法执行情况的指示》,指示"省(市、行署)以上各地方人民政府应即督促所属司法、民政、公安、文教等部门并邀请协商机关及各民主党派和各人民团体参加,有领导、有重点地组织一次关于婚姻法执行情况的检查"[1]。1953 年 2 月,《中央人民政府政务院关于贯彻婚姻法的指示》也要求县以上的人民政府成立贯彻婚姻法运动委员会,"在这个委员会下,以监察、民政、司法部门及妇联、青年团、工会干部为基础,吸收有关部门的干部参加"。[2]根据中央政府的指示,北京市分别于 1951 年 10 月 27 日、1952 年 12 月 9 日成立了检查婚姻法执行情况委员会和贯彻婚姻法运动委员会。

北京市检查婚姻法执行情况委员会是"在市人民政府领导之下建立起来的,邀请了市府有关部门、各民主党派市委会、各人民团体共 24 个单位参加"[3],共推选了 27 名委员。其中北京市副市长张友渔任主任委员,市委廖沫沙、市法院院长王斐然、市妇联主席张晓梅、市民政局董汝勤、市政府郊区工作委员会周凤鸣任副主任委员。同时,在北京市检查婚姻法执行情况委员会下还设立了办公室、宣传组、检查组、研究处理组,用以处理日常工作。

北京市贯彻婚姻法运动委员会是在北京市检查婚姻法执行情况委员会的基础上成立的。"由各党派、各团体、各机关等 26 个单位推选 29 人为委员"[4]组成,主任委员仍由副市长张友渔担任,副主任委员则由市妇联主席张晓梅、市法院院长王斐然、市农委柴泽民、市民政局万丹如、市委宣传部范瑾组成。此外还有 23 名委员,他们分别为钱端升(市协商委员会、教育工会)、王慎之(公安局)、李续纲(文教委员会)、孙国梁(教育局)、解铁光(人民检察署)、萧松(人民监察委员会)、苏民(中共机关总工会)、刘莱夫、王瑛璞(市总工会)、张大中(市青联、中国新民主主义青年团北京市委会)、刘清扬、梁柯平、高育英(市妇联)、周凤鸣(农委)、老舍(文联)、徐乃明(学联)、浦洁修(工商联)、傅学文(国民党革命委员会)、浦熙修(民主同盟)、郝玲星(民主建国会)、陈慧(民主促进会)、李健生(农工民主会)和劳君展(九三学社)。北京市贯彻婚姻法运动委员会在第一会议上决定成立贯彻婚姻法运动委员会办公室,办公室以张晓梅兼主任,以霍清源、贺生高、李续纲、梁柯平为副主任,"下设秘书、调查研究、宣传教育、群众接待等四组"。[5]办公室主任和副主任的人员组成也体现了多部门联合的特点。

组成贯彻婚姻法运动委员会的单位比检查婚姻法执行情况委员会的多两个、人员也多两名,北京市在推行婚姻法过程中根据实际需要不断增加领导力量,为婚姻法在北京的推广组建良好的领导团队。

除了成立市级领导机构外,北京市下辖的区县及特殊群体聚居地也根据需要成立了相应的检查机构和委员分会。在检查婚姻法执行情况阶段,北京市检查婚姻法执行情况委员会领导了 16 个同样的检查机构。1951 年 11 月 3 日,郊区民政科长会议要求"各区立即由党委、政府、法院、公安局、农会、工会、工商联、妇女、青年及劳模等组成9—11人的区级执行婚姻法检查委员会"[6]。根据会议要求,南苑区成立了婚姻法执行情况检查委员会,王海(区政府副区长)任主任,沈贵诀(妇联主任)、王乃民(民政科副科长)任副主任,赵有福(区委会副宣传部长)、王家凤(团工委)、贾焕五(工会办事处)、杨学恭(工商联)、王国民(审判庭)、苗瑞卿(公安局)、朱志翰(文化馆)为委员,[7]其他区也纷纷效仿。在贯彻婚姻法运动时期,北京的13个城、郊区以及工矿业、学校根据具体情况成立了各部门联动的贯彻婚姻法运动委员分会,如前门区的贯彻婚姻法运动委员会由14个部门的17名委员组成。北京市贯彻婚姻法运动委员会工矿业"分会委员由刘莱夫、邢军、祖田工、王瑛璞、冀真五同志组成,刘莱夫任主任,邢军任副主任"。[8]

多部门联合行动避免了某些部门在推行婚姻法过程中置身事外,进一步推动了部门间的协调与联合。新中国政府要求成立各部门联合行动的领导机构充分调动了各阶层学习婚姻法的积极性,为新婚姻法的深入贯彻奠定了良好的基础。根据中央政府的要求,北京市政府成立的宣传和贯彻新婚姻法的领导机构都是各部门联合,来自不同单位的委员成员充分发挥本部门优势,有效地实现了部门间的联合,为北京推行婚姻法提供了一个强有力的领导机构。

(二)人员的培训

人员培训工作开展的好坏决定了新婚姻法宣传的效果。为保证领导者具备先进思想,干部培训势在必行;为保证婚姻法在群众中正确宣传,积极分子的训练必不可少。

1. 干部的培训

打通干部思想是婚姻法深入推广首要条件。中央人民政府政务院在《关于检查婚姻大执行情况的指示》中指出:"各级人民政府首先应教育干部,尤其是区、乡(村)街级干部和司法干部。"[9]中央指示对干部的培养应着重于解放干部思想。为了弄清楚干部对婚姻法的了解程度,激发他们的学习热情,北京市对干部进行了测验。1951年,北京市十二区就有23个单位、十四区有10个单位组织了干部测验,十五区也有149位干部参加了测验,通过测验找出了干部中存在的问题。

随后采用开办婚姻法讲座、集中学习、组织干部报告会、分组讨论等方式对干部进行培训,以打通干部的思想。1951年,北京市检查婚姻法执行情况委员会在测验后组织了干部报告会,"仅市一级的机关团体的干部报告会就有24次"。[10]同年,市服务部"以市区级有关部门干部(以民政司法公安及家庭妇女团体干部为主要对象)试办一期婚姻讲座"。[11]1953年2月26日,将市、区及各系统参加运动月工作的干部集中到市进行关于婚姻法的学习。同年北京市城区和郊区分别"开始分别训练派出所一级和村镇主要干部(派出所所长、民政干事、妇联主任、每行政村主要干部3至5人),采取听报告和分组讨论相结合的方式首先学习婚姻法的基本原则和婚姻法宣传提纲,并向他们全面交代政策"。[12]经过努力,北京市共培养了市、区级干部1300人,工矿企业的基层干部5800人,高校干部400人,公安部门的干部500人,还有大量的郊区村级各部门干部。

通过培训,干部们深受教育,在处理婚姻问题时一改以往的"民不举、官不究"的做法,开始以积极的态度对待婚姻问题,在处理的方式上也开始趋向合法化。"四区枪厂大坑吴家夫妇半夜打架,邻家胡同的妇女代表都漏夜跑到他家里去调解"。[13]二区妇联的黎平同志在"区政府委员会上提出了苏桂荣被虐待的事件,要求政府赶快处理。十一派出所的妇女主任尹德珍就把苏桂荣送到区妇联",[14]并帮助她摆脱痛苦的婚姻。"模式口村长赵玉贵,过去群众要求离婚时,先问人够'七条'吗,经过这次教育后,他说:'早先那会真不对,以后可不敢再干涉人离婚自由了。'"[15]诸如此类的变化不胜枚举,北京市在培养干部方面取得的效果明显。培训后,干部们树立了新思想,在处理居民婚姻问题方面成效凸显,为深入推广婚姻法和稳定社会秩序作出了贡献。

2. 积极分子的训练

干部培训尤为重要,同时对积极分子的训练也必不可少。如果说干部是推广婚姻法的领导者,那么积极分子就是推广婚姻法的实施者。为了更好地向群众宣传婚姻法,保证婚姻法正确、有效地深入民众,训练积极分子的工作很有必要。

培养积极分子的方式和培养干部的方式基本相同,但训练积极分子有时与教育其他群体同时进行,主要通过举办婚姻法讲座、召开报告会、座谈会等方式开展。第六区在1951年11月20日"召集区参加婚姻法宣传的积极分子作了两次报告,大会讲解婚姻法精神及工作重点"[16],会后举行了座谈会。北京市14个区举办婚姻法讲座共培养了1600名积极分子,占当时培养人数的62.5%;在贯彻婚姻法运动开始时,北京市委训练了14000多名积极分子参加运动,他们成为运动中及今后贯彻婚姻法的经常工作中的一支雄厚的力量。[17]这些积极分子投入宣传婚姻法的运动中,推动了婚姻法的深入宣传。

还有很多居民经过宣传教育后改变了传统思想,积极参加到宣传婚姻法运动中,成为宣传新婚姻法的积极分子。"庞村军属代表陈孙氏认为宣传婚姻法'世道就乱了',因此不敢宣传,这次他说:'没想到一宣传,公开了到好了',自己也变成了宣传积极分子。广宁场村青年妇女听到婚姻法后,高兴地说:'这回老封建脑筋可打开了。'因此变成了读报组中读报组员"。[18]群众主动加入积极分子的行列宣传婚姻法,不仅壮大了积极分子的队伍,还说明了越来越多的北京居民接受了新婚姻法的内容。

二、重点试验与普遍推广

在中国历史上,贯彻婚姻法运动亘古未有,各地区的传统婚姻陋习到底怎样?如何贯彻才能取得良好效果,达到预期目标?北京市政府采取了重点试验与普遍推广相结合的方法,在全市范围内普及婚姻法。

（一）重点试验

为了弄清楚居民婚姻中存在具体问题,给全市范围内开展贯彻婚姻法运动提供经验,选取典型地区进行试验就显得尤为重要。

在检查婚姻法执行情况阶段,北京市首先在各地区选取了一些重点地区进行检查,如"十五区协同区妇联重点检查了模式口、衙门口两个村"[19]。不仅十五区如此,其他地区亦然。

在贯彻婚姻法运动时期,北京市政府在其辖区内选取了十个重点地区和单位进行了重点试验。这些单位包括:"（一）北京被服厂第四分厂;（二）京西城子矿;（三）东单区遂安伯胡同派出所管界;（四）西单区学院胡同派出所管界;（五）西四区弓弦胡同派出所管界;（六）前门区西河沿派出所管界;（七）东郊区慈云寺村和姚家园村;（八）京西矿区堰（燕）家台村;（九）北大医学院;（十）中国人民银行北京分行"[20]。这十个地区和单位在北京地区颇具代表性,不仅囊括了北京市的城市和乡村,还分别代表了不同单位,如工厂、矿区、医院等,更值得一提的是,这些入选试验区的地区和单位都具有一定的特征。例如,两个重点试验工厂中一个为轻工业工厂,另一个是重工业工厂。前门区西河沿派出所管界具有工商业的特点。三个试点村庄中,堰（燕）家台村建立民主政权较早,其余两个村则解放得稍晚一些。

在试验地区根据需要调整运动时间,其中"学校为15天,城郊区20余天至30余天,矿区30余天。"[21]这样灵活的处理方式使得北京市的贯彻婚姻法运动更具可行性,也为后期大规模开展贯彻婚姻法运动中灵活处理运动时间提供了范本。

十个重点地区的试验比较顺利,群众普遍受到了一次婚姻法的宣传,通过教育与自我教育的方式解决了很多婚姻问题。"开家庭会在群众中几乎形成了风气,找干部和积极分子帮助的很多"[22]这样很多家庭关系得到改善,"被服四厂54个不和睦的家庭和睦起来了"。[23]十个地区的试验取得了良好的效果,群众认识到新婚姻法的好处,逐渐开始拥护新婚姻法,在一定程度上为大规模开展婚姻法运动开了好头。

在重点试验区开展的检查和普及婚姻法运动获得的经验和教训为全市大规模开展贯彻婚姻法运动提供了借鉴,为贯彻婚姻法运动的有序开展奠定了基础。

（二）采用多种方式进行普遍推广

中央政府在贯彻婚姻法运动中曾指示："各地应动员一切宣传力量,利用各种方式"[24]宣传婚姻法。根据中央政府指示,北京宣传新婚姻法的方式主要有:召开报告会、举办婚姻讲座、组织讨论会、片会、院会、丈夫会、婆婆会、典型事例宣传等。在宣传过程中,还利用了电影、戏剧、广播、幻灯片、书籍、漫画、标语、黑板报等宣传工具。

1. 召开报告会

召开报告会是宣传婚姻法的"首要的和主要的方式,它可起全面交代政策、稳定人心的作用"。[25]1951年,北京市妇联曾经邀请中共妇联副主席邓颖超作了关于新婚姻法的报告,邓颖超报告了新婚姻法颁布的原因、制订的过程,并详细阐述了新婚姻法的男女婚姻自由的原则,她指出男女婚姻自由包括两个方面"一方面是实行结婚的自由,另一方面是离婚的自由"[26],听取这次报告会是各界妇女多达5000余人。北京市及各区县、学校、企业、矿区几乎都采用了这一宣传方式。在宣传婚姻法前,"一般是首先向群众做报告,系统地讲清婚姻法的主要内容和基本精神"。[27]为训练报告员,贯彻婚姻法委员会组织了4次报告会。在培训干部时期,北京组织的报告会场数也不少,"光是为市级干部举行的报告会有24个(因有的单位没有汇报,可能不完全),许多单位的负责同志都亲自作有关婚姻法的报告"。[28]在各区县、企业、工矿、学校的为宣传婚姻法大多首先召开报告会。前门区在全面宣传婚姻法之前首先"开报告会,组织群众学习婚姻法达到家喻户晓"。[29]报告会是北京居民最大限度地了解新婚姻法的内容和精神的途径之一。

2. 举办婚姻法讲座

"婚姻法公布之后,虽曾举行了一些报告会,讲演会和文字的宣传,但宣传的广度和深度都是很不够的"。[30]这就必然要求通过其他宣传方式深入宣传新婚姻法。婚姻法讲座也是宣传婚姻法内容和精神的一种方式。市妇联和各区妇联为了协助政府贯彻婚姻法运动,先后举办了多次婚姻法讲座。1950年12月到1951年6月25日,市妇联为各区妇联干部、工厂委员、区街代表、妇女委员、积极分子、家庭妇女等举办了25次婚姻法讲座。在市妇联婚姻法讲座的影响下,从1951年3月到8月,在区妇联行政科、审判庭、文教科、公安局等单位组成的婚姻问题研究小组的负责下,建立了婚姻法讲座。据统计,"城区8个区(一、二、三、四、六、七、八、九区)郊区有5个区(十、十一、十二、十五、十六、长辛店镇)共14个区先后建立了定期的婚姻法讲座,共18个班(如四区二班、八区三班)"。[31]这18个区镇的婚姻法讲座班为2560人(按发票人数统计)讲授了新婚姻法。报告会和婚姻法讲座仅仅是居民被动了解新婚姻法的过程,讨论会和座谈会则是他们主动接受新婚姻法的体现。市妇联举办的婚姻法讲座,最高法院相关人员讲完一章就结合具体问题,组织听讲的人员进行讨论,区县婚姻法讲座结束以后,文教科员利用夜校上课时间参加讨论、收集并解答学员的问题,并给与解答。报告会、婚姻法讲座、讨论会和座谈会相结合,使宣传婚姻法工作取得了可喜的成效。"凡听讲的群众都认识了婚姻问题的重要,能主动帮助群众解决问题与政府联系,并肃清部分听众的封建残余"。[32]

3. 宣传典型事例

宣传群众身边鲜活、真实事例最能打动人心。典型报告虽然影响范围比较小,但反响却比较好。在贯彻婚姻法运动时期,北京市各区、县基本召开了典型事例报告会,甚至有的工厂、矿区等单位也树立了典型进行宣传。对典型事例的宣传对群众的促动很大。

一方面,不幸的事情引发了群众愤慨和同情,如二区十一派出所二眼井白文化因虐待其童养媳苏桂荣被公审后,三轮车工人非常气愤地说,听到"三轮车工人的败类,就感到非常气愤"。[33]石景山钢铁厂的一个老工人"因为不明白婚姻自由的意义,把女儿给断送了"。[34]不仅本人想起来就哭,引得群众的同情,同时也教育群众不要干涉子女婚姻自由。另一方面,好的典型事例在群众起到了榜样的作用,人们纷纷效仿。京郊大屯村郎淑年和耿文禄自由恋爱,"教育了全村的人,很多人对婚姻自由有了认识。现在村里又有两对青年人自由结了婚"。[35]"麻线胡同派出所王玉珍在大会上报告后,群众都表示'你看老太太多好,一家子是模范,咱们得好好向她学习'。棉花下二条典型边敬芬报告了自己通过家庭会议,达到了夫妻和睦互相帮助的事迹后,许多群众表示'我们回去也要开好家庭会,向他们学习'。结果,该胡同中,据知道的已有九户开过家庭会议并订立了家庭公约,改善家庭关系"。[36]

典型事例的宣传使人民认识到了传统婚姻习俗的残酷和新婚姻法的好处。群众易于接受典型事例的教育,他们进一步认识到了新婚姻法的好处,更加积极、主动地学习新婚姻法。

4. 其他辅助方式

各种会议和典型事例的影响面小,且不利于长期和深入宣传。而推广婚姻法是一项长期的任务,因此,必须借助辅助工具进行宣传,电影、戏剧、广播、幻灯片、书籍、漫画、标语、黑板报、书籍、报刊、杂志等就成了必要的宣传工具。其中,戏剧、电影、图片等形象化的宣传方式最受人们欢迎。

戏剧、电影大多是取材于人们生活中的真实事例,曹克英在编写戏曲《小女婿》时就是受沈阳市蒲河区法院审理的一桩离婚案件启发。1953年1月到3月初,北京人民美术工作室的主要工作是绘制婚姻法连环画和招贴画。在这期间,北京人民美术工作室完成的招贴画有"和睦家庭"和"结婚登记",连环画有"瞎婆婆与儿媳妇"、"旧家庭变成新家庭"、"杨林、宋月英自由结婚的故事",宣传画"反对旧婚姻制度"等。[37]其中,部分作品的创作来源于群众生活。这样的宣传题材贴近人们的生活,更易于被群众接受。至今人们谈起当时宣传婚姻法的戏剧、电影等还如数家珍,他们对《刘巧儿》、《小二黑结婚》、《小女婿》等仍记忆犹新,只要一提起中国第一部婚姻法,老人们最先想到的就是这些戏剧、电影。"我看过《刘巧儿》、《小二黑结婚》都是和这(指'新婚姻法'—引者注)有关系的"。[38]

为保证宣传婚姻法素材符合新婚姻法的基本精神,新闻出版处会同相关部门曾对宣传婚姻法的论著、文章、图画等进行了严格的甄别。符合新婚姻法精神的书籍则允许出版、发行,与新婚姻法精神相悖的著作则严禁推广。张善曾所著之《有关婚姻问题的相声三篇》部分内容就曾被质疑,但是经过北京市新闻出版处审阅后,指出该书内容在"宣传婚姻法方面一般的原则和观点基本上是正确的"[39],仅在第一篇中有夸大自由恋爱作用和歪曲产生英雄模范途径的话语。经北京新闻出版处审查,最后给出的意见是"没有发现政治错误,我们认为不宜作行政处理"。[40]《有关婚姻问题的相声三篇》因没有严重的思想性错误,被免作行政处理。王道明著的《基督教徒与婚姻》一书则因有违背新婚姻法的内容而被禁止出版、出口。由于《基督教徒与婚姻》一书"提倡封建主义婚姻制度,主张教会干涉婚姻,是与共同纲领第六条'实行男女婚姻自由'的规定和中华人民共和国婚姻法相抵触的",[41]出版总署办公厅、北京市人民政府共同给出的处理意见是"拟不准其出口,并劝令出版者将该书自动收回,停止在国内出售"。[42]

北京市相关部门还对北京人民美术工作室的图画进行了审查,根据实际出版所需作品。1953 年 2 月,北京人民美术工作室左辉创作的"和睦家庭"婚姻法招贴画;秦岭创作的"瞎婆婆与儿媳妇"婚姻法连环画;姜燕创作的"结婚登记"婚姻法招贴画、"旧家庭变成新家庭"婚姻法连环画;曲则成、王栋、吴浪宾合作完成的"杨林、宋月英自由结婚的故事"婚姻法连环画均完成付印;路宁、秦岭、萧统明合作的婚姻法连环画《寡妇改嫁》;路宁、萧统明合作的童养媳连环画;王守木完成的婚姻法招贴画《反对封建婚姻制度》[43]未能付印,未能付印的作品被转作了投稿,其中一些作品被《工人日报》采用。

综合各种宣传方式、动员了各种宣传力量对新婚姻法进行宣传:报告会、婚姻讲座让群众从整体上了解了新婚姻法的内容和精神;典型事例的宣传和电影、戏曲、图片等宣传方式取材于实际生活,更易于被群众所接受;取缔与婚姻法相悖的书籍、图画,确保了宣传新婚姻法素材合理与合法。这不仅使新婚姻法能够家喻户晓,还保证了婚姻法的宣传不走弯路。

三、在实践中落实婚姻法

新中国成立初期,中央政府在土地改革、镇压反革命和"三反"、"五反"等运动中都采用了阶级斗争的方式,这已经成为了群众处理问题的习惯性做法。在贯彻婚姻法运动初期,群众也曾主张"斗一斗"、"整一下",因此产生了许多悲剧。前门区西河沿派出所管界北火燻一号的史志国因被要求做检讨而自杀(未遂)。贯彻婚姻法运动是为了解决人民自身的婚姻问题,属于人民内部矛盾,因此不能采用暴力的阶级斗争方式解决。采用何种方式解决群众的婚姻问题,在实践中落实新婚姻法呢?

中央政府针对运动初期处理婚姻问题的错误行为,颁布了《中共中央关于贯彻婚姻法运动月的补充指示》来规范解决婚姻问题,落实新婚姻法的行为。它"批判了想在一次运动中解决一切问题的急躁情绪和机械地搬用过去社会改革运动中的坦白、斗争的做法"。[44]北京市民政局在教育干部时也强调"婚姻家庭上的不合理现象,只能以人民内部矛盾自我教育的精神来解决,不仅在处理时应采取批评与自我批评的方法,处理以后还需要经常给予教育帮助,才能达到和睦家庭的目的"。[45]因此,北京市各级领导机关主要采取批评教育和法律制裁处罚两种方式。

(一)说服教育是解决群众婚姻问题的主要方式

贯彻婚姻法运动纠正群众不正确婚姻观念和行为主要采用了教育和自我教育的方式,主要表现为说服教育、召开家庭会议和订立家庭公约。报告会、婚姻法讲座、典型事例的报告以及各种宣传工具的宣传,对群众进行了大规模的教育。针对各区县、街道、工厂、医院、学校等出现的干涉婚姻自由、打骂和虐待妇女的现象,积极分子、妇联代表、干部等积极深入居民家庭进行调解和教育。例如,北京西郊马道庙村小兔和大荣的自由恋爱遭到大荣父母的反对,村长主动"给大荣爹从头讲了一遍婚姻法","从团区工委下来的同志,又和村里人去给大荣妈解释婚姻法",[46]最终使得大荣父母接受了他们自由恋爱。"四区枪厂大坑吴家夫妇半夜打架,邻家胡同的妇女代表都漏液跑到他家里去调解"。[47]通过个别批评教育,解决了个别群众的具体婚姻问题,在一定程度上也教育了周边居民。

家庭会议则是群众自我批评的好方式,通过这一方式解决了不少婚姻问题。在推广婚姻法的过程中,召开家庭会议几乎形成了风气。通过家庭会议,有错误的家庭成员作了自我批评,有些参会的街坊邻居也受到教育,他们积极主动邀请干部到家中帮助开家庭会,有的甚至主动在别人的家庭会上检讨自己的错误。前门区西河沿"王文元家庭不和睦,找干部帮助开家庭会,问题刚解决,同院的徐玉珍说:'您到我们屋来开吧',在这个会上,一个媳妇做了检讨,大家以为是徐家人,后来才知道是街坊参加了这个会,受到了教育检讨了自己过去对公公态度不好,会散了大家不愿意走,石耀恒说:'晚上我家开'"。[48]居民们主动要求召开家庭会议,并相继订立家庭公约,这不仅是群众接受教育与自我教育方式的表现,也是群众主动接受新婚姻法的重要体现。这种方式有利于在居民中进一步推广新婚姻法。

(二)法律制裁为解决群众婚姻问题的辅助方式

在贯彻婚姻法运动期间,对严重违反新婚姻法的行为绝不姑息,相关部门会根据情节的严重程度给予相应的法律制裁,但这只是一种辅助手段,不是最终目的。为制裁违反婚姻法的行为,相关部门于1953年起草了《违反婚姻法制裁条例(草案)》,详细规定了对干涉婚姻自由等13种违法行为的惩办办法,使法院等部门在处理居民违反婚姻法行为时有法可依。在推广婚姻法过程中根据具体的情节,北京公安局、市法院等部门遵循法律和制裁条例的相关规定,合法的惩办了违法人员。例如,十三区的妇女代表邓桂兰和陈李氏强迫包办李桂贞的婚姻受到了惩罚,根据具体情节,郊区法院举行了公审大会,"判处陈李氏有期徒刑三个月,缓刑一年,判邓桂兰当庭检讨,并给以当众警告处分"。[49]北京市公安局西郊分局第三派出所所长杨德庆因打伤老婆被依法判处了有期徒刑三年;二区十一派出所二眼井的白文华强奸、虐待其子白西鑫的童养媳被判处死刑。合法的惩办措施一方面遏止了违反婚姻法的行为,另一方面起到了警醒周围群众的作用。

以批评教育为主、法律制裁为辅的教育方式可谓刚柔并济,可以最大限度地消除群众的顾虑,惩办了违反婚姻法的人员,为摧毁北京传统婚姻陋俗、顺利推广婚姻法铺平了道路。

四、结　语

北京市政府开展的贯彻婚姻法运动在中央政府的领导下有序进行。在这次运动中,北京市各级政府以检查婚姻法执行情况委员会和贯彻婚姻法运动委员会为领导机构,在运动全面开展前培训干部、训练积极分子,为大规模贯彻婚姻法准备了领导者和主力军;选取有代表性的地区进行试验,为全面贯彻婚姻法提供重要的经验;在运动过程中采用多种方式交错宣传,保证了新婚姻法宣传能够最大限度的深入居民群体;在实践中处理群众婚姻问题时,采用教育为主、惩办为辅的方式,使得新婚姻法的精神深入人心。

北京市大规模普及婚姻法获得了成功,其历史作用主要体现在以下三点:第一,通过新婚姻法的普及,解放了下层人民的思想。北京居民逐渐摒弃传统的婚姻陋俗,开始接受新婚姻法的精神。包办婚姻、虐待妇女等现象和以前相比大幅度减少,自由恋爱、新式婚姻在北京出现并被进一步推广。最显著的是有些原来包办儿女婚姻的老人听了婚姻法宣传后,解放了思想,主动放手由年青人自主决定的其婚姻。如"丰台区樊家村农民吴振德原来给儿子十岁上订了个媳妇,这次宣传后,让儿子买了包点心上女家去,说:'你们两个愿意的话就搞下去,不愿意就算吹了'"。[50]第二,通过贯彻婚姻法运动,全市范围内形成了男女平等、和睦稳定的婚姻家庭新风尚。在政府各级机关的推动下,北京居民将学习到的新婚姻法精神运用到实际生活中,推动北京居民家庭人员地位逐步实现平等,家庭生活走向和睦。全市贯彻婚姻法运动以后,第八区"有129个旧家庭在运动中转向了平等和睦";[51]崇文区火神庙派出所辖区的小兴隆街、南河漕、细米巷三条街道中"有20户过去比较严重虐待的家庭,自52年至53年后已经基本转变,有的并已成为民主(的家庭)";[52]"被服四厂54个不和睦的家庭和睦起来了"。[53]平等、和睦的家庭在全市范围内已经较为普遍。第三,群众切身感受到新婚姻法带来的益处,更加拥护新生政权。新生的人民政权切实为人民群众服务,推翻传统的婚姻旧俗,使婚姻自主权掌握在年青人手中,维护了他们尤其是妇女的合法权益。如前门区西河沿派出所辖区的寡妇李赵氏说:"我恨毛主席来晚了几年,要再早来几年的话,我也再找对象了。"[54]他们认识到:新生政权推行新婚姻法是以群众利益为出发点,因而更加拥护新生政权。

由于贯彻婚姻法运动是史无前例的,在实际工作过程中难免出现一些偏差,如贯彻婚姻法运动刚开始时,干部和积极分子错误的宣传婚姻法,如"个别公安干部为便利户口登记工作,把妇女没有名字作为男女不平等的首要内容来宣传",[55]西四区法院院长阎希贤还以武则天玩弄男性作为反封建的典型来宣传。还有的领导干部思想还比较守旧,他们对身边"带有封建思想的人仍有继续干涉男女婚姻自由、虐待妇女和虐待子女等非法行为"[56]采取漠视甚至纵容的态度。此外,部分积极分子的工作方式简单粗暴、处理群众婚姻问题采用批斗的方式也是贯彻婚姻法运动中存在的问题。

综上所述,新中国建立初期,北京市贯彻婚姻法取得了较好的成效,虽然存在一定的局限性,但是瑕不掩瑜,贯彻婚姻法运动在推翻传统婚姻制度,树立新婚姻风尚方面发挥了重要作用。

(作者系北京师范大学历史学院博士研究生)

注　　释

【基金项目】本文为朱汉国教授主持的国家社科基金重大招标项目"中国当代社会史"研究的阶段性成果,项目号10&ZD077。

1　《中央人民政府政务院关于检查婚姻法执行情况的指示》，1951年9月，北京市档案馆馆藏，档号：2—5—16。

2　《中央人民政府政务院关于贯彻婚姻法的指示》，1953年，北京市档案馆馆藏，档号：2—5—16。

3　《北京市检查婚姻法执行情况委员会工作情况》，1951年，北京市档案馆馆藏，档号：84—3—15。

4　《关于贯彻婚姻法运动准备工作计划和进行情况的报告》，1953年，北京市档案馆馆藏，档号：1—5—105。

5　《关于贯彻婚姻法运动准备工作计划和进行情况的报告》，1953年，北京市档案馆馆藏，档号：1—5—105。

6　《郊区执行检查婚姻法的布置与目前状况》，1951年11月5日，北京市档案馆馆藏，档号：9—1—114。

7　《南苑区婚姻法执行情况检查委员会主要情况》，1951年，北京市档案馆馆藏，档号：37—1—17。

8　《给工会所属产业的开会通知及附件》，1953年1月5日，北京市档案馆馆藏，档号：101—1—412。

9　《中央人民政府政务院关于检查婚姻法执行情况的指示》，1951年9月，北京市档案馆馆藏，档号：2—5—16。

10　《北京市检查婚姻法执行情况委员会副主任张晓梅关于北京市检查婚姻法执行情况的汇报》，1951年12月29号，北京市档案馆馆藏，档号：84—3—15。

11　《服务部1951年工作计划》，1951年，北京市档案馆馆藏，档号：84—3—15。

12　《北京市贯彻婚姻法运动月工作计划（草案）》，1953年3月4日，北京市档案馆馆藏，档号：196—2—475。

13　《北京市检查婚姻法执行情况委员会副主任张晓梅关于北京市检查婚姻法执行情况的汇报》，1951年12月29号，北京市档案馆馆藏，档号：84—3—15。

14　《受虐待的童养媳解放了》，《北京妇女》，1951年12月1日版，第39期，第34—40页。

15　《北京市第十五区婚姻法执行情况检查委员会关于宣传、检查、执行婚姻法情况的报告》，1951年12月15日，北京市档案馆馆藏，档号：9—1—114。

16　《北京市第六区婚姻法执行情况检查委员会工作汇报》，1951年，北京市档案馆馆藏，档号：39—1—132。

17　《关于贯彻婚姻法运动月的总结报告》，1953年，北京市档案馆馆藏，档号：1—5—105。

18　《北京市第十五区婚姻法执行情况检查委员会关于宣传、检查、执行婚姻法情况的报告》，1951年12月15日，北京市档案馆馆藏，档号：9—1—114。

19　《郊区执行检查婚姻法的布置与目前状况》，1951年11月5日，北京市档案馆馆藏，档号：9—1—114。

20　《关于贯彻婚姻法运动准备工作计划和进行情况的报告》，1953年，北京市档案馆馆藏，档案号：1—5—105。

21　《北京市贯彻婚姻法重点试验工作总结》，1953年3月20日，北京市档案馆馆藏，档号：196—2—475。

22　《前门区西河沿派出所贯彻婚姻法试点工作总结》，1953年，北京市档案馆馆藏，档号：38—2—77。

23　《北京市贯彻婚姻法重点试验工作情况和经验报告》，1953年，北京市档案馆馆藏，档号：1—6—753。

24　《中央人民政府政务院关于贯彻婚姻法的指示》，1953年，北京市档案馆馆藏，档号：2—5—16。

25　《北京市贯彻婚姻法运动总结（第二稿）》，1953年，北京市档案馆馆藏，档号：1—6—753。

26　《邓颖超同志关于婚姻问题的讲话记录》，1951年，北京市档案馆馆藏，档号：1—6—442。

27　《关于贯彻婚姻法运动月的总结报告》，1953年，北京市档案馆馆藏，档号：1—5—105。

28　《北京市婚姻法执行委员会汇报》，1951年，北京市档案馆馆藏，档号：84—3—15。

29　《对贯彻婚姻法运动准备工作和运动月工作计划的意见》，1953年，北京市档案馆馆藏，档号：38—2—77。

30　《北京市婚姻法执行委员会汇报》，1951年，北京市档案馆馆藏，档号：84—3—15。

31　《北京市妇联执行和贯彻婚姻法工作报告》，1951年，北京市档案馆馆藏，档号：84—3—15。

32　《北京市妇联执行和贯彻婚姻法工作报告》，1951年，北京市档案馆馆藏，档号：84—3—15。

33 《北京妇女》1951 年 12 月 1 日版,第 39 期,第 45 页。

34 《北京妇女》1951 年 2 月 1 日版,第 20 期,第 32 页。

35 《北京妇女》1951 年 11 月 1 日版,第 38 期,第 36 页。

36 《前门区贯彻婚姻法工作总结》,1953 年,北京市档案馆馆藏,档号:38—1—81。

37 《一九五三年美工室工作汇报》,1953 年,北京市档案馆馆藏,档号:11—2—232。

38 受访者:秦振北,采访时间:2012 年 7 月 13 日。

39 《〈有关婚姻问题的相声三篇〉的审读》,1952 年 5 月 17 日,北京市档案馆馆藏,档号:8—2—294。

40 《北京市人民政府新闻出版处函复》,1952 年 5 月 17 日,北京市档案馆馆藏,档号:8—2—294。

41 《关于禁止出口并在国内停止出售〈基督教徒与婚姻〉等二十六种书的报告及市府批复》,1951 年 2—7 月,
   北京市档案馆馆藏,档号:8—2—584。

42 《关于禁止出口并在国内停止出售〈基督教徒与婚姻〉等二十六种书的报告及市府批复》,1951 年 2—7 月,
   北京市档案馆馆藏,档号:8—2—584。

43 《一九五三年美工室工作汇报》,1953 年,北京市档案馆馆藏,档号:11—2—232。

44 《关于贯彻婚姻法运动月的总结报告》,1953 年,北京市档案馆馆藏,档号:1—5—105。

45 《北京市人民政府民政局报告》,1953 年 1 月,北京市档案馆馆藏,档号:2—5—16。

46 《北京妇女》,1951 年 5 月 16 日版,第 27 期,第 26—27 页。

47 《北京市检查婚姻法执行情况委员会副主任张晓梅关于北京市检查婚姻法执行情况的汇报》,1951 年 12 月
   29 号,北京市档案馆馆藏,档号:84—3—15。

48 《前门区西河沿派出所贯彻婚姻法试点工作总结》,1953 年,北京市档案馆馆藏,档号:38—2—77。

49 《北京妇女》,1952 年 1 月 1 日版,第 40 期,第 68 页。

50 《北京市贯彻婚姻法运动总结(第二稿)》,1953 年,北京市档案馆馆藏,档号:1—6—753。

51 《北京市检查婚姻法执行情况委员会副主任张晓梅关于北京市检查婚姻法执行情况的汇报》,1951 年 12 月
   29 日,北京市档案馆,档号:84—3—15。

52 《崇文区火神庙派出所贯彻婚姻法执行情况调查报告》,1955 年,北京市档案馆馆藏,档号:2—8—60。

53 《北京市贯彻婚姻法重点试验工作情况和经验报告》,1953 年,北京市档案馆馆藏,档号:1—6—753。

54 《群众对婚姻法及此次贯彻婚姻法运动的认识及反映》,1953 年,北京档案馆馆藏,档号:1—12—128。

55 《市宣传部贯彻婚姻法运动的偏差、缺点和遗留的问题报告》,1953 年,北京市档案馆馆藏,档号:1—
   12—128。

56 《中央人民政府政务院关于检查婚姻法执行情况的指示》,1951 年,北京市档案馆馆藏,档号:2—5—16。

学术综述

盛世修史出新篇

——《北京断代史》纂修工程启动仪式综述

程尔奇

近年来,随着人们对地方特色文化资源的日益重视,各地涌现出纂修地方史志的热潮,上海、浙江、山东、四川等地的大型地方通史系列相继问世,各种形式新颖、内容丰富的地方文库也正在推出。作为一个享誉世界的历史文化名城、一个传承悠久的文明大国的首都,北京更需要一部能够反映时代气息、集北京历史文化研究之大成、与文化中心地位相称的代表性著作。作为首善之区,首都国民经济的连续稳定增长为这样一部著作的出现提供了良好的外部环境,北京市社科院通过多年来的成果积累以及队伍建设能提供扎实的学术支撑,《北京断代史》纂修可谓正当其时。

2012年12月8日上午,《北京断代史》纂修工程启动仪式在北京市社科院举行,来自中国社会科学院、北京大学、中国人民大学、北京师范大学、首都师范大学、北京联合大学、中共北京市委党史研究室、北京市社会科学规划办、北京市社科联、北京市地方志办公室、北京市文史研究馆、首都图书馆、《北京档案史料》杂志社、《北京文博》杂志社等单位的专家学者到会。大家对《北京断代史》纂修工程的重大意义给予充分肯定,并就一些理论与方法等问题进行了深入的讨论。

一、价值与意义

与会专家学者一致认为,《北京断代史》既是北京历史研究继续走向深入的必然要求,也是必然结果。在新的政治环境和时代条件下,必将不断显现出重要的学术价值和突出的现实意义。

北京市社会科学院院长谭维克指出,历史传统是文化建设与文化创新的渊源。只有在充分继承历史优秀文化遗产的基础上,才谈得上文化的创新和发展。《北京断代史》致力于全面总结北京三千年建城史与八百年建都史,展示北京在历代王朝兴替中由军事重镇走向国家首都的特殊发展进程,描述北京各个时代的城市特点与社会风貌,对于充实和提升"人文北京"的文化内涵,促进首都文化大发展大繁荣,建设中国特色社会主义先进文化之都,都将具有积极的推动作用。《北京断代史》纂修工程有助于增强北京的文化软实力,提升世界文化名城地位,进一步发挥国家文化中心的示范作用。他希望在各位领导、各位学者的鼎力支持下,努力将《北京断代史》工程打造成为北京文化建设的精品示范工程,将工程最终成果、16 卷本的《北京断代史》,打造成为北京历史学研究的学术精品。

中国社会科学院历史所陈高华研究员认为,《北京断代史》是一项具有重大意义的学术工程,对于北京文化建设是一件大事情,对全国的文化建设同样意义非凡,其产出的各项成果必将在学术界产生广泛的影响。中国社会科学院近代史研究所杨天石研究员改清朝诗人赵翼名句"江山代有才人出"为"江山代有名著出",表达了对《北京断代史》成为新时期重要的、有代表性的文化工程的殷切期待。中国社会科学院历史所陈祖武研究员则提出,当前国家经济情况越来越好,对人文社会科学研究的支持力度越来越大,课题组应抓住机遇,倾力写出高质量的学术著作。

除上述专家学者外,其他与会学者也对《北京断代史》纂修工程的意义给予积极的肯定,并表示会全力提供支持与帮助,为书写新的历史篇章而共同努力。

二、"通"与"断"的关系

1994 年出版的 10 卷本《北京通史》,是北京史研究进程中的重要著作。在新的历史时期,编写《北京断代史》必然面对与《北京通史》的关系问题。北京大学城市与环境学院唐晓峰教授认为,《北京通史》的学术意义毋庸置疑,但一个"通"字可能会对研究和历史的书写产生一定的限制作用,把一些所谓"次要的"、没有"通的伟大意义"的内容略去。而《北京断代史》就可能会把每个历史时期具有时代特色的东西更多的呈现出来,这样编写的历史会更加饱满。

首都师范大学历史学院郗志群教授认为,《北京断代史》相较《北京通史》有了明显的扩充,所涉范围更广,篇幅更多,这对于呈现北京历史的多元面相助益良多。同时,如果能不断开展深入的专题研究,《北京断代史》不仅能避免成为《北京通史》的"扩编本",还能显著增加其学术价值和学术示范性。

北京史研究会会长、北京市哲学社会科学规划办副主任李建平研究员提出,断代史和通史本身的区别与联系还需要认真的研究和思考,《北京通史》和《北京断代史》各具特点,在编写断代史的过程中,要在厘清其内在联系的同时突出断代史自己的特色。

北京师范大学历史学院院长杨共乐教授提出，要治断代史，不能不知通史。"不通则不能断"，在讲断代史的时候，应该对北京的通史、全国的通史有所了解。他提到白寿彝先生的观点，认为贯通是一种方法。前面的历史在后面会同样有所展现，后面呈现出的历史现象很可能是前面历史的新的展开，而并非一种新的历史现象。这其中的规律需要认真把握。所以"通是一种关怀，不通看不清楚"。

三、体例如何完善

《北京断代史》设计篇幅为 16 卷。其中，《古幽都》、《辽南京》、《金中都》均为 1 卷，《古幽州》、《元大都》、《民国北京（北平）》为 2 卷，《明北京》为 3 卷，《清北京》为 4 卷。从纵向上，按照城市发展的不同阶段，详细研究古燕都、秦汉至隋唐幽州、辽南京、金中都、明清北京、民国北京（北平）的历史发展过程和基本规律。在横向上，覆盖政治、经济、文化、军事等领域。针对这样的结构安排，一些学者提出了自己的看法。

中国人民大学清史研究所所长黄兴涛教授认为，北京历史发展至近代，原始资料不断扩充，任何一个问题都可能有很大的研究空间。民国时期的史料更是极为丰富，甚至一个团体组织就存在大量可堪利用的历史资料。因此，民国时段虽短暂，可撰写的内容却涉及方方面面，要写出当时的"城市面貌"，建议在两卷篇幅的基础上有所增加。

郗志群教授同样提出，《北京断代史》总体上结构完整，断代分布较为均衡，篇幅相对合理，但民国的部分有些偏少。此外，在北京史研究的时段分布中，古代史、近代史、现代史的成果较多，当代史的研究较为薄弱。因此，可以借撰写《北京断代史》的契机，增加"当代史"部分，以两到三卷的篇幅，加强对这一时期北京历史的研究，体现治史的现实意义。

四、北京断代史"写什么"

既然有别于《北京通史》，那么《北京断代史》应以哪些专题为主要书写内容，也就是该"写什么"？陈高华研究员认为《北京通史》突出历史的纵向发展，《北京断代史》重在横截面，应着意显示不同时段北京的总体特征。他以参与审稿的《北京地域文化通览》为例，指出北京历史发展、文化发展带有明显的持续性，与很多城市文化发展往往出现高峰、低潮错落不均的形态不同，北京历史文化整体上是从较低的层面持续不断地向较高的层面行进，在辽金以后每个相对独立的历史时期，北京都居于核心地位,应重点突出这样的历史实际。这些可以成为这部著作的主要内容。

杨共乐教授提出,撰写《北京断代史》实际是撰写两部史书,一部是北京的断代历史,另一部则是断代史著作撰写人自身的历史。所以在入手撰写时,可以有意识地把写这部历史的过程记录下来,成为日后的一部史学史著作。他还提出,写史时"通古今之变"的前提是"通古今之不变"。"通古今之变"的过程中通常会有"不变"作为核心传承。在思考北京历史文化演变的时候,注意北京人的特质中"不变"的东西,能更好的认知北京的文化。

陈祖武研究员发言说,通过阅读编纂大纲,能看到北京从军事重镇到首善之区这样一个发展演变过程。如果能把这样一个从军事重镇如何变作全国的政治、经济、文化中心的历史脉络讲清楚,这部书即可告成功。

唐晓峰教授认为,北京是北方历史发展最近数百年的一个关键点,而这个点的一大特色,就是北方少数民族在北京发展的历史进程中起到了重要作用。北京历史有很强的北方民族的背景,如何把这个问题写清楚、写透,并给予正确的评价,是北部中国历史研究的重要问题。

李建平研究员提出,北京历史文化名人众多,但这方面的研究反而薄弱。在断代史的写作过程中,须把北京历史文化名人的信息交代清楚。此外,学界近来很注意从自然环境的变迁来研究北京历史与城市发展,《北京断代史》对此也可适当参考。

五、北京断代史"怎么写"

在此次会议上,专家学者对如何写好《北京断代史》论述最多。原北京市人大副主任段柄仁指出,《北京断代史》纂修工程应抓住十八大召开带来的有利的政治机遇,以开放的心态、客观的眼光,尊重事实,尊重历史,实事求是;在既有研究的基础上,认真吸收政治、经济、文化、自然环境等学科的研究成果,写出北京特色,写出北京精神。

杨天石研究员认为,要在《北京通史》的基础上有较大推进,应该在两个方面有所突破。其一,要以"竭泽而渔"的方式充分的占有材料。他回忆说,胡乔木同志曾要求中国社会科学院《中华民国史》、《中华人民共和国史》课题组在研究过程中把所有能够找到、看到的资料都找到、看到。虽然进入近代以来,史料之多令穷尽史料难以实现,但下大力气搜集和占有史料是写好这部著作的前提条件。其二,要敢于、善于回答当代学术界提出的新问题。他认为,最近历史学界空前活跃,各种观点涌现出来,对传统学说形成了强有力的挑战。譬如民国北京史,学界通常的看法是北京政府是对外妥协、卖国的政府,同时是军阀控制的专制政府。但新近的研究成果对此提出了质疑,对成说形成了一定的冲击。所以,要撰写《北京断代史》的民国部分,虽然不用逐一辩论新出现的这些观点,但如能给出回应与回答,则有利于推动学术研究的进步,进而取得突破。

陈祖武研究员认为,写好《北京断代史》,要在充分占有史料的同时认真消化史料,力争做到精益求精。

李建平研究员同样指出修史时资料的重要性。他还提出应该充分吸收文物考古方面,特别是近二十年来北京文物、考古材料的新发现与新成果,使表述更为准确。他又强调了集中专家团队、集中攻关的必要性,除了编写团队外,要请学界专家及社会相关人士把关,保证学术成果的质量。

唐晓峰教授认为要注意修史的社会影响。针对当前社会上出现不信专家的现象,他表示是因为专家没有采取有效的形式来担当这种责任,宣传媒体在未能寻求到权威参考物的时候,出现传播学说的随意性,致使民间对专家的水准产生怀疑。他引用司马迁面对《山海经》等著作时所言"余不敢言之也",指出学者应该有这样的学术自觉,主动生产科学性、权威性的可信的学术产品,让有关人士意识到对科学、准确、权威性的著作不可随意。他又举京师大学堂、陈独秀等例子,认为历史著作在讲述城市历史的时候,应该有历史地理的意识,把思想性、事件性史事的地理位置讲清楚,这不仅对于认识城市的历史有重要意义,还有利加强北京历史文化的保护。融入和史学相关学科的新成果,能帮助《北京断代史》取得更大的进步与提升。

中共北京市委党史研究室主任谢荫明研究员认为,《北京断代史》从时间上一脉相承,从内容上注意到历史序列中的各个方面,照顾比较全面。在撰写过程中,还可突出各个朝代不同的特色,比如某朝的特色是宗教,有些朝代是经济,或者教育、中外民族交流等,有所侧重,避免平铺直叙。

在讨论书写方法的时候,几位学者还谈到了北京史与全国史之间的关系问题,这是所有区域史、地方史研究者无法回避的难题。杨天石研究员提出,《北京断代史》只有避免写成"中国史的地方简本",才能能够更好地深化和发展中国历史的整体研究,在学术上实现较大的更新,体现其重写北京史的作用和意义。

黄兴涛教授结合自己的研究实际,认为北京作为地方史研究中十分特别的一例,更要谨慎思考如何处理全国史和地方史之间的关系。他提出,北京成为都城以后,许多发生在此地的政治、文化、社会等事件,带有较为明显的全国性意义,那么这样的事件该如何纳入到北京史研究的叙述中去? 黄教授认为,谨慎的分析这类史事对于北京的城市、社会所发生的影响,或许是一种研究路径。修史者要重视这样的个案,将其综合的内涵提炼出来,加以研究,这对于整体的中国史会有所助益。

在听取了各位专家学者的发言后,到会指导工作的中共北京市委副秘书长傅华代表市委宣传部鲁炜部长对大家表示感谢,并就如何编写《北京断代史》提出了四点要求:一是要有科学意识和精神,追求真理,真正实现崇尚理性,发现新材料,运用新成果,融会古今,做到"通而后断,断而能通",发现北京城市演变的内在规律及发展的必然性;二是要有学术自信。西方发达国家科学技术固然先进,但在传承最久、积淀最厚、底气最足的历史人文研究中,应当树立道路自信、技术自信和理论自信,进而写出"城市的品格、思想的高度";三是要注重协同创新,转变科学研究模式,更加注重学术网络,提倡学术团队的集体创新,充分整合资源,提升整体研究质量;四是要突出北京的首善地位,使之在推动北京文化发展的过程中发挥出对于全国文化建设的引领示范作用。他期待课题组"树立信心,志在必得",在各方专家学者的鼎力支持下,把《北京断代史》编纂成一套体系完整、史料翔实、学理严谨、文风朴实的著作。

《北京断代史》纂修工程启动仪式的举行标志着这一重大学术工程正式起步,在接下来 3 年的时间中,将以北京市社科院为主体,吸收首都学界其他相关部门的专家学者,合力协作,力争在 2015 年正式出版。

（作者系北京市社会科学院历史所助理研究员）

图书在版编目（CIP）数据

北京历史文化研究／王岗主编.
–北京：人民出版社，2013
ISBN 978-7-01-011811-6

Ⅰ.①北…　Ⅱ.①王…　Ⅲ.①文化史—北京市—文集
Ⅳ.①K291–53

中国版本图书馆 CIP 数据核字 (2013) 第 047902 号

北京历史文化研究
BEIJING LISHI WENHUA YANJIU

主　　编：王　岗
责任编辑：张秀平
封面设计：徐　晖

人民出版社 出版发行

地　　址：北京市东城区隆福寺街 99 号
邮政编码：100706　www.peoplepress.net
经　　销：全国新华书店
印刷装订：北京昌平百善印刷厂
出版日期：2013 年 4 月第 1 版　2013 年 4 月第 1 次印刷
开　　本：730 毫米×960 毫米　1/16
印　　张：25.5
字　　数：490 千字
书　　号：ISBN 978-7-01-011811-6
定　　价：80.00元